ISBN 978-0-260-41607-0
PIBN 10946983

BULLETIN DES LOIS

DU

ROYAUME DE FRANCE,

IXᵉ SÉRIE.

BULLETIN DES LOIS

DU

ROYAUME DE FRANCE,

IXᵉ SÉRIE.

RÈGNE DE LOUIS-PHILIPPE Iᵉʳ, ROI DES FRANÇAIS.

TOME PREMIER.

Iʳᵉ PARTIE,

CONTENANT

LES ACTES DES POUVOIRS PROVISOIRES DEPUIS LE 27 JUILLET,
CEUX RELATIFS À L'AVÉNEMENT DU ROI LOUIS-PHILIPPE LES 7 ET 9 AOÛT,
LA CHARTE, ET LES LOIS RENDUES DEPUIS LE 14 AOÛT 1830.

Nᵒˢ 1 à 17.

A PARIS,
DE L'IMPRIMERIE ROYALE.

Mars 1831.

TABLE
CHRONOLOGIQUE
Des *Actes contenus dans le tome Ier de la IXe Série du Bulletin des Lois.*

Ire PARTIE.

ACTES DES POUVOIRS PROVISOIRES, ET LOIS.

FIN DE LA TABLE CHRONOLOGIQUE DES ACTES DES POUVOIRS PROVISOIRES, ET DES LOIS.

BULLETIN DES LOIS.

IXᵉ Série. — Nº 1.

GOUVERNEMENT DICTATORIAL.

Nº 1. — *PROTESTATION* (1) *des Députés résidant à Paris contre les Ordonnances du 25 Juillet.*

Paris, le 27 Juillet 1830 (publiée par les journaux non officiels et placardée dans Paris).

LES SOUSSIGNÉS, régulièrement élus, et se trouvant actuellement à Paris, se regardent comme absolument obligés par leurs devoirs et leur honneur de protester contre les mesures que les conseillers de la couronne ont fait naguère prévaloir pour le renversement du système légal des élections et la ruine de la liberté de la presse.

Lesdites mesures, contenues dans les ordonnances du 25 juillet, sont, aux yeux des soussignés, directement contraires aux droits constitutionnels de la Chambre des Pairs, au droit public des Français, aux attributions et aux arrêts des tribunaux, et propres à jeter l'État dans une confusion qui compromet également la paix du présent et la sécurité de l'avenir.

En conséquence, les soussignés, inviolablement fidèles à leur serment, protestent d'un commun accord, non-seulement contre lesdites mesures, mais contre tous les actes qui en pourraient être la conséquence.

Et attendu, d'une part, que la Chambre des Députés, n'ayant pas été constituée, n'a pu être légalement dissoute ;

(1) Cette pièce n'a pas paru dans un caractère officiel, à cause des circonstances,

2.

A

d'autre part, que la tentative de former une autre Chambre des Députés d'après un mode nouveau et arbitraire est en contradiction formelle avec la charte constitutionnelle et les droits acquis des électeurs, les soussignés déclarent qu'ils se considèrent toujours comme légalement élus à la députation par les colléges d'arrondissement et de département dont ils ont obtenu les suffrages, et comme ne pouvant être remplacés qu'en vertu d'élections faites selon les principes et les formes voulues par les lois.

Et si les soussignés n'exercent pas effectivement les droits et ne s'acquittent pas de tous les devoirs qu'ils tiennent de leur élection légale, c'est qu'ils en sont empêchés par une violence matérielle.

MM.

Labbey de Pompières.
Sébastiani.
Méchin.
Périer (Casimir).
Guizot.
Audry de Puiraveau.
André Gallot.
Gaétan de la Rochefoucauld.
Mauguin.
Bernard.
Voisin de Gartempe.
Froidefond de Bellisle.
Villemain.
Didot (Firmin).
Daunou.
Persil.
Villemot.
De la Riboëssière.
Bondy (comte de).
Duris-Dufresne.
Girod de l'Ain.
Laisné de Villevêque.
Delessert (Benjamin).
Marchal.
Nau de Champlouis.
Lobau (comte de)..
Baron Louis.
Milleret.
L'stourmel (comte d').

Montguyon (comte de).
Levaillant.
Tronchon.
Gérard (le général).
Laffitte (Jacques).
Garcias.
Dugas-Montbel.
Périer (Camille).
Vassal.
Delaborde (Alexandre).
Lefebvre (Jacques).
Dumas (Mathieu).
Salverte (Eusèbe).
De Pouller.
Hernoux.
Chardel.
Bavoux.
Dupin (Charles).
Dupin aîné.
Hély d'Oissel.
Harcourt (Eugène d').
Baillot.
Général Lafayette.
Lafayette (George).
Jouvencel.
Bertin de Vaux.
Lameth (comte de).
Bérard.
Duchaffault.

Auguste de Saint-Aignan.   Odier (Jacques).
Lemiry.   Constant (Benjamin).
Ternaux.

N° 2. — *ACTE des Députés réunis à Paris qui instituent un Gouvernement provisoire sous le titre de* Commission municipale de Paris.

Paris, le 29 Juillet 1830.

Les Députés présens à Paris ont dû se réunir pour remédier aux graves dangers qui menaçaient la sûreté des personnes et des propriétés.

Une commission a été nommée pour veiller aux intérêts de tous dans l'absence de toute organisation régulière.

MM.

Jacques Laffitte,
Casimir Périer ,
Comte de Lobau,
De Schonen ,
Audry de Puiraveau,
Mauguin ,

composent cette commission.

Le général Lafayette est commandant en chef de la garde nationale.

La garde nationale est maitresse de Paris sur tous les points.

N° 3. — *ACTE qui rétablit la garde nationale de Paris.*

Paris, le 29 Juillet 1830 (de l'imprimerie du Gouvernement).

La garde nationale parisienne est rétablie.

MM. les colonels et officiers sont invités à réorganiser immédiatement le service de la garde nationale ; MM. les sous-officiers et gardes nationaux doivent être prêts à se réunir au premier coup de tambour.

Provisoirement ils sont invités à se réunir chez les officiers et sous-officiers de leurs anciennes compagnies , et à se faire inscrire sur les contrôles.

Il s'agit de faire régner le bon ordre ; et la commission municipale de la ville de Paris compte sur le zèle ordinaire de la garde nationale pour la liberté et l'ordre public.

MM. les colonels, ou, en leur absence, MM. les chefs de bataillon, sont priés de se rendre de suite à l'Hôtel-de-ville pour y conférer sur les premières mesures à prendre dans l'intérêt du service.

Signé LAFAYETTE.

Pour copie conforme : *le Colonel Chef d'état-major,* signé ZIMMER.

N° 4. — ACTE de la réunion des Députés présens à Paris qui offrent le gouvernement provisoire à Msr. LE DUC D'ORLÉANS, sous le titre de *Lieutenant général du royaume.* (*Paris, 29 Juillet 1830.*)

N° 5. — ACTE de la Commission municipale de Paris qui nomme préfet provisoire de la Seine M. *Alexandre Delaborde ;* préfet provisoire de police, M. *Bavoux ;* directeur général provisoire des postes, M. *Chardel ;* et commissaire provisoire au ministère des finances, M. le baron *Louis.* (*Paris, 30 Juillet 1830, Moniteur du 31.*)

N° 6. — ACTE de la Commission municipale de Paris qui nomme M. *Duverger* Commissaire près l'imprimerie du Gouvernement. (*Paris, 30 Juillet 1830.*)

N° 7. — ORDRE DU JOUR *du Général en chef de l'armée parisienne aux Soldats français.*

Paris, le 30 Juillet 1830 (de l'imprimerie du Gouvernement).

SOLDATS FRANÇAIS,

Nous ordonnons à toutes les troupes, garde royale et de ligne, de se rendre, dans les quarante-huit heures, au camp provisoire établi à Vaugirard.

Nous donnons notre parole d'honneur qu'il ne leur sera fait aucun mal, et que chaque militaire sera traité comme ami, comme frère, recevra ration et logement, en attendant nos ordres.

Pour le Général en chef GÉRARD,

Le Général en second, PAJOL.

▸ 1.— *Acte de la Commission municipale de Paris qui nomme M. Isambert, avocat, Directeur du Bulletin des lois.*

Paris, le 31 Juillet 1830, au matin.

Est nommé, sous les ordres de M. le commissaire provisoire au département de la justice, M. *Isambert*, directeur du Bulletin des lois.

Il donnera les ordres nécessaires pour l'impression et la distribution du Bulletin à M. *Duverger*, commissaire nommé près l'imprimerie du Gouvernement.

Les membres de la Commission,

Signé DE SCHONEN, LOBAU, AUDRY DE PUIRAVEAU et MAUGUIN.

N° 2. — *Arrêté de la Commission municipale de Paris qui proroge l'Échéance des Effets et Billets de commerce.*

A Paris, le 31 Juillet 1830 (imprimerie du Gouvernement).

La Commission municipale de Paris,

Attendu que, depuis le 26 juillet, la circulation des correspondances et effets de commerce dans la ville de Paris a été suspendue par force majeure;

Que depuis le 28 juillet le tribunal de commerce a suspendu ses audiences;

Que les citoyens, occupés à la défense commune, ont dû forcément suspendre le cours de leurs affaires et leurs paiemens;

Vu les réclamations qui lui sont adressées par le commerce de Paris;

Après avoir entendu le président du tribunal de commerce;

Considérant l'urgence des circonstances,

Arrête:

Art. 1.er Les échéances des effets de commerce payables à Paris depuis le 26 juillet jusqu'au 15 août inclusivement seront prorogées de dix jours, de manière que les effets

A 3

échus le 26 juillet ne soient payables qu'au 5 août, et ainsi de suite.

2. Tous protêts, recours en garantie et prescription des effets de commerce mentionnés en l'article 1.ᵉʳ, sont également suspendus.

Fait à l'Hôtel-de-ville, à Paris, le 31 Juillet 1830.

Signé LOBAU, AUDRY DE PUIRAVEAU, DE SCHONEN, MAUGUIN.

Le tribunal s'étant réuni ce jour en assemblée extraordinaire des chambres, M. Vassal, président du tribunal et membre de la Chambre des Députés, a donné communication d'un arrêté pris sur son rapport par la commission municipale de Paris en date de ce jour.

Le tribunal, après en avoir délibéré, reconnaît que la légitime défense de nos droits et de nos libertés, provoquée par les ordonnances du 25 juillet; que la nécessité de résister à la violence et aux exécutions militaires ayant appelé aux armes toute la population de Paris; que la ville ayant été mise en état de siége, le cours des affaires a été interrompu, les boutiques et magasins ont été fermés, les tribunaux ont cessé de rendre la justice; qu'ainsi toutes les opérations commerciales ayant été forcément arrêtées et les communications interrompues, le paiement régulier des effets arrivant à échéance est devenu impossible; qu'il y a force majeure; que la nécessité est impérieuse; qu'elle légitime une disposition qui, tout en déviant des règles ordinaires du commerce et des prescriptions de la loi, garantit d'une perturbation qui serait préjudiciable aux intérêts de tous.

D'après ces motifs, le tribunal ordonne que l'arrêté de la commission municipale de Paris ci-dessus relaté sera transcrit sur son registre des délibérations; qu'en conséquence des dispositions dudit arrêté, les protêts en cas de non-paiement des effets de commerce arrivant à échéance depuis le 26 juillet jusqu'au 15 août prochain inclusivement, ne devront être faits que le onzième jour après l'échéance, pour donner ouverture à des jugemens de condamnation.

Le tribunal arrête en outre qu'il reprendra le cours ordinaires de ses audiences à compter de lundi 2 août;

Qu'il rendra la justice au nom de *Louis-Philippe D'OR-
LÉANS*, Lieutenant général du royaume, investi en cette
qualité des droits et pouvoirs de la souveraineté.

Le présent arrêté sera imprimé et affiché, afin que personne
n'en ignore.

Signé R. VASSAL , *président;* Remi CLAYE , GANNERON , VERNES ,
LEMOINE-TACHERAT , SANSON-DAVILLIER , GALLAND , *juges;* BÉRENGER-
ROUSSEL, GISQUET, François FERRON , PANIS , BOUVATTIER , PETIT-YVELIN ,
JOLLY aîné , LAFOND , BOURGEOIS , RICHAUD , TRUELLE , DELAUNAY ,
GAUTIER-BOUCHARD , *juges-suppléans;* RUFFIN , *greffier en chef.*

N° 10. — *PROCLAMATION de la Commission municipale de Paris
aux Habitans.*

A Paris, le 31 Juillet 1830.

HABITANS DE PARIS ,

Charles X a cessé de régner sur la France ! Ne pouvant
oublier l'origine de son autorité, il s'est toujours considéré
comme l'ennemi de notre patrie et de ses libertés qu'il ne
pouvait comprendre. Après avoir sourdement attaqué nos institutions par tout ce que l'hypocrisie et la fraude lui prêtaient
de moyens, lorsqu'il s'est cru assez fort pour les détruire ou-
vertement, il avait résolu de les noyer dans le sang des Français : grâce à votre héroïsme, les crimes de son pouvoir sont
finis.

Quelques instans ont suffi pour anéantir ce Gouvernement
corrompu, qui n'avait été qu'une conspiration permanente
contre la liberté et la prospérité de la France. La nation seule
est debout, parée de ces couleurs nationales qu'elle a conquises
au prix de son sang ; elle veut un Gouvernement et des lois
dignes d'elles.

Quel peuple au monde mérita mieux la liberté ! Dans le

combat vous avez été des héros; la victoire a fait connaître en vous ces sentimens de modération et d'humanité qui attestent à un si haut degré les progrès de notre civilisation; vainqueurs et livrés à vous-mêmes, sans police et sans magistrats, vos vertus ont tenu lieu de toute organisation; jamais les droits de chacun n'ont été plus religieusement respectés.

Habitans de Paris, nous sommes fiers d'être vos frères : en acceptant des circonstances un mandat grave et difficile, votre commission municipale a voulu s'associer à votre dévouement et à vos efforts; ses membres éprouvent le besoin de vous exprimer l'admiration et la reconnaissance de la patrie.

Leurs sentimens, leurs principes, sont les vôtres : au lieu d'un pouvoir imposé par les armes étrangères, vous aurez un Gouvernement qui vous devra son origine. Les vertus sont dans toutes les classes; toutes les classes ont les mêmes droits : ces droits sont assurés.

Vive la France! vive le peuple de Paris! vive la liberté!

Signé LOBAU, AUDRY DE PUIRAVEAU, MAUGUIN, DE SCHONEN.

Pour ampliation : *le Secrétaire de la Commission municipale,*

Signé ODILON-BARROT.

N° 11. — *ARRÊTÉ de la Commission et du général* Lafayette *qui crée une Garde nationale mobile.*

A Paris, le 31 Juillet 1830.

Le Général LAFAYETTE et la COMMISSION MUNICIPALE DE PARIS arrêtent :

ART. 1.er Il est créé une garde nationale mobile; elle sera composée de vingt régimens, et pourra être employée hors de Paris à la défense de la patrie.

2. Tous les citoyens en état de porter les armes sont invités à s'y faire inscrire : à cet effet, ils se transporteront sur-le-champ à leurs mairies respectives, où des listes seront ouvertes.

3. La garde nationale mobile recevra une solde qui sera

⸫rieurement fixée pour les officiers et sous-officiers ; pour ⸫ soldats, elle sera de trente sous par jour. La solde durera ⸫qu'au licenciement et quinze jours après ; le licenciement ⸫ lieu aussitôt que cette force ne sera plus nécessaire.

4. La garde nationale mobile est mise sous les ordres du ⸫néral *Gérard*, qui a déjà le commandement des troupes de ⸫gne ; il fera tout ce qui est nécessaire pour la formation et ⸫organisation ; il s'adjoindra à cet effet tel nombre d'officiers ⸫ lui paraîtra convenable. Les listes des mairies et le bureau ⸫ la garde nationale siégeant à l'Hôtel-de-ville sont mis à sa ⸫sposition.

Signé LAFAYETTE.

Les membres de la Commission : LOBAU, AUDRY DE PUIRAVEAU, MAUGUIN, CASIMIR PÉRIER.

Pour ampliation : *l'un des Secrétaires de la Commission,*

AYLIES.

———————

N° 12. — *ARRÊTÉ de la Commission municipale portant Nomination de Commissaires provisoires à divers Départemens ministériels.*

A Paris, le 31 Juillet 1830.

Sont nommés commissaires provisoires,

au département de la justice, M. *Dupont* (de l'Eure) ;

au département des finances, M. le baron *Louis ;*

au département de la guerre, M. le général *Gérard ;*

au département de la marine, M. *de Rigny ;*

au département des affaires étrangères, M. *Bignon ;*

à l'instruction publique, M. *Guizot ;*

à l'intérieur et travaux publics, M. *Casimir Périer.*

Signé LOBAU, AUDRY DE PUIRAVEAU, MAUGUIN, DE SCHONEN.

N° 13. — *ARRÊTÉ de la Commission centrale qui nomn M. Mérilhou, avocat, Secrétaire général provisoire de la ju tice, et l'autorise à prendre possession de l'hôtel du ministère.*

Paris, Hôtel-de-ville, le 1er Août 1830.

La Commission centrale,

Considérant qu'il importe de pourvoir de suite à la conservatio des archives et aux correspondances du ministère de la justice,

NOMME M. *Mérilhou,* avocat, secrétaire général provisoir du ministère de la justice, et l'autorise à prendre possessio de l'hôtel du ministère, et à pourvoir aux mesures de ci constance qui lui paraîtront nécessaires.

Signé LOBAU, DE SCHONEN, MAUGUIN, AUDRY DE PUIRAVEAU

Le Secrétaire de la Commission,
Signé ODILON-BARROT.

CERTIFIÉ *par nous Directeur du Bulletin des lois*

Paris, le 1er Août 1830,

ISAMBERT.

On s'abonne pour le Bulletin des lois, à raison de 9 francs par an, à la caisse de l'Imprimerie du Gouvernement, ou chez les Directeurs des postes des départemens.

A PARIS, DE L'IMPRIMERIE DU GOUVERNEMENT.
1er Août 1830.

BULLETIN DES LOIS.

N° 2.

LIEUTENANCE GÉNÉRALE DU ROYAUME.

N° 14. — *PROCLAMATION du Duc D'ORLÉANS aux Habitans de Paris, par laquelle il accepte les fonctions de Lieutenant général du Royaume.*

A Paris, le 31 Juillet 1830.

HABITANS DE PARIS,

Les Députés de la France, en ce moment réunis à Paris, m'ont exprimé le désir que je me rendisse dans cette capitale pour y exercer les fonctions de Lieutenant général du royaume.

Je n'ai pas balancé à venir partager vos dangers, à me placer au milieu de votre héroïque population, et à faire tous mes efforts pour vous préserver des calamités de la guerre civile et de l'anarchie.

En rentrant dans la ville de Paris, je portais avec orgueil ces couleurs glorieuses que vous avez reprises, et que j'avais moi-même long-temps portées.

Les Chambres vont se réunir ; elles aviseront aux moyens urer le règne des lois et le maintien des droits de la

La charte sera désormais une vérité.

Signé LOUIS-PHILIPPE D'ORLÉANS.

N° 15. — *Proclamation adressée au Peuple français par les Députés des départemens réunis à Paris.*

Paris, le 31 Juillet 1830.

FRANÇAIS,

La France est libre. Le pouvoir absolu levait son drapeau ; l'héroïque population de Paris l'a abattu. Paris attaqué a fait triompher par les armes la cause sacrée qui venait de triompher en vain dans les élections. Un pouvoir usurpateur de nos droits, perturbateur de notre repos, menaçait à-la-fois la liberté et l'ordre ; nous rentrons en possession de l'ordre et de la liberté. Plus de crainte pour les droits acquis ; plus de barrière entre nous et les droits qui nous manquent encore.

Un Gouvernement qui, sans délai, nous garantisse ces biens, est aujourd'hui le premier besoin de la patrie. Français, ceux de vos Députés qui se trouvent déjà à Paris se sont réunis ; et, en attendant l'intervention régulière des Chambres, ils ont invité un Français qui n'a jamais combattu que pour la France, M. LE DUC D'ORLÉANS, à exercer les fonctions de Lieutenant général du royaume. C'est à leurs yeux le plus sûr moyen d'accomplir promptement par la paix le succès de la plus légitime défense.

LE DUC D'ORLÉANS est dévoué à la cause nationale et constitutionnelle ; il en a toujours défendu les intérêts et professé les principes. Il respectera nos droits, car il tiendra de nous les siens. Nous, nous assurerons par des lois toutes les garanties nécessaires pour rendre la liberté forte et durable :

Le rétablissement de la garde nationale, avec l'intervention des gardes nationaux dans le choix des officiers ;

L'intervention des citoyens dans la formation des administrations départementales et municipales ;

Le jury pour les délits de la presse ;

la responsabilité légalement organisée des ministres et
agens secondaires de l'administration;

L'état des militaires légalement assuré;

La réélection des députés promus à des fonctions publiques.

Nous donnerons enfin à nos institutions, de concert avec
le Chef de l'État, les développemens dont elles ont besoin.

Français, LE DUC D'ORLÉANS lui-même a déjà parlé, et
son langage est celui qui convient à un pays libre : « Les
Chambres vont se réunir, vous dit-il; elles aviseront aux
moyens d'assurer le règne des lois et le maintien des droits
de la nation.

» La charte sera désormais une vérité. »

Étaient présens, MM.

D'Arroz, *Meuse.*
Jouvencel, *Seine-et-Oise.*
Vidrazin, *Eure.*
Dupin aîné, *Nièvre.*
B⁰⁰ Dupin, *Seine.*
Cormartin, *Somme.*
Perrel, *Gers.*
Maron, *Drôme.*
Étienne, *Meuse.*
Garcas, *Pyrénées-Orientales.*
Bessières, *Dordogne.*
Demimay-Moreau, *Meuse.*
Agier-Bouchotte, *Moselle.*
La Pommeraye, *Calvados.*
Mathieu-Dumas, *Seine.*
Dumerlet, *Eure.*
César Bacot, *Indre-et-Loire.*
De Drée, *Saone-et-Loire.*
Salverte, *Seine.*
Cunin-Gridaine, *Ardennes.*
Jacqueminot, *Vosges.*
Vassal, *Seine.*
Dupont (de l'Eure), *Eure.*
Corcelles, *Seine.*
Jacques Laffitte, *Basses-Pyrénées.*
Iruchon, *Oise.*
Kuneu, *Finistère.*
Martin Laffitte, *Seine-Inférieure.*
André Gallot, *Charente.*
Audry de Puiraveau, *idem.*
Louon, *Eure.*

Duris-Dufresne, *Indre.*
Charles Lameth, *Seine-et-Oise.*
Kœchlin, *Haut-Rhin.*
Général Clausel, *Ardennes.*
Labbey de Pompières, *Aisne.*
Alexandre Périer, *Loiret.*
Gattier, *Eure.*
Martin, *Seine-Inférieure.*
Legendre, *Eure.*
Prévôt-Leygonie, *Dordogne.*
Louis Blaise, *Ille-et-Vilaine.*
Péria, *Dordogne.*
Berard, *Seine-et-Oise.*
Milleret, *Moselle.*
Laisné de Villevêque, *Loiret.*
Delaborde, *Seine.*
Ternaux, *Vienne.*
Beraud, *Allier.*
Bernard, *Ille-et-Vilaine.*
Tribert, *Deux-Sèvres.*
Baillot, *Seine-et-Marne.*
Benjamin Constant, *Bas-Rhin.*
Lévêque de Pouilly, *Aisne.*
Benjamin Delessert, *Maine-et-Loire.*
Agier, *Deux-Sèvres.*
Firmin Didot, *Eure-et-Loir.*
Gaétan de la Rochefoucauld-Lian-
court, *Cher.*
Hennessy, *Charente.*
Alexandre de la Rochefoucauld, *Oise.*
Le général Tirlet, *Marne.*

Lepelletier d'Aunay, *Nièvre*.
Périer (Augustin), *Isère*.
Hély d'Oyssel, *Seine-Inférieure*.
D'Estourmel, *Nord*.
De Montguyon, *Oise*.
Dugas-Montbel, *Rhône*.
Saint-Aignan (Auguste), *Vendée*.
Kératry, *Vendée*.
Duchaffault, *Vendée*.
Hartmann, *Haut-Rhin*.
Eugène d'Harcourt, *Seine-et-Marne*.
Odier, *Seine*.
Viennet, *Hérault*.
Sébastiani, *Aisne*.
Jobert (Lucas), *Marne*.
Girod (de l'Ain), *Indre-et-Loire*.
Vatimesnil, *Nord*.
Jars, *Rhône*.

Cormenin, *Loiret*.
Paixhans, *Moselle*.
J. Lefebvre, *Seine*.
Duvergier de Hauranne, *Seine-Inférieure*.
Lecarlier, *Aisne*.
Camille Périer, *Sarthe*.
De Bondy, *Indre*.
Méchin, *Aisne*.
Bazile (Louis), *Côte-d'Or*.
Nau de Champlouis, *Vosges*.
Bertin de Vaux, *Seine-et-Oise*.
Le général Minot, *Seine-et-Oise*.
Lepelletier d'Aunay, *Seine-et-Oise*.
Marchal, *Meurthe*.
Le général Baillot, *Manche*.
Beraud, *Charente-Inférieure*.

N.° 10. — *Proclamation du Général* Lafayette *aux Citoyens de Paris.*

A Paris, le 31 Juillet 1830.

La réunion des députés actuellement à Paris vient de communiquer au général en chef la résolution qui, dans l'urgence des circonstances, a nommé M. le Duc d'*Orléans* Lieutenant général du royaume. Dans trois jours, la Chambre sera en séance régulière, conformément au mandat de ses commettans, pour s'occuper de ses devoirs patriotiques, rendus plus importans et plus étendus encore par le glorieux événement qui vient de faire rentrer le peuple français dans la plénitude de ses imprescriptibles droits. Honneur à la population parisienne !

C'est alors que les représentans des colléges électoraux, honorés de l'assentiment de la France entière, sauront assurer à la patrie, préalablement aux considérations et aux formes secondaires de gouvernement, toutes les garanties de liberté, d'égalité et d'ordre public, que réclament la nature souveraine de nos droits et la ferme volonté du peuple français.

Déjà, sous le Gouvernement d'origine et d'influences étrangères qui vient de cesser, grâce à l'héroïque, rapide et populaire effort d'une juste résistance à l'agression contre-

·lutionnaire , il était reconnu que, dans la session actuelle, ·demandes du rétablissement d'administrations électives, communales et départementales, la formation des gardes naionales de France sur les bases de la loi de 91 , l'extension de l'application du jury, les questions relatives à la loi élecinale, la liberté de l'enseignement, la responsabilité des gens du pouvoir, et le mode nécessaire pour réaliser cette responsabilité , devaient être des objets de discussions législatives préalables à tout vote de subsides ; à combien plus forte raison ces garanties et toutes celles que la liberté et l'égalité peuvent réclamer, doivent-elles précéder la concession des pouvoirs définitifs que la France jugerait à propos de conférer ! En attendant, elle sait que le Lieutenant général du royaume, appelé par la Chambre, fut un des jeunes patriotes de 89, un des premiers généraux qui firent triompher le drapeau tricolore. *Liberté, égalité et ordre public*, fut toujours ma devise. Je lui serai fidèle.

Signé LAFAYETTE.

N.° 17. — *ORDONNANCE du Lieutenant général du Royaume qui rétablit les Couleurs nationales.*

A Paris, le 1.er Août 1830.

Nous, LOUIS-PHILIPPE D'ORLÉANS , Duc d'Orléans, Lieutenant général du royaume,

AVONS ORDONNÉ et ORDONNONS ce qui suit :

ART. 1.er La nation française reprend ses couleurs. Il ne en plus porté d'autre cocarde que la cocarde tricolore.

2. Les commissaires chargés provisoirement des divers départemens du ministère veilleront, chacun en ce qui le concerne, à l'exécution de la présente ordonnance.

Signé LOUIS-PHILIPPE D'ORLÉANS.

Et plus bas : *le Commissaire chargé provisoirement du ministère de la guerre ,*

S:gné C.te GÉRARD.

N.° 18. — *ORDONNANCE du Lieutenant général qui convoque la Chambre des Pairs et celle des Députés.*

A Paris, le 1.er Août 1830.

La Chambre des Pairs et la Chambre des Députés se réuniront le 3 août prochain dans le local accoutumé.

Signé LOUIS-PHILIPPE D'ORLÉANS.

Et plus bas : *le Commissaire chargé provisoirement du ministère de l'intérieur,*

Signé GUIZOT.

———————

N.° 19. — *ORDONNANCE du Lieutenant général qui nomme M. Dupont (de l'Eure) au département de la Justice.*

A Paris, le 1.er Août 1830.

M. *Dupont* (de l'Eure) est nommé commissaire au département de la justice.

Signé LOUIS-PHILIPPE D'ORLÉANS.

Et plus bas : *le Commissaire chargé provisoirement du ministère de l'intérieur,*

Signé GUIZOT.

———————

N.° 20. — *ORDONNANCE du Lieutenant général qui nomme le Comte Gérard Commissaire au département de la Guerre.*

A Paris, le 1.er Août 1830.

Le comte *Gérard* est nommé commissaire au département de la guerre.

Signé LOUIS-PHILIPPE D'ORLÉANS.

Et plus bas : *le Commissaire chargé provisoirement du département de l'intérieur,*

Signé GUIZOT.

———————

N.° 21. — *ORDONNANCE du Lieutenant général qui nomme M. Guizot Commissaire au département de l'Intérieur.*

A Paris, le 1.er Août 1830.

M. *Guizot* est nommé commissaire au département de l'intérieur.

Signé LOUIS-PHILIPPE D'ORLÉANS.

Et plus bas : *le Commissaire chargé provisoirement du ministère de la guerre,*

Signé C.te GÉRARD.

N.º 22. — *ORDONNANCE du Lieutenant général qui nomme M. le Baron Louis Commissaire provisoire au département des Finances.*

A Paris, le 1.ᵉʳ Août 1830.

M. le baron *Louis* est nommé commissaire provisoire au département des finances.

Signé LOUIS-PHILIPPE D'ORLÉANS.

Et plus bas : *le Commissaire provisoire au département de la justice,*

Signé DUPONT (de l'Eure).

N.º 23. — *ORDONNANCE du Lieutenant général qui nomme M. Girod (de l'Ain) Préfet de police.*

A Paris, le 1.ᵉʳ Août 1830.

M. *Girod* (de l'Ain), conseiller à la cour royale de Paris, est nommé préfet de police.

Signé LOUIS-PHILIPPE D'ORLÉANS.

Et plus bas : *le Commissaire chargé provisoirement du ministère de l'intérieur,*

Signé GUIZOT.

N.º 24. — *ORDONNANCE du Lieutenant général qui nomme M. Asbernon préfet de Seine-et-Oise. (Paris, 1.ᵉʳ Août 1830.)*

N.º 25. — *ORDONNANCE du Lieutenant général qui nomme M. Clausse maire de Versailles. (Paris, 1.ᵉʳ Août 1830.)*

N.º 26. — *ORDONNANCE du Lieutenant général qui abolit les Condamnations politiques pour les Délits de la Presse.*

A Paris, le 2 Août 1830.

NOUS, LOUIS-PHILIPPE D'ORLÉANS, Duc d'Orléans, Lieutenant général du royaume,

AVONS ORDONNÉ et ORDONNONS ce qui suit :

ART. 1.ᵉʳ Les condamnations prononcées pour délits politiques de la presse demeureront sans effet.

2. Les personnes détenues à raison de ces délits seront sur-le-champ mises en liberté.

Il est fait également remise des amendes et autres peines, sous la seule réserve du droit des tiers.

Les poursuites commencées jusqu'à ce jour cesseront immédiatement.

Signé Louis-Philippe D'ORLÉANS.

Et plus bas : le Commissaire provisoire au département de la justice,

Signé Dupont (de l'Eure).

N.º 27. — ORDONNANCE *du Lieutenant général qui prescrit le Dépôt de l'Acte d'abdication de Charles X aux Archives de la Chambre des Pairs.*

A Paris, le 2 Août 1830 à minuit.

NOUS, LOUIS-PHILIPPE D'ORLÉANS, Duc d'Orléans, exerçant les fonctions de Lieutenant général du royaume, ordonnons que l'acte daté à Rambouillet le 2 août 1830, par lequel S. M. le Roi CHARLES X abdique la couronne et S. A. R. LOUIS-ANTOINE de France, son fils, renonce aussi à ses droits, sera déposé, dans le plus bref délai possible, aux archives de la Chambre des Pairs par le commissaire provisoire au département de la justice.

Signé Louis-Philippe D'ORLÉANS.

Et plus bas : le Commissaire provisoire au département de la justice,

Signé Dupont (de l'Eure).

N.º 28. — ACTE D'ABDICATION *de CHARLES X, et du Dauphin LOUIS-ANTOINE, transcrit, le 3 Août, sur le registre de l'état civil de la maison royale aux Archives de la Chambre des Pairs.*

Rambouillet, ce 2 Août 1830.

Mon cousin, je suis trop profondément peiné des maux qui affligent ou qui pourraient menacer mes peuples pour n'avoir pas cherché un moyen de les prévenir. J'ai donc pris la résolution d'abdiquer la couronne en faveur de mon petit-fils le Duc *de Bordeaux*.

Le Dauphin, qui partage mes sentimens, renonce aussi à
ses droits en faveur de son neveu.

Vous aurez donc, en votre qualité de lieutenant général du
royaume, à faire proclamer l'avénement de *Henri V* à la couronne. Vous prendrez d'ailleurs toutes les mesures qui vous
concernent pour régler les formes du gouvernement pendant
la minorité du nouveau Roi. Ici je me borne à faire connaître
ces dispositions; c'est un moyen d'éviter encore bien des maux.

Vous communiquerez mes intentions au corps diploma-
tique, et vous me ferez connaître le plus tôt possible la proclamation par laquelle mon petit-fils sera reconnu Roi sous le
nom d'*Henri V*.

Je charge le lieutenant général vicomte *de Foissac-Latour*
de vous remettre cette lettre. Il a ordre de s'entendre avec
vous pour les arrangemens à prendre en faveur des personnes
qui m'ont accompagné, ainsi que pour les arrangemens convenables pour ce qui me concerne et le reste de ma famille.

Nous réglerons ensuite les autres mesures qui seront la
conséquence du changement de règne.

Je vous renouvelle, mon cousin, l'assurance des sentimens
avec lesquels je suis votre affectionné cousin,

Signé CHARLES.

LOUIS-ANTOINE.

N.° 29. — *O R D O N N A N C E du Lieutenant général qui nomme
M.* Bernard (*de Rennes*) *Procureur général près la Cour royale
de Paris.*

A Paris, le 2 Août 1830.

Nous, LOUIS-PHILIPPE D'ORLÉANS, Duc d'Orléans,
Lieutenant général du royaume;

Sur le rapport du commissaire provisoire au département de la
justice,

AVONS NOMMÉ et NOMMONS M. *Bernard* (de Rennes),

avocat à Paris, et membre de la Chambre des Députés, aux fonctions de procureur général à la cour royale de Paris, en remplacement de M. *Jacquinot de Pampelune.*

Le commissaire provisoire au département de la justice est chargé de l'exécution de la présente ordonnance. ·

Signé LOUIS-PHILIPPE D'ORLÉANS.

Et plus bas : *le Commissaire provisoire au département de la justice,*

Signé DUPONT (de l'Eure).

N.° 30. — *ORDONNANCE du Lieutenant général qui nomme M.* Mérilhou *Secrétaire général du Ministère de la justice.*

A Paris, le 2 Août 1830.

NOUS, LOUIS-PHILIPPE D'ORLÉANS, Duc d'Orléans, Lieutenant général du royaume ;

Sur la proposition du commissaire provisoire au département de la justice,

AVONS NOMMÉ et NOMMONS secrétaire général du ministère de la justice, M. *Joseph Mérilhou,* avocat et ancien magistrat à la cour royale de Paris.

Le commissaire provisoire au département de la justice est chargé de l'exécution de la présente.

Signé LOUIS-PHILIPPE D'ORLÉANS.

Le Commissaire provisoire au département de la justice,

Signé DUPONT (de l'Eure).

N.° 31. — *ORDONNANCE du Lieutenant général qui prescrit la formule de l'intitulé des Jugemens, Arrêts, &c.*

A Paris, le 3 Août 1830.

NOUS, LOUIS-PHILIPPE D'ORLÉANS, Duc d'Orléans, Lieutenant général du royaume ;

Sur le rapport du commissaire provisoire au département de la justice, et notre conseil entendu,

AVONS ORDONNÉ et ORDONNONS ce qui suit :

Les arrêts, jugemens, mandats de justice, contrats et tous

atres actes seront intitulés ainsi qu'il suit, jusqu'à ce qu'une
u ait fixé définitivement la formule exécutoire :

« LOUIS-PHILIPPE D'ORLÉANS, Duc d'Orléans, Lieu-
» tenant général du royaume, à tous présens et à venir, SALUT.
» La cour . . . . *ou* le tribunal de . . . . a rendu &c. »
(*Ici, copier l'arrêt ou le jugement.*)

MANDONS et ORDONNONS &c.

Le commissaire provisoire au département de la justice est
chargé de l'exécution de la présente ordonnance, qui sera insérée au Bulletin des lois.

Signé LOUIS-PHILIPPE D'ORLÉANS.

Et plus bas, le Commissaire provisoire au département de la justice,
Signé DUPONT (de l'Eure).

CERTIFIÉ *conforme par nous Commissaire provisoire*
au département de la justice,

Paris, le 5 * Août 1830,
DUPONT (de l'Eure).

* Cette date est celle de la réception du Bulletin
à la Chancellerie.

On s'abonne pour le Bulletin des lois, à raison de 9 francs par an, à la caisse de
l'Imprimerie du Gouvernement, ou chez les Directeurs des postes des départemens.

À PARIS, DE L'IMPRIMERIE DU GOUVERNEMENT.
5 Août 1830.

BULLETIN DES LOIS.
N° 3.

LIEUTENANCE GÉNÉRALE DU ROYAUME.

N° 32. — *DISCOURS prononcé par M*^r *le Duc D'ORLÉANS, Lieutenant général du Royaume, à l'ouverture de la session des Chambres législatives.*

A Paris, le 3 Août 1830.

MESSIEURS LES PAIRS ET MESSIEURS LES DÉPUTÉS,

Paris, troublé dans son repos par une déplorable violation de la charte et des lois, les défendait avec un courage héroïque. Au milieu de cette lutte sanglante, aucune des garanties de l'ordre social ne subsistait plus. Les personnes, les propriétés, les droits, tout ce qui est précieux et cher à des hommes et à des citoyens courait les plus graves dangers.

Dans cette absence de tout pouvoir public, le vœu de mes concitoyens s'est tourné vers moi; ils m'ont jugé digne de concourir avec eux au salut de la patrie; ils m'ont invité à exercer les fonctions de Lieutenant général du royaume.

Leur cause m'a paru juste, les périls immenses, la nécessité impérieuse, mon devoir sacré. Je suis accouru au milieu de ce vaillant peuple, suivi de ma famille, et portant ces couleurs, pour la seconde fois, ont marqué parmi nous le triomphe de la liberté.

Je suis accouru, fermement résolu à me dévouer à tout ce que les circonstances exigeraient de moi, dans la situation où m'ont placé, pour rétablir l'empire des lois, sauver la ... menacée, et rendre impossible le retour de si grands

IXe Série.   C

maux, en assurant à jamais le pouvoir de cette charte dont
le nom, invoqué pendant le combat, l'était encore après la
victoire.

Dans l'accomplissement de cette noble tâche, c'est aux
Chambres qu'il appartient de me guider. Tous les droits doivent
être solidement garantis, toutes les institutions nécessaires à
leur plein et libre exercice doivent recevoir les développemens
dont elles ont besoin. Attaché de cœur et de conviction aux
principes d'un gouvernement libre, j'en accepte d'avance toutes
les conséquences. Je crois devoir appeler dès aujourd'hui votre
attention sur l'organisation des gardes nationales, l'application
du jury aux délits de la presse, la formation des administrations départementales et municipales, et, avant tout, sur cet
article 14 de la charte qu'on a si odieusement interprété.

C'est dans ces sentimens, Messieurs, que je viens ouvrir
cette session.

Le passé m'est douloureux; je déplore des infortunes que
j'aurais voulu prévenir : mais, au milieu de ce magnanime élan
de la capitale et de toutes les cités françaises, à l'aspect de
l'ordre renaissant avec une merveilleuse promptitude après
une résistance pure de tout excès, un juste orgueil national
émeut mon cœur, et j'entrevois avec confiance l'avenir de la
patrie.

Oui, Messieurs, elle sera heureuse et libre cette France qui
nous est si chère; elle montrera à l'Europe qu'uniquement
occupée de sa prospérité intérieure, elle chérit la paix aussi
bien que les libertés, et ne veut que le bonheur et le repos
de ses voisins.

Le respect de tous les droits, le soin de tous les intérêts,
la bonne foi dans le gouvernement, sont le meilleur moyen de
désarmer les partis, et de ramener dans les esprits cette confiance, dans les institutions cette stabilité, seuls gages assurés
du bonheur des peuples et de la force des états.

Messieurs les Pairs et Messieurs les Députés, aussitôt que
les Chambres seront constituées, je ferai porter à leur connaissance l'acte d'abdication de S. M. le Roi *Charles X :* par ce

même acte, S. A. R. *Louis-Antoine* de France, Dauphin, renonce également à ses droits. Cet acte a été remis entre mes mains, hier 2 août, à onze heures du soir. J'en ordonne ce matin le dépôt dans les archives de la Chambre des Pairs, et je le fais insérer dans la partie officielle du *Moniteur*.

N° 33. — ORDONNANCE du Lieutenant général du royaume qui, sur la proposition du commissaire provisoire au département de l'intérieur, nomme M. *Chardel* commissaire provisoire à la direction générale des postes.

Il prendra les ordres du commissaire provisoire au département des finances. (*Paris, 2 Août 1830.*)

N° 34. — ORDONNANCE du Lieutenant général du royaume qui, sur le rapport du commissaire provisoire au département de la justice, nomme M. *Barthe*, avocat à Paris, procureur du Roi près le tribunal de première instance du département de la Seine, en remplacement de M. *Billot*. (*Paris, 2 Août 1830.*)

N° 35. — ORDONNANCE du Lieutenant général du royaume qui, sur le rapport du commissaire provisoire au département de l'intérieur, nomme

M. *Alexandre Joubert* maire d'Angers, en remplacement de M. *de Villemorges* ;

M. *Cholet* sous-préfet à Segré (Maine-et-Loire), en remplacement de M. *Arthuis*. (*Paris, 2 Août 1830*).

N° 36. — *ORDONNANCE qui nomme le Baron Pasquier, Pair de France, Président de la Chambre des Pairs, en remplacement du Marquis de Pastoret, démissionnaire.*

A Paris, le 3 Août 1830.

NOUS, LOUIS-PHILIPPE D'ORLÉANS, Duc d'Orléans, Lieutenant général du royaume ;

Vu la démission, en date du 1er de ce mois, à nous adressée par le marquis *de Pastoret*, des fonctions et du titre de chancelier de France ;

Voulant pourvoir sur-le-champ à la présidence de la Chambre des Pairs;

Sur le rapport de notre commissaire provisoire au département de la justice,

AVONS NOMMÉ et NOMMONS le baron *Pasquier*, pair de France, président de la Chambre des Pairs.

Notre commissaire au département de la justice est chargé de l'exécution de la présente ordonnance, qui sera insérée au Bulletin des lois.

Signé LOUIS-PHILIPPE D'ORLÉANS.

Le Commissaire provisoire au département de la justice,

Signé DUPONT (de l'Eure).

———

N° 37. — ORDONNANCES du Lieutenant général du royaume qui, sur le rapport du commissaire provisoire au département de la guerre, nomment

Le Duc DE CHARTRES grand'croix de la Légion d'honneur,

Le Duc DE NEMOURS grand'croix de la Légion d'honneur. (*Paris, 3 Août 1830.*)

———

N° 38. — ORDONNANCES du Lieutenant général du royaume qui, sur le rapport de M. *Guizot*, commissaire provisoire au département de l'intérieur, nomment

M. *d'Entraigues* préfet du département d'Indre-et-Loire, en remplacement de M. le comte *de Juigné*;

M. *de Saint-Didier* préfet du département de l'Aube, en remplacement de M. le comte *de Brancas*;

M. *Feutrier* préfet de la Sarthe, en remplacement de M. le comte *de Bourblanc*;

M. *Baynaud* préfet des Hautes-Alpes, en remplacement de M. *de Roussy* (*Paris, 2 Août 1830*);

M, le comte *Treilhard* préfet de la Seine-Inférieure, en remplacement du comte *de Murat*;

M. *Paulze d'Ivoy* préfet du Rhône, en remplacement du comte *de Brosse*;

M. *de Barennes* conseiller de préfecture, chargé de l'administration du département de la Gironde (*Paris, 3 Août 1830*);

M. *Feutrier*, préfet de la Sarthe, à la préfecture du département de l'Oise, en remplacement de M. le comte *de Nugent*, dont la démission est acceptée. (*Paris, 4 Août 1830.*)

N° 39. — ORDONNANCES du Lieutenant général du royaume qui, sur le rapport du commissaire provisoire au département de l'instruction publique, nomment

M. *Blondeau* doyen de la faculté de droit de Paris,

M. le baron *Dubois* doyen de la faculté de médecine de Paris. (*Paris, 4 Août 1830.*)

N° 40. — ORDONNANCES du Lieutenant général du royaume qui, sur le rapport du commissaire provisoire au département de la guerre, nomment

M. *Baradère*, intendant militaire, aux fonctions de secrétaire général au ministère de la guerre ;

M. le comte *Gentil Saint - Alphonse*, maréchal - de - càmp, à celles de directeur général du personnel ;

M. le comte *Hector Daure*, intendant militaire, à celles de directeur général de l'administration ;

M. *Martineau Deschenez* à celles de directeur de la comptabilité générale. (*Paris, 4 Août 1830.*)

N° 41. — ORDONNANCE du Lieutenant général du royaume qui, sur le rapport du commissaire provisoire au département des finances, nomme M. *Calmon*, député, directeur général des domaines. (*Paris, 4 Août 1830.*)

N° 42. — ORDONNANCE du Lieutenant général du royaume qui, sur le rapport du commissaire provisoire au département de la justice, nomme le sieur *Charpentier*, avocat à la cour royale de Metz, procureur général à ladite cour royale, en remplacement du sieur *Pinaud*, lequel est révoqué. (*Paris, 4 Août 1830.*)

N° 43. — ORDONNANCES du Lieutenant général du royaume qui, sur le rapport du commissaire provisoire au département de la justice, nomment.

M. *Devaux*, avocat, et membre de la Chambre des Députés, procureur général à la cour royale de Bourges, en remplacement de M. *Jouslin de Noray*;

M. *Rossée*, ancien avocat général, procureur général à la cour royale de Colmar, en remplacement de M. *Desclaux*;

M. *Bouffey*, juge d'instruction au tribunal d'Argentan, procureur du Roi au même siége, en remplacement de M. *Lucas-Gherdville*, lequel est révoqué. (*Paris, 5 Août 1830.*)

C 3

N° 44. — ORDONNANCE du Lieutenant général du royaume qui, sur la proposition du commissaire provisoire au département de l'intérieur, nomme M. *Larreguy* commissaire extraordinaire dans le département des Bouches-du-Rhône, où il exercera toutes les fonctions de préfet. (*Paris, 5 Août 1830.*)

N° 45. — ORDONNANCE du Lieutenant général du royaume qui, sur la proposition du commissaire provisoire au département de l'intérieur, nomme

M. *d'Arros* préfet du département de la Meuse, en. remplacement de M. *Chevalier de Caunan ;*

M. *Félix Gillon* secrétaire général de la préfecture, est chargé d'exercer provisoirement les fonctions de préfet;

M. *de Riccé* préfet du Loiret, en remplacement de M. *de Foresta ;*

M. *de Bricke*, secrétaire général de la préfecture du Loiret, est chargé de remplir provisoirement les fonctions de préfet;

M. *Auguste Deschamps* préfet du département de la Creuse, en remplacement de M. *Frotté ;*

M. *Victor Tourangin* préfet de la Sarthe, en remplacement de M. *Feutrier*, nommé préfet de l'Oise;

M. *Pompei*, ancien sous-préfet de Calvi, préfet de l'Yonne, en remplacement de M. *de Gasville;*

M. *Target* préfet du Calvados, en remplacement de M. *de Montlivault ;*

M. *Leroy*, ancien préfet du Loiret, préfet d'Ille-et-Vilaine, en remplacement de M. *Jordan ;*

M. *Langlois d'Amilly* préfet d'Eure-et-Loir, en remplacement de M. *Giresse-Labeyrie ;*

M. *Antoine Passy*, conseiller-référendaire à la cour des comptes, préfet de l'Eure, en remplacement de M. *Delaître;*

M. *Merville* préfet de la Meurthe, en remplacement de M. *d'Allonville ;*

M. *Clogenson* préfet de l'Orne, en remplacement de M. *de Kerseint.* (*Paris, 5 Août 1830.*)

N° 46. — ORDONNANCE du Lieutenant général du Royaume qui rétablit le titre d'École normale.

A Paris, le 6 Août 1830.

NOUS, LOUIS-PHILIPPE D'ORLÉANS, Duc d'Orléans, Lieutenant général du royaume,

Avons arrêté et arrêtons ce qui suit :

L'école destinée à former des professeurs, et désignée depuis quelques années sous le nom d'*école préparatoire*, reprendra le titre d'*école normale*.

Il nous sera incessamment proposé des mesures pour compléter l'organisation de cette école d'une manière conforme à tous les besoins de l'enseignement.

Signé Louis-Philippe D'ORLÉANS.

Le Commissaire provisoire au département de l'instruction publique,

Signé Ed. Bignon.

N° 47. — ORDONNANCE *du Lieutenant général du Royaume sur l'Uniforme et le Drapeau de la Garde nationale.*

A Paris, le 6 Août 1830.

Nous, Louis-Philippe D'ORLÉANS, Duc d'Orléans, Lieutenant général du royaume,

Avons ordonné et ordonnons ce qui suit :

Les drapeaux et les boutons d'habit de la garde nationale porteront pour inscription les mots *Liberté*, *Ordre public*, et le cimier des drapeaux sera le coq gaulois.

Signé Louis-Philippe D'ORLÉANS.

Et plus bas : *le Commissaire provisoire au département de l'intérieur,*

Signé Guizot.

N° 48. — ORDONNANCE *du Lieutenant général du Royaume qui accorde des Récompenses aux Élèves de l'École polytechnique.*

A Paris, le 6 Août 1830.

Nous, Louis-Philippe D'ORLÉANS, Duc d'Orléans, Lieutenant général du royaume,

Considérant les services distingués que les élèves de l'école polytechnique ont rendus à la cause de la patrie et de la liberté, et la part glorieuse qu'ils ont prise aux héroïques journées des 27, 28 et 29 juillet,

Avons arrêté et arrêtons :

ART. 1ᵉʳ. Tous les élèves de l'école polytechnique qui ont concouru à la défense de Paris, sont nommés au grade de lieutenant.

2. Ceux d'entre eux qui se destinent à des services civils recevront, dans les diverses carrières qu'ils embrasseront, un avancement analogue.

3. Ils ne passeront point d'examens pour leur sortie de l'école ; mais ils seront classés d'après les notes qu'ils auront obtenues pendant la durée du séjour qu'ils y ont fait.

4. Un congé de trois mois leur est accordé.

5. Vu la difficulté de reconnaître parmi tant de braves ceux qui sont le plus dignes d'obtenir la croix de la Légion d'honneur, les élèves désigneront eux-mêmes douze d'entre eux pour recevoir cette décoration.

Signé LOUIS-PHILIPPE D'ORLÉANS.

Et plus bas : le Commissaire provisoire au département de la guerre,

Signé Cᵗᵉ GÉRARD.

Nº 49. — *ORDONNANCE du Lieutenant général du Royaume qui accorde quatre Décorations de la Légion d'honneur aux Élèves de l'École de médecine.*

A Paris, le 6 Août 1830.

NOUS, LOUIS-PHILIPPE D'ORLÉANS, Duc d'Orléans, Lieutenant général du royaume,

Considérant les services que les élèves de l'école de médecine ont rendus à la cause de la liberté et de la patrie dans les journées des 27, 28 et 29 juillet,

AVONS ARRÊTÉ et ARRÊTONS :

Quatre décorations de la Légion d'honneur sont accordées à l'école de médecine.

Les élèves désigneront eux-mêmes quatre d'entre eux pour recevoir cette décoration.

Signé LOUIS-PHILIPPE D'ORLÉANS.

Le Commissaire provisoire au département de l'instruction publique,

Signé BIGNON.

N° 50. — ORDONNANCE *du Lieutenant général du Royaume qui accorde quatre Décorations de la Légion d'honneur aux Élèves de l'École de droit.*

A Paris, le 6 Août 1830.

NOUS, LOUIS-PHILIPPE D'ORLÉANS, Duc d'Orléans, Lieutenant général du royaume,

Considérant les services que les élèves de l'école de droit ont rendus à la cause de la liberté et de la patrie dans les journées des 27, 28 et 29 juillet,

AVONS ARRÊTÉ et ARRÊTONS :

Quatre décorations de la Légion d'honneur sont accordées à l'école de droit.

Les élèves désigneront eux-mêmes quatre d'entre eux pour recevoir cette décoration.

Signé LOUIS-PHILIPPE D'ORLÉANS.

Et plus bas : le *Commissaire provisoire au département de l'instruction publique*,

Signé BIGNON.

N° 51. — ORDONNANCES du Lieutenant général du royaume qui, sur le *rapport* du commissaire provisoire au département de *l'intérieur*, nomment

M. *Louis de Saint-Aignan*, ancien préfet, préfet du département de la Loire-Inférieure, en remplacement de M. *de Vanssay* ;

M. *Fargues*, ancien préfet, préfet du département de la Haute-Marne, en remplacement de M. *de Saint-Genest* ;

M. *Félix Barthélemy*, ancien sous-préfet, préfet du département de Maine-et-Loire, en remplacement de M. le comte *Frottier de Bagneux* ;

M. *Dugied*, ancien préfet, préfet du département du Haut-Rhin, en remplacement de M. *Locard* ;

M. *Didier* (*Louis-Paul*), ancien préfet, préfet du département de la Somme, en remplacement de M. *de Villeneuve*, démissionnaire ;

M. *Lucien Arnault* préfet du département de Saone-et-Loire, en remplacement de M. le comte *de Puymaigre* ;

M. *Amédée Thierry* préfet du département de la Haute-Saone, en remplacement de M. *Lebrun de Charmettes;*

M. *Lepasquier* secrétaire général de la préfecture de la Seine-Inférieure;

M. *Couture* fils, avocat, sous-préfet à Yvetot; .

M. *Cocagne* sous-préfet à Neufchâtel;

M. *Collet-Dubignon* secrétaire général de la préfecture de Maine-et-Loire;

M. *Verny* père, avocat, secrétaire général de la préfecture du Haut-Rhin;

M. *Mourgeon,* ancien conseiller de préfecture, secrétaire général de la préfecture du Doubs;

M. *Farez,* ancien procureur du Roi à Cambrai, sous-préfet de cet arrondissement, en remplacement de M. *Cardon de Garsignies;*

M. *de Moras* sous-préfet de Bayeux, en remplacement de M. *Génas-Duhomme;*

M. *Louis Nasse* sous-préfet de Lisieux, en remplacement de M. *de Coniac;*

M. *Louis Dubois* sous-préfet à Bernay, en remplacement de M. *Delahaye;*

M. *Richard (Jean-Alexandre-Honoré)* sous-préfet de Lure (Haute-Saone), en remplacement de M. *Rogniat;*

M. *Colombel,* ancien chef d'escadron, sous-préfet de Falaise, en remplacement de M. *Rhulières;* .

M. *Marie* secrétaire général de la préfecture du Calvados, en remplacement de M. *de Bridieu.* (*Paris, 6 Août 1830.*)

N° 52. — ORDONNANCES du Lieutenant général du royaume qui, sur la proposition du commissaire provisoire au département de la justice, nomment

M. *Bresson,* conseiller à la cour royale de Nancy, procureur général près la même cour, en remplacement de M. *Saladin.* (*Paris, 5 Août 1830*);

M. *Feuillade-Chauvin,* procureur général près la cour royale de Bastia, procureur général près la cour royale de Bordeaux, en remplacement de M. *Ratteau;*

M. *Madier de Montjau,* conseiller en la cour royale de Nimes et membre de la Chambre des Députés, procureur général près la cour royale de Lyon, en remplacement de M. *Seguy* ;

M. *Varambey*, avocat à la cour royale de Dijon, avocat général à la même cour, en remplacement de M. *Colin*, promu à d'autres fonctions ;

M. *Colin*, avocat général à la cour royale de Dijon, procureur général près ladite cour, en remplacement de M. *Nault* ;

M. *Le Rouge*, avocat à la cour royale de Dijon, procureur général près la cour royale de Besançon, en remplacement de M. *Clerc* ;

M. *Cochelin*, ancien procureur du Roi à Laval, procureur du Roi près le tribunal civil du Mans, en remplacement du sieur *Rondeau-Martinière*, lequel est révoqué ;

M. *Félix Faure*, conseiller en la cour royale de Grenoble et membre de la Chambre des Députés, procureur général près la même cour, en remplacement de M. *Morand de Jouffrey*. (*Paris*, *6 Août 1830.*)

N° 53. — ORDONNANCE du Lieutenant général du royaume qui, sur le rapport du commissaire provisoire de l'instruction publique, accepte les démissions de MM. *Charpit de Courville*, *Delvincourt* et *Clausel de Coussergues*, des fonctions de membres du conseil de l'instruction publique, et qui nomme M. *Cousin*, professeur de philosophie à la faculté des lettres, à l'une de ces places. (*Paris*, *6 Août 1830.*)

N° 54. — ORDONNANCE du Lieutenant général du royaume qui, sur le rapport du commissaire provisoire au département de l'intérieur, nomme M. *de Magnoncourt* (*Flavien*) maire de Besançon (Doubs), en remplacement de M. *Terrier de Santans*. (*Paris*, *7 Août 1830.*)

N° 55. — ORDONNANCES du Lieutenant général du royaume qui, sur le rapport du commissaire provisoire au département de l'intérieur, nomment

M. *Eugène Mancel* sous-préfet de Lorient, en remplacement de M. *Barrère* ;

M. *Romieu* sous-préfet de Quimperlé, en remplacement de M. *Jegon-Dulaz* ;

M. *Néel* sous-préfet de Dinan, en remplacement de M. *Sevoy* ;

M. *Faret*, chef de bataillon en retraite, secrétaire général de la préfecture d'Indre-et-Loire, en remplacement de M. *Lafrilière ;*

M. le comte *de Preissac,* ancien préfet de la Gironde, en remplacement de M. *de Curzay ;*

M. *Lecarpentier,* négociant, maire de Honfleur ;

M. *Chamblain,* notaire, maire de Melun ;

M. *Villemain,* ancien député, maire de Lorient ;

M. *de Lacoste,* ancien sous-préfet, préfet du Gard, en remplacement de M. *Herman ;*

M. *de Théis,* secrétaire général de la préfecture de l'Aisne, préfet de la Haute-Marne, en remplacement de M. *Coster ;*

M. *Choppin d'Arnouville,* ancien préfet, à la préfecture du Doubs, en remplacement de M. le baron *de Calvière ;*

M. *Taillefer (Auguste-Louis)* sous-préfet à Bergerac (Dordogne), en remplacement de M. *de Courson ;*

M. *Lescure,* premier adjoint à la mairie, maire de Bergerac ;

M. *Godfroy* préfet des Côtes-du-Nord, en remplacement de M. *Fadatte de Saint-Georges.* (*Paris, 7 Août 1830.*)

Nº 56. — Ordonnance du Lieutenant général du royaume qui, sur le rapport du commissaire provisoire au département de la justice, nomme juge au tribunal civil d'Évreux (Eure) M. *Delhomme,* juge suppléant près le même tribunal, en remplacement de M. *Hochon,* démissionnaire, admis à faire valoir ses droits à la retraite, et à prendre le titre de juge honoraire. (*Paris, 8 Août 1830.*)

CERTIFIÉ conforme par nous Commissaire provisoire au département de la justice,

Paris, le 10 * Août 1830,

DUPONT (de l'Eure).

* Cette date est celle de la réception du Bulletin à la Chancellerie.

On s'abonne pour le Bulletin des lois, à raison de 9 francs par an, à la caisse de l'Imprimerie royale, ou chez les Directeurs des postes des départemens.

A PARIS, DE L'IMPRIMERIE ROYALE.
10 Août 1830.

BULLETIN DES LOIS.
N° 4.

LIEUTENANCE GÉNÉRALE DU ROYAUME.

N° 57. — *ACTES relatifs aux Modifications faites à la Charte constitutionnelle, et à l'avènement de LOUIS-PHILIPPE I.er, Roi des Français.*

A Paris, le 7 Août 1830.

LOUIS-PHILIPPE, ROI DES FRANÇAIS, à tous présens et à venir, SALUT.

NOUS AVONS ORDONNÉ et ORDONNONS ce qui suit:

DÉCLARATION
DE LA CHAMBRE DES DÉPUTÉS.

LA CHAMBRE DES DÉPUTÉS, prenant en considération l'impérieuse nécessité qui résulte des événemens des 26, 27, 28, 29 juillet dernier et jours suivans, et de la situation générale où la France s'est trouvée placée à la suite de la violation de la charte constitutionnelle ;

Considérant en outre que, par suite de cette violation et de la résistance héroïque des citoyens de Paris, S. M. *Charles X*, S. A. R. *Louis-Antoine*, Dauphin, et tous les membres de la branche aînée de la maison royale, sortent en ce moment du territoire français,

DÉCLARE que le trône est vacant en fait et en droit, et qu'il est indispensable d'y pourvoir.

La Chambre des Députés DÉCLARE secondement que,

Selon le vœu et dans l'intérêt du peuple français, le préambule de la CHARTE CONSTITUTIONNELLE est supprimé, comme

IXe Série.   D blessant la dignité nationale, en paraissant *octroyer* aux Français des droits qui leur appartiennent essentiellement, et que les articles suivans de la même CHARTE doivent être supprimés ou modifiés de la manière qui va être indiquée.

ART. 6.

Supprimé.

ART. 7.

Les ministres de la religion catholique, apostolique et romaine, professée par la majorité des Français, et ceux des autres cultes chrétiens, reçoivent des traitemens du trésor public.

ART. 8.

Les Français ont le droit de publier et de faire imprimer leurs opinions, en se conformant aux lois.

La censure ne pourra jamais être rétablie.

ART. 14.

Le Roi est le chef suprême de l'État; il commande les forces de terre et de mer, déclare la guerre, fait les traités de paix, d'alliance et de commerce, nomme à tous les emplois d'administration publique et fait les réglemens et ordonnances nécessaires pour l'exécution des lois, sans pouvoir jamais ni suspendre les lois elles-mêmes, ni dispenser de leur exécution.

Toutefois aucune troupe étrangère ne pourra être admise au service de l'État qu'en vertu d'une loi.

ART. 15.

Suppression des mots, *des départemens.*

ART. 16 et 17.

La proposition des lois appartient au Roi, à la Chambre des Pairs et à la Chambre des Députés.

Néanmoins toute loi d'impôt doit être d'abord votée par la Chambre des Députés.

ART. 19, 20 et 21.

Supprimés , remplacés par la disposition suivante :

‹ Si une proposition de loi a été rejetée par l'un des trois pouvoirs, elle ne poura être représentée dans la même session. »

ART. 26.

Toute assemblée de la Chambre des Pairs qui serait tenue hors du temps de la session de la Chambre des Députés est illicite et nulle de plein droit, sauf le seul cas où elle est réunie comme cour de justice, et alors elle ne peut exercer que des fonctions judiciaires.

ART. 30.

Les princes du sang sont pairs par droit de naissance; ils siégent immédiatement après le président.

ART. 31.

Supprimé.

ART. 32.

Les séances de la Chambre des Pairs sont publiques comme celles de la Chambre des Députés.

ART. 36.

Supprimé.

ART. 37.

Les députés sont élus pour cinq ans.

ART. 38.

Aucun député ne peut être admis dans la Chambre, s'il n'a âgé de trente ans et s'il ne réunit les autres conditions déterminées par la loi.

D 2

Art. 39.

Si néanmoins il ne se trouvait pas dans le département cinquante personnes de l'âge indiqué, payant le cens d'éligibilité déterminé par la loi, leur nombre sera complété par les plus imposés au-dessous du taux de ce cens, et ceux-ci pourront être élus concurremment avec les premiers.

Art. 40.

Nul n'est électeur s'il a moins de vingt-cinq ans, et s'il ne réunit les autres conditions déterminées par la loi.

Art. 41.

Les présidens des colléges électoraux sont hommés par les électeurs.

Art. 43.

Le président de la Chambre des Députés est élu par elle à l'ouverture de chaque session.

Art. 46 et 47.

Supprimés (en conséquence de l'initiative).

Art. 56.

Supprimé.

Art. 63.

Il ne pourra, en conséquence, être créé de commissions et de tribunaux extraordinaires, à quelque titre et sous quelque dénomination que ce puisse être.

Art. 73.

Les colonies sont régies par des lois particulières.

ART. 74.

Le Roi et ses successeurs jureront, à leur avénement, en présence des Chambres réunies, d'observer fidèlement la charte constitutionnelle.

ART. 75.

La présente charte et tous les droits qu'elle consacre demeurent confiés au patriotisme et au courage des gardes nationales et de tous les citoyens français.

ART. 76.

La France reprend ses couleurs. A l'avenir, il ne sera plus porté d'autre cocarde que la cocarde tricolore.

ART. 75 et 76.

Supprimés.

DISPOSITION PARTICULIÈRE.

Toutes les nominations et créations nouvelles de pairs faites sous le règne du Roi *Charles X* sont déclarées nulles et non avenues.

L'article 27 de la charte sera soumis à un nouvel examen dans la session de 1831.

La Chambre des Députés DÉCLARE troisièmement,

Qu'il est nécessaire de pourvoir successivement, par des lois séparées et dans le plus court délai possible, aux objets qui suivent :

1° L'application du jury aux délits de la presse et aux délits politiques ;

2° La responsabilité des ministres et des autres agens du pouvoir;

3° La réélection des députés promus à des fonctions publiques salariées;

4° Le vote annuel du contingent de l'armée;

5° L'organisation de la garde nationale, avec intervention des gardes nationaux dans le choix de leurs officiers;

· 6° Des dispositions qui assurent d'une manière légale l'état des officiers de tout grade de terre et de mer;

7° Des institutions départementales et municipales fondées sur un système électif;

8° L'instruction publique et la liberté de l'enseignement;

9° L'abolition du double vote et la fixation des conditions électorales et d'éligibilité;

10° Déclarer que toutes les lois et ordonnances, en ce qu'elles ont de contraire aux dispositions adoptées pour la réforme de la charte, sont dès à présent et demeurent annullées et abrogées.

Moyennant l'acceptation de ces dispositions et propositions, la Chambre des Députés DÉCLARE enfin que l'intérêt universel et pressant du peuple français appelle au TRÔNE S. A. R. *LOUIS-PHILIPPE D'ORLÉANS*, DUC D'ORLÉANS, Lieutenant général du royaume, et ses descendans à perpétuité, de mâle en mâle, par ordre de primogéniture, et à l'exclusion perpétuelle des femmes et de leur descendance.

En conséquence, S. A. R. *LOUIS-PHILIPPE D'ORLÉANS*, DUC D'ORLÉANS, Lieutenant général du royaume, sera invité à accepter et à jurer les clauses et engagemens ci-dessus énoncés, l'observation de la CHARTE CONSTITUTIONNELLE et des modifications indiquées, et, après l'avoir fait devant les Chambres assemblées, à prendre le titre de *ROI DES FRANÇAIS*.

Délibéré au palais de la Chambre des Députés, le 7 Août 1830.

Les Président et Secrétaires, signé LAFFITTE, *Vice-président;* JACQUEMINOT, PAVÉE DE VANDŒUVRE, CUNIN-GRIDAINE, JARS.

. ADHÉSION DE LA CHAMBRE DES PAIRS.

Paris, 7 Août 1830. .

LA CHAMBRE DES PAIRS, prenant en considération l'impérieuse nécessité qui résulte des événemens des 26, 27, 28, 29 juillet dernier et jours suivans, et de la situation générale où la France s'est trouvée placée à la suite de la violation de la charte constitutionnelle ;

Considérant en outre que, par suite de cette violation et de la résistance héroïque des citoyens de Paris, S. M. *Charles X*, S. A. R. *Louis-Antoine*, Dauphin, et tous les membres de la branche aînée de la maison royale, sortent en ce moment du territoire français,

DÉCLARE que le trône est vacant en fait et en droit, et qu'il est indispensable d'y pourvoir.

La Chambre des Pairs DÉCLARE secondement que,

Selon le vœu et dans l'intérêt du peuple français, le préambule de la CHARTE CONSTITUTIONNELLE est supprimé, comme *blessant la* dignité nationale, en paraissant *octroyer* aux *Français* des droits qui leur appartiennent essentiellement, *et que les* articles suivans de la même CHARTE doivent être *supprimés* ou modifiés de la manière qui va être indiquée.

ART. 6.

Supprimé.

ART. 7.

Les ministres de la religion catholique, apostolique et romaine, professée par la majorité des Français, et ceux des autres cultes chrétiens, reçoivent des traitemens du trésor public.

ART. 8.

Les Français ont le droit de publier et de faire imprimer leurs opinions, en se conformant aux lois.

La censure ne pourra jamais être rétablie.

D 4

ART. 14.

Le Roi est le chef suprême de l'État; il commande les forces de terre et de mer, déclare la guerre, fait les traités de paix, d'alliance et de commerce, nomme à tous les emplois d'administration publique et fait les réglemens et ordonnances nécessaires pour l'exécution des lois, sans pouvoir jamais ni suspendre les lois elles-mêmes, ni dispenser de leur exécution.

Toutefois aucune troupe étrangère ne pourra être admise au service de l'État qu'en vertu d'une loi.

ART. 15.

Suppression des mots, *des départemens.*

ART. 16 et 17.

La proposition des lois appartient au Roi, à la Chambre des Pairs et à la Chambre des Députés.

Néanmoins toute loi d'impôt doit être d'abord votée par la Chambre des Députés.

ART. 19, 20 et 21.

Supprimés, remplacés par la disposition suivante :
« Si une proposition de loi a été rejetée par l'un des trois » pouvoirs, elle ne pourra être représentée dans la même » session. »

ART. 26.

Toute assemblée de la Chambre des Pairs qui serait tenue hors du temps de la session de la Chambre des Députés est illicite et nulle de plein droit, sauf le seul cas où elle est réunie comme cour de justice, et alors elle ne peut exercer que des fonctions judiciaires.

ART. 30.

Les princes du sang sont pairs par droit de naissance; ils siégent immédiatement après le président.

ART. 31.

Supprimé.

ART. 32.

Les séances de la Chambre des Pairs sont publiques comme celles de la Chambre des Députés.

ART. 36.

Supprimé.

ART. 37.

Les députés sont élus pour cinq ans.

ART. 38.

Aucun député ne peut être admis dans la Chambre, s'il n'est âgé de trente ans et s'il ne réunit les autres conditions déterminées par la loi.

ART. 39.

Si néanmoins il ne se trouvait pas dans le département cinquante personnes de l'âge indiqué, payant le cens d'éligibilité déterminé par la loi, leur nombre sera complété par les *plus imposés* au-dessous du taux de ce cens, et ceux-ci pourront être élus concurremment avec les premiers.

ART. 40.

Nul n'est électeur s'il a moins de vingt-cinq ans, et s'il ne réunit les autres conditions déterminées par la loi.

ART. 41.

Les présidens des colléges électoraux sont nommés par les électeurs.

ART. 43.

Le président de la Chambre des Députés est élu par elle à l'ouverture de chaque session.

ART. 46 et 47.

Supprimés (en conséquence de l'initiative).

Art. 56.

Supprimé.

Art. 63.

Il ne pourra, en conséquence, être créé de commissions ‹ de tribunaux extraordinaires, à quelque titre et sous quelqu dénomination que ce puisse être.

Art. 73.

Les colonies sont régies par des lois particulières.

Art. 74.

Le Roi et ses successeurs jureront, à leur avénement en présence des Chambres réunies, d'observer fidèlement l charte constitutionnelle.

Art. 75.

La présente charte et tous les droits qu'elle consacre de meurent confiés au patriotisme et au courage des garde. nationales et de tous les citoyens français.

Art. 76.

La France reprend ses couleurs. A l'avenir, il ne sera plus porté d'autre cocarde que la cocarde tricolore.

Art. 75 et 7β.

Supprimés.

DISPOSITION PARTICULIÈRE.

La Chambre des Pairs DÉCLARE qu'elle ne peut délibérer sur la disposition de la déclaration de la Chambre des Députés conçue en ces termes :

« Toutes les nominations et créations nouvelles de pairs » faites sous le règne du Roi *Charles X* sont déclarées » nulles et non avenues. »

Elle déclare s'en rapporter entièrement sur ce sujet à la haute prudence du Prince Lieutenant général.

L'article 27 de la charte sera soumis à un nouvel examen dans la session de 1831.

La Chambre des Pairs DÉCLARE troisièmement,

Qu'il est nécessaire de pourvoir successivement, par des lois séparées et dans le plus court délai possible, aux objets qui suivent :

1° L'application du jury aux délits de la presse et aux délits politiques;

2° La responsabilité des ministres et des autres agens du pouvoir;

3° La réélection des députés promus à des fonctions publiques salariées;

4° Le vote annuel du contingent de l'armée;

5° L'organisation de la garde nationale, avec intervention des gardes nationaux dans le choix de leurs officiers;

6° Des dispositions qui assurent d'une manière légale l'état des officiers de tout grade de terre et de mer;

7° Des institutions départementales et municipales fondées sur un système électif;

8° L'instruction publique et la liberté de l'enseignement;

9° L'abolition du double vote et la fixation des conditions électorales et d'éligibilité;

10° Déclarer que toutes les lois et ordonnances, en ce qu'elles ont de contraire aux dispositions adoptées pour la réforme de la charte, sont dès à présent et demeurent annullées et abrogées.

Moyennant l'acceptation de ces dispositions et propositions, la Chambre des Pairs DÉCLARE enfin que l'intérêt universel et pressant du peuple français appelle au TRÔNE S. A. R. LOUIS-PHILIPPE D'ORLÉANS, DUC D'ORLÉANS, lieutenant général du royaume, et ses descendans à perpétuité, de mâle en mâle, par ordre de primogéniture, et à l'exclusion perpétuelle des femmes et de leur descendance.

En conséquence, S. A. R. *LOUIS-PHILIPPE D'ORLÉANS,* DUC *D'ORLÉANS,* Lieutenant général du royaume, sera invité à accepter et à jurer les clauses et engagemens ci-dessus énoncés, l'observation de la CHARTE CONSTITUTIONNELLE et des modifications indiquées, et, après l'avoir fait devant les Chambres assemblées, à prendre le titre de *ROI DES FRANÇAIS.*

Délibéré au palais de la Chambre des Pairs, le 7 Août 1830.

Les Président et Secrétaires,

Signé PASQUIER, le Marquis DE MORTEMART, le Duc DE PLAISANCE, le Comte LANJUINAIS.

N.º 58. — *PROCÈS-VERBAL de la Séance de la Chambre des Pairs et de la Chambre des Députés, contenant l'Acceptation, par S. A. R. Mgr le Duc D'ORLÉANS, de la Déclaration de la Chambre des Députés et de l'Adhésion de celle des Pairs, et Prestation du Serment royal.*

Paris, au palais de la Chambre des Députés, le 9 Août 1830.

L'AN mil huit cent trente, le neuf août, MM. les pairs et MM. les députés étant réunis au palais de la Chambre des Députés sur la convocation de Mgr LOUIS-PHILIPPE D'ORLÉANS, DUC D'ORLÉANS, Lieutenant général du royaume, Son Altesse Royale est entrée, suivie de LL. AA. RR. les Ducs DE CHARTRES et DE NEMOURS et des officiers de sa maison, et s'est rendue à la place qui lui était destinée sur l'estrade en avant du trône.

Les pairs et les députés étaient debout et découverts.

Son Altesse Royale ayant pris séance, Monseigneur a dit aux pairs et aux députés : *Messieurs, asseyez-vous.*

S'adressant ensuite à M. le président de la Chambre des Députés, Monseigneur lui a dit :

« Monsieur le Président de la Chambre des Députés, » veuillez lire la déclaration de la Chambre. »

M. le président en a donné lecture, et l'a portée à Son

Altesse Royale, qui l'a remise à M. le commissaire provisoire chargé du département de l'intérieur.

S'adressant également à M. le président de la Chambre des Pairs : « Monsieur le Président de la Chambre des Pairs, »veuillez me remettre l'acte d'adhésion de la Chambre des »Pairs. » Ce que M. le président a fait, et il a remis l'expédition entre les mains de Monseigneur, qui en a chargé M. le com-missaire provisoire au département de la justice.

Alors Monseigneur a lu son ACCEPTATION ainsi conçue :

« Messieurs les Pairs et Messieurs les Députés,

»J'ai lu avec une grande attention la déclaration de la »Chambre des Députés et l'acte d'adhésion de la Chambre des »Pairs. J'en ai pesé et médité toutes les expressions.

»J'accepte, sans restriction ni réserve, les clauses et enga-»gemens que renferme cette déclaration, et le titre de ROI »DES FRANÇAIS qu'elle me confère, et je suis prêt à en jurer »l'observation. »

Son Altesse Royale s'est ensuite levée, et, la tête décou-verte, a prêté le serment dont la teneur suit :

SERMENT.

« En présence de Dieu, je jure d'observer fidèlement la »charte constitutionnelle, avec les modifications exprimées »dans la déclaration ; de ne gouverner que par les lois et selon »les lois ; de faire rendre bonne et exacte justice à chacun selon »son droit, et d'agir en toutes choses dans la seule vue de l'in-»térét, du bonheur et de la gloire du peuple français. »

M. le commissaire provisoire au département de la justice a ensuite présenté la plume à Son Altesse Royale, qui a signé le présent en trois originaux, pour rester déposés aux archives royales et dans celles de la Chambre des Pairs et de la Chambre des Députés.

SA MAJESTÉ LOUIS-PHILIPPE Ier, ROI DES FRANÇAIS, s'est alors placée sur le trône, où elle a été saluée par les cris mille fois répétés de *vive le Roi.*

Le silence s'étant établi, SA MAJESTÉ a prononcé le discours suivant :

« Messieurs les Pairs et Messieurs les Députés,

» Je viens de consommer un grand acte. Je sens profondé-
» ment toute l'étendue des devoirs qu'il m'impose. J'ai la
» conscience que je les remplirai. C'est avec pleine conviction
» que j'ai accepté le pacte d'alliance qui m'était proposé.

» J'aurais vivement désiré ne jamais occuper le trône auquel
» le vœu national vient de m'appeler : mais la France, attaquée
» dans ses libertés, voyait l'ordre public en péril ; la violation
» de la charte avait tout ébranlé ; il fallait rétablir l'action des
» lois, et c'était aux Chambres qu'il appartenait d'y pourvoir.
» Vous l'avez fait, Messieurs ; les sages modifications que nous
» venons de faire à la charte, garantissent la sécurité de
» l'avenir ; et la France, je l'espère, sera heureuse au dedans,
» respectée au dehors, et la paix de l'Europe de plus en plus
» affermie. »

M. le commissaire provisoire au département de la justice a ensuite invité MM. les pairs et MM. les députés à se retirer dans leurs chambres respectives, où le serment de fidélité au Roi, et d'obéissance à la charte constitutionnelle et aux lois du royaume, serait individuellement prêté par chacun d'eux.

Et la séance a été levée.

Fait et dressé, le présent procès-verbal, à Paris, le 9 août 1830.

Signé LOUIS-PHILIPPE.

Signé PASQUIER, *Président de la Chambre des Pairs ;* marquis DE MORTEMART, duc DE PLAISANCE, comte LANJUINAIS, *Secrétaires de la Chambre des Pairs.*

Signé CASIMIR PÉRIER, *Président de la Chambre des Députés ;* J. LAF-FITTE, DUPIN aîné, B. DELESSERT, *Vice-présidens ;* JACQUE-MINOT, CUNIN-GRIDAINE, PAVÉE DE VANDEUVRE, JARS, *Secrétaires de la Chambre des Députés.*

Signé DUPONT (de l'Eure), *Commissaire provisoire au département de la justice.*

Signé GUIZOT, *Commissaire provisoire au département de l'intérieur.*

DONNONS EN MANDEMENT à nos Cours et Tribunaux, ...ts, Corps administratifs, et tous autres, que les présentes ...ardent et maintiennent, fassent garder, observer et main... ...r, et, pour les rendre plus notoires à tous, ils les fassent ...er et enregistrer partout où besoin sera ; et, afin que ce ...x chose ferme et stable à toujours, nous y avons fait mettre ...re sceau.

Donné au Palais-Royal., le 9ᵉ jour du mois d'Août, l'an ...30.

Signé LOUIS-PHILIPPE.

Vu et scellé du grand sceau :

Le Commissaire provisoire au dé...ment de la justice,

Signé DUPONT (de l'Eure).

Par le Roi :

Le Commissaire provisoire au dépar-temens de l'intérieur,

Signé GUIZOT.

CERTIFIÉ conforme par nous Commissaire provisoire au département de la justice,

Paris, le 11 * Août 1830,

DUPONT (de l'Eure).

* Cette date est celle de la réception du Bulletin à la Chancellerie.

...s'abonne pour le Bulletin des lois, à raison de 9 francs par an, à la caisse de ...rie royale, ou chez les Directeurs des postes des départemens.

A PARIS, DE L'IMPRIMERIE ROYALE.
11 Août 1830.

BULLETIN DES LOIS.

IXᵉ Série, 1ʳᵉ Partie. — **Nᵒ 5.**

Nᵒ 59. — CHARTE CONSTITUTIONNELLE.

Paris, 14 Août 1830.

LOUIS-PHILIPPE, Roi des Français, à tous présens et à venir, SALUT.

Nous AVONS ORDONNÉ et ORDONNONS que la Charte constitutionnelle de 1814, telle qu'elle a été amendée par les deux Chambres le 7 août et acceptée par nous le 9, sera de nouveau publiée dans les termes suivans :

DROIT PUBLIC DES FRANÇAIS.

ARTICLE PREMIER.

Les Français sont égaux devant la loi, quels que soient d'ailleurs leurs titres et leurs rangs.

ART. 2.

Ils contribuent indistinctement, dans la proportion de leur fortune, aux charges de l'État.

ART. 3.

Ils sont tous également admissibles aux emplois civils et militaires.

Art. 4.

Leur liberté individuelle est également garantie, personne ne pouvant être poursuivi ni arrêté que dans les cas prévus par la loi et dans la forme qu'elle prescrit.

Art. 5.

Chacun professe sa religion avec une égale liberté, et obtient pour son culte la même protection.

Art. 6.

Les ministres de la religion catholique, apostolique et romaine, professée par la majorité des Français, et ceux des autres cultes chrétiens, reçoivent des traitemens du trésor public.

Art. 7.

Les Français ont le droit de publier et de faire imprimer leurs opinions en se conformant aux lois.

La censure ne pourra jamais être rétablie.

Art. 8.

Toutes les propriétés sont inviolables, sans aucune exception de celles qu'on appelle nationales, la loi ne mettant aucune différence entre elles.

Art. 9.

L'État peut exiger le sacrifice d'une propriété pour cause d'intérêt public légalement constaté, mais avec une indemnité préalable.

Art. 10.

Toutes recherches des opinions et des votes émis

jusqu'à la restauration sont interdites : le même oubli est commandé aux tribunaux et aux citoyens.

ART. 11.

La conscription est abolie. Le mode de recrutement de l'armée de terre et de mer est déterminé par une loi.

FORMES DU GOUVERNEMENT DU ROI.

ART. 12.

La personne du Roi est inviolable et sacrée. Ses ministres sont responsables. Au Roi seul appartient la puissance exécutive.

ART. 13.

Le Roi est le chef suprême de l'État ; il commande *les forces* de terre et de mer, déclare la guerre, fait les *traités* de paix, d'alliance et de commerce, nomme à *tous* les emplois d'administration publique, et fait les réglemens et ordonnances nécessaires pour l'exécution des lois, sans pouvoir jamais ni suspendre les lois elles-mêmes ni dispenser de leur exécution.

Toutefois aucune troupe étrangère ne pourra être admise au service de l'Etat qu'en vertu d'une loi.

ART. 14.

La puissance législative s'exerce collectivement par le Roi, la Chambre des Pairs, et la Chambre des Députés.

Art. 15.

La proposition des lois appartient au Roi, à la Chambre des Pairs et à la Chambre des Députés.

Néanmoins toute loi d'impôt doit être d'abord votée par la Chambre des Députés.

Art. 16.

Toute loi doit être discutée et votée librement par la majorité de chacune des deux Chambres.

Art. 17.

Si une proposition de loi a été rejetée par l'un des trois pouvoirs, elle ne pourra être représentée dans la même session.

Art. 18.

Le Roi seul sanctionne et promulgue les lois.

Art. 19.

La liste civile est fixée pour toute la durée du règne par la première législature assemblée depuis l'avénement du Roi.

DE LA CHAMBRE DES PAIRS.

Art. 20.

La Chambre des Pairs est une portion essentielle de la puissance législative.

ART. 21.

Elle est convoquée par le Roi en même temps que
la Chambre des Députés. La session de l'une commence
et finit en même temps que celle de l'autre.

ART. 22.

Toute assemblée de la Chambre des Pairs qui serait
tenue hors du temps de la session de la Chambre des
Députés, est illicite et nulle de plein droit, sauf le seul
cas où elle est réunie comme Cour de justice, et alors
elle ne peut exercer que des fonctions judiciaires.

ART. 23.

La nomination des pairs de France appartient au
Roi. Leur nombre est illimité : il peut en varier les
dignités, les nommer à vie ou les rendre héréditaires,
selon sa volonté.

ART. 24.

Les pairs ont entrée dans la Chambre à vingt-cinq
ans, et voix délibérative à trente ans seulement.

ART. 25.

La Chambre des Pairs est présidée par le chancelier
de France, et, en son absence, par un pair nommé
par le Roi.

ART. 26.

Les Princes du sang sont pairs par droit de naissance : ils siégent immédiatement après le président.

E. 3

ART. 27.

Les séances de la Chambre des Pairs sont publiques, comme celles de la Chambre des Députés.

ART. 28.

La Chambre des Pairs connaît des crimes de haute trahison et des attentats à la sûreté de l'État, qui seront définis par la loi.

ART. 29.

Aucun pair ne peut être arrêté que de l'autorité de la Chambre, et jugé que par elle en matière criminelle.

DE LA CHAMBRE DES DÉPUTÉS.

ART. 30.

La Chambre des Députés sera composée des députés élus par les collèges électoraux dont l'organisation sera déterminée par des lois.

ART. 31.

Les députés sont élus pour cinq ans.

ART. 32.

Aucun député ne peut être admis dans la Chambre, s'il n'est âgé de trente ans, et s'il ne réunit les autres conditions déterminées par la loi.

ART. 33.

Si néanmoins il ne se trouvait pas dans le départe-ment cinquante personnes de l'âge indiqué payant le cens d'éligibilité déterminé par la loi, leur nombre sera complété par les plus imposés au-dessous du taux de ce cens, et ceux-ci pourront être élus concurremment avec les premiers.

ART. 34.

Nul n'est électeur, s'il a moins de vingt-cinq ans, et s'il ne réunit les autres conditions déterminées par la loi.

ART. 35.

Les présidens des colléges électoraux sont nommés par les électeurs.

ART. 36.

La moitié au moins des députés sera choisie parmi les éligibles qui ont leur domicile politique dans le département.

ART. 37.

Le président de la Chambre des Députés est élu par elle à l'ouverture de chaque session.

ART. 38.

Les séances de la Chambre sont publiques; mais la demande de cinq membres suffit pour qu'elle se forme en comité secret.

E 4

ART. 39.

La Chambre se partage en bureaux pour discuter les projets qui lui ont été présentés de la part du Roi.

ART. 40.

Aucun impôt ne peut être établi ni perçu, s'il n'a été consenti par les deux Chambres et sanctionné par le Roi.

ART. 41.

L'impôt foncier n'est consenti que pour un an. Les impositions indirectes peuvent l'être pour plusieurs années.

ART. 42.

Le Roi convoque chaque année les deux Chambres : il les proroge, et peut dissoudre celle des Députés ; mais, dans ce cas, il doit en convoquer une nouvelle dans le délai de trois mois.

ART. 43.

Aucune contrainte par corps ne peut être exercée contre un membre de la Chambre durant la session et dans les six semaines qui l'auront précédée ou suivie.

ART. 44.

Aucun membre de la Chambre ne peut, pendant la durée de la session, être poursuivi ni arrêté en matière criminelle, sauf le cas de flagrant délit, qu'après que la Chambre a permis sa poursuite.

ART. 45.

Toute pétition à l'une ou à l'autre des Chambres ne

t être faite et présentée que par écrit : la loi interdit
(en apporter en personne et à la barre.

DES MINISTRES.

ART. 46.

Les ministres peuvent être membres de la Chambre
des Pairs ou de la Chambre des Députés.

Ils ont en outre leur entrée dans l'une ou l'autre
Chambre, et doivent être entendus quand ils le demandent.

ART. 47.

La Chambre des Députés a le droit d'accuser les
ministres et de les traduire devant la Chambre des Pairs,
qui seule a celui de les juger.

DE L'ORDRE JUDICIAIRE.

ART. 48.

Toute justice émane du Roi; elle s'administre en son
nom par des juges qu'il nomme et qu'il institue.

ART. 49.

Les juges nommés par le Roi sont inamovibles.

ART. 50.

Les cours et tribunaux ordinaires actuellement exis-
sont maintenus; il n'y sera rien changé qu'en vertu
de loi.

ART. 51.

L'institution actuelle des juges de commerce est conservée.

ART. 52.

La justice de paix est également conservée. Les juges de paix, quoique nommés par le Roi, ne sont point inamovibles.

ART. 53.

Nul ne pourra être distrait de ses juges naturels.

ART. 54.

Il ne pourra en conséquence être créé de commissions et de tribunaux extraordinaires, à quelque titre et sous quelque dénomination que ce puisse être.

ART. 55.

Les débats seront publics en matière criminelle, à moins que cette publicité ne soit dangereuse pour l'ordre et les mœurs; et, dans ce cas, le tribunal le déclare par un jugement.

ART. 56.

L'institution des jurés est conservée. Les changemens qu'une plus longue expérience ferait juger nécessaires, ne peuvent être effectués que par une loi.

ART. 57.

La peine de la confiscation des biens est abolie et ne pourra pas être rétablie.

ART. 58.

Roi a le droit de faire grâce et celui de commuer

ART. 59.

Code civil et les lois actuellement existantes
ne sont pas contraires à la présente Charte, restent
vigueur jusqu'à ce qu'il y soit légalement dérogé.

DROITS PARTICULIERS GARANTIS
PAR L'ÉTAT.

ART. 60.

Les militaires en activité de service, les officiers et
soldats en retraite, les veuves, les officiers et soldats
pensionnés, conserveront leurs grades, honneurs et
pensions.

ART. 61.

La dette publique est garantie. Toute espèce d'engagement pris par l'État avec ses créanciers est inviolable.

ART. 62.

La noblesse ancienne reprend ses titres, la nouvelle
conserve les siens. Le Roi fait des nobles à volonté;
mais il ne leur accorde que des rangs et dés honneurs,
et aucune exemption des charges et des devoirs de
société.

ART. 63.

La Légion d'honneur est maintenue. Le Roi déter-
mina les réglemens intérieurs et la décoration.

ART. 64.

Les colonies sont régies par des lois particulières.

ART. 65.

Le Roi et ses successeurs jureront à leur avénement en présence des Chambres réunies, d'observer fidèle ment la Charte constitutionnelle.

ART. 66.

La présente Charte et tous les droits qu'elle consacre demeurent confiés au patriotisme et au courage des gardes nationales et de tous les citoyens français.

ART. 67.

La France reprend ses couleurs. A l'avenir, il ne sera plus porté d'autre cocarde que la cocarde trico lore.

DISPOSITIONS PARTICULIÈRES.

ART. 68.

Toutes les nominations et créations nouvelles de pairs faites sous le règne du Roi *Charles X* sont dé-clarées nulles et non avenues.

L'article 23 de la Charte sera soumis à un nouvel examen dans la session de 1831.

ART. 69.

Il sera pourvu successivement par des lois séparées et dans le plus court délai possible aux objets qui suivent :

L'application du jury aux délits de la presse et ʿns politiques ;

La responsabilité des ministres et des autres du pouvoir ;

La réélection des députés promus à des fonctions ues salariées ;

Le vote annuel du contingent de l'armée ;

L'organisation de la garde nationale, avec inter des gardes nationaux dans le choix de leurs

;

Des dispositions qui assurent d'une manière légale des officiers de tout grade de terre et de mer ;

⁷ Des institutions départementales et municipales ʿadées sur un système électif ;

ʿ L'instruction publique et ʿla ʾliberté de l'ensei-ʿnement;

⁹ʿ L'abolition du double vote et la fixation des con-ʿdations électorales et d'éligibilité.

ART. 70.

Toutes les lois et ordonnances, en ce qu'elles ont de ʿntraire aux dispositions adoptées pour la réforme ʿla Charte, sont dès à présent et demeurent annullées ʿabrogées.

DONNONS EN MANDEMENT à nos Cours et ʿunaux, Corps administratifs, et tous ʿs, que la présente CHARTE CONSTITUTION- ʿ ils gardent et maintiennent, fassent ʿr, observer et maintenir, et, pour la ʿe plus notoire à tous, ils la fassent ʿr dans toutes les municipalités du

Royaume, et partout où besoin sera; et
que ce soit chose ferme et stable à touj
nous y avons fait mettre notre sceau.

Fait au Palais-Royal, à Paris, le 14ᵉ
du mois d'Août, l'an 1830.

Signé LOUIS-PHILIPI

Vu et scellé du grand sceau :   Par le Roi :

Le Garde des sceaux, Ministre   Le Ministre Secrétaire
Secrétaire d'état au départe-   au département de l'int
ment de la justice,

Signé Guizoi

Signé DUPONT (de l'Eure).

CERTIFIÉ conforme par nous

Garde des sceaux de France, Ministre Sec
d'état au département de la justice,

Paris, le 24* Août 18

DUPONT (de l'Eure

* Cette date est celle de la réception du
à la Chancellerie.

On s'abonne pour le Bulletin des lois, à raison de 9 francs par an, à l'N
l'Imprimerie royale, ou chez les Directeurs des postes des départemens.

A PARIS, DE L'IMPRIMERIE ROYALE.
24 Août 1830.

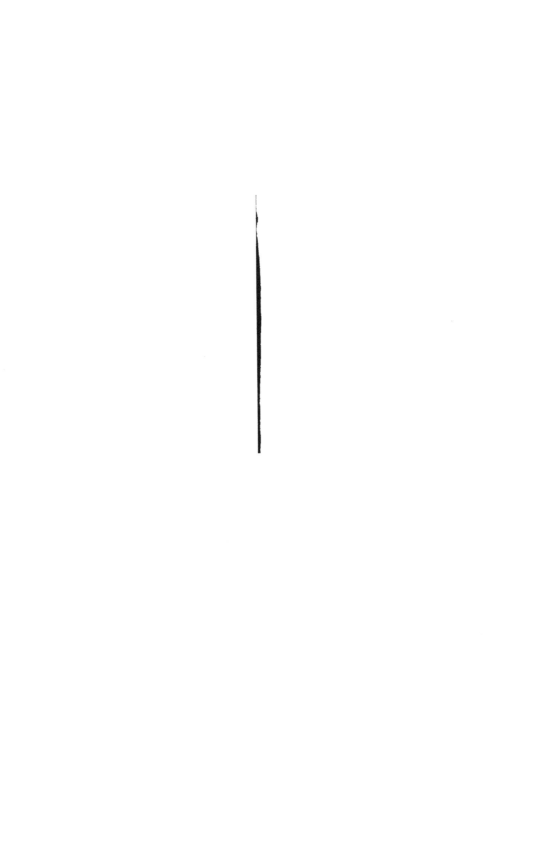

BULLETIN DES LOIS.

IXᵉ Série, 1ʳᵉ Partie. — Nᵒ 6.

Nᵒ 60. — *Loi relative aux Récompenses et Pensions à accorder à ceux qui ont été blessés, et aux Veuves et Enfans de ceux qui sont morts dans les journées des 26, 27, 28 et 29 Juillet dernier.*

A Paris, le 30 Août 1830.

LOUIS-PHILIPPE, ROI DES FRANÇAIS, à tous présens et à venir, SALUT.

Les Chambres ont adopté, NOUS AVONS ORDONNÉ et ORDONNONS ce qui suit :

ART. 1ᵉʳ. Il sera décerné des récompenses à tous ceux qui ont été blessés en défendant la cause nationale, à Paris, dans *les glorieuses* journées des 26, 27, 28 et 29 juillet dernier.

Les pères, mères, veuves et enfans de ceux qui ont succombé ou qui succomberont par suite de leurs blessures, recevront des pensions ou secours.

2. Toutes les personnes dont les propriétés auraient souffert par suite de ces événemens, seront indemnisées aux frais de l'État.

3. Il sera frappé une médaille pour consacrer le souvenir de ces événemens.

4. Une commission nommée par le Roi fera les recherches nécessaires pour constater les titres de ceux qui ont droit, conformément aux articles précédens, aux récompenses, pensions, secours et indemnités.

Le travail de la commission sera communiqué aux Chambres, à l'appui du crédit qui sera demandé.

F

L'état nominatif des citoyens qui auront mérité des récompenses, et la liste générale de ceux qui ont succombé, seront insérés au Bulletin des lois et publiés dans le Moniteur.

La présente loi, discutée, délibérée et adoptée par la Chambre des Pairs et par celle des Députés, et sanctionnée par nous cejourd'hui, sera exécutée comme loi de l'État.

DONNONS EN MANDEMENT à nos Cours et Tribunaux, Préfets, Corps administratifs, et tous autres, que les présentes ils gardent et maintiennent, fassent garder, observer et maintenir, et, pour les rendre plus notoires à tous, ils les fassent publier et enregistrer partout où besoin sera; et, afin que ce soit chose ferme et stable à toujours, nous y avons fait mettre notre sceau.

Donné à Paris, au Palais-Royal, le 30ᵉ jour du mois d'Août, l'an 1830.

Signé LOUIS-PHILIPPE.

Vu et scellé du grand sceau :

Le Garde des sceaux de France, Ministre Secrétaire d'état au département de la justice,

Signé DUPONT (de l'Eure).

Par le Roi :

Le Garde des sceaux de France, Ministre Secrétaire d'état au département de la justice,

Signé DUPONT (de l'Eure).

Nᵒ 61. — *Loi relative au Serment des Fonctionnaires publics.*

A Paris, le 31 Août 1830.

LOUIS-PHILIPPE, ROI DES FRANÇAIS, à tous présens et à venir, SALUT.

Les Chambres ont adopté, NOUS AVONS ORDONNÉ et ORDONNONS ce qui suit :

ART. 1ᵉʳ. Tous les fonctionnaires publics dans l'ordre administratif et judiciaire, les officiers des armées de terre et de mer, seront tenus de prêter le serment dont la teneur suit :
« Je jure fidélité au Roi des Français, obéissance à la
» Charte constitutionnelle et aux lois du royaume. »

Il ne pourra être exigé d'eux aucun autre serment, si ce n'est en vertu d'une loi.

2. **Tous** les fonctionnaires actuels dans l'ordre administratif et judiciaire, et tous les officiers maintenant employés ou disponibles dans les armées de terre et de mer, prêteront le serment ci-dessus dans le délai de quinze jours à compter de la promulgation de la présente loi; faute de quoi, ils seront considérés comme démissionnaires, à l'exception de ceux qui ont déjà prêté serment au Gouvernement actuel.

3. **Nul** ne pourra siéger dans l'une ou l'autre Chambre, s'il ne prête le serment exigé par la présente loi.

Tout député qui n'aura pas prêté le serment dans le délai de quinze jours, sera considéré comme démissionnaire.

Tout pair qui n'aura pas prêté le serment dans le délai d'un mois, sera considéré comme personnellement déchu du droit de siéger dans la Chambre des Pairs.

La présente loi, discutée, délibérée et adoptée par la Chambre des Pairs et par celle des Députés, et sanctionnée par nous cejourd'hui, sera exécutée comme loi de l'État.

DONNONS EN MANDEMENT à nos Cours et Tribunaux, *Préfets, Corps* administratifs, et tous autres, que les présentes ils gardent et maintiennent, fassent garder, observer et maintenir, et, pour les rendre plus notoires à tous, ils les fassent publier et enregistrer partout où besoin sera; et, afin que ce soit chose ferme et stable à toujours, nous y avons fait mettre notre sceau.

Donné à Paris, au Palais-Royal, le 31ᵉ jour du mois d'Août, l'an 1830.

Signé LOUIS-PHILIPPE.

Vu et scellé du grand sceau :　　　　　　Par le Roi :
Garde des sceaux de France.　　*Le Garde des sceaux de France,*
Ministre Secrétaire d'état au dé　　*Ministre Secrétaire d'état au dé*
partement de la justice,　　　　*partement de la justice,*
Signé DUPONT (de l'Eure).　　　　Signé DUPONT (de l'Eure).

CERTIFIÉ conforme par nous

Garde des sceaux de France, Ministre Secrétaire d'état au département de la justice,

A Paris, le 2 * Septembre 1830,

DUPONT (de l'Eure).

---

* Cette date est celle de la réception du Bulletin à la Chancellerie.

On s'abonne pour le Bulletin des lois, à raison de 9 francs par an, à la caisse de l'Imprimerie royale, ou chez les Directeurs des postes des départemens.

A PARIS, DE L'IMPRIMERIE ROYALE.
2 Septembre 1830.

BULLETIN DES LOIS.

1re Partie. — LOIS. — N° 7.

Nº 62. — *Loi relative au Droit d'enregistrement des Actes de prêts sur dépôts ou consignations de marchandises, fonds publics français, et actions des Compagnies d'industrie et de finance.*

A Paris, le 8 Septembre 1830.

LOUIS-PHILIPPE, ROI DES FRANÇAIS, à tous présens et à venir, SALUT.

Les Chambres ont adopté, NOUS AVONS ORDONNÉ et ORDONNONS ce qui suit :

ARTICLE UNIQUE.

Les actes de prêts sur dépôts ou consignations de marchandises, fonds publics français, et actions des compagnies d'industrie et de finance, dans le cas prévu par l'article 9 du Code de commerce, seront admis à l'enregistrement moyennant le droit fixe de deux francs.

La présente loi, discutée, délibérée et adoptée par la Chambre des Pairs et par celle des Députés, et sanctionnée par nous cejourd'hui, sera exécutée comme loi de l'État.

DONNONS EN MANDEMENT à nos Cours et Tribunaux, préfets, Corps administratifs, et tous autres, que les présentes ils gardent et maintiennent, fassent garder, observer et maintenir, et, pour les rendre plus notoires à tous, ils les fassent publier et enregistrer partout où besoin sera ; et, afin que ce

G

soit chose ferme et stable à toujours, nous y avons fait mettre notre sceau.

Donné à Paris, au Palais-Royal, le 8ᵉ jour du mois de Septembre, l'an 1830.

Signé LOUIS-PHILIPPE.

Vu et scellé du grand sceau :

Le Garde des sceaux de France, Ministre Secrétaire d'état au département de la justice,

Signé DUPONT (de l'Eure).

Par le Roi :

Le Ministre Secrétaire d'état des finances,

Signé LOUIS.

———

Nᵒ 63. — *Loi qui ouvre au Ministre de l'Intérieur un Crédit extraordinaire de cinq millions sur l'exercice 1830.*

A Paris, le 8 Septembre 1830.

LOUIS-PHILIPPE, ROI DES FRANÇAIS, à tous présens et à venir, SALUT.

Les Chambres ont adopté, NOUS AVONS ORDONNÉ e ORDONNONS ce qui suit :

ART. 1ᵉʳ. Un crédit extraordinaire de cinq millions es ouvert, sur l'exercice de 1830, au ministre secrétaire d'éta au département de l'intérieur, qui en fera emploi pour le travaux publics et autres besoins urgens auxquels il est indis pensable de pourvoir.

2. Il sera rendu compte de l'emploi de ce crédit dans le formes légales et accoutumées.

La présente loi, discutée, délibérée et adoptée par Chambre des Pairs et par celle des Députés, et sanctionné par nous cejourd'hui, sera exécutée comme loi de l'Éta

DONNONS EN MANDEMENT à nos Cours et Tribunaux Préfets, Corps administratifs, et tous autres, que les présent

ils gardent et maintiennent, fassent garder, observer et maintenir, et, pour les rendre plus notoires à tous, ils les fassent
publier et enregistrer partout où besoin sera; et, afin que ce
soit chose ferme et stable à toujours, nous y avons fait mettre
notre sceau.

Donné à Paris, au Palais-Royal, le 8ᵉ jour du mois de
Septembre, l'an 1830.

Signé LOUIS-PHILIPPE.

Vu et scellé du grand sceau :　　Par le Roi :

Le Garde des sceaux de France,　*Le Ministre Secrétaire d'état au dé-*
Ministre Secrétaire d'état au dé-　*partement de l'intérieur,*
partement de la justice,

　　　　　　　　　　　　　　　Signé GUIZOT.

Signé DUPONT (de l'Eure).

Nº 64. — *Loi relative à la Révision des Listes électorales*
et du Jury en 1830.

A Paris, le 11 Septembre 1830.

LOUIS-PHILIPPE, ROI DES FRANÇAIS, à tous présens
et à venir, SALUT.

Les Chambres ont adopté, NOUS AVONS ORDONNÉ et
ORDONNONS ce qui suit :

ART. 1ᵉʳ. Les opérations relatives à la révision des listes
électorales et du jury, qui, en vertu des articles 7, 10, 11, 12
et 16 de la loi du 2 juillet 1828, doivent avoir lieu du
15 août au 20 octobre de chaque année, seront, à raison
des circonstances et seulement pour la présente année 1830,
retardées d'un mois.

En conséquence, la liste générale du jury sera publiée
dans chaque département le 15 septembre ; le registre des
réclamations sera clos le 31 octobre ; la clôture de la liste aura
lieu le 16 novembre, et le dernier tableau de rectification sera
publié le 20 du même mois de novembre.

G 2

CERTIFIÉ conforme par nous

Garde des sceaux de France, Ministre Secrétaire d'état au département de la justice,

A Paris, le 12 * Septembre 1830,

DUPONT (de l'Eure).

---

* Cette date est celle de la réception du Bulleti
à la Chancellerie.

On s'abonne pour le Bulletin des lois, à raison de 9 francs par an, à la caisse de l'Imprimerie royale, ou chez les Directeurs des postes des départemens.

A PARIS, DE L'IMPRIMERIE ROYALE.
12 Septembre 1830.

Préfets, Corps administratifs, et tous autres, que les présentes ils gardent et maintiennent, fassent garder, observer et maintenir, et, pour les rendre plus notoires à tous, ils les fassent publier et enregistrer partout où besoin sera; et, afin que ce soit chose ferme et stable à toujours, nous y avons fait mettre notre sceau.

Donné à Paris, au Palais-Royal, le 12ᵉ jour du mois de Septembre, l'an 1830.

Signé LOUIS-PHILIPPE.

Vu et scellé du grand sceau :

Le Garde des sceaux de France, Ministre Secrétaire d'état au département de la justice,

Signé DUPONT (de l'Eure).

Par le Roi :

Le Ministre Secrétaire d'état au département de l'intérieur,

Signé GUIZOT.

N° 67.— *Loi sur le Mode de pourvoir aux Places vacantes dans la Chambre des Députés.*

À Paris, le 13 Septembre 1830.

· LOUIS-PHILIPPE, ROI DES FRANÇAIS, à tous présens et à venir, SALUT. ,

Les Chambres ont adopté, NOUS AVONS ORDONNÉ et ORDONNONS ce qui suit :

ART. 1ᵉʳ. Il sera pourvu aux places vacantes dans la Chambre des Députés , savoir :

S'il s'agit du remplacement d'un député de collége d'arrondissement, par le collége d'arrondissement qui avait nommé ce député ;

Et s'il s'agit du remplacement d'un député de collége départemental, par tous les électeurs du département payant au moins trois cents francs de contributions directes, réunis en un seul collége.

Les électeurs de vingt-cinq à trente ans et les éligibles de trente à quarante ans, appelés à exercer des droits d'élection et d'éligibilité par la Charte, sont dispensés de prouver la

ssession annale; il en sera de même pour les patentes prises
nt le 1ᵉʳ août 1830.

2. Le bureau provisoire des colléges, tant d'arrondissement
ne de département, sera composé comme il suit :

Les fonctions de président seront remplies par le doyen
âge des électeurs présens.

Celles de scrutateurs, par les deux plus âgés et les deux plus
unes des électeurs présens.

Le secrétaire sera choisi à la majorité des voix par le président et les scrutateurs.

3. Le président et les scrutateurs du bureau définitif seront
nommés par le collége à un seul tour de scrutin individuel
pour le président, et de liste pour les scrutateurs, et à la
pluralité des voix.

Le secrétaire du bureau définitif sera choisi à la majorité
des voix par le président et les scrutateurs de ce bureau.

4. Dans les colléges divisés en plusieurs sections, les
même règles seront observées dans chaque section.

Le président de la première section remplira les fonctions
attribuées par les lois au président du collége.

5. Les dispositions de la présente loi sont purement transitoires, et valables uniquement jusqu'à ce qu'il ait été légalement pourvu aux modifications à apporter à la législation
dectorale maintenant en vigueur.

La présente loi, discutée, délibérée et adoptée par la
Chambre des Pairs et par celle des Députés, et sanctionnée
ar nous cejourd'hui, sera exécutée comme loi de l'État.

DONNONS EN MANDEMENT à nos Cours et Tribunaux,
héfets, Corps administratifs, et tous autres, que les présentes
gardent et maintiennent, fassent garder, observer et main-
tir, et, pour les rendre plus notoires à tous, ils les fassent
publier et enregistrer partout où besoin sera; et, afin que ce
it chose ferme et stable à toujours, nous y avons fait mettre
tre sceau.

Préfets, Corps administratifs, et tous autres, que les présentes ils gardent et maintiennent, fassent garder, observer et maintenir, et, pour les rendre plus notoires à tous, ils les fassent publier et enregistrer partout où besoin sera ; et, afin que ce soit chose ferme et stable à toujours, nous y avons fait mettre notre sceau.

Donné à Paris, au Palais-Royal, le 12ᵉ jour du mois de Septembre, l'an 1830.

Signé LOUIS-PHILIPPE.

Vu et scellé du grand sceau :

Le Garde des sceaux de France, Ministre Secrétaire d'état au département de la justice,

Signé DUPONT (de l'Eure).

Par le Roi :

Le Ministre Secrétaire d'état au département de l'intérieur,

Signé GUIZOT.

Nº 67. — *Loi sur le Mode de pourvoir aux Places vacantes dans la Chambre des Députés.*

A Paris, le 12 Septembre 1830.

LOUIS-PHILIPPE, ROI DES FRANÇAIS, à tous présens et à venir, SALUT.

Les Chambres ont adopté, NOUS AVONS ORDONNÉ et ORDONNONS ce qui suit :

ART. 1ᵉʳ. Il sera pourvu aux places vacantes dans la Chambre des Députés, savoir :

S'il s'agit du remplacement d'un député de collége d'arrondissement, par le collége d'arrondissement qui avait nommé ce député ;

Et s'il s'agit du remplacement d'un député de collége départemental, par tous les électeurs du département payant au moins trois cents francs de contributions directes, réunis en un seul collége.

Les électeurs de vingt-cinq à trente ans et les éligibles de trente à quarante ans, appelés à exercer des droits d'élection et d'éligibilité par la Charte, sont dispensés de prouver la possession annale ; il en sera de même pour les patentes prises avant le 1ᵉʳ août 1830.

2. Le bureau provisoire des colléges, tant d'arrondissement que de département, sera composé comme il suit :

Les fonctions de président seront remplies par le doyen d'âge des électeurs présens.

Celles de scrutateurs, par les deux plus âgés et les deux plus jeunes des électeurs présens.

Le secrétaire sera choisi à la majorité des voix par le président et les scrutateurs.

3. Le président et les scrutateurs du bureau définitif seront nommés par le collége à un seul tour de scrutin individuel pour le président, et de liste pour les scrutateurs, et à la pluralité des voix.

Le secrétaire du bureau définitif sera choisi à la majorité des voix par le président et les scrutateurs de ce bureau.

4. Dans les colléges divisés en plusieurs sections, les même règles seront observées dans chaque section.

Le président de la première section remplira les fonctions attribuées par les lois au président du collége.

5. Les dispositions de la présente loi sont purement transitoires, et valables uniquement jusqu'à ce qu'il ait été légalement pourvu aux modifications à apporter à la législation électorale maintenant en vigueur.

La présente loi, discutée, délibérée et adoptée par la Chambre des Pairs et par celle des Députés, et sanctionnée par nous cejourd'hui, sera exécutée comme loi de l'État.

DONNONS EN MANDEMENT à nos Cours et Tribunaux, Préfets, Corps administratifs, et tous autres, que les présentes ils gardent et maintiennent, fassent garder, observer et maintenir, et, pour les rendre plus notoires à tous, ils les fassent publier et enregistrer partout où besoin sera ; et, afin que ce soit chose ferme et stable à toujours, nous y avons fait mettre notre sceau.

Donné à Paris, au Palais-Royal, le 12ᵉ jour du mois de Septembre, l'an 1830.

Signé LOUIS-PHILIPPE.

Vu et scellé du grand sceau :

Le Garde des sceaux de France, Ministre secrétaire d'état au département de la justice,

Signé DUPONT (de l'Eure).

Par le Roi :

Le Ministre Secrétaire d'état au département de l'intérieur,

Signé GUIZOT.

CERTIFIÉ conforme par nous

Garde des sceaux de France, Ministre Secrétaire d'état au département de la justice,

A Paris, le 14 * Septembre 1830,

DUPONT (de l'Eure).

* Cette date est celle de la réception du Bulletin à la Chancellerie.

On s'abonne pour le Bulletin des lois, à raison de 9 francs par an, à la caisse de l'Imprimerie royale, ou chez les Directeurs des postes des départemens.

A PARIS, DE L'IMPRIMERIE ROYALE.
14 Septembre 1830.

BULLETIN DES LOIS.

1re Partie. — LOIS. — N° 9.

N° 68. — *Loi sur l'application du Jury aux Délits de la Presse et aux Délits politiques.*

A Paris, le 8 Octobre 1830.

LOUIS-PHILIPPE, ROI DES FRANÇAIS, à tous présens et à venir, SALUT.

Les Chambres ont adopté NOUS AVONS ORDONNÉ et ORDONNONS ce qui suit :

ART. 1er. La connaissance de tous les délits commis, soit par *la voie de* la presse, soit par tous les autres moyens de publication énoncés en l'article 1er de la loi du 17 mai 1819, est attribuée aux cours d'assises.

2. Sont exceptés les cas prévus par l'article 14 de la loi du 26 mai 1819.

3. Sont pareillement exceptés les cas où les Chambres, cours et tribunaux, jugeraient à propos d'user des droits qui leur sont attribués par les articles 15 et 16 de la loi du 25 mars 1822.

4. La poursuite des délits mentionnés en l'article 1er de la présente loi aura lieu d'office et à la réquête du ministère public, en se conformant aux dispositions des lois des 26 mai et 9 juin 1819.

IXe Série. — 1re Partie. I

5.˙ Les articles 12, 17 et 18 de la loi du 25 mars 1822 sont abrogés.

6. La connaissance des délits politiques est pareillement attribuée aux cours d'assises.

7. Sont réputés politiques les délits prévus,.

1.ᵉ Par les chapitres I et II du titre I.ᵉʳ du livre III du Code pénal; ⸝

2° Par les paragraphes 2 et 4 de la section III et par la section VII du chapitre III des mêmes livre et titre ;

3° Par l'article 9 de la loi du 25 mars 1822.

8. Les délits mentionnés dans la présente loi qui ne seraient pas encore jugés, le seront suivant les formes qu'elle prescrit.

La présente loi, discutée, délibérée et adoptée par la Chambre des Pairs et par celle des Députés, et sanctionnée par nous cejourd'hui, sera exécutée comme loi de l'État.

DONNONS EN MANDEMENT à nos Cours et Tribunaux,. Préfets, Corps administratifs, et tous autres, que les présentes ils gardent et maintiennent, fassent garder, observer et maintenir, et, pour les rendre plus notoires à tous, ils les fassent publier et enregistrer partout où besoin sera ; et, afin que ce soit chose ferme et stable à toujours, nous y avons fait mettre notre sceau. ✦

Donné à Paris, au Palais-Royal, le 8.ᵉ jour du mois d'Octobre, l'an 1830.

Signé LOUIS-PHILIPPE.

Vu et scellé du grand sceau :

Le Garde des sceaux de France, Ministre Secrétaire d'état au département de la justice,

Signé DUPONT (de l'Eure).

Par le Roi :

Le Garde des sceaux de France, Ministre Secrétaire d'état au département de la justice,

Signé DUPONT (de l'Eure).

CERTIFIÉ conforme par nous

Garde des sceaux de France, Ministre Secrétaire d'état au département de la justice,

A Paris, le 10 * Octobre 1830,

DUPONT (de l'Eure).

* Cette date est celle de la réception du Bulletin à la Chancellerie.

On s'abonne pour le Bulletin des lois, à raison de 9 francs par an, à la caisse de l'Imprimerie royale, ou chez les Directeurs des postes des départemens.

A PARIS, DE L'IMPRIMERIE ROYALE.
10 Octobre 1830.

·BULLETIN DES LOIS. ·

1ʳᵉ Partie. — LOIS. — Nº 10.

Nº 69. — *Loi relative au Vote annuel du Contingent de l'Armée.*

A Paris, le 11 Octobre 1830.

LOUIS-PHILIPPE, ROI DES FRANÇAIS, à tous présens et à venir, SALUT.

Les Chambres ont adopté, NOUS AVONS ORDONNÉ et ORDONNONS ce qui suit :

ARTICLE PREMIER.

La force du contingent à appeler chaque année, conformément à la loi du 10 mars 1818 , pour le recrutement des troupes de terre et de mer, sera déterminée par les Chambres dans chaque session.

ART. 2.

L'article 5 de la loi du 10 mars 1818 et l'article 1ᵉʳ de celle du 9 juin 1824 sont abrogés.

ART. 3.

Sont maintenues toutes les dispositions de ces deux lois qui ne sont pas contraires à la présente.

La présente loi, discutée, délibérée et adoptée par la Chambre des Pairs et par celle des Députés, et sanctionnée par nous cejourd'hui, sera exécutée comme loi de l'État.

DONNONS EN MANDEMENT à nos Cours et Tribunaux, Préfets, Corps administratifs, et tous autres, que les présentes ils gardent et maintiennent, fassent garder, observer et maintenir, et, pour les rendre plus notoires à tous, ils les fassent

BULLETIN DES LOIS.

1re Partie. — LOIS. — No 10.

N° 69. — *Loi relative au Vote annuel du Contingent de l'Armée.*

A Paris, le 11 Octobre 1830.

LOUIS-PHILIPPE, ROI DES FRANÇAIS, à tous présens et à venir, SALUT.

Les Chambres ont adopté, NOUS AVONS ORDONNÉ et ORDONNONS ce qui suit :

ARTICLE PREMIER.

La force du contingent à appeler chaque année, conformément à la loi du 10 mars 1818, pour le recrutement des troupes de terre et de mer, sera déterminée par les Chambres dans chaque session.

ART. 2.

L'article 5 de la loi du 10 mars 1818 et l'article 1er de celle du 9 juin 1824 sont abrogés.

ART. 3.

Sont maintenues toutes les dispositions de ces deux lois qui ne sont pas contraires à la présente.

La présente loi, discutée, délibérée et adoptée par la Chambre des Pairs et par celle des Députés, et sanctionnée par nous cejourd'hui, sera exécutée comme loi de l'État.

DONNONS EN MANDEMENT à nos Cours et Tribunaux, Préfets, Corps administratifs, et tous autres, que les présentes ils gardent et maintiennent, fassent garder, observer et maintenir, et, pour les rendre plus notoires à tous, ils les fassent publier et enregistrer partout où besoin sera; et, afin que soit chose ferme et stable à toujours, nous y avons fait met notre sceau.

Donné à Paris, au Palais-Royal, le 11ᵉ jour du m d'Octobre, l'an 1830.

Signé LOUIS-PHILIPPE.

Vu et scellé du grand sceau :

Le Garde des sceaux de France, Ministre Secrétaire d'état au département de la justice,

Signé DUPONT (de l'Eure).

Par le Roi :

Le Ministre Secrétaire d'état la guerre,

Signé Mᵃˡ Cᵗᵉ GÉRARD.

N° 70. — *Loi qui abolit celle sur le Sacrilège et sur le Vᵉ dans les Églises.*

A Paris, le 11 Octobre 1830.

LOUIS-PHILIPPE, ROI DES FRANÇAIS, à tous présel et à venir, SALUT.

Les Chambres ont adopté, NOUS AVONS ORDONNÉ ORDONNONS ce qui suit :

ARTICLE UNIQUE.

La loi du 20 avril 1825, pour la répression des crimes, des délits commis dans les édifices ou sur les objets consacr à la religion catholique et autres cultes légalement établis (France, est et demeure abrogée.

La présente loi, discutée, délibérée et adoptée par Chambre des Pairs et par celle des Députés, et sanctionnᵉ par nous cejourd'hui, sera exécutée comme loi de l'État.

DONNONS EN MANDEMENT à nos Cours et Tribunaux Préfets . Corps administratifs, et tous autres, que les présentᵉ ils gardent et maintiennent, fassent garder, observer et mai tenir, et, pour les rendre plus notoires à tous, ils les fassei publier et enregistrer partout où besoin sera; et, afin que c soit chose ferme et stable à toujours, nous y avons fait mettre notre sceau.

Donné à Paris, au Palais-Royal, le 11ᵉ jour du mois d'Octobre, l'an 1830.

Signé LOUIS-PHILIPPE.

Vu et scellé du grand sceau :

Le Garde des sceaux de France, Ministre Secrétaire d'état au département de la justice,

Signé DUPONT (de l'Eure).

Par le Roi :

Le Garde des sceaux de France, Ministre Secrétaire d'état au département de la justice,

Signé DUPONT (de l'Eure).

CERTIFIÉ conforme par nous

Garde des sceaux de France, Ministre Secrétaire d'état au département de la justice,

A Paris, le 14 * Octobre 1830,

DUPONT (de l'Eure).

* Cette date est celle de la réception du Bulletin à la Chancellerie.

On s'abonne pour le Bulletin des lois, à raison de 9 francs par an, à la caisse de l'Imprimerie royale, ou chez les Directeurs des postes des départemens.

A PARIS, DE L'IMPRIMERIE ROYALE.

14 Octobre 1830.

BULLETIN DES LOIS.

1re Partie. — LOIS. — N° 11.

N° 71. — *Loi relative à un Crédit extraordinaire de trente millions pour Secours au Commerce.*

À Paris, le 17 Octobre 1830.

LOUIS-PHILIPPE, ROI DES FRANÇAIS, à tous présens et à venir, SALUT.

Les Chambres ont adopté, NOUS AVONS ORDONNÉ et ORDONNONS ce qui suit :

ARTICLE UNIQUE.

Il est ouvert au ministre des finances un crédit extraordinaire de trente millions, qui pourront être employés en prêts ou avances au commerce et à l'industrie, en prenant les sûretés convenables pour la garantie des intérêts du trésor. Il sera rendu compte aux Chambres, pendant la session de 1831, de l'emploi de ce crédit.

La présente loi, discutée, délibérée et adoptée par la Chambre des Pairs et par celle des Députés, et sanctionnée par nous cejourd'hui, sera exécutée comme loi de l'État.

DONNONS EN MANDEMENT à nos Cours et Tribunaux, Préfets, Corps administratifs, et tous autres, que les présentes ils gardent et maintiennent, fassent garder, observer et maintenir, et, pour les rendre plus notoires à tous, ils les fassent publier et enregistrer partout où besoin sera; et, afin que ce soit chose ferme et stable à toujours, nous y avons fait mettre notre sceau.

Fait à Paris, au Palais-Royal, le 17ᵉ jour du mois d'Octobre, l'an 1830.

Signé LOUIS-PHILIPPE.

Vu et scellé du grand sceau :

Le Garde des sceaux de France, Ministre Secrétaire d'état au département de la justice,

Signé DUPONT (de l'Eure).

Par le Roi :

Le Ministre Secrétaire d'état au département des finances,

Signé LOUIS.

———

N° 72. — *Loi transitoire sur les Boissons*.

À Paris, le 17 Octobre 1830.

LOUIS-PHILIPPE, ROI DES FRANÇAIS, à tous présens et à venir, SALUT.

Les Chambres ont adopté, NOUS AVONS ORDONNÉ et ORDONNONS ce qui suit :

ARTICLE 1ᵉʳ.

Pour faciliter la perception de l'impôt sur les boissons conformément aux lois en vigueur jusqu'à la promulgation de nouvelles dispositions législatives, l'abonnement sera substitué à l'exercice en faveur de tous ceux des débitans qui en feront la demande.

ARTICLE 2.

Dans les lieux où les perceptions auront été interrompues, le Gouvernement fera appliquer d'office, et pour tous les droits non perçus, l'abonnement général autorisé par l'article 73 de la loi du 28 avril 1816, pendant toute la durée de l'interruption.

A défaut de vote spécial et immédiat, le remplacement s'opérera dans chaque commune au moyen de centimes additionnels aux contributions foncière, personnelle et mobilière.

La présente loi, discutée, délibérée et adoptée par la Chambre des Pairs et par celle des Députés, et sanctionnée par nous cejourd'hui, sera exécutée comme loi de l'État.

DONNONS EN MANDEMENT à nos Cours et Tribunaux, Préfets, Corps administratifs, et tous autres, que les présentes ils gardent et maintiennent, fassent garder, observer et maintenir, et, pour les rendre plus notoires à tous, ils les fassent publier et enregistrer partout où besoin sera; et, afin que ce soit chose ferme et stable à toujours, nous y avons fait mettre notre sceau.

Fait à Paris, au Palais-Royal, le 17ᵉ jour du mois d'Octobre, l'an 1830.

Signé LOUIS-PHILIPPE.

Vu et scellé du grand sceau :   Par le Roi :

Le Garde des sceaux de France,   *Le Ministre Secrétaire d'état au dé-*
Ministre Secrétaire d'état au dé-   *partement des finances,*
partement de la justice,
                                                    Signé LOUIS.
Signé DUPONT (de l'Eure).

CERTIFIÉ conforme par nous

Garde des sceaux de France, Ministre Secrétaire
d'état au département de la justice,

A Paris, le 19ᵉ Octobre 1830,

DUPONT (de l'Eure).

---

* Cette date est celle de la réception du Bulletin à la Chancellerie.

On s'abonne pour le Bulletin des lois, à raison de 9 francs par an, à la caisse de l'Imprimerie royale, ou chez les Directeurs des postes des départemens.

A PARIS, DE L'IMPRIMERIE ROYALE.
19 Octobre 1830.

BULLETIN DES LOIS.

1ʳᵉ Partie. — LOIS. — N° 12.

N° 73. — *Loi sur les Grains.*

A Paris, le 20 Octobre 1830.

LOUIS-PHILIPPE, ROI DES FRANÇAIS, à tous présens et à venir, SALUT.

Les Chambres ont adopté, NOUS AVONS ORDONNÉ et ORDONNONS ce qui suit :

ARTICLE 1ᵉʳ.

Sur la frontière de terre comme sur celle de mer, le maximum du droit variable à l'importation des grains sera de trois francs l'hectolitre, et le minimum, de vingt-cinq centimes. Ces *droits et les degrés* intermédiaires de deux francs et d'un franc continueront d'être appliqués suivant le prix légal des grains, conformément aux lois des 16 juillet 1819 et 4 juillet 1821.

Ces droits seront perçus sans distinction de provenances, et avec la seule surtaxe d'un franc pour les grains qui arriveront par mer sous pavillon étranger.

Le maximum de trois francs sera appliqué aux seigles et maïs, quand le prix de ces grains aura atteint seize francs dans la première classe, quatorze francs dans la seconde, douze francs dans la troisième, et dix francs dans la quatrième. Il n'y aura lieu qu'à la perception du minimum de vingt-cinq centimes, lorsque les prix auront dépassé dix-huit, seize, quatorze et douze francs.

Le minimum du droit sur les farines, quand elles seront importées par navires français, sera de cinquante centimes par cent kilogrammes, sans distinction de provenances. Ce

minimum sera de deux francs cinquante centimes, quand l'im
portation aura lieu sous pavillon étranger. Les taxes supplé
mentaires continueront d'être perçues selon les proportion
fixées par l'article 4 de la loi du 16 juillet 1819.

ARTICLE 2.

Le prix légal régulateur des grains pour la première classe
(frontière du midi, depuis le département du Var jusqu'à celui
des Pyrénées-Orientales inclusivement) sera formé du prix
moyen des mercuriales des marchés de Marseille, Toulouse,
Gray et Lyon.

ARTICLE 3.

Quand, par l'effet du prix légal, l'importation devra cesser
dans un port de mer, les cargaisons qui, fortuitement, n'auraient pu parvenir à temps, seront admises, s'il est justifié que
le navire était parti directement du port du chargement, en
destination pour un port français, avant que la connaissance
du changement dans le prix légal ne fût parvenue dans ce premier port. Cette justification, si elle ne résulte pas de l'examen
des registres et autres papiers de bord, rapprochés de la distance du lieu de départ, et de la date de l'arrivée, sera fournie
au moyen d'un certificat de l'agent consulaire de France, et, à
son défaut, du magistrat local. Ces cargaisons paieront le droit
d'importation le plus élevé.

Les dispositions de cet article s'appliqueront également
aux cargaisons qui auraient été expédiées directement sur bateau à destination de l'un des bureaux de douanes placés sur
le Rhin, la Moselle ou la Meuse, et qui arriveraient sur les
bateaux mêmes où elles auraient été originairement chargées
pour l'une de ces destinations.

ARTICLE 4.

La loi du 15 juin 1825, qui a substitué l'entrepôt réel à
l'entrepôt fictif pour les grains étrangers, est abrogée.

ARTICLE 5.

Les dispositions de la présente loi n'auront d'effet que

jusqu'au 30 juin 1831 , pour les départemens compris dans la première classe , et jusqu'au 31 juillet, pour les départemens compris dans la deuxième , la troisième et la quatrième classes.

La présente loi, discutée, délibérée et adoptée par la Chambre des Pairs et par celle des Députés, et sanctionnée par nous cejourd'hui, sera exécutée comme loi de l'État.

DONNONS EN MANDEMENT à nos Cours et Tribunaux, Préfets, Corps administratifs, et tous autres, que les présentes ils gardent et maintiennent, fassent garder, observer et maintenir, et, pour les rendre plus notoires à tous, ils les fassent publier et enregistrer partout où besoin sera; et, afin que ce soit chose ferme et stable à toujours, nous y avons fait mettre notre sceau.

Fait à Paris, au Palais - Royal , le 20ᵉ jour du mois d'Octobre, l'an 1830.

Signé LOUIS-PHILIPPE.

Vu et scellé du grand sceau :
Le Garde des sceaux de France, Ministre Secrétaire d'état au département de la justice,
Signé DUPONT (de l'Eure).

Par le Roi :
Le Ministre Secrétaire d'état au département de l'intérieur,
Signé GUIZOT.

CERTIFIÉ conforme par nous

Garde des sceaux de France, Ministre Secrétaire d'état au département de la justice,

A Paris, le 25 * Octobre 1830,

DUPONT (de l'Eure).

* Cette date est celle de la réception du Bulletin à la Chancellerie.

On s'abonne pour le Bulletin des lois, à raison de 9 francs par an, à la caisse de l'Imprimerie royale, ou chez les Directeurs des postes des départemens.

BULLETIN DES LOIS.

1ʳᵉ Partie. — LOIS. — N° 13.

Nº 74. — *Loi qui punit les attaques contre les droits et l'autorité du Roi et des Chambres par la voie de la Presse.*

A Paris, le 29 Novembre 1830.

LOUIS-PHILIPPE, ROI DES FRANÇAIS, à tous présens et à venir, SALUT.

Les Chambres ont adopté, NOUS AVONS ORDONNÉ et ORDONNONS ce qui suit :

ART. 1ᵉʳ. Toute attaque, par l'un des moyens énoncés en l'article 1ᵉʳ de la loi du 17 mai 1819, contre la dignité royale, l'ordre de successibilité au trône, les droits que le Roi tient du vœu de la nation française, exprimé dans la déclaration du 7 août 1830, et de la Charte constitutionnelle par lui acceptée et jurée dans la séance du 9 août de la même année, son autorité constitutionnelle, l'inviolabilité de sa personne, les droits et l'autorité des Chambres, sera punie d'un emprisonnement de trois mois à cinq ans, et d'une amende de trois cents francs à six mille francs.

2. L'article 2 de la loi du 25 mars 1822 est et demeure abrogé.

La présente loi, discutée, délibérée et adoptée par la bre des Pairs et par celle des Députés, et sanctionnée nous cejourd'hui, sera exécutée comme loi de l'État.

DONNONS EN MANDEMENT à nos Cours et Tribunaux, , Corps administratifs, et tous autres, que les présentes

2. *IXe Série.* — 1ʳᵉ Partie.   N

ils gardent et maintiennent, fassent garder, observer et mai:
tenir, et, pour les rendre plus notoires à tous, ils les fasse:
publier et enregistrer partout où besoin sera ; et, afin que «
soit chose ferme et stable à toujours, nous y avons fait mett:
notre sceau.

Fait à Paris, au Palais-Royal, le 29ᵉ jour du mois d
Novembre, l'an 1830.

Signé LOUIS-PHILIPPE.

Vu et scellé du grand sceau :   Par le Roi :

Le Garde des sceaux de France,   *Le Garde des sceaux de Franc*
Ministre Secrétaire d'état au dé-   *Ministre Secrétaire d'état au d*
partement de la justice,   *partement de la justice,*
  Signé Dupont (de l'Eure).   Signé Dupont (de l'Eure).

Nº 75. — *Lois qui autorisent deux Villes à faire des Emprun*
  et dix-huit Départemens à s'imposer extraordinairement.

A Paris, le 26 Novembre 1830.

LOUIS-PHILIPPE, Roi des Français, à tous présen
et à venir, SALUT.

Les Chambres ont adopté, NOUS AVONS ORDONNÉ «
ORDONNONS ce qui suit :

PREMIÈRE LOI.

(Ville de Lyon.)

ARTICLE UNIQUE.

La ville de Lyon (Rhône) est autorisée à emprunte
à un intérêt qui ne pourra pas excéder cinq pour cent, un
somme de huit cent trente mille francs, remboursable e
quatre années à compter de 1839, pour servir à acquitter un
portion des dépenses extraordinaires à la charge de cette vill
pendant 1830.

SECONDE LOI.

(Ville de Nancy.)

ARTICLE UNIQUE.

La ville de Nancy (Meurthe) est autorisée à emprunter, pour payer le prix de divers travaux d'utilité publique, une somme de deux cent mille francs, dont le remboursement sera effectué en dix années, avec intérêt légal, sur l'excédant annuel des revenus communaux.

TROISIÈME LOI.

(Département de la Haute-Saone.)

ARTICLE UNIQUE.

Le département de la Haute-Saone est autorisé, conformément à la délibération prise par son conseil général dans sa session de 1829, à s'imposer extraordinairement, pendant chacune des années 1831, 1832, 1833, 1834 et 1835, trois centimes additionnels aux quatre contributions directes, pour le produit en être employé à l'amélioration, tant des prisons et de la caserne de gendarmerie de Vesoul, que des palais de justice et des prisons de Gray et de Lure.

QUATRIÈME LOI.

(Département de la Marne.)

ARTICLE UNIQUE.

Le département de la Marne est autorisé, conformément à la délibération prise par son conseil général dans sa session de 1829, à s'imposer extraordinairement, pendant chacune des années 1831 et 1832, deux centimes additionnels aux quatre contributions directes, pour le produit en être employé aux frais d'établissement des tribunaux, des prisons et de la

caserne de gendarmerie de Reims, dans les bâtimens et dépen
dances de l'ancien hôtel-Dieu.

CINQUIÈME LOI.

(Département de la Corse.)

ARTICLE UNIQUE.

Le département de la Corse est autorisé, conformément
la délibération prise par son conseil général dans sa session
de 1829, à s'imposer extraordinairement dix centimes addi
tionnels aux contributions foncière, personnelle et mobilièr
des années 1831 et 1832, pour le produit en être employ
à l'achèvement des travaux de construction du nouvel hôte
de préfecture.

SIXIÈME LOI.

(Département des Côtes-du-Nord.)

ARTICLE UNIQUE.

Le département des Côtes-du-Nord est autorisé, conformé
ment à la délibération prise par son conseil général dans s
dernière session, à s'imposer extraordinairement cinq centime
additionnels aux contributions foncière, personnelle et mob
lière de 1831, pour le produit en être affecté à diverses dé
penses d'utilité départementale.

SEPTIÈME LOI.

(Département d'Indre-et-Loire.)

ARTICLE UNIQUE.

Le département d'Indre-et-Loire est autorisé, conforméme
à la délibération prise par son conseil général dans sa sessi
de 1829, à s'imposer extraordinairement, pendant chacu
des années 1831, 1832, 1833 et 1834, deux centimes ad
tionnels aux quatre contributions directes, pour le prod

être affecté tant à l'agrandissement et aux travaux d'appropriation des prisons de Tours qu'à la restauration du palais de justice et de la caserne de gendarmerie de cette ville.

HUITIÈME LOI.

(Département de la Loire-Inférieure.)

ARTICLE UNIQUE.

Le département de la Loire-Inférieure, conformément à la demande qu'en a faite son conseil général dans sa session de 1829, est autorisé à s'imposer extraordinairement pendant sept ans, à dater de 1831, cinq centimes additionnels au principal des quatre contributions directes.

Le produit de cette imposition extraordinaire sera employé aux travaux de restauration et d'achèvement des routes départementales de ce même département.

Au moyen de l'imposition qui fait l'objet de la présente loi, la perception des deux centimes extraordinaires autorisée pour les travaux des mêmes routes départementales par la loi du 21 février 1827, cessera à partir du 1er janvier 1831.

NEUVIÈME LOI.

(Département de Lot-et-Garonne.)

ARTICLE UNIQUE.

Le département de Lot-et-Garonne, conformément à la demande qu'en a faite son conseil général dans ses sessions de 1828 et 1829, est autorisé à emprunter une somme d'un million sept cent cinquante-sept mille trois cent vingt francs, savoir : un million trois cent cinquante-sept mille trois cent vingt francs pour subvenir aux frais de réparation et d'achèvement de ses routes départementales, et quatre cent mille francs pour sa participation dans la construction de la route royale de Périgueux à Mont-de-Marsan.

N 3

L'emprunt aura lieu avec publicité et concurrence ; l
taux de l'intérêt ne pourra excéder cinq pour cent.

Il sera remboursé, ainsi que le conseil général de ce dépar
tement en a émis le vœu, au moyen d'une imposition extraor
dinaire de cinq centimes additionnels au principal des quatre
contributions directes, qui sera perçue pendant dix-sept an:
et quatre mois, à partir de l'année 1831.

DIXIÈME LOI.

(Département du Haut-Rhin.)

ARTICLE UNIQUE.

Le département du Haut-Rhin, conformément à la demande qu'en a faite son conseil général dans sa session de
1829, est autorisé à s'imposer extraordinairement pendant
cinq années, à partir de 1831, un centime et demi additionnel
au principal des quatre contributions directes.

Le produit de cette imposition extraordinaire sera employé
à l'amélioration de l'état des routes départementales situées
dans ce département.

ONZIÈME LOI.

(Département de Loir-et-Cher.)

ARTICLE UNIQUE.

Le département de Loir-et Cher, conformément à la demande qu'en a faite son conseil général dans sa session de
1829, est autorisé à s'imposer extraordinairement pendant
quatre années, à dater de 1831, cinq centimes additionnels
au principal des quatre contributions directes.

Le produit de cette imposition extraordinaire sera employé
à l'achèvement et au perfectionnement des routes départementales situées dans ce département.

DOUZIÈME LOI.

(Département des Deux-Sèvres.)

ARTICLE UNIQUE.

Le département des Deux-Sèvres, conformément à la délibération prise par son conseil général dans sa session de 1829, est autorisé à s'imposer extraordinairement pendant douze ans, à dater de 1831, deux centimes et demi additionnels au principal des contributions foncière, personnelle et mobilière.

Le produit de cette imposition extraordinaire sera exclusivement affecté à l'achèvement des routes départementales situées dans ce département.

TREIZIÈME LOI.

(Département de Seine-et-Oise.)

ARTICLE UNIQUE.

Le département de Seine-et-Oise, sur la demande qui a été faite par son conseil général, est autorisé à s'imposer extraordinairement pendant deux années consécutives, à partir de 1831, trois centimes additionnels au principal des quatre contributions directes.

Le produit de cette imposition sera exclusivement employé aux travaux de construction et d'achèvement des routes départementales situées dans ce département.

QUATORZIÈME LOI.

(Département de l'Eure.)

· ARTICLE UNIQUE.

Le département de l'Eure, conformément à la demande qu'en a faite son conseil général dans sa session de 1829, est autorisé à s'imposer extraordinairement pendant cinq années consécutives, à partir de 1831, cinq centimes additionnels au principal des quatre contributions directes.

Le produit de cette imposition extraordinaire sera employé à la confection et à l'achèvement des routes départementales situées dans ce département.

QUINZIÈME LOI.

(Département de la Corrèze.)

ARTICLE UNIQUE.

Le département de la Corrèze, conformément à la demande qu'en a faite son conseil général dans sa dernière session, est autorisé à s'imposer extraordinairement pendant cinq ans, à dater de 1831, quatre centimes additionnels au principal des quatre contributions directes.

Le produit de cette imposition extraordinaire sera employé au paiement du contingent mis à la charge du département par l'ordonnance du 16 juillet 1828, dans les frais d'établissement de la route royale n° 140, de Figeac à Montargis, et le surplus sera affecté à l'achèvement des routes départementales de ce département.

SEIZIÈME LOI.

(Département des Bouches-du-Rhône.)

ARTICLE UNIQUE.

Le département des Bouches-du-Rhône, conformément à la demande qu'en a faite son conseil général dans sa dernière session, est autorisé à emprunter une somme de huit cent mille francs pour subvenir aux frais de réparation et d'achèvement de ses routes départementales.

L'emprunt aura lieu avec publicité et concurrence; le taux de l'intérêt ne pourra excéder cinq pour cent.

Il sera remboursé, ainsi que le conseil général du département en a émis le vœu, au moyen d'une imposition extraordinaire de trois centimes additionnels au principal des contributions foncière, personnelle et mobilière, dont la perception commencera en 1831 et ne finira qu'après l'extinction de la dette.

DIX-SEPTIÈME LOI.

(Département de l'Ain.)

ARTICLE UNIQUE.

Le département de l'Ain, conformément à la demande qu'en a faite son conseil général dans sa session de 1829, est autorisé à s'imposer extraordinairement pendant cinq années, à dater de 1831, trois centimes additionnels au principal des quatre contributions directes.

Le produit de cette imposition extraordinaire sera affecté à la réparation et à l'entretien des routes départementales de ce département.

DIX-HUITIÈME LOI.

(Département de l'Aveyron.)

ARTICLE UNIQUE.

Le département de l'Aveyron, conformément à la demande qu'en a faite le conseil général dans sa session de 1829, est autorisé à s'imposer extraordinairement pendant les années 1831 et 1832 trois centimes additionnels au principal des quatre contributions directes.

Le produit de cette imposition extraordinaire sera exclusivement employé à l'achèvement des routes départementales situées dans ce département.

DIX-NEUVIÈME LOI.

(Département du Gers.)

ARTICLE UNIQUE.

Le département du Gers, conformément à la délibération

qu'en a prise son conseil général dans sa session de 1829, est autorisé à s'imposer extraordinairement pendant trois ans, à dater de 1831, deux centimes additionnels au principal des quatre contributions directes.

Le produit de cette imposition extraordinaire sera exclusivement employé à l'achèvement des routes départementales n°ˢ 7, 8, 9, 10 et 11, situées dans ce département.

VINGTIÈME LOI.
(Département de la Dordogne.)
ARTICLE UNIQUE.

Le département de la Dordogne, conformément à la demande qu'en a faite son conseil général dans sa dernière session, est autorisé à s'imposer extraordinairement pendant cinq ans, à dater de 1831, cinq centimes additionnels aux quatre contributions directes.

Le produit de cette imposition extraordinaire sera exclusivement affecté à l'achèvement des routes départementales situées dans ce département.

Les présentes lois, discutées, délibérées et adoptées par la Chambre des Pairs et par celle des Députés, et sanctionnées par nous cejourd'hui, seront exécutées comme lois de l'État.

DONNONS EN MANDEMENT à nos Cours et Tribunaux, Préfets, Corps administratifs, et tous autres, que les présentes ils gardent et maintiennent, fassent garder, observer et maintenir, et, pour les rendre plus notoires à tous, ils les fassent publier et enregistrer partout où besoin sera; et, afin que ce soit chose ferme et stable à toujours, nous y avons fait mettre notre sceau.

Fait à Paris, au Palais-Royal, le 26ᵉ jour du mois de Novembre, l'an 1830.

Signé LOUIS-PHILIPPE.

Vu et scellé du grand sceau :

Par le Roi :

Le Garde des sceaux de France, Ministre Secrétaire d'état au département de la justice,

Signé DUPONT (de l'Eure).

Le Ministre Secrétaire d'état au département de l'intérieur,

Signé MONTALIVET.

CERTIFIÉ conforme par nous

Garde des sceaux de France, Ministre Secrétaire d'état au département de la justice,

A Paris, le 1ᵉʳ * Décembre 1830,

DUPONT (de l'Eure).

* Cette date est celle de la réception du Bulletin à la Chancellerie.

On s'abonne pour le Bulletin des lois, à raison de 9 francs par an, à la caisse de l'Imprimerie royale, ou chez les Directeurs des postes des départemens.

A PARIS, DE L'IMPRIMERIE ROYALE.
1ᵉʳ Décembre 1830.

BULLETIN DES LOIS.

1re Partie. — LOIS. — N° 14.

N° 76. — *Loi sur les Afficheurs et les Crieurs publics.*

A Paris, le 10 Décembre 1830.

LOUIS-PHILIPPE, ROI DES FRANÇAIS, à tous présens et à venir, SALUT.

Les Chambres ont adopté, NOUS AVONS ORDONNÉ et ORDONNONS ce qui suit :

ARTICLE PREMIER.

Aucun écrit, soit à la main, soit imprimé, gravé ou lithographié, contenant des nouvelles politiques ou traitant d'objets politiques, ne pourra être affiché ou placardé dans les rues, places ou autres lieux publics.

Sont exceptés de la présente disposition les actes de l'autorité publique.

ART. 2.

Quiconque voudra exercer, même temporairement, la profession d'afficheur ou crieur, de vendeur ou distributeur, sur la voie publique, d'écrits imprimés, lithographiés, gravés à la main, sera tenu d'en faire préalablement la déclaration devant l'autorité municipale et d'indiquer son domicile.

Le crieur ou afficheur devra renouveler cette déclaration chaque fois qu'il changera de domicile.

IXe Série. — 1re *Partie.*   O

ART. 3.

Les journaux, feuilles quotidiennes ou périodiques, les jugemens et autres actes d'une autorité constituée, ne pourront être annoncés dans les rues, places et autres lieux publics, autrement que par leur titre.

. Aucun autre écrit imprimé, lithographié, gravé ou à la main, ne pourra être crié sur la voie publique qu'après que le crieur ou distributeur aura fait connaître à l'autorité municipale le titre sous lequel il veut l'annoncer, et qu'après avoir remis à cette autorité un exemplaire de cet écrit.

ART. 4.

La vente ou distribution de faux extraits de journaux, jugemens et actes de l'autorité publique, est défendue, et sera punie des peines ci-après.

ART. 5.

L'infraction aux dispositions des articles 1er et 4 de la présente loi sera punie d'une amende de vingt-cinq à cinq cents francs, et d'un emprisonnement de six jours à un mois, cumulativement ou séparément.

L'auteur ou l'imprimeur des faux extraits défendus par l'article ci-dessus sera puni du double de la peine infligée au crieur, vendeur ou distributeur de faux extraits.

Les peines prononcées par le présent article seront appliquées sans préjudice des autres peines qui pourraient être encourues par suite des crimes et délits résultant de la nature même de l'écrit.

ART. 6.

· La connaissance des délits punis par le précédent article est attribuée aux cours d'assises. Ces délits seront poursuivi conformément aux dispositions de l'article 4 de la loi du 8 octobre 1830.

ART. 7.

Toute infraction aux articles 2 et 3 de la présente loi sera punie, par la voie ordinaire de police correctionnelle, d'une amende de vingt-cinq à deux cents francs, et d'un emprisonnement de six jours à un mois, cumulativement ou séparément.

ART. 8.

Dans les cas prévus par la présente loi, les cours d'assises et les tribunaux correctionnels pourront appliquer l'article 463 du Code pénal, si les circonstances leur paraissent atténuantes, et si le préjudice causé n'excède pas vingt-cinq francs.

ART. 9.

La loi du 5 nivôse an V, relative aux crieurs publics, et l'article 290 du Code pénal, sont abrogés.

La présente loi, discutée, délibérée et adoptée par la Chambre des Pairs et par celle des Députés, et sanctionnée par nous cejourd'hui, sera exécutée comme loi de l'État.

DONNONS EN MANDEMENT à nos Cours et Tribunaux, Préfets, Corps administratifs, et tous autres, que les présentes ils gardent et maintiennent, fassent garder, observer et maintenir, et, pour les rendre plus notoires à tous, ils les fassent publier et enregistrer partout où besoin sera ; et, afin que ce soit chose ferme et stable à toujours, nous y avons fait mettre notre sceau.

Fait à Paris, au Palais-Royal, le 16ᵉ jour du mois de Décembre, l'an 1830.

Signé LOUIS-PHILIPPE.

Vu et scellé du grand sceau :   Par le Roi :

Le Garde des sceaux de France, Ministre Secrétaire d'état au département de la justice,

Signé DUPONT (de l'Eure).

Le Ministre Secrétaire d'état au département de l'intérieur,

Signé MONTALIVET.

O 2

N° 77. — *Loi qui supprime les Juges Auditeurs, et statue sur les Conseillers Auditeurs et les Juges suppléans.*

A Paris, le 10 Décembre 1830.

LOUIS-PHILIPPE, Roi des Français, à tous présens et à venir, SALUT.

Les Chambres ont adopté, NOUS AVONS ORDONNÉ et ORDONNONS ce qui suit:

ARTICLE PREMIER.

Les Juges auditeurs sont supprimés, et cesseront immédiatement leurs fonctions.

ART. 2.

A l'avenir, il ne sera plus nommé de conseillers auditeurs près les cours royales.

Ceux qui y sont actuellement attachés y conserveront leurs fonctions, et seront soumis au droit commun, quant aux conditions d'avancement. Ils ne pourront plus être envoyés temporairement près d'un tribunal du ressort de leur cour à un titre différent que les autres conseillers.

ART. 3.

Les juges suppléans pourront être appelés aux fonctions du ministère public, si les besoins du service l'exigent.

A Paris, le quart des juges suppléans sera attaché au service du ministère public, sous les ordres du procureur du Roi.

ART. 4.

Le nombre des juges suppléans près le tribunal civil de la Seine est dès à présent porté à vingt.

Leur traitement est fixé à quinze cents francs.

ART. 5.

Toutes dispositions contraires à la présente loi sont abrogées.

La présente loi, discutée, délibérée et adoptée par la Chambre des Pairs et par celle des Députés, et sanctionnée par nous cejourd'hui, sera exécutée comme loi de l'État.

DONNONS 'EN MANDEMENT à nos Cours et Tribunaux, Préfets, Corps administratifs, et tous autres, que les présentes ils gardent et maintiennent, fassent garder, observer et maintenir, et, pour les rendre plus notoires à tous, ils les fassent publier et enregistrer partout où besoin sera ; et, afin que ce soit chose ferme et stable à toujours, nous y avons fait mettre notre sceau.

Fait à Paris, au Palais-Royal, le 10ᵉ jour du mois de Décembre, l'an 1830.

Signé. LOUIS-PHILIPPE.

Vu et scellé du grand sceau :   Par le Roi :

Le Garde des sceaux de France,   *Le Garde des sceaux de France,*
Ministre Secrétaire d'état au dé-   *Ministre Secrétaire d'état au dé-*
partement de la justice,   *partement de la justice,*
Signé DUPONT (de l'Eure).   Signé DUPONT (de l'Eure).

CERTIFIÉ conforme par nous

Garde des sceaux de France, Ministre Secrétaire d'état au département de la justice,

A Paris, le 11 * Décembre 1830,

DUPONT (de l'Eure).

* Cette date est celle de la réception du Bulletin à la Chancellerie.

On s'abonne pour le Bulletin des lois, à raison de 9 francs par an, à la caisse de l'Imprimerie royale, ou chez les Directeurs des postes des départemens.

A PARIS, DE L'IMPRIMERIE ROYALE.
11 Décembre 1830.

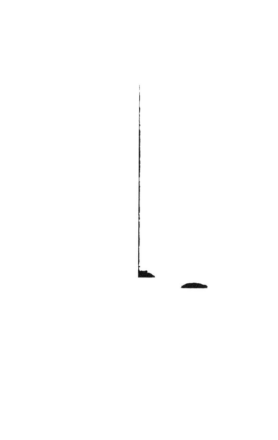

BULLETIN DES LOIS.

1re Partie. — LOIS. — No 15.

N° 78. — *Loi qui appelle quatre-vingt mille Hommes
sur la classe de 1830:*

A Paris, le 11 Décembre 1830.

LOUIS-PHILIPPE, ROI DES FRANÇAIS, à tous présens
et à venir, SALUT.

Les Chambres ont adopté, NOUS AVONS ORDONNÉ et
ORDONNONS ce qui suit :

ARTICLE PREMIER.

Quatre-vingt mille hommes sont appelés sur la classe de
1830.

ART. 2.

Ces quatre-vingt mille hommes seront répartis entre les
départemens, arrondissemens et cantons du royaume, d'après
le terme moyen des jeunes gens inscrits sur les tableaux de
recensement rectifiés des cinq années précédentes.

ART. 3.

Le contingent de la classe de 1830 ne sera tenu qu'au
temps de service qui sera ultérieurement fixé par la loi sur le
recrutement de l'armée.

Cette disposition est également applicable aux enrôlés
volontaires.

ART. 4.

Seront exemptés et remplacés dans l'ordre des numéros
subséquens les jeunes gens que leur numéro désignera pour

IXe Série. — 1re Partie.   P

faire partie du contingent et qui n'auront pas la taille d'un mètre cinquante - quatre centimètres [quatre pieds neuf pouces].

ART. 5.

Les dispositions des articles 6 et 14 de la loi du 10 mars 1818, contraires à la présente loi, sont abrogées.

La présente loi, discutée, délibérée et adoptée par la Chambre des Pairs et par celle des Députés, et sanctionnée par nous cejourd'hui, sera exécutée comme loi de l'État.

DONNONS EN MANDEMENT à nos Cours et Tribunaux, Préfets, Corps administratifs, et tous autres, que les présentes ils gardent et maintiennent, fassent garder, observer et maintenir, et, pour les rendre plus notoires à tous, ils les fassent publier et enregistrer partout où besoin sera; et, afin que ce soit chose ferme et stable à toujours, nous y avons fait mettre notre sceau.

Fait à Paris, au Palais-Royal, le 11ᵉ jour du mois de Décembre, l'an 1830.

Signé LOUIS-PHILIPPE.

Vu et scellé du grand sceau :

Le Garde des sceaux de France, Ministre Secrétaire d'état au département de la justice,
Signé DUPONT (de l'Eure).

Par le Roi :

Le Ministre Secrétaire d'état de la guerre,
Signé Mᵃˡ DUC DE DALMATIE.

Nº 79., — *Loi qui ouvre des Crédits previsoires pour l'exercice 1831.*

A Paris, le 12 Décembre 1830.

LOUIS-PHILIPPE, ROI DES FRANÇAIS, à tous présens et à venir, SALUT.

Les Chambres ont adopté, NOUS AVONS ORDONNÉ et ORDONNONS ce qui suit :

Article premier.

Les impôts directs autorisés par la loi du 2 août 1829 continueront d'être recouvrés provisoirement pour les quatre premiers douzièmes de l'année 1831.

Les impôts indirects autorisés par la susdite loi continueront à être perçus jusqu'au 1ᵉʳ mai 1831, sauf les exceptions contenues dans les articles 3, 4 et 5 ci-après.

Art. 2.

La perception des quatre contributions directes, en principal et centimes additionnels, s'opérera sur les rôles de 1830 jusqu'à la mise en recouvrement des rôles de 1831. Il ne sera pas délivré un nouvel avertissement aux contribuables, mais seulement une sommation *gratis* énonçant la date de la présente loi.

Art. 3.

A partir du 1ᵉʳ janvier prochain, le droit d'entrée sur les boissons sera supprimé dans les villes au-dessous de quatre mille ames; le droit à la vente en détail ne sera plus perçu qu'à raison de dix pour cent du prix de vente; les droits de circulation, de consommation, d'entrée, de remplacement aux entrées de Paris, et de fabrication des bières, seront réduits conformément au tarif annexé à la présente loi.

Art. 4.

Les débitans de boissons continueront d'être autorisés à s'affranchir des exercices pour l'acquittement du droit de détail au moyen d'abonnemens individuels ou collectifs. Les conseils municipaux pourront également en voter la suppression dans l'intérieur des villes, et le remplacement au moyen, soit d'une taxe unique aux entrées, soit de tout autre mode de recouvrement, comme ils sont autorisés à s'imposer pour les dépenses communales conformément à l'article 73 de la loi du 28 avril 1816.

Art. 5.

L'article 2 de la loi du 17 octobre 1830 continuera d'être

exécuté dans les lieux où les perceptions de l'impôt sur les boissons seront interrompues.

Art. 6.

Il est ouvert aux ministres, pour les dépenses de leurs départemens, sur l'exercice 1831, un crédit provisoire de la somme de trois cents millions, qui sera répartie entre eux par une ordonnance royale insérée au Bulletin des lois.

Art. 7.

Le ministre des finances est autorisé à maintenir en circulation les bons du trésor, dont la création a été autorisée par l'article 6 de la loi du 2 août 1829, jusqu'à concurrence de cent cinquante millions.

En cas d'insuffisance, il y sera pourvu au moyen d'une émission supplémentaire, qui devra être autorisée par ordonnance du Roi, et qui sera soumise à la sanction législative dans la plus prochaine session des Chambres.

La présente loi, discutée, délibérée et adoptée par la Chambre des Pairs et par celle des Députés, et sanctionnée par nous cejourd'hui, sera exécutée comme loi de l'État.

DONNONS EN MANDEMENT à nos Cours et Tribunaux, Préfets, Corps administratifs, et tous autres, que les présentes ils gardent et maintiennent, fassent garder, observer et maintenir, et, pour les rendre plus notoires à tous, ils les fassent publier et enregistrer partout où besoin sera; et, afin que ce soit chose ferme et stable à toujours, nous y avons fait mettre notre sceau.

Fait à Paris, au Palais-Royal, le 12e jour du mois de Décembre, l'an 1830.

Signé LOUIS-PHILIPPE.

Vu et scellé du grand sceau :

Le Garde des sceaux de France, Ministre Secrétaire d'état au département de la justice,

Signé DUPONT (de l'Eure).

Par le Roi :

Le Ministre Secrétaire d'état au département des finances,

Signé J. LAFFITTE.

CONTRIBUTIONS INDIRECTES.

TARIF des Droits à percevoir sur les Boissons.

(Annexé à la Loi du 12 Décembre 1830.)

DÉSIGNATION DES DROITS et population des communes sujettes aux droits d'entrée.	TAXE PAR HECTOLITRE (en principal).							
	VINS EN CERCLES ET EN BOUTEILLES dans les départemens de				Cidres, Poirés et Hydromel	Alcool pur contenu dans les eaux-de-vie et esprits en cercles, eaux-de-vie et esprits en bouteilles, liqueurs et fruits à l'eau-de-vie.	BIÈRES.	
	1re Classe.	2e Classe.	3e Classe.	4e Classe.			Bière forte.	Petite bière.
	f. c.	f. c.	f. c.	f. c.	f. c.	f. c.	f. c.	f. c.
de 4,000 à 6,000 ames.	».60	».80	1.»	1.20	».50	4.»	»	»
de 6,000 à 10,000	».90	1.20	1.50	1.80	».75	6.»	»	»
de 10,000 à 15,000	1.20	1.60	2.»	2.40	1.»	8.»	»	»
de 15,000 à 20,000	1.50	2.»	2.50	3.»	1.25	10.»	»	»
de 20,000 à 30,000	1.80	2.40	3.»	3.60	1.50	12.»	»	»
de 30,000 à 50,000	2.10	2.80	3.50	4.20	1.75	14.»	»	»
de 50,000 ames et au-dessus	2.40	3.20	4.»	4.80	2.»	16.»	»	»
...(suivant le lieu de destination)	».60	».80	1.»	1.20	».50	»	»	»
...ment aux entrées de Paris...	8.				4.»	50.»	»	»
...(dans tout le royaume)...	10 pour 0/0 du prix de vente...					34.»	»	»
...tion (dans tout le royaume).						34.»	»	»
...les bières (dans tout le royaume)						»	2.40	».60

Pour être annexé à la Loi relative aux crédits provisoires pour l'exercice 1831.

Le Ministre Secrétaire d'état des finances, signé J. LAFFITTE.

CERTIFIÉ conforme par nous

Garde des sceaux de France, Ministre Secrétai
d'état au département de la justice ,

Paris, le 15* Décembre 1830 ,

DUPONT (de l'Eure).

* Cette date est celle de la réception du Bulleti
. à la Chancellerie.

On s'abonne pour le Bulletin des lois, à raison de 9 francs par an, à la caisse de l'Imprimerie royale, ou chez les Directeurs des postes des departemens.

A PARIS, DE L'IMPRIMERIE ROYALE.
15 Décembre 1830.

BULLETIN DES LOIS.

1re Partie. — LOIS. — N° 16.

N° 80. — *Loi sur le Cautionnement, le Droit de timbre et le Port des Journaux ou Écrits périodiques.*

A Paris, le 14 Décembre 1830.

LOUIS-PHILIPPE, ROI DES FRANÇAIS, à tous présens et à venir, SALUT.

Les Chambres ont adopté, NOUS AVONS ORDONNÉ et ORDONNONS ce qui suit :

ARTICLE PREMIER.

Si un journal ou écrit périodique paraît plus de deux fois par semaine, soit à jour fixe, soit par livraisons et régulièrement, le cautionnement sera de deux mille quatre cents francs de rente.

Le cautionnement sera égal aux trois quarts du taux fixé, si le journal ou écrit périodique ne paraît que deux fois par semaine.

Il sera égal à la moitié, si le journal ou écrit périodique ne paraît qu'une fois par semaine.

Il sera égal au quart, si le journal ou écrit périodique paraît seulement plus d'une fois par mois.

Le cautionnement des journaux quotidiens publiés dans les départemens autres que ceux de la Seine et de Seine-et-Oise sera de huit cents francs de rente dans les villes de cinquante mille ames et au-dessus, de cinq cents francs de

rente dans les autres villes, et respectivement de la moi 1
de ces deux rentes pour les journaux ou écrits périodiqu
qui paraissent à des termes moins rapprochés.

Le gérant responsable du journal devra posséder en so
propre et privé nom la totalité du cautionnement.

S'il y a plusieurs gérans responsables, ils devront posséd
en leur propre et privé nom, et par portions égales, la tot
lité du cautionnement.

Il est accordé aux gérans responsables des journaux q
auront déposé leur cautionnement à l'époque où la présen t
loi sera promulguée, un délai de six mois pour se conform
à ses dispositions.

La partie du cautionnement déjà fournie qui excède l
taux ci-dessus fixé, sera remboursée.

ART. 2.

Le droit de timbre fixe ou de dimension sur les journau
ou écrits périodiques sera de six centimes pour chaque feuill
de trente décimètres carrés et au-dessus, et de trois centime:
pour chaque demi-feuille de quinze décimètres carrés et au
dessous.

Tout journal ou écrit périodique imprimé sur une demi
feuille de plus de quinze décimètres et de moins de trente
décimètres carrés, paiera un centime en sus pour chaque cinq
décimètres carrés.

Il ne sera perçu aucune augmentation de droit pour fraction
au-dessous de cinq décimètres carrés.

Il ne sera perçu aucun droit pour un supplément qui
n'excédera pas trente décimètres carrés, publié par les journaux imprimés sur une feuille de trente décimètres carrés et
au-dessus.

La loi du 13 vendémiaire an VI et l'article 89 de la loi
du 15 mai 1818 sont et demeurent abrogés.

La loi du 6 prairial an VII est abrogée en ce qui concerne le droit de timbre sur les journaux ou feuilles périodiques.

ART. 3.

Le droit de cinq centimes fixé par l'article 8 de la loi du 15 mars 1827 pour le port sur les journaux et autres feuilles transportés hors des limites du département dans lequel ils sont publiés, sera réduit à quatre centimes.

Les mêmes feuilles ne paieront que deux centimes toutes les fois qu'elles seront destinées pour l'intérieur du département où elles auront été publiées.

ART. 4.

Les journaux imprimés en langues étrangères et ceux venant des pays d'outre-mer seront taxés au maximum du tarif établi pour les journaux français.

La présente loi, discutée, délibérée et adoptée par la Chambre des Pairs et par celle des Députés, et sanctionnée par nous cejourd'hui, sera exécutée comme loi de l'État.

Donnons en mandement à nos Cours et Tribunaux, Préfets, Corps administratifs, et tous autres, que les présentes ils gardent et maintiennent, fassent garder, observer et maintenir, et, pour les rendre plus notoires à tous, ils les fassent publier et enregistrer partout où besoin sera ; et, afin que ce soit chose ferme et stable à toujours, nous y avons fait mettre notre sceau.

Fait à Paris, au Palais-Royal, le 14.ᵉ jour du mois de Décembre, l'an 1830.

Signé LOUIS-PHILIPPE.

Vu et scellé du grand sceau :

Par le Roi :

Le Garde des sceaux de France, Ministre Secrétaire d'état au département de la justice,
Signé DUPONT (de l'Eure).

Le Garde des sceaux de France, Ministre Secrétaire d'état au département de la justice,
Signé DUPONT (de l'Eure).

CERTIFIÉ conforme par nous

Garde des sceaux de France, Ministre Secrétaire d'état au département de la justice,

A Paris, le 15 * Décembre 1830,

DUPONT (de l'Eure).

* Cette date est celle de la réception du Bulletin à la Chancellerie.

On s'abonne pour le Bulletin des lois, à raison de 9 francs par an, à la caisse de l'Imprimerie royale, ou chez les Directeurs des postes des départemens.

A PARIS, DE L'IMPRIMERIE ROYALE.
15 Décembre 1830.

BULLETIN DES LOIS.

1ʳᵉ Partie. — LOIS. — N° 17.

Nᵒ 81. — *Loi sur les Récompenses nationales.*

A Paris, le 13 Décembre 1830.

LOUIS-PHILIPPE, ROI DES FRANÇAIS, à tous présens et à venir, SALUT.

Les Chambres ont adopté, NOUS AVONS ORDONNÉ et ORDONNONS ce qui suit :

ARTICLE PREMIER.

Les veuves des citoyens morts dans les journées des 27, 28 et 29 juillet, ou par suite des blessures qu'ils ont reçues dans les mêmes journées, recevront de l'État une pension annuelle et viagère de cinq cents francs, qui commencera à courir du 1ᵉʳ août 1830.

ART. 2.

La France adopte les orphelins dont le père ou la mère a péri dans les trois journées ou par suite des trois journées de juillet. Une somme de deux cent cinquante francs par année est affectée pour chaque enfant au-dessous de sept ans, lequel restera confié aux soins de sa mère ou de son père, si c'est celui-ci qui a survécu, ou, au besoin, à ceux d'un parent ou d'un ami choisi par le conseil de famille.

Seront considérés comme orphelins les enfans dont les

IXᵉ Série. — 1ʳᵉ Partie.   R

pères, par suite d'amputation ou de blessures, seront réduits
à une incapacité de travail dûment constatée.

Depuis l'âge de sept ans jusqu'à dix-huit, les enfans adoptés
en conformité du tableau dressé par la commission, seront,
sur la demande des pères, mères ou tuteurs, et aux frais de
l'État, élevés dans des établissemens publics ou particuliers,
et ils y recevront une éducation conforme à leur sexe et
propre à assurer leur existence à venir.

ART. 3.

Les pères et mères âgés de plus de soixante ans et infirmes
et dont l'état malheureux sera constaté, et qui auront perdu
leurs enfans dans les journées des 27, 28 et 29 juillet, recevront de l'État une pension annuelle et viagère de trois cents
francs, réversible sur le survivant.

Les pères et mères dont l'état malheureux sera constaté et
qui auront perdu leurs enfans dans les journées des 27, 28 et
29 juillet, recevront une pension annuelle et viagère, qui ne
pourra être moindre de cent francs ni excéder deux cents francs.
Ces pensions seront payées à compter du 1er août 1830.

Ces dispositions sont applicables, à défaut de pères et de
mères, aux autres ascendans.

ART. 4.

Une pension de cent à cent cinquante francs sera allouée
aux orphelines sœurs de Français morts dans les mêmes journées ou des suites de leurs blessures, et que la mort de leurs
frères a privées de tout secours.

ART. 5.

Les Français qui, dans les journées de juillet, ont reçu des
blessures entraînant la perte ou l'incapacité d'un membre, ou
dont il est résulté une maladie qui les empêche de se livrer à

aucun travail personnel pendant le reste de leur vie, recevront de l'État une pension qui leur sera accordée dans les limites de trois cents à mille francs.

Ils auront le choix de toucher cette pension dans leurs foyers, ou d'entrer à l'hôtel des invalides. Dans ce dernier cas, ils seront traités, à l'hôtel, suivant le grade auquel ils seront assimilés par le brevet même de la pension.

Art. 6.

Les Français que leurs blessures n'ont pas mis hors d'état de travailler, recevront une indemnité une fois payée, dont le montant sera pour chacun d'eux déterminé par la commission des récompenses nationales.

Art. 7.

En conséquence des dispositions qui précèdent, et pour acquitter en même temps le montant des secours provisoires délivrés aux blessés ou aux familles des victimes des journées de juillet,

1° Il sera ouvert au ministre de l'intérieur un crédit de deux millions quatre cent mille francs, lesquels seront distribués d'après les états dressés par la commission à titre d'indemnité ou de secours une fois payés ;

2° Le ministre des finances est autorisé à faire inscrire au trésor public, et jusqu'à concurrence de quatre cent soixante mille francs, les pensions et secours annuels liquidés par la commission en vertu des articles 1, 2, 3 et 4 de la présente loi.

Il sera ouvert pour ces quatre cent soixante mille francs un crédit spécial, et la jouissance partira du 1er août de la présente année.

Ces pensions ne seront point sujettes aux lois prohibitives du cumul.

R 2

Art. 8.

Pourront être nommés sous-officiers ou sous-lieutenans dans l'armée ceux qui, s'étant particulièrement distingués dans les journées de juillet, seront, d'après le rapport de la commission, jugés dignes de cet honneur, sans que par régiment la nomination des sous-lieutenans puisse excéder le nombre de deux; et celle des sous-officiers, celui de quatre.

Art. 9.

La médaille ordonnée par la loi du 30 août sera distribuée à tous les citoyens désignés par la commission.

Art. 10.

Une décoration spéciale sera accordée à tous les citoyens qui se sont distingués dans les journées de juillet. La liste de ceux qui doivent la porter, sera dressée par la commission et soumise à l'approbation du Roi. Les honneurs militaires lui seront rendus comme à la Légion d'honneur.

Art. 11.

La commission des récompenses nationales est autorisée à connaître des titres d'alliance, de paternité et de filiation des personnes des deux sexes intéressées à la répartition des fonds alloués par le crédit mentionné en l'article 7.

Quand la justification des qualités aura été reconnue suffisante par la commission des récompenses, la décision intervenue sera transmise au ministre des finances, qui fera opérer les inscriptions des pensions au nom des ayant-droit, sans que lesdites inscriptions ou les décisions prononcées par la commission puissent être invoquées en aucun autre cas, soit par des tiers, soit par les parties intéressées.

ART. 12.

Sont dispensés des droits de timbre, d'enregistrement et d'expédition appartenant au Gouvernement, les extraits des registres de l'état civil, de ceux des greffes des tribunaux de paix, de première instance et de cour royale, demandés par les parties intéressées avec l'autorisation de la commission.

ART. 13.

Le compte de la distribution des fonds alloués par la présente loi et de ceux provenant des souscriptions nationales ou étrangères sera imprimé et distribué aux Chambres dans la session de 1831.

ART. 14.

Les dispositions de la présente loi pourront être étendues par le Gouvernement du Roi aux communes de France qui, par suite de leur résistance aux ordres arbitraires du Gouvernement déchu, auront justifié de leurs droits à la reconnaissance nationale.

ART. 15.

Un monument sera consacré à la mémoire des événemens de juillet.

ART. 16.

La liste des personnes qui auront reçu des récompenses en vertu de la présente loi, sera publiée par la voie de l'impression, avec l'indication du lieu de leur naissance.

ART. 17.

Le préfet de la Seine et les maires des douze arrondissemens municipaux de Paris seront adjoints à la commission : sur la désignation du préfet de la Seine, les arrondissemens de Sceaux et de Saint-Denis fourniront chacun un membre à cette commission.

La présente loi, discutée, délibérée et adoptée par la Chambre des Pairs et par celle des Députés, et sanctionnée par nous cejourd'hui, sera exécutée comme loi de l'État.

DONNONS EN MANDEMENT à nos Cours et Tribunaux, Préfets, Corps administratifs, et tous autres, que les présentes ils gardent et maintiennent, fassent garder, observer et maintenir, et, pour les rendre plus notoires à tous, ils les fassent publier et enregistrer partout où besoin sera ; et, afin que ce soit chose ferme et stable à toujours, nous y avons fait mettre notre sceau.

Fait à Paris, au Palais-Royal, le 13ᵉ jour du mois de Décembre, l'an 1830.

Signé LOUIS-PHILIPPE.

Vu et scellé du grand sceau :

Le Garde des sceaux de France, Ministre Secrétaire d'état au département de la justice,

Signé DUPONT (de l'Eure).

Par le Roi :

Le Ministre Secrétaire d'état au département de l'intérieur,

Signé MONTALIVET.

CERTIFIÉ conforme par nous.

Garde des sceaux de France, Ministre Secrétaire d'état au département de la justice,

A Paris, le 16 * Décembre 1830,

DUPONT (de l'Eure).

* Cette date est celle de la réception du Bulletin à la Chancellerie.

On s'abonne pour le Bulletin des lois, à raison de 9 francs par an, à la caisse de l'imprimerie royale, ou chez les Directeurs des postes des départemens.

A PARIS, DE L'IMPRIMERIE ROYALE.

16 Décembre 1830.

TABLE ALPHABÉTIQUE

DES MATIÈRES

Contenues dans le Bulletin des Lois,

IXe SÉRIE. — TOME Ier.

1re PARTIE.

ACTES DES POUVOIRS PROVISOIRES, ET LOIS.

(N°s 1 à 17.)

Cinq derniers mois de 1830.

Voir la Table alphabétique de la 2e Partie, page 761.

A

ABDICATION. Acte d'abdication du roi *Charles X* et de son fils *Louis-Antoine de France*, page 18. — Dépôt de cet acte aux archives de la Chambre des Pairs, *ibid.*

ACTES *de prêts sur dépôts.* Voyez *Perception de droits.*

AFFICHEURS. Dispositions concernant la profession d'afficheur et de crieur public, 107. — Défense d'afficher aucun écrit contenant des nouvelles politiques, *ibid.*

ARMÉE. Ordre du jour qui enjoint aux troupes de la garde royale et de ligne de se rendre au camp provisoire établi à Vaugirard, 4. — Vote annuel par les Chambres du contingent de l'armée, 83. — Appel de quatre-vingt mille hommes sur la classe de 1830, 113. Voyez *Armée*, table alphabétique, 2e partie.

AVÉNEMENT *au trône.* Procès-verbal de la séance des Chambres contenant l'acceptation par S. A. R. Mgr le Duc *d'Orléans* de la déclaration de la Chambre des Députés et de l'adhésion de la Chambre des Pairs qui l'appellent au trône, 46, 47. — Serment du Roi *Louis-Philippe Ier*, 47. — Discours de Sa Majesté après le serment, 48.

Juges *suppléans.* Dispositions relatives à leurs fonctions, à leur nombre et à leur traitement, 110. Voyez *Juges suppléans*, table alphabétique, 2ᵉ partie.

Juré. Fixation de l'âge auquel un électeur peut être juré, 72.

Jury. Application immédiate du jury aux délits de la presse, 79. — Cas exceptionnels, *ibid.* — Abrogation des articles 12, 17 et 18 de la loi du 25 mars 1822, 80. — Application immédiate du jury aux délits politiques, *ibid.* — Cas dans lesquels les délits sont réputés politiques, *ibid.* Voyez *Jury*, table alphabétique, 2ᵉ partie.

L

LAFAYETTE. Voyez *Garde nationale parisienne.*

LÉGION d'honneur. Ordonnances qui nomment M. le Duc de Chartres et M. le Duc de Nemours grand'croix de la Légion d'honneur, 26. Voyez *École de droit, École de médecine, École polytechnique, Légion d'honneur*, table alphabétique, 2ᵉ partie.

LIBERTÉ de la presse. Voyez *Droit public des Français.*

LIEUTENANT GÉNÉRAL du royaume. Proclamation par laquelle le Duc d'Orléans accepte les fonctions de Lieutenant général du royaume, 14. Voyez *Députés.*

LISTE civile. Voyez *Gouvernement du Roi.*

LISTES électorales. Révision des listes électorales et du jury pour l'année 1830, 71.

LOIS. Voyez *Gouvernement du Roi.*

LOUIS-PHILIPPE Iᵉʳ. Voyez *Avénement.*

M

MAIRES. Ordonnances qui nomment aux fonctions de maire de la ville d'Angers M. *Alexandre Joubert*, 25 ; — de Bergerac, M. *Lescure*, 34 ; de Besançon, M. *de Magnoncourt*, 33 ; — de Honfleur, M. *Lecarpentier*, 34 ; de Lorient, M. *Villemain*, ibid. ;— de Melun, M. *Chamblain*, ibid. ;— de Versailles, M. *Claussé*, 17. Voyez *Maires*, table alphabétique, 2ᵉ partie.

MÉDAILLE. Voyez *Récompenses.*

MILITAIRES. Dispositions de la Charte concernant les militaires en activité de service ou pensionnés, 61.

MINISTÈRE de la guerre. Nomination de M. *Baradère* aux fonctions de secrétaire général de ce ministère, de M. le comte *Gentil Saint-Alphonse* aux fonctions de directeur général du personnel, de M. le comte *Hector Daure* aux fonctions de directeur général de l'administration, et de M. *Martineau Deschenez* à celles de directeur de la comptabilité générale, 27. Voyez *Ministère de la guerre*, table alphabétique, 2ᵉ partie.

MINISTÈRE de la justice. Nomination de M. *Mérilhou* en qualité de secrétaire général provisoire du ministère de la justice, 10. — Nomination de M. *Mérilhou* aux fonctions de secrétaire général de ce ministère, 20. Voyez *Ministère de la justice*, table alphabétique ; 2ᵉ partie.

MINISTÈRE de l'intérieur. Crédit de cinq millions ouvert au ministre de l'intérieur pour les travaux publics, 70. — Crédit de deux millions

R

leurs pères et mères, aux blessés et aux récompenses à décerner à ceux qui se sont distingués dans ces journées, 125 et suiv. — Création d'une décoration spéciale à cet effet, 126. — Consécration d'un monument à la mémoire des événemens de juillet, 127. — Publication de la liste des personnes qui auront reçu des récompenses, *ibid.* — Adjonction du préfet de la Seine, des douze maires de Paris et de deux membres pris dans les arrondissemens de Sceaux et Saint-Denis, à la commission des récompenses, *ibid.* Voyez *École de droit*, *École de médecine*, *École polytechnique*, table alphabétique, 2ᵉ partie.

RECRUTEMENT. Voyez *Armée*.

RELIGION. Voyez *Droit public des Français*.

RESPONSABILITÉ. Voyez *Gouvernement du Roi*.

ROI. Dispositions de la charte qui proclament l'inviolabilité de la personne du Roi, lui confèrent la puissance exécutive, le commandement des forces de terre et de mer, le droit de déclarer la guerre, de faire les traités de paix, d'alliance et de commerce, de nommer à tous les emplois, de faire les réglemens et ordonnances nécessaires pour l'exécution des lois; l'admettent, ainsi que les Chambres, à l'exercice de la puissance législative et à l'initiative de la proposition des lois, et lui confèrent le droit exclusif de sanctionner et promulguer les lois, 53 et 54. — De la convocation des Chambres par le Roi; de la nomination des pairs, de leur nombre, de leurs dignités, de leur hérédité et du choix du président, dévolus à la volonté du Roi, 55. — Dispositions de la charte qui confèrent au Roi le droit de faire grâce, 61; de faire des nobles à volonté et de déterminer les réglemens et la décoration de la Légion d'honneur, *ibid.* — Disposition de la charte qui enjoint au Roi et à ses successeurs de jurer à leur avénement qu'ils observeront fidèlement la charte, 62. Voyez *Gouvernement du Roi*.

S

SACRILÉGE. Abrogation de la loi du 20 avril 1825 sur les crimes et délits commis dans les églises, 84.

SECRÉTAIRES *généraux de préfecture*. Ordonnances qui nomment aux fonctions de secrétaire général de la préfecture du Calvados M. *Marie*, 32. — du Doubs, M. *Mourgeon*, ibid. ; — d'Indre-et-Loire, M. *Faret*, 33 ; — de Maine-et-Loire, M. *Collet-Dubignon*, 32 ; — du Rhin (Haut), M. *Verny* père, *ibid.* ; — de la Seine-Inférieure, M. *Lepasquier*, ibid. *Voyez* table alphabétique, 2ᵉ partie.

SERMENT. Loi relative au serment des fonctionnaires publics, 66. — Formule du serment, *ibid.* — Dispositions relatives aux fonctionnaires et aux membres des Chambres qui n'auront pas prêté le serment dans les délais fixés par cette loi, 67. *Voyez* table alphabétique, 2ᵉ partie.

SOLDATS. Voyez *Armée*.

SOUS-PRÉFETS. Ordonnances qui nomment aux fonctions de sous-préfet de l'arrondissement de Bayeux, 32 ; de Bergerac, 34 ; de Bernay, 32 ; — de Cambrai, *ibid.* ; — de Dinan, 33 ; — de Falaise, 32 ; — de Lisieux, *ibid.* ; de Lorient, 33 ; de Lure, 32 ; — de Neufchâtel, *ibid.* ; — de Quimperlé, 33 ; — de Segré, 25 ; — d'Yvetot, 32. *Voyez* table alphabétique, 2ᵉ partie.

O

T

TIMBRE. Voyez *Journaux.*

TRAITEMENT. Voyez *Juges.*

TRAVAUX *publics.* Voyez *Ministère de l'intérieur.*

TRIBUNAL *de commerce de la Seine.* Décision de ee tribunal pòrtaît que les protéts, en cas de non-paicment des effets de commerce arrivant à échéance depuis le 26 juillet jusqu'au 15 août inclusivement, ne pourront être faits que le onzième jour après l'échéance, 6. — Reprise dés audiences de ce tribunal fixée au 2 août, 7.

U

UNIFORME. Voyez *Gardenationale.*

O

FIN DE LA TABLE DES MATIÈRES
DES ACTES DES POUVOIRS PROVISOIRES, ET DES LOIS.

A PARIS, DE L'IMPRIMERIE ROYALE.

Mars 1831.

BULLETIN DES LOIS

DU

ROYAUME DE FRANCE,

IXᵉ SÉRIE.

BULLETIN DES LOIS

DU

ROYAUME DE FRANCE,

IXe SÉRIE.

RÈGNE DE LOUIS-PHILIPPE Ier, ROI DES FRANÇAIS.

TOME PREMIER.

Ire PARTIE,

CONTENANT

LES ACTES DES POUVOIRS PROVISOIRES DEPUIS LE 27 JUILLET,
CEUX RELATIFS À L'AVÉNEMENT DU ROI LOUIS-PHILIPPE LES 7 ET 9 AOÛT,
LA CHARTE, ET LES LOIS RENDUES DEPUIS LE 14 AOÛT 1830.

N°s 1 à 17.

A PARIS,
DE L'IMPRIMERIE ROYALE.

Mars 1831.

TABLE

CHRONOLOGIQUE

DES ORDONNANCES *et Décisions royales contenues dans le tome Ier, 2e Partie, de la IXe Série du Bulletin des Lois,*

AVEC SUPPLÉMENT

Pour les Actes des Gouvernemens antérieurs omis au Bulletin des lois.

Nota. Les titres à côté desquels il y a une * sont ceux des ordonnances insérées seulement par extrait au Bulletin.

IXe Série. 2e Partie. — Tome Ier   *a*

a iij

DATES des Ordonn^{ces}.	TITRES DES ORDONNANCES, &c.	N^{os} des Bull.
19 Nov. 1830.	ORDONNANCE du Roi relative aux timbres et cachets à l'usage des tribunaux et des notaires......................	24.
20.	ORDONNANCE du Roi relative aux octrois de plusieurs communes..................	26.
Idem.	* ORDONNANCES du Roi qui autorisent l'acceptation de dons et legs faits aux communes de Mary, de Vallon et de Cluny ; aux hospices de Wassy, de Saint-Afrique, de Paris et de Vezelay ; aux pauvres de Sedan, d'Azille, de Roquéjean, de Recoules de Fumas, de la Ferrière-aux-Étangs, de Lyon, de Longuerue, d'Azay-sur-Thouet, de Ronsoy et de Gellin..................	36.
Idem.	* ORDONNANCE du Roi qui érige en établissement public l'hospice récemment fondé à Vallon....................	36.
21.	* ORDONNANCE du Roi qui établit un commissariat de police dans la ville d'Orbec.....	26.
Idem.	* ORDONNANCE du Roi portant délimitation de la concession des mines de houille de Montcenis, accordée à M. *de la Chaize* ..	31.
22.	ORDONNANCE du Roi sur les moyens de procurer du travail pendant l'hiver à la classe indigente et laborieuse............	25.
Idem.	ORDONNANCE du Roi qui fixe les heures durant lesquelles les quatre grandes bibliothéques de Paris seront ouvertes au public.	26.
Idem.	* ORDONNANCE du Roi qui autorise le sieur *Bouzon* à établir une verrerie dans la commune de la Villette..................	31.
Idem.	* ORDONNANCES du Roi qui autorisent l'acceptation de dons et legs faits aux pauvres de Saint-Geniez, d'Usson, de Cajare, de la Fage-Montivernoux, de Chaudeyrac, de Saint-Zacharie, d'Auxerre et de Tanlay ; à l'œuvre du prêt gratuit dit *mont-de-piété* de Montpellier ; aux hospices de Cosne, de Beauvais et de Verdun, et pour l'établisse-	

M. *Bernard* (*Joseph*) préfet des Basses-Alpes, en remplacement de M. *Croze*;

M. *Thomas*, député, préfet des Bouches-du-Rhône, en remplacement de M. le marquis *d'Arbaud Jouques*;

Le comte *de Lestrada*, actuellement préfet de la Lozère, préfet de la Corrèze, en remplacement du marquis *de Villeneuve*;

M. *Malartic*, actuellement préfet des Vosges, préfet du Gers, en remplacement de M. *Blondel d'Aubers*;

M. *Gabriel* préfet de la Lozère, en remplacement de M. *de Lestrade*, appelé à d'autres fonctions;

M. *Saulnier* fils préfet de la Mayenne, en remplacement de M. *de Saint-Luc*;

M. *Lelorois* préfet du Morbihan, en remplacement de M. *de Vandeuvre*;

M. *Rogniat*, actuellement préfet de l'Ain, préfet du Puy-de-Dôme, en remplacement de M. *Sers*, appelé à d'autres fonctions;

M. *Méchin* (*Edmond*), ancien secrétaire général, préfet des Pyrénées-Orientales, en remplacement de M. *Romain*;

M. *de Solère*, ancien sous-préfet, préfet des Deux-Sèvres, en remplacement de M. *Armand de Beaumont*;

M. *Larreguy*, actuellement commissaire extraordinaire à Marseille, préfet de Vaucluse, en remplacement de M. *Tassin de Nonneville*;

M. *Nau de Champlouis* préfet des Vosges, en remplacement de M. *Malartic*, appelé à d'autres fonctions;

M. *Gonbault* préfet des Landes, en remplacement de M. *Dufeugray*;

M. le marquis *de Bryas* maire de Bordeaux, en remplacement de M. le vicomte *Duhamel*;

M. *Alexis Rostang* maire de Marseille, en remplacement du marquis *de Montgrand*;

M. *Mollet* (*Ambroise*) maire d'Aix (Bouches-du-Rhône), en remplacement de M. *d'Estienne du Bourguet*;

M. *Hernoux* maire de Dijon, en remplacement de M. *de Courtivron*;

M. *Bouchotte* (*Émile*) maire de Metz, en remplacement de M. *de Turmel*. (*Paris, 10 Août 1830.*)

N° 5. — ORDONNANCES DU ROI qui, sur la proposition du commissaire provisoire au département de la justice, nomment,

Procureur général à la cour royale d'Angers, M. *Dubois*, avocat, ancien substitut du procureur général, en remplacement de M. *Desmirail*;

Procureur général à la cour royale de Poitiers, M. *Liége d'Iray*, conseiller à la même cour, en remplacement de M. *de Montaubricq*;

Procureur général près la cour royale d'Aix, M. *Pataille*, ancien magistrat, en remplacement de M. *de la Boulie*;

Procureur général à la cour royale de Rennes, M. *Gaillard-Kerbertin* fils aîné, avocat à la cour royale, en remplacement de M. *Varin*;

Procureur général à la cour royale de Grenoble, M. *Moyne*, avocat à Châlons-sur-Saone, ancien magistrat et ancien député, en remplacement de M. *Félix Faure*, démissionnaire;

Procureur général à la cour royale d'Amiens, M. *Vivien*, avocat à la cour royale de Paris, en remplacement du sieur *Morgan de Béthune*;

Premier avocat général à la cour royale de Paris, M. *Berville* fils, avocat à la même cour, en remplacement du sieur *Colomb*;

Avocat général à la même cour, M. *Tarbé*, substitut du parquet, en remplacement du sieur *de Vaufreland*;

Substitut du parquet de la cour royale, M. *d'Esparbès de Lussan*, substitut du procureur du Roi près le tribunal de la Seine, en remplacement de M. *Tarbé*, nommé avocat général;

Substitut au même parquet, M. *Aylies*, avocat, en remplacement de M. *Renda*;

Substitut au même parquet, M. *Tardif*, avocat, en remplacement de M. *Boutaud de la Villéon*. (*Paris, 10 Août 1830.*)

N° 6. — ORDONNANCES DU ROI qui, sur le rapport du commissaire provisoire au département de l'intérieur, nomment,

M. *Barbaroux* sous-préfet de Limoux (Aude), en remplacement de M. *d'Auberjeon*;

M. *Lochmeyer* sous-préfet de Saintes (Charente-Inférieure), en remplacement de M. *de Gigord*;

M. *Meunier* fils sous-préfet de Sancerre (Cher), en remplacement de M. *Mac-Nab*;

M. *Ganja* sous-préfet de Châteaudun (Eure-et-Loir), en remplacement de M. *de Quatrebarbes;*

M. *Popule* sous-préfet de Roanne (Loire), en remplacement de M. *de Belleroche;*

M. *Edmond de Saint-Aignan* sous-préfet d'Ancenis (Loire-Inférieure), en remplacement de M. *de Québriac;*

M. *Husson (Joseph)* sous-préfet de Thionville (Moselle), en remplacement de M. *Teissier;*

M. *de Villade* sous-préfet d'Argentan (Orne), en remplacement de M. *Desmontis;*

M. *Desrieux* sous-préfet de Mortagne (Orne), en remplacement de M. *du Dresnay;*

M. *Gengoult* sous-préfet de Boulogne (Pas-de-Calais), en remplacement de M. *Lecordier;*

M. *Pourrat* sous-préfet d'Ambert (Puy-de-Dôme), en remplacement de M. *Matussières-Dupeyraud;*

M. *Baudet-Lafarge* fils sous-préfet d'Issoire (Puy-de-Dôme), en remplacement de M. *de Pegucyrolles;*

M. *Molin (Louis)* sous-préfet de Riom, en remplacement de M. *Dutour de Salvert;*

M. *Prieur de la Comble (Eusèbe)* sous-préfet de Commercy (Meuse), en remplacement de M. *Paulin Gillon,* dont la démission est acceptée;

M. *Darche de Leffond* sous-préfet de Gray (Haute-Saone), en remplacement de M. *de Brusset;*

M. *Guillemault* sous-préfet de Louhans (Saone-et-Loire), en remplacement de M. *de Pelet;*

M. *Bellon* sous-préfet de Pontoise (Seine-et-Oise), en remplacement de M. *de Boulancy;*

M. *Goudinet (Adolfe)* sous-préfet de Saint-Yrieix (Haute-Vienne), en remplacement de M. *Goudinet (François-Marcellin.)* (*Paris, 10 Août 1830.*)

N° 7. — ORDONNANCE DU ROI qui, sur le rapport du commissaire provisoire au département des affaires étrangères (maréchal *Jourdan*), rétablit, avec rappel des arrérages, le traitement de six mille francs que le comte *de Montlosier* avait cessé de recevoir au département des affaires étrangères depuis le 1ᵉʳ avril 1826. (*Paris, 10 Août 1830.*)

N° 8. — *ORDONNANCE DU Roi qui nomme M.* Dupont (*de l'Eure*) *Garde des sceaux, Ministre Secrétaire d'état au département de la justice.*

A Paris, le 11 Août 1830.

LOUIS-PHILIPPE, Roi des Français, à tous présens et à venir, SALUT.

Nous avons ordonné et ordonnons ce qui suit:

M. *Dupont* (de l'Eure), membre de la Chambre des Députés, est nommé garde des sceaux, ministre secrétaire d'état au département de la justice.

Signé LOUIS-PHILIPPE.

Par le Roi : *le Commissaire provisoire au département de l'intérieur,*

Signé Guizot.

———

N° 9. — *ORDONNANCE DU Roi qui nomme M. le Duc* de Broglie, *Pair de France, Ministre Secrétaire d'état au département de l'instruction publique et des cultes, et Président du Conseil d'état.*

A Paris, le 11 Août 1830.

LOUIS-PHILIPPE, Roi des Français, à tous présens et à venir, SALUT.

Nous avons ordonné et ordonnons ce qui suit :

M. le duc *de Broglie*, pair de France, est nommé ministre secrétaire d'état au département de l'instruction publique et des cultes, et président du Conseil d'état.

Signé LOUIS-PHILIPPE.

Par le Roi : *le Garde des sceaux, Ministre Secrétaire d'état au département de la justice,*

Signé Dupont (de l'Eure).

———

N° 10. — *ORDONNANCE DU Roi qui nomme M. le Comte* Molé, *Pair de France, Ministre Secrétaire d'état au département des affaires étrangères.*

A Paris, le 11 Août 1830.

LOUIS-PHILIPPE, Roi des Français, à tous présens et à venir, SALUT.

A 4

Nous avons ordonné et ordonnons ce qui suit :

M. le comte *Molé*, pair de France, est nommé ministre secrétaire d'état au département des affaires étrangères.

Signé LOUIS-PHILIPPE.

Par le Roi : *le Garde des sceaux, Ministre Secrétaire d'état au département de la justice,*

Signé Dupont (de l'Eure).

N° 11. — *Ordonnance du Roi qui nomme M.* Guizot *Ministre Secrétaire d'état au département de l'intérieur.*

A Paris, le 11 Août 1830.

LOUIS-PHILIPPE, Roi des Français, à tous présens et à venir, SALUT.

Nous avons ordonné et ordonnons ce qui suit :

M. *Guizot*, membre de la Chambre des Députés, est nommé ministre secrétaire d'état au département de l'intérieur.

Signé LOUIS-PHILIPPE.

Par le Roi : *le Garde des sceaux, Ministre Secrétaire d'état au département de la justice.*

Signé Dupont (de l'Eure).

N° 12. — *Ordonnance du Roi qui nomme M. le Baron* Louis *Ministre Secrétaire d'état au département des finances.*

A Paris, le 11 Août 1830.

LOUIS-PHILIPPE, Roi des Français, à tous présens et à venir, SALUT.

Nous avons ordonné et ordonnons ce qui suit :

M. le baron *Louis*, membre de la Chambre des Députés, est nommé ministre secrétaire d'état au département des finances.

Signé LOUIS-PHILIPPE.

Par le Roi : *le Garde des sceaux, Ministre Secrétaire d'état au département de la justice,*

Signé Dupont (de l'Eure).

N° 13. — *ORDONNANCE DU ROI qui nomme M. Sébastiani Ministre Secrétaire d'état au département de la marine et des colonies.*

A Paris, le 11 Août 1830.

LOUIS-PHILIPPE, ROI DES FRANÇAIS, à tous présens et à venir, SALUT.

NOUS AVONS ORDONNÉ et ORDONNONS ce qui suit :

M. le comte *Sébastiani*, lieutenant général, membre de la Chambre des Députés, est nommé ministre secrétaire d'état au département de la marine et des colonies.

Signé LOUIS-PHILIPPE.

Par le Roi : *le Garde des sceaux, Ministre Secrétaire d'état au département de la justice,*

Signé DUPONT (de l'Eure).

N° 14. — *ORDONNANCE DU ROI qui nomme M. le Comte Gérard Ministre Secrétaire d'état au département de la guerre.*

A Paris, le 11 Août 1830.

LOUIS-PHILIPPE, ROI DES FRANÇAIS, à tous présens et à venir, SALUT.

NOUS AVONS ORDONNÉ et ORDONNONS ce qui suit :

M. le comte *Gérard*, lieutenant général, membre de la Chambre des Députés, est nommé ministre secrétaire d'état au département de la guerre.

Signé LOUIS-PHILIPPE.

Par le Roi : *le Garde des sceaux, Ministre Secrétaire d'état au département de la justice,*

Signé DUPONT (de l'Eure).

N° 15. — *ORDONNANCE DU ROI sur la composition du Conseil des Ministres.*

A Paris, le 11 Août 1830.

LOUIS-PHILIPPE, ROI DES FRANÇAIS, à tous présens et à venir, SALUT.

SONT NOMMÉS membres de notre Conseil des ministres,

M. *Dupont* (de l'Eure), garde des sceaux, ministre secrétaire d'état au département de la justice ;

Nous avons ordonné et ordonnons ce qui suit :

M. le comte *Molé*, pair de France, est nommé ministre secrétaire d'état au département des affaires étrangères.

Signé LOUIS-PHILIPPE.

Par le Roi : *le Garde des sceaux, Ministre Secrétaire d'état au département de la justice,*

Signé Dupont (de l'Eure).

N° 11. — *Ordonnance du Roi qui nomme M.* Guizot *Ministre Secrétaire d'état au département de l'intérieur.*

A Paris, le 11 Août 1830.

LOUIS-PHILIPPE, Roi des Français, à tous présens et à venir, SALUT.

Nous avons ordonné et ordonnons ce qui suit :

M. *Guizot*, membre de la Chambre des Députés, est nommé ministre secrétaire d'état au département de l'intérieur.

Signé LOUIS-PHILIPPE.

Par le Roi : *le Garde des sceaux, Ministre Secrétaire d'état au département de la justice.*

Signé Dupont (de l'Eure).

N° 12. — *Ordonnance du Roi qui nomme M. le Baron* Louis *Ministre Secrétaire d'état au département des finances.*

A Paris, le 11 Août 1830.

LOUIS-PHILIPPE, Roi des Français, à tous présens et à venir, SALUT.

Nous avons ordonné et ordonnons ce qui suit :

M. le baron *Louis*, membre de la Chambre des Députés, est nommé ministre secrétaire d'état au département des finances.

Signé LOUIS-PHILIPPE.

Par le Roi : *le Garde des sceaux, Ministre Secrétaire d'état au département de la justice,*

Signé Dupont (de l'Eure).

N° 13. — *ORDONNANCE DU ROI qui nomme M. Sébastiani Ministre Secrétaire d'état au département de la marine et des colonies.*

A Paris, le 11 Août 1830.

LOUIS-PHILIPPE, ROI DES FRANÇAIS, à tous présens et à venir, SALUT.

NOUS AVONS ORDONNÉ et ORDONNONS ce qui suit :

M. le comte *Sébastiani*, lieutenant général, membre de la Chambre des Députés, est nommé ministre secrétaire d'état au département de la marine et des colonies.

Signé LOUIS-PHILIPPE.

Par le Roi : *le Garde des sceaux, Ministre Secrétaire d'état au département de la justice,*

Signé DUPONT (de l'Eure).

N° 14. — *ORDONNANCE DU ROI qui nomme M. le Comte Gérard Ministre Secrétaire d'état au département de la guerre.*

A Paris, le 11 Août 1830.

LOUIS-PHILIPPE, ROI DES FRANÇAIS, à tous présens et à venir, SALUT.

NOUS AVONS ORDONNÉ et ORDONNONS ce qui suit :

M. le comte *Gérard*, lieutenant général, membre de la Chambre des Députés, est nommé ministre secrétaire d'état au département de la guerre.

Signé LOUIS-PHILIPPE.

Par le Roi : *le Garde des sceaux, Ministre Secrétaire d'état au département de la justice,*

Signé DUPONT (de l'Eure).

N° 15. — *ORDONNANCE DU ROI sur la composition du Conseil des Ministres.*

A Paris, le 11 Août 1830.

LOUIS-PHILIPPE, ROI DES FRANÇAIS, à tous présens et à venir, SALUT.

SONT NOMMÉS membres de notre Conseil des ministres,

M. *Dupont* (de l'Eure), garde des sceaux, ministre secrétaire d'état au département de la justice ;

10. Le garde des sceaux est chargé de l'exécution de l
présente ordonnance.

Signé LOUIS-PHILIPPE.

Par le Roi : *le Garde des sceaux*, signé DUPONT (de l'Eure

N° 17. — *Ordonnance du Roi qui dissout la Garde royal
et la Maison militaire de Charles X.*

A Paris, le 11 Août 1830.

LOUIS-PHILIPPE, Roi des Français, à tous présen
et à venir, SALUT.

Sur le rapport de notre commissaire provisoire au départemen
de la guerre,

Nous avons ordonné et ordonnons ce qui suit :

ART. 1er. L'état-major général et les corps de toute
armes qui composaient la garde royale sous le roi *Charles X*
sont dissous.

2. Les officiers généraux, les membres de l'intendance
militaire et les officiers du corps royal d'état major, rentreron
en disponibilité.

Tous les officiers de troupe rentreront dans leurs foyer
avec la solde de congé du grade dont ils ont le brevet; il
demeureront susceptibles d'être par la suite replacés avec ce
même grade dans les corps de l'armée.

3. Tous les officiers qui, par quatre années d'exercice de
leur grade, se trouvent avoir acquis, conformément à l'ordon
nance du 25 octobre 1820, le rang du grade supérieur, seron
également admis à la solde de congé de ce grade supérieur. A
cet effet, ils en recevront le brevet sous la date de leur mise
en congé illimité.

Ceux d'entre eux qui préféreraient être immédiatemen
replacés dans l'armée, ne pourront y rentrer qu'avec le grad
effectif dont ils exerçaient l'emploi.

4. Les sous-officiers et soldats qui désireraient continue
leur service, seront immédiatement répartis dans les corp

de l'armée, et, autant que possible, dans les régimens où ils servaient précédemment, s'ils en font la demande.

Les sous-officiers, caporaux et brigadiers, y seront placés avec le grade dont ils portent les marques distinctives. Les soldats de première classe seront replacés dans le grade dont ils étaient en possession dans les corps de la ligne avant leur admission dans la garde.

5. Tous les sous-officiers et soldats qui manifesteront le désir de rentrer dans leurs foyers, recevront des congés d'un an sans solde, qui pourront être renouvelés. Ils resteront à la disposition du Gouvernement, chacun dans son grade respectif, jusqu'à l'époque de leur libération du service actif, aux termes de la loi.

6. Les officiers, sous-officiers et soldats qui, par leurs services ou leurs infirmités, auront droit à la retraite, y seront immédiatement admis, et jouiront du bénéfice de l'ordonnance du 6 décembre 1826, s'ils remplissent les conditions voulues par cette ordonnance.

7. Les dispositions de la présente ordonnance seront applicables aux officiers et aux sous-officiers qui faisaient partie de la maison militaire du Roi *Charles X.*

8. Notre commissaire provisoire au département de la guerre est chargé de l'exécution de la présente ordonnance.

　　　　　　　　　　　　　Signé LOUIS-PHILIPPE.

Par le Roi : *le Commissaire provisoire au département de la guerre,*

　　　　　　　　　　　　　Signé Cte GÉRARD.

N° 18. — ORDONNANCE DU ROI qui, sur le rapport du ministre secrétaire d'état au département de la guerre, nomme gouverneur des Invalides M. le maréchal comte *Jourdan,* en remplacement de M. le marquis de *la Tour-Maubourg,* démissionnaire. (*Paris, 11 Août 1830.*)

N° 19. — ORDONNANCE DU ROI sur le Conseil d'état.

A Paris, le 12 Août 1830.

LOUIS-PHILIPPE, ROI DES FRANÇAIS, à tous présens et à venir, SALUT.

Sur le rapport. de notre ministre secrétaire d'état au dépar-
ment de l'instruction publique et des cultes, président du Cons
d'état;

Notre Conseil entendu,

NOUS AVONS ORDONNÉ et ORDONNONS ce qui suit :

ART. 1ᵉʳ. Le comité de la justice et du contentieux (
notre Conseil d'état prendra le nom de *comité de législatic
et de justice administrative.*

2. M. *Benjamin Constant*, membre de la Chambre d
Députés, est nommé conseiller d'état et président du comi
de législation et de justice administrative.

3. Notre, ministre secrétaire d'état au département (
l'instruction publique et des cultes, président du Cons
d'état, est chargé de l'exécution de la présente ordonnance

Signé LOUIS-PHILIPPE.

Par le Roi : *le Ministre Secrétaire d'état au département de l'instructi*
publique et des cultes, président du Conseil d'état,

Signé DUC DE BROGLIE.

───────

N' 20. — ORDONNANCE DU ROI qui, sur le rapport du garde d
sceaux, nomme à divers offices ministériels d'avoués et d'huissie
(*Paris, 12 Août 1830.*)

───────

N° 21. — ORDONNANCE DU ROI qui, sur le même rapport, nomn
des notaires à diverses résidences, et modifie celle du 26 ju
1830, en ce qu'elle avait fixé à la résidence de Marsas, cant
de Saint-Savin, au lieu de celle de Saint-Ciers-la-Lande, mên
canton, arrondissement de Blaye (Gironde), le siége des fon
tions du sieur *Béchedergues*, notaire. (*Paris, 12 Août 1830.*

N° 22. — ORDONNANCES DU ROI qui nomment

Le sieur *Miller*, substitut du parquet, avocat général à la co
royale de Paris, en remplacement du sieur *Bérard-Desglajeu*
démissionnaire;

Le sieur *Legorrec*, avocat à la cour royale de Rennes, sub
titut du parquet à la cour royale de Paris, en remplacement (
sieur *Miller;*

Le sieur *Malherbe*, conseiller en la cour de Rennes, à la pla
de président de chambre à la même cour, en remplacement (
sieur *Delaforest d'Armaillé*, admis à la retraite par suite
demission;

Le sieur *Gaillard* père, ancien conseiller, à la place de conseiller en la même cour, en remplacement de M. *Malherbe*,
appelé aux fonctions de président;

Et le sieur *Hardy* fils, avocat, à la place de conseiller à la
même cour, vacante par le décès du sieur *Boulay-Paty*. (*Paris*,
12 Août 1830.)

N° 23. — ORDONNANCE DU ROI qui délègue M. *Tripier*, conseiller
à la cour royale de Paris, pour recevoir le serment des magistrats composant les tribunaux civils et de commerce du ressort
de la cour royale de Paris, à l'exception des tribunaux de
Chartres, Troyes, Versailles, Auxerre et Châlons-sur-Marne,
dont les membres prêteront serment devant nos présidens de
cours d'assises délégués à cet effet par la cour royale de Paris.
(*Paris, 12 Août 1830.*)

N° 24. — ORDONNANCES DU ROI qui, au rapport du ministre de
l'intérieur, nomment

M. *Rouillé d'Orfeuil*, ancien préfet, préfet du Finistère, en
remplacement de M. *de Castellane;*

M. *Boullée*, ancien préfet, préfet de la Vienne, en remplacement de M. *de Saint-Félix;*

M. *Louis de Guizard* préfet de l'Aveyron, en remplacement
de M. *Ferrand;*

M. *Auguste Dechamps*, ancien secrétaire général, préfet de
la Creuse, en remplacement de M. *de Frotté;*

M. *de Bondy* fils préfet du département de la Corrèze, en
remplacement de M. *de Lestrade;*

M. *Tondut*, secrétaire général de la préfecture de Saone-et-
Loire, préfet du département de l'Ain, en remplacement de
M. *Rogniat*, appelé à d'autres fonctions;

M. *Benoît-Tersonier* maire de Nevers, en remplacement de
M. *de Bouillé;*

M. *Charbonneau* maire de Clamecy, en remplacement de
M. *Tenaille-Saligny;*

M. *Barrois-Virnot* maire de Lille, en remplacement de M. le
comte *de Muyssart*, démissionnaire;

M. *Cavalier-Mimard* maire de Beziers;

M. *Fulcran - Faulquier* maire de Lodève, en remplacement
de M. *Rouaud;*

M. *Martinet*, notaire, maire de Château-Gontier, en remplacement de M. *Seguin;*

M. *Grandet* (*Joseph*) maire de Rodès (Aveyron), en remplacement de M. *de Maynier*. (*Paris, 12 Août 1830.*)

N° 25. — *ORDONNANCE DU ROI qui règle la Forme du Sceau de l'État.*

A Paris, le 13 Août 1830.

LOUIS-PHILIPPE, ROI DES FRANÇAIS, à tous présens et à venir, SALUT.

Sur le rapport de notre garde des sceaux, ministre secrétaire d'état au département de la justice,

NOUS AVONS ORDONNÉ et ORDONNONS ce qui suit :

Les anciens sceaux de l'État sont supprimés. A l'avenir, le sceau de l'État représentera les armes d'Orléans surmontées de la couronne fermée, avec le sceptre et la main de justice en sautoir, et des drapeaux tricolores derrière l'écusson, et pour exergue, *LOUIS-PHILIPPE Ier, ROI DES FRANÇAIS.*

Signé LOUIS-PHILIPPE.

Par le Roi : *le Garde des sceaux, Ministre Secrétaire d'état au département de la justice,*

Signé DUPONT (de l'Eure).

N° 26. — ORDONNANCES DU ROI qui, sur le rapport du garde des sceaux, délèguent les premiers présidens en la cour de cassation et à la cour des comptes pour recevoir le serment des membres de ces cours. (*Paris, 13 Août 1830.*)

CERTIFIÉ conforme par nous

Garde des sceaux de France, Ministre et Secrétaire d'état au département de la justice,

A Paris, le 24* Août 1830,

DUPONT (de l'Eure).

* Cette date est celle de la réception du Bulletin à la Chancellerie.

On s'abonne pour le Bulletin des lois, à raison de 9 francs par an, à la caisse de l'Imprimerie royale, ou chez les Directeurs des postes des départemens.

A PARIS, DE L'IMPRIMERIE ROYALE.

24 Août 1830.

BULLETIN
DES ORDONNANCES.

IXe Série, 2e Partie. — No 2 *.

N.º 27. — *Ordonnance du Roi qui autorise les Courtiers de marchandises de Vienne (Isère) à cumuler les fonctions d'Agent de change et fixe leur Cautionnement.*

A Paris, le 12 Août 1830.

LOUIS-PHILIPPE, ROI DES FRANÇAIS, à tous présens et à venir, SALUT.

Sur le rapport de notre ministre secrétaire d'état au département de l'intérieur;

Vu l'arrêté du 13 thermidor an IX [1er août 1801] portant création de trois places de courtier de commerce à Vienne;

Vu l'article 81 du Code de commerce;

Vu l'article 91 de la loi du 28 avril 1816,

NOUS AVONS ORDONNÉ et ORDONNONS ce qui suit :

ART. 1er. Les courtiers de marchandises créés à Vienne (Isère) sont autorisés à cumuler les fonctions d'agent de change.

2. Le cautionnement attaché à ces emplois est porté à six mille francs.

3. Notre ministre secrétaire d'état de l'intérieur est chargé de l'exécution de la présente ordonnance.

Signé LOUIS-PHILIPPE.

Par le Roi : *le Ministre Secrétaire d'état au département de l'intérieur,*

Signé GUIZOT.

N° 28. — ORDONNANCES DU ROI qui, sur le rapport du ministre de l'intérieur, nomment

M. *Bonnet* fils sous-préfet de Saint-Amand (Cher), en remplacement de M. *Bengy-Puyvallée;*

---

* Voyez un *Errata* à la fin de ce Numéro.

M. *Bruneau* (*Étienne*) sous-préfet de Guingamp (Côtes-du-Nord), en remplacement de M. *Geffroy de Villeblanche;*

M. *Pébère* sous-préfet de Gourdon (Lot), en remplacement de M. *Lanneau-Rolland*, appelé à d'autres fonctions;

M. *Bruley* (*Auguste*) sous-préfet de Saumur (Maine-et-Loire), en remplacement de M. *Boësnier;*

M. *Romain-Lemotheux* sous-préfet de Château-Gontier, en remplacement de M. *de Bonchamps;*

M. *Le Pécheux* sous-préfet de Mayenne, en remplacement de M. *Dufougeray.* (*Paris, 12 Août 1830.*)

N° 29. — ORDONNANCE DU ROI *qui autorise la Société anonyme pour l'exploitation des Marbres des Vosges.*

À Paris, le 12 Août 1830.

LOUIS-PHILIPPE, ROI DES FRANÇAIS, à tous présens et à venir, SALUT.

Sur le rapport de notre ministre secrétaire d'état au département de l'intérieur;

Vu les articles 29 à 37, 40 et 45 du Code de commerce;

Le Conseil d'état entendu,

AVONS ORDONNÉ et ORDONNONS ce qui suit:

ART. 1ᵉʳ. La société anonyme formée à Épinal sous le titre de *société anonyme pour l'exploitation des marbres des Vosges*, par acte passé le 21 juin 1830 par-devant *Gerhaut*, notaire en ladite ville, et témoins, est autorisée.

Sont approuvés les statuts contenus audit acte, qui restera annexé à la présente ordonnance.

2. Nous nous réservons de révoquer notre autorisation en cas de violation ou de non-exécution des statuts approuvés, sans préjudice des dommages-intérêts des tiers.

3. La société sera tenue de remettre, tous les six mois, un extrait de son état de situation au préfet du département des Vosges et au greffe du tribunal de première instance jugeant commercialement à Épinal. Pareil extrait sera adressé au ministre de l'intérieur.

4. Notre ministre secrétaire d'état de l'intérieur est chargé de l'exécution de la présente ordonnance, qui sera publiée au

Bulletin des lois et insérée au Moniteur et dans un journal d'annonces judiciaires du département des Vosges.

Signé LOUIS-PHILIPPE.

Par le Roi : *le Ministre Secrétaire d'état au département de l'intérieur,*

Signé GUIZOT.

N° 30. — *ORDONNANCE DU ROI qui détermine les Noms et les Titres des Princes et Princesses de la Famille royale.*

A Paris, le 13 Août 1830.

LOUIS-PHILIPPE, ROI DES FRANÇAIS, à tous présens et à venir, SALUT.

Notre avénement à la couronne ayant rendu nécessaire de déterminer les noms et les titres que devront porter à l'avenir les princes et princesses nos enfans, ainsi que notre bien-aimée sœur,

NOUS AVONS ORDONNÉ et ORDONNONS ce qui suit :

Les princes et princesses nos bien-aimés enfans, ainsi que notre bien-aimée sœur, continueront à porter le nom et les armes d'Orléans.

Notre bien-aimé fils aîné le Duc *de Chartres* portera, comme prince royal, le titre de *Duc D'ORLÉANS.*

Nos bien-aimés fils puînés conserveront les titres qu'ils ont portés jusqu'à ce jour.

Nos bien-aimées filles et notre bien-aimée sœur ne porteront d'autre titre que celui de *Princesse d'Orléans,* en se distinguant entre elles par leurs prénoms.

Il sera fait en conséquence sur les registres de l'état civil de la Maison royale, dans les archives de la Chambre des Pairs, toutes les rectifications qui résultent des dispositions ci-dessus.

Notre garde des sceaux, ministre secrétaire d'état au département de la justice, est chargé de l'exécution de la présente ordonnance, qui sera insérée au Bulletin des lois.

Signé LOUIS-PHILIPPE.

Par le Roi : *le Garde des sceaux, Ministre Secrétaire d'état au département de la justice,*

Signé DUPONT (de l'Eure).

N° 31. — *ORDONNANCE DU ROI qui détermine la Forme de la Décoration de la Légion d'honneur.*

A Paris, le 13 Août 1830.

LOUIS-PHILIPPE, ROI DES FRANÇAIS, à tous présens et à venir, SALUT.

Vu l'article 63 de la charte portant que le Roi déterminera la décoration de la Légion d'honneur,

NOUS AVONS ORDONNÉ et ORDONNONS ce qui suit :

ART. 1ᵉʳ. La décoration de la Légion-d'honneur continuera de porter, d'un côté, l'effigie de notre aïeul *Henri IV,* de glorieuse mémoire, avec son nom pour exergue, et, de l'autre côté, dans l'intérieur du médaillon, la devise *Honneur et Patrie.*

2. La plaque des grand'croix portera la même effigie avec la même devise en exergue ; et les cinq pointes qui l'entourent seront partagées par des lances de drapeaux tricolores.

Signé LOUIS-PHILIPPE.

Par le Roi : *le Garde des sceaux, Ministre Secrétaire d'état au département de la justice,*

Signé DUPONT (de l'Eure).

———

N° 32. — ORDONNANCE DU ROI qui nomme M. *Daunou* garde général des archives du royaume. (*Paris, 13 Août 1830.*)

———

N° 33. — *ORDONNANCE DU ROI qui nomme M.* Villemain *membre du Conseil royal d'instruction publique, chargé de la présidence en l'absence du Ministre.*

A Paris, le 13 Août 1830.

LOUIS-PHILIPPE, ROI DES FRANÇAIS, à tous présens et à venir, SALUT.

Sur le rapport de notre ministre secrétaire d'état au départemen de l'instruction publique et des cultes, président du Conseil d'état

NOUS AVONS ORDONNÉ et ORDONNONS ce qui suit :

ART. 1ᵉʳ. M. *Villemain,* professeur à la faculté des lettrc et membre de la Chambre des Députés, est nommé membre du conseil royal de l'instruction publique.

2. Il présidera le conseil royal d'instruction publique en l'absence du ministre.

3. Notre ministre secrétaire d'état au département de l'instruction publique et des cultes, président du Conseil d'état, est chargé de l'exécution de la présente ordonnance.

Signé LOUIS-PHILIPPE.

Par le Roi : le Ministre Secrétaire d'état au département de l'instruction publique et des cultes, président du Conseil d'état,

Signé Duc de Broglie.

N° 34. — *ORDONNANCE DU ROI qui crée trois places d'Amiraux avec rang de Maréchal de France.*

A Paris, le 13 Août 1830.

LOUIS-PHILIPPE, Roi des Français, à tous présens et à venir, SALUT.

Considérant que la marine n'a pas de grade correspondant à celui de maréchal dans l'armée de terre;

Sur le rapport de notre ministre de la marine et des colonies,

Nous avons ordonné et ordonnons ce qui suit:

ART. 1ᵉʳ. Il est créé au corps royal de la marine trois places *d'amiraux.*

3. Le grade d'amiral sera assimilé en tous points à celui de maréchal de France.

Les amiraux jouiront des honneurs et traitemens attribués aux maréchaux de France, et ils concourront avec eux d'après la date de leurs brevets.

Notre ministre de la marine et des colonies est chargé de l'exécution de la présente ordonnance.

Signé LOUIS-PHILIPPE.

Par le Roi : *le Ministre Secrétaire d'état au département de la marine et des colonies,*

Signé Horace Sébastiani.

B 3

N° 35. — ORDONNANCE DU ROI qui, sur le rapport du ministre de la marine et des colonies, élève au grade d'amiral M. le vice-amiral *Duperré*. (*Paris, 13 Août 1830.*)

N° 36. — ORDONNANCE DU ROI qui, sur le rapport du garde des sceaux, élève à la dignité de pair de France, M. le maréchal *Soult* duc *de Dalmatie* et M. l'amiral *Duperré*. (*Paris, 13 Août 1830.*)

N° 37. — *ORDONNANCE DU ROI qui supprime la qualification de* Monseigneur *donnée aux Ministres.*

A Paris, le 13 Août 1813.

LOUIS-PHILIPPE, ROI DES FRANÇAIS, à tous présens et à venir, SALUT.

NOUS AVONS ORDONNÉ et ORDONNONS :

Le titre de *monseigneur* ne sera plus donné aux membres de notre Conseil des ministres. On les appellera *Monsieur le Ministre*.

Signé LOUIS-PHILIPPE.

Par le Roi : *le Garde des sceaux, Ministre Secrétaire d'état au département de la justice,*

Signé DUPONT (de l'Eure).

N° 38. — ORDONNANCES DU ROI qui, sur le rapport du garde des sceaux, nomment

M. *Bademer,* avocat à la cour royale de Rouen, procureur du Roi près le tribunal de première instance de Dieppe, en remplacement de M. *d'Aubermesnil;*

M. *Alfred Daviel,* avocat, procureur du Roi près le tribunal civil de Rouen, en remplacement de M. *Dossier;*

Le sieur *Delaunay* fils, actuellement juge-auditeur, juge au tribunal de première instance d'Alençon, en remplacement du sieur *Clogenson,* nommé préfet du département de l'Orne;

Le sieur *Chéradame,* avocat, procureur du Roi près le tribunal civil d'Alençon, en remplacement du sieur *Verrier.* (*Paris, 13 Août 1830.*)

N° 39. — ORDONNANCE DU ROI qui nomme M. *Barré*, juge auditeur au tribunal de première instance de Rouen, juge d'instruction au même tribunal, en remplacement du sieur *Malortie*,
démissionnaire. (*Paris, 13 Août 1830.*)

N° 40. — PAR ORDONNANCE ROYALE, M. *Duval*, juge suppléant
et avocat à Brest, a été nommé procureur du Roi près le tribunal de première instance de la même ville, en remplacement
de M. *Kéranflech.* (*Paris, 13 Août 1830.*)

N° 41. — ORDONNANCES DU ROI qui nomment

M. *Lieutaud*, substitut près le tribunal de première instance de
Tarascon (Bouches-du-Rhône), procureur du Roi près le tribunal de première instance d'Aix, même département, en remplacement de M. *Pistoye ;*

M. *Vaisse*, avocat à Marseille, substitut près le tribunal de
première instance de Tarascon, en remplacement de M. *Lieutaud ;*

M. *Luce*, premier substitut près le tribunal de première instance
de Draguignan (Var), procureur du Roi près le tribunal de
première instance de Toulon, même département, en remplacement de M. *Lodoïx de Gombert*, démissionnaire ;

M. *Émile Rey*, avocat à Marseille, substitut près le tribunal
de première instance de Draguignan, en remplacement de
M. *Luce.* (*Paris, 13 Août 1830.*)

N° 42. — ORDONNANCES DU ROI qui nomment

M. *Dunoyer* (*Charles*) préfet de l'Allier, en remplacement de
M. *Leroy de Chavigny ;*

M. *Dupuy* préfet de la Haute-Loire, en remplacement de
M. *de Freslon ;*

M. *Chaper* (*Achille*) préfet de Tarn-et-Garonne, en remplacement du comte *de Puységur ;*

M. *Auguste Billiard* secrétaire général du ministère de l'intérieur ;

M. *Soubsmain*, négociant, maire de Mantes, en remplacement
de M. *Louis Levesque ;*

M. *Alluand* aîné maire de la ville de Limoges, en remplacement de M. *de la Bastide ;*

M. *Sazerac de Forge* maire d'Angoulême, en remplacement de
M. *de Chasteignier.* (*Paris, 13 Août 1830.*)

N° 43. — *Ordonnance du Roi qui crée un Régiment de cavalerie sous la dénomination de* Lanciers d'Orléans.

A Paris, le 14 Août 1830.

LOUIS-PHILIPPE, ROI DES FRANÇAIS, à tous présens et à venir, SALUT:

Sur le rapport de notre ministre secrétaire d'état de la guerre,

AVONS ORDONNÉ et ORDONNONS ce qui suit:

ART. 1er. Il sera créé un régiment de cavalerie sous la dénomination de *Lanciers d'Orléans.*

2. Ce régiment sera composé d'un état-major et de six escadrons organisés comme il suit; savoir :

		HOMMES.		CHEVAUX	
ÉTAT-MAJOR.		Officiers.	Troupe.	d'officier.	de troupe
Officiers.	Colonel................	1.	"	3.	"
	Lieutenant-colonel..........	1.	"	3.	"
	Chefs d'escadron...........	2.	"	4.	"
	Major.................	1.	"	2.	"
	Instructeur en chef........	1.	"	2.	"
	Adjudans-majors..........	2.	"	4.	"
	Trésorier..............	1.	"	1.	"
	Officier d'habillement.......	1.	"	1.	"
	Porte-étendard...........	1.	"	1.	"
	Chirurgiens { major.........	1.	"	1.	"
	{ aides.........	2.	"	2.	"
Troupe.	Adjudans sous-officiers......	"	2.	"	2.
	Vétérinaires { en premier.....	"	1.	"	1.
	{ en second......	"	1.	"	1.
	Trompette maréchal-des-logis.	"	1.	"	1.
	Trompette brigadier........	"	1.	"	1.
	Maitres.... { armurier....... sellier-bourrelier tailleur....... bottier.......	"	4.	"	"
	Musiciens................	"	2.	"	2.
		14.	12.	24.	8.

			HOMMES.		CHEVAUX	
			Officiers.	Troupe.	d'officier.	de troupe.
	ESCADRON.					
Officiers.	Capitaines..	commandant ...	1.	"	2.	"
		en second......	1	"	2.	"
	Lieutenans,	en premier.....	1.	"	1.	"
		en second......	1.	"	1.	"
	Sous-lieutenans. ....:...		2.	"	2.	"
Troupe.	Maréchal-des-logis chef......		"	1.	"	1.
	Maréchaux-des-logis........		"	6.	"	6.
	Fourrier		"	1.	"	1.
	Brigadiers.		"	12.	"	12.
	Lanciers		"	100.	"	75.
	Maréchaux-ferrans		"	2.	"	2.
	Trompettes..............		"	3.	"	3.
			6.	125.	8.	100.
Enfans de troupe................			"	1.	"	"

Ainsi la force du régiment sera de cinquante officiers, sept cent soixante - deux sous - officiers, brigadiers et cavaliers ; soixante-et-douze chevaux d'officiers et six cent neuf chevaux de troupe.

3. Le régiment de *lanciers d'Orléans* recevra la solde et les autres prestations attribuées aux régimens de cavalerie légère.

4. Nos ministres secrétaires d'état de la guerre et des finances sont chargés, chacun en ce qui le concerne, de l'exécution de la présente ordonnance.

Signé LOUIS-PHILIPPE.

Par le Roi : *le Ministre Secrétaire d'état de la guerre,*

Signé Cte GÉRARD.

N° 44. — ORDONNANCE DU ROI qui nomme procureur général à la cour royale de Nancy M. *Fabvier*, avocat, en remplacement de M. *Bresson*, démissionnaire;

Et procureur général près la cour royale de Riom M. *Tailhand* père, avocat, en remplacement de M. *Bastard de l'Étang*. (*Paris,* 11 *Août 1830.*)

Nº 45. — Ordonnance du Roi qui nomme M. *Naudin*, juge au tribunal civil de la Seine, vice-président au même tribunal, en remplacement de M. *Jarry*, président. (*Paris*, *14 Août 1830.*)

Nº 46. — Ordonnance du Roi qui, sur le rapport de notre ministre secrétaire d'état de l'intérieur, nomme

M. *Viefville des Essarts* préfet de la Côte-d'Or, en remplacement de M. *de Vismes*, démissionnaire;

M. *de Barennes*, conseiller de préfecture de la Gironde, préfet de la Haute-Garonne, en remplacement de M. *Camus du Martroy*;

M. *Fumeron d'Ardeuil* préfet de l'Hérault, en remplacement de M. *Creuzé de Lesser*;

M. le comte *Dulac*, sous-préfet de Villefranche, préfet de la Nièvre, en remplacement de M. *Séguier*;

M. *Bureaux de Puzy* préfet des Hautes-Pyrénées, en remplacement de M. *Amédée Vernhette*. (*Paris*, *14 Août 1830.*)

Nº 47. — Ordonnance du Roi qui, sur le rapport de notre ministre secrétaire d'état au département de l'intérieur, nomme M. *Barbet* (*Henri*) maire de Rouen, en remplacement de M. *de Martainville*. (*Paris*, *14 Août 1830.*)

Nº 48. — Ordonnances du Roi qui, sur le rapport de notre ministre secrétaire d'état au département de l'intérieur, nomment

M. *Desvernois* sous-préfet de la Palisse (Allier), en remplacement de M. *de Longueil*;

M. *Lucas-Lagane* sous-préfet de Gannat (Allier), en remplacement de M. *Arnauld de la Rouzière*;

M. *Reynaud* fils sous-préfet de Montluçon (Allier), en remplacement de M. *de Miegeville*;

M. *Chave de Pelissane* (*Auguste*) sous-préfet d'Aix (Bouches-du-Rhône), en remplacement de M. *Coriolis*;

M. *Lacordaire* sous-préfet de Châtillon-sur-Seine (Côte-d'Or) en remplacement de M. *de Saint-Brisson*;

M. *de la Châtre*, ancien sous-préfet, sous-préfet de l'arrondissement d'Issoudun (Indre), en remplacement de M. *de Clock*;

M. *Thabaud-Bellair* sous-préfet de la Châtre (Indre), en remplacement de M. *de Périgny*;

M. *Braekenhoffer* sous-préfet de Saverne (Bas-Rhin), en remplacement de M. *de Blain ;*

M. *Luneau*, ancien sous-préfet, sous-préfet de Paimbœuf (Loire-Inférieure), en remplacement de M. *de Liniers ;*

M. *Blanchard*, maire de Mulhouse, sous-préfet de Schelestadt (Bas-Rhin), en remplacement de M. *de Kentzinger ;*

M. *de Rivoire* sous-préfet de Villefranche (Rhône), en remplacement de M. *Bruys d'Ouilly ;*

M. *Lelong de Belair* (*Antoine*) sous-préfet de la Flèche (Sarthe), en remplacement de M. *de Labouillerie ;*

M. *Thieullen* sous-préfet du Havre (Seine-Inférieure), en remplacement de M. *Cartier ;*

M. *Moucquet* (*Hyacinthe-Auguste*) sous-préfet de Dieppe (Seine-Inférieure), en remplacement de M. *de Driouville ;*

M. *Cassan* sous-préfet de Mantes (Seine-et-Oise), en remplacement de M. *Alfred de Roissy ;*

M. *Floret* sous-préfet de Carpentras (Vaucluse), en remplacement de M. *de Grimaldi ;*

M. *Badou*, ancien sous-préfet, sous-préfet de Bellac (Haute-Vienne), en remplacement de M. *Robinet de Plas ;*

M. *Brassat de Saint-Parthens* sous-préfet de Villefranche (Aveyron), en remplacement de M. *Dulac* appelé à d'autres fonctions ;

M. *Belliquet* sous-préfet de Libourne (Gironde), en remplacement de M. *de la Salle ;*

M. *Berger-Lointier* sous-préfet de Beaugé (Maine-et-Loire), en remplacement de M. *Defrance d'Hésèque.* (*Paris, 14 Août 1830.*)

N° 49. — PROCLAMATION DU ROI.

A Paris, le 15 Août 1830.

FRANÇAIS,

Vous avez sauvé vos libertés ; vous m'avez appelé à vous gouverner selon les lois. Votre tâche est glorieusement accomplie ; la mienne commence. C'est à moi de faire respecter l'ordre légal que vous avec conquis. Je ne puis permettre à personne de s'en affranchir, car j'y suis soumis moi-même.

Il faut que l'administration reprenne partout son cours. De nombreux changemens ont déjà été faits ; d'autres se préparent. L'autorité doit être entre les mains d'hommes fermement attachés à la cause nationale. Un mouvement si prompt et si vaste n'a pu s'accomplir sans quelque confusion momentanée : elle touche à son terme. Je demande à tous les bons citoyens d'entourer leurs magistrats, et de les aider à maintenir, au profit de tous, l'ordre et la liberté.

Des réformes sont nécessaires dans les services publics. La perception de certains impôts charge le pays d'un pesant fardeau ; des lois seront proposées pour y porter remède. Dans cet examen, aucune réclamation ne sera étouffée, aucun intérêt oublié, aucun fait méconnu ; mais, en attendant les lois nouvelles, obéissance est due aux lois en vigueur : la raison politique le proclame ; la sûreté de l'État le commande. Que tous les hommes de bien emploient leur influence à en convaincre leurs concitoyens. Pour moi, je ne manquerai ni dans l'avenir à mes promesses, ni dans le présent à mes devoirs.

Français, l'Europe contemple avec une admiration mêlée de quelque surprise notre glorieuse révolution ; elle se demande si telle est en effet la puissance de la civilisation et du travail, que de tels événemens se puissent accomplir sans que la société en soit ébranlée. Dissipons ces derniers doutes ; qu'un Gouvernement aussi régulier que national succède promptement à la défaite du pouvoir absolu. *Liberté, ordre public*, telle est la devise que la garde nationale de Paris porte sur ses drapeaux ; que ce soit aussi le spectacle qu'offre la France à l'Europe. Nous aurons en quelques jours assuré pour des siècles le bonheur et la gloire de la patrie.

Signé LOUIS-PHILIPPE.

Par le Roi : le Garde des sceaux, Ministre Secrétaire d'état au département de la justice,

Signé DUPONT (de l'Eure).

N.° 50. — *ORDONNANCE DU ROI qui nomme le Général de Lafayette Commandant général des Gardes nationales du Royaume.*

A Paris, le 16 Août 1830.

LOUIS-PHILIPPE, ROI DES FRANÇAIS, à tous présens et à venir, SALUT.

Sur le rapport de notre ministre secrétaire d'état au département de l'intérieur, et en attendant la promulgation de la loi sur l'organisation des gardes nationales du royaume,

Avons ordonné et ordonnons ce qui suit :

M. *de Lafayette*, lieutenant général, est nommé commandant général des gardes nationales du royaume.

Notre ministre secrétaire d'état de l'intérieur est chargé de l'exécution de la présente ordonnance.

Signé LOUIS-PHILIPPE.

Par le Roi : *le Ministre Secrétaire d'état au département de l'intérieur*,

Signé Guizot.

N° 51. — Ordonnance du Roi qui nomme le baron *Volland*, intendant des Invalides, intendant en chef de l'armée d'Afrique et intendant des provinces occupées par cette armée. Le baron *Volland* reprendra à son retour les fonctions qu'il exerce aux Invalides, et sera suppléé en son absence par le baron *Bendurand*, intendant militaire en retraite. (*Paris, 16 Août 1830.*)

N° 52. — Ordonnances du Roi qui nomment

M. *Rouvelet* (*Aristide*) sous-préfet de Milhau (Aveyron), en remplacement de M. *Aimé de Vezins ;*

M. *Delmas* (*Justin*) sous-préfet de Saint-Flour (Cantal), en remplacement de M. *Amable Frayssinous ;*

M. *Vincens* (*Louis*) sous-préfet de Saint-Jean d'Angély (Charente-Inférieure), en remplacement de M. *de Bonnegens ;*

M. *Desvarannes* (*Louis*) sous-préfet de Chinon (Indre-et-Loire), en remplacement de M. *Waresquiel ;*

M. *Marquiset* (*Armand*), ancien secrétaire général, sous-préfet de Dôle (Jura), en remplacement de M. *Terrier de Loray ;*

M. *Poisson* sous-préfet de Reims (Marne), en remplacement de M. *de Gestas ;*

M. *Poinsot* (*Pierre-Quentin*) sous-préfet de Bar-sur-Seine (Aube), en remplacement de M. *de Noiron ;*

M. *Lemansel* (*François-Julien*) sous-préfet de Vire (Calvados), en remplacement de M. *de Chantreau ;*

M. *Waymel*, adjoint au maire de Valenciennes (Nord), sous-préfet de Valenciennes, en remplacement de M. *Godefroy*, démissionnaire ;

M. *Pascot* (*Joseph*) sous-préfet de Céret (Pyrénées-Orientales), en remplacement de M. *Renard de Saint-Malo;*

M. *de Montépin* sous-préfet d'Autun (Saone-et-Loire), en remplacement de M. *de Béranger;*

M. *Lambert* sous-préfet de Charolles (Saone-et-Loire), en remplacement de M. *Colomb d'Arcine;*

M. *Morand* sous-préfet de Bressuire (Deux-Sèvres), en remplacement de M. *Duplessis de Grenedan;*

M. *Taillefer* sous préfet de Melle (Deux-Sèvres), en remplacement de M. *de Lamarlière;*

M. *Gasparin* (*Auguste*) sous-préfet d'Orange (Vaucluse), en remplacement de M. *de Pontbriant;*

M. *Lesire* (*Alexandre*) sous-préfet de Joigny (Yonne), en remplacement de M. *Busson;*

M. *Rouil* sous-préfet de Parthenay (Deux-Sèvres), en remplacement de M. *Duminchy;*

M. *de Bonnegens de Lagrange* maire de Saint-Jean-d'Angely (Charente-Inférieure), en remplacement de M. *de la Laurencie;*

M. *Dubois* (*Abraham*) maire de Granville (Manche), en remplacement de M. *Lemengonnet;*

M. *Moulin* (*Charles-François*) maire de Vire (Calvados), en remplacement de M. *Huillard-Deigneaux;*

M. *Laplace de Saint-Maximin* maire d'Uzès (Gard), en remplacement de M. *Damoreux Saint-Ange;*

M. *Castelnaux* maire de Montpellier (Hérault), en remplacement de M. *Dax Daxat;*

M. *Penet* maire de Grenoble, en remplacement de M. *de Pina.*
(*Paris, 16 Août 1830.*)

Nº 53. — ORDONNANCE DU ROI qui autorise M. le comte *de la Ferté-Meun* (*Hubert-Nabert-Joseph*), né à Paris le 22 septembre 1806, à ajouter à ses noms ceux de M. le comte *Molé de Champlatreux,* et à s'appeler, ainsi que ses descendans, *de la Ferté-Meun-Molé de Champlatreux:* à l'expiration du délai fixé par les articles 6 et 8 de la loi du 11 germinal an XI, l'impétrant se pourvoira, s'il y a lieu, devant le tribunal de première instance compétent, à l'effet de faire opérer les changemens nécessaires sur les registres de l'état civil du lieu de sa naissance. (*Paris, 16 Août 1830.*)

Nº 54. — ORDONNANCE DU ROI qui élève à la dignité de maréchal de France le lieutenant général comte *Gérard.* (*Paris, 17 Août 1830.*)

N° 55. — *Ordonnance du Roi qui fixe la Légende des Monnaies.*

A Paris, le 17 Août 1830.

LOUIS-PHILIPPE, Roi des Français,

Sur le rapport de notre ministre secrétaire d'état des finances,

Nous avons ordonné et ordonnons ce qui suit :

Art. 1er. Les monnaies d'or et d'argent seront gravées à notre effigie et porteront pour légende ces mots :

LOUIS-PHILIPPE Ier, ROI DES FRANÇAIS.

Le revers portera une couronne formée d'une branche d'olivier et d'une branche de laurier, au milieu de laquelle seront inscrites la valeur de la pièce et l'année de la fabrication.

La tranche des pièces de quarante francs, vingt francs et cinq francs portera ces mots :

DIEU PROTÉGE LA FRANCE.

Les pièces de deux francs, un franc, cinquante centimes et vingt-cinq centimes seront frappées en virole cannelée.

2. Provisoirement et jusqu'à ce que le nouveau coin soit terminé, les ateliers monétaires continueront à fabriquer avec les carrés actuellement en usage.

3. Notre ministre des finances est chargé de l'exécution de la présente ordonnance, qui sera insérée au Bulletin des lois.

Signé LOUIS-PHILIPPE.

Par le Roi : *le Ministre Secrétaire d'état des finances,*

Signé Bon LOUIS.

———————

N° 56. — *Ordonnances du Roi qui nomment*

Procureur général près la cour de cassation M. *Dupin* l'aîné, bâtonnier des avocats à Paris, et membre de la Chambre des Députés, en remplacement de M. *Mourre,* admis à faire valoir ses droits à la retraite;

M. *Gilbert de Voisins,* ancien premier président, conseiller à la cour de cassation, en remplacement de M. *de Cardonnel,* décédé;

M. *Bosné,* avocat à Bernay, substitut du procureur du Roi

(Seine-et-Oise), son entretien et sa démolition après le 1er janvier 1834, ainsi que pour la construction de deux portions de route, conformément au devis rédigé par l'ingénieur en chef du département de Seine-et-Oise le 3 mai dernier, et souscrit par le sieur *Borde* le même jour, moyennant la concession du péage à percevoir sur le pont restauré et l'abandon des bois et des fers qui proviendront de sa démolition, est approuvée. En conséquence, les charges, clauses et conditions de cette soumission, qui demeurera annexée, ainsi que le devis du 3 mai, à la présente ordonnance, recevront leur pleine et entière exécution.

2. Le tarif des droits de péage du vieux pont du Pecq est fixé comme il suit :

ART. 1er. — *PAIEMENT*.

Pour chaque personne à pied, chargée ou non d'un fardeau....... 05c

Chaque cheval ou mulet, cavalier et valise compris............. 15.

Une voiture suspendue à deux roues, attelée d'un cheval, mulet ou autre bête de trait, y compris un conducteur et deux autres personnes. 25.

Chaque personne en sus des trois ci-dessus énoncées .... 05.

Une voiture suspendue à quatre roues, attelée d'un cheval, mulet ou autre bête de trait, y compris un conducteur et quatre autres personnes. 40.

Chaque personne en sus des cinq ci-dessus désignées........... 05.

Une voiture suspendue à quatre roues, attelée de deux chevaux, mulets ou autres bêtes de trait, y compris le conducteur et six autres personnes.. 50.

Toute personne en sus des sept ci-dessus désignées............. 05.

Chaque cheval, mulet ou autre bête de trait de plus, tant pour les voitures suspendues à deux roues que pour celles à quatre......... 10.

Un cheval ou mulet, chargé ou non chargé, le conducteur non compris.. 10.

Une bête asine, chargée ou non chargée, non compris le conducteur.. 05.

Chaque charrette à deux roues chargée, attelée d'un cheval ou mulet, le conducteur compris.................................. 25.

Une charrette vide attelée d'un cheval, mulet ou mule, le conducteur compris.. 20.

Chaque cheval, mule ou mulet d'augmentation .... 10.

Toute charrette vide, mais portant plus de trois personnes, conducteur compris, sera réputée chargée, et, dans ce cas, chaque personne
à sus dans ladite charrette... 05ᶜ

Tout chariot à quatre roues chargé, attelé de deux chevaux ou mulets,
conducteur compris.. 35.

Tout chariot à quatre roues vide, attelé d'un seul cheval, mulet ou
mule, conducteur compris.. 20,

Chaque cheval, mule ou mulet d'augmentation.................. 10.

Charrette chargée ou non, attelée d'un âne, conducteur compris... 10.

Chaque bête asine d'augmentation............................ 05.

Un chariot de ferme à quatre roues chargé, attelé de deux chevaux ou
mulets, conducteur compris.. 30.

Le même chariot à vide, conducteur compris................... 25.

Chaque cheval, mule ou mulet d'augmentation................. 10.

Chaque bœuf ou vache, non compris le conducteur............. 10.

Un veau à pied, non compris le conducteur................... 05.

Un porc, non compris le conducteur......................... 02.

Chaque mouton, brebis, bouc, chèvre, non compris le conducteur.. 01.

2. — EXEMPTIONS.

Sont exempts de tout droit de péage, tout cheval, mulet ou mule, bœuf,
vache ou âne passant ou repassant le pont pour aller, soit au labourage, soit
au pâturage, et en revenir, aussi bien que le conducteur; pareillement les
moutons, brebis, boucs ou chèvres allant en pâture ou en revenant, ainsi
que le conducteur; lesdites exemptions toutefois n'étant applicables qu'aux
habitans de la commune;

Toute charrette dont la charge se compose d'engrais, ou employée à la
rentrée des récoltes, ainsi que le cheval, les chevaux et le conducteur; la
même dite charrette à vide et son conducteur;

Les chevaux, mules, mulets ou ânes chargés à dos pour le transport du
fumier dans les terres de part ou d'autre du pont;

Les ingénieurs des ponts et chaussées en tournée; les troupes de cavalerie, les gendarmes, les officiers, sous-officiers et soldats de toutes armes
voyageant en corps ou séparément, à pied, à cheval ou en voiture, porteurs d'ordres ou munis de feuilles de route; les trains d'artillerie, les équipages militaires, les estafettes ou courriers du Gouvernement et les malles-
postes, de même que les postillons et chevaux en retour de service desdites
malles-postes; enfin toutes personnes chargées d'un service militaire ou civil
dans l'exercice de leurs fonctions, y compris les facteurs ruraux faisant le
service des postes de l'État;

Et le curé de la paroisse et ses acolytes, dans leurs fonctions sacer-
dotales;

Les enfans des deux sexes passant ou repassant pour cause d'instruction;

C 2

Les maitre et aide de pont et les mariniers qui seraient obligés de traverser le pont pour la manœuvre de leurs bateaux;

Les hommes, les chevaux, les voitures et les bêtes de somme employés aux prestations.

3. Les conducteurs de chariots à la suite des troupes, lorsqu'ils ne sont pas militaires, seront assujettis aux droits, ainsi que leurs voitures, suivant le tarif. Il en sera de même des entrepreneurs des travaux publics faisant transporter des matériaux.

4. Lorsque les préposés à la perception auront des raisons de soupçonner que des animaux passeraient en fraude, ils pourront exiger la consignation de la taxe, laquelle ne sera restituée que sur la présentation d'un certificat du maire, constatant le domicile du propriétaire et du conducteur.

5. Les contestations qui pourraient s'élever sur la quotité de la taxe seront portées devant le maire, et par lui jugées sommairement sans frais et sans formalités, sauf le recours au conseil de préfecture, selon la loi du 19 mai 1802 [29 floréal an X].

6. Sont de même exempts les habitans de la commune domiciliés sur la rive droite du pont, à pied seulement.

7. Notre ministre secrétaire d'état de l'intérieur est chargé de l'exécution de la présente ordonnance.

Signé LOUIS-PHILIPPE.

Par le Roi: le Ministre Secrétaire d'état au département de l'intérieur,

Signé GUIZOT.

———

N° 60. — ORDONNANCES DU ROI qui nomment

M. Joly, avocat à Montpellier, procureur général à la cour royale de Montpellier, en remplacement de M. Bergasse, appelé à d'autres fonctions;

M. Gilbert Boucher, ancien procureur général près la cour royale de Bastia, procureur général à Poitiers, en remplacement de M. Liége d'Iray, démissionnaire;

M. *Thil*, avocat à Rouen et membre de la Chambre des Députés, procureur général à la cour royale de Rouen, en remplacement de M. *Boullenger*, appelé à d'autres fonctions;

M. *Boullenger*, procureur général à la cour royale de Rouen, président de chambre à la cour royale d'Amiens, en remplacement de M. *de Monchy*, démissionnaire;

M. *Decaieu*, avocat à Amiens, procureur du Roi près le tribunal civil d'Amiens, en remplacement de M. *Délsart;*

M. *Rousselin*, premier avocat général près la cour royale de Caen, procureur général en la même cour, en remplacement de M. *Guillibert*, appelé à d'autres fonctions;

M. *Farez*, avocat à Cambrai, ancien député et ancien magistrat, procureur général près la cour royale de Douai, en remplacement du sieur *Dubard.* (*Paris, 16 Août 1830.*)

N° 61. — ORDONNANCE DU ROI qui accepte la démission de M. *de Monchy*, président à la cour royale d'Amiens, l'admet à faire valoir ses droits à la retraite et l'autorise à prendre le titre de *président honoraire.* (*Paris, 16 Août 1830.*)

N° 62. — ORDONNANCE DU ROI *qui reconstitue la Garde municipale de Paris.*

A Paris, le 16 Août 1830.

LOUIS-PHILIPPE, ROI DES FRANÇAIS, à tous présens et à venir, SALUT.

Sur la proposition de notre ministre secrétaire d'état au département de la guerre,

NOUS AVONS ORDONNÉ et ORDONNONS ce qui suit :

ART. 1er. Le corps de la gendarmerie de Paris est supprimé.

2. Un corps spécial est institué pour le service de garde et de police de la capitale; il prendra la dénomination de *garde municipale de Paris.*

- C 3

Ce corps est mis à la disposition immédiate du préfet de police.

3. La garde municipale de Paris sera commandée par un colonel.

4. Le complet de la garde municipale de Paris est fixé à mille quatre cent quarante-trois hommes. Sa composition est déterminée ci-après :

ÉTAT-MAJOR.

Colonel commandant........................	1.
Major chef d'escadron......................	1.
Capitaine-trésorier.........................	1.
Capitaine d'habillement....................	1.
Chirurgien-major..........................	1.
Chirurgiens aides-majors...................	2.
Maîtres-ouvriers	4.

11.

INFANTERIE.

(Deux bataillons de quatre compagnies chaque.)

État-major.

Lieutenant-colonel.........................	1.
Chefs de bataillon.........................	2.
Capitaines adjudans-majors.................	2.
Adjudans sous-officiers....................	2.
Tambour-major............................	1.

8.

Compagnies.

		Pour une compagnie.	Pour huit compagnies.	
OFFICIERS.	Capitaine.....	1	8.	24.
	Lieutenans.....	2	16.	
TROUPE...	Sergent-major..	1	8.	1,000.
	Fourrier.......	1	8.	
	Sergens	6	48.	
	Caporaux......	12	96.	
	Soldats........	103	824.	
	Tambours.....	2	16.	

128.

A reporter.............. 1,043.

Report... .... 1,043.

CAVALERIE.

(Deux escadrons de deux compagnies chaque.)

État-major.

Lieutenant-colonel............................ 1.⎫
Chefs d'escadron............................. 2.⎪
Capitaine adjudant-major..................... 1.⎬ 8.
Adjudans sous-officiers...................... 2.⎪
Maréchal vétérinaire......................... 1.⎪
Trompette-major............................. 1.⎭

Compagnies.

		Pour une compagnie.	Pour quatre compagnies.	
OFFICIERS.. {	Capitaine...........	1.........	4.	16.
	Lieutenans.........	3.........	12.	
TROUPE.... {	Maréchal-des-logis chef.	1.........	4.	
	Fourrier.............	1.........	4.	
	Maréchal-des-logis....	6........	24.	376.
	Brigadiers...........	12........	48.	
	Cavaliers............	72........	288.	
	Trompettes...........	2.........	8.	

98.　　　1,443.

A l'exception des lieutenans d'infanterie, les officiers de la garde municipale de Paris seront montés.

Les officiers seront nommés par nous sur la proposition de notre ministre secrétaire d'état au département de la guerre, pour la première formation seulement. Les nominations ultérieures à tous les emplois d'officiers seront faites sur la proposition du ministre secrétaire d'état au département de la guerre, d'après la présentation du ministre secrétaire d'état au département de l'intérieur.

Le capitaine trésorier sera nommé sur la proposition de notre ministre secrétaire d'état au département de la guerre, d'après la présentation du préfet de police.

C 4

Les sous-officiers· et soldats seront nommés et commis-
sionnés par notre ministre secrétaire d'état au département de
la guerre, sur la proposition du préfet de police.

5. Les dispositions de l'ordonnance du 29 octobre 1820,
concernant l'avancement, les conditions d'admission, le rang
dans l'armée et le droit aux récompenses militaires·, sont applicables à la garde municipale de Paris.

Toutefois, et pour la première formation seulement, les
hommes appartenant à la garde nationale de Paris pourront
être reçus lors même qu'ils n'auraient pas de services militaires
antérieurs, et s'ils justifient d'ailleurs des autres conditions
prescrites.

6. La solde, les masses et les indemnités attribuées aux
officiers, sous-officiers et soldats de la garde municipale de
Paris, sont fixées conformément au tarif annexé à la présente
ordonnance.

Elles seront payées sur les états d'effectif vérifiés et arrêtés
par le sous-intendant militaire chargé de la surveillance administrative du corps, et au moyen d'un crédit ouvert à la caisse
municipale de la ville de Paris.

7. L'uniforme de la garde municipale de Paris est réglé
ainsi qu'il suit :

Habit en drap bleu, revers blancs et retroussis écarlate,
paremens bleus et pattes en drap blanc; surtout boutonné
droit, pour la petite·tenue.

Pantalon en drap bleu.
Petites guêtres pour l'infanterie.
Bottes demi-fortes pour la cavalerie.
Schakos pour l'infanterie et casque pour la cavalerie.
Buffleterie blanche.

La plaque du ceinturon, celle de la giberne et les boutons
seront jaunes, aux armes de la ville, entourées de la légende :
garde municipale de Paris.

Distinctions en or.

Les officiers des deux armes et les sous-officiers et cavaliers porteront une aiguillette sur l'épaule gauche ; cette aiguillette sera en or pour les officiers, et en laine de couleur aurore pour les sous-officiers et cavaliers.

Les sous-officiers et soldats d'infanterie porteront les épaulettes de grenadiers.

Pour la grande tenue, les officiers de cavalerie et les sous-officiers et cavaliers auront un pantalon de peau de daim.

Pour la tenue d'été, les deux armes porteront le pantalon de coutil blanc.

L'armement sera le même que celui de l'ancien corps.

L'équipement se composera d'une bride garnie et d'une selle dite *à la française*, avec housse et chaperon en drap bleu, bordés d'un galon d'or pour les officiers, et en fil couleur aurore pour les sous-officiers et cavaliers.

La housse sera ornée, à ses demi-pointes, d'une grenade brodée sur drap blanc.

8. Nos ministres secrétaires d'état aux départemens de la guerre et de l'intérieur sont chargés de l'exécution de la présente ordonnance.

Signé LOUIS-PHILIPPE.

Par le Roi : *le Ministre Secrétaire d'état au département de la guerre,*

Signé Cte GÉRARD.

TARIF de la Solde, des Masses et des Indemnités attribu...

DÉSIGNATION DES GRADES.		SOLDE DE PRÉSENCE				
		PERSONNELLE			RETENUE AN...	
		par an.	par mois.	par jour.	au profit de la caisse des invalides.	ap...
OFFICIERS.						
Colonel......................		12,625^f 14^c	1,052^f 11^c 0	35^f 07^c 0	257^f 66^c	
Lieutenant-colonel..............		8,244. 00.	887. 00. 0	22. 90. 0	168. 25.	
Major chef d'escadron..........		6,802. 67.	566. 88. 9	18. 89. 6	138. 83.	
Chef d'escadron commandant.......		6,802. 67.	566. 88. 9	18. 89. 6	138. 83.	
Chef de bataillon................		6,802. 07.	566. 88. 9	18. 89. 6	138. 83.	
Capitaines..	trésorier	5,361. 34.	446. 77. 1	14. 89. 2	109. 41.	
	adjudant-major	3,372. 67.	281. 05. 5	9. 36. 8	68. 83.	
	d'habillement.........	3,372. 67.	281. 05. 5	9. 36. 8	68. 83.	
	commandant..........	3,372. 67.	281. 05. 5	9. 36. 8	68. 83.	
Lieutenans.	de cavalerie..........	2,911. 33.	242. 61. 2	8. 08. 7	59. 42.	
	d'infanterie	2,940. 00.	245. 00. 0	8. 16. 6	60. 00.	
Chirurgiens	major..............	2,392. 67.	199. 38. 9	6. 64. 6	48. 83.	
	aide-major	1,931. 34.	160. 94. 5	5. 36. 4	39. 41.	
TROUPE						
à pied....	Adjudant-sous-officier...	1,788. 50.	"	"	"	3
	Tambour-major.......	1,095. 00.	"	"	"	2
	Maîtres ouvriers......	418. 75.	"	"	"	2
	Sergent-major.......	1,492. 85.	"	"	"	1
	Fourrier	1,193. 55.	"	"	"	2
	Sergent.............	1,095. 00.	"	"	"	1
	Caporal.	821. 25.	"	"	"	
	Soldat	419. 75.	"	"	"	
	Tambour...........	492. 75.	"	"	"	
à cheval...	Adjudant-sous-officier..	1,788. 50	"	"	"	
	Maréchal vétérinaire...	1,492. 85.	"	"	"	
	Maréchal-des-logis chef.	1,492. 85.	"	"	"	
	Trompette-major......	1,193. 55.	"	"	"	
	Maréchal-des-logis	1,193. 55.	"	"	"	
	Fourrier	1,193. 55.	"	"	"	
	Brigadier............	919. 80.	"	"	"	
	Cavalier.............	556. 62.	"	"	"	
	Trompette..........	556. 62.	"	"	"	

ARRÊTÉ le présent Tarif par nous Ministre Sec...

	MASSES.					DÉPENSE annuelle par grade.	SOLDE D'ABSENC... par jour		
...rtés à ...rage.	Boulangerie à 20 cent.	Fourrages à 1 fr. 45 c.	Chauffage à 7 cent.	Hôpital.	Secours.		en congé.	à L'HÔPITA... 1/3 de solde.	1/ de so...
,117f 80c	"	"	0	"	"	15,000f 00c	"	"	
,587. 75.	"	"	"	"	"	10,000. 00.	"	"	
,858. 50.	"	"	"	"	"	8,000. 00.	"	"	
,858. 50.	"	"	"	"	"	8,000. 00.	"	"	
,858. 50.	"	"	"	"	"	8,000. 00.	"	"	
529. 25.	"	"	"	"	"	6,000. 00.	"	"	
,858. 50.	"	"	"	"	"	4,500. 00.	"	"	
,858. 50.	"	"	"	"	"	4,500. 00.	"	"	
,858. 50.	"	"	"	"	"	4,500. 00.	"	"	
529. 25.	"	"	"	"	"	3,500. 00.	"	"	
"	"	"	"	"	"	3,000. 00.	"	"	
,858. 50.	"	"	"	"	"	3,500. 00.	"	"	
529. 25.	"	"	"	"	"	2,500. 00.	"	"	
"	73.	"	51f 10c	3f	14f 60c	2,313. 45.	"	1f 65c 06	82c
"	73.	"	51. 10.	3.	7. 30.	1,430. 15.	"	1. 00. 00	50.
"	73.	"	51. 10.	3.	7. 30.	753. 90.	"	0. 38. 33	19.
"	73.	"	51. 10.	3.	14. 60.	2,017. 80.	"	1. 38. 02	69.
"	73.	"	51. 10.	3.	14. 60.	1,718. 50.	"	1. 10. 04	55.
"	73.	"	51. 10.	3.	7. 30.	1,430. 15.	"	1. 00. 00	50.
"	73.	"	25. 55.	3.	7. 30.	1,130. 85.	"	0. 75. 00	37.
"	73.	"	25. 55.	3.	7. 30.	729. 35.	"	0. 38. 33	19.
"	73.	"	25. 55.	3.	7. 30.	802. 35.	"	0. 45. 54	22.
"	73.	529f 25c	51. 10.	3.	14. 60.	2,842. 70.	"	1. 63. 33	81.
"	73.	529. 25.	51. 10.	3.	14. 60.	2,547. 05.	"	1. 36. 33	68.
"	73.	529. 25.	51. 10.	3.	14. 60.	2,547. 05.	"	0. 36. 33	68.
"	73.	529. 25.	51. 10.	3.	14. 60.	2,247. 75.	"	1. 09. 00	54.
"	73.	529. 25.	51. 10.	3.	14. 60.	2,247. 75.	"	1. 09. 00	54.
"	73.	529. 25.	51. 10.	3.	14. 60.	2,247. 75.	"	1. 09. 00	54.
"	73.	529. 25.	25. 55.	3.	14. 60.	1,948. 45.	"	0. 84. 00	42.
"	73.	529. 25.	25. 55.	3.	14. 60.	1,585. 27.	"	0. 50. 83	25.
"	73.	529. 25.	25. 55.	3.	14. 60.	1,585. 27.	"	0. 50. 83	25.

N.° 63. — Ordonnance du Roi qui accorde des dispenses de parenté au sieur *J. B. van Waterschoot* pour contracter mariage avec demoiselle *Chignard,* sa nièce maternelle. (*Paris, 17 Août 1830.*)

N.° 64. — *Ordonnance du Roi qui crée deux Régimens d'infanterie.*

A Paris, 17 Août 1830.

LOUIS-PHILIPPE, Roi des Français, à tous présens et à venir, SALUT.

Sur le rapport de notre ministre secrétaire d'état de la guerre,

Nous avons ordonné et ordonnons ce qui suit :

Art. 1er Il sera créé deux régimens d'infanterie de ligne ; ils prendront rang après les régimens qui existent actuellement sous les n°s 65 et 66.

2. Chacun de ces régimens sera composé d'un état-major et de trois bataillons organisés comme il suit, savoir :

			OFFICIERS.	SOUS-OFFICIERS et SOLDATS.
OFFICIERS	de l'état-major.	Colonel......................	1.	"
		Lieutenant-colonel............	1.	"
		Chefs de bataillon.............	3.	"
		Major......................	1.	"
		Adjudans-majors..............	3.	"
		Trésorier....................	1.	"
		Officier d'habillement...........	1.	"
		Porte-drapeau................	1.	"
	des compagnies.	Chirurgiens.. { major...........	1.	"
		{ aides...........	2.	"
		Capitaines de. { 1re classe...........	6.	"
		{ 2e classe	18.	"
		Lieutenans de. { 1re classe...........	12.	"
		{ 2e classe	12.	"
		Sous-lieutenans................	24.	"
		Total des officiers.............	87.	

				SOUS-OFFICIERS et SOLDATS.
SOUS-OFFICIERS	du petit état-major.	Adjudans-sons-officiers		3.
		Tambour-major		1.
		Caporaux tambours		3.
		Caporal sapeur		1.
		Musiciens dont un chef		12.
		Maîtres	Armurier / Tailleur / Cordonnier	3.
	des compagnies	d'élite	Sergens-major	6.
			Sergens	24.
			Fourriers	6.
			Caporaux	48.
		du centre	Sergens-majors	18.
			Sergens	72.
			Fourriers	18.
			Caporaux	144.
TOTAL des sous-officiers et caporaux				359.
SOLDATS des compagnies.		Sapeurs, grenadiers et voltigeurs		348.
		Fusiliers		1,008.
		Tambours	d'élite	12.
			du centre	36.
TOTAL des soldats				1,404.
TOTAL des sous-officiers et soldats				1,763.
ENFANS de troupe				24.

Ainsi la force de chaque régiment sera de quatre-vingt-sept officiers et mille sept cent soixante-trois sous-officiers et soldats.

3. Ces nouveaux régimens recevront la solde et les autres prestations attribuées aux autres régimens d'infanterie de l'armée.

4. Nos ministres de la guerre et des finances sont chargés,

chacun en ce qui le concerne, de l'exécution de la présente ordonnance.

Signé LOUIS-PHILIPPE.

Par le Roi : *le Ministre Secrétaire d'état de la guerre*,

Signé Cᵗᵉ GÉRARD.

N° 65. — ORDONNANCE DU ROI qui nomme

M. *de Boubée* maire de Montbrison (Loire), en remplacement de M. *de Meaux*, démissionnaire;

M. *Cariol*, banquier, maire de Clermont-Ferrand (Puy-de-Dôme), en remplacement de M. *Blatin*. (*Paris, 17 Août 1830.*)

N° 66. — ORDONNANCES DU ROI qui nomment

M. *Duchaffault* (*Amaulry*) sous-préfet d'Arles (Bouches-du-Rhône), en remplacement de M. *de Blacas-Carros*;

M. *Godefroy* sous-préfet de Saint-Malo (Ille-et-Vilaine), en remplacement de M. *Dubois-Hamon*;

M. *Olivier Serph* sous-préfet de Civray (Vienne), en remplacement de M. *Tenet*;

M. *Blanchet*, ancien maire de Villeneuve, sous-préfet d'Uzès (Gard), en remplacement de M. *Denoyers-Duroure*. (*Paris, 17 Août 1830.*)

M. *de Villiers du Terrage*, ancien préfet, préfet du departement du Nord, en remplacement de M. *Alban de Villeneuve*, admis à la retraite;

M. *de Sainte-Hermine*, ancien maire de Niort, préfet de la Vendée, en remplacement de M. *d'Auderic*;

M. *Loton* (*François*) sous-préfet de Lannion (Côtes-du-Nord), en remplacement de M. *de Troguendy*;

M. *Lebreton* (*Jules*) sous-préfet de Châteaulin (Finistère), en remplacement de M. *Rodelec-Duporzic*;

M. *de la Périgne* sous-préfet de Ploërmel (Morbihan), en remplacement de M. *Lebreton* (*Émile*);

M. *Bonnellier* sous-préfet de Compiègne (Oise), en remplacement de M. *Borel de Favencourt*;

M. *Rivet* fils sous-préfet de Rambouillet (Seine-et-Oise), en remplacement de M. *Frayssinous* (*Clément*);

M. *Dufresne* maire de Caen, en remplacement de M. *d'Osseville* ;

M. *Gattier,* ancien sous-préfet, préfet de la Manche, en remplacement de M. *Baude,* appelé à d'autres fonctions;

M. *de Roujoux,* ancien préfet, préfet du Lot, en remplacement de M. *de Lantivy;*

M. *Gasparin* (*Adrien*) préfet de la Loire, en remplacement de M. *Desrotours de Chaulieu;*

M. *Dejean* (*Benjamin*) préfet de l'Aude, en remplacement de M. *Asselin;*

M. *de Norvins* préfet de la Dordogne, en remplacement de M. *Lingua de Saint-Blanquat;*

M. *de Beaumont,* ancien député, préfet des Basses-Pyrénées, en remplacement de M. *Dessolle,* admis à faire valoir ses droits à la retraite ;

M. *Pautel* sous-préfet de Beaune (Côte-d'Or), en remplacement de M. *Rocaut d'Anthume;*

M. *Thiessé* (*Léon*) sous-préfet de Brest (Finistère), en remplacement de M. *de Guesnet;*

M. *Vaillier-Colombier* sous-préfet de Saint-Marcellin (Isère), en remplacement de M. *Carra de Labatie;*

M. *Bonne-Chevan* sous-préfet de Brioude (Haute-Loire), en remplacement de M. *Borné,* admis à faire valoir ses droits à la retraite;

M. *Gaudin de Saint-Brice* sous-préfet d'Avranches (Manche), en remplacement de M. *Regnouf de Vains,* démissionnaire;

M. *Josset* sous-préfet de Mortain (Manche), en remplacement de M. *de Lespinasse,* démissionnaire;

M. *Tenaille,* avocat à Clamecy, sous-préfet de Château-Chinon (Nièvre), en remplacement de M. *Salonnyer de Chaligny;*

M. *Germeau* sous-préfet de Douai (Nord), en remplacement de M. *Béquet de Mégille;*

M. *Pagès* fils sous-préfet de Prades (Pyrénées-Orientales), en remplacement de M. *Bernigaud de Chardonnet;*

M. *Goyon* (*Auguste*) sous-préfet de Riom (Puy-de-Dôme), en remplacement de M. *Louis Molin*, démissionnaire ;

M. *Foie* sous-préfet d'Étampes (Seine-et-Oise), en remplacement de M. *Desroys-Duroure ;*

M. *Bleuart* (*Jean-Raphaël*) sous-préfet de Montargis (Loiret), en remplacement de M. *de l'Horme ;*

M. *Petit-Lafosse* sous-préfet de Pithiviers (Loiret), en remplacement de M. *de Fougeroux de Denainvilliers ;*

M. *Lallemand de Cullion* (*Alexis-Louis-Philippe*) sous-préfet de Gien (Loiret), en remplacement de M. *de Pons ;*

M. *Boulhol* (*André*) maire du Puy (Haute-Loire), en remplacement de M. *de Veyrac ;*

M. *Salveton*, avoué, maire de Brioude (Haute-Loire), en remplacement de M. *Marret-Montfleury ;*

M. *Chasles* (*Adelphe*), ancien notaire, maire de Chartres (Eure-et-Loir), en remplacement de M. *Billard*, démissionnaire. (*Paris, 19 Août 1830.*)

CERTIFIÉ conforme par nous

Garde des sceaux de France, Ministre Secrétaire d'état au département de la justice,

A Paris, le 26* Août 1830,

DUPONT (de l'Eure).

* Cette date est celle de la réception du Bulletin à la Chancellerie.

On s'abonne pour le Bulletin des lois, à raison de 9 francs par an, à la caisse de l'Imprimerie royale, ou chez les Directeurs des postes des départemens.

A PARIS, DE L'IMPRIMERIE ROYALE.
26 Août 1830.

BULLETIN
DES ORDONNANCES.
IXᵉ Série, 2ᵉ Partie. — N° 4.

N° 67. — *ORDONNANCE DU ROI qui détermine la Forme des Sceaux et Cachets des Autorités judiciaires et administratives.*

A Paris, le 14 Août 1830.

LOUIS-PHILIPPE, ROI DES FRANÇAIS, à tous présens et à venir, SALUT.

NOUS AVONS ORDONNÉ et ORDONNONS :

Les sceaux et cachets des autorités judiciaires et administratives et des officiers publics porteront à l'avenir pour toute légende, dans l'intérieur du médaillon, le titre du corps, du fonctionnaire ou de l'officier public sur les actes desquels ils devront être apposés.

Signé LOUIS-PHILIPPE.

Par le Roi : le Garde des sceaux , Ministre Secrétaire d'état de la justice,
Signé DUPONT (de l'Eure).

N° 69. — *ORDONNANCE DU ROI sur la Formule exécutoire des Jugemens, Contrats, &c.*

A Paris, le 16 Août 1830.

LOUIS-PHILIPPE, ROI DES FRANÇAIS, à tous présens et à venir, SALUT.

Sur le rapport de notre garde des sceaux, ministre secrétaire d'état au département de la justice,

NOUS AVONS ORDONNÉ et ORDONNONS ce qui suit :

Les expéditions des arrêts, jugemens, mandats de justice, contrats, et de tous autres actes susceptibles d'exécution forcée, seront intitulées ainsi qu'il suit :

2. *IX.ᵉ Série.* — 2ᵉ *Partie.*   **D**

« LOUIS-PHILIPPE, Roi des Français, à tous présens
» et à venir, SALUT.

Pour les arrêts et jugemens, « La Cour *ou* le Tribunal
» de   a rendu (*ici copier l'arrêt ou le*
» *jugement*) »; pour les actes notariés et autres, transcrire
la teneur de l'acte.

Lesdits arrêts, jugemens, mandats de justice, contrats et
autres actes seront terminés ainsi :

« MANDONS ET ORDONNONS, &c. »

Notre garde des sceaux, ministre secrétaire d'état au département de la justice, est chargé de l'exécution de la présente
ordonnance.

Signé LOUIS-PHILIPPE.

Par le Roi : *le Garde des sceaux , Ministre Secrétaire d'état*
au département de la justice ,

Signé Dupont (de l'Eure).

___

N° 70. — *ORDONNANCE DU ROI qui autorise M.* Dupin,
Procureur général à la Cour de cassation, à cumuler cette fonc-
tion avec celles de Membre du Conseil des Ministres.

A Paris, le 17 Août 1830.

LOUIS-PHILIPPE, Roi des Français, à tous présens
et à venir, SALUT.

Sur le rapport de notre garde des sceaux, ministre secrétaire
d'état au département de la justice,...

NOUS AVONS ORDONNÉ et ORDONNONS :

M. *Dupin*, notre procureur général à la cour de cassation
continuera de faire partie de notre Conseil des ministres.

Notre garde des sceaux, ministre secrétaire d'état au département de la justice, est chargé de l'exécution de la présente
ordonnance.

Signé LOUIS-PHILIPPE.

Par le Roi : *le Garde des sceaux, Ministre Secrétaire d'état*
au département de la justice,

·Signé Dupont (de l'Eure).

N° 71. — Ordonnance du Roi relative aux Vacances de la
Cour des comptes pour l'année 1830.

A Paris, le 19 Août 1830.

LOUIS-PHILIPPE, Roi des Français, à tous présens
et à venir, salut.

Sur le rapport de notre ministre secrétaire d'état des finances,
Nous avons ordonné et ordonnons ce qui suit :

Art. 1ᵉʳ. Notre cour des comptes prendra vacances, en
la présente année, depuis et compris le 1ᵉʳ septembre jusques
et compris le 31 octobre suivant.

2. Il y aura pendant ce temps une chambre des vacations,
composée d'un président de chambre et de six conseillers-
maîtres, qui tiendra ses séances au moins trois jours de chaque
semaine.

Le premier président présidera toutes les fois qu'il le jugera
convenable.

3. La chambre des vacations connaîtra de toutes les affaires attribuées aux trois chambres, sauf de celles qui seront
exceptées par un comité composé du premier président, de
trois présidens de chambre et de notre procureur général, et
desquelles le jugement restera suspendu jusqu'à la rentrée.

4. Nommons, pour former, cette année, la chambre des
vacations de notre cour des comptes, savoir :

Pour y remplir les fonctious de président, le sieur vicomte
d'Abancourt, président de la troisième chambre;

Et pour y remplir les fonctions de conseillers-maîtres, les
sieurs Malès, Doyen, Adet, Roussel, Delaître, de Riberolles et Dutilleul, conseillers-maîtres.

En cas d'absence de notre procureur général, le sieur de
Riberolles, conseiller-maître, en remplira les fonctions près
ladite chambre des vacations.

En cas d'absence du greffier en chef, autorisée par le premier président, le sieur Mouffle pourra, de l'agrément du
président de la chambre des vacations, suppléer ledit greffier
en chef.

Le sieur *Mouffle* tiendra la plume aux séances de la chambre des vacations.

5. Nous autorisons le premier président à donner aux conseillers-référendaires, pour la durée du temps où la chambre des vacations sera en activité, les congés qui pourront être accordés sans préjudicier au service, et sans que, dans aucun cas, il puisse donner ces congés à plus de la moitié des référendaires.

6. L'absence qui aura lieu en vertu des dispositions qui précèdent, sera comptée comme temps d'activité pour les magistrats de tous les ordres de notre cour des comptes.

7. Nos ministres secrétaires d'état de la justice et des finances sont chargés de l'exécution de la présente ordonnance.

Signé LOUIS-PHILIPPE.

Par le Roi : *le Ministre Secrétaire d'état des finances,*

Signé LOUIS.

N° 72. — ORDONNANCES DU ROI qui nomment

M. *Lemarquis*, juge suppléant au tribunal de première instance de Remiremont (Vosges), procureur du Roi près le tribunal de première instance d'Épinal, même département, en remplacement de M. *de Cuny;*

M. *Bruno de Solliers*, avocat à Aix, substitut du procureur général près la cour royale d'Aix, en remplacement de M. *Alpheran;*

M. *Bret*, substitut du procureur général à la cour royale d'Aix, avocat général en la même cour, en remplacement de M. *Pazery de Thoranne*, démissionnaire;

M. *de Saint-Julien*, conseiller-auditeur près la cour royale d'Aix, premier avocat général près la même cour, en remplacement de M. *Dufaur*, démissionnaire;

M. *Descoutures*, avocat à la cour royale de Limoges, procureur du Roi près le tribunal de première instance de la même ville, en remplacement de M. *Poincelet;*

M. *Aubin*, avocat et ancien député, procureur du Roi près le tribunal de Bressuire, en remplacement de M. *Savin-Larclaube;*

M. *Loisel*, avocat près le tribunal de première instance de

Mortagne (Orne), procureur du Roi près le même tribunal, en remplacement de M. *Gohier d'Angleville;*

M. *Henriot,* premier substitut à Saint-Mihiel, procureur du Roi près le tribunal de première instance de Verdun, en remplacement de M. *Collin de Bavisien;*

M. *Borville (Alphonse-Pierre),* avocat à Évreux, département de l'Eure, juge suppléant au tribunal de première instance de cette ville, en remplacement de M. *Delhomme;* nommé juge au même tribunal. (*Paris, 19 Août 1830.*)

N° 73. — *Ordonnance du Roi qui nomme une Commission pour préparer un Projet de loi sur la réforme à introduire dans l'organisation et les attributions du Conseil d'état.*

A Paris, le 20 Août 1830.

LOUIS-PHILIPPE, ROI DES FRANÇAIS, à tous présens et à venir, SALUT.

Sur le rapport de notre ministre secrétaire d'état au département de l'instruction publique et des cultes, président du Conseil d'état,

AVONS ORDONNÉ et ORDONNONS ce qui suit:

ART. 1er. Une commission sera chargée de préparer un projet de loi sur la réforme à introduire dans l'organisation et les attributions du Conseil d'état.

2. M. *Benjamin Constant,* membre de la Chambre des Députés, président de la section de législation et de justice administrative au Conseil d'état, est nommé président de cette commission.

3. Sont nommés membres de ladite commission;

MM.

le comte d'Argout, pair de France; Béranger, membre de la Chambre des Députés; Devaux, membre de la Chambre des Députés; Vatimesnil, membre de la Chambre des Députés;

baron Zangiacomi, conseiller à la cour de cassation; baron de Fréville, conseiller d'état; Macarel, avocat; Charles de Rémusat.

4. M. *Taillandier,* avocat, remplira les fonctions de secrétaire.

D 3

5. Notre ministre secrétaire d'état au département de l'instruction publique et des cultes, président du Conseil d'état, est chargé de l'exécution de la présente ordonnance.

Signé LOUIS-PHILIPPE.

Par le Roi : *le Ministre Secrétaire d'état au département de l'instruction publique et des cultes, président du Conseil d'état,*

Signé Duc de Broglie.

N° 74. — ORDONNANCE DU ROI *relative à la Réorganisation provisoire du Conseil d'état.*

A Paris, le 20 Août 1830.

LOUIS-PHILIPPE, ROI DES FRANÇAIS, à tous présens et à venir, SALUT.

Considérant qu'un grand nombre d'affaires attribuées par des lois encore en vigueur à la juridiction administrative sont en instance devant le Conseil d'état;

Que, jusqu'à ce qu'une loi, qui sera le plus tôt possible présentée aux Chambres, ait définitivement réglé l'organisation et les attributions du Conseil d'état, il est urgent de pourvoir à l'expédition de ces affaires; que la suspension des travaux du Conseil laisse les parties en souffrance, compromet de graves intérêts et excite de vives et justes réclamations;

Considérant néanmoins qu'il importe de modifier dès à présent le personnel du Conseil d'état, d'une manière conforme à l'intérêt de l'État et au besoin du service;

Sur le rapport de notre ministre secrétaire d'état au département de l'instruction publique et des cultes, président du Conseil d'état,

NOUS AVONS ORDONNÉ et ORDONNONS ce qui suit :

ART. 1er. La démission de MM. les conseillers d'état comte *de Tournon* et chevalier *Delamalle* est acceptée.

La démission de MM. le comte *de Nugent*, le vicomte *de Cormenin* et le baron *Prévost*, maîtres des requêtes, est acceptée.

2. Seront admis à faire valoir leurs droits à la retraite :

Conseillers d'état,

MM.

de Blaire,
Jacquinot-Pampelune,
comte du Hamel,
comte de Kergariou,
baron Héron de Villefosse,
vicomte de Saint-Chamans,
l'abbé de Lachapelle,

comte du Coëtlosquet,
comte de Loverdo,
comte de Floirac,
de Rainneville,
Amy,
marquis de Saint-Géry.

Seront pareillement admis à faire valoir leurs droits à la retraite :

Maîtres des requêtes,

MM.

Mazoier,
Formon,
Masson,
de Meydier,
baron Desèze,
de la Bouillerie (Alphonse),
Hatteau d'Origny,

vicomte de Conny,
comte de Rességuier,
vicomte Desbassayns de Richemont,
marquis Sauvaire-Barthélemy,
Audibert,
de Gourgues,
de Louvigny.

3. Cesseront d'être portés sur le tableau du service extraordinaire de notre Conseil d'état,

Conseillers d'état,

MM.

comte de Bertier,
marquis de Vanlchier,
de Boisbertrand,
baron Meyronnet de Saint-Marc,
Rives,
Mangin,
vicomte de Suleau,
comte Ravez,
de Trinquelague,
comte la Bourdonnaye de Blossac,
baron Dudon,
baron Capelle,

vicomte de Castelbajac,
marquis Forbin des Issarts,
Delaveau,
Franchet-Desperey,
baron de Frenilly,
Sirieys de Mayrinhac,
marquis d'Arbaud-Jouques,
baron de Vaufreland,
comte de Montlivault,
comte Desbassyns de Richemont,
baron de l'Horme,
Cornet d'Incourt.

Maîtres des requêtes,

MM.

Colomb,
de Roussy,
de Broé,
de Lantivy,
baron Locard,
Mondel d'Aubers,

Rocher,
comte de Juigné,
marquis Dalon,
de Freslon,
vicomte de Cursay,
baron Trouvé.

D. 4

4. Sont révoquées les diverses ordonnances qui ont autorisé à assister aux délibérations de notre Conseil d'état :

Conseillers d'état,

MM.

comte de Cheverus, archevêque de Bordeaux ;

Lepape de Trevern, évêque de Strasbourg ;

baron de Crouseilhes,

comte de Pastoret,

comte de Villeneuve,

baron Bacot de Romand,

comte de Charencey ;

baron Favard de Langlade, président à la cour de cassation ;

chevalier Faure, conseiller à la cour de cassation ;

baron Zangiacomi, conseiller à la cour de cassation ;

baron de Balsac,

baron de Villebois.

Maîtres des requêtes,

MM.

Le Beau,

comte de Boubers.

5. Sont nommés conseillers d'état en service ordinaire :

MM.

baron Hély d'Oissel, membre de la Chambre des Députés ;

de Salvandy,

marquis de Cambon ;

Kératry, membre de la Chambre des Députés ;

Thiers (Auguste) ;

Baude, ancien préfet ;

Jacqueminot comte de Ham, intendant militaire ;

Tanneguy Duchâtel,

Renouard (Charles),

Lechat,

Ferry-Pisany.

6. Sont nommés maîtres des requêtes en service ordinaire :

MM.

comte O'Donnel,

baron Poyferré de Cère,

Saint-Marc-Girardin,

vicomte d'Haubersaert ;

Macarel, avocat ;

Coulman,

Duparquet,

Plaugergues.

7. Sont autorisés à participer aux travaux des comités et aux délibérations du Conseil d'état en service extraordinaire :

Conseillers d'état.

MM.

vicomte Jurien ;

Boursaint, chef de division, directeur des fonds du ministère de la marine ;

Genty de Bussy, maître des requêtes.

8. Sont nommés conseillers d'état en service extraordi-

naire et autorisés à participer aux travaux des comités et aux délibérations du Conseil :

MM.

Delaire, directeur du contentieux des finances ;

de Richemont, membre de la Chambre des Députés ;

Mignet, archiviste du ministère des affaires étrangères ;

Odilon-Barrot, préfet de la Seine ;

Girod (de l'Ain), préfet de police ;

Villemain, vice-président du conseil royal de l'instruction publique ;

Calmon, directeur général de l'enregistrement et des domaines ;

Mérilhou, secrétaire général du ministère de la justice ;

lieutenant-général Haxo.

9. Sont nommés conseillers d'état en service extraordinaire :

MM.

chevalier de Broval,

Dupin père,

Bertin de Vaux ;

baron Costaz, conseiller d'état honoraire ;

Maurice Duval, ancien préfet ;

Fleury de Chaboulon, ancien maître des requêtes ;

Méchin, ancien préfet ;

Pierre-Denis Lagarde, ancien préfet ;

Béranger, membre de la Chambre des Députés.

10. Sont nommés maîtres des requêtes en service extraordinaire :

MM.

Guizot (Jean-Jacques)

Bogne de Faye ;

Fumeron d'Ardeuil, préfet de l'Hérault ;

Paulze d'Ivoy, préfet du Rhône.

11. Pour les décisions à rendre sur les affaires contentieuses, seront exclusivement comptées les voix des conseillers d'état *en service ordinaire*, et du maître des requêtes rapporteur.

12. Notre ministre secrétaire d'état au département de l'instruction publique et des cultes, président du Conseil d'état, arrêtera le tableau de répartition des membres du Conseil d'état entre les divers comités.

13. Les dépenses du Conseil d'état seront ordonnancées par notre ministre de l'instruction publique et des cultes, président du Conseil d'état, sur les fonds alloués au Conseil d'état dans le budget du ministère de la justice, et dans les limites établies par la loi de finances du 2 août 1829.

14. Les membres du Conseil d'état prêteront entre les

mains du président du Conseil d'état le serment de fidélité
au Roi, d'obéissance à la Charte constitutionnelle, et aux lois
du royaume. Ce serment sera prêté à l'ouverture de la première assemblée générale du Conseil d'état.

15. Notre ministre secrétaire d'état au département de
l'instruction publique et des cultes, président du Conseil
d'état, est chargé de l'exécution de la présente ordonnance.

Signé LOUIS-PHILIPPE.

Par le Roi : *le Ministre Secrétaire d'état au département de l'instruction
publique et des cultes, Président du Conseil d'état,*

Signé DUC DE BROGLIE.

N° 75. — ORDONNANCES DU ROI qui nomment

Premier président de la cour royale de Besançon M. *Alviset,*
président de chambre en la même cour, en remplacement de
M. *Chifflet,* démissionnaire;

Procureur du Roi près le tribunal de première instance de
Besançon M. *Bourdot,* actuellement procureur du Roi près le
tribunal de première instance de Gray, en remplacement de
M. *David;*

Et procureur du Roi près le tribunal de première instance de
Gray M. *Jobart,* actuellement substitut du procureur du Roi
près le tribunal de première instance de Vesoul. (*Paris, 20 Août
1830.*)

N° 76. — ORDONNANCES DU ROI qui nomment

M. *Tripier,* conseiller à la cour royale de Paris, président en
la même cour, en remplacement de M. *Amy,* démissionnaire;

M. *Corbière,* ancien procureur général près la cour de Toulouse, procureur général près la même cour, en remplacement
de M. *de Bastoulh;*

M. *Dumont de Saint-Priest,* avocat à la cour royale de Limoges
et membre de la Chambre des Députés, procureur général près
la même cour, en remplacement de M. *Cabasse,* appelé à d'autres
fonctions. (*Paris, 20 Août 1830.*)

N° 77. — ORDONNANCES DU ROI qui nomment

M. *Tézénas* sous-préfet d'Arcis-sur-Aube (Aube), en remplacement de M. *de Paillot;*

M. *de Bautel* (*Francisque*) sous-préfet de Limoux (Aude), en remplacement de M. *Barbaroux*, démissionnaire;

M. *de Feuillide* sous-préfet de Condom, département du Gers, en remplacement de M. *de Moncade;*

M. *Sahuc* (*Frédéric*) sous-préfet de Beziers, département de l'Hérault, en remplacement de M. *Armand de Villeneuve;*

M. *de Berthois* sous-préfet de Vitré, département d'Ille-et-Vilaine, en remplacement de M. *Leroy;*

M. *Dubruel* (*Ferdinand*) sous-préfet de Figeac, département du Lot, en remplacement de M. *Crazannes;*

M. *Baudet-Lafarge* fils, actuellement sous-préfet d'Issoire, sous-préfet de Thiers, département du Puy-de-Dôme, en remplacement de M. *Vimas-Duvernis*, admis à faire valoir ses droits à la retraite;

M. *Girod-Pouzol* (*Maurice*) sous-préfet d'Issoire (Puy-de-Dôme), en remplacement de M. *Baudet-Lafarge* fils, appelé à d'autres fonctions;

M. *de Grouchy* (*Ernest*) sous-préfet de Cambrai (Nord), en remplacement de M. *Farez*, appelé à d'autres fonctions;

M. *Gillon* (*Paulin*) secrétaire général de la préfecture de la Meuse, en remplacement de M. *Gillon* (*Félix*), démissionnaire;

M. *Febvotte* maire de Tours (Indre-et-Loire), en remplacement de M. *Giraudeau;*

M. *Odilon-Barrot* préfet du département de la Seine;

M. *Thieullen*, actuellement sous-préfet du Havre, préfet du département des Côtes-du-Nord;

M. *Bogne de Faye*, ancien député, préfet du département de l'Aisne, en remplacement de M. *Walckenaër;*

M. *Grand-Pradeilhes* sous-préfet de Saint-Affrique (Aveyron), en remplacement de M. *de Cambis;*

M. *Davenière* sous-préfet des Andelys (Eure), en remplacement de M. *Gazan;*.

M. *Brun* (*Eugène*) sous-préfet de Lodève (Hérault), en remplacement de M. *de Saint-Félix d'Amoreux;*

M. *d'Imbert de Montruffet*, ancien sous-préfet de Roanne, sous-préfet de Marvejols (Lozère), en remplacement de M. *de Chevilly*, appelé à d'autres fonctions;

M. *Renouard*, membre du conseil général, sous-préfet de Florac (Lozère), en remplacement de M. *de Narbonne-Lara;*

M. *Besian*, ancien maire, sous-préfet de Condom (Gers), en remplacement de M. *de Feuillide*, appelé à d'autres fonctions;

M. *de Guerne* (*Auguste*) maire de Douai (Nord), en remplacement de M. *de Warenghien;*

M. *Taffin-Sauvage*, ancien négociant, maire de Cambrai (Nord), en remplacement de M. *Béthune-Hourriez*, démissionnaire;

M. *Charpentier*, négociant, maire de Mende (Lozère), en remplacement de M. *Guyot;*

M. *Tesseyre* (*Joseph*), maire de Carcassonne (Aude), en remplacement de M. le baron *Fournas-Moussoulens*. (*Paris, 20 Août 1830.*)

N° 78. — ORDONNANCES DU ROI qui nomment les lieutenans généraux comte *de Lobau*, baron *Lamarque*, comte *Pajol* et comte *Excelmans*, grand'croix de l'ordre royal de la Légion d'honneur. (*Paris, 21 Août 1830.*)

N° 79. — ORDONNANCE DU ROI qui accorde des Lettres de déclaration de naturalité au sieur *Raynauld de Lannoy* (*Camille-François*), né le 30 mai 1809 à Bissy en Savoie, élève de l'école polytechnique. (*Paris, 21 Août 1830.*)

N° 80. — *ORDONNANCE DU ROI qui crée une Batterie d'artillerie à cheval, de réserve à Paris.*

A Paris, le 23 Août 1830.

LOUIS-PHILIPPE, ROI DES FRANÇAIS, à tous présens et à venir, SALUT.

Sur le rapport de notre ministre secrétaire d'état au département de la guerre,

NOUS AVONS ORDONNÉ et ORDONNONS ce qui suit :

ART. 1er. Il sera créé une batterie d'artillerie à cheval, qui sera désignée sous le nom de *batterie de réserve de Paris.*

2. Les sous-officiers et canonniers de divers régimens d'artillerie actuellement disponibles à la caserne de l'École militaire seront incorporés dans ladite batterie.

3. L'uniforme, la solde, les masses et autres prestations seront les mêmes que dans les régimens d'artillerie de l'armée.

4. L'effectif de la batterie en hommes et en chevaux sera de quatre officiers, cent deux sous-officiers et canonniers, dix chevaux d'officiers et cent de troupe, dont cinquante-deux de selle et quarante-huit de trait, conformément au tableau ci-après, savoir :

	HOMMES.	CHEVAUX	
		de selle.	de trait.
Capitaines......... { commandant.......	1.	3.	″
en second.........	1.	3.	″
Lieutenans......... { en premier........	1.	2.	″
en second.........	1.	2.	″
TOTAL des officiers...........	4.	10.	″
Maréchal-des-logis chef	1.	1.	″
Maréchaux-des-logis......................	6.	6.	″
Fourrier......................	1.	1.	″
Brigadiers.......................	6.	6.	″
Artificiers.....................	6.		
Canonniers servans.... { de 1re classe.......	18.	36.	″
de 2e classe........	24.		
Canonniers conducteurs. { de 1re classe.......	12.	″	48.
de 2e classe........	18.		
Ouvriers en bois et en fer.................	4.	″	″
Maréchaux-ferrans......................	2.	″	″
Bourreliers.......................	1.	″	″
Trompettes.......................	3.	2.	″
		52.	48.
TOTAL des sous-officiers et canonniers.	102.	100.	

5. Notre ministre secrétaire d'état au département de la
guerre est chargé de l'exécution de la présente ordonnance.

Signé LOUIS-PHILIPPE.

Par le Roi : *le Ministre Secrétaire d'état de la guerre,*
Signé Mal Cte GÉRARD.

N° 81. — ORDONNANCE DU ROI *qui nomme M.* de Schonén
Procureur général à la Cour des comptes, en remplacement de
M. le Baron Rendu, *admis à faire valoir ses droits à la retraite.*

A Paris, le 23 Août 1830.

LOUIS-PHILIPPE, ROI DES FRANÇAIS, à tous présens
et à venir, SALUT.

Nous avons nommé et nommons M. le baron *de Schonen,* conseiller à la cour royale de Paris, notre procureur général près la cour des comptes, en remplacement de M. le baron *Rendu,* admis à faire valoir ses droits à la retraite.

Nos ministres secrétaires d'état des finances et de la justice sont chargés de l'exécution de la présente ordonnance.

Signé LOUIS-PHILIPPE.

Par le Roi : *le Ministre Secrétaire d'état des finances,*

Signé Louis.

N° 82. — *Ordonnance du Roi qui établit à Huningue (Haut-Rhin) un Bureau de vérification pour l'Exportation en franchise des Boissons.*

A Paris, le 23 Août 1830.

LOUIS-PHILIPPE, Roi des Français, à tous présens et à venir, salut.

Vu les articles 5, 8 et 87 de la loi du 28 avril 1816 ;

Vu les articles 2 et 3 de l'ordonnance du 11 juin de la même année et les dispositions de celle du 28 décembre 1828 ;

Sur le rapport de notre ministre secrétaire des finances,

Nous avons ordonné et ordonnons ce qui suit :

Art. 1er. Il sera établi à Huningue, arrondissement d'Altkirch (Haut-Rhin), à partir du 1er octobre 1830, un bureau de vérification par lequel les boissons pourront passer à l'étranger en franchise des droits prononcés par les articles 87 de la loi du 28 avril 1816 et 80 de celle du 25 mars 1817.

2. Notre ministre secrétaire d'état au département des finances est chargé de l'exécution de la présente ordonnance, qui sera insérée au Bulletin des lois.

Signé LOUIS-PHILIPPE.

Par le Roi : *le Ministre Secrétaire d'état des finances,*

· Signé Louis.

N° 83. — *ORDONNANCE DU ROI sur la Forme de la Décoration de la Légion d'honneur.*

A Paris, le 25 Août 1830.

LOUIS-PHILIPPE, ROI DES FRANÇAIS, à tous présens et à venir, SALUT.

NOUS AVONS ORDONNÉ et ORDONNONS ce qui suit:

Le côté du médaillon de la décoration de la Légion d'honneur, qui, d'après notre ordonnance du 13 août 1830, devait porter seulement la devise, *Honneur et Patrie*, la portera en exergue autour d'un fond d'argent à deux drapeaux tricolores.

Signé LOUIS-PHILIPPE.

Par le Roi : *le Garde des sceaux, Ministre Secrétaire d'état au département de la justice,*

Signé DUPONT (de l'Eure).

CERTIFIÉ conforme par nous

Garde des sceaux de France, Ministre Secrétaire d'état au département de la justice,

A Paris, le 1ᵉʳ * Septembre 1830,

DUPONT (de l'Eure).

* Cette date est celle de la réception du Bulletin à la Chancellerie.

On s'abonne pour le Bulletin des lois, à raison de 9 francs par an, à la caisse de l'Imprimerie royale, ou chez les Directeurs des postes des départemens.

À PARIS, DE L'IMPRIMERIE ROYALE.
1ᵉʳ Septembre 1830.

BULLETIN
DES ORDONNANCES.
IXᵉ Série, 2ᵉ Partie. — N° 5.

N.° 84. — *TABLEAU des Prix des Grains pour servir de régulateur de l'Exportation et de l'Importation, conformément aux Lois des 16 Juillet 1819 et 4 Juillet 1821, arrêté le 31 Août 1830.*

SECTIONS.	DÉPARTEMENS.	MARCHÉS.	PRIX MOYEN DE L'HECTOLITRE de			
			Froment.	Seigle.	Maïs.	Avoine.
		1ʳᵉ CLASSE.				
Limite {	de l'exportation des grains et farines............ 26ᶠ					
	de l'importation { du froment.... au-dessous de.... 24.					
	du seigle et du maïs.. *idem*...... 16.					
	de l'avoine......... *idem* ...... 9.					
Unique. {	Pyrénées-Or.. Aude........ Hérault...... Gard....... Bouches-du-Rh. Var........ Corse.......	Toulouse..... Fleurance.... Marseille..... Gray........	23ᶠ 43ᶜ	14ᶠ 67ᶜ	12ᶠ 38ᶜ	9ᶠ 22ᶜ
		2ᵉ CLASSE.				
Limite {	de l'exportation des grains et farines............ 24ᶠ					
	de l'importation { du froment.... au-dessous de.... 22.					
	du seigle et du maïs.. *idem*....... 14.					
	de l'avoine .... *idem*....... 8.					
1ʳᵉ	Gironde...... Landes....... Bᵉˢ Pyrénées.. Hᵗᵉˢ Pyrénées. Ariége....... Haute-Garonne	Marans ...... Bordeaux..... Toulouse.....	20ᶠ 16ᶜ	13ᶠ 66ᶜ	10ᶠ 39ᶜ	8ᶠ 49ᶜ
2ᵉ	Jura........ Doubs ...... Ain........ Isère....... Basses-Alpes.. Hautes-Alpes..	Gray........ Saint-Laurent. Le Grand-Lemps.	27. 67.	17. 19.	14. 61.	7. 19

IXᵉ Série. — 2ᵉ Partie.　　　　　　　　　　E

SECTIONS.	DÉPARTEMENS.	MARCHÉS.	PRIX MOYEN DE L'HECTOLITRE de			
			Froment.	Seigle.	Maïs.	Avoine.

3ᵉ CLASSE.

Limite { de l'exportation des grains et farines............ 22ᶠ

{ de l'importation { du froment.... au-dessous de.... 20.

{ du seigle et du maïs.. *idem*....... 12.

{ de l'avoine........ *idem*....... 8.

SECTIONS.	DÉPARTEMENS.	MARCHÉS.	Froment.	Seigle.	Maïs.	Avoine.
1ʳᵉ	Haut-Rhin. ... Bas-Rhin.....	Mulhausen ... Strasbourg ...	21ᶠ 72ᶜ	12ᶠ 65ᶜ	″	8ᶠ 72ᶜ
2ᵉ	Nord........ Pas-de-Calais.. Somme ...... Seine-Infér... Eure........ Calvados.....	Bergues...... Arras....... Roye........ Soissons...... Paris....... Rouen.......	20. 36.	10. 59.	″	8. 38.
3ᵉ	Loire-Infér... Vendée..... Charente-Inf..	Saumur...... Nantes....... Marans......	20. 49.	13. 24.	″	8. 58.

4ᵉ CLASSE.

Limite { de l'exportation des grains et farines............ 20ᶠ

{ de l'importation { du froment.... au-dessous de.... 18.

{ du seigle et du maïs.. *idem*....... 10.

{ de l'avoine........ *idem*....... 7.

SECTIONS.	DÉPARTEMENS.	MARCHÉS.	Froment.	Seigle.	Maïs.	Avoine.
1ʳᵉ	Moselle...... Meuse....... Ardennes.... Aisne........	Metz........ Verdun...... Charleville.... Soissons......	19ᶠ 67ᶜ	11ᶠ 33ᶜ	″	7ᶠ 67ᶜ
2ᵉ	Manche...... Ille-et-Vilaine.. Côtes-du-Nord. Finistère..... Morbihan....	Saint-Lô..... Paimpol...... Quimper..... Hennebon.... Nantes.......	20. 30.	11. 65.	″	7. 90.

Arrêté par nous Ministre Secrétaire d'état au département de l'intérieur.

A Paris, le 31 Août 1830.

Signé GUIZOT.

N° 85. — ORDONNANCES DU ROI qui nomment

M. *Admyrauld*, ancien député, préfet de la Charente-Inférieure, en remplacement de M. *Dalon*;

M. *Cahouet*, ancien préfet, préfet du Pas-de-Calais, en remplacement de M. *Blin de Bourdon*;

M. *Bourgeois* (*Jules*) sous-préfet de Boussac (Creuse), en remplacement de M. *Gaston de Feydeau*;

M. *Chassoux* fils sous-préfet de Bourganeuf (Creuse), en remplacement de M. *Savignac*;

M. *Lionard Baudy-Nalèche* sous-préfet d'Aubusson (Creuse), en remplacement de M. *de Vins de Peyssac*;

M. *Poulaille* (*Auguste*) sous-préfet de Castelnaudary (Aude), en remplacement de M. *du Bouchage*;

M. *Pascal* sous-préfet de Narbonne (Aude), en remplacement de M. *de Gléon*;

M. *de Mesmay* sous-préfet de Pontarlier (Doubs), en remplacement de M. *Jaussaud*, appelé à d'autres fonctions;

M. *Teissier*, ancien sous-préfet de Thionville, sous-préfet de Saint-Étienne (Loire), en remplacement de M. *de Rochefort*;

M. *Bonnissent* (*Auguste*) sous-préfet de Cherbourg (Manche), en remplacement de M. *de Puibusque*;

M. *Lebreton*, avocat, sous-préfet de Coutances (Manche), en remplacement de M. *Pacquet-Beauvais*, admis à faire valoir ses droits à la retraite;

M. *Clamorgan*, maire de Valognes, sous-préfet de Valognes (Manche), en remplacement de M. *du Trésor*;

M. *Jaussaud*, sous-préfet de Pontarlier, sous-préfet de Langres (Haute-Marne), en remplacement de M. *Berthot*;

M. *Toupot de Bévaux* fils sous-préfet de Vassy (Haute-Marne), en remplacement de M. *Clément-Leblanc*;

M. *Roulleaux-Dugage* sous-préfet de Domfront (Orne), en remplacement de M. *Druct-Desvaux*;

M. *Lacoste*, avocat, sous-préfet d'Orthez (Basses-Pyrénées), en remplacement de M. *Lom*, appelé à d'autres fonctions;

M. *Chœneau-Latouche* sous-préfet de Châtellerauld (Vienne), en remplacement de M. *Lamarque*;

M. *Colard* sous-préfet de Mirecourt (Vosges), en remplacement de M. *de Bonfils*;

M. *Laurent* sous-préfet de Neufchâteau (Vosges), en remplacement de M. *Cherrier*;

M. *Mougeot* sous-préfet de Remiremont (Vosges), en remplacement de M. *Clément*;

M. *Loye*, maire de Bruyères, sous-préfet de Saint-Dié

E 2

(Vosges), en remplacement de M. *Richard d'Aboncourt*, démissionnaire;

M. *Hottot* sous-préfet d'Avallon (Yonne), en remplacement de M. *Barjaud des Signes;*

M. *Fleury* (*Mathieu*) sous-préfet de Jonzac (Charente-Inférieure), en remplacement de M. *Martin de Puiseux*, appelé à d'autres fonctions;

M. *Moisson-Devaux* sous-préfet de Poligny (Jura), en remplacement de M. *de Branges de Bourcia;*

M. *de Poyusan* sous-préfet de Dax (Landes), en remplacement de M. *de Pignol;*

M. *Dufourcq*, adjoint au maire de Saint-Sever, sous-préfet de Saint-Sever (Landes), en remplacement de M. *de Burosse* (*Paris, 22 Août 1830.*);

M. *Achille de Raignac* sous-préfet de Villeneuve (Lot-et-Garonne), en remplacement de M. *des Étangs;*

M. *Tenaille*, actuellement sous-préfet de Château-Chinon, sous-préfet de l'arrondissement de Clamecy, en remplacement de M. *Dupin* père, admis à faire valoir ses droits à la retraite;

M. *Gaspard*, actuellement maire à Dunkerque, sous-préfet de l'arrondissement de Dunkerque, en remplacement de M. *Toffyn-Spyns;*

M. *Gachel*, membre du conseil municipal, maire de Pau (Basses-Pyrénées), en remplacement de M. *de Perpigna*, démissionnaire;

M. *Rodière*, propriétaire, maire de Castelnaudary (Aude), en remplacement de M. *d'Hébrail;*

M. *Peyre* (*Auguste*) maire de Limoux (Aude), en remplacement de M. *Guiraud-Fournil;*

M. *Rolland* aîné maire de Narbonne (Aude), en remplacement de M. *Guy de Villeneuve;*

M. *Poulet-Denuys* (*Auguste*), négociant, maire de Beaune (Côte-d'Or), en remplacement de M. *Routy de Charodon;*

M. *Ménassier*, négociant, maire de Semur (Côte-d'Or), en remplacement de M. *Joly de Saint-Florent.* (*Paris, 23 Août 1830.*)

N° 86. — ORDONNANCE DU ROI qui nomme M. *Bérard*, membre de la Chambre des Députés, directeur général des ponts e chaussées et des mines. (*Paris, 23 Août 1830.*)

N° 87. — *ORDONNANCE DU ROI portant Nomination des Membres du Conseil d'amirauté.*

A Paris, le 26 Août 1830.

LOUIS-PHILIPPE, ROI DES FRANÇAIS, à tous présens et à venir, SALUT.

Nous étant fait rendre compte des résultats obtenus de la création du conseil d'amirauté, nous avons reconnu qu'à beaucoup d'égards il avait réalisé les espérances qu'on avait fondées sur cette institution.

Voulant, en conséquence, en maintenir l'établissement, et le mettre en état de contribuer de plus en plus aux progrès de la marine;

Sur le rapport de notre ministre secrétaire d'état de ce département,

NOUS AVONS ORDONNÉ et ORDONNONS ce qui suit :

ART. 1er. Sont nommés membres du conseil d'amirauté

MM.

le baron *Duperré*, amiral et pair de France;
le comte *Jacob*, vice-amiral;
le comte *de Rigny*, vice-amiral;
Bergeret, contre-amiral;
Roussin, contre-amiral;
le baron *Tupinier*, directeur des ports;
Boursaint, directeur des fonds.

2. Est nommé secrétaire du conseil d'amirauté M. *Boucher*, directeur des constructions navales.

3. Notre ministre secrétaire d'état au département de la marine et des colonies est chargé de l'exécution de la présente ordonnance.

Paris, le 26 Août 1830.

Signé LOUIS-PHILIPPE.

Par le Roi : *le Ministre Secrétaire d'état au département de la marine et des colonies,*

Signé HORACE SÉBASTIANI.

N° 88. — *Ordonnance du Roi portant Suppression de l'emploi de Premier Inspecteur général de l'Artillerie, et Organisation du Comité de cette arme.*

A Paris, le 27 Août 1830.

LOUIS-PHILIPPE, Roi des Français, à tous présens et à venir, SALUT.

Sur le rapport de notre ministre secrétaire d'état au département de la guerre,

Nous avons ordonné et ordonnons ce qui suit:

Art. 1er. L'emploi de premier inspecteur général du corps royal de l'artillerie est supprimé.

2. Le comité d'artillerie sera composé des lieutenans généraux inspecteurs généraux en activité de service et des maréchaux de camp d'artillerie que le ministre secrétaire d'état de la guerre jugera à propos d'y adjoindre. Un officier supérieur d'artillerie sera secrétaire. Le comité d'artillerie sera présidé par le lieutenant général le plus ancien.

3. Le comité d'artillerie donnera son avis,

1° Sur les réglemens relatifs à l'organisation du personnel et du matériel de l'artillerie et au service de ce corps, tant en paix qu'en guerre;

2° Sur les moyens de coordonner les réglemens spéciaux du service et de l'administration de l'artillerie avec les réglemens qui interviennent pour les autres armes;

3° Sur les plans, projets, marchés, traités; sur les travaux ou commandes à ordonner dans les arsenaux, forges, fonderies, manufactures d'armes et poudreries, ainsi que sur toutes les découvertes et inventions dont l'objet aurait rapport à l'arme, et pour lesquelles le comité fera faire les épreuves ou essais nécessaires;

4° Sur les fonds à demander annuellement pour toutes les branches du service de l'artillerie, et sur la répartition détaillée à en faire dans les places de guerre et dans tous les arsenaux et établissemens quelconques du corps royal d'artillerie;

5° Sur le régime et l'instruction de l'école d'application et des écoles régimentaires, et sur les moyens de perfectionner les différentes parties du service de l'arme ;

6° Sur les inspections générales à faire des troupes, arsenaux, établissemens de l'artillerie ; sur les instructions à donner aux inspecteurs qui en seront chargés ; sur le résultat du travail de ces mêmes inspecteurs, dont il sera présenté un précis avec toutes les observations qui intéresseront le service ;

7° Sur la répartition nominative des officiers d'artillerie de tout grade et des gardes et employés d'artillerie dans les places, arsenaux et établissemens et dans les troupes de l'arme, tant en paix qu'en guerre ;

8° Sur les remplacemens à opérer et l'avancement à accorder dans le corps de l'artillerie, au moyen des listes de candidats prescrites par l'article 142 de l'ordonnance du 2 août 1818.

4. Les avis du comité d'artillerie, résultant de ses délibérations, continueront à être inscrits sur un registre et signés de tous les membres qui auront été présens à la discussion. Chacun d'eux sera libre d'y joindre les motifs de son opinion personnelle dans le cas où elle ne serait pas conforme à celle de la majorité.

5. Les avis du comité d'artillerie, extraits de ses registres et signés du président, seront remis à notre ministre secrétaire d'état de la guerre par un rapporteur amovible désigné par lui parmi les lieutenans généraux, sans exclusion du président.

6. Les décisions prises par le ministre secrétaire d'état de la guerre sur les avis du comité d'artillerie seront portées à sa connaissance par le président, à qui le sommaire en sera adressé et qui les fera relater sur le registre, en marge des délibérations qui y auront donné lieu.

7. Le comité d'artillerie pourra correspondre, par l'intermédiaire de son président, avec les officiers de l'arme, mais sans leur donner aucun ordre, et seulement pour obtenir d'eux les renseignemens dont il aura besoin relativement aux objets sur lesquels il sera appelé à délibérer.

Le président pourra appeler aux séances du comité les directeurs généraux des services spéciaux des forges, fonderies,
manufactures d'armes, poudreries, arsenaux, soit pour assister
aux discussions et donner les renseignemens nécessaires sur les
services dont ils sont chargés, soit pour faire partie de commissions particulières.

8. Le musée d'artillerie, le dépôt des archives, la biblio-
théque, et l'atelier de précision, seront sous la direction et la
surveillance immédiate du comité d'artillerie.

9. Les ordonnances et décisions royales des 13 février 1822,
26 mars 1822, 27 janvier 1828 et 27 janvier 1830, et
toutes dispositions contraires à la présente ordonnance, sont
révoquées.

10. Notre ministre secrétaire d'état de la guerre est chargé
de l'exécution de la présente ordonnance.

A Paris, le 27 Août 1830.

Signé LOUIS-PHILIPPE.

Par le Roi : *le Ministre Secrétaire d'état de la guerre,*

Signé M^{al} Cte GÉRARD.

CERTIFIÉ conforme par nous

Garde des sceaux de France, Ministre Secrétaire
d'état au département de la justice,

A Paris, le 1er * Septembre 1830,

DUPONT (de l'Eure.).

* Cette date est celle de la réception du Bulletin
à la Chancellerie.

On s'abonne pour le Bulletin des lois, à raison de 9 francs par an, à la caisse de
l'Imprimerie royale, ou chez les Directeurs des postes des départemens.

BULLETIN
DES ORDONNANCES.

IXᵉ Série, 2ᵉ Partie. — Nᵒ 6.

Nᵒ 89. — *ORDONNANCE DU ROI relative au Serment des Fonctionnaires de l'Ordre judiciaire.*

A Paris, le 31 Août 1830.

LOUIS PHILIPPE, ROI DES FRANÇAIS, à tous présens et à venir, SALUT.

Sur le rapport de notre garde des sceaux, ministre secrétaire d'état au département de la justice;

Vu la loi du 31 août 1830,

NOUS AVONS ORDONNÉ et ORDONNONS ce qui suit :

ART. 1ᵉʳ. Immédiatement après la promulgation de la loi du 31 août relative au serment des fonctionnaires de l'ordre judiciaire, les premiers présidens de nos cours convoqueront l'assemble générale des chambres.

Toutes les personnes convoquées seront tenues de se rendre à la convocation, nonobstant tous congés qui leur auraient été accordés.

2. Les premiers présidens qui n'auront pas prêté serment entre nos mains, prêteront le serment prescrit par la loi en audience publique.

Les procureurs généraux près nos cours qui n'auront pas prêté le même serment entre nos mains, et tous les membres du parquet et les greffiers, prêteront le même serment devant la cour.

Sur la réquisition des procureurs généraux, tous les membres de la cour prêteront individuellement le serment entre les mains du premier président, ou du magistrat qui le remplacera.

2. IXᵉ Série. — 2ᵉ Partie.   F

3. Les cours délégueront un ou plusieurs de leurs membres pour recevoir le serment des membres des tribunaux civils et de commerce de leur ressort, y compris les membres du parquet et les greffiers.

Le tribunal convoquera ensuite les juges de paix, leurs suppléans et leurs greffiers, pour recevoir leur serment.

Les commissaires délégués par les cours se transporteront immédiatement dans lesdits ressorts, et se concerteront de manière que les convocations des tribunaux et des juges de paix aient lieu et que le serment soit prêté dans le délai voulu par la loi.

4. Il sera dressé procès-verbal desdites prestations de serment.

5. A l'expiration du délai fixé par la loi, nos procureurs généraux transmettront à notre garde des sceaux, ministre secrétaire d'état au département de la justice, les procès-verbaux de prestation de serment et l'état des fonctionnaires qui ne se seront pas présentés ou qui auront refusé de prêter le serment tel qu'il est prescrit par la loi.

6. Pour l'exécution de la loi du 31 août et de la présente ordonnance, il est, en tant que de besoin, dérogé aux dispositions réglementaires concernant les vacations.

7. Notre garde des sceaux, ministre secrétaire d'état au département de la justice, est chargé de l'exécution de la présente ordonnance.

Signé LOUIS-PHILIPPE.

Par le Roi : *le Garde des sceaux, Ministre Secrétaire d'état au département de la justice,*

Signé Dupont (de l'Eure).

Nº 90. — ORDONNANCE DU ROI qui approuve l'Adjudication de la Construction d'un Pont suspendu sur la Marne à Dormans.

A Paris, le 16 Août 1830.

LOUIS-PHILIPPE, ROI DES FRANÇAIS, à tous présens et à venir, SALUT.

Sur le rapport de notre ministre secrétaire d'état de l'intérieur ;
Vu le cahier des charges dressé pour la construction d'un pont

suspendu sur la Marne à Dormans, route départementale n° 13, «
Reims à Dormans, moyennant la concession d'un péage;

Vu le procès-verbal du 25 mai 1830, constatant les opératio1
faites à la préfecture du département pour parvenir avec publici1
et concurrence à l'adjudication de cette entreprise ;

Le Conseil d'état entendu,

Nous avons ordonné et ordonnons ce qui suit:

Art. 1er. L'adjudication de la construction d'un pont su
pendu sur la Marne à Dormans, faite et passée le 25 m
1830, par le préfet du département de la Marne, au sie
Bayard de la Vingtrie, moyennant la concession des dro
à percevoir sur ce pont pendant soixante ans onze mois,
approuvée. En conséquence, toutes les charges, clauses
conditions de cette adjudication recevront leur pleine
entière exécution.

2. Le cahier des charges, le tarif et le procès-verbal d'a
judication, demeureront annexés à la présente ordonnance.

3. Notre ministre secrétaire d'état de l'intérieur est char
de l'exécution de la présente ordonnance.

Signé LOUIS-PHILIPPE.

Par le Roi : *le Ministre Secrétaire d'état au département de l'intéri*

Signé Guizo

*Tarif des Droits de péage à percevoir au Passage du Pont
sur la rivière de Marne à Dormans.*

Pour le passage d'une personne à pied.	0
Idem 　　d'un cheval ou mulet et son cavalier.	1
Idem 　　　　*idem* 　　　chargé.	
Idem 　　　　*idem* 　　non chargé.	0
Idem 　　d'un âne ou d'une ânesse chargé.	0
Idem 　　　　*idem* 　　　non chargé.	0

Par cheval, mulet, bœuf ou âne employé au labour ou allant au pâ-
turage. 0

Par bœuf ou vache appartenant à des marchands et destiné à la
vente. 06

Par veau ou porc. 02

Pour un mouton, brebis, bouc, chèvre, cochon de lait, et par chaque
paire d'oies ou de dindons. 01

Lorsque les moutons, brebis, boucs, chèvres, cochons de lait, paires
d'oies ou de dindons, seront au-dessus de cinquante, le droit sera diminué d'un quart.

Lorsque les moutons, brebis, boucs ou chèvres, iront au pâturage, on
ne paiera que la moitié du droit.

F 2

es conducteurs de chevaux, mulets, ânes, bœufs, &c. paieront... 04ᶜ

Pour le passage d'une voiture à deux roues suspendue ou non, suspendue attelée d'un cheval, ou pour une litière à deux chevaux, et le conducteur.. 15.

Idem suspendue à quatre roues, attelée de deux chevaux ou mulets, le conducteur.. 50.

Idem suspendue à quatre roues, attelée d'un cheval ou mulet, et le conducteur.. 40.

Les voyageurs paieront séparément par tête le droit dû pour une personne à pied.

Pour le passage d'une charrette chargée, attelée d'un cheval ou mulet, compris le conducteur.. 20.

Idem chargée, attelée de deux chevaux ou mulets, y compris le conducteur.. 30.

Idem chargée, attelée de trois chevaux ou mulets, et le conducteur. 40.

Idem à vide, le cheval et le conducteur........................ 10.

Pour une charrette chargée, employée au transport des engrais ou à l'entrée des récoltes, le cheval et le conducteur............. 10.

Pour la même charrette à vide, le cheval et le conducteur....... 06.

Pour une charrette chargée ou non chargée, attelée seulement d'un âne ou d'une ânesse, et le conducteur........................ 08.

Pour un chariot de roulage à quatre roues chargé, attelé d'un cheval, le conducteur.. 25.

Idem à quatre roues chargé, attelé de deux chevaux, et le conducteur. 40.

Idem à quatre roues chargé, attelé de trois chevaux, et le conducteur. 60.

Idem à quatre roues à vide, attelé d'un seul cheval, et le conducteur. 15.

Il sera payé, par chaque cheval, mulet ou bœuf excédant les nombres indiqués pour les attelages ci-dessus, comme pour un cheval ou mulet non chargé, et par âne ou ânesse, le droit fixé pour les ânes ou ânesses non chargés.

Exemptions.

Seront exempts du droit de péage le préfet du département de la Marne, les sous-préfet de l'arrondissement, les ingénieurs, conducteurs et piqueurs des ponts et chaussées, les employés de l'administration des contributions directes, et les agens du service de la navigation, lorsqu'ils se transportent pour raison de leurs fonctions respectives.

Seront exempts du même droit les militaires de tout grade voyageant en corps ou isolément et porteurs d'ordre de service ou de feuille de route. Seront enfin exempts les courriers du Gouvernement, les malles faisant le service des postes de l'Etat et les facteurs ruraux.

Paris, le 13 février 1830. *Le Conseiller d'état, Directeur général des ponts et chaussées et des mines,* signé Becquey.

APPROUVÉ. Paris, le 13 février 1830.

Le Ministre Secrétaire d'état de l'intérieur,

Signé MONTBEL.

Vu pour être annexé à l'Ordonnance royale du 10 Août 1830, enregistrée sous le

Le Ministre Secrétaire d'état de l'intérieur, signé GUIZOT.

N° 91. — ORDONNANCE DU ROI portant que

1° L'ordonnance du 21 juillet 1830 qui avait admis à la retraite M. *Barthez*, conseiller de préfecture de la Gironde, est et demeure rapportée;

2° L'ordonnance du 25 juillet 1830 qui avait révoqué M. *Lachèze*, conseiller de préfecture de la Loire, est et demeure rapportée;

3° En conséquence, MM. *Barthez* et *Lachèze* reprendront les fonctions de conseiller de préfecture. (*Paris, 19 Août 1830.*)

N° 92. — *ORDONNANCE DU ROI qui détermine provisoirement, pour le service de la Garde nationale, les Attributions de l'Autorité administrative et du Commandant général des Gardes nationales du Royaume.*

A Paris, le 23 Août 1830.

LOUIS-PHILIPPE, ROI DES FRANÇAIS, à tous présens et à venir, SALUT.

Sur le rapport de notre ministre secrétaire d'état au département de l'intérieur;

En attendant qu'une loi ait réglé l'organisation de la garde nationale;

Voulant déterminer provisoirement les attributions de l'autorité administrative et du commandant général des gardes nationales du royaume,

AVONS ORDONNÉ et ORDONNONS ce qui suit:

ART. 1er. Le commandant général est chargé de tout ce qui est relatif à la distribution des gardes nationaux dans les cadres, en se conformant à la division du territoire, à la discipline, à l'instruction, à la répartition de l'armement et de l'équipement des gardes nationales, à l'exécution et transmission des ordres qui lui seront donnés.

2. L'autorité administrative est chargée de tout ce qui concerne la formation des listes, le recensement, l'élection des officiers des légions, bataillons et compagnies, les instructions et ordres à donner pour le service municipal.

3. Le commandant général transmettra au ministre de l'intérieur les instructions qu'il aura données. De son côté, le

F 3

ministre de l'intérieur fera connaître au commandant général
es diverses mesures qu'il aura prises.

4. Notre ministre secrétaire d'état de l'intérieur est chargé
de l'exécution de la présente ordonnance.

Signé LOUIS-PHILIPPE.

Pour le Roi : le ministre Secrétaire d'état au département de l'intérieur,

Signé GUIZOT.

ORDONNANCE DU ROI portant qu'il sera attaché au commandant général des gardes nationales du royaume,

Un inspecteur général ;

Six inspecteurs, dont trois du grade de maréchal-de-camp, et
trois du grade de colonel ;

Deux aides-de-camp de l'inspecteur général ;

Deux officiers d'état-major. (*Paris, 23 Août 1830.*)

No 94.—ORDONNANCE DU ROI qui nomme M. le lieutenant général
Mathieu Dumas inspecteur général des gardes nationales du
royaume. (*Paris, 23 Août 1830.*)

N° 95. — ORDONNANCE DU ROI qui autorise le Ministre de
l'intérieur à déléguer au Secrétaire général de son département
la Signature des Certificats de demande de Brevets d'invention,
importation ou perfectionnement.

A Paris, le 23 Août 1830.

LOUIS-PHILIPPE, ROI DES FRANÇAIS, à tous présens
et à venir, SALUT.

Sur le rapport de notre ministre secrétaire d'état au département
de l'intérieur ;

Vu l'arrêté du Gouvernement du 5 vendémiaire an IX ;

Considérant qu'aux termes de cet arrêté les brevets d'invention
ont promulgués tous les trois mois par nos ordonnances insérées
au Bulletin des lois ; que l'extrait de ces ordonnances délivré aux
brevetés est le titre définitif de leur droit ;

Que jusque-là le certificat de demande expédié au breveté est un
titre simplement provisoire qui, dans le délai de trois mois au plus,
est ratifié dans la forme la plus solennelle par la promulgation de
notre ordonnance au Bulletin des lois ;

Que dès-lors il suffit que ce titre provisoire soit signé au nom du ministre par le fonctionnaire légalement chargé de constater l'authenticité des actes du département de l'intérieur;

Nous avons ordonné et ordonnons ce qui suit:

Art. 1er. Notre ministre secrétaire d'état de l'intérieur pourra déléguer au secrétaire général de son département la signature des certificats de demande des brevets d'invention, importation ou perfectionnement.

2. Notre ministre secrétaire d'état de l'intérieur est chargé de l'exécution de la présente ordonnance, qui sera insérée au Bulletin des lois.

Signé LOUIS-PHILIPPE.

Par le Roi: le Ministre Secrétaire d'état au département de l'intérieur,

Signé Guizot.

N° 96. — ORDONNANCE DU ROI portant qu'à l'avenir les Courtiers de commerce de Carcassonne cesseront de cumuler les fonctions d'Agent de change.

À Paris, le 23 Août 1830.

LOUIS-PHILIPPE, Roi des Français, à tous présens et à venir, SALUT.

Sur le rapport de notre ministre secrétaire d'état au département de l'intérieur,

Nous avons ordonné et ordonnons ce qui suit:

Art. 1er. A l'avenir, les courtiers de commerce de Carcassonne cesseront de cumuler les fonctions d'agent de change.

2. Leur cautionnement est en conséquence réduit à quatre mille francs.

3. Notre ministre secrétaire d'état de l'intérieur est chargé de l'exécution de la présente ordonnance, qui sera insérée au Bulletin des lois.

Signé LOUIS-PHILIPPE.

Par le Roi: le Ministre Secrétaire d'état au département de l'intérieur,

Signé Guizot.

F 4

N° 97. — *Ordonnance du Roi portant que les Ports et Bureaux de douanes désignés sur le Tableau y annexé seront ouverts à l'Exportation des Grains, Farines et Légumes.*

A Paris, le 23 Août 1830.

LOUIS-PHILIPPE, Roi des Français, à tous présens et à venir, SALUT :

Vu l'ordonnance royale du 17 janvier 1830;

Vu les réclamations présentées sur cet acte, et les propositions contenues dans les lettres du directeur général des douanes en date des 7 mai et 9 juin 1830 et 16 août suivant;

Sur le rapport de notre ministre secrétaire d'état au département de l'intérieur,

Nous avons ordonné et ordonnons ce qui suit :

ART. 1er. Les ports et bureaux de douanes désignés sur le tableau ci-annexé seront ouverts à la sortie des grains, farines et légumes, dans les temps où l'exportation de ces denrées sera permise suivant la loi.

2. Les bureaux d'Entre-deux-Guiers, département de l'Isère, et d'Huningue, département du Haut-Rhin, portés sur ledit tableau, seront ouverts à l'entrée des grains, farines et légumes, lorsque l'importation en sera permise suivant la loi.

3. Notre ministre secrétaire d'état de l'intérieur est chargé de l'exécution de la présente ordonnance, qui sera insérée au Bulletin des lois.

Signé LOUIS-PHILIPPE.

Par le Roi : le Ministre Secrétaire d'état au département de l'intérieur,

Signé GUIZOT.

ÉTAT SUPPLÉMENTAIRE *des Bureaux de douanes ouverts à l'Exportation des Grains , Farines de grains et Légumes secs.*

DIRECTIONS.	DÉPARTEMENS.	BUREAUX.
DUNKERQUE	Nord.........	Hondschoote. Houtkerque. Lebéele. Boeschépe. Seau. Nieppe. Pont de Nieppe. Pont de Warneton. Lille , par Bonsbecq.
CHARLEVILLE....	Aisne........	La Capelle , par Mondrepuis. Watigny.
	Ardennes....	Vireux-Saint-Martin. Haut-Butté. Les Rivières. Gernelle. Boesseval. Puilly. Margut, par Sapogne.
STRASBOURG	Haut-Rhin...	Huningue.
BESANÇON.......	Doubs.......	Montbéliard, par Hérimoncourt. Les Sarrazins. Les Fourgs.
BELLEY.........	Ain	Forens.
DIGNE..........	Isère	Entre-deux-Guiers.
	Basses-Alpes.	Maurin.
MARSEILLE......	Var.........	Les Lecques.
	B.-du-Rhône.	Carry. La Tour-Saint-Louis. Les Saintes-Maries.
	Aude.......	Narbonne.
PERPIGNAN......	Pyrén.-Orient.	Bagnols. La Roque. Cerets. Arles. Prat· de Mollo. Palau.

DIRECTIONS.	DÉPARTEMENS.	BUREAUX.
SAINT-GAUDENS...	H.-Pyrénées.	Argelès, par Cauterets et Arrens.
BAYONNE.......	B.-Pyrénées..	Les Aldudes. / Sare. / Olhette.
ROUEN.........	Eure......., / Seine-Infér.re.	Quillebeuf. / Caudebec.
ABBEVILLE......	Somme	Le Crotoy. / Abbeville.
BASTIA.....	Corse.	Saint-Florent. / Venzolesca. / Poprians.

Certifié conforme :.

Le Ministre Secrétaire d'état au département de l'intérieur, GUIZOT

N° 98. — ORDONNANCE DU ROI *qui maintient l'Abattoir publi établi dans la commune de Thuir (Pyrénées-Orientales).*

A Paris, le 23 Août 1830.

LOUIS-PHILIPPE, ROI DES FRANÇAIS, à tous présen et à venir, SALUT.

Sur le rapport de notre ministre secrétaire d'état au départemen de l'intérieur;

Vu la délibération du conseil municipal de Thuir, départeme des Pyrénées-Orientales, en date du 28 février 1830, tendant obtenir l'autorisation de maintenir l'abattoir public établi dans ceü commune,

L'enquête *de commodo et incommodo* faite par le maire l 21 mars suivant,

L'avis du préfet du 13 avril 1830;

Notre Conseil d'état entendu,

NOUS AVONS ORDONNÉ et ORDONNONS ce qui suit :

ART. 1er. L'établissement qui existe depuis un temps i mémorial dans la commune de Thuir, département des P rénées-Orientales, pour l'abattage des bestiaux et porcs, (

mé et maintenu sous le titre d'*abattoir public et com-*

1. A dater de la publication de la présente ordonnance, bouchers et charcutiers ne pourront abattre, à l'intérieur de la commune, ailleurs que dans cet établissement, les bestiaux et porcs destinés à leur commerce, et toutes les tueries particulières seront interdites et fermées.

Toutefois les propriétaires et particuliers qui élèvent des porcs pour la consommation de leur maison, conserveront la faculté de les abattre chez eux, pourvu que ce soit dans un lieu clos et séparé de la voie publique.

3. Les bouchers et charcutiers forains pourront également faire usage de l'abattoir public, mais sans y être obligés, soit qu'ils concourent à l'approvisionnement de la commune, soit qu'ils approvisionnent seulement la banlieue.

Hors de la commune, c'est-à-dire, dans celles des environs, ils seront libres, ainsi que les bouchers et charcutiers de Thuir, de tenir des échaudoirs sous l'approbation de l'autorité locale.

4. En aucun cas et pour quelque motif que ce soit, le nombre des bouchers et charcutiers ne pourra être limité : tous ceux qui voudront s'établir à Thuir, seront seulement tenus de se faire inscrire à la mairie, où ils feront connaître le lieu de leur domicile et justifieront de leur patente.

5. Les bouchers et charcutiers de la commune auront la faculté d'exposer en vente et de débiter de la viande à leur domicile dans des étaux convenablement appropriés à cet usage, en suivant les règles de la police.

6. Les bouchers et charcutiers forains pourront exposer en vente et débiter de la viande dans la commune, mais seulement sur les lieux et aux jours désignés par le maire, et ce, en concurrence avec les bouchers et charcutiers de Thuir qui voudront profiter de la même faculté.

7. Les droits à payer par les bouchers et charcutiers pour occupation des places dans l'abattoir public seront réglés par un tarif arrêté dans la forme ordinaire.

8. Le maire de la commune de Thuir pourra faire les

réglemens locaux nécessaires pour le service de l'abattoir
blic, ainsi que pour le commerce de la boucherie et d
charcuterie; mais ces actes ne seront exécutoires qu'a¡
avoir reçu l'approbation de notre ministre de l'intérieur,
l'avis du préfet.

9. Notre ministre secrétaire d'état de l'intérieur est chá
de l'exécution de la présente ordonnance, qui sera insérée
Bulletin des lois.

Signé LOUIS-PHILIPPE.

Par le Roi : *le Ministre Secrétaire d'état au département de l'intéri*
Signé Guizo

N° 99. — *ORDONNANCE DU ROI relative aux Inspecté*
généraux des Études.

A Paris, le 24 Août 1830.

LOUIS-PHILIPPE, ROI DES FRANÇAIS, à tous prés
et à venir, SALUT.

Vu l'article 90 du décret organique de l'université en date
17 mars 1808, portant que les inspecteurs généraux des étu
seront nommés par le grand-maître et choisis parmi les offic
de l'université;

Vu les ordonnances et arrêtés en vertu desquels les inspecté
généraux des études ont été successivement investis de le
fonctions;

Considérant que plusieurs de ces décisions sont frappées d'i
galité, soit pour vices de forme, soit pour violation des rè¡
prescrites dans le choix des inspecteurs généraux des études;

Voulant assurer pour l'avenir, sans blesser des droits léç
mement acquis, la stricte observation des dispositions réglem
taires qui offrent des garanties à tous les membres du cc
enseignant;

Sur le rapport de notre ministre secrétaire d'état au départem
de l'instruction publique et des cultes,

NOUS AVONS ORDONNÉ et ORDONNONS ce qui suit:

ART. 1er. Les inspecteurs généraux des études, don¡
titre est irrégulier, soit pour la forme, soit pour les conditi
d'aptitude, cesseront immédiatement leurs fonctions s'ils
sont pas renommés par notre ministre secrétaire d'état
département de l'instruction publique et des cultes, con¡

ément aux dispositions de l'article 90 du décret du 17 mars
808.

2. Le titre d'officier de l'université sera considéré comme
ais aux inspecteurs généraux qui ont exercé lesdites fonc-
jusqu'à ce jour. Notre ministre de l'instruction publique
des cultes pourra, en conséquence, renommer ceux dont
services seront reconnus utiles.

3. Les inspecteurs généraux qui ne seront pas renommés
sont admis à faire valoir leurs droits à la retraite. Leurs
années de services comme inspecteurs généraux seront comp-
tés dans la liquidation de la pension qui leur sera accordée,
il y a lieu.

4. Notre ministre secrétaire d'état au département de
instruction publique et des cultes est chargé de l'exécution
de la présente ordonnance.

Signé LOUIS-PHILIPPE.

Par le Roi : *le Ministre Secrétaire d'état au département de l'instruction*
publique et des cultes, Président du Conseil d'état,

Signé Duc de Broglie.

N° 100.—*ORDONNANCE DU ROI qui fait cesser l'effet des Con-*
damnations prononcées pour contraventions aux Lois et Réglemens
sur le timbre et la publication des journaux, écrits pério-
diques, &c.

A Paris, le 26 août 1830.

LOUIS-PHILIPPE, Roi des Français, à tous présens
à venir, SALUT.

Sur le rapport de notre garde des sceaux, ministre secrétaire
au département de la justice ;
considérant que si l'exécution de quelques lois a été momentané-
t suspendue par la force majeure des événemens, il importe,
aujourd'hui que l'ordre et la paix renaissent partout, de séparer
précision le passé du présent, et de fixer l'époque où toutes les
même celles dont une modification prochaine serait jugée
e, doivent reprendre leur empire,

NOUS AVONS ORDONNÉ et ORDONNONS ce qui suit :

ART. 1er. Notre ordonnance du 2 août qui déclare que les
nations prononcées pour délits de la presse en matière

politique cesseront d'avoir leur effet, s'appliquera aux
damnations prononcées pour contraventions aux lois, or
nances et réglemens sur le timbre et la publication des j
naux et écrits périodiques, placards, gravures et lithograp

2. Les poursuites intentées pour délits et contraven
de cette nature commis jusqu'à ce jour seront discontin
et arrêtées.

3. A l'avenir, et à partir de ce jour, jusqu'à ce que les
et réglemens mentionnés dans l'article 1er aient été chan
nos procureurs généraux et nos procureurs près les tribur
civils tiendront la main à leur exécution.

4. Notre garde des sceaux, ministre secrétaire d'état
département de la justice, est chargé de l'exécution de la
sente ordonnance.

Signé LOUIS-PHILIPPE.

Par le Roi : *Le Garde des sceaux, Ministre Secrétaire*
au département de la justice,

Signé DUPONT (de l'Eure).

N.º 101. — ORDONNANCE DU ROI *portant que le Panthéon*
rendu à sa destination primitive et légale.

A Paris, le 26 Août 1830.

LOUIS-PHILIPPE, ROI DES FRANÇAIS, à tous pré
et à venir, SALUT.

Vu les lois des 4 et 10 avril 1791;

Vu le décret du 20 février 1806 et l'ordonnance du 12 déce
1821;

Notre Conseil entendu;

Considérant qu'il est de la justice nationale et de l'honneur
France, que les grands hommes qui ont bien mérité de la
en contribuant à son bonheur ou à sa gloire, reçoivent aprè
mort un témoignage éclatant de l'estime et de la reconnais
publiques;

Considérant que, pour atteindre ce but, les lois qui av
affecté le Panthéon à une semblable destination, doivent êb
mises en vigueur,

NOUS AVONS ORDONNÉ et ORDONNONS ce qui suit: -

ART. 1ᵉʳ. Le Panthéon sera rendu à sa destination primitive et légale ; l'inscription,

AUX GRANDS HOMMES LA PATRIE RECONNAISSANTE,

sera rétablie sur le fronton. Les restes des grands hommes qui auront bien mérité de la patrie, y seront déposés.

2. Il sera pris des mesures pour déterminer à quelles conditions et dans quelles formes ce témoignage de la reconnaissance nationale sera décerné au nom de la patrie.

Une commission sera immédiatement chargée de préparer un projet de loi à cet effet.

3. Le décret du 20 février 1806 et l'ordonnance du 12 décembre 1821 sont rapportés.

Nos ministres secrétaires d'état aux département de l'intérieur et de l'instruction publique et des cultes se concerteront pour que le Panthéon puisse être rendu dans le plus court délai à la destination ci-dessus exprimée, et sont chargés, chacun en ce qui le concerne, de l'exécution de la présente ordonnance.

Signé LOUIS-PHILIPPE.

Par le Roi : le Ministre Secrétaire d'état au département de l'intérieur,

Signé GUIZOT.

N° 102. — ORDONNANCE DU ROI portant que M. le Baron Pasquier, Président de la Chambre des Pairs, remplira provisoirement les fonctions d'Officier de l'état civil de la Maison royale.

A Paris, le 27 Août 1830.

LOUIS-PHILIPPE, ROI DES FRANÇAIS, à tous présens et à venir, SALUT.

NOUS AVONS ORDONNÉ et ORDONNONS ce qui suit :

M. le président de la Chambre des Pairs, baron *Pasquier*, remplira provisoirement les fonctions d'officier de l'état civil de la maison royale, précédemment attribuées au chancelier.

Notre garde des sceaux est chargé de l'exécution de la présente ordonnance.

Signé LOUIS-PHILIPPE.

Par le Roi : le Garde des sceaux, Ministre Secrétaire d'état au département de la justice,

Signé DUPONT (de l'Eure).

A Paris, le 27 Août 1830.

LOUIS-PHILIPPE, Roi des Français, à tous présens et à venir, SALUT.

Nous avons nommé et nommons M. le baron *Séguier*, pair de France, vice-président de la Chambre des Pairs.

Notre garde des sceaux, ministre secrétaire d'état au département de la justice, est chargé de l'exécution de la présente ordonnance.

Signé LOUIS-PHILIPPE.

Par le Roi : *Le Garde des sceaux, Ministre Secrétaire d'état au département de la justice,*

Signé Dupont (de l'Eure).

Certifié conforme par nous

Garde des sceaux de France, Ministre Secrétaire d'état au département de la justice,

À Paris, le 7* Septembre 1830,

DUPONT (de l'Eure).

* Cette date est celle de la réception du Bulletin à la Chancellerie.

On s'abonne pour le Bulletin des lois, à raison de 9 francs par an, à la caisse de l'Imprimerie royale, ou chez les Directeurs des postes des départemens.

À PARIS, DE L'IMPRIMERIE ROYALE,

7 Septembre 1830.

BULLETIN DES LOIS.

2ᵉ Partie. — ORDONNANCES. — N° 7 *.

N° 104. — *ORDONNANCE DU ROI portant Abolition des Condamnations et Décisions de gouvernement prononcées pour faits politiques depuis le 7 Juillet 1815, soit en France, soit dans les Colonies.*

A Paris, le 26 Août 1830.

LOUIS-PHILIPPE, ROI DES FRANÇAIS, à tous présens et à venir, SALUT.

Sur le rapport de notre garde des sceaux, ministre secrétaire d'état au département de la justice ;

Notre Conseil des ministres entendu ;

Considérant qu'il est juste et urgent de faire cesser l'effet des condamnations politiques antérieures aux glorieuses journées des 27, 28 et 29 juillet dernier,

NOUS AVONS ORDONNÉ et ORDONNONS ce qui suit :

ART. 1ᵉʳ. Les jugemens, décisions et arrêts rendus, soit en France, soit dans les colonies, par les cours royales, cours d'assises, cours de justice criminelle, cours prévôtales, commissions militaires, conseils de guerre et autres juridictions ordinaires ou extraordinaires, à raison de faits politiques, depuis le 7 juillet 1815 jusqu'à ce jour, cesseront d'avoir leur effet.

2. Les personnes atteintes par lesdits jugemens, arrêts et décisions, rentreront dans l'exercice de leurs droits civils et politiques, sans préjudice des droits acquis à des tiers.

Celles qui sont détenues en vertu desdits arrêts, jugemens et décisions, seront sur-le-champ mises en liberté.

Celles qui sont absentes de France se présenteront devant

---

* Voyez un *Erratum* page 104.

nos ambassadeurs ou agens diplomatiques et consulaires le plus voisins, qui leur délivreront des passe-ports pour rentrer en France.

3. Le trésor public ne sera tenu à aucune restitution de frais ni d'amendes.

4. Les poursuites qui pourraient avoir été commencées à raison des faits mentionnes en l'article 1er, sont réputées non avenues.

5. Nos ministres secrétaires d'état aux départemens de la justice, de la marine et des colonies, des affaires étrangères et de la guerre, sont chargés, chacun en ce qui le concerne, de l'exécution de la présente ordonnance.

Signé LOUIS-PHILIPPE.

Par le Roi : le Garde des sceaux, Ministre Secrétaire d'état au département de la justice,

Signé DUPONT (de l'Eure).

Nº 103.— ORDONNANCE DU ROI *qui accorde Amnistie aux Sous officiers et Soldats en état de désertion et aux Retardataires.*

A Paris, le 28 Août 1830.

LOUIS-PHILIPPE, ROI DES FRANÇAIS, à tous présens et à venir, SALUT.

Voulant signaler par des actes de clémence notre avénement au trône où le vœu national nous a appelé ;

Sur le rapport de notre ministre secrétaire d'état au département de la guerre ;

Notre Conseil entendu,

NOUS AVONS ORDONNÉ et ORDONNONS ce qui suit :

ART. 1er. Amnistie est accordée à tous sous-officiers e soldats de nos troupes de terre ainsi qu'aux jeunes soldat appelés au service qui sont présentement en état de désertion soit pour avoir abandonné les corps dont ils faisaient partie soit pour n'avoir pas rejoint ceux auxquels ils étaient destinés

Sont compris dans ces dispositions les déserteurs et retardataires qui, ayant été arrêtés ou s'étant présentés volontaire ment, n'auraient pas été jugés et condamnés définitivement au jour de la publication de la présente ordonnance.

2. Pour profiter de l'amnistie, les déserteurs et retardataires seront tenus de se présenter, soit devant le lieutenant général commandant la division, soit devant le maréchal-de-camp commandant la subdivision, soit devant l'officier supérieur commandant sur les lieux, soit enfin devant l'officier de gendarmerie ou le capitaine de recrutement, à l'effet d'y faire leur déclaration de repentir.

Cette déclaration devra être faite avant l'expiration des délais ci-après, qui compteront à partir de la date de la présente ordonnance; savoir :

Trois mois pour ceux qui sont dans l'intérieur du royaume;

Quatre mois pour ceux qui sont en Corse;

Six mois pour ceux qui sont hors du royaume, mais en Europe;

Un an pour ceux qui sont hors d'Europe,

Et dix-huit mois pour ceux qui sont au-delà du cap de Bonne-Espérance et du cap Horn.

3. L'amnistie est entière, absolue, et sans condition de servir, pour les déserteurs ou retardataires qui se trouvent dans un des cas suivans; savoir :

1° Pour les retardataires qui appartiennent à des classes antérieures à l'année 1821;

2° Pour les déserteurs qui ont été admis au service, à quelque titre que ce soit, antérieurement au 1er janvier de la même année;

3° Pour les déserteurs et retardataires actuellement mariés, ou veufs ayant un ou plusieurs enfans;

4° Pour les déserteurs et retardataires qui sont actuellement dans l'un des cas d'exemption prévus par l'article 14 de la loi du 10 mars 1818 sur le recrutement;

5° Pour les déserteurs auxquels il ne reste pas plus d'une année de service à faire pour atteindre le terme de leur libération.

4. Les déserteurs ou retardataires amnistiés auxquels les

G 2

dispositions de l'article 3 de la présente ordonnance né sont point applicables, seront tenus d'entrer dans les corps de notre armée pour y faire le temps de service auquel ils sont astreints par la loi, temps dans lequel celui de leur absence illégale ne sera pas compté.

Les autres seront renvoyés dans leurs foyers avec un certificat de libération.

5. Les dispositions de la présente ordonnance ne sont, en aucun cas, applicables,

1° Aux déserteurs et retardataires qui, n'ayant pas profité de l'amnistie en temps utile, seraient arrêtés ou se représenteraient après les délais fixés par l'article 2 ci-dessus;

2° Aux déserteurs et retardataires qui, au moment de la publication de la présente ordonnance, auraient été condamnés pour désertion.

6. Ceux des déserteurs et retardataires qui ne sont pas dégagés de l'obligation de servir, et qui, après avoir profité de la présente amnistie et avoir pris leurs feuilles de route pour rejoindre un corps, ne se rendraient pas à leur destination dans les délais fixés par les réglemens, ou déserteraient en route, resteront sous le poids de la législation relative à la désertion, et seront passibles des peines portées contre la désertion par récidive.

7. Notre ministre secrétaire d'état au département de la guerre est chargé de l'exécution de la présente ordonnance.

Signé LOUIS-PHILIPPE.

Par le Roi : *le Ministre Secrétaire d'état de la guerre,*

Signé M^{al} Cte GÉRARD.

———————

N° 106. — *ORDONNANCE DU ROI relative au Placement, dans l'armée, des Officiers en non-activité.*

A Paris, le 28 Août 1830.

LOUIS-PHILIPPE, ROI DES FRANÇAIS, à tous présens et à venir, SALUT.

Vu l'ordonnance du 2 août 1818;

Sur le rapport de notre ministre secrétaire d'état de la guerre,

Nous avons ordonné et ordonnons ce qui suit:

ART. 1er. Les dispositions des articles 262, 263, 264, 265, 266, 267, 268 et 269 de l'ordonnance du 2 août 1818, sont remises en vigueur.

En conséquence, la moitié des emplois qui sont ou deviendront vacans dans les divers corps d'infanterie, de cavalerie, d'artillerie, du génie et de la gendarmerie, sera réservée au placement des officiers en non-activité qui seront susceptibles d'être rappelés à l'activité : l'autre moitié de ces emplois appartiendra à l'avancement ordinaire.

2. Les dispositions contraires à la présente ordonnance sont abrogées, notamment l'article 3 de l'ordonnance du 5 mai 1824 et la décision royale du 16 février 1825, en ce qui concerne le classement des officiers en non-activité rappelés au service. Ces officiers reprendront leur ancienneté sans déduction du temps pendant lequel ils sont restés en non-activité.

3. Notre ministre secrétaire d'état de la guerre est chargé de l'exécution de la présente ordonnance.

Signé LOUIS-PHILIPPE.

Par le Roi : *le Ministre Secrétaire d'état de la guerre,*.

Signé M^{al} Cte GÉRARD.

———————

N° 107. — *ORDONNANCE DU ROI qui crée une Commission chargée de recevoir les Demandes de récompenses à accorder aux Français qui se sont signalés pendant les journées des 27, 28 et 29 Juillet.*

A Paris, le 26 Août 1830.

LOUIS-PHILIPPE, ROI DES FRANÇAIS, à tous présens et à venir, SALUT.

Pendant les trois journées qui ont fondé notre indépendance, des Français ont donné de grandes preuves de dévouement et de courage, dont il est juste qu'ils soient récompensés.

Désirant, dans l'intérêt de la justice, que la plus parfaite équité préside à la distribution des récompenses à décerner;

Notre Conseil des ministres entendu,

Nous avons ordonné et ordonnons ce qui suit:

G 3.

Art. 1er. Une commission sera nommée ayant pour objet de recevoir des autorités civiles ou militaires, des corporations et des individus, les demandes de récompenses à accorder aux Français qui se sont signalés par leur dévouement à la cause nationale pendant les journées des 27, 28 et 29 juillet.

2. Sur le rapport que présentera la commission, il sera statué sur les récompenses à accorder par les différens ministères.

3. Les réclamations seront reçues pendant huit jours à dater de la publication de la présente ordonnance, et, huit jours après, la commission devra présenter son rapport.

4. Cette commission se composera de

1° Le général *Fabvier*, commandant la place de Paris, président;

M. *Audry de Puyraveau*, vice-président;

2° De MM. *George de Lafayette* et *Joubert*, officiers de l'état-major de la garde nationale;

3° D'un élève de chaque école, polytechnique, de droit et de médecine, au choix des élèves;

4° De quatre citoyens de Paris désignés par le préfet de la Seine;

5° De M. *Martin*, secrétaire.

Nos ministres secrétaires d'état de la guerre et de l'intérieur sont chargés, chacun en ce qui le concerne, de l'exécution de la présente ordonnance.

Signé LOUIS-PHILIPPE.

Par le Roi : *le Ministre Secrétaire d'état de la guerre*,

Signé Mal Cte Gérard.

N° 108. — ORDONNANCE DU ROI *portant Suppression de l'emploi de Premier Inspecteur général du Génie, et Organisation du Comité des fortifications.*

A Paris, le 27 Août 1830.

LOUIS-PHILIPPE, ROI DES FRANÇAIS, à tous présens et à venir, SALUT.

Sur le rapport de notre ministre secrétaire d'état de la guerre,

Nous avons ordonné et ordonnons ce qui suit :

Art. 1er. L'emploi de premier inspecteur général du corps du génie est supprimé.

2. Le comité des fortifications sera composé des lieutenans généraux du génie, inspecteurs généraux des fortifications en activité de service et des maréchaux-de-camp du génie que le ministre secrétaire d'état de la guerre jugera à propos d'y adjoindre. Il sera présidé par le lieutenant général le plus ancien, et aura pour secrétaire un officier supérieur du génie.

3. Le comité des fortifications donnera son avis,

1° Sur les réglemens relatifs à l'organisation du personnel et du matériel du génie et au service de ce corps tant en paix qu'en guerre ;

2° Sur les moyens de coordonner les réglemens spéciaux du service et de l'administration du génie avec les réglemens qui interviennent pour les autres armes ;

3° Sur les projets généraux et particuliers des travaux relatifs aux fortifications du royaume et des colonies et aux bâtimens militaires affectés au service des troupes ;

4° Sur les fonds à demander annuellement pour toutes les branches du service du génie, et sur la répartition détaillée à en faire dans les places de guerre et dans les autres établissemens du corps du génie ;

5° Sur le régime et l'instruction de l'école d'application et des écoles des troupes du génie et sur les moyens de perfectionner les différentes parties du service du génie ;

6° Sur les inspections générales à faire chaque année des différentes frontières du royaume ; sur les instructions à donner aux inspecteurs qui en seront chargés ; sur le résultat du travail de ces mêmes inspecteurs, dont il extraira toutes les observations qui intéresseraient le service ;

7.° Sur la répartition nominative des officiers du génie de tout grade et des gardes et employés du génie dans les places de guerre, dans les villes de casernement et dans les troupes

G 4

du génie, tant en paix qu'en guerre, sur le continent et aux colonies ;

8° Sur le remplacement à opérer et l'avancement à accorder dans les corps du génie, au moyen des listes de candidats prescrites par l'article 182 de l'ordonnance royale du 2 août 1818.

4. Les avis du comité des fortifications résultant de ses délibérations continueront à être inscrits sur un registre, et signés de tous les membres qui auront été présens à la discussion. Chacun d'eux sera libre d'y joindre les motifs de son opinion personnelle dans le cas où elle ne serait pas conforme à celle de la majorité.

5. Les avis du comité des fortifications, extraits de ses registres et signés du président, seront remis à notre ministre secrétaire d'état de la guerre par un rapporteur amovible désigné par lui parmi tous les lieutenans généraux membres du comité, sans exclusion du président.

6. Les décisions prises par le ministre sur les avis du comité du génie seront portées à sa connaissance par le président, à qui le sommaire en sera adressé, et qui les fera relater sur le registre, en marge des délibérations qui y auront donné lieu.

7. Le comité des fortifications pourra correspondre par l'intermédiaire de son président avec les officiers du génie, mais sans leur donner aucun ordre, et seulement pour obtenir d'eux les renseignemens dont il aura besoin relativement aux objets sur lesquels il est appelé à délibérer.

8. Le dépôt des archives des fortifications et la galerie des plans-reliefs seront sous la direction et la surveillance immédiate du comité.

9. Le comité des fortifications prendra, par l'intermédiaire de son président, les ordres du ministre de la marine, pour tout ce qui est relatif aux fortifications des colonies.

10. Les ordonnances et décisions royales des 13 février 1822, 26 mars 1822, 27 janvier 1828 et 27 janvier 1830, et toutes dispositions contraires à la présente ordonnance, sont révoquées.

11. Notre ministre secrétaire d'état de la guerre est chargé de l'exécution de la présente ordonnance.

Signé LOUIS-PHILIPPE.

Par le Roi : *le Ministre Secrétaire d'état de la guerre,*

Signé Mal Cte Gérard.

N° 109. — ORDONNANCE DU ROI *qui fixe le Traitement du Président de la Chambre des Pairs.*

A Paris, le 27 Août 1830.

LOUIS-PHILIPPE, Roi des Français, à tous présens et à venir, SALUT.

Sur le rapport de notre garde des sceaux, ministre secrétaire d'état au département de la justice,

AVONS ORDONNÉ et ORDONNONS ce qui suit :

ART. 1er. Le traitement de M. le baron *Pasquier,* président de la Chambre des Pairs, est fixé à cent mille francs par an.

2. Notre garde des sceaux, ministre secrétaire d'état au département de la justice, est chargé de l'exécution de la présente ordonnance.

Signé LOUIS-PHILIPPE.

Par le Roi : *le Garde des sceaux, Ministre Secrétaire d'état au département de la justice,*

Signé Dupont (de l'Eure).

N° 110. — ORDONNANCE DU ROI *contenant des Dispositions sur l'exercice de la profession d'Avocat.*

A Paris, le 27 Août 1830.

LOUIS-PHILIPPE, Roi des Français, à tous présens et à venir, SALUT.

Sur le rapport de notre garde des sceaux, ministre secrétaire d'état au département de la justice ;

Vu la loi du 22 ventôse an XII, le décret du 14 décembre 1810, et l'ordonnance du 20 novembre 1822 ;

Considérant que de justes et nombreuses réclamations se sont élevées depuis long-temps contre les dispositions réglementaires qui régissent l'exercice de la profession d'avocat ;

Qu'une organisation définitive exige nécessairement quelques délais ;

Que néanmoins il importe de faire cesser dès ce moment, par des dispositions provisoires, les abus les plus graves et les plus universellement sentis;

Prenant en considération, à cet égard, les vœux exprimés par un grand nombre de barreaux de France,

Avons ordonné et ordonnons ce qui suit:

Art. 1er. A compter de la publication de la présente ordonnance, les conseils de discipline seront élus directement par l'assemblée de l'ordre composée de tous les avocats inscrits au tableau. L'élection aura lieu par scrutin de liste et à la majorité relative des membres présens.

2. Les conseils de discipline seront provisoirement composés de cinq membres dans les siéges où le nombre des avocats inscrits sera inférieur à trente, y compris ceux où les fonctions desdits conseils ont été jusqu'à ce jour exercées par les tribunaux; de sept, si le nombre des avocats inscrits est de trente à cinquante; de neuf, si ce nombre est de cinquante à cent; de quinze, s'il est de cent ou au-dessus; de vingt-et-un à Paris.

3. Le bâtonnier de l'ordre sera élu par la même assemblée et par scrutin séparé, à la majorité absolue, avant l'élection du conseil de discipline.

4. A compter de la même époque, tout avocat inscrit au tableau pourra plaider devant toutes les cours royales et tous les tribunaux du royaume sans avoir besoin d'aucune autorisation, sauf les dispositions de l'article 295 du Code d'instruction criminelle.

5. Il sera procédé dans le plus court délai possible à la révision définitive des lois et réglemens concernant l'exercice de la profession d'avocat.

Notre garde des sceaux, ministre secrétaire d'état au département de la justice, est chargé de l'exécution de la présente ordonnance.

Signé LOUIS-PHILIPPE.

Par le Roi : *le Garde des sceaux, Ministre Secrétaire d'état au département de la justice,*

Signé DUPONT (de l'Eure).

N° 111.—*ORDONNANCE DU Roi portant Nomination des Membres de la Commission chargée de préparer un Projet de loi sur les Honneurs à décerner aux grands hommes.*

A Paris, le 27 Août 1830.

LOUIS-PHILIPPE, Roi DES FRANÇAIS, à tous présens et à venir, SALUT.

Vu notre ordonnance du 26 du présent mois;

Notre Conseil entendu,

NOUS AVONS ORDONNÉ et ORDONNONS ce qui suit :

ART. 1er. Sont nommés membres de la commission chargée de préparer un projet de loi sur les conditions et les formes d'après lesquelles les honneurs du Panthéon pourront être décernés aux grands hommes qui auront bien mérité de la patrie,

M. le lieutenant général *Lafayette*, commandant général des gardes nationales du royaume;

M. le maréchal comte *Jourdan*, membre de la Chambre des Pairs;

M. le colonel *Jacqueminot*, membre de la Chambre des Députés;

M. *de Schonen*, membre de la Chambre des Députés;

M. *Bérenger*.

2. Notre ministre secrétaire d'état de l'intérieur est chargé de l'exécution de la présente ordonnance.

Signé LOUIS-PHILIPPE.

Par le Roi: *le Ministre Secrétaire d'état au département de l'intérieur,*
Signé GUIZOT.

N° 112. — *ORDONNANCE DU Roi portant Suppression des Ministres d'état.*

A Paris, le 28 Août 1830.

LOUIS-PHILIPPE, Roi DES FRANÇAIS, à tous présens et à venir, SALUT.

Sur le rapport de notre garde des sceaux, ministre secrétaire d'état au département de la justice,

AVONS ORDONNÉ et ORDONNONS ce qui suit :

ART. 1er. Les ministres d'état sont supprimés.

2. Notre garde des sceaux, ministre secrétaire d'état au département de la justice, est chargé de l'exécution de la présente ordonnance.

Signé LOUIS-PHILIPPE.

Par le Roi : le Garde des sceaux, Ministre Secrétaire d'état au département de la justice,

Signé DUPONT (de l'Eure).

N° 113. — *ORDONNANCE DU ROI relative à l'exercice des actions concernant M. le Duc d'Aumale, fils mineur de Sa Majesté, et à la formation d'un Conseil de famille.*

A Paris, le 2 Septembre 1830.

LOUIS-PHILIPPE, ROI DES FRANÇAIS, à tous présens et à venir, SALUT.

Voulant pourvoir tout-à-la-fois à l'exercice des actions tant en demandant qu'en défendant, relatives aux biens personnels de notre bien-aimé fils le Duc *d'Aumale*, mineur, et aux actes de gestion et administration desdits biens, que nous ne jugeons pas à propos de nous réserver,

NOUS AVONS ORDONNÉ et ORDONNONS ce qui suit :

ART. 1er. M. *Borel de Bretizel*, conseiller à la cour de cassation, est nommé administrateur chargé de toutes les actions relatives aux biens personnels provenant à notre bien-aimé fils le Duc *d'Aumale*, du legs universel à lui fait par S. A. R. le feu Prince *de Condé*, notre bien-aimé oncle.

2. M. le baron *de Surval* est nommé intendant desdits biens, et continuera à les gérer et administrer, sauf les autorisations supérieures du conseil de famille et notre homologation, quand il y aura lieu.

3. Le conseil de famille, qui procédera en cas de nécessité d'autorisation spéciale, sera composé de MM. le marquis *de Marbois*, le maréchal duc *de Trévise*, le baron *Séguier*, premier président, *Lepoitevin*, président à la cour royale ; le

comte *Alexandre de la Rochefoucauld* et le comte *de Co-nouville.*

Il sera présidé par M. le président de la Chambre des Pairs.

4. Il nous sera référé de toutes les mesures définitives et de liquidation générale qui excéderont les bornes ordinaires de l'administration.

Signé LOUIS-PHILIPPE.

Par le Roi : *le Garde des sceaux, Ministre Secrétaire d'état au département de la justice,*

Signé DUPONT (de l'Eure).

N° 114. — ORDONNANCE DU ROI *relative à l'Administration provisoire des Domaines de l'apanage de la Maison d'Orléans, des Domaines privés du Roi, et de ceux des Princes et Princesses du Sang royal.*

A Paris, le 4 Septembre 1830.

LOUIS-PHILIPPE, ROI DES FRANÇAIS, à tous présens et à venir, SALUT.

Voulant pourvoir à l'administration provisoire des domaines de l'apanage de notre maison et des domaines privés dont nous nous sommes réservé l'usufruit, ainsi qu'à l'administration des domaines des Princes et Princesses nos bien-aimés enfans pendant leur minorité, et notamment à la poursuite des actions judiciaires relatives à ces domaines,

NOUS AVONS ORDONNÉ et ORDONNONS ce qui suit :

ART. 1ᵉʳ. Le sieur *Deviolaine,* conservateur de nos forêts, est nommé intendant provisoire de nos domaines privés et de ceux qui composent l'apanage de notre maison.

2. Le sieur *Badouix,* directeur de nos domaines, est nommé administrateur des domaines appartenant aux Princes et Princesses nos bien-aimés enfans, pendant leur minorité.

3. Toutes actions judiciaires, tant en demandant qu'en défendant , seront exercées par les susnommés en ladite qualité et chacun en ce qui le concerne.

4. Notre garde des sceaux, ministre secrétaire d'état au

département de la justice, est chargé de l'exécution de la
présente ordonnance.

Signé LOUIS PHILIPPE.

Par le Roi : *le Garde des sceaux, Ministre Secrétaire d'état
au département de la justice,*

Signé DUPONT (de l'Eure).

Nᵒ 115. — ORDONNANCE DU ROI *qui approuve l'Adjudication de
la Construction d'un Pont suspendu sur la Loire à Feurs.*

A Paris, le 16 Août 1830.

LOUIS-PHILIPPE, ROI DES FRANÇAIS, à tous présens
et à venir, SALUT.

Sur le rapport de notre ministre secrétaire d'état de l'intérieur ;

Vu le cahier des charges de la construction d'un pont suspendu
sur la Loire à Feurs, route royale nᵒ 89, de Lyon à Bordeaux,
département de la Loire, moyennant la concession temporaire d'un
péage ;

Vu le tarif de ce péage ;

Vu le procès-verbal des opérations faites à la préfecture du département, le 15 février 1830, pour parvenir avec publicité et
concurrence à l'adjudication de cette entreprise ;

Le Conseil d'état entendu,

NOUS AVONS ORDONNÉ et ORDONNONS ce qui suit :

ART. 1ᵉʳ. L'adjudication de la construction d'un pont suspendu sur la Loire à Feurs, faite et passée le 15 février 1880,
par le préfet de la Loire, au sieur *Jules Séguin,* moyennant
la concession d'un péage pendant soixante-cinq ans, est et
demeure approuvée. En conséquence, les clauses et conditions
de cette adjudication recevront leur pleine et entière exécution.

2. L'administration est autorisée à acquérir, en se conformant au mode prescrit par la loi du 8 mars 1810, les terrains
nécessaires pour établir les abords de ce pont et les raccorder
avec les communications existantes.

3. Le cahier des charges, le tarif et le procès-verbal d'adjudication resteront annexés à la présente ordonnance.

4. Notre ministre secrétaire d'état de l'intérieur est chargé de l'exécution de la présente ordonnance.

Signé LOUIS-PHILIPPE.

Par le Roi : le Ministre Secrétaire d'état au département de l'intérieur,

Signé Guizot.

Tarif des Droits à percevoir au passage du Pont suspendu sur la Loire à Feurs.

Une personne à pied..	0f 05e
Une personne à cheval.....................................	0. 15.
Chevaux ou mulets en lesse chargés ou non...............	0. 10.
Anes ou ânesses...	0. 05.
Bœufs, vaches, taureaux...................................	0. 07 1/2.

(Le denier fort pour le concessionnaire.)

Veaux ou porcs...	0. 05.
Moutons, brebis, chèvres, chevreaux, cochons de lait......	0. 02 1/2.

(Le denier fort pour le concessionnaire.)

Cabriolets à deux roues ou voitures à quatre roues, suspendues sur ressorts, cuirs, planches, brancards ou autrement, y compris le conducteur...	à un cheval........	0. 50.
	à deux chevaux......	0. 70.
	à trois chevaux.....	1. 00.
	à quatre chevaux....	1. 50.

Les voyageurs paient à part.

Voitures de poste à deux ou quatre roues, compris le retour des chevaux, pied levé............	à deux chevaux......	1. 50.
	à trois chevaux.....	1. 65.
	à quatre chevaux....	1. 80.
	à cinq chevaux......	2. 00.

Les voyageurs paieront en outre.

Voitures publiques à deux ou quatre roues, postillon et conducteur compris.	à un cheval........	0. 45.
	chaque cheval de plus.	0. 15.

Les voyageurs paieront à part.

Charrettes ou chariots de roulage à deux ou quatre roues, le conducteur compris...................	à un cheval........	0. 45.
	chaque cheval de plus.	0. 20.

Chars à bœufs à deux ou quatre roues, le conducteur compris........	à deux bœufs.......	0. 30.
	à quatre bœufs.....	0. 50.
	à six bœufs........	0. 70.

Charrettes de la commune de Feurs à un cheval...........	0. 35.

Charrettes à plusieurs chevaux, comme les charrettes de roulage.

Exemptions.

Sont exempts du péage, le préfet et les sous-préfets en tournée, les ingénieurs et conducteurs des ponts et chaussées, la gendarmerie dans l'exercice de ses fonctions; les militaires voyageant à pied ou à cheval, en corps ou isolément, à charge, dans ce dernier cas, de présenter une feuille de route ou un ordre de service; les malles faisant le service des postes de l'État et les courriers du Gouvernement.

Les habitans de la commune de Feurs qui occupent la partie d'outre-Loire, auront le passage gratuit pour venir les dimanches et jours de fêtes conservées à la première messe et à la grand'messe de la paroisse et s'en retourner, mais seulement aux heures où ces deux messes, et non les autres, vont se dire et finissent. Sont compris dans cette exemption les enfans venant au catéchisme et s'en retournant, munis d'un certificat de M. le curé, et enfin MM. le curé et les vicaires dans l'exercice de leurs fonctions.

Ces exemptions cesseront d'avoir lieu au cas où le territoire d'outre-Loire viendrait à cesser d'appartenir à la paroisse de Feurs.

Paris, le 5 décembre 1829. *Le Conseiller d'état, Directeur général des ponts et chaussées et des mines*, signé *Becquey*.

APPROUVÉ. Le 5 décembre 1829.

> *Le Ministre Secrétaire d'état de l'intérieur*,
> Signé MONTBEL.

Vu pour être annexé à l'Ordonnance royale du 16 Août 1830, enregistrée sous le n° 62.

Le Ministre Secrétaire d'état de l'intérieur, signé GUIZOT.

N° 116. — ORDONNANCE du Lieutenant général du royaume portant que M. *Tupinier* est chargé, par intérim, de l'administration de la marine, et qu'il travaillera avec M. le commissaire provisoire au département des finances. (*Paris, 2 Août 1830.*)

ERRATUM. Dans quelques exemplaires du Bulletin des ordonnances n° 4, page 63, avant-dernière ligne de l'ordonnance sur la décoration de la Légion d'honneur, au lieu de *fond d'argent*, lisez *fond d'or*.

CERTIFIÉ conforme par nous

Garde des sceaux de France, Ministre Secrétaire d'état au département de la justice,

A Paris, le 10 * Septembre 1830,

DUPONT (de l'Eure).

* Cette date est celle de la réception du Bulletin à la Chancellerie.

On s'abonne pour le Bulletin des lois, à raison de 9 francs par an, à la caisse de l'Imprimerie royale, ou chez les Directeurs des postes des départemens.

A PARIS, DE L'IMPRIMERIE ROYALE.
10 Septembre 1830.

BULLETIN DES LOIS.

2e Partie. — ORDONNANCES. — No 8.

N° 117. — ORDONNANCE DU ROI qui modifie la délimitation des différentes Lignes où le Tabac à prix réduit est vendu en vertu de l'Article 2 de l'Ordonnance du 2 Février 1826.

A Paris, le 24 Août 1830.

LOUIS-PHILIPPE, ROI DES FRANÇAIS, à tous présens et à venir, SALUT.

Vu l'article 176 de la loi du 28 avril 1816, portant:

« Les prix fixés par les articles 174 et 175 pourront être réduits » en vertu d'ordonnances du Roi, et il pourra, de plus, être rétabli » des qualités intermédiaires de tabac dont les prix seront propor- » tionnés à ceux fixés par les articles. »

Vu les ordonnances du 14 août 1816 et du 3 mars 1820, qui fixent divers prix pour la vente du tabac dit à prix réduit, et autorisent la régie des contributions indirectes à vendre cette espèce de tabac dans les lieux qui sont les plus exposés à la fraude;

Vu l'ordonnance du 2 février 1826, qui autorise l'administration des contributions indirectes à fabriquer une qualité intermédiaire de tabac, et qui fixe la délimitation des différentes lignes où seront désormais vendus les tabacs à prix réduit, ainsi que les prix auxquels ces tabacs seront livrés aux consommateurs dans chaque ligne;

Sur le rapport de notre ministre secrétaire d'état au département des finances,

NOUS AVONS ORDONNÉ et ORDONNONS ce qui suit:

ART. 1er. La délimitation des différentes lignes où le tabac à prix réduit est vendu en vertu de l'article 2 de l'ordonnance du 2 février 1826, est modifiée, conformément aux états annexés à la présente ordonnance.

2. Les tabacs à prix réduit seront vendus aux consommateurs par la régie des contributions indirectes d'après le tarif ci-joint, savoir:

		SCAFERLATI.	RÔLES.	POUDRES.	
1re LIGNE. {	1re subdivision	1f 80c	2f 40c	3f 20c	
	2e subdivision......	2. 40.	3. 20.	4. »	
2e id......................		3. 20.	4. » {	4. » Est.	
				6. 40. Nord.	
3e id......................		4. »	6. 40. {	6. 40. Est.	
				» » Nord.	
4e id......................		6. 40.	» »	» »	

3., Notre ministre secrétaire d'état des finances est chargé de l'exécution de la présente ordonnance, qui sera insérée au Bulletin des lois.

Signé LOUIS-PHILIPPE.

Par le Roi : le Ministre Secrétaire d'état des finances ,

Signé LOUIS.

ÉTAT DE DÉMARCATION des Lignes dans lesquelles la Vente des Tabacs à prix réduit est autorisée, en vertu de l'Ordonnance du Roi du 24 Août 1830.

Ire LIGNE.

La première ligne sera limitée dans sa première subdivision, commençant à Mardick (Nord), et s'étendant jusqu'à Solre-le-Château, même département, reprenant à l'Hôpital (Moselle) et finissant à Petit-Fetterhausen (Haut-Rhin), par les communes dont la désignation suit :

NORD.
Arrondissement de Dunkerque.

Mardick.
Spiker.
Crochte.
Bissezecle.
Ekelsbcke.
Wormhout.
Le Drenghem.

Arrondissement d'Hazebrouck.

Zermezecle.
Bassel.
Hondegbem.
Hazebrouck.
Noort-Berquin (vieux Berquin).
Soutersterde (ou Doulica).

PAS-DE-CALAIS.
Arrondissement de Béthune.

Sailly-sur-la-Lys.
La Venthie.
La Bouteillerie.

NORD.
Arrondissement de Lille.

Arquinghem.
Hallenes.
Haubourdin.
Eunnerin.
Watignies.
Templemars.
Templeuve.
Capelle.

Arrondissement de Douai.

Auchy.
Orchie.
Bouvigny.

Arrondissement de Valenciennes.

Brillon.
Bongénie.
Hasnon.
Vicogne.
Raismes.
Auzain.
Valenciennes.
Marlis.
Préseau.

Arrondissement d'Avesnes.

Villers-Pol.
Orsainval.
Le Quesnoy.
Jolimet.
Pont-sur-Sambre.
Baschamp.
Vasignies.
Offies.
Solre-le-Château.

MOSELLE.

Arrondissement de Sarreguemines.

L'Hôpital.
Leutenants Gefeldt.
Chapelle.
Bening.
Tenteling.
Metzing.
Hindling.
Rode.

Arrondissement de Saverne.

Vilring.

Arrondissement de Sarreguemines.

Seinsleingen.
Bennigen.
Enchenberg.
Lemberg. -
Monterhausen.
Bacrenthal.

BAS-RHIN.

Arrondissement de Wissembourg.

Zintzweiller.
Gondershoffen.
Griesbach.
Neubourg.
Schweichaussen.
Batzindorff.

Arrondissement de Strasbourg.

Rottelsheim.
Brumath.
Vendenheim.
Lampertheim.
Mundolsheim.
Ober-Haubergen.
Wolffisheim.
Holsheim.
Geispotzheim.

Arrondissement de Schelestadt.

Hindisheim.
Scheffersheim.
Erstein.
Matzenheim.
Benfeld.
Kogenheim.
Ebersheim.
Schelestadt.

HAUT-RHIN.

Arrondissement de Colmar.

Guemar.
Ostheim.
Houssen.
Colmar.
Sundhoff.
Wolsenheim.
Sainte-Croix.
Ober-Herckeim.
Ober-Heutzen.
Mayenheim.
Reguisheim.
Ensisheim.

Arrondissement d'Altkirch.

Battenheim.
Battersheim.
Sansheim.

H 2.

Malhausen.
Brunstadt.
Zillisheim.
Illfurth.
Vaincun.

Altkirch.
Hirtzbach.
Nidersept.
Petit-Fetterhausen.

Dans la seconde subdivision, commençant à Offekerques (Pas-de-Calais), s'étendant jusqu'à Sorendal (Ardennes), reprenant à Volmerange (Moselle) et finissant à Rochejean (Doubs), par les communes dont la désignation suit :

PAS-DE-CALAIS.

Arrondissement de Saint-Omer.

Offekerques.
Guemps.
Norkerques.
Niel.
Zouafques.
Tournehem.
Nord-Leulinghem.
Mentques.
Norbécourt.
Boisdinghem.
Lumbres.
Wavrans.
Virquin.
Ouve.
Merq Saint-Lievan.
Coyecques.
Capelle.
Reclinghem.
Bomy.
Cuhem.
Fléchin.

Arrondissement de Béthune.

Ligny.
Auchy.
Lierres.
Ham.
Burbures.
Allouagnes.
Gosnay.
Hédigneul.
Drouvin.
Noeux-lès-Béthune.
Mazingarbe.
Loison.
Noyelle-sur-Lens.

Fouquières.
Montigny.
Dourges.
Evin.
La Forest.

NORD.

Arrondissement de Douai.

Raimbeaucourt.
Saint-Léonard du Raehe.
Lallaing.
Montigny.
Masny.
Auberchicourt.
Aniche.

Arrondissement de Valenciennes.

Mastaing.
Bouchain.
Lieu-Saint-Amand.
Avesnes-le-Sec.

Arrondissement de Cambrai.

Villers-en-Cauchie.
Montrécourt.
Haussy.
Saint-Pithon.
Solesmes.
Beaurain.

Arrondissement d'Avesnes.

Croix.
Bousies.
Fontaine.
Landrecies.
Maroilles.
Marbais.
Dompierre.
Saint-Hilaire.

Avesnes.
Rinsard.
Feron.
Fournies-Vinghies.
Anor.

ARDENNES.

Arrondissement de Rocroi.

Brognon.
Resgnewetz.
Lataillette.
Rocroi.
Auchamps.

Arrondissement de Charleville.

Tournavoux.
Thilay.
Nohan.
Les Hautes-Rivières.
Sorendal.

MOSELLE.

Arrondissement de Thionville.

Volmerange.
Entrange.
Hettange.
Gasch.
Valmestroff.
Ingling.
Heling.
Kedange.
Eberswiller.
Erstroff.

Arrondissement de Metz.

Colming.
Eclange.
Ricrange.
Wisse.
Ober-Wisse.
Longeville.
Purst

Arrondissement de Sarreguemines.

Alteville.
Lenvillerhoff.
Lavalette.

Rorbach.
Didesfring.
Pelring.
Saralbe.

BAS-RHIN.

Arrondissement de Saverne.

Kerkastel.
Bouquenom.
Rimerstroff.
Mackweiller.
Dieffenbach.
La Strude.
Petersbach.
La Petite-Pierre.
Neuviller.
Gottelsheim.
Rosenwiler.
Detwiler.
Waldolwisheim.
Furchhausen.
Wolchheim.
Kleingoett.
Knersheim.
Rangen.
Zehnaker.
Crastatt.

Arrondissement de Strasbourg.

Wasselonne.
Vangen.
Westhoffen.
Balbronn.
Still.
Heiligenberg.

Arrondissement de Schlestadt.

Molkirch.
Saint-Nabor.
Saint-Oulle.
Barr.
Mittelberghem.
Andlau.
Berdnardswiller.
Saint-Pierre-Bois.
Saint-Maurice.
Dieffembach.
Neubois.

II 3

HAUT-RHIN.
Arrondissement de Colmar.

Liepvre.
Sainte-Croix.
Aubure.
Fréland.
La Poutroye.
Orbey.
La Baroche.
Zimmerbach.
Walbach.
Wihr.
Gunspach.
Wasserbourg.
Lautembach.
Lautembach-Zell.
Rimbach.
Rimbach-Zell.

Arrondissement de Belfort.

Wattwiller.
Steinbach.
Vieux-Thann.
Roderen.
Soppe-le-Bas.
Bretten.
Saint-Côme.
Bréchaumont.
Reppe.
Chavanne.
Vieux-Montreux.
Jeune-Montreux.

Bretagne.
Grosne.
Grandvillars.

DOUBS.
Arrondissement de Montbéliard.

Dampierre-sous-les-Bois.
Audincourt.
Mandeure.
Andechaux.
Montecheroux.
Saint-Hippolyte.
Blanche-Fontaine.
Lonchamp.
Saint-Julien-Dessus.
Le Memou.
Le Belien.

Arrondissement de Pontarlier.

Valconstio.
Lamotte.
Ville-du-Pont.
Liévremont.
Arçon.
Doubs.
Pontarlier.
Lacluse.
Montperreux.
Malbuisson.
Abergement.
Rochejean.

II.e LIGNE.

La deuxième ligne, commençant à Andreselles (Pas-de-Calais), et finissant à Bonneville-lès-Bonchoux (Jura), aura pour limites les communes dont la désignation suit :

PAS-DE-CALAIS.
Arrondissement de Boulogne.

Andreselles.
Ambleteuse.
Wacquinghen.
Maninghem.
Pittefaut.
Pernes.
Bainctun.
Hesdin-l'Abbé.

Carly.
Samer.
Tingry.
Lacres.

Arrondissement de Montreuil.

Bernieulles.
Beussent.
Inquexen.
Recques.
Etrée.

Marent.
Marenla.
Campagne.
Gouy.
Mourriers.
Capelle.

Arrondissement de Saint-Pol.

Quesnoy-lès-Hesdin
Vacqueriette.
Haut-Menil.
Haravesne.
Rouge-Fays.
Vacquerie-le-Boucq.
Boures.
Rebreuve.
Rebreuviette.
Wamin.
Grand-Rullecourt.
Barly.

Arrondissement d'Arras.

Gouy.
Simencourt.
Mercatel.
Hénin.
Fontaine-la-Croiselle.
Hendecourt.
Rieucourt.
Quéant.
Pronville.
Graincourt.

NORD.

Arrondissement de Cambrai.

Moeuvres.
Marcoing.
Crevecœur.
Lesdaing.
Watincourt.
Marest.
Busigny.

AISNE.

Arrondissement de Saint-Quentin.

Becquigny.

Arrondissement de Vervins.

Grand-Andigny.
Mennovret.
Hennape.
Iron.
Lavaquéresse.
Crupilly.
Englancourt.
Erloy.
Sorbais.
Étré-au-Pont.
Origny.
La Herrerie.
Eparcy.
Bucilly.
Marsigny.
Leuse.
Aubenton.

ARDENNES.

Arrondissement de Rocroi.

Hanapes.
Rumigny.
Aouste.
Logny-Bogny.
Aubigny.
Rouvroy.

Arrondissement de Charleville.

Lehau des Moisnes.
Mézières.
Lumes.
Nouvion.
Vrignemeuse.

Arrondissement de Sedan.

Donchery.
Le Dancourt.
Vrigne-aux-Bois.
Saint-Menges.
Sedan.
Balan.
Bazeille.
Douzy.
Mairy.
Amblimont.
Mouzon.

H 4

MEUSE.

Arrondissement de Montmédy.

Pouilly.
Inor.
Martaincourt.
Stenay.
Baalon.
Quincy.
Juvigny.
Louppy.
Remoiville.
Jametz.
Delut.
Dombras.
Merles.
Pillon.
Rouvroy-sur-Orthain.
Saint-Pierre-Villers.

MOSELLE.

Arrondissement de Briey.

Saint-Supplet.
Mercy-le-Bas.
Joppécourt.
Mercy-le-Haut.
Malavillers.
Sancy-le-Bas.
Lommerange.

Arrondissement de Thionville.

Hayange.
Morlange.
Budange.
Boussange.
Mondelange.

Arrondissement de Metz.

Ay.
Ennery.
Ury.
Hé.
Luc.
Warisc.
Bannay.
Bionville.
Foligny.
Douvigné.
Faulquemont.

Arrondissement de Sarreguemines.

Bistroff.
Yrstroff.

MEURTHE.

Arrondissement de Château-Salins.

Altroff.
Torcheville.
Guinscling.
Pondefring.

Arrondissement de Sarrebourg.

Argviller.
Bisping.
Haut-Clocher.
Sarrebourg.
Imling.
Hesse.
La Neuville.
Niderhoff.
Bertrambois.
Châtillon.
Saint-Sauveur.

Arrondissement de Lunéville.

Angomont.
Pierre-Percée.

VOSGES.

Arrondissement de Saint-Dié.

Celles.
Moyen-Moutier.
Hurbache.
Lavoivre.
Taintrux.
Corcieux.
Gérardmer.

Arrondissement de Remiremont.

La Bresse.
Cornimont.
Travexin.
Le Ménil.
Le Tillot.

HAUTE-SAONE.

Arrondissement de Lure.

Château-Lambert.
Servance.
Miellin.
Fresse.
Champagney.
Ronchamp.
Magny-d'Anignon.
Claire-Goutte.
Frédéric-Fontaine.
Comont.
Malval.
Saulnot.
Villers-sur-Saulnot.

DOUBS.

Arrondissement de Beaume.

Arcey.
Ornans.
Faimbe.
Étrappe.
Appenans.
Saint-Georges.
Anteuil.
Grand-Crosey.
Fontenelle.
Vellevrans.
Ouvans.
Landresse.
Vellerot-lès-Vercel.
Villers-la-Combe.
Villers-Chief.
Grand'Fontaine.
Ranteehaux.
Nods.

Arrondissement de Pontarlier.

Aubonne.
Saint-Gorgon.
Ouhans.
Goux.
Bians.
Sombacour.
Chaffois.
Bulle.
Dompierre.
Frane.

JURA.

Arrondissement de Poligny.

Cuvier.
Esserval-Tartre.
Esserval-Combe.
Miége.
Nozeroy.
Doye.
Lent.
Le Bourg.
Châteauneuf.

Arrondissement de Lons-le-Saulnier.

Le Franois.

Arrondissement de Saint-Claude.

La Chaux.
Saint-Pierre.
Le Château-des-Prés.
La Rixouse.
Valfin.
Avignon.
Saint-Claude.
Chevry.
Chassal.
Molinges.
La Rivoire.
Vulvoz.
Bonneville-lès-Bonchonx.

Les parties des départemens du Pas-de-Calais, du Nord et de l'Aisne, comprises dans la deuxième ligne, forment la partie Nord de cette ligne mentionnée au tableau des prix de l'ordonnance; celles des Ardennes, de la Meuse, de la Moselle, du Bas-Rhin, de la Meurthe, des Vosges, du Haut-Rhin, de la Haute-Saone, du Doubs et du Jura, en forment la partie Est.

TROISIÈME LIGNE.

La troisième ligne, commençant à Quend-le-Jeune (Somme), et finissant à l'Hôpital (Ain), aura pour limites les communes dont la désignation suit :

SOMME.

Arrondissement d'Abbeville.

Quend-le-Jeune.
Vercourt.
Arry.
Machy.
Machiel.
Crécy.
Marcheville.
Domvast.
Gapennes.
Gramont.
Longvillier.

Arrondissement de Doulens.

Bernaville.
Vacquerie.
Gorges.
Fienvillers.
Candas.
Beauquéne.
Arquèves.
Léalvillers.
Varennes.

Arrondissement de Péronne.

Authuile.
Contalmaison.
Montauban.
Hardecourt.
Maurepas.
Bonchavènes.
Driencourt.
Tincourt.
Berne.

AISNE.

Arrondissement de Saint-Quentin.

Maissemy.
Fayet.
Rouvroy.
Harly.
Ménil-Saint-Laurent.

Sissy.
Ribemont.
Pleine-Selve.
Parpeville.

Arrondissement de Vervins.

Berlancourt.

Arrondissement de Laon.

Thiernut.
Montigny.
Tavaux.
Agnicourt.
La Basse-Chaourse.
Moncornet.
Lislet.
Noircourt.

ARDENNES.

Arrondissement de Rethel.

Renneville.
Logny-lès-Chaumont.
Adon.
Mesmont.
Novion-en-Porcien.
Macheroménil.
La Vieille-Ville.
Saulce-aux-Bois.
Monclair.

Arrondissement de Vouziers.

Tourteron.
Lametz.
Longwé.
Le Chesne-le-Populeux.
Les Petites-Armoises.
Brieulles-sur-Bar.
Authe.
Antruche.
Harricour.
Bar.
Buzancy.
Sivry.
Bayonville.

Chennery.
Rémonville.
Andevannes.

MEUSE.
Arrondissement de Montmédi.

Aincreville.
Grand-Cléry.
Brieulles.
Dunevoux.
Gercourt.
Forges.

Arrondissement de Verdun.

Samoigneux.
Louvemont.
Besouvaux.
Dieppe.
Fromezey.
Estain.
Lanhères.

MOSELLE.
Arrondissement de Briey.

Béchamps.
Monaville.
Thumeréville.
Abbeville.
Hatrize.
Bastilly.
Habonville.

Arrondissement de Metz.

Montigny.
Vigneulles.
Lorry.
Plappeville.
Longeville.
Montigny-lès-Metz.
Mercy.
Chailly.
Sorbey.
Aubé.
Béchy.
Flocourt.

MEURTHE.
Arrondissement de Château-Salins.

Racy.
Fromery.

Oron.
Chicourt.
Château-Bréhain.
Vannecourt.
Burlioncourt.
Obreck.
Hampont.
Saint-Médard.
Marsal.
Montcourt.
Xures.

Arrondissement de Lunéville.

Vaucourt.
Emberménil.
La Neuville-aux-Bois.
Manonvilliers.
Bénaménil.
Azérailles.
Gloaville.
Fontenoy.

VOSGES.
Arrondissement d'Épinal.

Ménarmont.
Nossoncourt.
Anglemont.
Rambervilliers.
Voméçourt.
Bult.
Destord.
Girecourt.
Fontenay.
Charmois-le-Roulier.
Chemiménil.

Arrondissement de Remiremont.

Jarménil.
Poucheux.
Saint-Nabord.
Remiremont.
Hérival.
Le Val d'Ajol.

HAUTE-SAONE.
Arrondissement de Lure.

Saint-Bresson.
Raddon.
Amage.

Fessey.
Belmont.
Rignovelle.
Linexert.
Franchevelle.
Quers.
Adelans.
Bouhans.
Amblans.
Vy-lès-Lure,
Amance.
Oricourt.
Marat.
Antrey-le-Vav.
Pont-de-Noire.

DOUBS.

Arrondissement de Beaume.

Cubrial.
Cuse.
Romain.
Mésandans.
Rillans.
Verne.
Luxiol.
Fontenotte.
Gros-Bois.
Fourbaune.
Petit-Roulans.
Laissey.
Osse.
Nancray.

Arrondissement de Besançon.

Marmirolles.
Torpes.
Foucherans.
Tarcenay.
Villers.
Malbrans.
Maizières.
Scey-en-Vareix.
Cléron.
Amondans.
Malans.
Colans.
Eternoz.

Nans.
Saint-Agne.

JURA.

Arrondissement de Poligny.

Douenon.
Cernans.
Labergement.
Thesy.
Aresches.
Fonteny.
Pont-d'Héry.
Valampoulières.
Montrond.
Bezain.
Crotenay.
Fraisses.

Arrondissement de Lons-le-Saulnier.

Mirebel.
Châtillon.
Blie.
Turon.
Poitte.
Saint-Christophe.
La Tour-du-May.
Bellecin.
Le Bourget.
Onnoz.
Bernon.
Menouille.
Rupt.
Vescles.
Condé.

AIN.

Arrondissement de Nantua.

Dortan.
Bouvent.
Veyziat.
Belignat.
Groissiat.
Maruguat.
Charix.
Labyriat.
Cras.
L'Hôpital.

Les parties des départemens du Pas-de-Calais, du Nord, &

Somme et de l'Aisne, comprises dans la troisième ligne, forment la partie Nord mentionnée au tableau des prix de l'ordonnance; celles des Ardennes, de la Meuse, de la Moselle, de la Meurthe et des Vosges, de la Haute-Saone, du Doubs, du Jura et de l'Ain, forment la partie Est.

QUATRIÈME LIGNE.

La quatrième ligne, commençant à Cayeux (Somme), et finissant à Saint-Benoît de Seyssieu (Ain), aura pour limites les communes dont la désignation suit :

SOMME.

Arrondissement d'Abbeville.

Cayeux.
Brutelles.
Vaudricourt.
Miliot.
Arbeux.
Ercourt.
Huppy.
Limeux.
Hocquincourt.
Hallencourt.
Dreuil.

Arrondissement d'Amiens.

Airaines.
Le Quesnoy.
Fourdrinoy.
La Ferrière.
Saint-Acheul.
Longueau.
Glisy.
Blangy.
Aubigny.
Fouilloy.
Hamelet.
Vaire.

Arrondissement de Péronne.

Bouzincourt.
Cerisy.
Marcourt.
Proyart.
Mecencourt.
Vermandovillers.
Blaincourt.

Marché-le-Pot.
Licourt.
Morchain.
Béthancourt.
Grand-Rony.
Voyennes.
Offois.
Eppeville.
Ham.

AISNE.

Arrondissement de Saint-Quentin.

La Soumette.
Oilezy.
Annois.
Jussy.

Arrondissement de Laon.

Mennessis.
Liez.
Travecy.
Danizy.
Versigny.
Couvron.
Vivaise.
Aulnois.
Chambry.
Athies.
Eppes.
Coucy-lès-Eppes.
Montaigu.
Raincourt.
La Malmaison.

ARDENNES.

Arrondissement de Rethel.

Villers devant le Thour.

Jusancourt.
Aire.
Saint-Loup.
Tagnon.
Annelles.

Arrondissement de Vouziers.

Pauvre.
Tourcelles.
Mars.
Vouziers.
Falaise.
Primat.
Olizy.
Mouron.
Grandpré.
Saint-Juvin.
Sommerance.
Fléville.
Chéhéry.

MEUSE.

Arrondissement de Verdun.

Baulmy.
Varennes.
Boureuilles.
Neuvilly.
Aubreville.
Parois.
Récicourt.
Dombasle.
Jouy.
Blercourt.
Nixéville.
Lempire.
Landrecourt.
Sommediene.
Mont,
Bonzée.
Fresnes.
Marcheville.
Saint-Hilaire.
Butgnéville.
La Tour en Woivre.

MOSELLE.

Arrondissement de Metz.

Sponville.
Xonville.

Chambley.
Gorze.
Corny.
Coin-sur-Seille.
Sillegny.
Cheminot.

MEURTHE.

Arrondissement de Nancy.

Morville-sur-Seille.
Port-sur-Seille.
Clémery.
Manoncourt.
Lizières.
Jendelancourt.
Moivron.
Villers.
Leyr.
Bouxières.
Amance.
Laitre.
Velaine.
Cercueil.
Lenoncourt.
Saint-Nicolas.
Rosières-aux-Salines.

Arrondissement de Lunéville.

Vigneulles.
Barbonville.
Le Charmois.
Méhoncourt.
Einvaux.
Blayeures.
Saint-Boing.

VOSGES.

Arrondissement d'Epinal.

Passoncourt.
Réhincourt.
Hadigny.
Zincourt.
Igney.
Oncourt.
Domèvres-sur-Avière.
Uxégney.
Les Forges.
Chaumonzey.
Sanchey.

Renauvoid.
Le Charmois.
Bains.
Trémonzey.

HAUTE-SAONE.
Arrondissement de Lure.

Saint-Loup.
Ainvelle.
Conflans.
Meurecourt.
Neurey-en-Vaux.

Arrondissement ae Vesoul.

Val Saint-Éloi.
Varogne.
Vellefrie.
Auxon.
Pusy.
Pusey.
Vaivres.
Charriez.
Andlarre.
Andlarret.
Villeguindry.
Magnoray.
Courbouit.
Pennecière.
La Malachère.
Rioz.
Sorans.
Voray.

DOUBS.
Arrondissement de Besançon.

Chevroz.
Geneuille.
Auxon-Dessous.
Pouilly-les-Vignes.
Serre-les-Sapins.
Franey.
Chemaudain.
Dannemarie.
Velesmes.
Torpes.
Byans.
Lombard.
Mosmay.
Buffard.

JURA.
Arrondissement de Poligny.

Champagne.
Cramans.
Villers-Farlay.
Villeneuve d'aval.
Montmalin.
Molamboz.
Matheuay.
Grand-Abergement.
Rathier.
Bersaillin.

Arrondissement de Lons-le-Saulnier.

Monay.
Toulouse.
Montchauverot.
Brery.
Saint-Germain.
Plainoiseau.
Domblans.
Létoile.
Montmorot.
Chilly.
Sainte-Agnès.
Paysu.
Orbagna.
Beaufort.
Rambey.
Labergement.
Rosay.
Graveleuse.
Loisia.
Graye.
Gigny.
Croupet.
Saint-Julien.
Ville-Chantria.
Grand-Montagna.
Faverges.
Charnod.
Ceffia.
Burigna.
Chaléa.

AIN.
Arrondissement de Nantua.

Southonnax.
Napt.
Mornay.

Vollognat.	Lacous.
Peyriat.	Chaley.
Condamine de la Doye.	Tenay.
Vieux d'Izenave.	Holiaz.
Lantenay.	Ordonnaz.
Izenave.	Lompnas.
	L'Huis.
Arrondissement de Belley.	Groslée.
Aranc.	Saint-Benoît de Seyssiea.

N° 118. — ORDONNANCE DU ROI qui nomme

M. *Thieullen*, actuellement préfet du Var, préfet es Côtes-du-Nord, en remplacement de M. *Fadatte de Saint-Georges;*

M. *Claude Rouxel*, négociant, préfet du Var, en remplacement de M. *Thieullen;*

M. *Gauja* préfet de l'Ariége, en remplacement de M. *de Mortarieu;*

M. *Armand Carrel* préfet du Cantal, en remplacement de M. *de Pannat,* démissionnaire;

M. *Meynadier,* secrétaire général de l'Eure, préfet de l'Indre, en remplacement de M. *de Fussy;*

M. le comte *de Lapparent,* ancien préfet, préfet du Cher, en remplacement de M. *de Bastard d'Estang.* (*Paris, 27 Août 1830.*)

CERTIFIÉ conforme par nous

Garde des sceaux de France, Ministre Secrétaire d'état au département de la justice ,

A Paris, le 15 * Septembre 1830

DUPONT (de l'Eure).

* Cette date est celle de la réception du Bullet à la Chancellerie.

On s'abonne pour le Bulletin des lois, à raison de 9 francs par an, à la caisse de l'Imprimerie royale, ou chez les Directeurs des postes des départemens.

A PARIS, DE L'IMPRIMERIE ROYALE.
15 Septembre 1830.

·BULLETIN DES LOIS.

2ᵉ Partie. — ORDONNANCES. — N° 9.

N° 119. — *ORDONNANCE DU ROI qui accorde Amnistie aux Déserteurs de l'Armée navale et des différens Corps au service de la Marine.*

À Paris, le 5 Septembre 1830.

LOUIS-PHILIPPE, ROI DES FRANÇAIS, à tous présens et à venir, SALUT.

Notre intention étant d'étendre aux déserteurs de l'armée navale l'amnistie que nous avons accordée par notre ordonnance du 28 août dernier à ceux de l'armée de terre, à l'occasion de notre avénement au trône;

Sur le rapport de notre ministre secrétaire d'état de la marine et des colonies,

NOUS AVONS ORDONNÉ et ORDONNONS ce qui suit :

ART. 1ᵉʳ Amnistie est accordée à tous les officiers mariniers, marins et ouvriers, qui sont maintenant en état de désertion.

La même disposition est applicable aux sous-officiers et soldats du corps royal d'artillerie, aux garde-chiourmes et généralement à tous les déserteurs du département de la marine, soit qu'ils aient abandonné les corps dont ils faisaient partie, soit qu'ils n'aient pas rejoint ceux pour lesquels ils étaient destinés.

2. Les déserteurs et retardataires qui, ayant été arrêtés ou s'étant présentés volontairement, n'auraient pas été jugés et condamnés définitivement au jour de la publication de la présente ordonnance, seront mis immédiatement en liberté, s'ils ne sont détenus pour d'autres causes.

3. Les déserteurs amnistiés seront tenus de se présenter dans le délai de trois mois, à l'effet d'y faire leur déclaration de repentir, savoir : les gens de mer, au commissaire de l'inscription de leur quartier, ou à l'administrateur de la marine le plus voisin de leur résidence actuelle, ou, à défaut, au maire de la commune où ils se trouvent; et les autres déserteurs, aux autorités militaires du département où ils se sont retirés.

Pour la Corse, ce délai est porté à quatre mois.

4. Le délai accordé aux déserteurs qui sont hors du royaume est fixé à six mois pour ceux qui se trouvent en Europe, à un an pour ceux qui sont hors d'Europe, et à dix-huit mois pour ceux qui sont au-delà du cap de Bonne-Espérance ou du Cap Horn.

5. L'amnistie est entière, absolue, et sans condition de servir, pour les déserteurs ou retardataires non compris sous le titre de *gens de mer*, qui se trouvent dans un des cas suivans, savoir :

1° Pour les déserteurs qui ont été admis au service, à quelque titre que ce soit, antérieurement au 1er janvier 1821;

2° Pour les déserteurs et retardataires actuellement mariés, ou veufs ayant un ou plusieurs enfans;

3° Pour les déserteurs et retardataires qui sont actuellement dans l'un des cas d'exemption prévus par l'article 14 de la loi du 10 mars 1818 sur le recrutement;

4° Pour les déserteurs auxquels il ne reste pas plus d'une année de service à faire pour atteindre le terme de leur libération;

5° Pour les déserteurs qui ont fait partie des anciens régimens d'infanterie de la marine licenciés en 1827.

6. Les déserteurs ou retardataires amnistiés auxquels les dispositions de l'article ci-dessus ne sont pas applicables, seront tenus d'entrer dans les corps de la marine pour y faire

le temps de service auquel ils sont astreints par la loi, temps dans lequel celui de leur absence illégale ne sera pas compté.

Les autres seront renvoyés dans leurs foyers, avec un certificat de libération.

7. Les déserteurs qui demanderont à jouir du bénéfice de l'amnistie, recevront une feuille de route avec indemnité, et seront dirigés sur le port où était stationné le corps dont ils faisaient partie, ou le bâtiment sur lequel ils étaient embarqués.

Les marins désobéissans seront dirigés sur les ports pour lesquels ils avaient été destinés, si les besoins du service l'exigent.

8. Les dispositions de la présente ordonnance ne sont en aucun cas applicables,

1° Aux déserteurs et retardataires qui, n'ayant pas profité de l'amnistie en temps utile, seraient arrêtés ou se présenteraient après le délai fixé par l'article 3 ci-dessus;

2° Aux déserteurs et retardataires qui, au moment de la publication de la présente ordonnance, auraient été condamnés pour désertion.

9. Ceux des déserteurs et retardataires qui ne sont pas dégagés de l'obligation de servir, et qui, après avoir profité de la présente amnistie et avoir pris leur feuille de route pour rejoindre un port, ne se rendraient pas à leur destination dans les délais fixés par les réglemens, ou déserteraient en route, resteront sous le poids de la législation relative à la désertion, et seront passibles des peines portées contre la désertion par récidive.

10. Notre ministre secrétaire d'état de la marine et des colonies est chargé de l'exécution de la présente ordonnance.

Signé LOUIS-PHILIPPE.

Par le Roi : *le Ministre Secrétaire d'état de la marine et des colonies,*

Signé HORACE SÉBASTIANI.

N° 120. — *ORDONNANCE DU ROI portant que le Prix des Acquisitions immobilières faites par les Communes pourra, s'il n'excède pas cent francs, être payé sans que les formalités pour la radiation et la purge légale des hypothèques aient été accomplies.*

A Paris, le 31 Août 1830.

LOUIS-PHILIPPE, ROI DES FRANÇAIS, à tous présens et à venir, SALUT.

Vu l'ordonnance du 23 avril 1823 et l'état y annexé ;

Sur le rapport de notre ministre secrétaire d'état au département de l'intérieur ;

Le comité de l'intérieur de notre Conseil d'état entendu,

NOUS AVONS ORDONNÉ et ORDONNONS ce qui suit :

ART. 1er. Le prix des acquisitions immobilières faites avec autorisation légale par les communes pour cause d'utilité publique régulièrement constatée, s'il n'excède pas la somme de cent francs, pourra être payé sans que les formalités prescrites pour la radiation et la purge légale des hypothèques aient été préalablement accomplies, et sans que, dans aucun cas, cette faculté puisse porter atteinte aux droits, actions et priviléges des tiers créanciers, quand il en existera.

2. Nos ministres secrétaires d'état de l'intérieur et des finances sont chargés de l'exécution de la présente ordonnance.

Signé LOUIS-PHILIPPE.

Par le Roi : le Ministre Secrétaire d'état au département de l'intérieur,

Signé GUIZOT.

N° 121. — *ORDONNANCE DU ROI qui ouvre au Ministre de l'intérieur un Crédit extraordinaire de cinq millions.*

A Paris, le 16 Août 1830.

LOUIS-PHILIPPE, ROI DES FRANÇAIS, à tous présens et à venir, SALUT.

Sur le rapport de notre ministre secrétaire d'état au département de l'intérieur ;

Notre Conseil entendu et vu l'urgence des circonstances,

NOUS AVONS ORDONNÉ et ORDONNONS ce qui suit :

ART. 1er. Un crédit extraordinaire de cinq millions est ouvert à notre ministre secrétaire d'état au département de l'intérieur, qui en fera emploi pour les travaux publics et autres besoins pressans auxquels il est indispensable de pourvoir.

2. Un projet de loi sera immédiatement présenté aux Chambres pour la régularisation de ce crédit, dont il sera rendu compte dans les formes légalement prescrites.

3. Notre ministre secrétaire d'état de l'intérieur est chargé de l'exécution de la présente ordonnance.

Signé LOUIS-PHILIPPE.

Par le Roi ; le Ministre secrétaire d'état au département de l'intérieur,

Signé GUIZOT.

N° 122. — ORDONNANCE DU ROI portant fixation du Traitement du Préfet de la Seine.

A Paris, le 20 Août 1830.

LOUIS-PHILIPPE, ROI DES FRANÇAIS, à tous présens et à venir, SALUT.

Sur le rapport de notre ministre secrétaire d'état au département de l'intérieur,

NOUS AVONS ORDONNÉ et ORDONNONS ce qui suit :

Le traitement du préfet du département de la Seine est fixé à la somme de cinquante mille francs par an.

Notre ministre secrétaire d'état de l'intérieur est chargé de l'exécution de la présente ordonnance.

Signé LOUIS-PHILIPPE.

Par le Roi : le Ministre secrétaire d'état au département de l'intérieur,

Signé GUIZOT.

N° 123. — *Ordonnance du Roi qui autorise la ville d'Apt (Vaucluse) à établir un Abattoir public et commun.*

À Paris, le 28 Août 1830.

LOUIS-PHILIPPE, Roi des Français, à tous présens et à venir, SALUT.

Sur le rapport de notre ministre secrétaire d'état au département de l'intérieur ;

Vu la délibération du conseil municipal de la ville d'Apt (Vaucluse) du 16 février 1830, relative à l'établissement d'un abattoir public et commun dans ladite ville ,

L'avis du préfet du 17 avril suivant ; :

Notre Conseil d'état entendu,

Nous avons ordonné et ordonnons ce qui suit :

Art. 1er. La ville d'Apt (Vaucluse) est autorisée à établir un abattoir public et commun.

L'autorité municipale remplira pour le choix de l'emplacement les formalités exigées par le décret du 15 octobre 1810 et par l'ordonnance royale du 14 janvier 1815 , relativement aux ateliers insalubres de troisième classe.

2. Aussitôt que les échaudoirs dudit établissement auront été mis en état de service, et dans le délai d'un mois ; au plus tard , après que le public en aura été averti par affiches , l'abattage des bœufs, vaches, veaux, moutons et porcs destinés à la consommation des habitans aura lieu à l'intérieur de la ville , exclusivement dans l'abattoir public , et toutes les tueries particulières seront interdites et fermées.

Toutefois les propriétaires qui élèvent des porcs pour la consommation de leur maison, conserveront la faculté de les abattre chez eux , pourvu que ce soit dans un lieu clos et séparé de la voie publique.

3. Les bouchers et charcutiers forains pourront également faire usage de l'abattoir public, mais sans y être obligés, soit

qu'ils concourent à l'approvisionnement de la commune, soit qu'ils approvisionnent seulement la banlieue.

Hors de la commune, c'est-à-dire dans celles des environs, ils seront libres, ainsi que les bouchers et charcutiers d'Apt, de tenir des échaudoirs sous l'approbation de l'autorité locale.

4. En aucun cas et pour quelque motif que ce soit, le nombre des bouchers et charcutiers ne pourra être limité; tous ceux qui voudront s'établir dans la ville d'Apt seront seulement tenus de se faire inscrire à la mairie, où ils feront connaître le lieu de leur domicile et justifieront de leur patente.

5. Les bouchers et charcutiers de la commune auront la faculté d'exposer en vente et de débiter de la viande à leur domicile, dans des étaux convenablement appropriés à cet usage et suivant les règles de la police.

6. Les bouchers et charcutiers forains pourront exposer en vente et débiter de la viande dans la commune, mais seulement aux lieux et aux jours désignés par le maire, et ce, en concurrence avec les bouchers et les charcutiers d'Apt qui voudront profiter de la même faculté.

7. Les droits à payer par les bouchers et charcutiers pour l'occupation des places dans l'abattoir public seront réglés par un tarif arrêté dans la forme ordinaire.

8. Le maire de la ville d'Apt pourra faire les réglemens locaux nécessaires pour le service de l'abattoir public, ainsi que pour le commerce de la boucherie et charcuterie; mais ces actes ne seront exécutoires qu'après avoir reçu l'approbation de notre ministre de l'intérieur, sur l'avis du préfet.

9. Notre ministre secrétaire d'état de l'intérieur est chargé de l'exécution de la présente ordonnance, qui sera insérée au Bulletin des lois.

Signé LOUIS-PHILIPPE.

Par le Roi : le Ministre Secrétaire d'état au département de l'intérieur,

Signé GUIZOT.

Nº 124. — *ORDONNANCE DU ROI qui divise en deux Classes les Commissariats de police de Paris.*

À Paris, le 31 Août 1830.

LOUIS-PHILIPPE, ROI DES FRANÇAIS, à tous présens et à venir, SALUT.

Sur le rapport de notre ministre secrétaire d'état au département de l'intérieur;

AVONS ORDONNÉ et ORDONNONS ce qui suit :

ART. 1er. Les quarante-huit commissariats de police établis pour les divers quartiers de Paris sont divisés en vingt-huit commissariats de première classe et vingt de seconde classe.

2. Le préfet de police désignera ceux de ces commissariats qui feront partie de la première classe et ceux qui appartiendront à la seconde.

Cette désignation sera renouvelée, s'il y a lieu, de cinq ans en cinq ans.

3. Un traitement de six mille francs et une indemnité de quinze cents francs pour frais de bureau sont affectés aux commissariats de police de première classe.

Un traitement de cinq mille quatre cents francs et une indemnité de douze cents francs pour frais de bureau sont affectés aux commissariats de police de seconde classe.

4. Nul ne pourra être nommé à un commissariat de police de première classe, s'il n'a exercé pendant deux ans au moins dans un ou plusieurs commissariats de seconde classe.

5. La réduction résultant de l'article 3 ne s'appliquera pas aux commissaires en exercice antérieurement à notre ordonnance du 18 de ce mois.

6. Notre ministre secrétaire d'état de l'intérieur est chargé de l'exécution de la présente ordonnance.

Signé LOUIS-PHILIPPE.

Par le Roi : *le Ministre Secrétaire d'état au département de l'intérieur,*

Signé GUIZOT.

N.° 125.—*ORDONNANCE DU ROI qui replace l'hospice des Quinze-Vingts dans les attributions immédiates du Ministre de l'intérieur.*

À Paris, le 31 Août 1830.

LOUIS-PHILIPPE, ROI DES FRANÇAIS, à tous présens et à venir, SALUT.

Sur le rapport de notre ministre secrétaire d'état au département de l'intérieur;

NOUS AVONS ORDONNÉ et ORDONNONS ce qui suit :

ART. 1er. L'hospice des Quinze-vingts est replacé dans les attributions immédiates de notre ministre secrétaire d'état au département de l'intérieur. Il sera administré sous l'autorité de ce ministre par une commission gratuite, composée de cinq membres.

2. Notre ministre secrétaire d'état de l'intérieur est chargé de l'exécution de la présente ordonnance.

Signé LOUIS-PHILIPPE.

Par le Roi : *le Ministre Secrétaire d'état au département de l'intérieur,*

Signé GUIZOT.

———————

N° 126. — *ORDONNANCE DU ROI qui rétablit M. Tissot dans son titre et dans ses fonctions de Professeur de poésie latine au Collége de France.*

À Paris, le 30 Août 1830.

LOUIS-PHILIPPE, ROI DES FRANÇAIS, à tous présens et à venir, SALUT.

Considérant qu'il est de la dignité et de l'intérêt des lettres et des sciences que les professeurs chargés d'en répandre la connaissance ne puissent être destitués de leurs chaires que pour des motifs graves et dans les cas prévus par les lois;

Considérant que si les professeurs au collége royal de France ne sont point placés par le décret du 17 mars 1808 dans le corps de l'université, et ne peuvent en conséquence se prévaloir des dispositions dudit décret, il n'en est pas moins juste et convenable qu'ils ne puissent être destitués de leurs chaires que selon des formes et par suite de décisions légales;

Considérant que la destitution de M. *Tissot* a eu lieu sans causes ni formalités pareilles;

Vu la démission donnée par M. *Naudet*,

Nous avons ordonné et ordonnons ce qui suit :

Art. 1er. M. *Tissot* est rétabli dans son titre et dans ses fonctions de professeur en la chaire de poésie latine au collége de France.

2. Notre ministre secrétaire d'état de l'intérieur est chargé de l'exécution de la présente ordonnance.

Signé LOUIS-PHILIPPE.

Par le Roi : *le Ministre secrétaire d'état au département de l'intérieur,*

Signé Guizot.

———

N° 127.— *Ordonnance du Roi qui crée une Commission chargée d'examiner la situation actuelle de l'École polytechnique.*

A Paris, le 31 Août 1830.

LOUIS-PHILIPPE, Roi des Français, à tous présens et à venir, SALUT.

Sur le rapport de notre ministre secrétaire d'état au département de l'intérieur;

Nous avons ordonné et ordonnons ce qui suit :

Art. 1er. Il sera formé une commission chargée d'examiner la situation actuelle de l'école polytechnique, et de proposer les moyens qui lui paraîtront utiles et convenables pour en améliorer soit l'organisation, soit les études.

Cette commission sera composée des membres dont les noms suivent, savoir :

MM.

Le général *d'Anthouard*,
Le général *Havo*,
De *Prony* . . . ⎫
Gay-Lussac . . ⎬ professeurs.
Arago . . . . . . ⎪
Dulong . . . . ⎭

2. Notre ministre secrétaire d'état de l'intérieur est chargé de l'exécution de la présente ordonnance.

Signé LOUIS-PHILIPPE.

Par le Roi : *le Ministre Secrétaire d'état au département de l'intérieur,*

Signé GUIZOT.

N° 128. — ORDONNANCE DU ROI *relative au Prolongement d'une Route départementale de l'Isère.*

A Paris, le 31 Août 1830.

LOUIS-PHILIPPE, ROI DES FRANÇAIS, à tous présens et à venir, SALUT.

Sur le rapport de notre ministre secrétaire d'état de l'intérieur ;

Vu la délibération du conseil général du département de l'Isère, session de 1829, tendant à ce que la route départementale n° 11, de Saint-Marcellin à la Côte-Saint-André par Roybon, soit prolongée jusqu'à Pont-en-Royans en passant par la Saone ;

Vu l'avis du conseil général des ponts et chaussées ;

Le comité de l'intérieur de notre Conseil d'état entendu,

NOUS AVONS ORDONNÉ et ORDONNONS ce qui suit :

ART. 1ᵉʳ. La route départementale n° 11, de Saint-Marcellin à la Côte-Saint-André par Roybon (Isère), sera prolongée jusqu'à Pont-en-Royans par la Saone. Cette route, en conservant le même numéro, prendra à l'avenir le nom de *route de Pont-en-Royans à la Côte-Saint-André par la Saone, Saint-Marcellin et Roybon.*

2. L'administration est autorisée à acquérir les terrains nécessaires pour élargir et perfectionner cette route, en se conformant toutefois au mode prescrit par la loi du 8 mars 1810 sur l'expropriation pour cause d'utilité publique.

3. Notre ministre secrétaire d'état de l'intérieur est chargé de l'exécution de la présente ordonnance.

Signé LOUIS-PHILIPPE.

Par le Roi : *le Ministre secrétaire d'état au département de l'intérieur,*

Signé GUIZOT.

N° 129. — *Ordonnance du Roi qui élève le Taux de la Retenue exercée sur le Traitement des Employés des prisons.*

A Paris, le 1er Septembre 1839.

LOUIS-PHILIPPE, Roi des Français, à tous présens et à venir, SALUT.

Vu le décret du 7 mars 1808, concernant les retraites des employés des prisons;

Considérant que le produit de la retenue de deux et demi pour cent exercée sur le traitement des employés des prisons est insuffisant pour acquitter les pensions de retraite, imputables sur ce fonds, et a présenté dans le cours des derniers exercices un déficit qui, en augmentant annuellement, rendrait impossible le paiement desdites pensions;

Considérant que le seul moyen d'assurer cette partie du service est d'élever le taux de la retenue précitée;

Sur le rapport de notre ministre secrétaire d'état au département de l'intérieur,

Nous avons ordonné et ordonnons ce qui suit:

ART. 1er. La retenue de deux et demi pour cent exercée sur le traitement des employés des prisons, en exécution de l'article 1er du décret du 7 mars 1808, sera portée, à dater du 1er octobre 1830, au taux de quatre pour cent.

2. Notre ministre secrétaire d'état de l'intérieur est chargé de l'exécution de la présente ordonnance.

Signé LOUIS-PHILIPPE.

Par le Roi : *le Ministre secrétaire d'état au département de l'intérieur,*

Signé GUIZOT.

N° 130. — *Ordonnance du Roi qui rapporte celle du 29 Mai 1830 portant institution d'une Chaire de Procédure criminelle et de Législation criminelle dans la Faculté de droit de Paris.*

A Paris, le 6 Septembre 1830.

LOUIS-PHILIPPE, Roi des Français, à tous présens et à venir, SALUT.

Vu l'avis du conseil royal de l'instruction publique;

Considérant que l'ordonnance en date du 29 mai 1830 qui institue une chaire nouvelle dans la faculté de droit de Paris, a été motivée sur l'allégation que l'étude du droit criminel serait entièrement abandonnée dans ladite faculté, allégation qui est reconnue dénuée de fondement;

Considérant en outre que, d'après les circonstances qui ont accompagné la création de la chaire de procédure criminelle et de législation criminelle, cette mesure paraît avoir eu pour but unique d'introduire immédiatement dans la faculté, comme professeur, une personne qui venait d'échouer dans un concours pour une place de suppléant, et d'anéantir ainsi les résultats du concours;

Sur le rapport de notre ministre secrétaire d'état de l'instruction publique et des cultes,

Nous avons ordonné et ordonnons ce qui suit:

Art. 1er. L'ordonnance du 29 mai 1830, portant institution d'une chaire de procédure criminelle et de législation criminelle dans la faculté de droit de Paris, est et demeure rapportée.

2. Notre ministre de l'instruction publique et des cultes est chargé de l'exécution de la présente ordonnance.

Signé LOUIS-PHILIPPE.

Par le Roi : *le Ministre Secrétaire d'état au département*
de l'instruction publique et des cultes,

Signé Duc de Broglie.

N° 131. — *Ordonnance du Roi qui détermine les Dénominations et l'uniforme des corps de Gendarmerie destinés à la surveillance des départemens, des arrondissemens maritimes et des colonies.*

A Paris, le 8 Septembre 1830.

LOUIS-PHILIPPE, Roi des Français, à tous présens et à venir, SALUT.

Sur le rapport de notre ministre secrétaire d'état au département de la guerre,

Nous avons ordonné et ordonnons ce qui suit :

Art. 1ᵉʳ. Les corps de gendarmerie destinés à la surveillance des départemens, des arrondissemens maritimes et
des colonies, prendront à l'avenir les dénominations suivantes,
savoir :

    1° Gendarmerie départementale,

    2° Gendarmerie des ports et arsenaux,

    3° Gendarmerie des colonies.

2. Sur la plaque du baudrier et du ceinturon, ainsi que
sur les boutons, l'écusson actuel sera remplacé par le coq
gaulois avec la légende, *Gendarmerie départementale des
ports et arsenaux* ou *des colonies*, et l'exergue, *Sûreté
publique*.

3. Les paremens de l'habit et du surtout seront en drap
écarlate, et fermés en dessus par une patte à trois pointes
en drap blanc avec passe-poil écarlate.

Le pantalon chamois sera remplacé dans la grande tenue
par un pantalon blanc, en peau de mouton pour la cavalerie,
et en drap pour l'infanterie.

La bordure du chapeau en galon d'argent est supprimée.
Il y sera substitué un galon noir en poil de chèvre uni. La
corne du devant et la partie relevée du derrière seront ornées
chacune de quatre passans en galons d'argent, à cul-de-dé,
suivant le modèle qui sera adopté.

4. Notre ministre secrétaire d'état au département de la
guerre est chargé de l'exécution de la présente ordonnance.

               Signé LOUIS-PHILIPPE.

Par le Roi : *le Ministre Secrétaire d'état au département de la guerre*,
                      Signé Mᵃˡ Cᵗᵉ GÉRARD.

———————

Nº 132. — ORDONNANCE du Lieutenant général du royaume qui
autorise M. *Bignon* à ouvrir les dépêches du ministère des affaires
étrangères et à en faire le classement. (*Paris, 2 Août 1830.*)

———————

Nº 133. — ORDONNANCE du Lieutenant général du royaume qui
nomme M. le baron *Bignon* commissaire provisoire au département de l'instruction publique. (*Paris, 3 Août 1830.*)

N° 134. — Ordonnance du Lieutenant général du royaume qui nomme M. le maréchal comte Jourdan commissaire provisoire au département des affaires étrangères. (Paris, 3 Août 1830.)

N° 135. — Ordonnance du Lieutenant général du royaume qui nomme M. *Casimir Périer* président de la Chambre des Députés. (*Paris, 6 Août 1830.*)

N° 136. — Ordonnance du Roi qui nomme M. *Auguste Billiard* secrétaire général du ministère de l'intérieur, et fixe son traitement à la somme de dix-huit mille francs. (*Paris, 13 Août 1830.*)

N° 137. — Ordonnance du Roi portant qu'il sera établi dans le village de la Violle, section de la commune d'Antraigues, arrondissement de Privas, département de l'Ardèche, un adjoint au maire de cette commune, lequel sera chargé de remplir dans ladite section les fonctions d'officier de l'état civil et d'y exercer la police par délégation. (*Paris, 1er Septembre 1830.*)

N° 138. — Ordonnance du Roi portant qu'il sera pourvu, sur les fonds du ministère de l'intérieur, au traitement de M. *Pierre-Denis Lagarde*, conseiller d'état en service ordinaire, attaché au comité de l'intérieur. (*Paris, 1er Septembre 1830.*)

N° 139. — Ordonnance du Roi qui nomme M. *Guitard*, ancien député, préfet du Cantal, en remplacement de M. *Armand Carrel*, démissionnaire. (*Paris, 2 Septembre 1830.*)

N° 140. — Ordonnance du Roi qui nomme M. *Jourdan*, avocat, préfet du département de la Corse, en remplacement de M. le comte *de Choiseul*. (*Paris, 4 Septembre 1830.*)

N° 141. — Ordonnance du Roi portant que le sieur *Jean-Adam Schupp*, né le 8 mars 1786 à Deux-Ponts, ancien département du Mont-Tonnerre, ouvrier sellier, demeurant à Paris, est admis à établir son domicile en France, pour y jouir de l'exercice des droits civils tant qu'il continuera d'y résider. (*Paris, 4 Septembre 1830.*)

N° 142. — Ordonnance du Roi portant que,

1° Le sieur *Bock* (*Léopold-Henri*), né le 8 mai 1797 à Dessau, grand-duché d'Anhalt, demeurant à Mulhausen, arrondissement d'Altkirch, département du Haut-Rhin,

2° Le sieur de Dufresne (Maximilien-Joseph), né le 26 décembre 1793 à Estenach, royaume de Bavière, et demeurant à Metz, département de la Moselle,

3° Le sieur Elsberg (Chrétien-Josué-Pierre-Hermann), né le 12 octobre 1808 à Wesel, ancien département de la Roer, employé dans l'administration des contributions indirectes, demeurant à Vaugirard,

4° Le sieur Freisleben (Charles), né le 11 août 1791 à Frauenburg, royaume de Prusse, maréchal-des-logis au cinquième régiment de hussards à Thionville, département de la Moselle,

5° Le sieur Hartung (Jean-Frédéric), né le 16 septembre 1799 à Nord-hausen, royaume de Prusse, vitrier, demeurant à Mulhausen, département du Haut-Rhin,

6° Le sieur Müller (Pantaléon), né le 23 septembre 1799 à Stetten, royaume de Wurtemberg, charpentier, demeurant à Mulhausen, arrondissement d'Altkirch, département du Haut-Rhin,

7° Le sieur Schiedé (Charles-Louis-Guillaume), né le 6 août 1798 à Meerholtz, grand-duché de Hesse, aide-pharmacien, demeurant à Mulhausen, arrondissement d'Altkirch, département du Haut-Rhin,

8° Le sieur Sichel (Jules), né le 14 mai 1802 à Francfort-sur-le-Mein, docteur en médecine, demeurant à Paris,

9° Le sieur Treyer (Jean-Baptiste), né le 21 juin 1777 à Ippingen, grand-duché de Bade, demeurant à Marckolsheim, département du Bas-Rhin,

Sont admis à établir leur domicile en France, pour y jouir de l'exercice des droits civils tant qu'ils continueront d'y résider. (Paris, 8 Septembre 1830.)

CERTIFIÉ conforme par nous

Garde des sceaux de France, Ministre Secrétaire d'état au département de la justice,

A Paris, le 17.* Septembre 1830,

DUPONT (de l'Eure).

* Cette date est celle de la réception du Bulletin à la Chancellerie.

On s'abonne pour le Bulletin des lois, à raison de 9 francs par an, à la caisse de l'Imprimerie royale, ou chez les Directeurs des postes des départemens.

A PARIS, DE L'IMPRIMERIE ROYALE.
17 Septembre 1830.

BULLETIN DES LOIS.

2ᵉ Partie. — ORDONNANCES. — N° 10.

N° 143. — *Ordonnance du Roi portant Convocation de plusieurs Colléges électoraux.*

A Paris, le 13 Septembre 1830.

LOUIS-PHILIPPE, Roi des Français, à tous présens et à venir, SALUT.

Sur le rapport de notre ministre secrétaire d'état au département de l'intérieur;

Vu les lois des 5 février 1817, 29 juin 1820, 2 mai 1827, 2 juillet 1828, 11 et 12 septembre 1830;

Considérant que des places sont vacantes dans la Chambre des Députés par l'effet d'options, de démissions et de décisions qui ont annullé les opérations de plusieurs colléges électoraux, ainsi que par la nomination de plusieurs députés à des fonctions publiques salariées,

Nous avons ordonné et ordonnons:

ART. 1ᵉʳ. Les colléges électoraux d'arrondissement désignés au tableau ci-annexé (n° 1) sont convoqués pour le 21 octobre prochain dans les villes indiquées audit tableau, à l'effet d'élire chacun un député.

2. Conformément à l'article 1ᵉʳ de la loi du 12 septembre 1830, les électeurs des départemens désignés au tableau ci-annexé (n° 2) se réuniront le 28 octobre prochain dans les villes qui y sont indiquées, à l'effet d'élire le nombre de députés porté dans ce tableau.

3. En exécution de l'article 6 de la loi du 2 mai 1827 et de l'article 22 de la loi du 2 juillet 1828, les préfets publieront la présente ordonnance immédiatement après sa réception : ils ouvriront le registre des réclamations, et feront paraitre le tableau de rectification dans le délai prescrit par la loi du 2 juillet 1828.

4. Il sera procédé pour les opérations des colléges électoraux ainsi qu'il est réglé par les dispositions combinées de
la loi du 12 septembre 1830 et de l'ordonnance royale du
11 octobre 1820.

5. Notre ministre secrétaire d'état de l'intérieur est chargé
de l'exécution de la présente ordonnance.

Signé LOUIS-PHILIPPE.

Par le Roi : *le Ministre Secrétaire d'état au département de l'intérieur,*

Signé GUIZOT.

TABLEAU nº 1.

Convocation des Collèges d'arrondissement.

DÉPARTE-MENS.	ARRONDISSEMENS électoraux.	VILLES où les colléges se réunissent.	NOMS DES DÉPUTÉS dont la place est devenue vacante.	CAUSES DE LA VACANCE.
Ain........	2.e	Trévoux.....	Rodet..........	Nommé conseiller de préfecture.
Aisne......	3.e	Vervins.....	Sébastiani.....	Nommé ministre de la marine.
Allier.....	2.e	Montluçon,...	Camus de Richemont	Nommé commandant de l'école militaire de Saint-Cyr.
Ardèche...	1.er	Privas.......	De Bernis......	Démissionnaire.
Ardennes..	2.e	Rethel.......	Clausel.........	Nommé commandant de l'armée d'Afrique.
Aube......	1.er	Troyes.......	Casimir Périer....	Nommé membre du Conseil des ministres.
Aude.....	1.er	Castelnaudary.	Madier de Montjau.	Nommé procureur général près cour royale de Lyon.
B.-du-Rhône	1.er	Marseille.....	Verdilhon......	Élection annulée.
	2.e	Aix.........	De Bausset.....	Démissionnaire.
Calvados...	4.e	Lisieux.....	Guizot.........	Nommé ministre de l'intérieur.
Cantal.....	1.er	Aurillac.....	Bignet.........	Démissionnaire.
	2.e	Saint-Flour..	De Vatimesnil.....	Option pour la députation du Nord.
Cher......	2.e	Saint-Amand.	Devaux.........	Nommé procureur général près cour royale de Bourges.
Côtes-du-N.	1.er	Saint-Brieuc..	Lecorgne de Bonabry	Démissionnaire.
	4.e	Lannion.....	Bernard.........	Nommé procureur général près cour royale de Paris.
Eure......	3.e	Bernay.......	Dupont........	Nommé garde des sceaux.
	4.e	Les Andelys..	Bignon.........	Nommé membre du Conseil des ministres.
Eure-et-L...	1.er	Chartres.....	Busson.........	Nommé sous-préfet de Châteaudun.
Finistère..	1.er	Brest........	Daunou.......	Nommé garde général des archives.
	2.e	Morlaix......	De Kérouartou....	Démissionnaire.
	3.e	Châteaulin....	Couen de Saint-Luc.	Élection annulée.
	4.e	Quimper.....	Du Marhallach....	Démissionnaire.

DÉPARTE-MENS.	ARRONDISSEMENS électoraux.	VILLES où les collèges se réunissent.	NOMS DES DÉPUTÉS dont la place est devenue vacante.	CAUSES DE LA VACANCE.
Gard......	2.e	Alais.......	De Lascours......	Nommé maréchal-de-camp.
Haute-Gar.	3.e	Villefranche...	De Bartouth......	Élection annullée.
Gironde...	5.e	La Réole......	De Lur-Saluces....	Démissionnaire.
Hérault...	3.e	Lodève......	Ratye de la Peyrade.	Démissionnaire.
Ille-et-Vil.	2.e	Rennes.......	Bernard.......	Option pour la députation des Côtes du-Nord.
	4.e	Redon......	De Gibon........	Démissionnaire.
Indre-et-L..	2.e	Chinon......	Girod (de l'Ain)...	Nommé préfet de police de Paris.
Isère....	3.e	La Tour-du-Pin	De Corduse......	Démissionnaire.
Jura.....	2.e	Dôle........	De Vaulchier.....	Élection annullée.
Loire.....	2.e	Roanne......	Alcock..........	Nommé président du tribunal civil Roanne.
Loire-Infér.	1.er	Nantes.......	Louis de St-Aignan,	Nommé préfet de la Loire-Inférieure
Loiret....	1.er	Orléans......	De Cormenin.....	Démissionnaire.
Lot.......	1.er	Cahors......	Calmon.........	Nommé directeur général de l'enregistrement.
	2.e	Puy-l'Évêque..	De Flaujac.....	Élection annullée.
	3.e	Figeac........	Sirieys de Mayrinhac.	Démissionnaire.
Maine-et-L..	3.e	Beaupréau....	De Caqueray.....	Démissionnaire.
Haute-M...	2.e	Langres......	De Vandeuil.....	Démissionnaire.
Meurthe...	3.e	Château-Salins.	Louis..........	Nommé ministre des finances.
Morbihan..	4.e	Ploërmel.....	De la Boissière....	Démissionnaire.
Nièvre....	2.e	Cosne........	Dupin aîné......	Nommé membre du Conseil des ministres et procureur général près cour de cassation.
Nord......	2.e	Hazebrouck...	De Murat........	Élection annullée.
	3.e	Lille........	Lemesre-Dubrule...	Démissionnaire.
Oise......	3.e	Clermont.....	Gérard........	Nommé ministre de la guerre.
Basses-Pyr.	3.e	Bayonne.....	Jacques Laffitte...	Nommé membre du Conseil des ministres.
Bas-Rhin..	4.e	Strasbourg....	Benjamin Constant.	Nommé conseiller d'état.
Saone-et-L.	3.e	Autun......	De Fontenay.....	Démissionnaire.
Sarthe....	3.e	La Flèche....	Bourdon du Rocher.	Démissionnaire.
Seine.....	1.er	Paris.......	Mathieu Dumas...	Conseiller d'état, inspecteur général des gardes nationales.
	5.e	Paris.......	De Schonen......	Nommé procureur général près cour des comptes.
	6.e	Paris.......	Chardel........	Nommé conseiller à la cour de cassation.
	7.e	Paris.......	Bavoux........	Nommé conseiller maître à la cour des comptes.
Seine-Infér.	6.e	Neufchâtel...	Hély d'Oissel....	Nommé conseiller d'état.
Seine-et-O.	2.e	Arpajon......	Bérard........	Nommé directeur général des ponts et chaussées.
Somme....	1.er	Abbeville.....	Roulon-Morel....	Démissionnaire.

DÉPARTE-MENS.	VILLES où les colléges départemen-taux se réunissent.		NOMS des députés dont la place est vacante.	CAUSES DE LA VACANCE.
Ain........	Bourg.......		La Boulaye.......	Démissionnaire.
			Dudon..........	Élection annullée.
Allier.....	Moulins.....	2.	Beraud des Rondards	Démissionnaire.
			De Conny........	Idem.
Alpes (B.).	Digne.......	2.	De Mieulle.......	Élection annullée.
			Magnan..........	Idem.
Ardèche...	Privas.......	1.	De Blou........	Idem.
B.-du-Rhne.	Marseille.....	2.	De Roux........	Élection annullée.
			Pardessus........	Idem.
Doubs.....	Besançon.....	2.	Terrier de Santans.	Démissionnaire.
			Dros............	Idem.
Eure......	Évreux......	3.	Gattier	Nommé préfet de la Manche.
			Villemain	Nommé membre du conseil de l'Université.
			Thomas..........	Nommé préfet des Bouches-du-Rhône.
Finistère...	Quimper.....	2.	De Guernisac.....	Démissionnaire.
			Briant de Laubrière.	Idem.
Garonne (H.)	Toulouse.....	1.	De Saint-Félix....	Démissionnaire.

DÉPARTE-MENS.	VILLES où les colléges départementaux se réunissent.	Nombre de députés à nommer.	NOMS des députés dont la place est vacante.	CAUSES DE LA VACANCE.
Ille-et-Vil^{ne}.	Rennes	3.	Duplessis de Grénédan. De Montlourcher.. De Trégomain..	Élection annullée. Idem. Idem.
Jura	Lons-le-Saulnier .	1.	De Bonmarchant..	Démissionnaire.
Landes	Mont-de-Marsan.	1.	Pouféré de Cère	Nommé maître des requêtes.
Loire	Montbrison ...	1.	De Champagny...	Démissionnaire.
Loiret.....	Orléans......	1.	De Riccé	Nommé préfet du département Loiret.
Lot	Cahors........	2.	Séguy .... De Lentilhac......	Élection annullée. Idem.
Maine-et-L^{re}	Angers	2.	Brillet de Villemorge De la Potherie...	Démissionnaire. Idem.
Marne.....	Châlons.....	1.	Ruinart de Brimont.	Démissionnaire.
Mayenne...	Laval	1.	De Pignerolles.....	Idem.
Meuse.....	Verdun	1.	D'Arros	Nommé préfet de la Meuse.
Morbihan..	Vannes......	1.	Herscouet de S.-Georges	Démissionnaire.
Nièvre	Nevers.......	1.	Hyde de Neuville..	Idem.
Nord.....	Lille........	4.	Potteau d'Hancardrie .. Durand d'Élecourt. Pas de Beaulieu... De l'Épine.......	Démissionnaire. Idem. Idem. Idem.
Orne......	Alençon......	2.	De Choiseul-Daillecourt D'Andlaw........	Idem. Idem.
Pas-de-Cal..	Arras........	1.	Duquesnoy	Démissionnaire.
Puy-de-D..	Clermont.....	2.	Chabrol de Volvic.. Pélissier de Féligonde..	Idem. Idem.
Sarthe.....	Le Mans	3.	Lamandé......... Coutard......... De Châteaufort....	Démissionnaire. Idem. Idem.
Seine-Infér.	Rouen	1.	Thil.	Nommé procureur général près cour royale de Rouen.
Sèvres (Deux).	Niort........	1.	De Sainte-Hermine.	Nommé préfet du département de Vendée.
Somme	Amiens......	2.	Dumaisniel de Liercourt De Castéja........	Démissionnaire. Idem.
Tarn......	Albi.........	1.	De Saint-Géry....	Idem.
Vienne....	Poitiers	1.	De Curzay.......	Démissionnaire.

DÉPARTE-MENS.	VILLES où les colléges départemen-taux se réunissent.	Nombre de députés à nommer.	NOMS des députés dont la place est vacante.	CAUSES DE LA VACANCE
ienne (H.)	Limoges......	1.	*Dumont de Saint-Priest.*	Nommé procureur général près cour royale de Limoges.
osges....	Épinal.......	1.	*Nau de Champlouis.*	Nommé préfet du Bas-Rhin.

Signé LOUIS-PHILIPPE.

Par le Roi : *le Ministre Secrétaire d'état au département de l'intér*

Signé GUIZOT

Nº 141. — ORDONNANCE DU ROI *portant convocation du Collége électoral du département de la Corse.*

A Paris, le 14 Septembre 1830.

LOUIS-PHILIPPE, ROI DES FRANÇAIS, à tous présens et à venir, SALUT.

Sur le rapport de notre ministre secrétaire d'état de l'intérieur ;

Vu les lois des 5 février 1817, 29 juin 1820, 2 mai 1827, 2 juillet 1828, 11 et 12 septembre 1830 ;

Vu la décision de la Chambre des Députés annullant l'élection faite par le collége électoral de la Corse au mois de juillet dernier,

NOUS AVONS ORDONNÉ et ORDONNONS ce qui suit :

ART. 1er. Le collége électoral du département de la Corse est convoqué pour le 17 novembre prochain dans la ville d'Ajaccio, à l'effet d'élire deux députés.

2. Conformément à l'article 21 de la loi du 2 juillet 1828, il sera fait usage, pour cette élection, de la liste électorale arrêtée lors de la révision annuelle de 1830.

3. Il sera procédé pour les opérations des colléges élec-toraux ainsi qu'il est réglé par les dispositions combinées de la loi du 12 septembre 1830 et de l'ordonnance royale du 11 octobre 1820.

4. Notre ministre secrétaire d'état de l'intérieur est chargé de l'exécution de la présente ordonnance.

Signé LOUIS-PHILIPPE.

Par le Roi : le Ministre Secrétaire d'état au département de l'intérieur,

Signé GUIZOT.

N° 145. — ORDONNANCE DU ROI qui réunit au Budget du Ministre de l'instruction publique et des cultes le Crédit accordé par la Loi du 2 Août 1829 au Ministre de l'intérieur pour les Dépenses des Cultes non catholiques en 1830.

A Paris, le 7 Septembre 1830.

LOUIS-PHILIPPE, ROI DES FRANÇAIS, à tous présens et à venir, SALUT.

Vu la loi du 2 août 1829 relative à la fixation du budget des dépenses de l'exercice 1830, ainsi que l'état B y annexé, lequel comprend au nombre des services du ministère de l'intérieur un crédit de sept cent vingt mille francs pour les cultes chrétiens non catholiques ;

Vu l'ordonnance du 11 août 1830 portant création d'un ministère de l'instruction publique et des cultes, par suite de laquelle l'administration des cultes non catholiques, qui faisait partie du ministère de l'intérieur, se trouve réunie au premier de ces départemens ;

Sur le rapport de notre ministre secrétaire d'état au département de l'intérieur,

NOUS AVONS ORDONNÉ et ORDONNONS :

ART. 1er. Le crédit de sept cent vingt mille francs accordé par la loi du 2 août 1829 au ministre de l'intérieur pour les dépenses des cultes chrétiens non catholiques en 1830, et formant la section II du budget de ce département, en sera distrait pour être réuni au budget du ministre de l'instruction publique et des cultes pour ledit exercice.

2. Les dépenses des cultes protestans effectuées au 31 décembre 1829 seront liquidées et soldées par le secrétaire d'état au département de l'intérieur, et feront partie du compte définitif de cet exercice, qu'il devra établir au 30 novembre prochain.

2° Le sieur de Dufresne (Maximilien-Joseph), né le 26 décembre 1793 à Kstanach, royaume de Bavière, et demeurant à Metz, département de la Moselle,

3° Le sieur Elsberg (Chrétien-Josué-Pierre-Hermann), né le 12 octobre 1808 à Wesel, ancien département de la Roer, employé dans l'administration des contributions indirectes, demeurant à Vaugirard,

4° Le sieur Freisleben (Charles), né le 11 août 1791 à Frauenburg, royaume de Prusse, maréchal-des-logis au cinquième régiment de hussards à Thionville, département de la Moselle,

5° Le sieur Hartung (Jean-Frédéric), né le 16 septembre 1799 à Nordhausen, royaume de Prusse, vitrier, demeurant à Mulhausen, département du Haut-Rhin,

6° Le sieur Müller (Pantaléon), né le 23 septembre 1799 à Stetten, royaume de Wurtemberg, charpentier, demeurant à Mulhausen, arrondissement d'Altkirch, département du Haut-Rhin,

7° Le sieur Schiedé (Charles-Louis-Guillaume), né le 6 août 1798 à Meerholtz, grand-duché de Hesse, aide-pharmacien, demeurant à Mulhausen, arrondissement d'Altkirch, département du Haut-Rhin,

8° Le sieur Sichel (Jules), né le 14 mai 1802 à Francfort-sur-le-Mein, docteur en médecine, demeurant à Paris,

9° Le sieur Treyer (Jean-Baptiste), né le 21 juin 1777 à Ippingen, grand-duché de Bade, demeurant à Marckolsheim, département du Bas-Rhin,

Sont admis à établir leur domicile en France, pour y jouir de l'exercice des droits civils tant qu'ils continueront d'y résider. (*Paris, 8 Septembre 1830.*)

CERTIFIÉ conforme par nous

Garde des sceaux de France, Ministre Secrétaire d'état au département de la justice,

A Paris, le 17.* Septembre 1830,

DUPONT (de l'Eure),

---

* Cette date est celle de la réception du Bulletin à la Chancellerie.

On s'abonne pour le Bulletin des lois, à raison de 9 francs par an, à la caisse de l'Imprimerie royale, ou chez les Directeurs des postes des départemens.

A PARIS, DE L'IMPRIMERIE ROYALE.
17 Septembre 1830.

BULLETIN DES LOIS.
2ᵉ Partie. — ORDONNANCES. — N° 10.

N° 143. — *Ordonnance du Roi portant Convocation de plusieurs Colléges électoraux.*

A Paris, le 13 Septembre 1830.

LOUIS-PHILIPPE, ROI DES FRANÇAIS, à tous présens et à venir, SALUT.

Sur le rapport de notre ministre secrétaire d'état au département de l'intérieur;

Vu les lois des 5 février 1817, 29 juin 1820, 2 mai 1827, 2 juillet 1828, 11 et 12 septembre 1830;

Considérant que des places sont vacantes dans la Chambre des Députés par l'effet d'options, de démissions et de décisions qui ont annullé les opérations de plusieurs colléges électoraux, ainsi que par la nomination de plusieurs députés à des fonctions publiques salariées,

NOUS AVONS ORDONNÉ et ORDONNONS:

ART. 1ᵉʳ. Les colléges électoraux d'arrondissement désignés au tableau ci-annexé (n° 1) sont convoqués pour le 21 octobre prochain dans les villes indiquées audit tableau, à l'effet d'élire chacun un député.

2. Conformément à l'article 1ᵉʳ de la loi du 12 septembre 1830, les électeurs des départemens désignés au tableau ci-annexé (n° 2) se réuniront le 28 octobre prochain dans les villes qui y sont indiquées, à l'effet d'élire le nombre de députés porté dans ce tableau.

3. En exécution de l'article 6 de la loi du 2 mai 1827 et de l'article 22 de la loi du 2 juillet 1828, les préfets publieront la présente ordonnance immédiatement après sa réception : ils ouvriront le registre des réclamations, et feront paraitre le tableau de rectification dans le délai prescrit par la loi du 2 juillet 1828.

4. Il sera procédé pour les opérations des collèges électoraux ainsi qu'il est réglé par les dispositions combinées de la loi du 12 septembre 1830 et de l'ordonnance royale du 11 octobre 1820.

5. Notre ministre secrétaire d'état de l'intérieur est chargé de l'exécution de la présente ordonnance.

Signé LOUIS-PHILIPPE.

Par le Roi : *le Ministre Secrétaire d'état au département de l'intérieur,*

Signé GUIZOT.

TABLEAU n° 1.

Convocation des Collèges d'arrondissement.

DÉPARTE-MENS.	ARRONDISSEMENS électoraux.	VILLES où les collèges se réunissent.	NOMS DES DÉPUTÉS dont la place est devenue vacante.	CAUSES DE LA VACANCE.
...in........	2.e	Trévoux	*Rodet*	Nommé conseiller de préfecture.
...isne.....	3.e	Vervins	*Sébastiani,*	Nommé ministre de la marine.
...llier.	2.e	Montluçon,...	*Camus de Richemont*	Nommé commandant de l'école militaire de Saint-Cyr.
...rdèche...	1.er	Privas	*De Bernis*	Démissionnaire.
...rdennes...	2.e	Rethel	*Clausel*	Nommé commandant de l'armée d'Afrique.
...ube	1.re	Troyes......	*Casimir Périer*	Nommé membre du Conseil des ministres.
...ude	1.re	Castelnaudary.	*Madier de Montjau.*	Nommé procureur général près la cour royale de Lyon.
B.-du-Rhône	1.er	Marseille	*Verdilhon*	Élection annulée.
	2.e	Aix	*De Bausset*	Démissionnaire.
Calvados...	4.e	Lisieux	*Guizot.*	Nommé ministre de l'intérieur.
Cantal.....	1.er	Aurillac.....	*Bignnet.*	Démissionnaire.
	2.e	Saint-Flour...	*De Vatimesnil.*	Option pour la députation du Nord.
Cher......	2.e	Saint-Amand.	*Devaux.*	Nommé procureur général près cour royale de Bourges.
Côtes-du-N.	1.er	Saint-Brieuc.	*Lecorgne de Bonabry*	Démissionnaire.
	4.e	Lannion.....	*Bernard,*	Nommé procureur général près cour royale de Paris.
Eure......	3.e	Bernay......	*Dupont*	Nommé garde des sceaux.
	4.e	Les Andelys ..	*Bignon*	Nommé membre du Conseil des ministres.
Eure-et-L...	1.er	Chartres	*Busson*	Nommé sous-préfet de Châteaudun
Finistère ..	1.er	Brest.......	*Daunou*	Nommé garde général des archives
	2.e	Morlaix......	*De Kérouvriou*	Démissionnaire.
	3.e	Châteaulin....	*Couen de Saint-Luc.*	Élection annulée.
	4.e	Quimper.....	*Du Marhallach*	Démissionnaire.

DÉPARTE-MENS.	ARRONDISSEMENS. électoraux.	VILLES où les collèges se réunissent.	NOMS DES DÉPUTÉS dont la place est devenue vacante.	CAUSES DE LA VACANCE.
Gard.....	2.e	Alais	De Lascours	Nommé maréchal-de-camp.
Haute-Gar.	3.e	Villefranche ...	De Bartouilh	Élection annullée.
Gironde.	5.e	La Réole.....	De Lur-Saluces....	Démissionnaire.
Hérault ...	3.e	Lodève......	Ratye de la Peyrade.	Démissionnaire.
Ille-et-Vil.	2.e	Rennes	Bernard...........	Option pour la députation des Côtes du-Nord.
	4.e	Redon......	De Gihon.........	Démissionnaire.
Indre-et-L..	2.e	Chinon......	Girod (de l'Ain)...	Nommé préfet de police de Paris.
Isère.....	3.e	La Tour-du-Pin	De Cordoue......	Démissionnaire.
Jura....	2.e	Dôle........	De Vaulchier	Élection annullée.
Loire.....	2.e	Roanne	Alcock	Nommé président du tribunal civil Roanne.
Loire-Infér.	1.er	Nantes........	Louis de St-Aignan.	Nommé préfet de la Loire-Inférieure.
Loiret....	1.er	Orléans......	De Cormenin.....	Démissionnaire.
Lot........	1.er	Cahors.......	Calmon..........	Nommé directeur général de l'Enregistrement.
	2.e	Puy-l'Évêque..	De Flaujac.....	Élection annullée.
	3.e	Figeac.......	Sirieys de Mayrinhac.	Démissionnaire.
Maine-et-L.	3.e	Beaupréau....	De Caqueray......	Démissionnaire.
Haute-M...	1.e	Langres......	De Vandeuil.....	Démissionnaire.
Meurthe...	3.e	Château-Salins.	Louis...........	Nommé ministre des finances.
Morbihan..	4.e	Ploërmel....	De la Boissière....	Démissionnaire.
Nièvre....	2.e	Cosne........	Dupin aîné	Nommé membre du Conseil des ministres et procureur général près cour de cassation.
Nord.....	2.e	Hazebrouck..	De Murat........	Élection annullée.
	3.e	Lille.......	Lemesre-Dubrula...	Démissionnaire.
Oise......	3.e	Clermont....	Gérard	Nommé ministre de la guerre.
Basses-Pyr.	5.e	Bayonne	Jacques Laffitte ...	Nommé membre du Conseil des ministres.
Bas-Rhin..	4.e	Strasbourg....	Benjamin Constant.	Nommé conseiller d'état.
Saone-et-L.	3.e	Autun.......	De Fontenay......	Démissionnaire.
Sarthe	3.e	La Flèche....	Bourdon du Rocher.	Démissionnaire.
Seine.....	1.er	Paris	Mathieu Dumas ...	Conseiller d'état, inspecteur général des gardes nationales.
	5.e	Paris	De Schonen.......	Nommé procureur général près cour des comptes.
	6.e	Paris	Chardel.........	Nommé conseiller à la cour de cassation.
	7.e	Paris	Bavoux..........	Nommé conseiller maître à la cour des comptes.
Seine-Infér.	6.e	Neufchâtel ...	Hély d'Oissel	Nommé conseiller d'état.
Seine-et-O.	2.e	Arpajon......	Bérard	Nommé directeur général des ponts et chaussées.
Somme...	1.er	Abbeville.....	Roulon-Morel.....	Démissionnaire.

DÉPARTE-MENS.	ARRONDISSEMENS électoraux.	VILLES où les colléges se réunissent.	NOMS DES DÉPUTÉS dont la place est devenue vacante.	CAUSES DE LA VACANCE.
...rn-et-G..	1.er	Montauban....	*De Preissac*	Nommé préfet de la Gironde.
...endée....	2.e	Moissac......	*De Beauquesne*....	Élection annullée.
...enne. ...	3.e	Les Sables....	*Kératry*..........	Nommé conseiller d'état.
...onne	2.e	Châtellerault..	*Creuzé*..........	Démissionnaire.
	1.er	Villeneuve - le-Roi.	*Thénard*.........	Nommé membre du conseil de l'université.

Signé LOUIS-PHILIPPE.

Par le Roi : *le Ministre Secrétaire d'état au département de l'intérieur,*

Signé GUIZOT.

TABLEAU n° 2.
Convocation des Colléges départementaux.

DÉPARTE-MENS.	VILLES où les colléges départementaux se réunissent.	Nombre de députés à nommer.	NOMS des députés dont la place est vacante.	CAUSES DE LA VACANCE.
Ain.......	Bourg.......	2.	*La Boulaye*.......	Démissionnaire.
			Dudon..........	Élection annullée.
Allier.....	Moulins......	2.	*Beraud des Rondards*	Démissionnaire.
			De Conny.......	*Idem.*
Alpes (B.).	Digne.......	2.	*De Mieulle.*	Élection annullée.
			Magnan.........	*Idem.*
Ardèche...	Privas......	1.	*De Blou*........	*Idem.*
B.-du-Rhne.	Marseille.....	2.	*De Roux*........	Élection annullée.
			Pardessus.......	*Idem.*
Doubs.....	Besançon.....	2.	*Terrier de Santans*.	Démissionnaire.
			Droz...........	*Idem.*
Eure......	Évreux......	3.	*Gattier*	Nommé préfet de la Manche.
			Villemain	Nommé membre du conseil de l'Université.
			Thomas.........	Nommé préfet des Bouches-Rhône.
Finistère...	Quimper......	2.	*De Guernisac*	Démissionnaire.
			Briant de Laubrière.	*Idem*
Garonne (H).	Toulouse.....	1.	*De Saint-Félix*	Démissionnaire.

DÉPARTE-MENS.	VILLES où les colléges départemen-taux se réunissent.	Nombre de députés à nommer.	NOMS des députés dont la place est vacante.	CAUSES DE LA VACANCE.
Ille-et-Vilae.	Rennes......	8.	Duplessis de Grénédan. De Montbourcher.. De Trégomain.....	Election annullée. Idem. Idem.
Jura......	Lons-le-Saulnier.	1.	De Bonmarchant..	Démissionnaire.
Landes....	Mont-de-Marsan.	1.	Poyféré de Cère....	Nommé maître des requêtes.
Loire.....	Montbrison...	1.	De Champagny....	Démissionnaire.
Loiret.....	Orléans......	1.	De Riccé.........	Nommé préfet du département du Loiret.
Lot......	Cahors.......	2.	Séguy.......... De Lentilhac......	Élection annullée. Idem.
Maine-et-Lre	Angers.......	2.	Brillet de Villemorge De la Potherie.....	Démissionnaire. Idem.
Marne.....	Châlons.....	1.	Ruinart de Brimont.	Démissionnaire.
Mayenne...	Laval.......	1.	De Pignerolles.....	Idem.
Meuse.....	Verdun.....	1.	D'Arros........	Nommé préfet de la Meuse.
Morbihan..	Vannes......	1.	Harscouet de S.-Georges	Démissionnaire.
Nièvre....	Nevers......	1.	Hyde de Neuville..	Idem.
Nord......	Lille.......	4.	Potteau d'Hancardrie... Durand d'Élecourt. Pas de Beaulieu... De l'Épine......	Démissionnaire. Idem. Idem. Idem.
Orne......	Alençon......	2.	De Choiseul-Daillecourt D'Andlaw........	Idem. Idem.
Pas-de-Cal..	Arras........	1.	Duquesnoy.......	Démissionnaire.
Puy-de-D..	Clermont.....	2.	Chabrol de Volvic.. Pélissier de Féligonde..	Idem. Idem.
Sarthe.....	Le Mans.....	3.	Lamandé......... Coutard......... De Châteaufort....	Démissionnaire. Idem. Idem.
Seine-Infér.	Rouen.......	1.	Thil...........	Nommé procureur général près cour royale de Rouen.
Sèvres (Deux).	Niort........	1.	De Sainte-Hermine.	Nommé préfet du département de Vendée.
Somme....	Amiens......	2.	Dumaisniel de Liercourt De Castéja.......	Démissionnaire. Idem.
Tarn......	Albi........	1.	De Saint-Géry....	Idem.
Vienne....	Poitiers......	1.	De Curzay.......	Démissionnaire.

Sur le rapport de notre ministre secrétaire d'état au département de l'instruction publique et des cultes, président du Conseil d'état,

Nous avons ordonné et ordonnons ce qui suit :

M. *Pierre-Denis Lagarde*, conseiller d'état en service extraordinaire, est nommé conseiller d'état en service ordinaire, et sera attaché en cette qualité au comité de l'intérieur.

Notre ministre secrétaire d'état au département de l'instruction publique et des cultes, président du Conseil d'état, et notre ministre secrétaire d'état au département de l'intérieur, sont chargés de l'exécution de la présente ordonnance.

Signé LOUIS-PHILIPPE.

Par le Roi : *le Ministre Secrétaire d'état au département de l'instruction publique et des cultes, Président du Conseil d'état,*

Signé Duc de Broglie.

———————

N° 153. — *Ordonnance du Roi portant Nomination d'un Conseiller d'état.*

A Paris, le 15 Septembre 1830.

LOUIS-PHILIPPE, Roi des Français, à tous présens et à venir, salut.

Sur le rapport de notre ministre secrétaire d'état au département de l'instruction publique et des cultes, président du Conseil d'état,

Avons ordonné et ordonnons ce qui suit :

Art. 1er. M. *Florimond d'Audiffret*, directeur du grand-livre de la dette publique et des pensions, est nommé conseiller d'état en service extraordinaire, et autorisé à assister aux travaux des comités et aux séances du Conseil.

2. Notre ministre secrétaire d'état au département de l'instruction publique et des cultes, président du Conseil d'état, est chargé de l'exécution de la présente ordonnance.

Signé LOUIS-PHILIPPE.

Par le Roi : *le Ministre Secrétaire d'état au département de l'instruction publique et des cultes, Président du Conseil d'état,*

Signé Duc de Broglie.

N° 154. — *ORDONNANCE DU ROI portant Nomination de Conseillers d'état et Maîtres des requêtes, et d'un Conseiller honoraire.*

A Paris, le 15 Septembre 1830.

LOUIS-PHILIPPE, ROI DES FRANÇAIS, à tous présens et à venir, SALUT.

Sur le rapport de notre ministre secrétaire d'état au département de l'instruction publique et des cultes, président du Conseil d'état,

NOUS AVONS ORDONNÉ et ORDONNONS ce qui suit:

ART. 1er. M. le comte *Alexandre de Laborde*, conseiller d'état en service extraordinaire, membre de la Chambre des Députés, est nommé conseiller d'état en service ordinaire.

2. MM. *Cordier* et *Beaunier*, inspecteurs divisionnaires des mines, sont nommés maîtres des requêtes en service extraordinaire, et autorisés à participer aux travaux des comités et aux délibérations du Conseil d'état.

3. M. le baron *Rodier*, maître des requêtes en service extraordinaire, directeur de la comptabilité générale des finances, est autorisé à participer aux travaux des comités et aux délibérations du Conseil d'état.

4. M. *Devaines*, ancien préfet, est nommé conseiller d'état honoraire.

5. Notre ministre secrétaire d'état de l'instruction publique et des cultes, président du Conseil d'état, est chargé de l'exécution de la présente ordonnance.

Signé LOUIS-PHILIPPE.

Par le Roi : *le Pair de France, Ministre Secrétaire d'état de l'instruction publique et des cultes, Président du Conseil d'état,*

Signé DUC DE BROGLIE.

N° 155. — DÉCISION du Lieutenant général du royaume qui accorde une indemnité annuelle de deux mille francs à M. l'abbé *Clausel de Coussergues*, ancien membre du conseil royal de l'instruction publique. (*Paris, 6 Août 1830.*)

N° 156. — ORDONNANCE DU ROI portant que la fondation de bourses attribuée à la ville de Saint-Étienne dans le collége royal de Lyon par l'ordonnance du 25 décembre 1819, est

transférée au collège communal de Saint-Étienne, et que la
somme de 3000 francs affectée à l'entretien de ces bourses
sera répartie de la manière suivante :

1 bourse entière à.............. ·500ᶠ⌉
10 demi-bourses à 250 .... 2,500.⌡3,000ᶠ

(*Paris, 6 Septembre 1830.*)

N° 157. — ORDONNANCE DU ROI qui nomme

M. *Henry,* ancien officier d'artillerie, préfet de la Drôme, en
remplacement de M. le baron *de Talleyrand,* appelé à d'autres
fonctions ;

M. *Édouard de Rigny* préfet d'Eure-et-Loir, en remplacement
de M. *Langlois d'Amilly,* démissionnaire. (*Paris, 6 Septembre 1830.*)

N° 158. — ORDONNANCE DU ROI qui nomme

M. *Henri Siméon* préfet du département des Vosges, en
remplacement de M. *de Champlouis,* appelé à d'autres fonctions;

M. *Pons* (de l'Hérault) préfet du département du Jura, en
remplacement de M. *de Valdenuit;*

M. *de la Tourette,* ancien sous-préfet, préfet du département
du Gers, en remplacement de M. *de Malartic.* (*Paris, 14 Septembre 1830.*)

CERTIFIÉ conforme par nous
Garde des sceaux de France, Ministre Secrétaire
d'état au département de la justice,

A Paris, le 23 * Septembre 1830,

DUPONT (de l'Eure).

·* Cette date est celle de la réception du Bulletin
à la Chancellerie.

On s'abonne pour le Bulletin des lois, à raison de 9 francs par an, à la caisse de
l'Imprimerie royale, ou chez les Directeurs des postes des départemens.

A PARIS, DE ⬤IMPRIMERIE ROYALE.
23 Septembre 1830.

BULLETIN DES LOIS.

2ᵉ Partie. — ORDONNANCES. — N.° 12

N.° 159. — *TABLEAU des Prix des Grains pour servir de régulateu
de l'Exportation et de l'Importation, conformément aux Lois de
16 Juillet 1819 et 4 Juillet 1821, arrêté le 30 Septembre 1830.*

SECTIONS.	DÉPARTEMENS.	MARCHÉS.	PRIX MOYEN DE L'HECTOLITRE de			
			Froment.	Seigle.	Maïs.	Avoine.
		1ʳᵉ CLASSE.				
	Limite { de l'exportation des grains et farines............ 26ᶠ					
	{ de l'importation { du froment...... au-dessous de.... 24.					
	{ du seigle et du maïs.. *idem*....... 16.					
	{ de l'avoine......... *idem*....... 9.					
Unique.	Pyrénées-Or... Aude....... Hérault...... Gard..... Bouches-du-Rh. Var...... Corse......	Toulouse.... Fleurance.... Marseille.... Gray........	23ᶠ 29ᶜ	15ᶠ 94ᶜ	12ᶠ 00ᶜ	9ᶠ 18
		2ᵉ CLASSE.				
	Limite { de l'exportation des grains et farines............ 24ᶠ					
	{ de l'importation { du froment.... au-dessous de..... 22.					
	{ du seigle et du maïs.. *idem*....... 14.					
	{ de l'avoine......... *idem*....... 8.					
1ʳᵉ.	Gironde...... Landes...... B.ˢᵉˢ Pyrénées. H.ᵗᵉˢ Pyrénées. Ariége...... Haute-Garonne	Marans...... Bordeaux..... Toulouse.....	20ᶠ 42ᶜ	14ᶠ 28ᶜ	10ᶠ 21ᶜ	6ᶠ 24
2ᵉ.	Jura........ Doubs...... Ain........ Isère....... Basses-Alpes.. Hautes-Alpes..	Gray....... Saint-Laurent.. Le Grand-Lemps	28. 04.	16. 54.	14. 43.	6. 55

SECTIONS.	DÉPARTEMENS.	MARCHÉS.	PRIX MOYEN DE L'HECTOLITRE de			
			Froment.	Seigle.	Maïs.	Avoine.

3ᵉ CLASSE.

Limite { de l'exportation des grains et farines............ 22ᶠ
{ de l'importation { du froment ... au-dessous de.... 20.
{ du seigle et du maïs.. *idem*... ... 12.
{ de l'avoine........ *idem*....... 8.

SECTIONS.	DÉPARTEMENS.	MARCHÉS.	Froment.	Seigle.	Maïs.	Avoine.
1ʳᵉ.	Haut-Rhin....	Mulhausen....	22ᶠ 32ᶜ	15ᶠ 34ᶜ	ǁ	6ᶠ 93ᶜ
	Bas-Rhin.....	Strasbourg....				
2ᵉ.	Nord........	Bergues......	21. 56.	10. 64.	ǁ	7. 47.
	Pas-de-Calais..	Arras........				
	Somme.......	Roye........				
	Seine-Infér...	Soissons......				
	Eure........	Paris........				
	Calvados.....	Rouen.......				
3ᵉ.	Loire-Infér...	Saumur......	19. 32.	11. 93.	ǁ	8. 18
	Vendée......	Nantes.......				
	Charente-Infér.	Marans......				

4ᵉ CLASSE.

Limite { de l'exportation des grains et farines............ 20ᶠ
{ de l'importation { du froment.... au-dessous de.... 18.
{ du seigle et du maïs.. *idem*..... 10.
{ de l'avoine.......... *idem*....... 7.

SECTIONS.	DÉPARTEMENS.	MARCHÉS.	Froment.	Seigle.	Maïs.	Avoine.
1ʳᵉ.	Moselle......	Metz........	21ᶠ 10ᶜ	12ᶠ 47ᶜ	ǁ	6ᶠ 72ᶜ
	Meuse.......	Verdun......				
	Ardennes.....	Charleville....				
	Aisne........	Soissons......				
2ᵉ.	Manche......	Saint-Lô.....	19. 42.	10. 46	ǁ	7. 37.
	Ille-et-Vilaine..	Paimpol......				
	Côtes-du-Nord.	Quimper.....				
	Finistère.....	Hennebon ..				
	Morbihan.....	Nantes.......				

ARRÊTÉ par nous Ministre Secrétaire d'état au département de l'intérieur.

A Paris, le 30 Septembre 1830.

Signé GUIZOT.

N°.160. — *Ordonnance du Roi contenant Amnistie pour les Contraventions de police.*

Au Palais-Royal, le 26 Septembre 1830.

LOUIS-PHILIPPE, Roi des Français, à tous présens et à venir, SALUT.

Voulant signaler notre avénement à la couronne par des actes d'indulgence ;

Sur le rapport de notre garde des sceaux, ministre secrétaire d'état au département de la justice,

Nous avons ordonné et ordonnons ce qui suit :

Art. 1er. Amnistie pleine et entière est accordée pour toutes les contraventions de simple police commises antérieurement au 27 juillet 1830.

En conséquence, les condamnations encourues à raison de ces contraventions cesseront d'avoir leur effet, et les poursuites commencées seront réputées non avenues.

2. Dans aucun cas, la présente amnistie ne portera préjudice aux particuliers, communes et établissemens publics, à raison des dommages-intérêts et des dépens qui leur ont été ou qui pourraient leur être alloués par les tribunaux.

3. Le trésor public ne sera tenu à aucune restitution de frais ni d'amendes déjà recouvrés.

4. Notre garde des sceaux, ministre secrétaire d'état au département de la justice, et notre ministre secrétaire d'état au département des finances, sont chargés, chacun en ce qui le concerne, de l'exécution de la présente ordonnance.

Donné au Palais-Royal, le 26 Septembre 1830, et de notre règne le premier.

Signé LOUIS-PHILIPPE.

Par le Roi : le Garde des sceaux, Ministre Secrétaire d'état au département de la justice,

Signé Dupont (de l'Eure).

M 2

perception de ce droit pendant cinq ans expirant au 31 octobre
1821 ;

Vu une seconde ordonnance du 26 décembre 1821 qui proroge
cette même perception pour un an, à partir du 1er novembre
de la même année ;

Vu une troisième ordonnance du 9 avril 1823 qui accorde une
nouvelle prorogation de trois ans, commençant au 1er novembre
1822 et finissant au 1er novembre 1825 ;

Vu enfin une quatrième ordonnance du 7 décembre 1825 pro-
rogeant la perception du droit pour cinq ans, depuis le 1er juin
1826 jusqu'au 1er juin 1831 ;

Notre Conseil d'état entendu,

Nous AVONS ORDONNÉ et ORDONNONS ce qui suit :

ART. 1er. La perception du droit établi au port de Peyrehorade sur le Gave, département des Landes, par décret
du 12 juillet 1808, et dont le produit est affecté au paiement
des travaux de la reconstruction de ce port, est prorogée provisoirement pour une année, commençant au 1er juin 1831
et finissant au 1er juin 1832.

2. Notre ministre secrétaire d'état de l'intérieur est chargé
de l'exécution de la présente ordonnance.

Signé LOUIS-PHILIPPE.

Par le Roi : *le Ministre Secrétaire d'état au département*
de l'intérieur,

Signé GUIZOT.

N° 164. — ORDONNANCE DU ROI sur la Distribution gratuite
du Bulletin des lois aux Autorités et Fonctionnaires.

A Paris, le 21 Septembre 1830.

LOUIS-PHILIPPE, ROI DES FRANÇAIS, à tous présens
et à venir, SALUT.

Vu l'ordonnance royale en date du 12 janvier 1820 ;

Voulant fixer définitivement le nombre d'exemplaires du Bulletin des lois et de celui des ordonnances à distribuer gratuitement par notre imprimerie royale pour le service de notre cabinet,
des Chambres et des divers départemens du ministère ;

Sur le rapport de notre garde des sceaux, ministre secrétaire
d'état de la justice,

AVONS ORDONNÉ et ORDONNONS ce qui suit :

ART. 1er. A partir du premier numéro de la neuvième série du Bulletin des lois, l'imprimerie royale fournira, tant pour le service de notre cabinet que pour celui des Chambres et des divers départemens du ministère ;

1° Sept mille exemplaires de chacun des numéros ordinaires du Bulletin des lois et de celui des ordonnances ;

2° Trois mille cinq cents exemplaires de chacun des numéros *bis* de ce même Bulletin.

2. Sur ces quantités, il en sera réservé un nombre d'exemplaires qui ne pourra pas être moindre de cent, pour satisfaire aux besoins ultérieurs du service.

3. Le surplus des exemplaires sera réparti conformément à l'article 1er et sur un état dressé par notre garde des sceaux ministre secrétaire d'état de la justice, de concert avec nos autres ministres.

4. Toute demande en augmentation du nombre d'exemplaires qui aura été déterminé conformément à l'article 3 ci-dessus, devra être adressée à notre garde des sceaux et dûment justifiée.

5. Notre garde des sceaux, ministre secrétaire d'état au département de la justice, est chargé de l'exécution de la présente ordonnance.

Signé LOUIS-PHILIPPE.

Par le Roi : *le Garde des sceaux, Ministre Secrétaire d'état au département de la justice,*

Signé DUPONT (de l'Eure).

————

N° 165. — ORDONNANCE DU ROI *qui autorise des Exploitation dans des Bois communaux.*

A Paris, le 13 Septembre 1830.

LOUIS-PHILIPPE, ROI DES FRANÇAIS, à tous présens et à venir, SALUT.

Vu les titres Ier, III et VI du Code forestier ;

Vu l'ordonnance d'exécution du 1er août 1827 ;

Sur le rapport de notre ministre secrétaire d'état des finances

NOUS AVONS ORDONNÉ et ORDONNONS ce qui suit :

M 4

ART. 1ᵉʳ. L'administration forestière est autorisée à faire délivrance aux communes ci-après désignées, savoir :

1° Artignose (Var), de cent chênes blancs à prendre dans ses bois ;

2° Saint-Gaudens (Haute-Garonne), de la coupe, par forme de recépage, de la superficie de ses bois ;

3° Passenans (Jura), de la coupe, en trois années successives et par portions égales, des trente-neuf hectares environ composant la réserve de ses bois ;

4° Saint-Jean de Seyrargue (Gard), de la coupe de six hectares de ses bois :

Il sera procédé à l'aménagement des bois de ladite commune ;

5° Jubécourt (Meuse), 1° de deux coupes, par anticipation, de ses bois pour l'ordinaire 1831, 2° des arbres de la lisière indivise entre cette commune et celle de Brocourt :

L'aménagement actuel des bois de ladite commune de Jubécourt sera maintenu ;

6° Équevilley (Haute-Saone), de la coupe, en deux années successives et par portions égales, de vingt hectares de sa réserve dans la partie la plus dépérissante ;

7° Fondremand (Haute-Saone), de la coupe de douze hectares environ de sa réserve ;

8° Loulans (Haute-Saone), de la coupe de trois hectares trois ares composant la moitié de sa réserve ;

9° Jussey (Haute-Saone), de la coupe, en trois années successives et par portions égales, de vingt-sept hectares soixante ares de sa réserve ;

10° Contréglise (Haute-Saone), de la coupe de six hectares de sa réserve ;

11° Scye (Haute-Saone), de la coupe de cinq hectares de sa réserve ;

12° Marault (Haute-Marne), de la coupe, pour l'ordinaire 1831, de dix hectares de sa réserve ;

13° Sennevoy-le-Haut (Yonne), de la coupe, pour les ordinaires 1831 et 1832, 1° de sept hectares de sa réserve, et 2° de dix hectares du canton dit *Champ fermé*, dépendant de ses bois ;

14° Petitmont (Meurtho), 1° de tous les brins et arbres desséchés ou dépérissans qui se trouvent sur la portion garnie de bruyères des trente-sept hectares composant la partie la plus âgée de sa réserve, 2° des chênes, hêtres et bouleaux dépérissans qui se trouvent sur le surplus desdits trente-sept hectares ;

15° Saulx-en-Woevre (Meuse), de vingt-sept chênes dépérissans et un fruitier qui se trouvent sur sa réserve ;

16° Obéville (Meurthe), de la coupe de dix hectares de sa réserve :
Il sera procédé à l'aménagement des bois de ladite commune.

2. Il sera procédé à l'aménagement des bois de la commune de Frétigney (Haute-Saone).

3. Le pâtis, d'un hectare soixante-et-dix ares, attenant

aux bois de la commune d'Autrepierre (Meurthe), ne sera pas compris dans l'aménagement de ses bois.

Toutes les autres dispositions de l'ordonnance du 15 avril dernier continueront à recevoir leur exécution.

4. L'arrêté du préfet du Bas-Rhin en date du 24 mai dernier, autorisant par urgence la commune d'Altwiller à prendre dans ses bois cinquante à soixante fascines pour la réparation d'un chemin vicinal, est approuvé.

5. Notre ministre secrétaire d'état des finances est chargé de l'exécution de la présente ordonnance.

Signé LOUIS-PHILIPPE.

Par le Roi : *le Ministre Secrétaire d'état des finances,*

Signé LOUIS.

N° 166. — ORDONNANCE DU ROI *qui autorise des Exploitations dans des Bois de communes et d'hospices.*

A Paris, le 17 Septembre 1830.

LOUIS-PHILIPPE, ROI DES FRANÇAIS;

Vu les titres Ier, III et VI du Code forestier;

Vu l'ordonnance d'exécution du 1er août 1827;

Sur le rapport de notre ministre secrétaire d'état des finances,

NOUS AVONS ORDONNÉ et ORDONNONS ce qui suit :

ART. 1er. L'administration forestière est autorisée à faire délivrance aux communes ci-après désignées, savoir :

1° Brochon (Côte-d'Or), de la coupe de dix hectares de sa réserve;

2° Laignes (Côte-d'Or), de la coupe, en deux années successives et par portions égales, de dix hectares de sa réserve;

3° Paques (Côte-d'Or), de la coupe, en deux années successives et par portions égales, de vingt-et-un hectares quatre-vingt-neuf ares de sa réserve;

4° Vers-sous-Sellières (Jura), de la coupe de quatre hectares vingt-deux ares de la réserve des bois du hameau de la Ronce, annexe de ladite commune;

5° Valderoure (Var), de la coupe d'un hectare de ses bois au quartier de l'Habac, pour servir à alimenter un four à chaux que ladite commune est autorisée à établir audit quartier, et dont le produit est destiné à la reconstruction du clocher de son église;

6° Javernant (Aube), de la coupe, par forme de recépage, d'un canton de ses bois en taillis, de la contenance de deux hectares;

7° Écot (Doubs), de ses coupes affouagères n°s 25 et 26, contenant neuf hectares quatre-vingt-seize ares quatre centiares et situées au canton dit *Montville;*

8° Bovée (Meuse), de la coupe, en deux années successives et par portions égales, de vingt-deux hectares cinquante ares de sa réserve;

9° Condes, Jonchery, Treix, Barmanne, La Narmand (Haute-Marne), de la coupe, en deux années successives et par portions égales, des soixante-quatre hectares vingt-quatre ares composant la réserve indivise des bois desdites communes;

10° Marangea (Jura), de la coupe, en deux années successives et par portions égales, des quatorze hectares composant la réserve de ses bois;

11° Sarrogna (Jura), de la coupe, pour l'ordinaire 1832, des huit hectares composant la réserve de ses bois ;

La portion de ladite réserve réduite en parcours sera réunie au surplus pour la compléter ;

12° Chambornay-lès-Bellevaux (Haute-Saone), de la coupe de dix hectares environ de sa réserve;

13° Authoison (Haute-Saone), de la coupe de neuf hectares vingt-et-un ares de sa réserve ;

14° Belonchamp (Haute-Saone), de la coupe, en deux années successives et par portions égales, des vingt-quatre hectares vingt-six ares composant sa réserve, pour être exploités par forme de recépage;

15° Cintrey, Molay et la Rochelle (Haute-Saone), de la coupe de dix hectares environ de la réserve indivise des bois desdites communes;

16° Franchevelle (Haute-Saone), de la coupe, en six années successives et par portions égales, des soixante-sept hectares soixante-huit ares composant sa réserve, pour être exploités par forme de recépage;

17° Veillerois-Lorioz (Haute-Saone), de la coupe de huit hectares quarante-trois ares de sa réserve.

2. L'administration forestière est également autorisée à faire délivrance, savoir :

1° Aux hospices de Moulins (Allier), de la coupe de deux hectares cinquante ares de la réserve des bois de Chezy appartenant auxdits hospices;

2° A l'hospice de Roanne (Loire), de la coupe de six hectares composant la réserve des bois situés commune de Noailly, appartenant audit hospice.

3. Il sera procédé à l'aménagement des bois appartenant aux communes de Saint-Gengoux-sur-Scisse (Saone-et-Loire) et de Creçey-sur-Tille (Côte-d'Or).

4. Notre ministre secrétaire d'état des finances est chargé de l'exécution de la présente ordonnance.

Signé LOUIS-PHILIPPE.

Par le Roi : *le Ministre Secrétaire d'état des finances*

Signé LOUIS.

N° 167. — *ORDONNANCE DU ROI qui autorise des Exploitations dans des Bois communaux, et des Aménagemens.*

A Paris, le 17 Septembre 1830.

LOUIS-PHILIPPE, Roi des Français;

Vu les titres Ier, III et VI du Code forestier;

Vu l'ordonnance d'exécution du 1er août 1827;

Sur le rapport de notre ministre secrétaire d'état des finances,

Nous avons ordonné et ordonnons ce qui suit :

Art. 1er. L'administration forestière est autorisée à faire délivrance aux communes ci-après désignées, savoir :

1° Charmoille (Haute-Saone), de la coupe des six hectares trente-huit ares composant sa réserve ;

2° Steinbourg (Bas-Rhin), de quatre cent cinquante chênes dépérissans à prendre dans ses bois au canton Zungelichen ;

3° Hargarten-aux-Mines (Moselle), 1° de la coupe de deux hectares cinquante ares environ formant le restant des coupes des ordinaires 1827, 1828 et 1829, affectées aux usagers de ladite commune dans la forêt royale de Houve de Merten ; 2° de celle, par forme de recépage, des semis et plantations existant dans la même partie de ladite forêt ;

4° Pierrefontaine (Doubs), de la coupe, par forme de recépage, du canton de bois dit *au Val*, qui lui appartient :

Ce canton de bois sera désormais réuni à la masse des bois de ladite commune, après avoir été entouré de fossés ;

5° Galfingen (Haut-Rhin), de la coupe de deux hectares soixante-et-quinze ares de ses bois ;

6° Colmiers-le-Haut et Colmiers-le-Bas (Haute-Marne), de la coupe, à titre de supplément d'affouage pour l'ordinaire 1831, du canton de leurs bois dit *les Onglais et Rogillards*, de la contenance de trois hectares environ pour être exploité par forme de recépage ;

7° Arbus (Basses-Pyrénées), de deux chênes à prendre dans ses bois ;

8° Montandon (Doubs), de quatre-vingt-neuf sapins dépérissans à prendre dans ses bois ;

9° Alangoie (Doubs), de la coupe de sept hectares quatre-vingt-quatre ares de sa réserve ;

10° Charey (Côte-d'Or), de la coupe, par forme de recépage, de quinze hectares de sa réserve ;

11° Lonchamp (Côte-d'Or), de la coupe, par forme d'expurgade, de six hectares de sa réserve.

2. L'administration forestière est également autorisée à faire délivrance au bureau de bienfaisance de la ville de Montoire (Loir-et-Cher), de la coupe, pour l'ordinaire 1831, 1° d'un hectare soixante ares dans les bois de la Porcherie

et Bichon ; 2° d'un hectare dans le bois de Fausse-Claire : lesdits bois appartenant audit bureau de bienfaisance.

L'adjudication de ces coupes aura lieu devant le maire de la ville de Montoire.

3. Il sera procédé à l'aménagement des bois des communes de

> Neuville-sur-Vannes (Aube),
> Cuve (Haute-Saone),
> Vennans (Doubs).

4. L'arrêté du préfet de la Drôme en date du 15 mai 1830, autorisant par urgence la délivrance à la commune de Saint-Jean-en-Royans de soixante-et-dix hêtres à prendre dans les bois indivis du mandement de Saint-Nazaire, dont ladite commune fait partie, est approuvé.

5. Nos ministres secrétaires d'état des finances et de l'intérieur sont chargés, chacun en ce qui le concerne, de l'exécution de la présente ordonnance.

Signé LOUIS-PHILIPPE.

Par le Roi : *le Ministre Secrétaire d'état des finances,*

Signé LOUIS.

N° 168.—ORDONNANCE DU ROI *qui autorise des Exploitations dans des Bois communaux.*

À Paris, le 17 Septembre 1830.

LOUIS-PHILIPPE, ROI DES FRANÇAIS;

Vu les titres I.er, III et VI du Code forestier;

Vu l'ordonnance d'exécution du 1er août 1827;

Sur le rapport de notre ministre secrétaire d'état des finances,

NOUS AVONS ORDONNÉ et ORDONNONS ce qui suit :

ART. 1er. L'administration forestière est autorisée à faire délivrance aux communes ci-après désignées, savoir :

1° Génerest (Hautes-Pyrénées), de douze chênes à prendre dans ses bois;

2° Torcheville (Meurthe), de la coupe affouagère de ses bois, ordinaire 1833, pour être exploitée simultanément avec celle de l'ordinaire 1831 ;

3° Génerest (Hautes-Pyrénées), de cinq cents arbres, moitié hêtres et moitié chênes, à prendre dans ses bois;

4° Montigny-sur-Chiers (Moselle), de la coupe, par forme de recépage, de six hectares cinquante-trois ares quatorze centiares de sa réserve;

5° Jouy-sous-les-Côtes (Meuse), de la coupe, pour les ordinaires 1831, 1832 et 1833, et par tiers, de dix-huit hectares de l'ancienne réserve de ses bois;

6° Marsannay-la-Côte (Côte-d'Or), de la coupe, en deux années successives et par portions égales, de vingt-deux hectares environ de sa réserve;

7° Talant (Côte-d'Or), de la coupe, en deux années successives et par portions égales, des trente-neuf hectares seize ares composant sa réserve pour être exploités par forme de recépage;

8° Gendrey (Jura), de la coupe, en quatre années successives et par portions égales, de soixante-quatre hectares trente-deux ares de sa réserve;

9° Épy, Balme d'Épy et Lanéria (Jura), de la coupe de deux hectares composant la réserve des bois indivis desdites communes;

10° Saint-Julien (Doubs), de la coupe, pour l'ordinaire 1832, de trente-neuf chênes et un hêtre rabougris et dépérissans à prendre dans ses bois;

11° Liesle (Doubs), de la coupe de huit hectares de sa réserve;

12° Scey-sur-Saone (Haute-Saone), de la coupe de deux hectares de sa réserve.

2. Nos ministres secrétaires d'état des finances et de l'intérieur sont chargés, chacun en ce qui le concerne, de l'exécution de la présente ordonnance.

Signé LOUIS-PHILIPPE.

Par le Roi : *le Ministre Secrétaire d'état des finances,*

Signé LOUIS.

––––––––––

N° 169. — ORDONNANCE DU ROI *qui autorise des Exploitations et un Échange dans des Bois communaux, et une Vente et un Aménagement dans deux Forêts royales.*

A Paris, le 17 Septembre 1830.

LOUIS-PHILIPPE, ROI DES FRANÇAIS;

Vu les titres I, III et VI du Code forestier;

Vu l'ordonnance d'exécution du 1er août 1827;

Sur le rapport de notre ministre secrétaire d'état des finances,

NOUS AVONS ORDONNÉ et ORDONNONS ce qui suit :

ART. 1er. L'administration forestière est autorisée à faire délivrance aux communes ci-après désignées, savoir :

1° Amathay et Vésigneux (Doubs), de trente sapins dépérissans à prendre dans sa réserve;

2° Malleloy (Meurthe), de dix arbres de réserve à prendre dans ses bois;

3° Flaux (Gard), de la coupe de vingt-six hectares de ses bois :

Il sera procédé à l'aménagement des bois de ladite commune;

4° Seynes (Gard), de la coupe de huit hectares de ses bois :

Il sera procédé à l'aménagement des bois de ladite commune ;

5° Villecomtal (Gers), d'un chêne à prendre dans sa réserve ;

6° Déville (Ardennes), de la coupe, en huit années successives et par portions égales, de quatre-vingt-huit hectares environ de sa réserve ;

7° Villiers Saint-Benoît (Yonne), de la coupe, en deux années successives et par portions égales, de trente-cinq hectares vingt-quare ares de sa réserve ;

8° Valfin-lès-Saint-Claude (Jura), de la coupe, en deux années successives et par portions égales, de trois cents sapins dépérissans à prendre dans la réserve de ses bois ;

9° Mont-sous-Vaudrey (Jura), de la coupe, en six années successives et par portions égales, de cent cinquante-deux hectares cinquante-cinq ares de sa réserve, dont vingt-et-un hectares cinquante-cinq ares de taillis seront exploités par forme de recépage ;

10° Cosnes (Moselle), de la coupe de six hectares soixante-et-dix-sept ares composant la réserve des bois du village de Romain, annexe de ladite commune ;

11° Gorcy (Moselle), de la coupe, par forme de recépage, de sept hectares dix-huit ares quarante centiares de la réserve du village de Coussigny, annexe de ladite commune ;

12° Vecqueville (Haute-Marne), de la coupe des quatre hectares quatre-vingt-cinq ares composant sa réserve ;

13° Vesaignes-sur-Marne (Haute-Marne), de la coupe des dix-sept hectares vingt-et-un ares composant sa réserve ;

14° Vellemenfroy (Haute-Saone), de la coupe, en trois années successives et par portions égales, de vingt-trois hectares environ de sa réserve .

Il sera procédé à l'aménagement des bois de ladite commune ;

15° Passavant (Haute-Saone), de la coupe de douze hectares de sa réserve ;

16° Bief (Doubs), de la coupe de trois hectares environ de sa réserve ;

17° Lavans-Quingey (Doubs), de la coupe de cinq hectares de sa réserve ;

18° Bouverans (Doubs), de la coupe, en deux années successives, de huit cents sapins dépérissans de sa réserve ;

19° Saint-Maurice (Doubs), de la coupe de six hectares de sa réserve ;

20° Fertans (Doubs), de la coupe de trois hectares cinquante ares de sa réserve.

2. Le canton dit *Côte brûlée*, contenant environ un hectare, sera distrait des forêts communales de Liebvillers (Doubs) pour être réuni aux parcours. ·

En contre-échange de cette portion de bois, le communal dit *Entre deux bois*, à peu près d'égale contenance, sera distrait du parcours et réuni aux forêts.

3. Il sera procédé à la vente et adjudication, 1° de deux cent dix arbres qui se trouvent sur l'avenue de la forêt royale

de Blary dite *du Châtelet*, 2° des arbres nuisibles et dépérissans existant sur la coupe de l'ordinaire 1829 de la même
forêt, aux lieux dits *les Grands Bois* et *Bois des Tuileries*
(Nièvre).

4. Il sera procédé à l'aménagement de la forêt royale de
Jouy, située dans le département de Seine-et-Marne.

5. Nos ministres secrétaires d'état des finances et de l'intérieur sont chargés de l'exécution de la présente ordonnance.

Signé LOUIS-PHILIPPE.

Par le Roi : *le Ministre Secrétaire d'état des finances,*

Signé LOUIS.

N° 170. — *Acte de la Commission municipale et exécutive
de Paris sur l'approvisionnement de la Capitale pendant l'état
de siége.*

A Paris, le 30 Juillet 1830.

LA COMMISSION MUNICIPALE ET EXÉCUTIVE,

Vu la nécessité d'assurer l'approvisionnement de la capitale
pendant l'état de siége,

NOMME et institue la commission suivante, chargée de
livrer et faire livrer, tant que durera ledit état, à Paris,
toutes les farines fabriquées ou qui le seront.

Elles seront payées sur les récépissés qui en seront donnés
aux barrières, ou par le préposé en chef de la halle aux farines, au prix qui sera fixé en raison du prix courant sur les
lieux, et des obstacles que les voituriers auront éprouvés.

Les membres de cette commission pour la vallée de
l'Eure, arrondissement de Chartres, sont MM. *Claye*, marchand farinier à Maintenon; président, *Guillaume* et *Mau-
zaize*, marchands fariniers à Chartres.

Ordonnons à toutes les municipalités et autorités d'assurer
la circulation des voitures dirigées sur Paris, avec une lettre
de voiture signée de l'un desdits membres; et ce, sous la
responsabilité prévue par les lois.

Fait en commission, à Paris, à l'Hôtel-de-ville, le 30 Juillet 1830.

Signé DE SCHONEN, AUDRY DE PUIRAVEAU et MAUGUIN.

N° 171. — ORDONNANCE DU ROI qui nomme M. *Casimir Delavigne*, de l'académie française, membre de la commission formée par ordonnance du 27 août 1830 sur les honneurs du Panthéon, en remplacement de M. *Bérenger*, démissionnaire. (*Paris, 17 Septembre 1830.*)

N° 172. — ORDONNANCE DU ROI qui nomme M. *Gasparin*, actuellement préfet de la Loire, préfet de l'Isère, en remplacement du baron *Finot*, admis à faire valoir ses droits à la retraite. (*Paris, 20 Septembre 1830.*)

N° 173. — ORDONNANCE DU ROI portant que le sieur *Pingat* (*Nicolas-César*), né le 7 mars 1784 à Dijon, département de la Côte-d'Or, ancien avocat, y demeurant, est réintégré dans la qualité et les droits de Français, qu'il aurait perdus, aux termes de l'article 17 du Code civil, par sa naturalisation dans le royaume des Pays-Bas; à la charge par l'impétrant de se présenter à la mairie de sa commune pour y faire la déclaration prescrite par l'article 18 du même Code, laquelle sera inscrite sur le registre de la commune pour y rester en minute et y avoir recours au besoin. (*Paris, 22 Septembre 1830.*)

N° 174. — ORDONNANCE DU ROI qui autorise l'acceptation du *Legs* fait à la ville d'*Aurillac* (Cantal), par le sieur *Delolin de Lalaubie*, d'un petit jardin estimé 714 francs. (*Paris, 31 Août 1830.*)

CERTIFIÉ conforme par nous

Garde des sceaux de France, Ministre Secrétaire d'état au département de la justice,

A Paris, le 1er * Octobre 1830,

DUPONT (de l'Eure).

* Cette date est celle de la réception du Bulletin à la Chancellerie.

On s'abonne pour le Bulletin des lois, à raison de 9 francs par an, à la caisse de l'Imprimerie royale, ou chez les Directeurs des postes des départemens.

A PARIS, DE L'IMPRIMERIE ROYALE.
1er Octobre 1830.

BULLETIN DES LOIS.

2e Partie. — ORDONNANCES. — N° 13.

N° 175. — *Ordonnance du Roi qui convoque les Colléges électoraux des Départemens de la Haute-Garonne, de la Mayenne et du Tarn.*

Paris, le 28 Septembre 1830.

LOUIS-PHILIPPE, Roi des Français, à tous présens et à venir, SALUT.

Sur le rapport de notre ministre secrétaire d'état de l'intérieur ;

Vu les lois des 5 février 1817, 29 juin 1820, 2 mai 1827, 2 juillet 1828, 11 et 12 septembre 1830, sur les élections, et la loi du 31 août 1830 sur le serment ;

Vu notre ordonnance du 13 de ce mois qui a convoqué pour le 28 octobre les colléges départementaux de la Haute-Garonne, de la Mayenne et du Tarn, pour nommer chacun un député, à raison des vacances résultant des démissions de MM. *de Saint-Félix*, *de Pignerolles et de Saint-Géry* ;

Vu la décision de la Chambre des Députés en date du 25 septembre, qui constate que MM *Vézian de Saint-André* (de la Haute-Garonne), *Dumans* (de la Mayenne), et *de Voisins* (du Tarn), n'ont pas prêté le serment dans le délai prescrit, et sont par conséquent considérés comme démissionnaires,

Nous avons ordonné et ordonnons ce qui suit :

Art. 1er. Les colléges départementaux de la Haute-Garonne, de la Mayenne et du Tarn, convoqués pour le 28 octobre prochain dans les villes de Toulouse, Laval et Albi, procéderont chacun à l'élection de deux députés.

2. Notre ministre secrétaire d'état au département de l'intérieur est chargé de l'exécution de la présente ordonnance.

Signé LOUIS-PHILIPPE.

Par le Roi : le Ministre Secrétaire d'état au département de l'intérieur,

Signé Guizot.

N° 176. — *ORDONNANCE DU ROI qui convoque plusieurs Collèges électoraux d'arrondissement.*

A Paris, le 28 Septembre 1830.

LOUIS-PHILIPPE, ROI DES FRANÇAIS, à tous présens et à venir, SALUT.

Sur le rapport de notre ministre secrétaire d'état au département de l'intérieur ;

Vu les lois des 5 février 1817, 29 juin 1820, 2 mai 1827, 2 juillet 1828, 11 et 12 septembre 1830 ;

Vu la loi du 31 août 1830 sur le serment, et les décisions de la Chambre des Députés en date des 17 et 25 septembre, qui constatent que plusieurs députés n'ont pas prêté serment dans le délai prescrit, et sont par conséquent considérés comme démissionnaires;

Vu pareillement l'ordonnance du 20 septembre qui nomme M. *Lussy* conseiller à la cour royale de Pau,

NOUS AVONS ORDONNÉ et ORDONNONS ce qui suit :

ART. 1er. Les colléges électoraux d'arrondissement désignés au tableau ci-dessous sont convoqués pour le 6 novembre prochain dans les villes indiquées audit tableau, à l'effet d'élire chacun un député.

DÉPARTEMENS.	ARRON-DISSEMENS électo-raux.	VILLES où les colléges d'arrondissem.^t se réunissent.	NOMS DES DÉPUTÉS dont la place est devenue vacante.	CAUSES de la vacance.
H.-Garonne	1er.	Toulouse..	*Du Bourg.*	Démissionnaire par refus de serment.
Loire-Infér.	4e.	Muret....	*De Roquette.*	*Idem.*
	4e.	Savenay...	*Formon.*	*Idem.*
Tarn......	1er.	Albi.....	*De Gélis.*	*Idem.*
	2e.	Castres...	*De Lastours.*	*Idem.*
Vaucluse...	2e.	Carpentras.	*Duplessis.*	*Idem.*

2. En exécution de l'article 1er de la loi du 12 septembre 1830, les électeurs des départemens désignés au tableau ci-dessous se réuniront en un seul collége aux jours et dans les villes indiqués audit tableau, et procéderont dans chaque collége à l'élection d'un député.

DÉPARTEMENS	VILLES où les colléges départemen- taux se réunissent.	JOUR de la convo- cation.	DÉPUTÉS dont la place est devenue vacante.	CAUSES de la vacance.
Côtes-du-N.	St-Brieuc...	6 nov.	*Frottier de Ba- gneux.*	Démissionnaire par refus de serment.
Hérault....	Montpellier.	6 nov.	*D'Alzon.*	*Idem.*
Isère......	Grenoble..	6 nov.	*De Meffray.*	*Idem.*
Loire-Infér.	Nantes....	13 nov.	*Dudon.*	*Idem.*
H.-Pyrénées	Tarbes....	6 nov.	*Lussy.*	Nommé conseiller à la cour royale de Pau.
Vaucluse..	Avignon...	13 nov.	*De Rochégude.*	Démissionnaire par refus de serment.

3. Conformément à l'article 6 de la loi du 2 mai 1827 et à l'article 22 de la loi du 2 juillet 1828, les préfets publieront la présente ordonnance immédiatement après sa réception : ils ouvriront le registre des réclamations, et feront paraître le tableau de rectification dans le délai prescrit par la loi du 2 juillet 1828.

4. Il sera procédé pour les opérations des colléges électoraux ainsi qu'il est réglé par les dispositions combinées de la loi du 12 septembre 1830 et de l'ordonnance royale du 11 octobre 1820.

5. Notre ministre secrétaire d'état de l'intérieur est chargé de l'exécution de la présente ordonnance.

Signé LOUIS-PHILIPPE.

Par le Roi : *le Ministre Secrétaire d'état au département de l'intérieur ;*

Signé GUIZOT.

N° 174. — *ORDONNANCE DU ROI qui convoque des Colléges électoraux dans la Moselle, le Pas-de-Calais et le Gers.*

A Paris, le 1ᵉʳ Octobre 1830.

LOUIS-PHILIPPE, ROI DES FRANÇAIS, à tous présens et à venir, SALUT.

Sur le rapport de notre ministre secrétaire d'état de l'intérieur ;
Vu les lois des 5 février 1817, 29 juin 1820, 2 mai 1827, 2 juillet 1828, 11 et 12 septembre 1830 ;
Vu notre ordonnance du 21 septembre par laquelle M. *Paixhans,*

N 2

député de la Moselle, a été compris dans la promotion que nous avons faite dans le corps de l'artillerie, et porté du grade de lieutenant-colonel au grade de colonel;

Vu nos ordonnances des 29 et 30 septembre qui ont nommé M. *Persil*, député du Gers, procureur général près la cour royale de Paris, et M. *Degouve de Nuncques*, député du Pas-de-Calais, conseiller en la même cour,

NOUS AVONS ORDONNÉ et ORDONNONS ce qui suit:

ART. 1ᵉʳ. Le collége électoral du quatrième arrondissement de la Moselle et le collége électoral du quatrième arrondissement du Pas-de-Calais sont convoqués à Sarreguemines et à Hesdin pour le 6 novembre prochain, à l'effet d'élire chacun un député.

2. Le collége électoral du deuxième arrondissement du Gers est convoqué à Condom pour le 8 novembre prochain, à l'effet d'élire un député.

3. En exécution de l'article 6 de la loi du 2 mai 1827 et de l'article 22 de la loi du 2 juillet 1828, les préfets publieront la présente ordonnance immédiatement après sa réception. Ils ouvriront le registre des réclamations et feront paraître le tableau de rectification dans le délai prescrit par la loi du 2 juillet 1828.

4. Il sera procédé pour les opérations des colléges électoraux ainsi qu'il est réglé par les dispositions combinées de la loi du 12 septembre 1830 et de l'ordonnance royale du 11 octobre 1820.

5. Notre ministre secrétaire d'état de l'intérieur est chargé de l'exécution de la présente ordonnance.

Signé LOUIS-PHILIPPE.

Par le Roi: *le Ministre Secrétaire d'état au département de l'intérieur,*

Signé GUIZOT.

_____

Nᵒ 148. — ORDONNANCE DU ROI *qui convoque le Collége du Département du Finistère, à Brest.*

A Paris, le 1ᵉʳ Octobre 1830.

LOUIS-PHILIPPE, ROI DES FRANÇAIS, à tous présens et à venir, SALUT.

Sur le rapport de notre ministre secrétaire d'état de l'intérieur ;

Vu notre ordonnance du 13 septembre dernier qui a convoqué à Quimper le collége départemental du Finistère ;

Sur ce qu'il nous a été représenté que l'arrondissement de Brest et celui de Morlaix, qui en est voisin, renferment plus des deux tiers de la totalité des électeurs du département, et que déjà en 1819 ce même collége a, pour ce motif, été réuni à Brest,

NOUS AVONS ORDONNÉ et ORDONNONS ce qui suit :

ART. 1er. Le collége départemental du Finistère se réunira le 28 octobre dans la ville de Brest.

2. Notre ministre secrétaire d'état de l'intérieur est chargé de l'exécution de la présente ordonnance,

Signé LOUIS-PHILIPPE.

Par le Roi : le Ministre Secrétaire d'état au département de l'intérieur,

Signé GUIZOT.

———————

N° 179. — ORDONNANCE DU ROI qui augmente le nombre des Avoués près le Tribunal de Limoux (Aude).

À Paris, le 22 Septembre 1830.

LOUIS-PHILIPPE, ROI DES FRANÇAIS, à tous présens et à venir, SALUT.

Sur le rapport de notre garde des sceaux, ministre secrétaire d'état au département de la justice,

Le nombre des avoués près le tribunal de première instance séant à Limoux (Aude) est fixé à huit.

Le surplus de l'ordonnance du 14 avril 1820 recevra son exécution.

Notre garde des sceaux, ministre secrétaire d'état au département de la justice, est chargé de l'exécution de la présente ordonnance.

Signé LOUIS-PHILIPPE.

Par le Roi : le Garde des sceaux, Ministre Secrétaire d'état au département de la justice,

Signé DUPONT (de l'Eure

N 3

N° 180. — *ORDONNANCE DU ROI qui réduit à six le nombre des Avoués au Tribunal de Lodève (Hérault).*

A Paris, le 1er Octobre 1830.

LOUIS-PHILIPPE, ROI DES FRANÇAIS, à tous présens et à venir, SALUT.

Sur le rapport de notre garde des sceaux, ministre secrétaire d'état au département de la justice,

Le nombre des avoués près du tribunal de première instance séant à Lodève (Hérault) sera définitivement fixé à six.

Le surplus de l'ordonnance du 14 avril 1820 recevra son exécution.

Notre garde des sceaux, ministre secrétaire d'état au département de la justice, est chargé de l'exécution de la présente ordonnance.

Signé LOUIS-PHILIPPE.

Par le Roi ; *le Garde des sceaux, Ministre Secrétaire d'état au département de la justice,*

Signé DUPONT (de l'Eure).

N° 181. — *ORDONNANCE DU ROI qui concède des Droits de Pâturage dans des dépendances des Forêts de l'État, à un Établissement public.*

A Paris, le 26 Septembre 1830.

LOUIS-PHILIPPE, ROI DES FRANÇAIS ;

Vu la demande du régisseur de la bergerie royale de Perpignan et l'avis des agens forestiers en date du 22 avril 1830,

La délibération du conseil de l'administration des forêts, ensemble l'avis du directeur général ;

Sur le rapport de notre ministre secrétaire d'état des finances,

NOUS AVONS ORDONNÉ et ORDONNONS ce qui suit :

ART. 1er. Il est fait concession au profit de la bergerie royale de Perpignan, pour le terme de cinq années, à partir du 1er janvier prochain, du pâturage,

1° De cent cinquante hectares de terrain dans la forêt royale de Clavera, à prendre dans l'espace confronté d'orient par la forêt de Las Lloandes, du midi par le territoire de Llbar, et par une ligne qui commence au roc de la Serre, passe à la fontaine des Douces-aigues, suit le torrent du même nom, et aboutit ; au nord, au bois du chapitre ;

2° De trois cents hectares dans le paquis royal de Barrès, désignés sous les noms de *Pla de Camporeils* et *Jerpeta*.

2. Le prix de cette concession sera réglé à dire d'experts, en la forme prescrite par l'article 111 de l'ordonnance réglementaire du 1er août 1827, et sera versé annuellement et par avance à la caisse des domaines.

3. Le régisseur de la bergerie remettra à l'agent forestier, au moment de l'introduction du troupeau dans les pacages, la liste nominative des pâtres chargés de la garde du troupeau, et demeurera responsable des dégâts et délits qui pourraient être commis par suite de ladite concession.

4. Notre ministre secrétaire d'état des finances est chargé de l'exécution de la présente ordonnance, qui sera insérée au Bulletin des lois (Ordonnances).

Signé LOUIS-PHILIPPE.

Par le Roi : *le Ministre Secrétaire d'état des finances,*

Signé LOUIS.

N° 182. — *ORDONNANCE DU ROI qui autorise l'Exploitation de coupes extraordinaires ou de réserves et des Aménagemens dans des Forêts royales.*

A Paris, le 26 Septembre 1830.

LOUIS-PHILIPPE, ROI DES FRANÇAIS ;

Vu les titres Ier et II du Code forestier ;

Vu l'ordonnance d'exécution du 1er août 1827 ;

Sur le rapport de notre ministre secrétaire d'état des finances,

NOUS AVONS ORDONNÉ et ORDONNONS ce qui suit :

ART. 1er. Il sera procédé à la vente et à l'adjudication,

1° De la coupe de treize hectares de la forêt royale de Villemur (Haute-Garonne) ;

2° De tous les brins de chêne, hêtres et châtaigniers brisés par la chute des bois blancs dans les coupes assises, pour l'ordinaire 1830, dans les forêts

N 4

royales de Villecartier, Fougères, Liffré et Saint-Aubin du Cormier, ainsi que des cépées de chênes et hêtres rabougries qui se trouvent dans lesdites forêts (Ille-et-Vilaine).

2. La réserve dite *le Bosquet-l'Abbaye* sera supprimée et réunie au bois royal de la Haie-Équiverlesse (Aisne).

3. Il sera procédé à l'aménagement,

1° Des deux forêts royales appelées *de Mesvy-Faux* et *des Moineries* (Aube);

2° De dix-neuf cantons de la forêt royale de Clairvaux (Aube);

3° De l'ancienne réserve, dite *Bois-l'Abbé*, de la forêt royale de Rumilly (Aube);

4° Des divers cantons de bois royaux appelés *Bois de Monsieur, Réserve du Bois de Monsieur, la Baucle, le Clos-Macquignon et la Garenne*, le tout sous la dénomination du *Bois du Fays de Cerisiers* (Yonne);

5° De l'ancienne réserve de la forêt royale de Beaumont (Aube);

6° Des deux forêts royales de Malgouverne et de la folie de Malgouverne (Yonne);

7° De la forêt royale de Choqueuse (Seine-et-Marne).

4. Notre ministre secrétaire d'état des finances est chargé de l'exécution de la présente ordonnance.

Signé LOUIS-PHILIPPE.

Par le Roi : le Ministre Secrétaire d'état des finances,

Signé LOUIS.

N° 183. — *DÉCRET IMPÉRIAL* (1) *qui crée un Fonds de retenue pour les Pensions des Employés des prisons.*

Au palais des Tuileries, le 7 Mars 1808.

NAPOLÉON, &c. &c.

Sur le rapport de notre ministre de l'intérieur;

Notre Conseil d'état entendu,

Nous avons décrété et décrétons ce qui suit.

TITRE PREMIER.

Dispositions générales.

ART. 1er. A compter du 1er juillet 1808, il sera fait

---

(1) *Voyez* ci-dessus, Bulletins n°s 9 et 19, les ordonnances n°s 129 et 163 des 1er et 20 septembre 1830, qui rappellent ce décret.

chaque mois sur tous les traitemens des employés du service
intérieur des prisons compris dans les états approuvés par
les préfets et payés sur les fonds des centimes variables des
départemens, une retenue de deux centimes et demi par
franc, pour former un fonds de pensions de retraite et de
secours en faveur de ceux qui en seront susceptibles, ou de
leurs veuves et orphelins.

2. Le montant net des traitemens pendant les vacances
d'emploi qui n'excéderont pas un mois, sera ajouté aux fonds
de retraite.

3. Les préfets sont autorisés à prélever sur les fonds des
dépenses imprévues de 1808 une somme égale au vingtième
des dépenses des traitemens et salaires des concierges et guichetiers et autres agens du service intérieur des prisons,
pour former le premier fonds des retraites et pensions, et
représenter les services passés sur lesquels il n'y a point eu
de retenue; ce fonds, ainsi que le produit des retenues prescrites par l'article 1er, seront versés à la caisse d'amortissement.

TITRE II.

Des Conditions pour pouvoir obtenir une Pension.

4. Les demandes à fin de pension seront adressées par
l'intermédiaire des préfets, avec les pièces justificatives, au
ministre de l'intérieur.

5. Il sera tenu un registre de ces demandes où elles
seront portées par ordre de dates et de numéros.

6. Le ministre fera examiner ces demandes et vérifier les
titres à l'appui, et, chaque année, sur son rapport, les pensions
seront fixées par nous en Conseil d'état.

7. Il ne sera accordé de pensions ou secours que jusqu'à
concurrence des fonds libres sur le montant des retenues et
sur ceux ajoutés par l'article 3 du présent décret.

8. Les employés des prisons auront droit à une pension
de retraite après trente ans de service effectif, pour lesquels,
après dix ans de service dans les prisons, on comptera tout

le temps d'activité des autres services tant civils que militaires légalement constatés, dans le cas où ils ne jouiraient d'aucune pension pour raison de ces mêmes services.

La pension pourra cependant être accordée avant trente ans de service à ceux qui auront dix ans de service dans les prisons, et que des accidens ou des infirmités provenant de leurs services rendraient incapables de continuer les fonctions de leur place, ou qui se trouveraient réformés, après dix ans de service, par le fait de la suppression de leur emploi.

9. Toutefois les pensions ne pourront être accordées que sur le certificat des procureurs généraux et préfets, attestant que les concierges ou guichetiers ont rempli fidèlement leurs fonctions, et n'ont pas laissé évader les prisonniers par leur faute.

10. Pour déterminer la fixation de la pension, il sera fait une année moyenne des traitemens fixes dont les réclamans auront joui pendant les trois dernières années de leur service. Les gratifications qui leur auraient été accordées pendant ces trois ans, ne feront point partie de ce calcul.

11. La pension accordée après trente ans de service ne pourra excéder la moitié de la somme réglée par l'article précédent.

Elle s'accroîtra du vingtième de cette moitié pour chaque année de service au-dessus de trente ans.

Le maximum de la retraite ne pourra excéder les deux tiers du traitement annuel de l'employé réclamant, calculé comme il est dit art. 8.

12. La pension accordée avant trente ans de service, dans le cas prévu par le second paragraphe de l'article 8, sera du sixième du traitement, pour dix ans de service et au-dessous.

Elle s'accroîtra d'un soixantième de ce traitement pour chaque année de service au-dessus de dix ans, sans pouvoir excéder la moitié du traitement. Les années de service militaire ne pourront, dans l'espèce, être calculées doubles.

13. La moitié de la pension sera accordée aux veuves des

employés décédés en activité de service ou ayant eu pension de retraite.

Les veuves n'y auront aucun droit qu'autant qu'elles auraient été mariées depuis cinq ans et non divorcées, et qu'elles n'auraient pas contracté de nouveau mariage.

Si la veuve décède avant que les enfans provenant de son mariage avec l'employé son défunt mari aient atteint l'âge de quinze ans, sa pension sera réversible à ses enfans, qui en jouiront comme les autres orphelins jouiraient de la leur, par égale portion, jusques à l'âge de quinze ans accomplis, mais sans réversibilité des uns aux autres.

14. Si les employés ne laissent pas de veuves, mais seulement des orphelins, il pourra leur être accordé des pensions de secours jusqu'à ce qu'ils aient atteint l'âge de quinze ans. La quotité sera fixée à la moitié de ce qu'aurait eu leur mère, et ne pourra excéder, pour tous les enfans ensemble, cette même moitié.

La pension qui pourrait revenir, d'après les précédentes dispositions, à un ou plusieurs de ces enfans, leur sera conservée pendant toute leur vie, s'ils sont infirmes, hors d'état de travailler pour subvenir à leurs besoins.

15. En cas de concurrence entre plusieurs employés réclamant la pension, l'ancienneté de service d'abord, et ensuite l'âge et les infirmités, décideront de la préférence.

16. Les dispositions du présent décret ne seront applicables qu'au bénéfice des employés actuellement en activité de service, ou de ceux qui y seront admis.

TITRE III,

Des cas de suspension et de privation du Droit à la Pension de retraite.

17. Nul employé démissionnaire n'a droit de prétendre au remboursement des retenues exercées sur son traitement, ni à aucune indemnité en conséquence ; mais, si par la suite

il était admis à rentrer dans le service des prisons, le temps de ses services compterait pour la pension.

18. Tout employé destitué par suite de jugement perd ses droits à la pension, quand il aurait le temps de service nécessaire pour l'obtenir. Il ne peut prétendre ni au remboursement des sommes retenues sur son traitement pour les pensions, ni à aucune indemnité équivalente.

TITRE IV.

Du mode de paiement des Pensions ; des Versemens et de la Comptabilité des Fonds de retenue.

19. Les pensions accordées sur les fonds de retenue et sur ceux ajoutés par l'article 3 du présent décret seront payées par trimestre.

20. Au commencement de chaque semestre, il sera formé un bordereau général, contenant,

1° L'état des retenues faites pendant le semestre échu et de celles présumées dans le semestre suivant : au total de cet état sera ajouté le montant du prélèvement autorisé par l'article 3 du présent décret;

2° L'état des pensions accordées et de celles éteintes ;

3° L'état des nouvelles pensions et des sommes nécessaires pour les acquitter.

21. Si le produit des fonds destinés aux pensions a excédé le montant des paiemens à faire aux pensionnaires, l'excédant sera versé à la caisse d'amortissement, qui en accumulera les intérêts au profit desdits fonds.

22. Les produits des retenues, des versemens à la caisse d'amortissement et des intérêts qui en proviendront, seront uniquement et privativement affectés à la destination prescrite par le présent décret.

23. Une expédition du bordereau général ordonné par l'article 20 sera remise tant au ministre de l'intérieur qu'au directeur général de la caisse d'amortissement.

24. La caisse d'amortissement rendra, chaque année, au

ministre de l'intérieur, compte par écrit des sommes qu'elle aura reçues, payées ou employées, et des extinctions de pensions qui seront survenues. Ce compte arrêté sera mis sous nos yeux, chaque année, par le même ministre.

25. Nos ministres de l'intérieur, des finances et du trésor public, sont chargés, chacun en ce qui le concerne, de l'exécution du présent décret.

　　　　　　　　　　　　　　　　　Signé NAPOLÉON.

N° 184. — ORDONNANCE DU ROI (LOUIS XVIII) (1) *sur la Prorogation du Péage établi au port de Peyrehorade (Landes).*

À Paris, le 11 Septembre 1816.

LOUIS, par la grâce de Dieu, ROI DE FRANCE ET DE NAVARRE;

Sur le rapport de notre ministre secrétaire d'état au département de l'intérieur;

Notre Conseil d'état entendu,

NOUS AVONS ORDONNÉ et ORDONNONS ce qui suit :

ART. 1er. La perception du droit établi au port de Peyrehorade, département des Landes, sur le Gave, par décret du 12 juillet 1808, et dont le produit est affecté au paiement des travaux pour la construction de ce port, est prorogée pour cinq ans à compter de la publication de la présente ordonnance.

Néanmoins ce droit pourra être supprimé si, avant l'expiration des cinq ans, le montant des recettes suffisait pour l'acquit de la dépense.

2. Notre ministre secrétaire d'état au département de l'intérieur est chargé de l'exécution de la présente ordonnance.

Donné au château des Tuileries, le 11 Septembre de l'an de grâce 1816, et de notre règne le vingt-deuxième.

　　　　　　　　　　　　　　　　　Signé LOUIS.

Par le Roi : *le Ministre Secrétaire d'état de l'intérieur,*

　　　　　　　　　　　　　　　　　Signé LAINÉ.

_____

(1) *Voyez* ci-dessus l'ordonnance du 30 septembre 1830, n° 163, et au Bulletin n° 14 ci-après le décret du 12 juillet 1808.

N° 185. — *ORDONNANCE DU ROI* (LOUIS XVIII) (1) *portant nouvelle Prorogation du Péage de Peyrehorade.*

A Paris, le 26 Décembre 1821.

LOUIS, par la grâce de Dieu, ROI DE FRANCE ET DE NAVARRE ;

Vu le décret du 12 juillet 1808 qui autorise l'établissement, pendant sept ans, d'un droit au port de Peyrehorade sur le Gave, département des Landes, pour le paiement des travaux de rétablissement de ce port ;

Vu notre ordonnance du 11 septembre 1816 qui proroge la perception de ce droit pendant cinq ans expirant au 31 octobre 1821 ;

Vu la délibération de la commune de Peyrehorade, du 9 septembre 1821, sur l'insuffisance des sommes perçues jusqu'à ce jour pour faire face aux dépenses, et sur la nécessité de proroger de nouveau la perception du droit pendant trois ans ;

Vu les avis du sous-préfet et du préfet ;

Sur le rapport de notre ministre secrétaire d'état au département de l'intérieur ;

Notre Conseil d'état entendu,

NOUS AVONS ORDONNÉ et ORDONNONS ce qui suit :

ART. 1er. La perception du droit établi au port de Peyrehorade sur le Gave (Landes) par le décret du 12 juillet 1808 est prorogée de nouveau pour un an, à partir du 1er novembre 1821.

2. Notre ministre secrétaire d'état au département de l'intérieur est chargé de l'exécution de la présente ordonnance.

Donné en notre château des Tuileries, le 26 Décembre de l'an de grâce 1821, et de notre règne le vingt-septième.

Signé LOUIS.

Par le Roi : *le Ministre Secrétaire d'état au département de l'intérieur ,*

Signé CORBIÈRE.

---

(1) Les ordonnances des 9 avril 1823 et 7 décembre 1825 ont été insérées au Bulletin des lois : la première, n° 14,511 de la septième série ; et la seconde, n° 2343 de la huitième série.

N° 186. — ORDONNANCE DU ROI qui admet M. le comte de Gayon, ancien préfet de Seine-et-Marne, à faire valoir ses droits à la retraite. (*Paris, 28 Août 1830.*)

N° 187. — ORDONNANCE DU ROI qui nomme M. *Léon Saladin* préfet du département du Tarn, en remplacement de M. le vicomte *Decazes.* (*Paris, 28 Août 1830.*)

N° 188. — ORDONNANCE DU ROI qui nomme M. *Nau de Champlouis,* actuellement préfet des Vosges, préfet du département du Bas-Rhin, en remplacement de M. *Esmangart.* (*Paris, 30 Août 1830.*)

N° 189. — ORDONNANCE DU ROI portant que le proviseur du collège royal d'Amiens est autorisé à prélever sur les fonds disponibles de cet établissement une somme de trente mille francs, pour être employée en acquisition de rentes sur l'État, lesquelles seront inscrites au nom du collège et à son profit. (*Paris, 14 Septembre 1830.*)

N° 190. — ORDONNANCE DU ROI portant que le proviseur du collège royal de Caen est autorisé à concéder à la fabrique de Saint-Étienne de la même ville une petite portion de terrain dépendant du parc du collège, et qui détermine les conditions auxquelles cette concession sera faite. (*Paris, 14 Septembre 1830.*)

N° 191. — ORDONNANCE DU ROI qui nomme M. *Scipion Mourgus* préfet du département de la Loire, en remplacement de M. *Gasparin,* appelé à d'autres fonctions. (*Paris, 23 Septembre 1830.*)

N° 192. — ORDONNANCE DU ROI qui nomme M. *Charles Comte,* avocat, et conseiller de préfecture du département de la Seine, aux fonctions de procureur du Roi près le tribunal civil de la Seine, en remplacement de M. *Barthe,* nommé président à la cour royale de Paris. (*Paris, 28 Septembre 1830.*)

N° 193. — ORDONNANCE DU ROI qui nomme M. *Persil,* avocat, et membre de la Chambre des Députés, aux fonctions de procureur général près la cour royale de Paris, en remplacement de M. *Bernard* (de Rennes), nommé conseiller à la cour de cassation. (*Paris, 29 Septembre 1830.*)

Nº 194. — ORDONNANCE DU ROI portant que,

1º Le sieur *Cachemaille* (*Jacques-Louis-Victor*), né le 4 août 1805 à Baulmes, canton de Vaud en Suisse, ministre protestant, demeurant à Vadencourt, département de la Somme,

2º Le sieur *Jaccard* (*Amédée-Julien*), né le 15 juillet 1803 à Sainte-Croix, même canton en Suisse, ministre protestant, demeurant aussi à Vadencourt, même département,

3º Le sieur *Éli Turner*, né le 6 juin 1793 à Brierley dans la paroisse de Sedgley, comté de Stafford en Angleterre, ingénieur-mécanicien, demeurant à Calais,

Sont admis à établir leur domicile en France, pour y jouir de l'exercice des droits civils pendant tout le temps qu'ils y résideront. (*Paris, 22 Septembre 1830.*)

_____

Nº 195. — ORDONNANCE DU ROI portant, 1º que les *foires* de la ville de *Quimper* (Finistère) seront au nombre de douze, et qu'elles auront lieu le second mercredi des mois de janvier, février, mars, juin, juillet, août, septembre, octobre, novembre et décembre, le 15 avril et le 2 mai; 2º que la *foire* mensuelle instituée dans la commune de *Pontivois*, même département, et fixée au 17, se tiendra à l'avenir le troisième jeudi de chaque mois; 3º que les *foires* instituées dans la commune de *Ponthou*, même département, et fixées au premier lundi des mois de janvier, mars, mai, juillet, septembre et novembre, se tiendront à l'avenir le premier mardi des mêmes mois; et 4º que les six *foires* instituées dans la commune de *Saint-Pol de Léon*, même département, se tiendront à l'avenir le dernier mardi des mois de février, avril, juin, août, octobre et décembre. (*Paris, 15 Septembre 1830.*)

CERTIFIÉ conforme par nous

Garde des sceaux de France, Ministre Secrétaire d'état au département de la justice,

A Paris, le 9 * Octobre 1830,

DUPONT (de l'Eure).

* Cette date est celle de la réception du Bulletin à la Chancellerie.

On s'abonne pour le Bulletin des lois, à raison de 9 francs par an, à la caisse de l'Imprimerie royale, ou chez les Directeurs des postes des départemens.

BULLETIN DES LOIS.

2ᵉ Partie.—ORDONNANCES.—Nº 14.

Nº 196. — *ORDONNANCE DU ROI qui appelle à l'activité quarante mille hommes de la classe de 1829, et en contient la Répartition dans les Armées de terre et de mer.*

A Paris, le 18 Septembre 1830.

LOUIS-PHILIPPE, ROI DES FRANÇAIS , à tous présens et à venir, SALUT.

Vu l'article 2 de la loi du 9 juin 1824 ;

Sur le rapport de notre ministre secrétaire d'état au département de la guerre,

NOUS AVONS ORDONNÉ et ORDONNONS ce qui suit :

ART. 1ᵉʳ. Sont appelés à l'activité quarante mille jeunes soldats disponibles de la classe de 1829.

2. Ces jeunes soldats seront répartis entre les corps de nos armées de terre et de mer, suivant l'état ci-joint.

3. Le départ de ces jeunes soldats aura lieu le 1ᵉʳ décembre.

4. Notre ministre secrétaire d'état au département de la guerre est chargé de l'exécution de la présente ordonnance.

Signé LOUIS-PHILIPPE.

Par le Roi : *le Ministre Secrétaire d'état de la guerre,*

Signé Mᵃˡ Cᵗᵉ GÉRARD.

DÉSIGNATION DES CORPS.	DÉPARTEMENS fournissant À CES CORPS.	NOMBRE d'hommes affecté à chaque corps.	TOTAL par corps.
ARMÉE DE MER.			
Equipages de ligne à Cherbourg..	Marne (Haute)....	6.	42.
	Pas-de-Calais.....	16.	
	Somme..........	12.	
	Yonne...........	8.	
	Aisne...........	11.	315.
	Allier...........	7.	
	Ardennes........	7.	
	Aube...........	6.	
	Charente........	8.	
	Charente-Inférieure.	10.	
	Cher...........	6.	
	Corrèze.........	7.	
	Côtes-du-Nord.....	14.	
	Creuse..........	6.	
	Eure...........	10.	
	Eure-et-Loir......	7.	
	Finistère.........	12.	
	Ille-et-Vilaine.....	14.	
	Indre-et-Loire.....	7.	
	Loir-et-Cher......	5.	
	Loire-Inférieure...	11.	
	Lot............	7.	
	Lot-et-Garonne....	8.	
	Loiret..........	7.	
	Maine-et-Loire.....	11.	
	Manche..........	15.	
	Marne..........	7.	
	Mayenne.........	8.	
	Meuse..........	7.	
	Morbihan........	10.	
	Sarthe..........	11.	
	Seine...........	19.	
	Seine-Inférieure....	17.	
	Seine-et-Marne....	8.	
	Seine-et-Oise.....	11.	
	Sèvres (Deux)....	7.	
	Vendée.........	8.	
	Vienne.........	6.	

DÉSIGNATION DES CORPS.	DEPARTEMENS fournissant À CES CORPS.	NOMBRE d'hommes affecté à chaque corps.	TOTAL par CORPS.
Équipages de ligne à Lorient....	Calvados.........	12.	42.
	Nièvre..........	6.	
	Nord...........	24.	
Équipages de ligne à Rochefort..	Côte-d'Or........	9.	63.
	Dordogne........	11.	
	Gironde.........	13.	
	Landes..........	6.	
	Orne...........	11.	
	Saone-et-Loire.....	13.	
Équipages de ligne à Toulon....	Ain............	8.	291.
	Alpes (Basses)....	3.	
	Alpes (Hautes)....	3.	
	Ardèche.........	8.	
	Ariége..........	6.	
	Aude...........	6.	
	Aveyron........	8.	
	Bouches-du-Rhône .	8.	
	Cantal..........	6.	
	Corse..........	4.	
	Doubs..........	6.	
	Drôme..........	7.	
	Gard...........	8.	
	Garonne (Haute)..	10.	
	Gers...........	6.	
	Hérault.........	8.	
	Indre..........	7.	
	Isère..........	13.	
	Jura...........	7.	
	Loire..........	8.	
	Loire (Haute).....	7.	
	Lozère..........	3.	
	Meurthe........	10.	
	Moselle.........	10.	
	Oise...........	9.	
	Puy-de-Dôme.....	14.	
	Pyrénées (Hautes).	5.	
	Pyrénées (Basses)..	10.	
	Pyrénées-Orientales.	3.	
	Rhin (Bas)......	13.	

DÉSIGNATION DES CORPS.	DÉPARTEMENS fournissant À CES CORPS.	NOMBRE d'hommes affecté à chaque corps.	TOTAL par CORPS.
	Rhin (Haut)......	11.	
	Rhône...........	10.	
	Saone (Haute)....	8.	
	Tarn...........	8.	
	Tarn-et-Garonne...	6.	
	Var............	7.	
	Vaucluse.........	5.	
	Vienne (Haute)...	7.	
	Vosges..........	8.	

ARMÉE DE TERRE.

DÉSIGNATION DES CORPS.	DÉPARTEMENS fournissant À CES CORPS.	NOMBRE d'hommes affecté à chaque corps.	TOTAL par CORPS.
	Ain.............	5.	
	Aisne...........	5.	
	Ardennes........	3.	
	Charente-Inférieure	3.	
	Côtes-du-Nord.....	1.	
	Dordogne........	2.	
	Doubs..........	2.	
	Eure-et-Loir......	3.	
	Gard...........	1.	
	Garonne (Haute)..	1.	
	Hérault.........	1.	
	Ille-et-Vilaine.....	1.	
	Isère...........	5.	
1er Régiment de carabiniers....	Jura............	5.	75.
	Loiret..........	2.	
	Maine-et-Loire....	1.	
	Marne..........	3.	
	Meurthe.........	3.	
	Meuse..........	3.	
	Moselle.........	3.	
	Oise...........	3.	
	Rhin (Bas).......	5.	
	Rhin (Haut)....	5.	
	Saone (Haute)....	1.	
	Sarthe..........	1.	
	Seine-et-Marne....	1.	
	Seine-et-Oise......	5.	
	Vosges..........	1.	

DÉSIGNATION DES CORPS.	DÉPARTEMENS fournissant à CES CORPS.	NOMBRE d'hommes affecté à chaque corps.	TOTAL par CORPS.
2ᵉ Régiment de carabiniers......	Aube............	2.	
	Calvados.........	8.	
	Côte-d'Or.........	3.	
	Eure.............	3.	
	Gironde	1.	
	Loire............	1.	
	Manche..........	8.	
	Marne (Haute)...	2.	
	Nièvre...........	2.	75.
	Nord............	10.	
	Orne............	5.	
	Pas-de-Calais......	10.	
	Puy-de-Dôme.....	2.	
	Rhône...........	2.	
	Saone-et-Loire....	5.	
	Seine-Inférieure ...	5.	
	Somme	5.	
	Yonne...........	1.	
1ᵉʳ Régiment de cuirassiers.....	Aube............	20.	
	Côte-d'Or	40.	
	Loiret...........	20.	150.
	Nièvre...........	20.	
	Saone-et-Loire	30.	
	Yonne...........	20.	
2ᵉ idem..................	Ain.............	20.	
	Doubs...........	20.	
	Jura............	35.	
	Marne (Haute)...	15.	145.
	Oise............	20.	
	Saone (Haute)....	15.	
	Seine-et-Marne....	20.	
3ᵉ idem..................	Eure............	20.	
	Eure-et-Loir......	25.	
	Pas-de-Calais.....	40.	155.
	Seine-Inférieure...	30.	
	Seine-et-Oise......	20.	
	Somme	20.	

O 3

DÉSIGNATION DES CORPS.	DÉPARTEMENS fournissant À CES CORPS.	NOMBRE d'hommes affecté à chaque corps.	TOTAL par CORPS.
... de cuirassiers	Charente-Inférieure.	15.	155.
	Côtes-du-Nord.....	10.	
	Finistère.........	10.	
	Ille-et-Vilaine.....	10.	
	Indre-et-Loire.....	10.	
	Loire-Inférieure...	10.	
	Loir-et-Cher.....	5.	
	Maine-et-Loire....	20.	
	Mayenne........	10.	
	Morbihan........	5.	
	Sarthe...........	20.	
	Sèvres (Deux)....	10.	
	Vendée..........	10.	
	Vienne..........	10.	
5e idem.................	Calvados........	30.	145.
	Manche.........	35.	
	Nord...........	60.	
	Orne...........	20.	
6e idem.................	Isère...........	10.	155.
	Meurthe......	40.	
	Moselle........	30.	
	Rhin (Bas)......	55.	
	Vosges........	20.	
7e idem.................	Rhin (Haut).....	25.	25.
8e idem.................	Ardennes.......	25.	80.
	Marne..........	30.	
	Meuse..........	25.	
9e idem.................	Allier..........	5.	35.
	Charente........	5.	
	Cher...........	5.	
	Indre..	5.	
	Loire..........	10.	
	Tarn-et-Garonne...	5.	
10e idem.................	Aisne..........	55.	55.

DÉSIGNATION DES CORPS.	DÉPARTEMENS fournissant À CES CORPS.	NOMBRE d'hommes affecté à chaque corps.
	Aisne	15.
	Calvados.........	10.
	Eure...........	10.
	Eure-et-Loir.....	10.
	Manche.........	20.
1er Régiment d'artillerie.......	Orne	15.
	Pas-de-Calais.....	20.
	Seine.........	30.
	Seine-Inférieure...	30.
	Seine-et-Oise	25.
	Somme	15.
	Yonne..........	10.
	Marne (Haute)...	10.
	Nord..........	25.
2e idem.................	Oise	10.
	Saone (Haute)....	10.
	Seine-et-Marne....	15.
	Alpes (Basses)....	5.
	Ardèche.........	10.
	Aveyron........	10.
	Bouches-du-Rhône .	10.
	Cantal..........	5.
	Corse	5.
	Drôme..........	10.
	Gard...........	10.
	Hérault.........	10.
3e idem...............	Indre-et-Loire.....	10.
	Isère...........	20.
	Loir-et-Cher.....	5.
	Loire (Haute)....	5.
	Maine-et-Loire....	10.
	Mayenne........	10.
	Sarthe.........	10.
	Var...........	10.
	Vaucluse........	10.
	Ain...........	10.
	Allier..........	5.
	Alpes (Hautes). .	5.
	Ardennes	5.

DÉSIGNATION DES CORPS.	DÉPARTEMENS fournissant à CES CORPS.	NOMBRE d'hommes affecté à chaque corps.	TOTAL par CORPS.
6ᶜ Régiment d'artillerie.......	Doubs..........	15.	125.
	Jura...........	10.	
	Marne..........	10.	
	Meurthe........	10.	
	Meuse..........	5.	
	Moselle.........	15.	
	Rhin (Haut)....	10.	
	Rhin (Bas)......	5.	
	Vienne (Haute)...	10.	
	Vosges..........	10.	
8ᶜ idem...............	Charente........	5.	180.
	Charente-Inférieure.	10.	
	Cher..........	5.	
	Corrèze.........	5.	
	Côtes-du-Nord.....	10.	
	Creuse..........	5.	
	Finistère........	5.	
	Gironde.........	15.	
	Ille-et-Vilaine.....	10.	
	Indre..........	5.	
	Landes.........	5.	
	Loire-Inférieure...	10.	
	Loiret..........	10.	
	Lot-et-Garonne....	10.	
	Morbihan........	5.	
	Puy-de-Dôme......	20.	
	Seine..........	20.	
	Sèvres (Deux)....	10.	
	Vendée.........	5.	
	Vienne..........	10.	
10ᶜ idem...............	Ariége.........	10.	160.
	Aube..........	5.	
	Aude..........	10.	
	Côte-d'Or........	5.	
	Dordogne........	30.	
	Garonne (Haute)..	10.	
	Gers..........	10.	
	Loire..........	5.	
	Lot..........	10.	

DÉSIGNATION DES CORPS.	DÉPARTEMENS fournissant À CES CORPS.	NOMBRE d'hommes affecté à chaque corps.	TOTAL par CORPS.
	Lozère............	5.	
	Nièvre............	5.	
	Pyrénées (Hautes).	5.	
	Pyrénées (Basses).	10.	
	Pyrén.-Orientales..	5.	
	Rhône............	10.	
	Saone-et-Loire	10.	
	Tarn.............	10.	
	Tarn-et-Garonne ...	5.	
1er Régiment de dragons.......	Allier............	5.	
	Cher.............	10.	
	Creuse...........	5.	
	Indre............	5.	
	Isère............	10.	60.
	Loire............	10.	
	Nièvre...........	10.	
	Vienne (Haute)...	5.	
2e idem....................	Marne (Haute) ...	10.	
	Moselle..........	30.	60.
	Vosges...........	20.	
3e idem	Meuse............	25.	70.
	Rhin (Bas).......	45.	
4e idem....................	Meurthe	30.	
	Saone-et-Loire.....	30.	80.
	Yonne............	20.	
5e idem....................	Calvados.........	20.	
	Manche..........	20.	55.
	Orne............	15.	
6e idem....................	Eure.............	15.	
	Pas-de-Calais......	40.	100.
	Seine-Inférieure ...	25.	
	Somme...........	20.	
7e idem....................	Aisne............	25.	
	Ardennes	15.	85.
	Aube............	15.	
	Marne...........	30.	

DÉSIGNATION DES CORPS.	DÉPARTEMENS fournissant À CES CORPS.	NOMBRE d'hommes affecté à chaque corps.	TOTAL par corps.
8e Régiment de dragons.......	Charente.........	10.	90.
	Charente-Inférieure.	20.	
	Dordogne........	10.	
	Loire-Inférieure ...	10.	
	Lot-et-Garonne....	10.	
	Sèvres (Deux)....	10.	
	Tarn-et-Garonne ...	10.	
	Vendée..........	5.	
	Vienne..........	5	
9e idem	Indre-et-Loire.....	5.	50.
	Loir-et-Cher......	5,	
	Maine-et-Loire....	5.	
	Nord...........	10.	
	Sarthe..........	5.	
	Seine-et-Oise......	20.	
10e idem...............	Eure-et-Loir......	20.	85.
	Loiret..........	20.	
	Oise...........	25.	
	Seine-et-Marne....	20.	
11e idem...............	Ain............	30.	70.
	Doubs..........	20.	
	Jura...........	20.	
12 idem...............	Côte-d'Or........	25.	75.
	Rhin (Haut).....	25.	
	Saone (Haute)...	25.	
	Ain............	1.	
	Aisne	2.	
	Allier..........	1.	
	Ardennes	1.	
	Aube	1.	
	Aude...........	1.	
	Bouches-du-Rhône.	1.	
	Calvados........	2.	
	Cantal..........	1.	
	Charente.........	1.	
	Charente-Inférieure.	1.	
	Côte-d'Or........	1.	
	Côtes-du-Nord.....	1.	
	Dordogne........	1.	

DÉSIGNATION • DES CORPS.	DÉPARTEMENS fournissant À CES CORPS.	NOMBRE d'hommes affecté à chaque corps.	TOTAL par corps.
	Doubs............	1.	
	Eure............	2.	
	Eure-et-Loir......	1.	
	Finistère.........	1.	
	Garonne (Haute)..	1.	
	Gironde..........	1.	
	Ille-et-Vilaine.....	1.	
	Indre-et-Loire.....	1.	
	Isere............	1.	
	Jura............	1.	
	Loire............	2.	
	Loire-Inférieure ...	1.	
	Loir-et-Cher......	1.	
	Loiret...........	1.	
	Lot.............	1.	
	Lot-et-Garonne ...	1.	
	Maine-et-Loire....	1.	80.
École royale de cavalerie.....	Manche..........	2.	
	Marne...........	2.	
	Marne (Haute)....	1.	
	Mayenne.........	1.	
	Meurthe.........	2.	
	Meuse...........	1.	
	Morbihan	1.	
	Moselle	2.	
	Nièvre...........	1.	
	Nord............	2.	
	Oise............	1.	
	Orne............	2.	
	Pas-de-Calais......	2.	
	Pyrénées (Basses)..	1.	
	Pyrénées-Orientales.	1.	
	Rhin (Bas).......	2.	
	Rhin (Haut)......	2.	
	Rhône...........	2.	
	Saone (Haute)....	1.	
	Saone-et-Loire	2.	
	Sarthe...........	1.	
	Seine............	2.	
	Seine-Inférieure...	2.	

DÉSIGNATION DES CORPS.	DÉPARTEMENS fournissant à CES CORPS.	NOMBRE d'hommes affecté à chaque corps.	TOTAL par CORPS.
	Seine-et-Marne....	1.	
	Seine-et-Oise......	2.	
	Sèvres (Deux)....	1.	
	Somme..........	2.	
	Tarn-et-Garonne...	1.	
	Vendée..........	1.	
	Vienne..........	1.	
	Vosges..........	1.	
	Yonne..........	1.	
	Ain.............	3.	
	Aisne............	3.	
	Allier...........	5.	
	Ardèche.........	3.	
	Ardennes........	3.	
	Aube...........	3.	
	Aude...........	3.	
	Bouches-du-Rhône.	5.	
	Calvados.........	5.	
	Charente........	2.	
	Charente-Inférieure.	5.	
	Cher...........	2.	
	Côte-d'Or........	2.	
	Côtes-du-Nord.....	5.	
	Dordogne........	5.	
	Drôme..........	2.	
	Eure...........	3.	
	Finistère........	5.	
	Gard...........	2.	
	Garonne (Haute)..	4.	
	Gironde.........	5.	
	Hérault.........	4.	
	Indre...........	3.	
	Indre-et-Loire.....	5.	
	Isère...........	3.	
	Loir-et-Cher......	3.	
	Loire...........	5.	
	Loire-Inférieure...	5.	
Bataillon de pontonniers.......	Loiret..........	5.	215.
	Maine et-Loire.....	5.	
	Manche.........	5.	

DÉSIGNATION DES CORPS.	DÉPARTEMENS fournissant À CES CORPS.	NOMBRE d'hommes affecté à chaque corps.	TOTAL par CORPS.
	Marne............	5.	
	Marne (Haute)....	3.	
	Meurthe.........	3.	
	Meuse...........	4.	
	Morbihan........	5.	
	Moselle..........	4.	
	Nièvre...........	2.	
	Nord............	5.	
	Oise............	2.	
	Pas-de-Calais.....	5.	
	Pyrénées (Basses)..	5.	
	Rhin (Bas).......	4.	
	Rhin (Haut).....	3.	
	Rhône..........	5.	
	Saone-et-Loire.....	5.	
	Sarthe..........	2.	
	Seine...........	5.	
	Seine-Inférieure ...	5.	
	Seine-et-Marne....	3.	
	Seine-et-Oise......	3.	
	Somme..........	5.	
	Tarn-et-Garonne...	2.	
	Var............	5.	
	Vaucluse........	5.	
	Yonne..........	5.	
1er Escadron du train des parcs d'artillerie................	Ain............	10.	60.
	Doubs..........	10.	
	Jura............	10.	
	Rhin (Bas)........	10.	
	Rhin (Haut)......	10.	
	Vosges..........	10.	
2e idem..................	Charente........	5.	65.
	Charente-Inférieure.	10.	
	Loire-Inférieure....	10.	
	Loir-et-Cher......	5.	
	Maine-et-Loire.....	10.	
	Mayenne.........	10.	
	Sèvres (Deux). ...	5.	
	Vendée..........	5.	
	Vienne..........	5.	

DÉSIGNATION DES CORPS.	DÉPARTEMENS fournissant À CES CORPS.	NOMBRE d'hommes affecté à chaque corps.	TOTAL par corps.
4ᵉ Escadron du train des parcs d'artillerie..	Calvados	10.	105.
	Cher	5.	
	Côtes-du-Nord	10.	
	Eure	10.	
	Finistère	10.	
	Ille-et-Vilaine	10.	
	Indre	5.	
	Indre-et-Loire	5.	
	Manche	10.	
	Morbihan	5.	
	Nièvre	5.	
	Orne	10.	
	Sarthe	10.	
5ᵉ idem	Eure-et-Loir	10.	145.
	Loiret	10.	
	Nord	60.	
	Pas-de-Calais	35.	
	Seine-et-Oise	10.	
	Somme	20.	
6ᵉ idem	Aisne	15.	130.
	Aube	10.	
	Côte-d'Or	10.	
	Isère	15.	
	Marne (Haute)	10.	
	Meurthe	5.	
	Moselle	5.	
	Oise	15.	
	Saone (Haute)	10.	
	Saone-et-Loire	15.	
	Seine-et-Marne	10.	
	Yonne	10.	
1ᵉʳ Régiment de chasseurs (de Nemours).	Pas-de-Calais	20.	20.
3ᵉ Régiment de chasseurs	Cantal	10.	30.
	Creuse	10.	
	Vienne (Haute)	10.	
4ᵉ idem	Oise	20.	40.
	Seine-et-Oise	20.	

DÉSIGNATION DES CORPS.	DÉPARTEMENS fournissant À CES CORPS,	NOMBRE d'hommes affecté à chaque corps.	TOTAL par CORPS.
5e Régiment de chasseurs	Calvados.........	. 25.	55.
	Maine-et-Loire....	10.	
	Orne.	20.	
8e idem................	Cher.........	10.	205.
	Eure.........	20.	
	Indre-et-Loire.....	10.	
	Mayenne.........	10.	
	Nièvre.........	10,	
	Nord.........	65.	
	Pas-de-Calais.....	20.	
	Saone-et-Loire.....	20.	
	Somme.........	20.	
	Seine-et-Marne....	20.	
10e idem.............	Dordogne........	20.	60.
	Garonne (Haute)..	10.	
	Lot-et-Garonne....	10.	
	Pyrénées-Orientales	10.	
	Tarn-et-Garonne...	10.	
11e idem.............	Eure-et-Loir.....	20.	40.
	Loiret.........	20.	
12e idem.............	Côte-d'Or........	30.	50.
	Yonne.........	20.	
14e idem.............	Isère.........	30.	50.
	Loire	20,	
1er. Régiment de hussards...... (de Chartres).	Rhin (Bas)......	60.	60,
2e Régiment de hussards.......	Doubs.........	25.	190.
	Meurthe.........	40.	
	Moselle.........	40.	
	Rhin (Haut)	60.	
	Saone (Haute)...	25.	
3e idem................	Ain.........	40.	180.
	Jura.........	40.	
	Marne (Haute) ...	30.	
	Meuse.........	30,	
	Vosges	40.	

DÉSIGNATION DES CORPS.	DÉPARTEMENS fournissant À CES CORPS	NOMBRE d'hommes affecté à chaque corps.	TOTAL par CORPS.
4.e Régiment de hus.........	Côtes-du-Nord.....	20.	
	Finistère.........	20.	
	Ille-et-Vilaine......	20.	100.
	Manche...........	20.	
	Morbihan........	20.	
5e idem.................	Aisne............	20.	
	Ardennes........	40.	
	Aube............	30.	160.
	Indre............	10.	
	Marne...........	40.	
	Seine-Inférieure....	20.	
Hôpital militaire du Val-de-Grâce à Paris..................	Allier............	1.	
	Calvados.........	2.	
	Cher............	1.	
	Côte-d'Or........	1.	
	Creuse...........	1.	
	Eure-et-Loir......	1.	
	Indre............	1.	
	Indre-et-Loire.....	1.	
	Loir-et-Cher......	1.	20.
	Loiret...........	1.	
	Maine-et-Loire....	1.	
	Manche..........	2.	
	Mayenne.........	1.	
	Nièvre...........	1.	
	Orne............	1.	
	Sarthe...........	1.	
	Vienne (Haute)...	1.	
	Yonne...........	1.	
Hôpital militaire de Metz........	Aisne............	2.	
	Ardennes........	2.	
	Aube............	1.	
	Marne...........	2.	
	Marne (Haute)....	1.	15.
	Meuse...........	2.	
	Oise............	2.	
	Seine............	1.	
	Seine-et-Marne....	1.	
	Seine-et-Oise......	1.	

DÉSIGNATION DES CORPS.	DÉPARTEMENS fournissant à ces corps.	NOMBRE d'hommes affecté à chaque corps.	TOTAL par CORPS.
Hôpital militaire de Strasbourg...	Doubs	2.	
	Jura.	2.	
	Meurthe...........	2.	
	Moselle	2.	
	Rhin (Bas)	2.	15.
	Rhin (Haut)	2.	
	Saone (Haute)	2.	
	Vosges............	1.	
Hôpital militaire de Lille	Eure	2.	
	Nord	2.	
	Pas-de-Calais......	2.	10.
	Seine-Inférieure....	2.	
	Somme............	2.	
1er Régiment d'infanterie de ligne.	Nord.............	787.	787.
2e idem....................	Aude.............	317.	317.
4e idem....................	Ardèche..........	334.	334.
5e idem....................	Ardennes	256.	256.
7e idem....................	Pas-de-Calais......	604.	604.
8e idem...................	Landes	96.	507.
	Charente	411.	
9e idem....................	Gers	373.	469.
	Lot	96.	
10e idem....................	Aube.............	213.	556.
	Côte-d'Or	343.	
11e idem....................	Côtes-du-Nord.....	309.	309.
12e idem....................	Loire-Inférieure...	70.	560.
	Morbihan	490.	
13e idem....................	Nièvre...........	281.	598.
	Vienne (Haute)...	317.	
16e idem....................	Charente-Inférieure.	463.	463.
18e idem....................	Corse............	225.	375.
	Gard.............	150.	
19e idem....................	Loiret.	289.	593.
	Seine-et-Marne	304.	
22e idem....................	Seine............	880.	880.
24e idem....................	Eure.............	439.	618.
	Vendée..........	179.	

DÉSIGNATION DES CORPS.	DÉPARTEMENS fournissant À CES CORPS.	NOMBRE d'hommes affecté à chaque corps.	TOTAL par CORPS.
1a Régimens d'infanterie de ligne.	Meuse............	191.	632.
	Seine-et-Oise......	441.	
10e idem...............	Moselle.........	378.	742.
	Rhin (Haut)......	364.	
1e idem...............	Tarn-et-Garonne...	267.	267.
21e idem...............	Loire-Inférieure ...	452.	591.
	Nord...........	139.	
32e idem...............	Finistère.........	192.	494.
	Vienne.........	302.	
33e idem...............	Cher...........	271.	564.
	Creuse..........	293.	
36e idem...............	Var............	372.	372.
38e idem...............	Sarthe..........	504.	504.
39e idem...............	Marne..........	283.	663.
	Oise...........	380.	
40e idem...............	Hérault.........	407.	407.
41e idem...............	Dordogne.......	508.	508.
42e idem...............	Garonne (Haute)..	353.	353.
43e idem...............	Ille-et-Vilaine.....	635.	635.
44e idem...............	Somme..........	545.	545.
46e idem...............	Meurthe.........	365.	863.
	Rhône..........	498.	
47e idem...............	Ain............	306.	643.
	Yonne..........	337.	
50e idem...............	Indre...........	111.	467.
	Côtes-du-Nord....	356.	
52e idem...............	Vendée..........	196.	196.
53e idem...............	Meuse..........	95.	571.
	Rhin (Bas)......	476.	
54e idem...............	Ardèche.........	61.	994.
	Bouches-du-Rhône.	389.	
	Gard...........	269.	
	Vaucluse........	275.	
55e idem...............	Landes.........	229.	789.
	Lot-et-Garonne....	388.	
	Pyrénées-Orientales.	172.	
56e idem...............	Drôme..........	343.	343.
57e idem...............	Tarn...........	397.	397.

DESIGNATION DES CORPS.	DÉPARTEMENS fournissant À CES CORPS.	NOMBRE d'hommes affecté à chaque corps.	TOTAL par corps.
58ᶜ Régiment d'infanterie de ligne	Isère.............	559.	788.
	Saone-et-Loire....	229.	
59ᶜ idem..............	Sèvres (Deux)....	322.	322.
60ᵉ idem..............	Alpes (Basses)...	186.	337.
	Alpes (Hautes)...	151.	
61ᶜ idem..............	Seine-Inférieure ...	735.	735.
62ᶜ idem..............	Aisne	467.	467.
63ᶜ idem..............	Garonne (Haute)..	126.	772.
	Gironde..........	646.	
64ᶜ idem..............	Finistère.........	382.	382.
65ᶜ idem.................	Eure-et-Loir	255.	1448.
	Indre...........	111.	
	Indre-et-Loire.....	313.	
	Maine-et-Loire	507.	
	Loir-et-Cher	262.	
66ᶜ idem................	Calvados.........	510.	1635,
	Indre...........	38.	
	Manche..........	636.	
	Orne	451.	
3ᵉ Régiment d'infanterie légère .	Aveyron	66.	66.
4ᶜ idem.................	Loire (Haute).....	349.	349.
5ᵉ idem................	Allier...........	133.	451,
	Saone (Haute)	318.	
6ᵉ idem.................	Lot.............	241.	241.
7ᶜ idem................	Pyrénées (Hautes).	271.	271.
8ᶜ idem................	Saone-et-Loire.....	294.	294.
10ᵉ idem...............	Corrèze..........	349.	349.
11ᵉ idem...............	Loire...........	152.	632.
	Puy-de-Dôme.....	480.	
12ᵉ idem...............	Lozère..........	167.	167.
13ᶜ idem...............	Doubs	221.	619.
	Mayenne.........	398.	
14ᶜ idem...............	Ariége..........	298.	298.
15ᶜ idem...............	Allier...........	199.	199.
17ᵉ idem...............	Loire...........	263.	633.
	Vosges..........	370.	

DÉSIGNATION DES CORPS.	DÉPARTEMENS fournissant À CES CORPS.	NOMBRE d'hommes affecté à chaque corps.	TOTAL par CORPS.
18° Régiment d'infanterie légère.	Aveyron	359.	359.
19e idem.................	Puy-de-Dôme......	201.	697.
	Pyrénées (Basses)...	496.	
20e idem.................	Cantal..........	309.	
	Jura.............	263.	794.
	Marne (Haute)....	222.	
	TOTAL.............		40,000.

Le Ministre Secrétaire d'état de la guerre, signé M^{al} Cte GÉRARD.

ÉTAT n° 2. *RÉCAPITULATION, par Départemens et par Divisions militaires, de la Répartition entre les Corps, des quarante mille jeunes Soldats.*

DIVISIONS militaires.	DÉPARTEMENS.	DÉSIGNATION DES CORPS qui recevront LES HOMMES DE CHAQUE DÉPARTEMENT.	NOMBRE D'HOMMES affecté à chaque départ^t	TOTAL par département.
1re	AISNE......	Équipages de ligne à Brest	11.	620.
		1er régiment de carabiniers...........	5.	
		10e régiment de cuirassiers...........	55.	
		1er régiment d'artillerie.............	15.	
		7e régiment de dragons............	25.	
		École royale de cavalerie.............	2.	
		Bataillon de pontonniers.............	3.	
		6e escadron du train des parcs d'artillerie..	15.	
		5e régiment de hussards..............	20.	
		Hôpital militaire de Metz	2.	
		62e régiment d'infanterie de ligne......	467.	

DIVISIONS militaires.	DÉPARTEMENS.	DÉSIGNATION DES CORPS qui recevront LES HOMMES DE CHAQUE DÉPARTEMENT.	nombre d'hommes affectés à chaque départ.	TOTAL par département.
1re	EURE-ET-LOIR.	Équipages de ligne à Brest..........	7.	
		1er régiment de carabiniers..........	3.	
		3e régiment de cuirassiers..........	25.	
		1er régiment d'artillerie.............	10.	
		10e régiment de dragons..........	20.	352.
		École royale de cavalerie..........	1.	
		5e escadron du train des parcs d'artillerie.	10.	
		11e régiment de chasseurs..........	20.	
		Hôpital militaire du Val-de-Grâce à Paris..	1.	
		65e régiment d'infanterie de ligne.....	255.	
1re	LOIRET.....	Équipages de ligne à Brest..........	7.	
		1er régiment de carabiniers..........	2.	
		1er régiment de cuirassiers..........	20.	
		8e régiment d'artillerie.............	10.	
		10e régiment de dragons............	20.	
		École royale de cavalerie..........	1.	385.
		Bataillon de pontonniers..........	5.	
		5e escadron du train des parcs d'artillerie.	10.	
		11e régiment de chasseurs..........	20.	
		Hôpital militaire du Val-de-Grâce à Paris.	1.	
		19e régiment d'infanterie de ligne.....	289.	
1re	OISE........	Équipages de ligne à Toulon..........	9.	
		1er régiment de carabiniers..........	3.	
		2e régiment de cuirassiers..........	20.	
		4e régiment d'artillerie.............	10.	
		10e régiment de dragons............	25.	
		École royale de cavalerie..........	1.	487.
		Bataillon de pontonniers..........	2.	
		6e escadron du train des parcs d'artillerie.	15.	
		4e régiment de chasseurs..........	20.	
		Hôpital militaire de Metz..........	2.	
		39e régiment d'infanterie de ligne.....	380.	
1re	SEINE.......	Équipages de ligne à Brest..........	19.	
		1er régiment d'artillerie.............	30.	
		8e idem	20.	
		École royale de cavalerie..........	2.	937.
		Bataillon de pontonniers..........	5.	

P 3

ÉPARTEMENS.	DÉSIGNATION DES CORPS qui recevront LES HOMMES DE CHAQUE DÉPARTEMENT.	NOMBRE D'HOMMES affecté à chaque départ¹	TOTAL par département.
	Hôpital militaire de Metz..............	1.	881.
	22ᵉ régiment d'infanterie de ligne......	880.	
ᶻINE-ET-M...	Équipages de ligne à Brest...........	8.	403.
	1ᵉʳ régiment de carabiniers............	1.	
	2ᶜ régiment de cuirassiers...........	20.	
	4ᵉ régiment d'artillerie..............	15.	
	10ᶜ régiment de dragons..............	20.	
	École royale de cavalerie.............	1.	
	Bataillon de pontonniers.............	3.	
	6ᶜ escadron du train des parcs d'artillerie.	10.	
	6ᶜ régiment de chasseurs.............	20.	
	Hôpital militaire de Metz.............	1.	
	19ᶜ régiment d'infanterie de ligne......	304.	
ᶻINE-ET-OISE	Équipages de ligne à Brest...........	11.	558.
	1ᵉʳ régiment de carabiniers...........	5.	
	3ᶜ régiment de cuirassiers...........	20.	
	1ᵉʳ régiment d'artillerie.............	25.	
	9ᶜ régiment de dragons..............	20.	
	École royale de cavalerie.............	2.	
	Bataillon de pontonniers.............	3.	
	5ᶜ escadron du train des parcs d'artillerie.	10.	
	4ᵉ régiment de chasseurs.............	20.	
	Hôpital militaire de Metz.............	1.	
	25ᶜ régiment d'infanterie de ligne......	441.	
RDENNES....	Équipages de ligne à Brest...........	7.	357.
	1ᵉʳ régiment de carabiniers...........	3.	
	8ᵉ régiment de cuirassiers...........	25.	
	6ᶜ régiment d'artillerie	5.	
	7ᶜ régiment de dragons..............	15.	
	École royale de cavalerie	1.	
	Bataillon de pontonniers.............	3.	
	5ᶜ régiment de hussards.............	40.	
	Hôpital militaire de Metz.............	2.	
	5ᵉ régiment d'infanterie de ligne......	256.	
	Équipages de ligne à Brest...........	7.	
	1ᵉʳ régiment de carabiniers...........	3.	

DIVISIONS militaires.	DÉPARTEMENS.	DÉSIGNATION DES CORPS qui recevront LES HOMMES DE CHAQUE DÉPARTEMENT.	HOMMES D'HOMMES affecté à chaque départ!	TOTAL par département.
2ᵉ	MARNE......	8ᵉ régiment de cuirassiers...........	30.	411.
		6ᵉ régiment d'artillerie	10.	
		7ᵉ régiment de dragons...............	30.	
		École royale de cavalerie...........	1.	
		Bataillon de pontonniers.............	5.	
		5ᵉ régiment de hussards.............	40.	
		Hôpital militaire de Metz............	2.	
		39ᵉ régiment d'infanterie de ligne......	283.	
2ᵉ	MEUSE.......	Équipages de ligne à Brest...........	7.	388.
		1ᵉʳ régiment de carabiniers...........	3.	
		8ᵉ régiment de cuirassiers...........	25.	
		6ᵉ régiment d'artillerie..............	5.	
		3ᵉ régiment de dragons..............	25.	
		École royale de cavalerie...........	1.	
		Bataillon de pontonniers.............	4.	
		3ᵉ régiment de hussards	30.	
		Hôpital militaire de Metz............	2.	
		25ᵉ régiment d'infanterie de ligne......	191.	
		53ᵉ idem......................	95.	
3ᵉ	MEURTHE....	Équipages de ligne à Toulon.........	10.	510.
		1ᵉʳ régiment de carabiniers...........	3.	
		6ᵉ régiment de cuirassiers...........	40.	
		6ᵉ régiment d'artillerie..............	10.	
		4ᵉ régiment de dragons..............	30.	
		École royale de cavalerie..........	2.	
		Bataillon de pontonniers.............	3.	
		6ᵉ escadron du train des parcs d'artillerie.	5.	
		2ᵉ régiment de hussards.............	40.	
		Hôpital militaire de Strasbourg........	2.	
		46ᵉ régiment d'infanterie de ligne......	365.	
3ᵉ	MOSELLE	Équipages de ligne à Toulon.........	10.	519.
		1ᵉʳ régiment de carabiniers...........	3.	
		6ᵉ régiment de cuirassiers...........	30.	
		6ᵉ régiment d'artillerie..............	15.	
		2ᵉ régiment de dragons..............	30.	
		École royale de cavalerie	2.	
		Bataillon de pontonniers.............	4.	

P 4

DÉPARTEMENS.	DÉSIGNATION DES CORPS qui recevront LES HOMMES DE CHAQUE DÉPARTEMENT.	NOMBRE D'HOMMES affecté à chaque départ.'	TOTAL par département.
	6ᵉ escadron du train des parcs d'artillerie.	5.	
	2ᵉ régiment de hussards............	40.	
	Hôpital militaire de Strasbourg........	2.	
	26ᵉ régiment d'infanterie de ligne......	378.	
VOSGES......	Équipages de ligne à Toulon........	8.	481.
	1ᵉʳ régiment de carabiniers...........	1.	
	6ᵉ régiment de cuirassiers...........	20.	
	6ᵉ régiment d'artillerie	19.	
	2ᵉ régiment de dragons............	20.	
	Ecole royale de cavalerie...........	1.	
	1ᵉʳ escadron du train des parcs d'artillerie.	10.	
	3ᵉ régiment de hussards	40	
	Hôpital militaire de Strasbourg	1.	
	17ᵉ régiment d'infanterie légère......	370.	
INDRE-ET-L...	Équipages de ligne à Brest...........	7.	367.
	4ᵉ régiment de cuirassiers...........	10.	
	5ᵉ régiment d'artillerie	10.	
	9ᵉ régiment de dragons.............	5.	
	Ecole royale de cavalerie...........	1.	
	Bataillon de pontonniers...........	5.	
	4ᵉ escadron du train des parcs d'artillerie.	5.	
	6ᵉ régiment de chasseurs...........	10.	
	Hôpital militaire du Val-de-Grâce à Paris..	1.	
	65ᵉ régiment d'infanterie de ligne......	353.	
LOIR-ET-CHER.	Équipages de ligne à Brest...........	5.	292.
	4ᵉ régiment de cuirassiers...........	5.	
	5ᵉ régiment d'artillerie	5.	
	9ᵉ régiment de dragons.............	5.	
	Ecole royale de cavalerie...........	1.	
	Bataillon de pontonniers...........	3.	
	2ᵉ escadron du train des parcs d'artillerie.	5.	
	Hôpital militaire du Val-de-Grâce à Paris..	1.	
	65ᵉ régiment d'infanterie de ligne......	262.	
	Équipages de ligne à Brest...........	11.	
	1ᵉʳ régiment de carabiniers...........	1.	
	4ᵉ régiment de cuirassiers...........	20.	

DIVISIONS militaires.	DÉPARTEMENS.	DÉSIGNATION DES CORPS qui recevront LES HOMMES DE CHAQUE DÉPARTEMENT.	NOMBRE D'hommes affecté à chaque corps.	TOTAL par département.
4ᶜ	MAINE-ET-L.	5ᵉ régiment d'artillerie..............	10.	581.
		9ᵉ régiment de dragons	5.	
		École royale de cavalerie...........	1.	
		Bataillon de pontonniers............	5.	
		2ᵉ escadron du train des parcs d'artillerie.	10.	
		3ᵉ régiment de chasseurs	10.	
		Hôpital militaire du Val-de-Grâce à Paris.	1.	
		65ᵉ régiment d'infanterie de ligne......	507.	
4ᵉ	MAYENNE....	Équipages de ligne à Brest...........	8.	448.
		4ᵉ régiment de cuirassiers...........	10.	
		5ᵉ régiment d'artillerie.............	10.	
		École royale de cavalerie...........	1.	
		2ᵉ escadron du train des parcs d'artillerie.	10.	
		6ᵉ régiment de chasseurs	10.	
		Hôpital militaire du Val-de-Grâce à Paris.	1.	
		13ᵉ régiment d'infanterie légère.......	398.	
4ᵉ	SARTHE.....	Équipages de ligne à Brest...........	11.	565.
		1ᵉʳ régiment de carabiniers...........	1.	
		4ᵉ régiment de cuirassiers...........	20.	
		5ᵉ régiment d'artillerie.............	10.	
		9ᵉ régiment de dragons.............	5.	
		École royale de cavalerie...........	1.	
		Bataillon de pontonniers............	2.	
		4ᵉ escadron du train des parcs d'artillerie.	10.	
		Hôpital militaire du Val-de-Grâce à Paris.	1.	
		38ᵉ régiment d'infanterie de ligne......	504.	
5ᵉ	RHIN (Bas)...	Équipages de ligne à Toulon..........	13.	677.
		1ᵉʳ régiment de carabiniers..........	5.	
		6ᵉ régiment de cuirassiers...........	55.	
		6ᵉ régiment d'artillerie.............	5.	
		3ᵉ régiment de dragons.	45.	
		École royale de cavalerie............	2.	
		Bataillon de pontonniers............	4.	
		1ᵉʳ escadron du train des parcs d'artillerie.	10.	
		1ᵉʳ régiment de hussards (de Chartres).	60.	
		Hôpital militaire de Strasbourg........	2.	
		53ᵉ régiment d'infanterie de ligne......	476.	

DIVISIONS militaires.	DÉPARTEMENS.	DÉSIGNATION DES CORPS qui recevront LES HOMMES DE CHAQUE DÉPARTEMENT.	NOMBRE D'HOMMES affecté à chaque départ.	TOTAL par département.
5e	RHIN (Haut).	Équipages de ligne à Toulon..........	11.	517.
		1er régiment de carabiniers............	5.	
		7e régiment de cuirassiers............	25.	
		6e régiment d'artillerie...............	10.	
		12e régiment de dragóns.............	25.	
		École royale de cavalerie.............	2.	
		Bataillon de pontonniers.............	3.	
		1er escadron du train des parcs d'artillerie.	10.	
		2e régiment de hussards	60.	
		Hôpital militaire de Strasbourg........	2.	
		26e régiment d'infanterie de ligne......	364.	
6e	AIN........	Équipages de ligne à Toulon..........	8.	433.
		1er régiment de carabiniers............	5.	
		2e régiment de cuirassiers............	20.	
		6e régiment d'artillerie	10.	
		11e régiment de dragons.............	30.	
		École royale de cavalerie.............	1.	
		Bataillon de pontonniers.............	3.	
		1er escadron du train des parcs d'artillerie.	10.	
		3e régiment de hussards..............	40.	
		47e régiment d'infanterie de ligne......	306.	
6e	DOUBS......	Équipages de ligne à Toulon.........	6.	322.
		1er régiment de carabiniers............	2.	
		2e régiment de cuirassiers............	20.	
		6e régiment d'artillerie...............	15.	
		11e régiment de dragons.............	20.	
		École royale de cavalerie.............	1.	
		1er escadron du train des parcs d'artillerie.	10.	
		2e régiment de hussards.............	25.	
		Hôpital militaire de Strasbourg........	2.	
		13e régiment d'infanterie légère	221.	
6e	JURA.......	Équipages de ligne à Toulon..........	7.	393.
		1er régiment de carabiniers............	5.	
		2e régiment de cuirassiers.............	35.	
		6e régiment d'artillerie	10.	
		11e régiment de dragons.............	20.	

DIVISIONS militaires.	DÉPARTEMENS.	DÉSIGNATION DES CORPS qui recevront LES HOMMES DE CHAQUE DÉPARTEMENT.	NOMBRE D'HOMMES affecté à chaque départ¹.	TOTAL par département.
»	»	École royale de cavalerie............	1.	
		1ᶜʳ escadron du train des parcs d'artillerie.	10.	
		3ᵉ régiment de hussards.............	40.	
		Hôpital militaire de Strasbourg........	2.	
		20ᵉ régiment d'infanterie légère.......	263.	
6ᵉ	SAONE (Haute)	Équipages de ligne à Toulon.........	8.	415.
		1ᶜʳ régiment de carabiniers...........	1.	
		2ᵉ régiment de cuirassiers...........	15.	
		4ᵉ régiment d'artillerie.............	10.	
		12ᵉ régiment de dragons............	25.	
		École royale de cavalerie............	1.	
		6ᵉ escadron du train des parcs d'artillerie.	10.	
		2ᵉ régiment de hussards.............	25.	
		Hôpital militaire de Strasbourg........	2.	
		5ᵉ régiment d'infanterie légère........	318.	
7ᵉ	ALPES (Hᵗᵉˢ)	Équipages de ligne à Toulon.........	3.	159.
		6ᵉ régiment d'artillerie.............	5.	
		60ᵉ régiment d'infanterie de ligne......	151.	
7ᵉ	DRÔME.....	Équipages de ligne à Toulon.........	7.	362.
		5ᵉ régiment d'artillerie.............	10.	
		Bataillon de pontonniers	2.	
		56ᵉ régiment d'infanterie de ligne......	343.	
7ᵉ	ISÈRE......	Équipages de ligne à Toulon.........	13.	666.
		1ᶜʳ régiment de carabiniers......... 9..	5.	
		6ᵉ régiment de cuirassiers...........	10.	
		5ᵉ régiment d'artillerie.............	20.	
		1ᶜʳ régiment de dragons............	10.	
		École royale de cavalerie............	1.	
		Bataillon de pontonniers............	3.	
		6ᵉ escadron du train des parcs d'artillerie.	15.	
		14ᵉ régiment de chasseurs...........	30.	
		58ᵉ régiment d'infanterie de ligne......	559.	
8ᵉ	ALPES (B)..	Équipages de ligne à Toulon.........	3.	194.
		5ᵉ régiment d'artillerie	5.	
		60ᵉ régiment d'infanterie de ligne......	186.	

DIVISIONS militaires.	DÉPARTEMENS.	DÉSIGNATION DES CORPS qui recevront LES HOMMES DE CHAQUE DÉPARTEMENT.	NOMBRE D'HOMMES affecté à chaque départ.	TOTAL par département.
8e	B.-DU-RHÔNE.	Équipages de ligne à Toulon	8.	413.
		5e régiment d'artillerie	10.	
		École royale de cavalerie.............	1.	
		Bataillon de pontonniers	5.	
		54e régiment d'infanterie de ligne......	389.	
8e	VAR	Équipages de ligne à Toulon	7.	394.
		5e régiment d'artillerie...............	10	
		Bataillon de pontonniers.............	5.	
		36e régiment d'infanterie de ligne......	372.	
8e	VAUCLUSE...	Équipages de ligne à Toulon	5.	295.
		5e régiment d'artillerie	10.	
		Bataillon de pontonniers.............	5.	
		54e régiment d'infanterie de ligne......	275.	
9e	ARDÈCHE ...	Équipages de ligne à Toulon..........	8.	416.
		5e régiment d'artillerie	10.	
		Bataillon de pontonniers.............	3.	
		4e régiment d'infanterie de ligne	334.	
		54e idem	61.	
9e	AVEYRON ...	Équipages de ligne à Toulon..........	8.	443.
		5e régiment d'artillerie	10.	
		3e régiment d'infanterie légère	66.	
		18e idem	359.	
9e	GARD	Équipages de ligne à Toulon,.........	8.	440.
		1er régiment de carabiniers...........	1.	
		5e régiment d'artillerie	10.	
		Bataillon de pontonniers.............	2.	
		18e régiment d'infanterie de ligne......	150.	
		54e idem	269.	
9e	HÉRAULT....	Équipages de ligne à Toulon.........	8.	430.
		1er régiment de carabiniers...........	1.	
		5e régiment d'artillerie	10.	
		Bataillon de pontonniers..	4.	
		40e régiment d'infanterie de ligne......	407.	

DIVISIONS militaires.	DÉPARTEMENS.	DÉSIGNATION DES CORPS qui recevront LES HOMMES DE CHAQUE DÉPARTEMENT.	HOMMES D'HOMMES affecté à chaque départ.	TOTAL par département.
9ᵉ	LOZÈRE.....	Équipages de ligne à Toulon............	3.	
		10ᵉ régiment d'artillerie............	5.	175.
		13ᵉ régiment d'infanterie légère.......	167.	
9ᵉ	TARN.....	Équipages de ligne à Toulon.........	8.	
		10ᵉ régiment d'artillerie............	10.	415.
		57ᵉ régiment d'infanterie de ligne.....	397.	
10ᵉ	ARIÉGE.....	Équipages de ligne à Toulon.........	6.	
		10ᵉ régiment d'artillerie...........	10.	314.
		14ᵉ régiment d'infanterie légère.......	298.	
10ᵉ	AUDE......	Équipages de ligne à Toulon.........	6.	
		10ᵉ régiment d'artillerie...........	10.	
		École royale de cavalerie...........	1.	337.
		Bataillon de pontonniers...........	3.	
		2ᵉ régiment d'infanterie de ligne....	317.	
10ᵉ	GARONNE (H).	Équipages de ligne à Toulon.......	10.	
		1ᵉʳ régiment de carabiniers..........	1.	
		10ᵉ régiment d'artillerie...........	10.	
		École royale de cavalerie...........	1.	515.
		Bataillon de pontonniers...........	4.	
		10ᵉ régiment de chasseurs..........	10.	
		42ᵉ régiment d'infanterie de ligne.....	353.	
		63ᵉ idem......................	126.	
10ᵉ	GERS.......	Équipages de ligne à Toulon.........	6.	
		10ᵉ régiment d'artillerie...........	10.	389.
		9ᵉ régiment d'infanterie de ligne.......	373.	
10ᵉ	PYRÉNÉES (H).	Équipages de ligne à Toulon.........	5.	
		10ᵉ régiment d'artillerie...........	5.	281.
		7ᵉ régiment d'infanterie légère.......	271.	
10ᵉ	PYRÉNÉ. s-OR.	Équipages de ligne à Toulon.........	3.	
		10ᵉ régiment d'artillerie...........	5.	
		École royale de cavalerie...........	1.	191.
		10ᵉ régiment de chasseurs..........	10.	
		55ᵉ d'infanterie de ligne...........	172.	

DIVISIONS militaires.	DÉPARTEMENS.	DÉSIGNATION DES CORPS qui recevront LES HOMMES DE CHAQUE DÉPARTEMENT.	NOMBRE D'HOMMES affecté à chaque départ.	TOTAL par département.
10e	TARN-ET-GAR.	Équipages de ligne à Toulon.........	6.	306.
		9e régiment de cuirassiers............	5.	
		10e régiment d'artillerie.............	5.	
		8e régiment de dragons	10.	
		École royale de cavalerie............	1.	
		Bataillon de pontonniers............	2.	
		10e régiment de chasseurs...........	10.	
		27e régiment d'infanterie de ligne.....	267.	
11e	DORDOGNE..	Équipages de ligne à Rochefort........	11.	587.
		1er régiment de carabiniers...........	2.	
		10e régiment d'artillerie	30.	
		8e régiment de dragons.............	10.	
		École royale de cavalerie............	1.	
		Bataillon de pontonniers............	5.	
		10e régiment de chasseurs...........	20.	
		41e régiment d'infanterie de ligne.....	508.	
11e	GIRONDE....	Équipages de ligne à Rochefort.......	13.	681.
		2e régiment de carabiniers...........	1.	
		8e régiment d'artillerie.............	15.	
		École royale de cavalerie............	1.	
		Bataillon de pontonniers...........	5.	
		63e régiment d'infanterie de ligne......	646.	
11e	LANDES.....	Équipages de ligne à Rochefort.......	8.	336.
		8e régiment d'artillerie.............	5.	
		8e régiment d'infanterie de ligne.......	96.	
		55e idem................	220.	
11e	LOT.......	Équipages de ligne à Brest..........	7.	355.
		10e régiment d'artillerie............	10.	
		École royale de cavalerie............	1.	
		9e régiment d'infanterie de ligne......	96.	
		6e régiment d'infanterie légère........	241.	
11e	LOT-ET-GAR.	Équipages de ligne à Brest..........	8.	427.
		8e régiment d'artillerie.............	10.	
		8e régiment de dragons.............	10.	
		École royale de cavalerie	1.	
		10e régiment de chasseurs...........	10.	
		55e régiment d'infanterie de ligne.....	388.	

DIVISIONS militaires.	DÉPARTEMENS.	DÉSIGNATION DES CORPS qui recevront LES HOMMES DE CHAQUE DÉPARTEMENT.	NOMBRE D'HOMMES affecté à chaque départ¹.	TOTAL par département.
11ᵉ	PYRÉNÉES (B).	Équipages de ligne à Toulon.........	10.	522.
		10ᵉ régiment d'artillerie.............	10.	
		École royale de cavalerie...........	1.	
		Bataillon de pontonniers...........	5.	
		19ᵉ régiment d'infanterie légère.......	496.	
12ᵉ	CHARENTE ..	Équipages de ligne à Brest.........	8.	447.
		9ᵉ régiment de cuirassiers..........	5.	
		8ᵉ régiment d'artillerie.............	5.	
		8ᵉ régiment de dragons............	10.	
		École royale de cavalerie...........	1.	
		Bataillon de pontonniers...........	2.	
		2ᵉ escadron du train des parcs d'artillerie.	5.	
		8ᵉ régiment d'infanterie de ligne.......	411.	
12ᵉ	CHAR.-INFÉR.	Équipages de ligne à Brest.........	10.	537.
		1ᵉʳ régiment de carabiniers..........	3.	
		4ᵉ régiment de cuirassiers..........	15.	
		8ᵉ régiment d'artillerie.............	10.	
		8ᵉ régiment de dragons............	20.	
		École royale de cavalerie..........	1.	
		Bataillon de pontonniers...........	5.	
		2ᵉ escadron du train des parcs d'artillerie.	10.	
		16ᵉ régiment d'infanterie de ligne.....	463.	
12ᵉ	LOIRE-INFÉR.	Équipages de ligne à Brest..........	11.	579.
		4ᵉ régiment de cuirassiers..........	10.	
		8ᵉ régiment d'artillerie.............	10.	
		8ᵉ régiment de dragons............	10.	
		École royale de cavalerie..........	1.	
		Bataillon de pontonniers...........	5.	
		2ᵉ escadron du train des parcs d'artillerie.	10.	
		12ᵉ régiment d'infanterie de ligne.....	70.	
		31ᵉ idem......................	452.	
12ᵉ	SÈVRES (DEUX)	Équipages de ligne à Brest..........	7.	365
		4ᵉ régiment de cuirassiers...........	10.	
		8ᵉ régiment d'artillerie.............	10.	
		8ᵉ régiment de dragons............	10.	

DIVISIONS militaires.	DÉPARTEMENS.	DÉSIGNATION DES CORPS qui recevront LES HOMMES DE CHAQUE DÉPARTEMENT.	NOMBRE D'HOMMES affecté à chaque départ!	TOTAL par département.
12ᵉ	VENDÉE	École royale de cavalerie	1.	409.
		2ᵉ escadron du train des parcs d'artillerie.	5.	
		59ᵉ régiment d'infanterie de ligne......	322.	
		Équipages de ligne à Brest.	8.	
		4ᵉ régiment de cuirassiers............	10.	
		8ᵉ régiment d'artillerie.............	5.	
		9ᵉ régiment de dragons	5.	
		École royale de cavalerie............	1.	
		2ᵉ escadron du train des parcs d'artillerie.	5.	
		24ᵉ régiment d'infanterie de ligne......	179.	
		52ᵉ idem......................	196.	
12ᵉ	VIENNE.....	Équipages de ligne à Brest........	6.	339.
		4ᵉ régiment de cuirassiers...........	10.	
		8ᵉ régiment d'artillerie.............	10.	
		8ᵉ régiment de dragons............	5.	
		École royale de cavalerie............	1.	
		2ᵉ escadron du train des parcs d'artillerie.	5.	
		32ᵉ régiment d'infanterie de ligne......	302.	
13ᵉ	CÔTES-DU-N.	Équipages de ligne à Brest..........	14.	736.
		1ᵉʳ régiment de carabiniers...........	1.	
		4ᵉ régiment de cuirassiers	10.	
		8ᵉ régiment d'artillerie	10.	
		École royale de cavalerie............	1.	
		Bataillon de pontonniers............	5.	
		4ᵉ escadron du train des parcs d'artillerie.	10.	
		4ᵉ régiment de hussards............	20.	
		11ᵉ régiment d'infanterie de ligne.....	309.	
		50ᵉ idem......................	356.	
13ᵉ	FINISTÈRE...	Équipages de ligne à Brest..........	12.	637.
		4ᵉ régiment de cuirassiers...........	10.	
		8ᵉ régiment d'artillerie.............	5.	
		École royale de cavalerie	1.	
		Bataillon de pontonniers	5.	
		4ᵉ escadron du train des parcs d'artillerie.	10.	
		4ᵉ régiment de hussards............	20.	
		32ᵉ régiment d'infanterie de ligne......	192.	
		64ᵉ idem......................	382.	

DIVISIONS militaires.	DÉPARTEMENS.	DÉSIGNATION DES CORPS qui recevront LES HOMMES DE CHAQUE DÉPARTEMENT.	NOMBRE D'HOMMES affecté à chaque départ.	TOTAL par département.
13ᵉ	ILLE-ET-VIL.	Équipages de ligne à Brest............	14.	701.
		1ᵉʳ régiment de carabiniers...........	1.	
		4ᵉ régiment de cuirassiers............	10.	
		8ᵉ régiment d'artillerie..............	10.	
		École royale de cavalerie	1.	
		4ᵉ escadron du train des parcs d'artillerie.	10.	
		4ᵉ régiment de hussards..............	20.	
		43ᵉ régiment d'infanterie de ligne.....	635.	
13ᵉ	MORBIHAN...	Équipages de ligne à Brest............	10.	541.
		4ᵉ régiment de cuirassiers	5.	
		8ᵉ régiment d'artillerie..............	5.	
		École royale de cavalerie........	1.	
		Bataillon de pontonniers	5.	
		4ᵉ escadron du train des parcs d'artillerie.	5.	
		4ᵉ régiment de hussards..............	20.	
		12ᵉ régiment d'infanterie de ligne......	490.	
14ᵉ	CALVADOS...	Équipages de ligne à Lorient	12.	634.
		2ᵉ régiment de carabiniers...........	8.	
		5ᵉ régiment de cuirassiers...........	30.	
		1ᵉʳ régiment d'artillerie.............	10.	
		5ᵉ régiment de dragons..............	20.	
		École royale de cavalerie	2.	
		Bataillon de pontonniers............	5.	
		4ᵉ escadron du train des parcs d'artillerie.	10	
		5ᵉ régiment de chasseurs...........	25.	
		Hôpital militaire du Val-de-Grâce à Paris..	2.	
		66ᵉ régiment d'infanterie de ligne.....	510.	
14ᵉ	EURE......	Équipages de ligne à Brest...........	10.	534.
		2ᵉ régiment de carabiniers...........	3.	
		3ᵉ régiment de cuirassiers...........	20.	
		1ᵉʳ régiment d'artillerie.............	10.	
		6ᵉ régiment de dragons..............	15.	
		École royale de cavalerie	2.	
		Bataillon de pontonniers............	3.	
		4ᵉ escadron du train des parcs d'artillerie.	10.	
		6ᵉ régiment de chasseurs	20.	
		Hôpital militaire de Lille............	2.	
		24ᵉ régiment d'infanterie de ligne.....	439.	

		DÉSIGNATION DES CORPS qui recevront LES HOMMES DE CHAQUE DÉPARTEMENT.	NOMBRE D'HOMMES affecté à chaque départ.	TOTAL par département.
14e	MANCHE....	Équipages de ligne à Brest................	15.	773.
		2e régiment de carabiniers.............	8.	
		5e régiment de cuirassiers.............	35.	
		1er régiment d'artillerie	20.	
		5e régiment de dragons................	20.	
		École royale de cavalerie..............	2.	
		Bataillon de pontonniers..............	5.	
		4e escadron du train des parcs d'artillerie.	10.	
		4e régiment de hussards..............	20.	
		Hôpital militaire du Val-de-Grâce à Paris..	2.	
		66e régiment d'infanterie de ligne......	636.	
4e	ORNE	Équipages de ligne à Rochefort.......	11.	550.
		2e régiment de carabiniers.............	5.	
		5e régiment de cuirassiers...........	20.	
		1er régiment d'artillerie	15.	
		5e régiment de dragons...............	15.	
		École royale de cavalerie..............	2.	
		4e escadron du train des parcs d'artillerie.	10.	
		5e régiment de chasseurs	20.	
		Hôpital militaire du Val-de-Grâce à Paris.	1.	
		66e régiment d'infanterie de ligne......	451.	
5e	SEINE-INFÉR.	Équipages de ligne à Brest............	17.	871.
		2e régiment de carabiniers.............	5.	
		3e régiment de cuirassiers	30.	
		1er régiment d'artillerie	30.	
		5e régiment de dragons...............	25.	
		École royale de cavalerie..............	2.	
		Bataillon de pontonniers.............	5.	
		5e régiment de hussards..............	20.	
		Hôpital militaire de Lille.............	2.	
		61e régiment d'infanterie de ligne......	735.	
15e	ALLIER.....	Équipages de ligne à Brest............	7.	561.
		2e régiment de cuirassiers.............	5.	
		1er régiment d'artillerie..............	5.	
		1er régiment de dragons..............	5.	
		École royale de cavalerie.............	1.	

DIVISIONS militaires.	DÉPARTEMENS.	DÉSIGNATION DES CORPS qui recevront LES HOMMES DE CHAQUE DÉPARTEMENT.	NOMBRE D'HOMMES affecté à chaque départ.	TOTAL par département.
		Bataillon de pontonniers	5.	
		Hôpital militaire du Val-de-Grâce à Paris.	1.	
		5° régiment d'infanterie légère	133.	
		15° *idem*	199.	
15°	CHER	Équipages de ligne à Brest	6.	
		9° régiment de cuirassiers	5.	
		3° régiment d'artillerie	5.	
		1er régiment de dragons	10.	315.
		Bataillon de pontonniers	2.	
		4° escadron du train des parcs d'artillerie.	5.	
		9° régiment de chasseurs	10.	
		Hôpital militaire du Val-de-Grâce à Paris.	1.	
		33° régiment d'infanterie de ligne	271.	
15°	CORRÈZE	Équipages de ligne à Brest	7.	
		8° régiment d'artillerie	5.	361.
		10° régiment d'infanterie légère	349.	
15°	CREUSE	Équipages de ligne à Brest	6.	
		8° régiment d'artillerie	5.	
		1er régiment de dragons	5.	320.
		3° régiment de chasseurs	10.	
		Hôpital militaire du Val-de-Grâce à Paris.	1.	
		33° régiment d'infanterie de ligne	293.	
15°	INDRE	Équipages de ligne à Toulon	7.	
		9° régiment de cuirassiers	5.	
		3° régiment d'artillerie	5.	
		1er régiment de dragons	5.	
		Bataillon de pontonniers	3.	
		4° escadron du train des parcs d'artillerie.	5.	301.
		5° régiment de hussards	10.	
		Hôpital militaire du Val-de-Grâce à Paris.	1.	
		50° régiment d'infanterie de ligne	111.	
		25° *idem*	111.	
		66° *idem*	38.	
		Équipages de ligne à Lorient	6.	
		2° régiment de carabiniers	2.	
		1er régiment de cuirassiers	20.	

Q 2

DIVISIONS militaires.	DÉPARTEMENS.	DÉSIGNATION DES CORPS qui recevront LES HOMMES DE CHAQUE DÉPARTEMENT.	NOMBRE D'HOMMES affecté à chaque départ.	TOTAL par département.
18ᵉ	MARNE (Hᵗᵉ).	Équipages de ligne à Cherbourg.......	6.	310.
		2ᵉ régiment de carabiniers............	2.	
		2ᵉ régiment de cuirassiers............	15.	
		4ᵉ régiment d'artillerie..............	10.	
		2ᵉ régiment de dragons...............	10.	
		École royale de cavalerie............	1.	
		Bataillon de pontonniers.............	5.	
		6ᵉ escadron du train des parcs d'artillerie.	10.	
		3ᵉ régiment de hussards.............	20.	
		Hôpital militaire de Metz............	1.	
		20ᵉ régiment d'infanterie légère.......	222.	
18ᵉ	SAONE-ET-Lⁱᵉ	Équipages de ligne à Rochefort........	13.	653.
		2ᵉ régiment de carabiniers............	3.	
		1ᵉʳ régiment de cuirassiers...........	30.	
		10ᵉ régiment d'artillerie.............	10.	
		4ᵉ régiment de dragons...............	30.	
		École royale de cavalerie............	2.	
		Bataillon de pontonniers.............	8.	
		6ᵉ escadron du train des parcs d'artillerie.	15.	
		6ᵉ régiment de chasseurs.............	20.	
		58ᵉ régiment d'infanterie de ligne.....	229.	
		8ᵉ régiment d'infanterie légère........	294.	
18ᵉ	YONNE......	Équipages de ligne à Cherbourg......	8.	433.
		2ᵉ régiment de carabiniers............	1.	
		1ᵉʳ régiment de cuirassiers...........	20.	
		1ᵉʳ régiment d'artillerie..............	10.	
		4ᵉ régiment de dragons...............	20.	
		École royale de cavalerie............	1.	
		Bataillon de pontonniers.............	5.	
		5ᵉ escadron du train des parcs d'artillerie.	10.	
		12ᵉ régiment de chasseurs............	20.	
		Hôpital militaire du Val-de-Grâce à Paris.	1.	
		27ᵉ régiment d'infanterie de ligne......	337.	
19ᵉ	CANTAL.....	Équipages de ligne à Toulon..........	6.	331.
		5ᵉ régiment d'artillerie..............	5.	
		École royale de cavalerie............	1.	
		3ᵉ régiment de chasseurs.............	10.	
		20ᵉ régiment d'infanterie légère.......	309.	

DIVISIONS militaires	DÉPARTEMENS.	DÉSIGNATION DES CORPS qui recevront LES HOMMES DE CHAQUE DÉPARTEMENT.	NOMBRE D'HOMMES affecté à chaque départ.t	TOTAL par département.
19e	LOIRE......	Équipages de ligne à Toulon............	8.	475.
		2e régiment de carabiniers............	1.	
		9e régiment de cuirassiers............	10.	
		10e régiment d'artillerie.............	5.	
		1er régiment de dragons.............	10.	
		École royale de cavalerie.............	1.	
		Bataillon de pontonniers.............	5.	
		14e régiment de chasseurs...........	20.	
		11e régiment d'infanterie légère,......	152.	
		17e idem......................	263.	
19e	LOIRE (Hte).	Équipages de ligne à Toulon.........	7.	361.
		5e régiment d'artillerie..........	5.	
		4e régiment d'infanterie légère........	349.	
19e	PUY-DE-DÔME	Équipages de ligne à Toulon..........	14.	717.
		2e régiment de carabiniers...........	2.	
		8e régiment d'artillerie...........	20.	
		11e régiment d'infanterie légère.......	480.	
		19e idem......................	201.	
19e	RHÔNE......	Équipages de ligne à Toulon..........	10.	527.
		2e régiment de carabiniers...........	2.	
		10e régiment d'artillerie............	10.	
		École royale de cavalerie............	2.	
		Bataillon de pontonniers............	5.	
		46e régiment d'infanterie de ligne.....	498.	
		TOTAL..........		40,000.

Le Ministre Secrétaire d'état de la guerre, signé M. C.te GÉRARD.

N° 197. — ORDONNANCE DU ROI *qui autorise un Particulier à rendre navigable à ses frais une portion de la rivière de Loing, moyennant un Péage perpétuel, sans que ladite rivière soit réputée navigable.*

A Paris, le 20 Septembre 1830.

LOUIS-PHILIPPE, ROI DES FRANÇAIS, à tous présens et à venir, SALUT.

Q 4

Sur le rapport de notre ministre secrétaire d'état au départemen de l'intérieur;

Vu la demande du *sieur Frantz de Zeltner* tendant à obtenir l'autorisation, 1° de rendre navigables, en les creusant à ses frais les parties de la *rivière* de Loing qui manquent de fond depuis le port de la Gravine jusqu'au canal de Loing, vis-à-vis d'Épisy, sur une longueur d'environ douze cents mètres; 2° de construire aussi à ses frais une écluse à Épisy pour joindre la rivière au canal; 3° de percevoir un péage à perpétuité pour le passage de l'écluse;

Vu les délibérations des conseils municipaux des communes de Montigny, Bouron et Épisy, le procès-verbal *de commodo et incommodo* dressé par le juge de paix du canton de Moret le 16 mai 1830, et les actes de notoriété constatant les avantages qui résulteront, pour ces communes, de l'établissement de la navigation projetée;

Vu le projet des travaux à faire pour la construction d'une écluse à Épisy, et l'avis du conseil général des ponts et chaussées du 23 février 1830;

Vu les lettres de l'administrateur des canaux d'Orléans et de Loing, des 9 janvier et 10 mars 1830;

Vu l'article 1er de la loi sur les finances du 2 août 1829;

Notre Conseil d'état entendu,

NOUS AVONS ORDONNÉ et ORDONNONS ce qui suit:

ART. 1er. Le sieur *Frantz de Zeltner* est autorisé à exécuter à ses frais, risques et périls, les travaux nécessaires pour rendre la rivière de Loing navigable depuis le port de la Gravine jusqu'au canal de Loing, et pour établir une écluse destinée à joindre la rivière au canal. Il se conformera, pour la construction de ladite écluse, au projet dressé le 28 décembre 1829 par le sieur *Debouges*, ingénieur en chef directeur, et adopté le 23 février par le conseil général des ponts et chaussées.

Le sieur *Frantz de Zeltner* est responsable de tous les dommages quelconques qui pourraient résulter de la confection des ouvrages qu'il fera exécuter.

2. Pour indemniser le sieur *Frantz de Zeltner* des dépenses que lui occasionnera l'exécution des travaux mentionnés dans l'article précédent, et aussitôt après l'achèvement desdits travaux, qui sera constaté par l'ingénieur en chef du dépar-

tement, il est autorisé à percevoir à perpétuité, pour le passage de l'écluse projetée, un droit de péage qui ne pourra excéder la moitié du droit fixé par la loi du 16 janvier 1797 [27 nivôse an V] pour le parcours d'une distance de cinq mille mètres sur le canal de Loing.

3. Le droit de péage concédé par l'article précédent n'est qu'un droit de passage à travers l'écluse projetée, lequel droit ne pourra être exigé que pour les bateaux, trains ou radeaux qui passeront de la rivière sur le canal, et réciproquement.

L'autorisation accordée d'effectuer des travaux sur la rivière n'aura pas pour effet de la faire classer au rang des rivières navigables ou flottables, ni d'attribuer au concessionnaire un droit exclusif de navigation sur la partie de la rivière qui sera susceptible de porter des bateaux, trains ou radeaux : en conséquence, il ne sera apporté aucun changement, soit au régime actuel de la rivière, soit aux droits et obligations actuels des propriétaires riverains, lesquels pourront faire usage de bateaux, trains ou radeaux, sur la partie de la rivière qui sera navigable, sauf le droit de péage dans le cas où ils traverseront l'écluse projetée.

4. Le sieur *Frantz de Zeltner* ou ses ayant-cause ne pourront prétendre indemnité, chômage ou dédommagement, si, à quelque époque que ce soit, l'administration, dans l'intérêt de la navigation, du commerce ou de l'industrie, juge convenable de faire des dispositions qui les privent en tout ou en partie des avantages résultant de la présente autorisation, et, dans ce cas, ils seront tenus de détruire, à la première réquisition, les ouvrages qu'ils auront exécutés en vertu de ladite autorisation.

5. Notre ministre secrétaire d'état au département de l'intérieur est chargé de l'exécution de la présente ordonnance.

Donné à Paris, au Palais-Royal, le 20e jour du mois de Septembre 1830.

Signé LOUIS-PHILIPPE.

Par le Roi : *le Ministre Secrétaire d'état de l'intérieur,*

Signé GUIZOT.

Nᵒ 204. — ORDONNANCE DU ROI qui autorise l'acceptation de la Donation d'une rente annuelle et perpétuelle de 275 francs faite à l'hospice de Sarlat (Dordogne) par le sieur *Cassagnes-Peyronnenq*. (*Paris, 7 Septembre 1830*.)

Nᵒ 205. — ORDONNANCE DU ROI qui autorise l'acceptation du Legs de 5000 francs fait aux pauvres d'*Ais* (Bouches-du-Rhône) par le sieur *Menut*. (*Paris, 7 Septembre 1830*.)

Nᵒ 206. — ORDONNANCE DU ROI qui autorise l'acceptation du Legs fait aux pauvres de *Rimont* (Ariége), par le sieur *Dutilh-Monségu*, d'immeubles d'une valeur de 8000 francs. (*Paris, 7 Septembre 1830*.)

Nᵒ 207. — ORDONNANCE DU ROI qui autorise l'acceptation du Legs de 500 francs fait aux pauvres d'*Angresse* (Landes) par le sieur *Pommiès*. (*Paris, 7 Septembre 1830*.)

Nᵒ 208. — ORDONNANCE DU ROI qui autorise l'acceptation de la Donation faite aux hospices d'*Avignon* (Vaucluse), par la demoiselle *Raicour*, de deux créances montant ensemble à 6580 francs et des intérêts échus. (*Paris, 7 Septembre 1830*.)

Nᵒ 209. — ORDONNANCE DU ROI qui autorise l'acceptation de la Donation d'une somme de 1000 francs faite au bureau de bienfaisance de *Niort* (Deux-Sèvres) par les sieurs *Proust*. (*Paris, 7 Septembre 1830*.)

Nᵒ 210. — ORDONNANCE DU ROI qui autorise l'acceptation de la Donation faite à l'hospice du *Mans* (Sarthe), par la dame veuve *Hourdel*, d'une somme de 1500 francs et de la nue propriété de son mobilier, évalué à 346 francs. (*Paris, 7 Septembre 1830*.)

Nᵒ 211. — ORDONNANCE DU ROI qui autorise l'acceptation du transport de droits successifs mobiliers évalués à 1404 francs 13 centimes, fait à l'hospice du *Mans* (Sarthe) par la demoiselle *Bigot*. (*Paris, 7 Septembre 1830*.)

Nᵒ 212. — ORDONNANCE DU ROI qui autorise l'acceptation du Legs fait aux pauvres de *Luxeuil* (Haute-Saone), par la dame veuve *Senaley*, d'une somme de 600 francs constituée en rente. (*Paris, 7 Septembre 1830*.)

Nᵒ 213. — ORDONNANCE DU ROI qui autorise l'acceptation du Legs fait aux pauvres de *Boissy-le-Bois* (Oise), par la dame veuve *de Gouvainville*, d'une somme de 600 francs et d'habillemens de laine pour trois pauvres veuves. (*Paris, 7 Septembre 1830*.)

Nᵒ 214. — ORDONNANCE DU ROI qui autorise l'acceptation de Legs d'une somme de 10,000 francs fait à l'hôpital général de *Châlons* (Marne) par la dame veuve *Rebel*. (*Paris, 7 Septembre 1830*.)

N° 215. — ORDONNANCE DU ROI qui autorise l'acceptation de la Donation faite au maire et à l'hospice de *Longwy* (Moselle), par le sieur *Jacminot* et la dame *Louis*, de deux maisons estimées ensemble 3800 fr. (*Paris*, 7 *Septembre* 1830.)

N° 216. — ORDONNANCE DU ROI qui autorise l'acceptation de la Donation d'une somme de 2000 francs, faite à l'hôtel-Dieu de Saint-Remi de la ville de *Reims* (Marne) par la dame veuve *Bertrand*. (*Paris*, 7 *Septembre* 1830.)

N° 217. — ORDONNANCE DU ROI qui autorise l'acceptation du Legs de 2000 francs fait aux pauvres d'*Agen* (Lot-et-Garonne) par la dame *Lasserre*. (*Paris*, 7 *Septembre* 1830.)

N° 218. — ORDONNANCE DU ROI qui autorise l'acceptation du Legs de 400 francs fait aux pauvres de *Cajarc* (Lot) par le sieur *Lasserre*. (*Paris*, 7 *Septembre* 1830.)

N° 219. — ORDONNANCE DU ROI qui autorise l'acceptation des Legs faits à l'hôtel-Dieu et à l'hôpital général de *Nantes* (Loire-Inférieure), par le sieur *Tobin*, d'une somme de 1000 francs à chacun de ces établissemens. (*Paris*, 7 *Septembre* 1830.)

N° 220. — ORDONNANCE DU ROI qui autorise l'acceptation du Legs d'une rente de 600 francs fait à l'hospice de *Saint-Rambert* (Loire) par le sieur *Genyn*. (*Paris*, 7 *Septembre* 1830.)

N° 221. — ORDONNANCE DU ROI qui autorise l'acceptation du Legs de 3000 francs fait aux pauvres de *Lalaing* (Nord) par le sieur *Farineau*. (*Paris*, 7 *Septembre* 1830.)

N° 222. — ORDONNANCE DU ROI qui autorise l'acceptation de la Donation d'une somme de 500 francs faite au bureau de bienfaisance de *Badonvillers* (Meurthe) par la dame veuve *Ferry*. (*Paris*, 7 *Septembre* 1830.)

N° 223. — ORDONNANCE DU ROI qui autorise l'acceptation des offres faites à l'hospice civil de *Colmar* (Haut-Rhin), 1° par le sieur *Hæsy*, de 15 ares 60 centiares de forêt estimés 300 francs, et d'une créance de 350 francs ; 2° par la dame veuve *Huna*, d'une créance de 500 francs et d'effets mobiliers estimés 60 francs ; 3° par les sieur et dame *Baldemberger*, d'une somme de 500 francs et d'effets mobiliers estimés 80 francs ; 4° par le sieur *Fischer*, d'une somme de 600 francs et d'effets mobiliers estimés 45 francs ; et 5° par la dame veuve *Biranbeau*, d'une créance de 300 francs et de plusieurs immeubles estimés ensemble 650 francs. (*Paris*, 7 *Septembre* 1830.)

N° 224. — ORDONNANCE DU ROI qui autorise l'acceptation de la Donation d'une somme de 4000 francs faite aux hospices du *Mans* (Sarthe) par le sieur *Lalande-Villette*. (*Paris*, 7 *Septembre* 1830.)

N° 225. — Ordonnance du Roi qui autorise l'acceptation de la Donation faite à l'hospice de la charité de Châlon (Saone-et-Loire), par le sieur Barignot de Varenne, de dix années d'arrérages de deux rentes produisant ensemble 243 francs par année. (Paris, 7 Septembre 1830.)

N° 226. — Ordonnance du Roi qui autorise l'acceptation de l'offre d'une somme de 3500 francs faite à l'hospice de Cadillac (Gironde) par le sieur Galley. (Paris, 7 Septembre 1830.)

N° 227. — Ordonnance du Roi qui autorise l'acceptation de la Donation faite au bureau de bienfaisance de Landivy (Mayenne), par la demoiselle Dupontavice, d'une rente annuelle et perpétuelle de 200 fr. pour l'établissement de deux sœurs de la communauté d'Évron. (Paris, 7 Septembre 1830.)

N° 228. — Ordonnance du Roi qui autorise l'acceptation du Legs de 10,000 francs fait à l'hospice royal de Versailles (Seine-et-Oise) par le sieur Lesordier de Bigart-Delalande. (Paris, 7 Septembre 1830.)

N° 229. — Ordonnance du Roi qui autorise l'acceptation du Don d'une somme de 500 francs fait à l'institution royale des jeunes aveugles par le sieur Fage. (Paris, 14 Septembre 1830.)

N° 230. — Ordonnance du Roi qui autorise l'acceptation de la Donation faite au bureau de bienfaisance de Carcassonne (Aude), par M. Crouzet, de divers immeubles évalués ensemble à un revenu annuel de 76 fr. (Paris, 14 Septembre 1830.)

N° 231. — Ordonnance du Roi qui autorise l'acceptation du Legs de 400 fr fait aux pauvres de Thoisy-le-Désert (Côte-d'Or) par M. Jeannin. (Paris, 14 Septembre 1830.)

N° 232. — Ordonnance du Roi qui autorise l'acceptation du Legs, évalué à 468 francs 45 centimes, fait aux pauvres de Saint-Sulpice-le-Dunseil (Creuse) par Mlle Midre de Saint-Sulpice. (Paris, 14 Septembre 1830.)

N° 233. — Ordonnance du Roi qui autorise l'acceptation de la Donation faite aux pauvres de la Tour-blanche (Dordogne), par M. Teillat, d'immeubles évalués ensemble à un revenu annuel de 15 francs. (Paris, 14 Septembre 1830.)

N° 234. — Ordonnance du Roi qui autorise l'acceptation des Legs faits aux pauvres de Bernay (Eure), par Mlle Vattier, de diverses rentes montant ensemble à 1900 francs de revenu annuel. (Paris, 14 Septembre 1830.)

N° 235. — ORDONNANCE DU ROI qui autorise l'acceptation du Legs de 10,000 francs fait aux pauvres malades de l'hospice de *Bonneval* (Eure-et-Loir) par Mme veuve *Chassevant*. (*Paris*, *14 Septembre 1830.*)

N° 236. — ORDONNANCE DU ROI qui autorise l'acceptation du Legs de 500 francs fait aux vingt plus pauvres de *Péguilhan* (Haute-Garonne) par M. *Duhaget*. (*Paris*, *14 Septembre 1830.*)

N° 237. — ORDONNANCE DU ROI qui autorise l'acceptation du Legs de 2000 francs fait aux pauvres de la paroisse de *Tramesaygues*, annexe de la commune de *Cintegabelle* (Haute-Garonne), par M. *Martin*. (*Paris*, *14 Septembre 1830.*)

N° 238. — ORDONNANCE DU ROI qui autorise l'acceptation du Legs de 6000 francs fait aux pauvres de *Sainte-Livrade* (Haute-Garonne) par M. *Capèle*. (*Paris*, *14 Septembre 1830.*)

N° 239. — ORDONNANCE DU ROI qui autorise l'acceptation de la Donation d'une somme de 2000 francs faite à l'hospice du *Blanc* (Indre) par les héritiers de M. *Collin de Sourigny*, pour remplir ses intentions charitables. (*Paris*, *14 Septembre 1830.*)

N° 240. — ORDONNANCE DU ROI qui autorise l'acceptation du Legs d'un capital de 20,000 francs fait à l'hospice du *Blanc* (Indre) par M. *Legrand*. (*Paris*, *14 Septembre 1830.*)

N° 241. — ORDONNANCE DU ROI qui autorise l'acceptation du Legs de 500 francs fait aux pauvres de *Jarcieux* (Isère) par M. *Layat*. (*Paris*, *14 Septembre 1830.*)

N° 242. — ORDONNANCE DU ROI qui autorise l'hospice de *Lons-le-Saunier* (Jura) à accepter, 1° le Legs d'une somme de 3000 francs fait par Mme veuve *Regnault* pour la fondation d'un lit d'incurable; et 2° la Donation d'une somme de 2000 francs faite pour la même fondation par Mmes *Lemichaud d'Arcon* et *Clément*. (*Paris*, *14 Septembre 1830.*)

N° 243. — ORDONNANCE DU ROI qui autorise l'acceptation du Legs de 800 francs fait aux pauvres de *Grenade* (Landes) par M. *Broqua*. (*Paris*, *14 Septembre 1830.*)

N° 244. — ORDONNANCE DU ROI qui autorise l'acceptation des Legs faits à l'hôpital général d'*Orléans* (Loiret), par Mme veuve *Legroux*, de trois rentes montant ensemble à 67 francs, et d'une maison avec dépendances estimée 2500 francs. (*Paris*, *14 Septembre 1830.*)

N° 245. — ORDONNANCE DU ROI qui autorise l'acceptation du Legs de 1000 francs fait aux pauvres de *Chaque* (Lozère) par Mme *Polverel*. (*Paris*, *14 Septembre 1830.*)

Nº 246. — ORDONNANCE DU ROI qui autorise l'acceptation du Legs de 500 francs fait à l'hospice d'Épernay (Marne) par M. Perrier-Fissier. (Paris, 14 Septembre 1830.)

Nº 247. — ORDONNANCE DU ROI qui autorise l'acceptation de l'offre d'une somme de 1000 francs faite à l'hospice civil de Bar-le-Duc (Meuse) par la famille Thomas. (Paris, 14 Septembre 1830.)

Nº 248. — ORDONNANCE DU ROI qui autorise l'acceptation du Legs de 400 francs fait aux pauvres de Metz (Moselle) par M. Hergat. (Paris, 14 Septembre 1830.)

Nº 249. — ORDONNANCE DU ROI qui autorise l'acceptation du Legs fait à l'hospice de Landrecies (Nord), par M. Desprez, d'un hectare 17 ares 30 centiares de terre labourable, estimés 2800 francs. (Paris, 14 Septembre 1830.)

Nº 250. — ORDONNANCE DU ROI qui autorise l'acceptation de la Donation d'une créance de 900 francs faite à l'hospice d'Hasebrouck (Nord) par M. Vandeputte. (Paris, 14 Septembre 1830.)

Nº 251. — ORDONNANCE DU ROI qui autorise l'acceptation de la Donation d'un terrain estimé 480 francs, faite à la ville de Paimbœuf (Loire-Inférieure) par M. Aupiais. (Paris, 20 Septembre 1830.)

Nº 252. — ORDONNANCE DU ROI qui autorise l'acceptation du Legs de 600 francs fait aux pauvres de Châtillon-sur-Marne (Marne) par M. Guyot de Chenizot. (Paris, 20 Septembre 1830.)

CERTIFIÉ conforme par nous

Garde des sceaux de France, Ministre Secrétaire d'état au département de la justice,

A Paris, le 13* Octobre 1830,

DUPONT (de l'Eure).

* Cette date est celle de la réception du Bulletin à la Chancellerie.

On s'abonne pour le Bulletin des lois, à raison de 9 francs par an, à la caisse de l'Imprimerie royale, ou chez les Directeurs des postes des départemens.

À PARIS, DE L'IMPRIMERIE ROYALE.
13 Octobre 1830.

BULLETIN DES LOIS.

2e Partie. — ORDONNANCES. — N° 15.

N° 253. — *Instruction, approuvée par le Roi, sur la Tenue des Colléges électoraux.*

A Paris, le 29 Septembre 1830.

Sire, l'exécution des lois électorales a toujours donné lieu à des ordonnances réglementaires et à des instructions adressées, soit aux préfets, soit aux présidens des collèges. Toutefois les formes à suivre pour la formation et la publication des listes, pour l'exercice des droits électoraux et pour la tenue des colléges, ne peuvent être du domaine de l'administration. La Chambre des Députés, en vérifiant les pouvoirs de ses membres, en admettant ou rejetant une élection, reste juge définitif et souverain de l'exécution des lois électorales.

Les interprétations ou développemens de ces lois donnés par voie d'ordonnances et d'instructions, ne sont que des indications et des avis; il n'en résulte pas d'obligation légale; c'est à la chambre à voir si les formalités indiquées par l'administration sont une conséquence nécessaire et essentielle des lois, et si l'élection est viciée parce qu'on s'en est écarté.

Cependant des points fort importans, et qui tiennent à la substance même des opérations électorales, ont été jusqu'ici réglés par ordonnances. Sans doute il n'en sera plus ainsi lorsqu'une loi définitive sur les élections aura été rendue; elle prescrira toutes les formes et les conditions d'une élection bonne et valable : alors l'administration n'aura plus à transmettre que peu ou point d'instructions supplémentaires. En attendant ce moment, il paraît indispensable de réunir en une seule et même instruction toutes les règles et formalités suivies jusqu'à présent pour les élections. Je crois qu'il importe d'en ajouter quelques autres relatives au secret du vote, au dépouillement du scrutin, aux réclamations qui peuvent s'élever dans le sein du collège. Ces garanties devront prendre place dans la loi nouvelle, mais les électeurs en jouiront dès à présent, car elles n'ont rien que de conforme aux lois existantes; elles auraient pu, elles auraient dû en être déduites.

2. *IXe Série.* — 2e *Partie.* 　　　　　　　R

La loi transitoire du 12 septembre rend aussi nécessaires quelques instructions nouvelles. La formation du bureau provisoire exige surtout l'intervention préalable de l'administration. Il faut qu'elle constate l'âge des électeurs appelés par la loi à composer ce bureau; sans cela le collège se trouverait, en ouvrant sa session, dans la confusion et l'incertitude. Mais l'administration en accomplissant cet office, n'y trouvera aucun moyen d'influence illicite. Elle sera d'ailleurs suffisamment avertie de respecter scrupuleusement l'indépendance des votes. La confiance qu'elle doit inspirer le bien, qu'elle est appelée à faire, son impartialité, son zèle à maintenir l'ordre; voilà ses seuls titres à influer sur les élections. Elles seront conformes à l'esprit qui la dirige, si elle-même est en harmonie avec les intérêts et l'opinion du pays.

Je prie Votre Majesté de permettre que j'adresse aux préfets les instructions suivantes, qui seront déposées sur les bureaux des collèges électoraux à l'ouverture de leur session.

Je suis &c.

Signé GUIZOT.

APPROUVÉ :

Signé LOUIS-PHILIPPE.

Par le Roi : *le Ministre Secrétaire d'état au département de l'intérieur,*

Signé GUIZOT.

INSTRUCTION.

Formation du Bureau.

La salle des séances sera ouverte à huit heures précises du matin (1).

En avant du bureau où doivent siéger les président, scrutateurs et secrétaire, sera placée une table entièrement séparée de ce bureau, et sur laquelle les électeurs écriront leur vote.

Le bureau sera disposé de telle sorte que les électeurs puissent circuler alentour pendant le dépouillement du scrutin.

Seront affichées dans la salle, 1° la liste des électeurs composant le collège ou la section; 2° la liste des vingt électeurs les plus âgés, avec l'indication de la date de leur naissance; 3° la liste des vingt électeurs les plus jeunes, avec semblable indication; 4° la liste des éligibles du département (2).

Ces mêmes listes auront été envoyées au maire.

Le maire, ou, en son absence, un adjoint, ou, au défaut de maire et d'adjoint, un conseiller municipal désigné par le maire, se trouvera à huit heures dans la salle du collège; il se placera près du bureau, et y déposera les listes dont il vient d'être fait mention, ainsi que l'ordonnance de convocation du collège, le recueil des lois et ordonnances sur les élections, et la présente instruction sur la tenue des collèges électoraux.

Ce fonctionnaire ne prendra point place sur le siège destiné au président;

(1) Loi du 5 février 1817, art. 12.
(2) Ordonnance du 11 octobre 1820, art. 3.

il pourra s'asseoir sur un des siéges destinés aux scrutateurs et au secrétaire.

Aussitôt qu'il y aura trente électeurs présens, et au plus tard à neuf heures du matin, quel que soit le nombre des électeurs présens, le maire où le fonctionnaire qui tiendra sa place, donnera lecture de l'ordonnance de convocation et de la loi du 12 septembre 1830; puis il appellera les électeurs les plus âgés sur la liste dressée à cet effet, où ils seront inscrits par ordre, en descendant du plus âgé au plus jeune. Les trois premiers qui répondront à l'appel prendront place au bureau, savoir : le plus âgé, comme président, les deux autres, comme premier et second scrutateurs (3).

Il appellera ensuite les électeurs les plus jeunes, sur la liste dressée à cet effet, où ils seront inscrits par ordre, en remontant du plus jeune au plus âgé. Les deux premiers qui répondront à l'appel prendront place au bureau comme troisième et quatrième scrutateurs (4).

Si quelqu'un des électeurs présens, inscrit sur l'une ou l'autre liste, ne pouvait pas, par quelque cause que ce fût, remplir les fonctions de président ou de scrutateur, il devrait le déclarer aussitôt, et il serait considéré comme absent.

Si l'appel des deux listes d'âge ne suffisait pas pour compléter le bureau provisoire, le maire inviterait les électeurs présens, les plus âgés ou les plus jeunes en dehors des deux listes, à venir prendre place au bureau. L'époque de leur naissance serait par eux déclarée, et il en serait fait mention au procès-verbal.

Le maire ou son suppléant quitte le bureau immédiatement après l'installation du président et des scrutateurs provisoires. S'il n'est point membre de l'assemblée en qualité d'électeur, il sort aussitôt de la salle.

(S'il y avait dans la ville plusieurs colléges ou sections de collége, le maire ouvrirait une de ces assemblées, et chacune des autres serait ouverte par un des adjoints ou par un conseiller municipal désigné par le maire.)

Les président et scrutateurs provisoires nomment immédiatement, à la majorité des voix, un des électeurs du collége ou de la section pour faire les fonctions de secrétaire (5).

Le bureau provisoire ainsi formé ne peut plus être modifié, lors même qu'il arriverait, dans le cours de la séance, des électeurs plus âgés ou plus jeunes que ceux qui siégent déjà au bureau.

(Si le collége est divisé en plusieurs sections, le président de la première section préside le collége (6). Le bureau de cette section est le bureau central, c'est-à-dire, celui où se fait le recensement des votes.

Les présidens des sections autres que la première portent le nom de vice-présidens du collége (7).)

Le secrétaire provisoire ouvre aussitôt le procès-verbal, et y consigne les opérations qui ont eu lieu jusqu'alors.

Il est procédé de suite à l'élection du président et des quatre scrutateurs définitifs (8) par deux scrutins qui se feront en même temps, mais dans deux

(3) Loi du 12 septembre 1830, art. 2.
(4) Loi du 12 septembre 1830, art. 2.
(5) Loi du 12 septembre 1830, art. 2.
(6) Loi du 12 septembre 1830, art. 4.
(7) Loi du 5 février 1817, art. 10.
(8) Loi du 12 septembre 1830, art. 3.

R 2

boites séparées. Le premier sera individuel, c'est-à-dire que chaque votant n'écrira qu'un seul nom sur son bulletin ; le second sera de liste simple , c'est-à-dire que chaque bulletin devra contenir quatre noms. Les scrutateurs veilleront avec soin à ce que les votans, en déposant leurs bulletins, ne prennent pas une boite pour l'autre. Afin d'éviter les erreurs de ce genre , les bulletins, qui auront été préparés d'avance par l'administration , seront de couleur différente.

Les dispositions de l'article 13 de la loi du 5 février 1817, et de l'article 6 de la loi du 29 juin 1820 , ont toujours été regardées comme applicables aux scrutins pour la formation des bureaux , ainsi qu'à ceux pour l'élection des députés.

Elles vont être successivement indiquées ci-dessous.

Pour être admis à voter, il faut faire partie du collége ou de la section. Nulle autre personne que les électeurs qui en font partie ne peut entrer dans la salle des séances, si ce n'est les membres des bureaux des sections , qui , lors du dépouillement du scrutin pour l'élection des députés, se rendent au bureau central. (*Voyez* ci-dessous , page 240.)

C'est pour éviter cette introduction de personnes étrangères que des cartes individuelles sont distribuées aux électeurs (9). Toutefois, si l'un d'eux avait oublié ou perdu sa carte, le bureau devrait l'admettre , après s'être assuré de l'identité et de l'inscription sur la liste affichée dans la salle et déposée sur le bureau.

En général , c'est cette inscription qui constate le droit de voter (10). Cependant , si un électeur non inscrit sur cette liste se présentait muni d'un arrêt de cour royale constatant qu'il fait partie du collége , le bureau serait tenu de prononcer sur sa réclamation.

Mais, si des personnes tout-à-fait étrangères au collége ou à la section se présentaient pour voter, ou seulement pour assister aux opérations, le président devrait les avertir, et, au besoin , leur enjoindre de ne pas rester dans la salle.

Le président fait faire un appel des électeurs. Chacun d'eux vient successivement au bureau, reçoit du président un bulletin ouvert : il écrit ou fait écrire secrètement (11) son vote sur la table préparée à cet effet , et placée en avant et séparément du bureau ; puis il remet son bulletin écrit et fermé au président, qui le dépose dans la boite destinée à cet usage.

Suivant l'article 13 de la loi du 5 février 1817, le secrétaire , ou l'un des scrutateurs présens, doit, à mesure que chaque électeur dépose son bulletin, inscrire, sur une liste destinée à constater le nombre des votans, le nom , la qualification et le domicile de cet électeur. Le secrétaire ou scrutateur inscrit en marge son propre nom.

Mais , cette formalité étant impraticable dans les colléges très-nombreux (12), on a pris le parti d'inscrire d'avance ces indications sur l'exemplaire de la liste des membres du collége ou de la section , qui est déposé sur le bureau. La seule formalité à remplir pour la garantie des votes

(9) Ordonnance du 4 septembre 1820, art. 7.
(10) Ordonnance du 11 octobre 1820, art. 5.
(11) Loi du 29 juin 1820, art. 6.
(12) Il est en effet impossible qu'en six heures cinq à six cents électeurs se rendent successivement au bureau, y écrivent et déposent leur bulletin, écrivent leurs nom, qualifications et domicile, et qu'un membre du bureau signe ensuite en regard.

est la signature donnée par un membre du bureau, en regard des noms des électeurs votans. Il y a à cet effet, sur la liste d'inscription des votans, autant de colonnes en blanc que de tours de scrutin.

Pour abréger les opérations quand les colléges ou sections renferment un grand nombre d'électeurs, le préfet prépare deux emplaires de la liste d'inscription des votans. On appelle à-la-fois deux électeurs, qui écrivent en même temps leurs votes sur la table à ce destinée, et qui remettent simultanément leurs bulletins au président; l'un arrive à droite, l'autre à gauche du bureau, et deux des scrutateurs ou secrétaire, tenant chacun un des exemplaires de la liste, se chargent de constater par leur signature le vote des électeurs placés respectivement auprès d'eux.

Suivant l'article 11 de l'ordonnance du 11 octobre 1820, chaque électeur doit, en votant pour la première fois, prêter le même serment que les fonctionnaires publics.

La formule de ce serment, déterminée récemment par la loi du 31 août 1830, est ainsi conçue :

Je jure fidélité au Roi des Français, obéissance à la Charte constitutionnelle et aux lois du royaume.

La loi du 31 août l'exige des membres des deux Chambres, des administrateurs et des magistrats. Elle a donc attaché l'exercice des fonctions politiques, administratives et judiciaires, à l'accomplissement de cette formalité.

En concourant à la formation de la Chambre des Députés, les électeurs remplissent une fonction qui tient à l'ordre politique. Le principe qui a dicté la loi du 31 août s'accorde donc avec l'obligation imposée par l'ordonnance du 11 octobre 1820, conforme d'ailleurs aux lois constitutionnelles antérieures, qui n'admettaient à l'exercice des droits de citoyen que ceux qui s'engageaient par le lien du serment envers le Prince et envers l'État.

La prestation du serment a lieu lors du scrutin pour la formation du bureau définitif. Les électeurs qui n'auraient pas concouru à cette opération prêteront serment au moment où ils se présenteront pour voter pour l'élection des députés.

Après que l'appel a été terminé, le président doit faire faire un réappel des électeurs qui n'ont pas voté.

Les électeurs qui, n'ayant pas répondu à l'appel et au réappel, se présentent ensuite pour voter, doivent être admis à déposer leurs bulletins, jusqu'à l'heure fixée pour la clôture du scrutin (13).

L'article 13 de la loi du 5 février 1817 porte, entre autres dispositions, que *chaque scrutin est, après être resté ouvert au moins pendant six heures, clos à trois heures du soir, et dépouillé séance tenante.*

L'article 12 porte que *chaque séance commence à huit heures du matin.*

Ainsi les prévisions de la loi ont été que chaque scrutin devait durer six à sept heures, et ce temps a toujours suffi jusqu'en 1820.

Mais l'obligation d'écrire ou de faire écrire chaque vote sur le bureau, ainsi que le prescrit l'article 6 de la loi du 29 juin 1820, ne permet pas quelquefois que l'appel et le réappel puissent être terminés à trois heures du soir. Dans ce cas, la force des choses, la nécessité doivent prévaloir

---

(13) Ordonnance du 11 octobre 1820, art. 13.

R 3

sur des expressions purement littérales ; car la loi veut, avant tout, que les électeurs qni se sont rendus au collége pour y exercer leurs droits, votent et aient le temps de voter : il ne paraît pas douteux que, dans une telle situation, le président peut et doit même prolonger le scrutin au-delà de trois heures du soir.

A trois heures, ou plus tard s'il est nécessaire, le président déclare que le scrutin est clos ; il fait d'abord constater le nombre des votaus, au moyen de la feuille d'inscription (14).

Il fait procéder ensuite de la manière suivante au dépouillement du scrutin pour la nomination du président, puis au dépouillement du scrutin pour la nomination des scrutateurs.

Le président ouvre la boîte du scrutin et compte le nombre des bulletins : ce nombre et celui des votans sont mentionnés au procès-verbal ; s'ils ne sont pas identiques, le bureau décide, suivant les circonstances, sur la validité de l'opération : il est fait mention de la décision au procès-verbal (15).

Le président ordonne le dépouillement du scrutin.

Un des scrutateurs prend successivement chaque bulletin, le déplie, le remet au président, qui en fait lecture à haute voix et le passe à un autre scrutateur.

Le bureau raie (16) de tout bulletin,

Les derniers noms inscrits au-delà de ceux qu'il doit contenir ;

Les noms qui ne désigneraient pas clairement l'individu auquel ils s'appliquent.

Les décisions du bureau, dans ce cas comme dans tout autre, doivent être prises à la majorité des voix, et dans les formes indiquées par l'article 9 de l'ordonnance du 11 octobre 1820.

Deux des scrutateurs et le secrétaire tiennent note du dépouillement du scrutin sous la dictée du président. Si deux des trois relevés sont d'accord, ils obtiennent la préférence sur le troisième ; si tous les trois different, il faut recommencer le dépouillement.

Celui des électeurs qui a obtenu le plus de suffrages au dépouillement du premier scrutin est proclamé président : ceux qui ont obtenu le plus de suffrages au dépouillement du deuxième scrutin sont proclamés scrutateurs (17).

Si deux électeurs obtiennent le même nombre de suffrages, le plus âgé obtient la préférence (18).

Immédiatement après la proclamation du résultat de chaque scrutin, les bulletins sont brûlés en présence du collège ou de la section.

Le président d'âge lève alors la séance et l'ajourne au lendemain ; car il ne peut y avoir qu'une séance par jour, qui est close après le dépouillement du scrutin (19).

Le second jour de la session, le président d'âge ouvre la séance, accompagné des membres du bureau provisoire ; il fait donner lecture du procès-

---

(14) Ordonnance du 11 octobre 1820, art. 14.
(15) Ordonnance du 11 octobre 1820, art. 11.
(16) Ordonnance du 11 octobre 1820, art. 12.
(17) Loi du 12 septembre 1830, art. 3.
(18) Loi du 5 février 1817, art. 16.
(19) Loi du 5 février 1817, art. 12.

verbal de la séance précédente, qui a été rédigé par le secrétaire et signé par tous les membres du bureau (20).

Ensuite le président d'âge appelle au bureau le président et les secrétaires élus et proclamés la veille.

Lorsque ces membres du bureau définitif ont pris place, le président fait connaître le choix du secrétaire définitif qu'ils ont nommé à la majorité des voix parmi les membres du collége ou de la section (21).

Élection des Députés.

Quand le bureau définitif est complétement formé, le président prévient les électeurs qu'ils ont un député (ou tel nombre de députés) à élire ; qu'ils doivent porter sur leurs bulletins autant de noms qu'il y a de députés à nommer ; que leurs choix ne sont pas bornés aux individus compris dans la liste des éligibles du département (22) ; qu'ils peuvent porter sur tout individu qui, à leur connaissance, est Français, a trente ans, et paie au moins mille francs de contributions directes, en ne perdant point toutefois de vue les limites posées à cette faculté par l'article 36 de la Charte, lequel veut que la moitié au moins des députés d'un département soit prise parmi les éligibles qui y ont leur domicile politique : l'autre moitié (ou la plus faible, si le nombre total des députés est impair) peut être choisie hors du département ; et, tant que ce droit n'a pas été épuisé à l'égard de l'ensemble de la députation, telle qu'elle est fixée par la loi du 29 juin 1820, les électeurs peuvent porter leurs suffrages sur des éligibles non domiciliés.

Les formalités indiquées ci-dessus (pages 236-239) pour le double scrutin relatif à la formation du bureau doivent, à plus forte raison, être observées pour les scrutins d'élection.

Les députés doivent être élus par un scrutin individuel, si le collége n'a qu'un député à nommer, ou, s'il y en a plusieurs, par un scrutin de liste : dans ce dernier cas, chaque bulletin contient autant de noms qu'il y a de députés à nommer.

Suivant l'article 7 de la loi du 29 juin 1820, nul ne peut être élu député aux deux premiers tours de scrutin, s'il ne réunit au moins le tiers plus une des voix de la totalité des membres qui composent le collége, et la moitié plus un des suffrages exprimés.

Pour constater que la première de ces deux conditions est remplie, il est nécessaire que le nombre total d'électeurs composant le collége soit mentionné au procès-verbal : l'omission de ce renseignement a quelquefois causé des retards dans la vérification des pouvoirs des députés.

Ordinairement on ne compte pas parmi les suffrages exprimés les billets qui, ne portant aucun nom, ne peuvent par conséquent influer sur la régularité de l'opération, ni sur le nombre de suffrages exigé pour être élu.

Après les deux premiers tours de scrutin, s'il reste des nominations à faire, le bureau du collége dresse et arrête une liste des personnes qui, au

(20) Ordonnance du 11 octobre 1820, art. 7.
(21) Loi du 12 septembre 1830, art. 3.
(22) La liste des éligibles ayant leur domicile politique dans le département devra avoir été affichée, par les soins du préfet, dans la salle des séances, et il conviendra que le président s'en assure avant de commencer les opérations.

R 4

dernier tour, ont obtenu le plus de suffrages; elle contient deux fois autant de noms qu'il y a encore de députés à élire.

Les suffrages, au troisième tour de scrutin, ne peuvent être donnés qu'à ceux dont les noms sont portés sur cette liste (23).

Le bureau doit rayer les noms des individus qui ne feraient pas partie de la liste double des personnes qui ont obtenu le plus de suffrages au deuxième tour (24).

Au troisième tour de scrutin, les nominations ont lieu à la pluralité des votes exprimés (25).

(Si le collége est partagé en sections, l'état du dépouillement du scrutin de chaque section est signé et arrêté par le bureau. Il est immédiatement porté par le vice-président au bureau central du collége, qui fait, en présence des vice-présidens de toutes les sections, le recensement général des votes. Le résultat de chaque tour de scrutin est sur-le-champ rendu public (26).

Les membres composant le bureau de chaque section peuvent accompagner le vice-président et assister avec lui au recensement des votes : le procès-verbal de ce recensement est signé par les membres du bureau central et par les vice-présidens de toutes les sections.)

Chaque jour la séance est levée après que le résultat du scrutin a été proclamé (27).

(Si une ou plusieurs sections n'avaient pas terminé leurs opérations ou n'en avaient fait que d'irrégulières, le recensement des votes des autres sections n'en aurait pas moins lieu, et les candidats qui auraient obtenu le nombre de voix nécessaire seraient proclamés (28).)

Le lendemain du jour où l'élection est terminée, le président du collége ou de la section, après avoir fait donner lecture du procès-verbal de la séance précédente, prononce la séparation du collége ou de la section (29).

Il la prononcerait également le dixième jour au soir, si les opérations n'étaient pas terminées (30).

Immédiatement après la clôture, le président adresse au préfet du département les deux minutes du procès-verbal de chaque collége ou section de collége, et le procès-verbal des recensemens généraux pour les colléges qui sont divisés en sections (31).

L'une des deux minutes reste déposée aux archives de la préfecture, et l'autre est envoyée par le préfet au ministre de l'intérieur, qui la transmet aux questeurs de la Chambre des Députés (32).

Observations générales.

La police du collége ou de la section appartenant au président ou vice-président, nulle force armée ne peut, sans leur demande, être placée dans

---

(23) Loi du 5 février 1817, art. 15.
(24) Ordonnance du 11 octobre 1820, art. 17.
(25) Loi du 5 février 1817, art. 15.
(26) Loi du 5 février 1817, art. 13.
(27) Loi du 5 février 1817, art. 12.
(28) Ordonnance du 11 octobre 1820, art. 19.
(29) Ordonnance du 11 octobre 1820, art. 20.
(30) Loi du 5 février 1817, art. 12.
(31 et 32) Ordonnance du 11 octobre 1820, art. 21.

le lieu ou aux abords de la salle des séances. Les commandans militaires sont tenus d'obtempérer à leurs réquisitions (33).

Doivent toujours être présens dans chaque bureau trois au moins des membres qui le composent (34).

En cas d'absence, le président est remplacé par le plus âgé et le secrétaire par le plus jeune des scrutateurs.

Le bureau prononce provisoirement sur les difficultés qui s'élèvent concernant les opérations du collége ou de la section, sauf la décision définitive de la Chambre des Députés (35) : il délibère à part; le président prononce la décision à haute voix (36).

Le bureau n'a point à s'occuper des réclamations qui ont pour objet le droit de voter (37), c'est-à-dire, qui concernent la capacité électorale des personnes inscrites sur la liste, ou qui prétendraient y avoir été omises indûment. Si des réclamations s'élevaient à cet égard, le président ferait connaître qu'elles ne peuvent être traitées dans le sein du collége, mais qu'elles peuvent être présentées à la Chambre des Députés.

Les réclamations sont insérées au procès-verbal, ainsi que la décision motivée du bureau. Les pièces ou bulletins relatifs aux réclamations sont paraphés par les membres du bureau et annexés au procès-verbal.

(Les difficultés relatives au scrutin d'une section sont décidées par le bureau de la section, et ne sont portées au bureau central du collége que si elles sont de nature à influer sur le résultat du recensement.

Lorsque le bureau central statue sur les difficultés qui ne sont pas particulières à la première section et qui intéressent l'ensemble des opérations du collége, telles que le recensement général des votes ou la liste de ballotage, il est convenable que les vice-présidens délibèrent avec les membres du bureau central.)

Aux termes de l'article 8 de la loi du 5 février 1817, toute discussion, toute délibération, sont interdites aux colléges électoraux, et ils n'ont à s'occuper que des élections pour lesquelles ils sont convoqués. Si donc il s'élève des discussions dans le sein d'un collége ou d'une section, le président doit rappeler aux électeurs cette disposition de la loi de 1817. Si, malgré cette observation, la discussion continue, et si le président n'a pas d'autre moyen de la faire cesser, il prononce la levée de la séance et l'ajournement au lendemain au plus tard. Les électeurs sont obligés de se séparer à l'instant (38).

N° 254. — ORDONNANCE DU ROI qui fixe le nombre des Commissaires de police à Lyon, supprime le Commissariat central auprès de la Préfecture, et donne à l'un des Commissaires les Fonctions de Commissaire central près la Mairie.

A Paris, le 11 Septembre 1830.

LOUIS-PHILIPPE, ROI DES FRANÇAIS, à tous présens et à venir, SALUT.

---

(33) Loi du 5 février 1817, art. 11. — Ordonnance du 11 octobre 1820, art. 8.
(34) Loi du 5 février 1817, art. 11.
(35) Loi du 5 février 1817, art. 11.
(36 et 37) Ordonnance du 11 octobre 1820, art. 9.
(38) Ordonnance du 11 octobre 1820, art. 10.

Sur le rapport de notre ministre secrétaire d'état au département de l'intérieur,

Nous avons ordonné et ordonnons ce qui suit :

ART. 1er. Le nombre des commissariats de police dans la ville de Lyon est fixé à dix.

2. Le commissariat central de police existant auprès de la préfecture du Rhône est et demeure supprimé. Le sieur *Renou*, qui occupait cette place, est nommé commissaire de police de quartier dans la ville de Lyon.

3. M. *Rousset* (*François*) est nommé commissaire de police à Lyon, en remplacement du sieur *Séon*.

M. *Rousset* aura le titre de *commissaire central de police municipale*, chargé de diriger, sous l'autorité du maire, les opérations de ses collègues.

4. Le sieur *Corbier*, commissaire de police à Lyon, est révoqué.

Le sieur *Guyot*, décédé commissaire de police de cette ville, ne sera pas remplacé.

5. Notre ministre secrétaire d'état de l'intérieur est chargé de l'exécution de la présente ordonnance.

Signé LOUIS-PHILIPPE.

Par le Roi : *le Ministre Secrétaire d'état au département de l'intérieur,*

Signé GUIZOT.

———

N° 255. — ORDONNANCE DU ROI qui autorise la Délivrance de coupes extraordinaires dans les Bois communaux, et l'Aménagement de Bois appartenant à deux Communes et d'une Forêt royale.

A Paris, le 30 Septembre 1830.

LOUIS-PHILIPPE, ROI DES FRANÇAIS ;

Vu les titre Ier, III et VI du Code forestier ;
Vu l'ordonnance d'exécution du 1er août 1827 ;
Sur le rapport de notre ministre secrétaire d'état des finances,
Nous avons ordonné et ordonnons ce qui suit :

ART. 1er. L'administration forestière est autorisée à faire délivrance aux communes ci-après désignées, savoir :

1° Vaudeville (Meurthe), de la coupe, par forme d'éclaircie, en deux années successives, de neuf hectares quatorze ares de sa réserve;

2° Griesbach (Haut-Rhin), de huit cents arbres à prendre dans ses bois;

3° Colmier-le-Haut et Colmier-le-Bas (Haute-Marne), de la coupe, pour l'ordinaire 1831, de vingt-deux à vingt-quatre hectares de la réserve indivise des bois desdites communes;

4° Dagonville (Meuse), de la coupe de onze hetares de sa réserve;

5° Fontain (Doubs), de la coupe de dix hectares de sa réserve;

6° Péronne (Saone-et-Loire), de la coupe, en deux années successives et par portions égales, de dix hectares de sa réserve;

7° Hauteville et Lompnès (Ain), de cinq cent dix sapins à prendre dans la réserve indivise des bois desdites communes;

8° Cuisia (Jura), de la coupe, en trois années successives et par portions égales, des quinze hectares cinquante-cinq ares composant sa réserve; .

9° Toissia (Jura), de la coupe des sept hectares quatorze ares composant sa réserve;

10° La Motte-en-Blaizy (Haute-Marne), de la coupe, pour l'ordinaire 1831, des vingt hectares vingt-sept ares composant sa réserve;

11° Sommerécourt (Haute-Marne), de la coupe, en deux années successives et par portions égales, de vingt-six hectares trente-quatre ares de sa réserve;

12° Forcelles-sous-Gugney (Meurthe), de la coupe, par forme d'économie, de toutes les épines qui se trouvent sur les huit hectares dix-sept ares composant sa réserve;

13° Mignéville (Meurthe), de la coupe, en deux années, des seize hectares quatre-vingt-douze ares composant sa réserve, pour tous les brins taillis de mauvaise essence et trois cents arbres dépérissans être exploités par expurgade;

14° Fontaines (Aube), de la coupe, par forme de recépage, de deux hectares de ses bois;

15° Savonnières-en-Woèvre (Meuse), de la coupe de trois hectares de ses bois :

Il sera procédé à l'aménagement des bois de ladite commune;

16° Maussans (Haute-Saone), de la coupe, en une seule année, de quatorze hectares un are de sa réserve;

L'ordonnance du 13 septembre 1820 est rapportée en tout ce qui est contraire à la présente;

17° Lantenay (Ain), de la coupe, en deux années successives, à partir de 1833, de trois cents sapins à prendre dans les bois du hameau d'Outriaz, annexe de ladite commune.

Les coupes à délivrer en nature seront suspendues pendant le cours de l'exploitation dont il s'agit, et ne seront reprises que sur le vu d'un procès-verbal de visite des bois du hameau d'Outriaz constatant la possibilité d'y asseoir de nouvelles délivrances en nature.

2. Il sera fait délivrance au sieur *George Schleber*, meunier, de deux mille fascines dans la forêt de la commune d'Eschau, pour être employées à la réparation de son moulin (Bas-Rhin).

3. Il sera fait délivrance au directeur du haras du Pin (Orne), de quatre-vingts chênes à prendre dans les bois de cet établissement.

4. La commune de Diemeringen (Bas-Rhin) est autorisée à renouveler, mais pour deux ans seulement, le bail de la clairière existant au canton Nachtweid, dépendant de ses bois.

5. Sont approuvés,

1° L'arrêté du préfet du Haut-Rhin, en date du 18 juin dernier, autorisant par urgence la commune d'Ober-Ranspach à extraire de ses bois cinquante fascines et cinquante piquets pour les employer à la réparation d'un chemin vicinal;

2° L'arrêté du préfet du Bas-Rhin, en date du 19 juin dernier, qui autorise la commune d'Eschau à mettre en location pour six années consécutives les herbes des cantons de ses bois dits *Kleinaigelgruno*, *Kleinaigelschluth*, *Birckenkopf*, *Dickenkopfgruno* et *Strittkœpfel*;

3° L'arrêté du préfet de l'Isère, en date du 26 mai dernier, autorisant par urgence la délivrance à la commune de Chantelouve, 1° de cent arbres à prendre dans la forêt des Pales pour être employés à la réparation des digues du torrent des Pales; 2° d'une broussaille d'oseraie située sur la rivière de Marsanne, d'une étendue d'environ vingt ares.

6. Il sera procédé à l'aménagement des bois appartenant à la section de Malavillers, commune d'Anderny (Moselle), et de ceux appartenant à la commune de Brainville (Haute-Marne).

7. Il sera procédé à l'aménagement de la forêt royale de Chevremont située sur le département de la Meurthe.

8. Nos ministres secrétaires d'état des finances et de l'intérieur sont chargés de l'exécution de la présente ordonnance, chacun en ce qui le concerne.

Donné au Palais-Royal, le 30 Septembre 1830.

Signé LOUIS-PHILIPPE.

Par le Roi : *le Ministre Secrétaire d'état des finances*,

Signé LOUIS.

N° 256. — *Ordonnance du Roi* (Louis XVIII) (1) *sur la Surveillance et la Police des Chasses dans les Forêts de l'État, la Louveterie et les attributions du Grand-Veneur.*

• A Paris, le 15 Août 1814.

[Pour être annexé à l'Ordonnance du Roi (Louis-Philippe I"") du 14 Septembre 1830, Bulletin n° 11, n° d'ordre 149.]

LOUIS, par la grâce de Dieu, ROI DE FRANCE ET DE NAVARRE,

Nous avons ordonné et ordonnons ce qui suit:

Art. 1er. La surveillance et la police des chasses dans toutes les forêts de l'État sont dans les attributions du grand veneur.

2. La louveterie fait partie des mêmes attributions.

3. Les conservateurs, les inspecteurs, sous-inspecteurs et gardes forestiers, recevront les ordres du grand-veneur pour tout ce qui a rapport aux chasses et à la Louveterie.

4. Nos ministres secrétaires d'état aux départemens de notre maison et des finances sont chargés, chacun en ce qui le concerne, de la promulgation des présentes.

Donné au château des Tuileries, le 15 Août 1814.

Signé LOUIS.

Et plus bas : *signé* BLACAS D'AULPS.

———————

N° 257.—*Réglement du Roi* (Louis XVIII) *sur les Attributions du Grand-Veneur.*

A Paris, le 20 Août 1814.

[Pour être annexé à l'Ordonnance du Roi (Louis-Philippe I"") du 14 Septembre 1830, Bulletin n° 11, n° d'ordre 149.]

DISPOSITIONS GÉNÉRALES.

Art. 1er. Tout ce qui a rapport à la police des chasses est dans les attributions du grand-veneur, conformément à l'ordonnance du Roi en date du 15 août 1814.

2. Le grand-veneur donne ses ordres aux conservateurs forestiers pour tous les objets relatifs aux chasses; il en prévient en même temps l'administration générale des forêts.

———————

(1) Elle n'avait pas été insérée au Bulletin des lois.

3. Il est défendu à qui que ce soit de prendre ou de tirer dans les forêts et bois de l'État les cerf et les biches.

4. Les conservateurs, inspecteurs, sous-inspecteurs et gardes forestiers sont spécialement chargés de la conservation des chasses sous les ordres du grand-veneur, sans que ce service puisse les détourner de leurs fonctions de conservateurs des forêts et bois de l'État. Tout ce qui a rapport à l'administration de ces bois et forêts reste sous la surveillance directe de l'administration forestière et dans les attributions du ministre des finances.

5. Les permissions de chasse ne seront accordées que par le grand-veneur ; elle seront signées de lui, enregistrées au secrétariat général de la vénerie et visées par le conservateur dans l'arrondissement duquel ces permissions auront été accordées.

Le conservateur enverra au préfet et au commandant de la gendarmerie le nom de l'individu dont il aura visé la permission.

Les demandes de permission seront adressées, soit au grand-veneur, soit aux conservateurs, qui les lui feront parvenir.

Ces permissions ne seront accordées que pour la saison des chasses, et seront renouvelées chaque année, s'il y a lieu.

6. Il sera accordé deux espèces de permissions de chasse, celle de chasse à tir et celle de chasse à courre.

7. Tous les individus qui auront obtenu des permissions de chasse sont invités à employer ces permissions à la destruction des animaux nuisibles, comme les loups, les renards, les blaireaux, &c. : ils feront connaître au conservateur des forêts le nombre de ces animaux qu'ils auront détruits, en lui envoyant la patte droite ; par-là ils acquerront des droits à de nouvelles permissions, l'intention du grand-veneur étant de faire contribuer le plaisir de la chasse à la prospérité de l'agriculture et à l'avantage général.

8. Les conservateurs et inspecteurs forestiers veilleront à ce que les lois et les réglemens sur la police des chasses, et notamment le décret du 30 avril 1790, soient ponctuellement exécutés : ceux qui chasseront sans permission seront poursuivis conformément aux dispositions de ce décret.

TITRE Ier.

Chasse à tir.

Art. 1er Les permissions de chasse à tir commenceront, pour les forêts de l'État, le 15 septembre, et seront fermées le 1er mars.

2. Ces permissions ne pourront s'étendre à d'autre gibier qu'à celui dont elles contiendront la désignation.

3. L'individu qui aura obtenu une permission de chasse ne doit se servir que de chiens couchans et de fusils.

4. Les battues ou traques, les chiens courans, les levriers, les

furets, les lacets, les panneaux, les piéges de toute espèce, et enfin tout ce qui tendrait à détruire le gibier par d'autres moyens que celui du fusil, est défendu.

5. Les gardes forestiers redoubleront de soins et de vigilance dans le temps des pontes et dans celui où les bêtes fauves mettent bas leurs faons.

TITRE II.
Chasse à courre.

ART. 1er. Les permissions de chasse à courre seront accordées de la manière mentionnée à l'article 5 des *dispositions générales*.

2. Elles seront données de préférence aux individus que leur goût et leur fortune peuvent mettre à même d'avoir des équipages et de contribuer à la destruction des loups, des renards et blaireaux, en remplissant l'objet de leurs plaisirs.

3. Les chasses à courre dans les forêts et dans les bois de · l'État seront ouvertes le 15 septembre et seront fermées le 15 mars.

4. Les individus auxquels il aura été accordé des permissions pour la chasse à courre, obtiendront des droits au renouvellement de ces permissions, en prouvant qu'ils ont travaillé à la destruction des renards, loups, blaireaux et autres animaux nuisibles; ce qu'ils feront constater par les conservateurs forestiers.

Au château des Tuileries, le 20 Août 1814.

APPROUVÉ.   *Signé* LOUIS (1).

Pour copie conforme : *le Ministre Secrétaire d'état de la maison du Roi*,

Signé BLACAS.

N° 258. — ORDONNANCE DU ROI qui nomme

M. le baron *Decazes* (*Élisée*), consul à Livourne, consul général à Gènes, en remplacement de M. le baron *Schiaffino;*

M. *Guilleau de Formont* (*Jean-Baptiste*), consul à Cagliari, consul à Livourne, en remplacement de M. le baron *Decazes*, appelé à d'autres fonctions;

M. *Cottard* consul à Cagliari, en remplacement de M. *Guilleau de Formont*, appelé à d'autres fonctions;

M. *Masclet*, ancien consul, consul à Nice, en remplacement de M. *de Candolle;*

M. *Bayle* consul à Trieste, en remplacement de M: *de la Rue:* le traitement de ce poste est fixé à quinze mille francs. (*Paris,* 25 *Septembre 1830.*)

---

(1) L'original de cet acte royal n'est pas contre-signé; mais le ministre de la maison du Roi en a délivré une expédition signée de lui au ministère des finances.

N° 259. — ORDONNANCE DU ROI qui nomme

M. *Dupré*, consul à Salonique, consul général à Tripoli de Barbarie, en remplacement de M. *Rousseau*;

M. *Mimaut*, consul à Venise, consul général en Égypte, en remplacement de M. *Drovetti*, admis à faire valoir ses droits à la retraite. (*Paris, 7 Octobre 1830.*)

N° 260. — ORDONNANCE DU ROI qui autorise l'acceptation des Legs faits au bureau de bienfaisance de *Vaiges* (Mayenne), par M *Bufé*, 1° d'une rente de 100 francs payable pendant dix ans, et 2° d'une maison avec dépendances évaluée à 1500 francs. (*Paris, 20 septembre 1830.*)

N° 261. — ORDONNANCE DU ROI qui autorise l'acceptation de la Donation d'une somme de 1000 francs faite à l'hospice des vieillards de *Saint-Amand* (Nord) par Mme veuve *Barbieux*. (*Paris, 20 Septembre 1830.*)

N° 262. — ORDONNANCE DU ROI qui autorise l'acceptation de l'abandon fait à l'hospice de *Sauxillanges* (Puy-de-Dôme), par M. *Batis*, de sa pension militaire montant à 150 francs, sous la réserve d'une somme de 30 francs. (*Paris, 20 Septembre 1830.*)

N° 263. — ORDONNANCE DU ROI qui autorise l'acceptation de la Donation faite à l'hospice d'*Haguenau* (Bas-Rhin), par Mme *Bitton*, d'une somme de 700 francs et de divers effets mobiliers évalués à 89 francs 50 centimes. (*Paris, 20 Septembre 1830.*)

CERTIFIÉ conforme par nous

Garde des sceaux de France, Ministre Secrétaire d'état au département de la justice,

Paris, le 16 * Octobre 1830,

DUPONT (de l'Eure).

* Cette date est celle de la réception du Bulletin à la Chancellerie.

On s'abonne pour le Bulletin des lois, à raison de 9 francs par an, à la caisse de l'Imprimerie royale, ou chez les Directeurs des postes des départemens.

A PARIS, DE L'IMPRIMERIE ROYALE.
16 Octobre 1830.

BULLETIN DES LOIS.

2ᵉ Partie. — ORDONNANCES. — N° 16.

Nᵒ 264. — *ORDONNANCE DU ROI qui fait cesser les fonctions des Députés des Colonies, et porte qu'à l'avenir ils seront nommés directement par les Conseils généraux.*

À Paris, le 23 Août 1830.

LOUIS-PHILIPPE, ROI DES FRANÇAIS, à tous présens et à venir, SALUT.

Sur le rapport de notre ministre secrétaire d'état au département de la marine et des colonies,

NOUS AVONS ORDONNÉ et ORDONNONS ce qui suit :

ART. 1ᵉʳ. Les députés titulaires et les députés suppléans de la Martinique, de la Guadeloupe, de la Guiane française et de Bourbon, actuellement en exercice, cesseront immédiatement leurs fonctions.

2. A l'avenir, les députés titulaires et suppléans seront nommés directement par les conseils généraux des colonies.

3. Notre ministre de la marine et des colonies est chargé de l'exécution de la présente ordonnance.

Signé LOUIS-PHILIPPE.

Par le Roi : *le Ministre Secrétaire d'état au département de la marine et des colonies,*

Signé HORACE SÉBASTIANI.

Nᵒ 265. — *ORDONNANCE DU ROI qui fixe les Traitemens des Membres de l'Ordre judiciaire dans les Colonies de la Martinique et de la Guadeloupe, de Bourbon et de l'Inde.*

À Paris, le 7 Septembre 1830.

LOUIS-PHILIPPE, ROI DES FRANÇAIS, à tous présens et à venir, SALUT.

Sur le rapport de notre ministre secrétaire d'état au département de la marine et des colonies,

IXᵉ Série. — 2ᵉ Partie.　　　　　　　　　S

Nous avons ordonné et ordonnons ce qui suit:

Art. 1er. A compter du 1er janvier 1831 pour la Martinique et pour la Guadeloupe, et du 1er juillet suivant pour Bourbon et pour les établissemens français dans l'Inde, les traitemens attribués aux emplois de l'ordre judiciaire ci-après indiqués seront fixés ainsi qu'il suit, savoir :

A la Martinique, à la Guadeloupe et à Bourbon, conseiller à la cour royale, juge royal et procureur du Roi, dix mille francs; substitut du procureur général, huit mille francs;

A Marie-Galante (dépendance de la Guadeloupe), juge royal et procureur du Roi, huit mille francs;

A Pondichéry, conseiller à la cour royale, six mille francs.

2. L'indemnité annuelle allouée au conseiller appelé à la présidence de la cour demeure fixée ainsi qu'il suit, savoir :

A la Martinique, à la Guadeloupe et à Bourbon, quatre mille francs; à Pondichéry, deux mille cinq cents francs.

3. Notre ministre secrétaire d'état au département de la marine et des colonies est chargé de l'exécution de la présente ordonnance.

Signé LOUIS-PHILIPPE.

Par le Roi : le Ministre Secrétaire d'état au département de la marine et des colonies,

Signé Horace Sébastiani.

N° — Ordonnance du Roi sur l'Extension de la place de Grenoble et la Construction d'une Citadelle.

A Paris, le 23 Septembre 1830.

LOUIS-PHILIPPE, Roi des Français, à tous présens et à venir, salut.

Vu la loi du 17 juillet 1819 sur les servitudes imposées à la propriété pour la défense de l'État;

Vu les lois des 10 juillet 1791 et 8 mars 1810 dans les dispositions auxquelles se réfère la loi du 17 juillet 1819 ;

Vu l'ordonnance du 1er août 1821 rendue pour l'exécution de la loi du 17 juillet 1819, insérée au Bulletin des lois;

Vu le tableau de classement des places, citadelles, forts, châteaux et postes militaires, annexé à ladite ordonnance et inséré au Bulletin des lois,

Sur lequel tableau la place de Grenoble se trouve inscrite et rangée parmi les places de guerre de la première série;

Considérant que l'établissement d'une nouvelle citadelle sur la montagne de Rabot à Grenoble, les deux portions d'enceinte qui rattacheront cette citadelle au quai de l'Isère, et l'ouvrage fermé, en construction dans le jardin Dolle, constituant des changemens et extensions aux fortifications de la place, dont, aux termes de l'article 1er de la loi du 17 juillet 1819, les effets, quant à l'application des servitudes imposées à la propriété pour la défense de l'État, ne peuvent avoir lieu qu'en vertu d'une ordonnance publiée et affichée dans les communes intéressées,

NOUS AVONS ORDONNÉ et ORDONNONS ce qui suit :

ART. 1er. La citadelle de Rabot actuellement en construction à Grenoble, les deux portions d'enceinte dépendantes de la place qui rattacheront cette citadelle au quai de l'Isère, et l'ouvrage fermé, également en construction dans le jardin Dolle, sont reconnus et classés comme ouvrages défensifs, faisant partie intégrante de la place de Grenoble.

2. La présente ordonnance sera publiée et affichée dans les communes intéressées.

3. Nos ministres secrétaires d'état aux départemens de la guerre, de l'intérieur et de la justice, sont chargés, chacun en ce qui le concerne, de l'exécution de la présente ordonnance, qui sera insérée au Bulletin des lois.

Signé LOUIS-PHILIPPE.

Par le Roi : le Ministre Secrétaire d'état de la guerre,

Signé Mal Cte GÉRARD.

_____

N° 267. — ORDONNANCE DU ROI portant Suppression des Adjudans de la ville de Paris.

A Paris, le 24 Septembre 1830.

LOUIS-PHILIPPE, ROI DES FRANÇAIS, à tous présens et à venir, SALUT.

Vu l'ordonnance du 31 août 1829 sur la réduction à apporter dans le nombre des adjudans de la ville de Paris, et notre ordonnance du 16 août dernier sur le licenciement de la gendarmerie de la ville de Paris, dont l'organisation comprenait implicitement le corps des adjudans;

S 2

Considérant que les adjudans de la ville de Paris peuvent être facilement remplacés dans le service dont ils étaient chargés;

Sur la demande motivée du préfet de police,

Et sur le rapport de notre ministre secrétaire d'état de la guerre,

Nous avons ordonné et ordonnons ce qui suit :

Art. 1er. Le corps des officiers adjudans de la ville de Paris est supprimé.

2. Ces officiers recevront provisoirement la solde de congé attribuée à leur grade dans l'arme de l'infanterie.

3. Notre ministre secrétaire d'état au département de la guerre est chargé de l'exécution de la présente ordonnance.

Signé LOUIS-PHILIPPE.

Par le Roi : le Ministre Secrétaire d'état de la guerre,

Signé Mal Cte Gérard.

N° 268. — Ordonnance du Roi qui rapporte l'Article 7 de celle du 16 Juin 1828 portant création de huit mille Demi-bourses dans les Écoles secondaires ecclésiastiques.

À Paris, le 30 Septembre 1830.

LOUIS-PHILIPPE, Roi des Français, à tous présens et à venir, SALUT.

Sur le rapport de notre ministre secrétaire d'état de l'instruction publique et des cultes, président du Conseil d'état,

Vu l'impérieuse nécessité d'apporter la plus sévère économie dans les dépenses de l'État,

Nous avons ordonné et ordonnons :

Art. 1er. L'article 7 de l'ordonnance royale du 16 juin 1828 portant création de huit mille demi-bourses dans les écoles secondaires ecclésiastiques, est rapporté.

Cette dépense cessera en conséquence de faire partie des dépenses de l'État, à compter du 1er janvier 1831.

2. Demeurent au surplus en pleine vigueur et seront exécutées les autres dispositions des deux ordonnances du 16 juin 1828.

3. Notre ministre secrétaire d'état de l'instruction publique

et des cultes, président du Conseil d'état, est chargé de l'exécution de la présente ordonnance.

Signé LOUIS-PHILIPPE.

Par le Roi : le Ministre Secrétaire d'état de l'instruction publique
et des cultes, Président du Conseil d'état,

Signé Duc DE BROGLIE.

N° 269. — ORDONNANCE DU ROI relative à la Faculté
de médecine de Paris.

A Paris, le 5 Octobre 1830.

LOUIS-PHILIPPE, ROI DES FRANÇAIS, à tous présens
et à venir, SALUT.

Vu la loi du 14 frimaire an III qui établit les trois écoles de
santé de Paris, de Montpellier et de Strasbourg, devenues facultés
de médecine par le décret du 17 mars 1808;

Vu le réglement du 14 messidor an IV qui organise celle de
Paris;

Vu la loi du 11 floréal an X, art. 4, qui ordonne que les écoles
spéciales seront maintenues, sans préjudice des modifications que
le Gouvernement croira devoir déterminer pour l'économie et le
bien du service;

Vu le décret du 17 mars 1808, art. 79, portant que le conseil
de l'université pourra seul infliger aux membres de ce corps les
peines de la réforme et de la radiation, après l'instruction et l'examen des délits qui emportent la condamnation à ces peines;

Vu l'ordonnance du 21 novembre 1822 qui supprime la faculté
de médecine de l'académie de Paris, et celle du 2 février 1823
qui nomme les professeurs de la nouvelle faculté;

Sur le rapport de notre ministre secrétaire d'état au département de l'instruction publique et des cultes;

Considérant que l'ordonnance du 21 novembre 1822 a supprimé
une école spéciale établie et maintenue par plusieurs lois, et qu'il
est résulté de celle du 2 février 1823, que plusieurs professeurs
ont perdu leurs chaires sans jugement,

NOUS AVONS ORDONNÉ et ORDONNONS ce qui suit :

ART. 1er. L'ordonnance du 21 novembre 1822 qui supprime la faculté de médecine de l'académie de Paris, et celle
du 2 février 1823 qui nomme les professeurs de la nouvelle
faculté, sont révoquées.

2. Seront réintégrés dans la faculté de médecine les
professeurs qui avaient été éliminés par suite de l'ordonnance

du 2 février. Demeureront membres de la faculté les professeurs nommés antérieurement à l'ordonnance et qui n'avaient pas été éliminés, ainsi que ceux qui, postérieurement à ladite ordonnance, ont été nommés dans les formes établies et à des places régulièrement vacantes.

3. Notre conseil de l'instruction publique répartira l'enseignement entre les professeurs, de manière que chacun d'eux soit chargé d'un cours déterminé.

4. Les chaires devenues vacantes par suite de la présente ordonnance, et celles qui le deviendront par démission, permutation ou décès, seront données au concours.

5. Le privilége réservé aux agrégés par l'article 4 de l'ordonnance du 2 février 1823 portant organisation de la faculté de médecine, est aboli. Seront admissibles au concours les docteurs en médecine ou en chirurgie âgés de vingt-cinq ans accomplis.

6. Notre ministre de l'instruction publique et des cultes nous fera incessamment un rapport sur les améliorations que l'enseignement et l'organisation des facultés et des écoles secondaires de médecine pourraient réclamer pour répondre aux progrès de la science et aux besoins de la société.

7. Notre ministre secrétaire d'état au département de l'instruction publique et des cultes, président du Conseil d'état, est chargé de l'exécution de la présente ordonnance.

Signé LOUIS-PHILIPPE.

Par le Roi : le Ministre Secrétaire d'état au département de l'instruction publique et des cultes, Président du Conseil d'état,

Signé Duc DE BROGLIE.

Nº 270. — ORDONNANCE DU ROI portant que les Collèges départementaux du Morbihan et de la Seine, convoqués pour le 28 Octobre, procéderont chacun à l'élection de deux Députés.

A Paris, le 7 Octobre 1830.

LOUIS-PHILIPPE, ROI DES FRANÇAIS, à tous présens et à venir, SALUT.

Sur le rapport de notre ministre secrétaire d'état de l'intérieur ;
Vu les lois des 5 février 1817, 29 juin 1820, 2 mai 1827,

2 juillet 1828, 11 et 12 septembre 1830, et la loi du 31 août 1830 sur le serment;

Vu la décision de la Chambre des Députés, en date du 5 octobre, qui déclare que M. *de Margadel*, député du département du Morbihan, est considéré comme démissionnaire, attendu qu'il n'a pas prêté serment dans le délai légal;

Vu la démission donnée par M. *Vassal*, député du département de la Seine;

Vu nos ordonnances des 13 et 17 septembre qui ont convoqué pour le 28 octobre les colléges départementaux du Morbihan et de la Seine, à l'effet d'élire chacun un député,

NOUS AVONS ORDONNÉ et ORDONNONS ce qui suit :

ART. 1ᵉʳ. Les colléges départementaux du Morbihan et de la Seine, convoqués pour le 28 octobre courant dans les villes de Vannes et de Paris, procéderont chacun à l'élection de deux députés.

2. Notre ministre secrétaire d'état de l'intérieur est chargé de l'exécution de la présente ordonnance.

Signé LOUIS-PHILIPPE.

Par le Roi : *le Ministre Secrétaire d'état au département de l'intérieur,*

Signé GUIZOT.

N° 271. — ORDONNANCE DU ROI *qui élève le Taux de la Retenue exercée sur le Traitement des Ingénieurs et Employés des services des Ponts et Chaussées et des Mines.*

A Paris, le 11 Octobre 1830.

LOUIS-PHILIPPE, ROI DES FRANÇAIS, à tous présens et à venir, SALUT.

Sur le rapport de notre ministre secrétaire d'état au département de l'intérieur,

NOUS AVONS ORDONNÉ et ORDONNONS ce qui suit :

ART. 1ᵉʳ. La retenue de trois pour cent exercée sur le traitement des ingénieurs, employés, conducteurs et autres agens des services des ponts et chaussées et des mines, sera portée au taux de quatre pour cent à dater du 1ᵉʳ novembre 1830.

2. Notre ministre secrétaire d'état de l'intérieur est chargé de l'exécution de la présente ordonnance.

Signé LOUIS-PHILIPPE.

Par le Roi : *le Ministre Secrétaire d'état au département de l'intérieur,*

Signé GUIZOT.

N° 272. — ORDONNANCE DU ROI qui convoque à Cholet le troisième Collége électoral d'arrondissement de Maine-et-Loire.

A Paris, le 14 Octobre 1830.

LOUIS-PHILIPPE, ROI DES FRANÇAIS, à tous présens et à venir, SALUT.

Sur le rapport de notre ministre secrétaire d'état au département de l'intérieur;

Vu notre ordonnance du 13 septembre dernier qui convoque à Beaupréau le troisième collége électoral d'arrondissement de Maine-et-Loire,

NOUS AVONS ORDONNÉ et ORDONNONS ce qui suit:

ART. 1er. Le troisième collége électoral d'arrondissement de Maine-et-Loire, convoqué pour le 21 de ce mois, se réunira dans la ville de Cholet.

2. Notre ministre secrétaire d'état de l'intérieur est chargé de l'exécution de la présente ordonnance.

Signé LOUIS-PHILIPPE.

Par le Roi: le Ministre Secrétaire d'état au département de l'intérieur,

Signé GUIZOT.

CERTIFIÉ conforme par nous

Garde des sceaux de France, Ministre Secrétaire d'état au département de la justice,

A Paris, le 21 * Octobre 1830,

DUPONT (de l'Eure).

* Cette date est celle de la réception du Bulletin à la Chancellerie.

On s'abonne pour le Bulletin des lois, à raison de 9 francs par an, à la caisse de l'Imprimerie royale, ou chez les Directeurs des postes des départemens.

A PARIS, DE L'IMPRIMERIE ROYALE.
21 Octobre 1830.

BULLETIN DES LOIS.

2e Partie. — ORDONNANCES. — N° 17.

N° 273. — *Ordonnance du Roi qui accorde Amnistie aux Sous-officiers et Soldats condamnés pour insubordination et voies de fait envers leurs supérieurs.*

A Paris, le 21 Octobre 1830.

LOUIS-PHILIPPE, Roi des Français, à tous présens et à venir, SALUT.

Voulant signaler par des actes de clémence notre avénement au trône ;

Sur le rapport de notre garde des sceaux, ministre secrétaire d'état au département de la justice,

Nous avons ordonné et ordonnons ce qui suit:

Amnistie est accordée à tous sous-officiers et soldats de nos troupes de terre et de mer qui, jusqu'à la publication de la présente ordonnance, ont été condamnés pour fait d'insubordination et de voies de fait envers leurs supérieurs.

Notre garde des sceaux, ministre secrétaire d'état au département de la justice, et nos ministres secrétaires d'état de la guerre, de l'intérieur et de la marine, sont chargés, chacun en ce qui le concerne, de l'exécution de la présente ordonnance.

Signé LOUIS-PHILIPPE.

Par le Roi : *le Garde des sceaux, Ministre Secrétaire d'état au département de la justice,*

Signé Dupont (de l'Eure).

N° 274. — *Ordonnance du Roi portant création d'un quatrième Bataillon dans chacun des Régimens d'infanterie de ligne.*

A Paris, le 18 Septembre 1830.

LOUIS-PHILIPPE, Roi des Français, à tous présens et à venir, SALUT.

IXe Série. — 2e Partie.   T

Vu l'ordonnance du 27 février 1825;

Sur le rapport de notre ministre secrétaire d'état de la guerre,

Nous avons ordonné et ordonnons ce qui suit :

Art. 1er. Il sera créé un quatrième bataillon dans chacun des régimens d'infanterie de ligne de l'armée de terre.

La force de chaque régiment d'infanterie de ligne sera, en conséquence, portée à trois mille sous-officiers et soldats.

2. Les cadres des nouveaux bataillons créés par l'article ci-dessus seront organisés conformément à l'ordonnance du 27 février 1825.

Ces bataillons se recruteront par engagement volontaire et par la voie d'appel, suivant les instructions de notre ministre secrétaire d'état de la guerre.

3. Notre ministre secrétaire d'état de la guerre est chargé de l'exécution de la présente ordonnance.

Signé LOUIS-PHILIPPE.

Par le Roi : *le Ministre Secrétaire d'état de la guerre,*

Signé Mal Cte GÉRARD.

————————

N° 275. — Ordonnance du Roi *portant Convocation du Collége du quatrième arrondissement électoral de Seine-et-Oise, à l'effet d'élire un Député.*

À Paris, le 7 Octobre 1830.

LOUIS PHILIPPE, Roi des Français, à tous présens et à venir, SALUT.

Sur le rapport de notre ministre secrétaire d'état de l'intérieur;

Vu les lois des 5 février 1817, 29 juin 1820, 2 mai 1827, 2 juillet 1828, 11 et 12 septembre 1830;

Vu notre ordonnance du 22 septembre qui nomme M. *Bertin de Vaux* ministre plénipotentiaire près le Roi des Pays-Bas,

Nous avons ordonné et ordonnons ce qui suit :

Art. 1er. Le collége du quatrième arrondissement électoral de Seine-et-Oise est convoqué à Versailles pour le 21 novembre prochain, à l'effet d'élire un député.

2. Conformément à l'article 21 de la loi du 2 juillet 1828, il sera fait usage, pour cette élection, de la liste électorale arrêtée lors de la révision annuelle de 1830.

3. Il sera procédé, pour les opérations du collége électoral, ainsi qu'il est réglé par les dispositions combinées de la
loi du 12 septembre 1830 et de l'ordonnance royale du
11 octobre 1820.

4. Notre ministre secrétaire d'état de l'intérieur est chargé
de l'exécution de la présente ordonnance.

Signé LOUIS-PHILIPPE.

Par le Roi : *le Ministre Secrétaire d'état au département de l'intérieur,*

Signé GUIZOT.

———————

N° 276. — *ORDONNANCE DU ROI portant Proclamation des
Brevets d'invention, de perfectionnement et d'importation, pris
pendant le troisième trimestre de 1830, et des Cessions qui ont
été faites, durant le cours de ce trimestre, de tout ou partie des
Droits résultant de Titres de la même nature.*

A Paris, le 11 Octobre 1830.

LOUIS-PHILIPPE, ROI DES FRANÇAIS, à tous présens et
à venir, SALUT.

Vu l'article 6 du titre Ier et les articles 6, 7 et 15 du titre II de
la loi du 25 mai 1791 ;

Vu l'article 1er de l'arrêté du 5 vendémiaire an IX [27 septembre
1800], portant que les brevets d'invention, de perfectionnement et
d'importation seront proclamés tous les trois mois par la voie du
Bulletin des lois,

NOUS AVONS ORDONNÉ et ORDONNONS ce qui suit :

ART. 1er. Les personnes ci-après dénommées sont brevetées
definitivement :

1° M. *Cuvillier* (*Pierre-Joseph*), négociant à Nantes, faisant élection de
domicile à Paris, rue et hôtel de Verneuil, auquel il a été délivré, le 17 juillet
dernier, le certificat de sa demande d'un brevet d'invention de cinq ans pour
une eau conservatrice de la chevelure ;

2° M. *Bollen* (*Pierre*), serrurier à Maisons-sur-Seine, représenté à Paris
par M. *Armonville*, secrétaire du conservatoire des arts et métiers, auquel
il a été délivré, le 17 juillet dernier, le certificat de sa demande d'un brevet
d'invention et de perfectionnement de cinq ans pour une machine à tamis
fixe avec agitateur en fer mu par engrenage, propre à extraire la fécule
de pomme de terre et à tamiser l'amidon ;

3° M. *Moisson-Desroches-Latil* (*Pierre-Michel*), ingénieur des mines à
Rodès, faisant élection de domicile à Foix, département de l'Ariége, auquel il a été délivré, le 17 juillet dernier, le certificat de sa demande d'un

brevet d'invention de dix ans pour le perfectionnement du traitement direct des minerais de fer par le procédé catalan ;

4° M. *Sainte-Colombe*, représenté à Paris par M. *Josin*, peintre en bâtiment, demeurant quai Le Peletier, n° 38, auquel il a été délivré, le 17 juillet dernier, le certificat de sa demande d'un brevet d'invention et de perfectionnement de quinze ans pour une machine propre à broyer les couleurs à l'huile ;

5° M. *Sainte-Chapelle*, demeurant à Paris, rue de la Ferme des Mathurins, n° 20, auquel il a été délivré, le 17 juillet dernier, le certificat de sa demande d'un brevet de perfectionnement et d'addition au brevet d'invention de dix ans qu'il a pris, le 26 février précédent, pour un appareil hydraulique qu'il nomme *trombe d'eau ;*

6° MM. *Thimonnier (Barthélemi)*, tailleur, et *Ferrand (Auguste)*, demeurant à Saint-Étienne, département de la Loire, auxquels il a été délivré, le 17 juillet dernier, le certificat de leur demande d'un brevet d'invention de quinze ans pour des métiers propres à la confection des coutures dites à *points de chaînettes* sur toute sorte d'étoffes et de tissus ;

7° M. *Andry (Louis-Isaïe)*, horloger, demeurant à Paris, passage du Tourniquet de la Boule rouge, faubourg Montmartre, auquel il a été délivré, le 23 juillet dernier, le certificat de sa demande d'un brevet d'invention et de perfectionnement de cinq ans pour un lorgnon-montre ;

8° M. *Conquérant (Pierre-Louis-Nicolas)*, docteur en médecine, demeurant à Coutances, département de la Manche, auquel il a été délivré, le 23 juillet dernier, le certificat de sa demande d'un brevet de perfectionnement et d'addition au brevet d'invention de quinze ans qu'il a pris, le 30 mai 1829, pour une série de robinets de sûreté applicables aux liquides et aux gaz, et pour une nouvelle jauge à mesurer la contenance des futailles ;

9° M. *Dollin du Fresnel*, de Metz, faisant élection de domicile à Paris chez M. *Delaunay*, rue Saint-Honoré, n° 156, auquel il a été délivré, le 23 juillet dernier, le certificat de sa demande d'un brevet d'invention de cinq ans pour une double ceinture gastrique carminative ;

10° M. *Duparge (Marc-Hyacinthe)*, ancien administrateur, demeurant à Paris, rue des Champs-Élysées, n° 6, auquel il a été délivré, le 23 juillet dernier, le certificat de sa demande d'un brevet d'invention de quinze ans pour des procédés de fabrication de charbon de bois, de terre et du coke, qu'il nomme *charbon de bois supérieur, charbon de terre supérieur,* et *coke supérieur ;*

11° M. *Favreau (Edme-Nicolas-Patient)*, ingénieur-mécanicien, demeurant à Paris, rue de la Bûcherie, n° 4, auquel il a été délivré, le 23 juillet dernier, le certificat de sa demande d'un brevet de perfectionnement et d'addition au brevet d'invention et de perfectionnement de quinze ans qu'il a pris, le 10 novembre 1829, pour une machine propre à fabriquer toute espèce de papiers ;

12° M. *Favre (Jean-Antoine)*, marchand de fer ouvré, demeurant place Leviste, n° 10, à Lyon, département du Rhône, auquel il a été délivré, le 23 juillet dernier, le certificat de sa demande d'un brevet d'invention de cinq ans pour une machine propre à fabriquer les clous en fil de fer, appelés *pointes de Paris ;*

13° M. *Irving (James*, gentilhomme anglais, représenté à Paris par

M. le vicomte *de Gereaux*, demeurant rue des Marais Saint-Germain, n° 19, auquel il a été délivré, le 23 juillet dernier, le certificat de sa demande d'un brevet d'invention et d'importation de dix ans pour une nouvelle manière de faire des tuyaux imperméables;

14° M. *Jaccond* (*Abraham-Emmanuel*), marchand à Lyon, faisant élection de domicile à Paris, rue Coq-Héron, n° 11, hôtel des Gaules, auquel il a été délivré, le 23 juillet dernier, le certificat de sa demande d'un brevet de perfectionnement et d'addition au brevet d'invention de dix ans qu'il a pris, le 28 décembre 1829, pour des procédés destinés à être appliqués à tous moyeux, essieux, grenouilles, pivots, &c. de toute espèce de roues et rouages, et ayant l'avantage de contenir dans chacun de ces corps et sans perte l'huile servant à leur graissage;

15° M. *Laignel* (*Benjamin*), demeurant à Paris, rue Chanoinesse, n° 12, auquel il a été délivré, le 23 juillet dernier, le certificat de sa demande d'un brevet d'invention de cinq ans pour un système de perfectionnement dans les chemins de fer et pour remplacer les treuils, cabestans, &c. dans toutes les circonstances;

16° M. *Darche* (*Louis-Alexandre*), fabricant d'appareils économiques, demeurant à Paris, boulevart Saint-Martin, n° 37, auquel il a été délivré, le 19 août dernier, le certificat de sa demande d'un brevet de perfectionnement et d'addition au brevet d'invention et de perfectionnement de quinze ans qu'il a pris, le 13 juin 1828, pour divers appareils de chauffage et de cuisson économiques;

17° M. *Galy-Cazalat*, professeur de physique, demeurant à Versailles, département de Seine-et-Oise, auquel il a été délivré, le 19 août dernier, le certificat de sa demande d'un brevet d'invention de quinze ans pour de nouvelles machines à vapeur plus particulièrement applicables à de nouveaux bateaux dits *galiotes à vapeur;*

18° M. *Bourguignon* (*Louis*), mécanicien-marbrier, demeurant à Paris chez M. *Texier*, rue Fontaine-au-Roi, n° 13, auquel il a été délivré, le 19 août dernier, le certificat de sa demande d'un brevet d'invention et d'importation de dix ans pour diverses machines propres à couper et creuser le marbre et la pierre, ainsi qu'à y faire des moulures en long et circulairement;

19° M. *Palmier* (*Eugène*), demeurant à Paris, rue Montmartre, n° 149, auquel il a été délivré, le 19 août dernier, le certificat de sa demande d'un brevet d'invention, de perfectionnement et d'importation de cinq ans pour la fabrication d'une sonde rectiligne employée en Angleterre et en Amérique à la recherche des eaux souterraines et des mines;

20° M. *Bourlet d'Amboise* (*Silvain-Toussaint*), agronome, demeurant à Paris, rue du Bac, n° 82, auquel il a été délivré, le 25 août dernier, le certificat de sa demande d'un brevet d'importation et de perfectionnement de cinq ans pour un comestible appelé *racahoute*, fait avec le palamonte des Turcs, qui est notre gland;

21° M. *Bouvot* aîné (*Jean*), marchand pelletier, demeurant à Paris, rue du Grand-Chantier, n° 16, auquel il a été délivré, le 25 août dernier, le certificat de sa demande d'un brevet d'invention de quinze ans pour des principes, moyens et procédés propres à l'apprêt du petit-gris;

T 3

22° MM. *Brinmeyer* (*François-Xavier*), mécanicien, et *Pfeiffer* (*Jean-François-Antoine*), facteur de pianos, demeurant à Paris, rue Montmartre, n° 18, auxquels il a été délivré, le 25 août dernier, le certificat de leur demande d'un brevet d'invention de dix ans pour un nouvel instrument qu'ils nomment *dital harpe ;*

23° MM. *Carrick* (*Alexandre* et *Robert*), mécaniciens à New-York, représentés à Paris par M. *Albert*, demeurant rue Neuve-Saint-Augustin, n° 28, auxquels il a été délivré, le 25 août dernier, le certificat de leur demande d'un brevet d'importation et de perfectionnement de quinze ans pour des perfectionnemens dans les machines à filer le coton, la soie, la laine, ou autres matières filamenteuses ;

24° MM. *Champion* (*Claude-François*), *Favre* (*Charles-François*) et *Janier-Dubry* (*Marc-Victor*), demeurant à Besançon, département du Doubs, auxquels il a été délivré, le 25 août dernier, le certificat de leur demande d'un brevet d'invention de dix ans pour des tuiles et briques fabriquées par des moyens mécaniques, et pour un nouveau four propre à leur cuisson, soit au bois, soit à la houille ;

25° M. *Dieudonné* (*Christophe*), représenté à Paris par M. *Armonville*, demeurant rue Saint-Martin, n° 208, auquel il a été délivré, le 25 août dernier, le certificat de sa demande d'un brevet d'invention de cinq ans pour une nouvelle espèce de selle munie d'un moyen de retenir la rêne de bride et le filet ;

26° M. *Lefebvre* (*Charles*), distillateur-chimiste à Strasbourg, faisant élection de domicile à Paris, rue Montabor, n° 12, auquel il a été délivré, le 25 août dernier, le certificat de sa demande d'un brevet d'invention de quinze ans pour plusieurs procédés propres à la fabrication du pain avec la pomme de terre ou toute autre espèce de fécule ;

27° M. *Newton* (*William*), ingénieur civil à Londres, représenté à Paris par M. *Albert*, rue Neuve-Saint-Augustin, n° 28, auquel il a été délivré, le 25 août dernier, le certificat de sa demande d'un brevet d'importation et de perfectionnement de cinq ans pour des perfectionnemens dans la fabrication des tentures et ornemens d'appartement en papier ou autres substances employées à cet effet, et de l'appareil servant à cette fabrication, &c. ;

28° M. *Oechelhaeuser* (*Jean*), de Siegen en Allemagne, représenté à Paris par MM. *Chedeaux* et compagnie, demeurant rue de Cléry, n° 25, auquel il a été délivré, le 25 août dernier, le certificat de sa demande d'un brevet d'invention, d'importation et de perfectionnement de quinze ans pour une machine propre à fabriquer le papier ;

29° M. *Perrot* (*Louis-Jérôme*), ingénieur civil à Rouen, département de la Seine-Inférieure, auquel il a été délivré, le 25 août dernier, le certificat de sa demande d'un brevet d'invention de cinq ans pour des appareils propres à imprimer sur les tissus plusieurs couleurs à-la-fois au rouleau ;

30° M. *de Rigault* (*Joseph-Hyacinthe-François-de-Paule*), employé, demeurant à Paris, rue Thibautodé, n° 12, auquel il a été délivré, le 25 août dernier, le certificat de sa demande d'un brevet d'invention de quinze ans pour une machine universelle qu'il nomme *air-eau-feu ;*

31° M. *Roux* (*François-Romain*), demeurant à Avignon, département

de Vaucluse, auquel il a été délivré, le 25 août dernier, le certificat de
sa demande d'un brevet d'invention de dix ans pour un fourneau économique ;

32° M. *Sorel*, horloger, demeurant à Paris chez M. *Hubert*, rue Montmartre, n° 140, auquel il a été délivré, le 25 août dernier, le certificat
de sa demande d'un brevet d'invention et de perfectionnement de dix ans
pour un nouveau système de machines à vapeur ;

33° M. *Sweny* (*Marc-Halpen*), de Londres, représenté à Paris par
M. *de Moléon*, demeurant rue Godot-de-Moroy, n° 2, auquel il a été
délivré, le 25 août dernier, le certificat de sa demande d'un brevet d'importation de quinze ans pour un nouvel alliage ou composition métallique
applicable au doublage des vaisseaux et à divers autres usages ;

34° M. *Taylor* (*Philippe*), ingénieur au Beau Grenelle près Paris,
rue Violet, n° 14, auquel il a été délivré, le 25 août dernier, le certificat
de sa demande d'un brevet d'importation de quinze ans pour un perfectionnement dans la fabrication des toiles à voile ;

35° M. *Viviand* fils, carrossier, demeurant à Paris, rue Faubourg Saint
Honoré, n° 115, auquel il a été délivré, le 30 août dernier, le certificat
de sa demande d'un brevet de perfectionnement et d'addition au brevet
d'invention de dix ans qu'il a pris, le 28 novembre 1829, pour un système
de voitures qu'il nomme *à impulsion ;*

36° MM. *Lacombe* fils (*Joseph-Victor*) et *Barrois* (*Guillaume-Barthé-
lemi*), fileurs de soie, demeurant à Alais, département du Gard, auxquels
il a été délivré, le 31 août dernier, le certificat de leur demande d'un brevet
de perfectionnement et d'addition au brevet de perfectionnement de cinq
ans qu'ils ont pris, le 30 septembre 1828, pour l'amélioration des procédés
déjà connus d'empêcher ou couper les mariages des soies ;

37° MM. *Chapuy* et *Marsaux*, demeurant à Paris, passage Basfour,
rue Saint-Denis, n° 302, auxquels il a été délivré, le 31 août dernier, le
certificat de leur demande d'un brevet de perfectionnement et d'addition au
brevet d'invention de dix ans qu'ils ont pris, le 23 octobre 1829, pour une
lampe statique dite *chronomètre ;*

38° Mme *Degrand*, née *Gurgey*, demeurant rue des Fabres, n° 46, à
Marseille, département des Bouches-du-Rhône, à laquelle il a été délivré,
le 31 août dernier, le certificat de sa demande d'un brevet d'importation
de quinze ans pour un appareil servant à filtrer le sirop et laver les écumes,
destiné principalement à l'usage des raffineurs de sucre et confiseurs ;

39° M. *Lalègue*, impasse Saint-Laurent, n° 13, à Belleville près Paris,
auquel il a été délivré, le 31 août dernier, le certificat de sa demande d'un
brevet d'invention et de perfectionnement de dix ans pour un mors et une
bride de cheval de selle ;

40° M. *Berdot-Lalanne* (*Barthélemi*), demeurant à Paris, rue Vivienne,
n° 16, auquel il a été délivré, le 31 août dernier, le certificat de sa demande d'un brevet d'invention et de perfectionnement de cinq ans pour
l'application des bois exotiques et indigènes à la fabrication de coiffures
d'homme et de femme et à d'autres objets détaillés dans sa demande ;

41° M. *Laignel* (*Jean-Baptiste-Benjamin*), demeurant à Paris, rue
Chanoinesse, n° 12, auquel il a été délivré, le 4 septembre dernier, le

T 4

certificat de sa demande d'un brevet d'invention de cinq ans pour une machine et un procédé propres à échauffer les voitures en hiver et les préserver de la poussière en été ;

42° M. *Robin* (*Pierre-Marie-Bernard*), capitaine au long cours, à Rochefort, demeurant à Paris chez M. *Mathieu*, rue Coq-Heron, n° 5, auquel il a été délivré, le 4 septembre dernier, le certificat de sa demande d'un brevet d'invention et de perfectionnement de quinze ans pour une serrure à combinaisons et à cylindres concentriques ;

43° M. *Madden* (*John Byrm*), demeurant à Paris chez M. *La Barthe*, avoué, rue Grange-Batelière, n° 2, auquel il a été délivré, le 4 septembre dernier, le certificat de sa demande d'un brevet de perfectionnement et d'addition au brevet d'invention de dix ans qu'il a pris, le 28 novembre 1829, pour une voiture remorqueur sur les routes ordinaires, susceptible d'être mise en mouvement par la vapeur, les hommes ou les animaux, et dans laquelle le poids de ces derniers est employé concurremment avec leur force musculaire ;

44° MM. *de Malortic* (*Charles-Étienne*) et *Vallery* (*Charles*), demeurant boulevart Beauvoisine, n° 62, à Rouen, département de la Seine-Inférieure, auxquels il a été délivré, le 7 septembre dernier, le certificat de leur demande d'un brevet de perfectionnement et d'addition au brevet d'invention de quinze ans, pris, le 8 décembre 1828, par MM. *Vallery* et *Perrot*, qui a cédé tous ses droits à M. *de Malortic*, pour une machine propre à la division et à la mise en poudre des bois de teinture ;

45° MM. *Hérisson*, médecin, et *Garnier*, horloger-mécanicien, demeurant à Paris, rue Taitbout, n° 8 *bis*, auxquels il a été délivré, le 7 septembre dernier, le certificat de leur demande d'un brevet de perfectionnement et d'addition au brevet d'invention de dix ans qu'ils ont pris, le 21 juin précédent, pour un instrument qu'ils nomment *pulsomètre*, propre à mesurer la fréquence, l'élévation, l'égalité et la régularité du pouls ;

46°. M. *de Jongh* (*Maurice*), filateur à Manchester, représenté à Paris par M. *Albert*, demeurant rue Neuve-Saint-Augustin, n° 28, auquel il a été délivré, le 7 septembre dernier, le certificat de sa demande d'un brevet d'invention, d'importation et de perfectionnement de quinze ans pour des perfectionnemens dans les mécaniques propres à préparer et à filer le coton ou autres matières filamenteuses ;

47° M. *Cholat* père (*François*), demeurant à Saint-Étienne, département de la Loire, auquel il a été délivré, le 7 septembre dernier, le certificat de sa demande d'un brevet d'invention de cinq ans pour un procédé par lequel chaque fabricant d'étoffes de soie pourra apposer ses nom, prénoms, &c. sur le nœud ou tissu qui assure la quantité de flottes de soie ;

48° M. *Méric* (*Jean*), confiseur, demeurant à Paris, rue Saint-Martin, n° 87, représenté par M. *Armonville*, secrétaire du conservatoire des arts et métiers, auquel il a été délivré, le 7 septembre dernier, le certificat de sa demande d'un brevet d'invention de cinq ans pour une nouvelle noria ou machine à élever l'eau à l'aide d'une série de seaux formant chapelet, dans laquelle les côtés mêmes des seaux tiennent lieu de la chaîne en usage dans les norias ordinaires ;

49° MM. *Mothes* frères, marchands, demeurant rue du Cahernan, n° 39, à Bordeaux, département de la Gironde, auxquels il a été délivré, le 7 septembre dernier, le certificat de leur demande d'un brevet d'invention et de perfectionnement de dix ans pour une machine rurale propre à teiller les chanvres et les lins rouis et non rouis, à égrener les lins, blés, seigles, avoines et orges, et y appliquer un manége portatif;

50° MM. *Camille Pleyel* et compagnie, demeurant à Paris, rue Cadet, n° 9, auxquels il a été délivré, le 7 septembre dernier, le certificat de leur demande d'un brevet d'invention de cinq ans pour un procédé qui empêche les tables d'harmonie des harpes et des pianos de crever, fendre ni gercer;

51° M. *Godin* (*Jean-François*), manufacturier, demeurant au Petit-Bagneux, département de la Seine, auquel il a été délivré, le 7 septembre dernier, le certificat de sa demande d'un brevet d'invention et de perfectionnement de cinq ans pour un nouveau genre de silos et de citernes;

52° MM. *Caillaux, Le Berche et Pitay,* négocians, demeurant à Paris, rue Bar du Bec, n° 14, auxquels il a été délivré, le 15 septembre dernier, le certificat de leur demande d'un brevet d'invention de cinq ans pour la revivification du noir animal ou noir de schiste de Menat;

53° MM. *Cordier-Lalande* et compagnie, fabricans de bronzes estampés , demeurant à Paris, rue des Gravilliers, n° 50, auxquels il a été délivré, le 15 septembre dernier, le certificat de leur demande d'un brevet d'invention et de perfectionnement de cinq ans pour une lampe qu'ils nomment *lampe oléostatique;*

54° M. *Winslow* (*Isaac*), commerçant, demeurant au Havre, département de la Seine-Inférieure, auquel il a été délivré, le 15 septembre dernier, le certificat de sa demande d'un brevet d'importation de cinq ans pour une machine propre à filer le coton et la laine, qu'il nomme *éclipse-fileur en doux;*

55° M. *Heidcloff* (*Charles*), négociant, demeurant à Paris, quai Malaquai, n° 1, auquel il a été délivré, le 15 septembre dernier, le certificat de sa demande d'un brevet d'invention de dix ans pour une machine qu'il nomme *toucheur mécanique,* propre à appliquer mécaniquement l'encre sur les formes à caractères d'imprimerie;

56° M. *Camus* (*Ferdinand-Antoine*), demeurant à Paris, rue du Faubourg Poissonnière, n° 10, auquel il a été délivré, le 15 septembre dernier, le certificat de sa demande d'un brevet d'invention et de perfectionnement de quinze ans pour un procédé de chauffage économique des fours de boulangerie et autres, pouvant avoir lieu avec toute essence de bois, charbon de terre et généralement avec toute espèce de combustible flamboyant;

57° Mme *Dulac,* née *Anne-Éléonore-Charlotte Delapierre,* demeurant à Paris, rue Faubourg Saint-Denis, n° 22, à laquelle il a été délivré, le 15 septembre dernier, le certificat de sa demande d'un second brevet de perfectionnement et d'addition au brevet d'invention et de perfectionnement de cinq ans qu'elle a pris, le 29 juin 1829, pour des procédés de fabrication d'un pain qu'elle nomme *substantiel;*

58° M. *Lhomond* (*Amable-Nicolas*), fabricant de cheminées économiques, demeurant à Paris, rue Coquenard, n° 44, auquel il a été délivré, le 15 septembre dernier, le certificat de sa demande d'un brevet de perfectionnement et d'addition au brevet d'invention et de perfectionnement de dix

... ... pour des cheminées qu'il appelle
... ... de la fumée ;
... ...), demeurant à Paris, rue Saint-Sta-
... ... le 15 septembre dernier, le certificat de
... ... evet de perfectionnement et d'addition au
... demande ... ... qu'il a pris, le 30 octobre 1827, pour un
brevet d' ... ... clairage des appartemens, usines, ateliers, &c.
appa ... ... se servant de la chaleur produite dans toute espèce
... ...

... ... ingénieur civil à Londres, représenté à Paris par
... ... rue Neuve-Saint-Augustin, n° 28, auquel il a été
... ... bre dernier, le certificat de sa demande d'un brevet
... ... de perfectionnement de dix ans pour une machine perfec-
... ... à évaporer les liquides, et particulièrement applicable à la
... des sucres de betterave, de canne ou de sirops quelconques,
... la cristallisation des liquides salins ;

... M. *Lester* (*Ebenezer-Avery*), ingénieur-mécanicien à Boston, re-
... té à Paris par M. *Albert*, demeurant rue Neuve-Saint-Augustin, n° 28,
auquel il a été délivré, le 15 septembre dernier, le certificat de sa demande
d'un brevet d'invention, d'importation et de perfectionnement de dix ans,
pour une machine à vapeur dite *à pendule* [*pendulum engine*] ;

62° MM. *Guille* (*Auguste*) et *Carré* (*Louis-François*), fabricans de
tissus de coton, demeurant à Saint-Quentin, département de l'Aisne, auxquels il a été délivré, le 15 septembre dernier, le certificat de leur demande
d'un brevet d'invention de cinq ans pour un mécanisme propre à exécuter
sur le métier à tisser ordinaire tous les genres de plumetis ;

63° MM. *Boinest* et *Pinet*, demeurant à Paris, rue Gaillon, n° 17, auxquels il a été délivré, le 30 septembre dernier, le certificat de leur demande
d'un brevet d'invention de cinq ans pour une machine à décortiquer ou
pelliculer tous les légumes secs, les grains, et faire l'orge perlé et mondé ;

64° MM. *Dollfus Mieg* et compagnie, manufacturiers, demeurant à
Mulhausen, département du Haut-Rhin, auxquels il a été délivré, le 30 septembre dernier, le certificat de leur demande d'un brevet d'invention de dix
ans pour un templet mécanique qui fonctionne au moyen de crans ou canne-
lures propres à tenir la toile tendue par ses bords ;

65° M. *Garnier* (*Paul*), horloger-mécanicien, demeurant à Paris, rue
Taitbout, n° 8 *bis*, auquel il a été délivré, le 30 septembre dernier, le certificat de sa demande d'un brevet d'invention de cinq ans pour un échappe-
ment à repos applicable aux pendules, montres, &c. ;

66° M. *Gengembre* (*Charles-Antoine-Colombe*), architecte, demeurant
au Port Saint-Ouen, arrondissement de Saint-Denis, département de la
Seine, auquel il a été délivré, le 30 septembre dernier, le certificat de sa
demande d'un brevet d'importation et de perfectionnement de dix ans pour
un appareil portatif propre à faire la cuisine à la vapeur et au four par le
contact direct de la flamme d'une ou plusieurs lampes ;

67° M. *Pauwels* fils (*Antoine*), demeurant à Paris, rue Faubourg Poissonnière, n° 95, représenté par M. *Albert*, demeurant rue Neuve-Saint-
Augustin, n° 28, auquel il a été délivré, le 30 septembre dernier, le certificat de sa demande d'un brevet de perfectionnement et d'addition au brevet

d'invention et de perfectionnement de quinze ans qu'il a pris, le 25 juin précédent, pour des principes, moyens et procédés propres à faire marcher les bateaux à vapeur ou à manége sur les eaux courantes;

68° M. *Renette* (*Albert-Henri-Marie*), canonnier, demeurant à Paris, rue Popincourt, n° 58, auquel il a été délivré, le 30 septembre dernier, le certificat de sa demande d'un brevet d'invention de cinq ans pour des cartouches de chasse;

69° M. *Van-Moorsel* (*Charles*), de Bruxelles, représenté à Paris par M. *Moreau*, docteur en médecine, demeurant rue des Juifs, n° 20, auquel il a été délivré, le 30 septembre dernier, le certificat de sa demande d'un brevet d'importation de quinze ans pour une machine propre à fabriquer des clous, clous à patte, crampons et autres objets de même nature;

70° MM. *Zuber* (*Jean*) et compagnie, fabricans de papiers peints, demeurant à Rixheim, département du Haut-Rhin, auxquels il a été délivré, le 30 septembre dernier, le certificat de leur demande d'un brevet d'invention de quinze ans pour une machine à fabriquer le papier continu ou en feuilles, soit vergé, soit vélin, et à rogner le papier continu.

2. Les cessions des brevetés ci-dessous rappelés, ayant été revêtues de toutes les formalités prescrites par l'article 15 du titre II de la loi du 25 mai 1791, sont déclarées régulières, et devront sortir leur plein et entier effet; savoir:

1° La cession faite, le 23 juin dernier, à M. *Maillard* (*Pierre-Fortuné*), négociant, demeurant à Paris, rue du Faubourg Poissonnière, n° 27, par Mme *Dulac*, née *Delapierre*, du tiers de ses droits au brevet d'invention et de perfectionnement de cinq ans qu'elle a pris, le 29 juin 1829, pour des procédés de fabrication d'un pain qu'elle nomme *substantiel*, ainsi qu'aux brevets de perfectionnement et d'addition qu'elle a pris postérieurement ou qu'elle prendra pour le même objet;

2° La cession faite, le 3 juillet dernier, à M. *Dupuy*, demeurant à Paris, rue Montmartre, n° 76, par M. *Rondeaux*, de tous ses droits au brevet d'invention de quinze ans qu'il a pris, le 15 juin 1829, conjointement avec M. *Henne*, pour des procédés de fabrication de carton et de papier avec du vieux cuir, qu'ils nomment *papier et carton de cuir imperméable et ordinaire*, ainsi qu'au brevet de perfectionnement et d'addition à ce titre, qu'ils ont pris le même jour, ladite cession n'ayant eu lieu qu'avec faculté de réméré jusqu'au 1er janvier 1834;

3° La cession faite, le 24 juillet dernier, à M. *Donna*, banquier, demeurant à Vienne, département de l'Isère, par M. *George*, de ses droits, 1° au brevet d'invention de cinq ans qu'il a pris, le 13 mars 1828, pour une machine propre à la fabrication des briques; 2° au brevet d'invention et de perfectionnement de cinq ans qu'il a pris, le 28 avril 1829, pour une machine propre au lavage ou délayement des terres destinées à la fabrication des poteries; 3° au brevet d'invention et de perfectionnement de dix ans qu'il a pris, le 17 décembre suivant, pour une machine à battre les grains et à les vanner simultanément : ladite cession réservant au cédant la faculté d'exploiter et faire valoir tous ces brevets;

4° La cession faite, le 11 août dernier, en vertu du jugement du tribunal

de première instance de la Seine, du 31 octobre 1828, à M. *Morin*, demeurant à Paris, rue Neuve Coquenard, n° 13, par M. *Frossard*, de ses droits
aux deux cinquièmes restans du brevet d'invention de quinze ans, pris, le
2 février 1827, par M. *Tereygeol*, dont il était cessionnaire, pour la construction de moulins sans meules, destinés à la fabrication des farines de tout
genre;

5° La cession faite, le 11 août dernier, à M. *Massias*, demeurant à Paris,
rue Ménil-montant, n° 16, par M. *Morin*, de deux cinquièmes de ses droits
au brevet d'invention de quinze ans, pris, le 2 février 1827, par M. *Tereygeol*,
qui avait transporté ses droits à M. *Frossard*, dont il est cessionnaire, pour
la construction de moulins sans meules, destinés à la fabrication des farines
de tout genre.

3. Il sera adressé à chacun des brevetés et cessionnaires ci-
dessus dénommés une expédition de l'article qui le concerne.

4. Notre ministre secrétaire d'état au département de l'intérieur est chargé de l'exécution de la présente ordonnance,
qui sera insérée au Bulletin des lois.

Paris, le 11 Octobre 1830.

Signé LOUIS-PHILIPPE.

Par le Roi : *le Ministre Secrétaire d'état de l'intérieur*,

Signé GUIZOT.

N° 277. — ORDONNANCE DU ROI portant que la ville de Mulhausen n'entretiendra qu'une demi-bourse au collége royal de
Strasbourg, au lieu de deux qui lui étaient assignées par l'ordonnance du 25 décembre 1819, et que la somme de trois cent
soixante-et-quinze francs qui servait au paiement de la demi-
bourse supprimée, sera affectée à la fondation d'une bourse dans
l'école normale de Strasbourg. (*Paris, 27 Septembre 1830.*)

N° 278. — ORDONNANCE DU ROI portant que,

1° Le sieur *Beck* (*Jean-Baptiste*), né le 27 septembre 1801 à Grosel-
fingen, principauté de Hohenzollern-Hechingen, demeurant à Ribeauvillé,
arrondissement de Colmar, département du Haut-Rhin,

2° Le sieur *William Curgill*, né à Margat en Angleterre le 26 avril
1800, capitaine marin, demeurant au Havre, département de la Seine-
Inférieure,

3° Le sieur *Savary* (*Claude-Marc*), né le 11 mars 1790 à Bulle, canton
de Fribourg en Suisse, ancien militaire, demeurant à Paris,

4° Le sieur *Staviste* (*Michel*), né en Pologne le 29 septembre 1772, et
demeurant à Mutigney, arrondissement de Dôle, département du Jura,

Sont admis à établir leur domicile en France, pour y jouir de l'exercice
des droits civils tant qu'ils continueront d'y résider. (*Paris, 16 Octobre
1830.*)

N° 279. — ORDONNANCE DU ROI qui autorise l'acceptation du Legs de 400 francs fait aux pauvres du premier arrondissement de *Lyon* (Rhône) par Mme *Moniat de Liergues.* (*Paris , 20 Septembre 1830.*)

N° 280. — ORDONNANCE DU ROI qui autorise l'acceptation du Legs de 2000 francs fait aux pauvres de la paroisse Saint-Pierre de *Lyon* par M. *Berger.* (*Paris, 20 Septembre 1830.*)

N° 281. — ORDONNANCE DU ROI qui autorise l'acceptation du Legs d'une rente de 200 francs fait par moitié aux hospices et au bureau de bienfaisance de *Châlon* (Saone-et-Loire) par M. *Villot de la Praye.* (*Paris , 20 Septembre 1830.*)

N° 282. — ORDONNANCE DU ROI qui autorise l'acceptation de la somme de 12,000 francs offerte à l'hospice de *Tournus* (Saone-et-Loire) par la commune de *Boyer* pour la fondation de deux lits en faveur de malades de cette commune. (*Paris, 20 Septembre 1830.*)

N° 283. — ORDONNANCE DU ROI qui autorise l'acceptation de l'offre faite aux hospices de *Tournus* (Saone-et-Loire) de deux petites maisons et d'effets mobiliers estimés ensemble 899 francs, et du revenu viager d'une vigne évalué à 60 francs. (*Paris , 20 Septembre 1830.*)

N° 284. — ORDONNANCE DU ROI qui autorise l'acceptation du Legs de 500 francs fait aux pauvres les plus nécessiteux de *Coulans* (Sarthe) par M. *Liberge.* (*Paris , 20 Septembre 1830.*)

N° 285. — ORDONNANCE DU ROI qui autorise l'acceptation de l'offre d'une somme de 3200 francs faite aux hospices de *Paris* (Seine) par M. et Mme *Leriche.* (*Paris , 20 Septembre 1830.*)

N° 286. — ORDONNANCE DU ROI qui autorise l'acceptation de l'offre d'une somme de 1000 fr. faite aux hospices de *Paris* (Seine) par M. *Thellier.* (*Paris , 20 Septembre 1830.*)

N° 287. — ORDONNANCE DU ROI qui autorise l'acceptation de l'offre d'une somme de 1500 francs faite aux hospices de *Paris* (Seine) par Mme *Séqueville.* (*Paris , 20 Septembre 1830.*)

N° 288. — ORDONNANCE DU ROI qui autorise l'acceptation de l'offre d'une somme de 1905 francs faite aux hospices de *Paris* (Seine) par Mme veuve *Choppin.* (*Paris, 20 Septembre 1830.*)

N° 289. — ORDONNANCE DU ROI qui autorise l'acceptation du Legs de 600 francs fait à l'hôtel-Dieu de *Rouen* (Seine-Inférieure) par Mme veuve *Lemasson.* (*Paris, 20 Septembre 1830.*)

N°. 290. — ORDONNANCE DU ROI qui autorise l'acceptation de la Donation d'une somme de 2500 francs faite au bureau de bienfaisance de Raba-tens (Tarn) par Mlle Suère Saint-Martial. (Paris , 20 Septembre 1830.)

N° 291. — ORDONNANCE DU ROI qui autorise l'acceptation de la Donation faite à l'hospice de Verdun (Tarn-et-Garonne), par M. Fourgon, d'une pièce de terre labourable d'un revenu annuel de 150 francs. (Paris, 20 Septembre 1830.)

N° 292. — ORDONNANCE DU ROI qui autorise l'acceptation du Legs de 3000 francs fait aux hospices d'Apt (Vaucluse) par Mlle Desmichel. (Paris, 20 Septembre 1830.)

N° 293. — ORDONNANCE DU ROI qui autorise l'acceptation du Legs de 400 francs fait à l'hôpital de Carpentras (Vaucluse) par M. Crescent de Noves. (Paris, 20 Septembre 1830.)

N° 294. — ORDONNANCE DU ROI qui autorise l'acceptation des Legs d'une somme de 300 francs faits à chacun des hospices des malades et des indi-gens de Carpentras (Vaucluse) par M. Brun-Madon. (Paris, 20 Sep-tembre 1830.)

N° 295. — ORDONNANCE DU ROI qui autorise l'acceptation du Legs de 500 francs fait à la société asiatique de Paris (Seine) par M. Zohrab. (Paris, 21 Septembre 1830.)

N° 296. — ORDONNANCE DU ROI qui autorise l'acceptation de la Donation faite à l'académie royale de Metz (Moselle), par M. Bouchotte, de son traitement de chevalier de l'ordre de la Légion d'honneur. (Paris, 25 Septembre 1830.)

N° 297. — ORDONNANCE DU ROI qui autorise l'acceptation de la Donation offerte à la commune de Gueures (Seine-Inférieure), par M. le comte de Tocqueville, d'une portion de terrain pour la réunir au cimetière. (Paris, 29 Septembre 1830.)

N° 298. — ORDONNANCE DU ROI qui autorise l'acceptation d'un terrain pour servir à l'établissement d'un nouveau cimetière, offert en donation à la commune de Bornel (Oise) par M. le comte de Kergorlay. (Paris, 29 Septembre 1830.)

N° 299. — ORDONNANCE DU ROI qui autorise l'acceptation des Donations faites par les héritiers Delaire, 1° d'une rente annuelle de 43 francs 50 centimes et d'un terrain estimé 600 francs à la commune de Fresneville (Somme), et 2° d'une rente annuelle de 63 francs 50 centimes à la fabrique de l'église de ladite commune. (Paris, 29 Septembre 1830.)

N° 300. — ORDONNANCE DU ROI qui autorise l'acceptation du Legs fait à l'hospice de Mézières (Ardennes), par Mme veuve Berthe, d'un moulin avec ses dépendances, évalué à 30,000 francs. (*Paris , 29 Sep-tembre 1830.*)

————

N° 301. — ORDONNANCE DU ROI qui autorise l'acceptation du Legs fait aux pauvres de *Clairvaux* (Aveyron) et des paroisses voisines, par M. *Bardon*, de la moitié de tous ses biens, évaluée à 2809 francs. (*Paris, 29 Septembre 1830.*)

————

N° 302. — ORDONNANCE DU ROI qui autorise l'acceptation du Legs de 500 francs fait aux pauvres les plus nécessiteux de *Beauvais* (Oise) par M. *Tallon-Levasseur.* (*Paris, 29 Septembre 1830.*)

————

N° 303. — ORDONNANCE DU ROI qui autorise l'acceptation du Legs uni-versel, évalué à 20,000 francs, fait au bureau de bienfaisance de *Callian* (Var) par M. *Mazard.* (*Paris, 29 Septembre 1830.*)

————

N° 304. — ORDONNANCE DU ROI qui autorise l'acceptation de la Dona-tion d'une rente annuelle d'un hectolitre de blé-froment, faite au bureau de bienfaisance de *Saint-Genies* (Aveyron) par M. *Muret.* (*Paris, 29 Septembre 1830.*)

————

N° 305. — ORDONNANCE DU ROI qui autorise le bureau de bienfaisance de *Pilles* (Drôme) à accepter le Legs de 1500 francs fait par M. *Teysseyre.* (*Paris , 29 Septembre 1830.*)

————

N° 306. — ORDONNANCE DU ROI qui autorise le bureau de bienfaisance de *Sédéron* (Drôme) à accepter le Legs à lui fait par M. *Lambert*, et évalué à 1925 francs 50 centimes. (*Paris, 29 Septembre 1830.*)

————

N° 307. — ORDONNANCE DU ROI qui autorise l'acceptation du Legs de 4000 francs fait aux pauvres de *Bosc-Roger* (Eure) par M. *Pédru.* (*Paris, 29 Septembre 1830.*)

————

N° 308. — ORDONNANCE DU ROI qui autorise l'acceptation de la Dona-tion faite à la maison de charité de *Bagnols* (Gard), par Mlle *Martin*, d'une créance de 1200 francs et des intérêts exigibles. (*Paris, 29 Sep-tembre 1830.*)

————

N° 309. — ORDONNANCE DU ROI qui autorise l'acceptation de la Dona-tion d'une rente annuelle et perpétuelle de 24 francs 69 centimes, faite aux pauvres d'*Amilly* (Loiret) par M. *Massé.* (*Paris, 29 Septembre 1830.*)

————

N° 310. — ORDONNANCE DU ROI qui autorise l'acceptation du Legs fait en faveur des enfans pauvres de *Vic* (Meurthe), par M. *Vignon*, de la nue propriété de sa succession évaluée à environ 40,000 francs. (*Paris, 29 Septembre 1830.*)

————

N° 311. — ORDONNANCE DU ROI qui autorise l'acceptation du Legs de
1200 francs fait au bureau de bienfaisance d'*Exmes* (Orne) par
M. *de Guerpel.* (*Paris, 29 Septembre 1830.*)

N° 312. — ORDONNANCE DU ROI qui autorise l'acceptation du Legs
évalué à 350 francs, fait aux pauvres de *Laventie* (Pas-de-Calais) par
M. *Leplus.* (*Paris, 29 Septembre 1830.*)

N° 313. — ORDONNANCE DU ROI qui autorise l'acceptation du Legs fait
aux pauvres de *Laventie* (Pas-de-Calais), par Mme veuve *Leplus,*
d'une somme de 100 francs et d'une portion de terre estimée 350 francs.
(*Paris, 29 Septembre 1830.*)

N° 314. — ORDONNANCE DU ROI qui autorise l'acceptation du Legs d'une
somme de 1500 francs fait à la société de charité maternelle de *Troyes*
(Aube) par Mlle *Lalobe.* (*Paris, 29 Septembre 1830.*)

N° 315. — ORDONNANCE DU ROI qui autorise le bureau de bienfaisance
de la Pointe-à-Pitre (Guadeloupe) à accepter le Legs universel que le
sieur *Siffrein-Stanislas Bouchony-Lordonnet,* avocat-avoué près le tribunal de première instance de ladite ville, lui a fait, sauf prélèvement
de divers Legs particuliers, par son testament olographe en date du
10 avril 1829. (*Paris, 7 Septembre 1830.*)

CERTIFIÉ conforme par nous

*Garde des sceaux de France, Ministre Secrétaire
d'état au département de la justice,*

A Paris, le 23 * Octobre 1830,

DUPONT (de l'Eure).

* Cette date est celle de la réception du Bulletin
à la Chancellerie.

On s'abonne pour le Bulletin des lois, à raison de 9 francs par an, à la caisse de
l'Imprimerie royale, ou chez les Directeurs des postes des départemens.

A PARIS, DE L'IMPRIMERIE ROYALE.
23 Octobre 1830.

BULLETIN DES LOIS.

2ᵉ Partie. — ORDONNANCES. — Nº 18.

N.º 316. — *Tableau des Prix des Grains pour servir de régulateur de l'Exportation et de l'Importation, conformément aux Lois des 16 Juillet 1819, 4 Juillet 1821 et 20 Octobre 1830, arrêté le 31 Octobre 1830.*

SECTIONS.	DÉPARTEMENS.	MARCHÉS.	PRIX MOYEN DE L'HECTOLITRE de			
			Froment.	Seigle.	Maïs.	Avoine.
		1ʳᵉ CLASSE.				
Limite		de l'exportation des grains et farines............	26ᶠ			
		du froment.... au-dessous de....	24.			
		de l'importation du seigle et du maïs.. *idem*......	16.			
		de l'avoine........ *idem*......	9.			
Unique.	Pyrénées-Or.. Aude....... Hérault...... Gard........ Bouches-du-Rh. Var......... Corse........	Toulouse.... Lyon........ Marseille.... Gray........	26ᶠ 41ᶜ	17ᶠ 36ᶜ	12ᶠ 80ᶜ	8ᶠ 67ᶜ
		2ᵉ CLASSE.				
Limite		de l'exportation des grains et farines...........	24ᶠ			
		du froment.... au-dessous de....	22.			
		de l'importation du seigle et du maïs.. *idem*.......	14.			
		de l'avoine........ *idem*......	8.			
1ʳᵉ	Gironde...... Landes....... Bᵉˢˢ Pyrénées.. Hᵗᵉˢ Pyrénées.. Ariége....... Haute-Garonne	Marans...... Bordeaux.... Toulouse....	20ᶠ 52ᶜ	14ᶠ 65ᶜ	9ᶠ 49ᶜ	8ᶠ 59ᶜ
2ᵉ	Jura........ Doubs...... Ain......... Isère........ Basses-Alpes.. Hautes-Alpes..	Gray........ Saint-Laurent. Le Grand-Lemps.	28. 27.	18. 34.	13. 54.	6. 77.

V

SECTIONS.	DÉPARTEMENS.	MARCHÉS.	PRIX MOYEN DE L'HECTOLITRE de			
			Froment.	Seigle.	Maïs.	Avoine.

3ᵉ CLASSE.

Limite { de l'exportation des grains et farines......... 22ᶠ
de l'importation { du froment.... au-dessous de.... 20.
du seigle et du maïs.. *idem*...... 12.
de l'avoine........ *idem*....... 8.

1ʳᵉ	Haut-Rhin.... / Bas-Rhin.....	Mulhausen... / Strasbourg...	23ᶠ 02ᶜ	14ᶠ 05ᶜ	ø	7ᶠ 79ᶜ
2ᵉ	Nord........ Pas-de-Calais.. Somme...... Seine-Infér... Eure......... Calvados.....	Bergues..... Arras....... Roye....... Soissons..... Paris....... Rouen.......	23. 73.	12. 64.	ø	7. 23.
3ᵉ	Loire-Infér... Vendée...... Charente-Inf..	Saumur...... Nantes....... Marans......	19. 89.	13. 10.	ø	8. 33.

4ᵉ CLASSE.

Limite { de l'exportation des grains et farines........... 20ᶠ
de l'importation { du froment.... au-dessous de.... 18.
du seigle et du maïs.. *idem*...... 10.
de l'avoine......... *idem*....... 7.

| 1ʳᵉ | Moselle...... Meuse....... Ardennes.... Aisne........ | Metz........ Verdun..... Charleville.... Soissons...... | 23ᶠ 31ᶜ | 14ᶠ 00ᶜ | ø | 6ᶠ 47ᶜ |
| 2ᵉ | Manche...... Ille-et-Vilaine.. Côtes-du-Nord. Finistère..... Morbihan .... | Saint-Lô..... Paimpol...... Quimper..... Hennebon.... Nantes....... | 20. 53. | 10. 89. | ø | 7. 91. |

ARRÊTÉ par nous Ministre Secrétaire d'état au département de l'intérieur.

A Paris, le 31 Octobre 1830.

Signé GUIZOT.

N° 317. — *Ordonnance du Roi qui prescrit la Réorganisation des Comités d'instruction primaire.*

A Paris, le 16 Octobre 1830.

LOUIS-PHILIPPE, Roi des Français, à tous présens et à venir, SALUT.

Vu les décrets du 17 mars 1808 et du 15 novembre 1811 ;

Vu les ordonnances du 29 février 1816, du 2 août 1820, du 8 avril 1824, du 21 avril 1828, du 26 mars 1829 et du 14 février 1830 ;

Considérant que l'institution des comités gratuits chargés d'encourager et de surveiller les écoles primaires est une des mesures les plus propres à hâter l'amélioration et les progrès de l'instruction élémentaire, et qu'il importe de donner à ces comités toute l'action dont ils ont besoin ;

Vu le mémoire de notre conseil royal de l'instruction publique

Sur le rapport de notre ministre secrétaire d'état de l'instruction publique et des cultes, grand-maître de l'université,

Nous avons ordonné et ordonnons ce qui suit :

Art. 1er. Les comités d'instruction primaire seront incessamment réorganisés conformément aux dispositions suivantes

2. Il y aura, suivant la population et les besoins des localités, un ou plusieurs comités par arrondissement de sous préfecture.

3. Chaque comité sera composé de sept membres au moin et de douze membres au plus.

Seront membres, de droit, de tous les comités de l'arron dissement, le sous-préfet et le procureur du Roi.

Seront membres, de droit, de chaque comité, le maire d la commune où le comité tiendra ses séances,

Le juge de paix du canton,

Le curé cantonnal.

Les autres membres du comité seront choisis parmi l notables de l'arrondissement ou du canton par le recteur d l'académie, de concert avec le préfet du département, sa l'approbation de notre ministre grand-maître de l'université

4. Les membres qui ne font point nécessairement part

V 2

es comités, seront renouvelés annuellement par tiers : ils pourront être renommés.

Tout membre d'un comité qui, sans avoir justifié d'une excuse valable, n'aura point assisté à trois séances ordinaires consécutives, sera censé avoir donné sa démission, et il sera remplacé dans les formes prescrites.

5. Le maire de la commune où se tiendra le comité sera, de droit, président de ce comité. En cas d'absence ou d'empêchement, soit du maire, soit de l'adjoint au maire, le comité sera présidé par celui des membres présens qui sera inscrit le premier sur le tableau.

Lorsque le sous-préfet et le procureur du Roi voudront assister à la séance d'un des comités de leur arrondissement, ils prendront la présidence ; en cas de concurrence, la présidence est dévolue au sous-préfet.

6. Les dispositions concernant les attributions et les devoirs des comités seront prescrites par des réglemens universitaires, de manière que tout y tende à favoriser la propagation de l'instruction primaire dans toutes les communes du royaume, l'emploi des meilleures méthodes d'enseignement et le prompt établissement des écoles normales primaires.

7. Notre conseil royal de l'instruction publique fera un réglement spécial pour l'organisation des comités chargés de surveiller et d'encourager les écoles primaires israélites.

8. Les ordonnances antérieures sont maintenues en tout ce qui n'est point contraire à la présente.

9. Notre ministre secrétaire d'état au département de l'instruction publique et des cultes est chargé de l'exécution de la présente ordonnance.

Signé LOUIS-PHILIPPE.

Par le Roi : *le Ministre Secrétaire d'état de l'instruction publique et des cultes,*

Signé Duc de Broglie.

N° 318. — ORDONNANCE DU ROI *qui ouvre un Crédit provisoire de deux millions affecté à des Travaux de canaux et de navigation, d'art et de terrassement.*

A Paris, le 11 Octobre 1830.

LOUIS-PHILIPPE, ROI DES FRANÇAIS, à tous présens et à venir, SALUT.

Vu l'article 152 de la loi du 25 mars 1817 ;

Voulant pourvoir immédiatement sur les fonds du trésor public à la continuation des travaux de canaux et de navigation entrepris sur divers points, et à l'organisation urgente d'autres ateliers de travaux d'art et de terrassement ;

Sur le rapport de notre ministre secrétaire d'état au département de l'intérieur,

NOUS AVONS ORDONNÉ et ORDONNONS ce qui suit :

ART. 1ᵉʳ. Un crédit provisoire de deux millions de francs, imputable sur les fonds du trésor public, est mis à la disposition de notre ministre secrétaire d'état de l'intérieur, pour être affecté, savoir :

Quinze cent mille francs à la continuation de ceux des travaux de canaux et de navigation pour lesquels les emprunts autorisés par les lois des 5 août 1821 et 14 août 1822 sont épuisés ou reconnus insuffisans ;

Quatre cent quarante mille francs à l'organisation de nouveaux travaux d'art et de terrassement, notamment de ceux ayant pour objet l'élargissement du quai Pelletier, aux abords de la place de Grève, sur la rive droite de la Seine, à Paris ;

Soixante mille francs aux dépenses extraordinaires faites par suite de la création et de l'établissement de l'ex-ministère des travaux publics.

2. Ce crédit formera, sauf régularisation ultérieure et définitive par la loi à intervenir et dont le projet est déjà présenté, un second supplément aux trente-neuf millions huit cent cinquante mille francs alloués par la loi du 2 août 1829, pour le service des ponts et chaussées et des mines, dans le budget du ministère de l'intérieur, exercice 1830.

V 3

Nous avons ordonné et ordonnons ce qui suit :

Art. 1er. Il sera formé une commission de trois membres chargés de constater l'état de l'ancienne liste civile, de pourvoir à la conservation des biens et valeurs de toute nature dont elle se compose, de mettre toutes les dépenses sur le pied de simple entretien, de réunir tous les comptes de l'ancien intendant général, et de préparer tous les élémens de la liquidation.

2. Sont nommés membres de cette commission M. le comte *de Montalivet,* pair de France ; M. le baron *de Schonen* et M. *Duvergier de Hauranne,* membres de la Chambre des Députés.

Leurs fonctions seront gratuites.

3. La commission recevra les instructions de notre ministre des finances.

4. Notre ministre secrétaire d'état au département des finances est chargé de l'exécution de la présente ordonnance.

Signé LOUIS-PHILIPPE.

Par le Roi : *le Ministre Secrétaire d'état des finances,*

Signé Louis.

N° 322. — *Ordonnance du Roi qui attribue à la Cour des comptes le Réglement de la comptabilité de l'Intendant du Trésor de la Couronne, du Trésorier de la Maison militaire et des Fonds particuliers.*

À Paris, le 4 Septembre 1830.

LOUIS-PHILIPPE, Roi des Français,

Vu les observations des commissaires conservateurs de l'ancienne liste civile sur la nécessité de faire procéder à l'examen et au réglement des comptes de l'ancien trésor de la couronne ;

Sur le rapport de notre ministre secrétaire d'état des finances ;

Notre Conseil entendu,

Nous avons ordonné et ordonnons :

Art. 1er. Les comptes de l'ancien intendant du trésor de la couronne et ceux du trésorier de la maison militaire et des fonds particuliers, pour l'exercice courant et pour les exercices non apurés, sont rendus à la cour des comptes pour être vérifiés et jugés par elle, suivant les réglemens qui ont déterminé les formes et les justifications de la comptabilité de l'ancienne liste civile.

2. Les comptes déjà vérifiés par les commissions spéciales instituées à cet effet, mais sur lesquels il ne serait pas intervenu de quitus définitif, seront également soumis au jugement de la cour des comptes.

3. Notre ministre secrétaire d'état des finances est chargé de l'exécution de la présente ordonnance.

Signé LOUIS-PHILIPPE.

Par le Roi : *le Ministre Secrétaire d'état des finances,*

Signé LOUIS.

N° 393. — *ORDONNANCE DU ROI qui porte que les Actes de l'État civil de la population blanche et de la population libre, de couleur, dans les Colonies, seront inscrits sur les mêmes Registres.*

A Paris, le 7 Septembre 1830.

LOUIS-PHILIPPE, ROI DES FRANÇAIS;

Sur le rapport de notre ministre secrétaire d'état au département de la marine et des colonies,

NOUS AVONS ORDONNÉ et ORDONNONS ce qui suit :

ART. 1er. A dater de 1831, les actes de l'état civil de la population blanche et de la population libre, de couleur, dans nos colonies de Bourbon, de la Martinique, de la Guadeloupe et de la Guiane, seront inscrits sur les mêmes registres.

2. Les articles 193 et 195 du Code pénal de chacune de ces colonies sont rapportés en ce qu'ils ont de contraire à la disposition qui précède.

3. Notre ministre secrétaire d'état de la marine et des colonies est chargé de l'exécution de la présente ordonnance.

Signé LOUIS-PHILIPPE.

Par le Roi : *le Ministre Secrétaire d'état de la marine et des colonies,*

Signé HORACE SÉBASTIANI.

N° 326. — *Ordonnance du Roi qui crée à la Faculté des lettres de Paris une Chaire spéciale de Littérature étrangère.*

A Paris, le 20 Octobre 1830.

LOUIS-PHILIPPE, Roi des Français, à tous présens et à venir, SALUT.

Vu le titre II du décret du 17 mars 1808 sur la composition des facultés,

Nous avons ordonné et ordonnons ce qui suit :

ART. 1er. Il sera créé à la faculté des lettres de Paris une chaire spéciale de littérature étrangère, dont le professeur jouira des mêmes droits et avantages que les autres membres de ladite faculté.

2. Notre ministre secrétaire d'état au département de l'instruction publique et des cultes pourvoira directement à la première nomination.

3. Notre ministre secrétaire d'état au département de l'instruction publique et des cultes, grand-maître de l'université, est chargé de l'exécution de la présente ordonnance.

Signé LOUIS-PHILIPPE.

Par le Roi : *le Ministre Secrétaire d'état au département de l'instruction publique et des cultes,*

Signé Duc de Broglie.

———————

N° 327. — *Ordonnance du Roi relative à diverses Taxes d'octroi.*

A Paris, le 20 Août 1830

LOUIS-PHILIPPE, Roi des Français, à tous présens et à venir, SALUT.

Vu l'ordonnance du 9 décembre 1814 et les dispositions des lois des 28 avril 1816 et 24 juin 1824 (1) relatives aux octrois ;

Vu les délibérations des conseils municipaux des communes de Mazamet, département du Tarn ; Béthune, département du Pas-

————

(1) N° 17,340, viie série, art. 9.

de-Calais ; Pontaven, département du Finistère, et Saint-Maixent, département des Deux-Sèvres ;

Vu les arrêtés des préfets de ces départemens ;

Vu les observations du ministre de l'intérieur ;

Sur le rapport de notre ministre secrétaire d'état au département des finances,

Nous avons ordonné et ordonnons ce qui suit :

Art. 1er. Les taxes auxquelles ont été assujettis les foins et avoines en vertu du tarif actuel de l'octroi de la commune de Mazamet, département du Tarn, approuvé par ordonnance du 16 décembre 1829, sont supprimées.

2. Les tarif et réglement annexés à la présente ordonnance pour la perception de l'octroi de la commune de Béthune, département du Pas-de-Calais, sont et demeurent approuvés.

3. Il sera établi un octroi dans la commune de Pontaven, arrondissement de Quimperlé, département du Finistère ; et les tarif et réglement annexés à la présente ordonnance pour la perception de cet octroi sont approuvés.

4. Jusques et y compris le 31 décembre 1832, il sera perçu une taxe additionnelle de quatre décimes par franc sur tous les objets compris au tarif de l'octroi de la commune de Saint-Maixent, département des Deux-Sèvres, les boissons exceptées.

Le produit de ladite taxe additionnelle sera affranchi du prélèvement du dixième ; et il sera justifié à la régie des contributions indirectes, de l'emploi de ce produit, spécialement affecté aux dépenses spécifiées dans la délibération du conseil municipal en date du 26 avril 1830.

5. Notre ministre secrétaire d'état des finances est chargé de l'exécution de la présente ordonnance.

　　　　　　　　　　　　Signé LOUIS-PHILIPPE.

Par le Roi : le Ministre Secrétaire d'état des finances,

　　　　　　　　　　　　Signé LOUIS.

N° 328. — ORDONNANCE DU ROI *portant formation d'une Commission à l'effet de constater la situation commerciale et industrielle de la France.*

A Paris, le 21 Août 1830.

LOUIS-PHILIPPE, ROI DES FRANÇAIS, à tous présens ét à venir, SALUT.

Sur le rapport de notre ministre secrétaire d'état au département des finances,

NOUS AVONS ORDONNÉ et ORDONNONS ce qui suit :

ART. 1ᵉʳ. Il est créé une commission spéciale qui sera chargée d'examiner et de constater la situation commerciale et industrielle du pays, de rechercher les causes des embarras existans sur plusieurs points du royaume, et de nous proposer les mesures convenables pour rendre aux transactions et à la circulation générale leur régularité habituelle.

2. Sont nommés membres de ladite commission,

MM. *Delessert*, président ;
Gautier, secrétaire ;
Odier . . . .
Vassal . . . .
Ternaux . . . . > députés ;
Duvergier de Hauranne .
Jars . . . .
Gisquet, négociant à Paris;
Marchand (*Louis*), idem.

3. Nos ministres secrétaires d'état de l'intérieur et des finances sont chargés de l'exécution de la présente ordonnance.

Signé LOUIS-PHILIPPE.

Par le Roi : *le Ministre Secrétaire d'état des finances,*

Signé LOUIS.

_____

N° 329. — ORDONNANCE DU ROI *qui nomme une Commission à l'effet de proposer des modifications sur l'Impôt assis sur les Boissons.*

A Paris, le 23 Août 1830.

LOUIS-PHILIPPE, ROI DES FRANÇAIS, à tous présens et à venir, SALUT.

Considérant qu'il s'est élevé dans les pays vignobles des plaintes qui dénotent des souffrances graves ;

Voulant contribuer à calmer ces souffrances par tous les moyens qui sont en notre pouvoir ;

Sur le rapport de notre ministre secrétaire d'état des finances,

NOUS AVONS ORDONNÉ et ORDONNONS ce qui suit :

ART. 1er. Une commission spéciale, composée des membres ci-après dénommés, se réunira sans délai pour faire l'examen des impôts assis sur les boissons et nous proposer les modifications dont ces impôts pourraient être susceptibles.

2. Sont nommés membres de cette commission,

MM. comte *d'Argout*, pair de France ;

Gautier............. ⟩
Humann............. ⟩
Rambuteau............. ⟩
Pavée de Vandeuvre... ⟩ 　membres
Gallot............. ⟩ 　de la Chambre
Persil.............. ⟩ 　des Députés ;
Saunac.............. ⟩
Thomas............. ⟩

Thiers, conseiller d'état ;

Pasquier, administrateur des contributions indirectes,

Et M. *Boursy*, chef de division à l'administration des contributions indirectes.

Le président sera choisi par la commission.

M. *Boursy* remplira les fonctions de secrétaire.

3. Notre ministre secrétaire d'état des finances est chargé de l'exécution de la présente ordonnance.

　　　　　Signé LOUIS-PHILIPPE.

Par le ROI : *le Ministre Secrétaire d'état des finances*,
　　　　　Signé LOUIS.

———————

N° 330. — ORDONNANCE DU ROI portant que,

1° Le sieur *Haas* (*Abraham*), né le 14 juin 1791 à Schertzheim, grand-duché de Bade, maréchal-ferrant à Sessenheim, arrondissement de Strasbourg, département du Bas-Rhin, ●

2° Le sieur *Hirst* (*Henry-John*), né à Londres le 13 avril 1799, et demeurant à Boulogne, département du Pas-de-Calais,

Sont admis à établir leur domicile en France, pour y jouir de l'exercice des droits civils tant qu'ils continueront d'y résider. (*Paris, 21 Octobre 1830.*)

N° 331. — ORDONNANCE DU ROI qui autorise l'acceptation du Legs fait à la commune de *Bois-lès-Pargny* (Aisne), par M. *Reinneville*, des bâtimens de l'ancien presbytère estimés 4964 francs, moins deux granges. (*Paris, 29 Septembre 1830.*)

N.° 332. — ORDONNANCE DU ROI qui autorise l'acceptation du Legs de deux rentes de 50 francs chacune, fait à la commune de *Neuville* (Calvados) par Mme *Vaudry*. (*Paris, 29 Septembre 1830.*)

N° 333. — ORDONNANCE DU ROI portant que les communes de *Saint-Vivien* et de *Paussac*, arrondissement de *Riberac*, département de la Dordogne, sont réunies en une seule, dont le chef-lieu est fixé à *Paussac*. Ces deux communes continueront, s'il y a lieu, à jouir séparément, comme section de commune, des droits d'usage ou autres qui pourraient leur appartenir, sans néanmoins pouvoir se dispenser de contribuer en commun aux charges municipales. (*Paris, 16 Octobre 1830.*)

N° 334. — ORDONNANCE DU ROI portant que le village de *Grenelle* et les terrains qui en dépendent sont distraits de la commune de *Vaugirard*, arrondissement de *Sceaux*, département de la Seine, pour former une commune séparée. Cette disposition aura lieu sans préjudice des droits d'usage ou autres qui seraient réciproquement acquis. (*Paris, 22 Octobre 1830.*)

CERTIFIÉ conforme par nous

Garde des sceaux de France, Ministre Secrétaire d'état au département de la justice,

A Paris, le 1er * Novembre 1830,

DUPONT (de l'Eure).

* Cette date est celle de la réception du Bulletin à la Chancellerie.

On s'abonne pour le Bulletin des lois, à raison de 9 francs par an, à la caisse de l'Imprimerie royale, ou chez les Directeurs des postes des départemens.

A PARIS, DE L'IMPRIMERIE ROYALE.
1er Novembre 1830.

BULLETIN DES LOIS.

2ᵉ Partie.—ORDONNANCES.—N° 19.

N° 335. — *Ordonnance du Roi portant que M.* Laffitte *présidera le Conseil des Ministres et aura le portefeuille des finances.*

A Paris, le 2 Novembre 1830.

LOUIS-PHILIPPE, Roi des Français, à tous présens et à venir, SALUT.

Nous avons ordonné et ordonnons ce qui suit :

M. *Laffitte*, membre de notre Conseil des ministres, présidera le Conseil des ministres, et aura le portefeuille du ministre secrétaire d'état au département des finances, en remplacement de M. le baron *Louis*, dont la démission est acceptée.

Signé LOUIS-PHILIPPE.

Par le Roi : *le Garde des sceaux, Ministre Secrétaire d'état au département de la justice,*

Signé Dupont (de l'Eure).

———

N° 336. — *Ordonnance du Roi qui nomme M. le Maréchal* Maison *Ministre des affaires étrangères.*

A Paris, le 2 Novembre 1830.

LOUIS-PHILIPPE, Roi des Français, à tous présens et à venir, SALUT.

Nous avons ordonné et ordonnons ce qui suit :

M. le maréchal marquis *Maison*, pair de France, est nommé ministre secrétaire d'état au département des affaires étrangères, en remplacement de M. le comte *Molé*, dont la démission est acceptée.

Signé LOUIS-PHILIPPE.

Par le Roi : *le Garde des sceaux, Ministre Secrétaire d'état au département de la justice,*

Signé Dupont (de l'Eure).

———

N° 337. — *ORDONNANCE DU ROI qui nomme M. le Comte de Montalivet Ministre de l'intérieur.*

A Paris, le 2 Novembre 1830.

LOUIS-PHILIPPE, ROI DES FRANÇAIS, à tous présens et à venir, SALUT.

NOUS AVONS ORDONNÉ et ORDONNONS ce qui suit :

M. le comte *de Montalivet*, pair de France, est nommé ministre de l'intérieur, en remplacement de M. *Guizot*, dont la démission est acceptée.

Signé LOUIS-PHILIPPE.

Par le Roi : *le Garde des sceaux, Ministre Secrétaire d'état au département de la justice,*

Signé DUPONT (de l'Eure).

N° 338. — *ORDONNANCE DU ROI qui nomme M. Mérilhou Ministre de l'instruction publique et des cultes, et Président du Conseil d'état.*

A Paris, le 2 Novembre 1830.

LOUIS-PHILIPPE, ROI DES FRANÇAIS, à tous présens et à venir, SALUT.

NOUS AVONS ORDONNÉ et ORDONNONS ce qui suit :

M. *Mérilhou*, conseiller d'état, est nommé ministre secrétaire d'état au département de l'instruction publique et des cultes, avec la présidence du Conseil d'état, en remplacement de M. le duc *de Broglie*, dont la démission est acceptée.

Signé LOUIS-PHILIPPE.

Par le Roi : *le Garde des sceaux, Ministre Secrétaire d'état au département de la justice,*

Signé DUPONT (de l'Eure).

N° 339. — *ORDONNANCE DU ROI qui fixe la composition du Conseil des Ministres.*

A Paris, le 2 Novembre 1830.

LOUIS-PHILIPPE, ROI DES FRANÇAIS, à tous présens et à venir, SALUT.

Nous avons ordonné et ordonnons ce qui suit :

Notre Conseil des ministres se compose

De M. *Laffitte*, président, et ministre secrétaire d'état au département des finances ;

De M. *Dupont* (de l'Eure), garde des sceaux et ministre secrétaire d'état au département de la justice ;

De M. le maréchal *Gérard*, ministre secrétaire d'état au département de la guerre ;

De M. le comte *Sébastiani*, ministre secrétaire d'état au département de la marine ;

De M. le maréchal *Maison*, ministre secrétaire d'état au département des affaires étrangères ;

De M. le comte *de Montalivet*, ministre secrétaire d'état au département de l'intérieur ;

Et de M. *Mérilhou*, ministre secrétaire d'état au département de l'instruction publique et des cultes, et président du Conseil d'état.

Signé LOUIS-PHILIPPE.

Par le Roi : *le Garde des sceaux, Ministre Secrétaire d'état au département de la justice,*

Signé Dupont (de l'Eure).

N° 340. — ORDONNANCE DU ROI *qui nomme une Commission pour l'examen des Réclamations des citoyens des États-Unis à la charge de la France, et des citoyens français à la charge des États-Unis.*

Au Palais-Royal, à Paris, le 14 Octobre 1830.

LOUIS-PHILIPPE, Roi des Français, à tous présens et à venir, SALUT.

Sur le rapport de notre ministre secrétaire d'état au département des affaires étrangères,

Nous avons ordonné et ordonnons ce qui suit :

ART. 1er. Une commission sera chargée d'examiner toutes les réclamations formées par des citoyens des États-Unis et pour lesquelles le ministre de ces États a déjà entamé une négociation avec le Gouvernement français.

2. La commission examinera aussi les réclamations formées par des Français ou que pourrait former la France, et présentera les bases d'après lesquelles un arrangement définitif pourrait être conclu entre les deux pays.

3. Sont nommés membres de la commission,

MM. le vicomte *Lainé*, pair de France, président;

George Lafayette....⎫ membres
Beslay ....⎬ de la
Delessert ....⎭ Chambre des Députés;

d'Audiffret, président à la cour des comptes;
Pichon, conseiller d'état.

4. Notre ministre secrétaire d'état au département des affaires étrangères est chargé de l'exécution de la présente ordonnance.

Signé LOUIS-PHILIPPE.

Par le Roi : *le Pair de France, Ministre Secrétaire d'état
aux affaires étrangères,*

Signé MOLÉ.

Nº 341. — *ORDONNANCE DU ROI qui supprime diverses indemnités allouées sur les frais de justice criminelle au Procureur du Roi à Paris, et aux Commissaires de police délégués près le Tribunal de police.*

A Paris, le 21 Octobre 1830.

LOUIS-PHILIPPE, ROI DES FRANÇAIS, à tous présens et à venir, SALUT.

Vu le décret du 18 juin 1811 contenant réglement des frais de justice criminelle;

Vu la décision royale en date du 29 juillet 1818, qui accorde à notre procureur près le tribunal de première instance de Paris, sur les fonds généraux des frais de justice criminelle, une indemnité annuelle de quatre mille francs, à l'effet de subvenir à l'augmentation de ses frais de parquet;

Vu l'ordonnance royale du 29 novembre 1820, qui alloue sur les mêmes fonds une indemnité annuelle et individuelle de six cents francs aux deux commissaires de police délégués, en vertu de l'article 144 du Code d'instruction criminelle, par notre procureur général près la cour royale de Paris, pour remplir les fonctions du ministère public au tribunal de simple police de la même ville ;

Considérant qu'aucune disposition de lois, ni de réglemens ayant force de loi, ne peut être invoquée pour maintenir le paiement de ces indemnités sur les fonds affectés à l'acquit des frais de justice criminelle,

Avons ordonné et ordonnons ce qui suit :

Art. 1er. Les deux indemnités dont il s'agit sont supprimées à partir du 1er août dernier.

2. Notre garde des sceaux, ministre secrétaire d'état de la justice, et notre ministre secrétaire d'état des finances, sont chargés, chacun en ce qui le concerne, de l'exécution de la présente ordonnance.

Signé LOUIS-PHILIPPE.

Par le Roi : *le Garde des sceaux, Ministre Secrétaire d'état au département de la justice,*

Signé Dupont (de l'Eure).

———————

N° 342. — Décision du Roi (Louis XVIII) *qui attribue au Procureur du Roi près le Tribunal de la Seine une indemnité de quatre mille francs sur les frais de justice criminelle.*

A Paris, le 29 Juillet 1818.

Sire, Votre Majesté, lors de la création des cours prévôtales, avait daigné accorder une indemnité annuelle de quatre mille francs à son procureur au tribunal civil de Paris, qui exerçait près la cour prévôtale de la Seine, pour subvenir à l'augmentation de ses frais de parquet.

Les cours prévôtales ayant cessé d'exister, ces quatre mille francs ont été retranchés de la dépense; cependant il m'a été représenté qu'il était d'une indispensable nécessité de maintenir cette allocation. Cela est facile à concevoir, si l'on considère le grand nombre et l'importance des travaux dont le procureur de Votre Majesté se trouve chargé. A la vérité, ce magistrat a déjà une somme de quinze mille francs pour frais de secrétaires : mais cette somme, qui lui a été accordée dans un temps où il y avait beaucoup moins d'affaires et surtout d'aussi importantes qu'aujourd'hui, est bien insuffisante pour assurer le service. C'est dans cette persuasion que j'ai l'honneur de vous proposer, Sire, d'ordonner que le procureur de Votre Majesté près le tribunal de première instance de Paris continuera à jouir des quatre mille francs dont il s'agit.

X 3

. Comme cette dépense a principalement pour objet la recherche
et la poursuite des crimes et délits, je propose encore d'en assigner
le paiement sur les fonds affectés à l'acquit des frais de justice-
criminelle.

Je suis avec le plus profond respect,

SIRE,

de Votre Majesté,

Le très-humble, très-obéissant et très-fidèle serviteur et sujet,

*Le Garde des sceaux de France, Ministre Secrétaire
d'état au département de la justice,*

Signé PASQUIER.

APPROUVÉ.

Signé LOUIS.

. Par le Roi : *le Garde des sceaux, Ministre Secrétaire d'état
au département de la justice,*

Signé PASQUIER.

N° 343. — *ORDONNANCE DU ROI* (LOUIS XVIII) *qui alloue une
indemnité aux Commissaires de police chargés du ministère
public près le Tribunal de police de Paris.*

A Paris, le 29 Novembre 1820.

LOUIS, par la grâce de Dieu, ROI DE FRANCE ET DE
NAVARRE;

Vu l'article 144 du Code d'instruction criminelle;

Vu l'article 136 du réglement du 18 juin 1811 sur les frais de
justice criminelle;

Sur le rapport de notre garde des sceaux, ministre secrétaire
d'état au département de la justice,

NOUS AVONS ORDONNÉ et ORDONNONS ce qui suit :

ART. 1er. Il est alloué, à partir du 1er janvier 1821, à
chacun des deux commissaires de police chargés des fonctions du ministère public près le tribunal de simple police
de notre bonne ville de Paris, une indemnité annuelle de
six cents francs.

2. Cette indemnité sera acquittée sur les fonds généraux
des frais de justice criminelle, et admise dans les comptes
de l'administration de l'enregistrement et des domaines, sur
la représentation des mandats délivrés par notre garde des

sceaux, ministre secrétaire d'état de la justice, et revê
la quittance des parties prenantes.

3. Notre garde des sceaux, ministre secrétaire d'é
département de la justice, et notre ministre secrétaire
des finances, sont chargés, chacun en ce qui le concerr
l'exécution de la présente ordonnance.

Donné à Paris, au château des Tuileries, le 29 Novembre de
grâce 1830, et de notre règne le vingt-sixième.

Signé LOUIS

Par le Roi : *le Garde des sceaux de France, ·*
Secrétaire d'état de la justice ,

Signé H. DE S

N° 344. — *ORDONNANCE DU ROI qui accorde des Dr*
pacage dans des Bois communaux à diverses Commun
chèvres exceptées.

A Paris, le 30 Septembre 1830.

LOUIS-PHILIPPE, ROI DES FRANÇAIS, à tous p
et à venir, SALUT.

Vu les délibérations des conseils municipaux de plusieur
munes ci-après désignées, tendant à obtenir l'autorisation d
pacager les bêtes à laine dans les bois qui leur appartienner
application du dernier paragraphe de l'article 110 du Co
restier ;

Vu cet article, portant défense aux communes d'introdu
chèvres, brebis et moutons dans leurs bois sous les peines de
et que toutefois le pacage des moutons pourra être autoris
certaines localités par des ordonnances spéciales ;

Vu l'avis des préfets sur chacune de ces délibérations,
observations motivées de l'administration des forêts;

Considérant que, nonobstant les dispositions prohibiti
l'ordonnance de 1669, plusieurs des communes réclaman
joui de la faculté du pacage, sans laquelle leurs troupeaux ne
raient exister ; qu'enfin l'intérêt général et les besoins de l'agri
militent en leur faveur ;

Sur le rapport de notre ministre secrétaire d'état des finar

NOUS AVONS ORDONNÉ et ORDONNONS ce qui suit :

ART. 1er. Les habitans des communes dont la désig
suit, sont autorisés, savoir :

1° Ceux de la commune de Château-Renard (Bouches-du-Rhône)

X 4

pacager pendant cinq ans, à partir de ce jour, leurs bêtes à laine (les chèvres exceptées), dans les cantons du bois de la montagne qui seront préalablement déclarés défensables, aux conditions proposées par l'administration forestière ;

2° Le sieur *de Grandemar*, à faire pacager pendant cinq ans, dans les quartiers défensables du bois de Feston appartenant à la commune de Digne (Basses-Alpes), les bêtes à laine servant à l'exploitation de son domaine de Fester, aux conditions proposées par l'administration forestière ;

3° Les habitans de la commune de Sauvagnon (Basses-Pyrénées), à faire pacager pendant cinq ans les bêtes à laine dans les cantons défensables, aux mêmes conditions ;

4° Ceux des communes de Comps et de Lasègue (Var), à faire pacager pendant cinq ans leurs bêtes à laine dans les bois défensables, aux mêmes conditions.

5° Les habitans de la commune de Foxamphoux sont autorisés à faire pacager leurs bêtes à laine pendant cinq ans dans les cantons de bois déclarés défensables, aux mêmes conditions.

6° Ceux des communes de Sainte-Anastasie, Vins, Val-de-Roure, Majouls et Caille (Var), sont autorisés à faire pacager leurs bêtes à laine pendant cinq ans dans les cantons déclarés défensables, aux conditions proposées par l'administration des forêts.

7° Ceux de la commune de Lauzet (Basses-Alpes) sont autorisés à faire pacager leurs bêtes à laine dans les cantons défensables, aux mêmes conditions.

8° Ceux de la commune de Saint-Pré (Basses-Pyrénées) sont autorisés à faire pacager pendant cinq ans leurs bêtes à laine dans toute l'étendue des bois et vacans de cette commune, aux mêmes conditions.

9° Ceux de la commune de Regnier (Basses-Alpes) sont autorisés à faire pacager pendant cinq ans leurs bêtes à laine dans les cantons de leurs bois déclarés défensables, aux mêmes conditions.

10° Les habitans du village de Lanaux (Cantal) et tous ceux de la commune sont autorisés à faire pacager leurs bêtes à laine pendant cinq ans dans la partie de bois désignée sous le nom de *Côte de Lanaux et Lecoudere*, aux mêmes conditions.

11° Ceux des communes d'Asson, Orthez-d'Asson, Capbis et Bruges (Basses-Pyrénées), sont autorisés à faire pacager leurs bêtes à laine pendant cinq ans dans les cantons de bois déclarés défensables, aux mêmes conditions.

12° Ceux des communes de Saint-Mamert, Calvisson, Montmirat, Montpezat, Parrignarques, Saint-Cosmes et Marvejols, Aujarques, Fons, Saint-Bauzolly, Gajan, Marguerites, Asperès, Combas, Souvignarques, Fontanès, Salnielles, Saint-Clément, Clareusac, Saint-Gervasy, Crespian, Manduel, Cavairac, Sainte-Anastasie, la Roque, Saint-Christol de Rodières, Saint-André de Roque-Pertuis, Montaren, Serviers, Tresques, la Bruyère, Saint-Marcel de Carreiret, Chuslan, Saint-Julien de Peyrolas, Iasirac, Saint-Laurent-la-Vernède, le Garn, Vénéjan, Gaujac, Saint-Quintin, Comaux, Collias, Lirac, Pouzillac, Fournès, Taval, Saint-Victor, Lacoste, Carsan, Saillac, Saint-Alexandre, Saze, Saint-Nazaire, Uzès, Saint-Étienne des Sorts, Laudun, Saint-Maximin, Saint-Gervais, Saint-Michel d'Euzet, Saint-

Paul de Caisson, Argilliers, Bagard, Sauve, Carconne, Arre, Lauxdière, Pompignan, Carmar, Dourbier, Brouzet, Saint-Laurent-le-Minier, département du Gard, sont autorisés à faire pacager pendant cinq ans leurs bêtes à laine dans les cantons déclarés défensables, aux conditions proposées par l'administration forestière.

2. Notre ministre secrétaire d'état des finances est chargé de l'exécution de la présente ordonnance.

Signé LOUIS-PHILIPPE.

Par le Roi : *le Ministre Secrétaire d'état des finances,*

Signé LOUIS.

N° 345. — *ORDONNANCE DU ROI qui autorise des Exploitations dans les Bois y désignés.*

À Paris, le 9 Octobre 1830.

LOUIS-PHILIPPE, ROI DES FRANÇAIS ;

Vu les titres Ier, III et VI du Code forestier ;

Vu l'ordonnance d'exécution du 1er août 1827 ;

Sur le rapport de notre ministre secrétaire d'état des finances,

NOUS AVONS ORDONNÉ et ORDONNONS ce qui suit :

ART. 1er. L'administration forestière est autorisée à faire délivrance aux communes ci-après désignées, savoir :

1° Heinsprung (Haut-Rhin), de la coupe de trois hectares cinquante ares à asseoir à la suite de la coupe ordinaire 1831 ;

2° Générest (Hautes-Pyrénées), de vingt-six arbres à prendre dans ses bois ;

3° Lion-devant-Dun (Meuse), de la coupe, en deux années successives, de douze hectares de la réserve de ses bois ;

4° Pulligny (Meurthe), 1° de cent quatre-vingt-huit arbres à prendre dans le quart de réserve de ses bois, 2° de la coupe affouagère que l'aménagement appelait en tour d'exploitation pour l'ordinaire 1832 ;

5° Étalante (Côte-d'Or), de la coupe, dans la réserve de ses bois, des arbres nécessaires à la reconstruction d'une grange incendiée appartenant au sieur *Mortier* ;

6° Oppède (Vaucluse), de la coupe de dix hectares de ses bois ;

7° Arcenant (Côte-d'Or), de la coupe de dix hectares soixante-et-dix-neuf ares de sa réserve ;

8° Guebwiller (Haut-Rhin), de la coupe de seize hectares de ses bois ;

9° Reiningen (Haut-Rhin), de la coupe, 1° de trois hectares à prendre à la suite de l'ordinaire 1831, 2° de trois cent cinquante chênes à prendre dans ses bois ;

10° Lucy (Marne), de la coupe de deux hectares de ses bois ;

11° Labergement du Navois (Doubs), de la coupe de vingt-huit sapins à prendre dans ses parcours communaux, et de quarante dans les bois qui lui appartiennent :

Le parcours dit *Combe Gados*, et trois hectares environ de celui dit *sous la Fontaine*, seront réunis aux bois de ladite commune et soumis au régime forestier ;

12° Montrot (Meurthe), de la coupe, par forme de recépage, de vingt-six hectares quarante-quatre ares de ses bois ;

13° Vesancy (Ain), de la coupe, en deux années successives, de mille arbres à prendre dans ses bois ;

14° Villiers-sur-Suize (Haute-Marne), de la coupe d'un petit canton de broussailles de la contenance d'environ trois hectares, appartenant à ladite commune ;

15° Villey-sur-Tille (Côte-d'Or), de la coupe de dix hectares environ de la réserve de ses bois ;

16° Soucia (Jura), de cent cinquante sapins à prendre en jardinant dans la réserve du bois du hameau de Champsigna, son annexe ;

17° Cormaranche (Ain), de la coupe, en deux années successives, de quatre cents sapins dépérissans dans ses bois, sous la condition que les coupes annuelles seront réduites de cinq cent trente-six arbres à quatre cents pendant quatre ans ;

18° Issancourt (Ardennes), de la coupe, par forme d'éclaircie, de cinq hectares quatre-vingts ares formant la réserve des bois du hameau de Rumel, son annexe ;

19° Beaumont (Vaucluse), d'une coupe supplémentaire, pour l'ordinaire 1831, de la contenance de vingt-cinq hectares, à prendre dans ses bois ;

20° Baudignécourt (Meuse), de la coupe, en trois années successives, de vingt-six hectares cinquante ares de la réserve de ses bois.

2. La commune d'Oppède est autorisée à faire élaguer les jeunes pins qui se trouvent dans ses bois au quartier de Blacourt (Vaucluse).

3. Les arrêtés du préfet du Bas-Rhin des 12 et 19 mai, 1er et 17 juin 1830, autorisant, par urgence, divers essartemens dans les forêts communales de Kurtzenhausen, Schœnau, Strasbourg et Mackenheim, sont et demeurent approuvés.

4. La commune de Polaincourt (Haute-Saone) est autorisée à faire ouvrir dans ses bois une tranchée d'environ trois cents mètres de long sur un mètre de large, pour la conduite des eaux d'une fontaine au récipient d'une autre fontaine.

Tous les bois qui se trouveront sur l'emplacement de cette tranchée seront vendus dans la forme prescrite par le Code forestier.

5. Il sera procédé à l'aménagement de la forêt royale de Sordun (Seine-et-Marne).

Les quarts de réserve qui y sont actuellement établis seront supprimés et réunis à la masse des coupes ordinaires.

6. Il sera procédé à l'aménagement de la forêt royale de Soudrain (Cher).

7. Il sera procédé à la vente de mille pieds d'arbres dépérissans dans la forêt royale de Luccio (Corse).

8. Il sera procédé,

1° A la vente, en six années successives, de cinquante-neuf hectares soixante-trois ares formant la réserve des bois que possèdent les hospices civils de Dijon sur le territoire de Percy-les-Forges (Côte-d'Or);

2° A la vente, en deux années et en neuf lots, de deux mille deux cent quarante-deux arbres qui se trouvent sur vingt-sept hectares quatre-vingt-six ares de bois appartenant à l'hospice de Gayette, ainsi qu'à la coupe extraordinaire des bois à extraire chaque année sur une étendue de dix-neuf hectares de la réserve des bois dudit hospice, à partir de l'ordinaire 1833 et pendant les deux années suivantes (Allier);

3° A la vente des chênes dépérissans dans les bois appelés *de la Guignardière*, appartenant à l'hospice de Mondoubleau (Loir-et-Cher).

9. Nos ministres secrétaires d'état des finances et de l'intérieur sont chargés de l'exécution de la présente ordonnance, chacun en ce qui le concerne.

Signé LOUIS-PHILIPPE.

Par le Roi : *le Ministre Secrétaire d'état des finances,*

Signé LOUIS.

N° 346. — *ORDONNANCE DU ROI qui autorise des Exploitations dans les Bois y désignés.*

A Paris, le 30 Octobre 1830.

LOUIS-PHILIPPE, ROI DES FRANÇAIS;

Vu les titres Ier, III et VI du Code forestier;

Vu l'ordonnance d'exécution du 1er août 1827;

Sur le rapport de notre ministre secrétaire d'état des finances,

Nous avons ordonné et ordonnons ce qui suit :

Art. 1er. L'administration forestière est autorisée à faire délivrance aux communes ci-après désignées, savoir:

1° Chaux (Côte-d'Or), de la coupe de dix hectares environ de la réserve de ses bois;

2° Courtefontaine (Doubs), de la coupe de deux cent soixante-neuf sapins dépérissans dans la réserve de ses bois;

3° Sergy (Ain), de la coupe de cent cinquante sapins secs et dépérissans à prendre dans ses bois;

4° Seltz (Bas-Rhin), de la coupe d'une lisière de bois indivise entre cette commune et l'hospice civil de Strasbourg;

5° Sommant (Saone-et-Loire), de la coupe, pour être vendus en deux années successives, de bois de la Trappe, moins vingt journaux qui seront délivrés aux habitans de cette commune pour servir à leur affouage de 1830 et de 1831 :

Il sera procédé à l'aménagement du bois de ladite commune;

6° Châtillon (Jura), de la coupe, en deux années successives, de quarante hectares de ses bois:

Il sera procédé à l'aménagement desdits bois;

7° Belignat (Ain), de la coupe de quatre cents sapins dépérissans dans ses bois;

8° Chaudeney (Meurthe), de la coupe, en deux années successives, de vingt-et-un hectares trente-quatre ares de sa réserve;

9° Brèves (Nièvre), de la coupe de vingt-deux hectares formant la réserve de ses bois;

10° Commercy (Meuse), de la coupe de onze hectares cinquante-cinq ares de la réserve de ses bois;

11° Aubepierre (Haute-Marne), de la coupe de dix-huit cent quarante-huit pieds d'arbres dépérissans dans la partie de la réserve de ses bois vendue pour l'ordinaire 1826 ;

12° Sechin (Doubs), de la coupe de neuf hectares sept ares formant la réserve de ses bois :

Il sera procédé à l'aménagement desdits bois;

13° Chouzelot (Doubs), de la coupe d'un hectare environ de la réserve de ses bois;

14° Cramans (Jura), de la coupe de trois hectares de la réserve de ses bois;

15° Thoirette (Jura), de la coupe, en deux années successives, de vingt-huit hectares trente-quatre ares formant la réserve de ses bois;

16° Thoirette (Jura), de la coupe, en deux années successives, de onze hectares soixante-quinze ares, formant la réserve des bois du hameau de Chaléat, annexe de ladite commune.

2. Notre ministre secrétaire d'état des finances est chargé de l'exécution de la présente ordonnance.

Signé LOUIS-PHILIPPE.

Par le Roi : *le Ministre Secrétaire d'état des finances,*

Signé Louis.

——————

N° 347. — ORDONNANCE DU ROI *qui approuve l'Adjudication de la Construction d'un Pont suspendu sur l'Ardèche à Saint-Didier près de Ville, moyennant la concession d'un Péage.*

A Paris, le 11 Octobre 1830.

LOUIS-PHILIPPE, ROI DES FRANÇAIS, à tous présens et à venir, SALUT.

Sur le rapport de notre ministre secrétaire d'état de l'intérieur ;

Vu le cahier des charges de la construction d'un pont suspendu sur l'Ardèche à Saint-Didier près de Ville, moyennant la concession temporaire d'un péage ;

Vu le tarif de ce péage ;

Vu le procès-verbal des opérations faites à la préfecture du département de l'Ardèche, le 31 mai 1830, pour parvenir avec publicité et concurrence à l'adjudication de l'entreprise ;

Notre Conseil d'état entendu,

NOUS AVONS ORDONNÉ et ORDONNONS ce qui suit :

ART. 1er. L'adjudication de la construction d'un pont suspendu sur l'Ardèche à Saint-Didier près de Ville, faite et passée le 31 mai 1830, par le préfet de l'Ardèche, aux sieurs *Mignot* frères et compagnie, moyennant la concession d'un péage sur ce pont pendant quatre-vingt-quinze ans, est et demeure approuvée. En conséquence, les clauses et conditions de cette adjudication recevront leur pleine et entière exécution.

2. L'acquisition des bâtimens et terrains qu'il y aura lieu de faire pour l'exécution de la présente en vertu de l'article 6 du cahier des charges, sera poursuivie par le préfet du département conformément aux dispositions de la loi du 8 mars 1810, mais aux frais de l'adjudicataire.

3. Le cahier des charges, le tarif et le procès-verbal d'adjudication, resteront annexés à la présente ordonnance.

4. Notre ministre secrétaire d'état de l'intérieur est chargé
e l'exécution de la présente ordonnance.

Signé LOUIS-PHILIPPE.

Par le Roi : *le Ministre Secrétaire d'état au département de l'intérieur,*

Signé GUIZOT.

*TARIF des Droits à percevoir sur le Pont suspendu de Saint-Didier
près de Ville.*

Pour le passage

une personne...	0f 10c
un cheval ou mulet et son cavalier, valise comprise............	0. 15.
un cheval ou mulet chargé.................................	0. 12.
un cheval ou mulet non chargé.............................	0. 08.
un âne chargé ou d'une ânesse chargée......................	0. 08.
un âne non chargé ou d'une ânesse non chargée...............	0. 06.
Par cheval, mulet, bœuf, vache ou âne employé au labour ou lant au pâturage..	0. 06.
Par bœuf ou vache appartenant à des marchands et destiné à la nte...	0. 15.
Par veau ou porc...	0. 08.
Pour un mouton, brebis, bouc, chèvre, cochon de lait, et par aque paire d'oies ou de dindons,.........................	0. 04.

Lorsque les moutons, brebis, boucs, chèvres, cochons de lait,
aires d'oies ou de dindons, seront au-dessus de cinquante, le droit
era diminué d'un quart.

Lorsque les moutons, brebis, boucs, chèvres, iront au pâturage,
a ne paiera que la moitié du droit.

Les conducteurs des chevaux, mulets, ânes, bœufs, paieront....	0. 06.

Pour le passage

une voiture suspendue à deux roues, celui du cheval ou mulet, ou our une litière à deux chevaux, et le conducteur.............	0. 45.
Idem suspendue à quatre roues, du cheval ou mulet, et du conucteur..	0. 60.
Idem suspendue à quatre roues, attelée de deux chevaux ou ulets, y compris le conducteur............................	1. 00.

Les voyageurs paieront séparément par tête le droit dû pour une
ersonne à pied.

Pour le passage

une charrette chargée, attelée d'un seul cheval ou mulet, ou deux œufs ou vaches, y compris le conducteur....................	0. 60.
Idem attelée de deux chevaux ou mulets, ou quatre bœufs ou aches, y compris le conducteur...........................	1. 00.
Idem attelée de trois chevaux ou mulets, et le conducteur.....	1. 60.
Idem à vide, le cheval et le conducteur....................	0. 50.
Idem chargée, employée au transport des engrais ou à la rentrée es récoltes, le cheval ou deux bœufs, et le conducteur.........	0. 50.
La même à vide, le cheval ou deux bœufs, et le conducteur....	0. 30.

Pour une charrette chargée ou non chargée, attelée seulement d'un âne ou d'une ânesse, et le conducteur.................... 0ᶠ 30ᶜ

Pour un chariot de roulage à quatre roues, chargé, un cheval et le conducteur... 1. 00.

Idem chargé, deux chevaux et le conducteur................ 1. 00.

Idem chargé, trois chevaux et le conducteur................ 2. 50.

Idem à vide, attelé d'un seul cheval, et le conducteur........ 0. 60.

Il sera payé, par chaque cheval, mulet ou bœuf excédant les nombres indiqués pour les attelages ci-dessus, comme pour un cheval ou mulet non chargé, et par âne ou ânesse, le droit fixé pour les ânes et ânesses non chargés.

Il ne sera payé que la moitié du droit lorsque les charrettes, chevaux, mulets ou ânes seront chargés de fumier ou engrais pour les terres.

Exemptions.

Sont exempts du péage le préfet et le sous-préfet en tournée, les ingénieurs et conducteurs des ponts et chaussées; la gendarmerie dans l'exercice de ses fonctions; les militaires voyageant à pied ou à cheval, en corps ou séparément, à charge, dans ce dernier cas, de présenter un ordre de service ou une feuille de route; les courriers du Gouvernement, les malles et les facteurs ruraux faisant le service des postes de l'État.

Paris, le 10 avril 1830. *Le Conseiller d'état, Directeur général des ponts et chaussées et des mines*, signé *Becquey*.

Approuvé le 10 avril 1830.

　　　　Le Ministre Secrétaire d'état au département de l'intérieur,

　　　　　　　　　　　Signé Montbel.

Vu pour être annexé à l'Ordonnance royale du 11 Octobre 1830, enregistrée sous le n° 1054.

　　　　Le Ministre Secrétaire d'état au département de l'intérieur,

　　　　　　　　　　　Signé Guizot.

N° 348. — Ordonnance du Roi qui autorise l'acceptation du Legs fait à la commune de *Conteville* (Eure), par M. *Rever,* de l'ancien presbytère avec dépendances, de douze pièces de terre, du produit de son mobilier et de quelques créances, le tout estimé 30,000 francs. (*Paris, 29 Septembre 1830.*)

N° 349. — Ordonnance du Roi qui autorise l'acceptation du Legs d'une somme de 10,000 francs fait à la commune de *Prunet* (Haute-Garonne) par M. *de Cheverry.* (*Paris, 29 Septembre 1830.*)

N° 350. — Ordonnance du Roi qui autorise l'acceptation de la Donation d'une pièce de terre estimée 800 francs, faite à l'école des garçons de *Saint-Germain de Tournebut* (Manche) par M. *Lauglois.* (*Paris, 29 Septembre 1830.*)

N° 351. — Ordonnance du Roi qui autorise l'acceptation du Legs de 900 francs de rente fait à la commune de *Bazoches* (Nièvre) et à la congrégation des Filles de la Croix dites *sœurs de Saint-André*, par Mme veuve *Hurault de Vibraye*. (*Paris*, 29 *Septembre 1830*.)

N° 352. — ORDONNANCE DU ROI qui autorise l'acceptation de la Donation d'une rente de 29 francs 63 centimes faite à la commune de *Saint-Jean des Bois* (Orne) par M. *Lemeignen*. (*Paris*, 29 *Septembre 1830*.)

N° 353. — ORDONNANCE DU ROI qui autorise l'acceptation de la Donation d'une rente de 350 francs sur l'État (3 pour cent) faite à la commune de *Valennes* (Sarthe) par M. *de Courtarvel*. (*Paris*, 29 *Septembre 1830*.)

N° 354. — ORDONNANCE DU ROI qui autorise l'acceptation de la Donation faite à la commune d'*Ouville-la-Rivière* (Seine-Inférieure), par Mme veuve *Deverton*, de l'ancienne maison vicariale et de terrains qui en dépendent, évalués ensemble à 4000 francs. (*Paris*, 29 *Septembre 1830*.)

N° 355. — ORDONNANCE DU ROI qui autorise l'acceptation de la Donation d'une somme de 6000 francs faite à la ville d'*Hyères* (Var) par M. *Stulz*. (*Paris*, 29 *Septembre 1830*.)

N° 356. — ORDONNANCE DU ROI qui autorise l'acceptation des Donations faites à la commune de *Saint-Épvre* (Meurthe), 1° d'une somme de 3000 francs, par M. *Barnet*; 2° d'une somme de 1800 francs, par Mme veuve *Dubuat*, et d'une somme de 700 francs, par M. et Mme *de Marguerie*; et 3° d'une somme de 3000 francs, par M. *de Michelet de Vatimont*. (*Paris*, 29 *Septembre 1830*.)

CERTIFIÉ conforme par nous

Garde des sceaux de France, Ministre Secrétaire d'état au département de la justice,

A Paris, le 6 * Novembre 1830,

DUPONT (de l'Eure).

* Cette date est celle de la réception du Bulletin à la Chancellerie.

On s'abonne pour le Bulletin des lois, à raison de 9 francs par an, à la caisse de l'Imprimerie royale, ou chez les Directeurs des postes des départemens.

À PARIS, DE L'IMPRIMERIE ROYALE.
6 Novembre 1830.

BULLETIN DES LOIS.

2ᵉ Partie. — ORDONNANCES. — N° 20.

N° 357. — *Ordonnance du Roi qui appelle à l'activité les jeunes Soldats disponibles des classes de 1824, 1828 et 1829, et fixe leur Répartition entre les Corps des Armées de terre et de mer.*

A Paris, le 25 Septembre 1830.

LOUIS-PHILIPPE, Roi des Français, à tous présens et à venir, SALUT.

Sur le rapport de notre ministre secrétaire d'état au département de la guerre;

Vu l'article 2 de la loi du 9 juin 1824;

Vu notre ordonnance du 18 septembre 1830 qui a appelé à l'activité quarante mille jeunes soldats disponibles de la classe de 1829;

Vu l'ordonnance royale du 26 octobre 1825 qui a appelé à l'activité trente-deux mille jeunes soldats disponibles de la classe de 1824,

Nous avons ordonné et ordonnons ce qui suit :

ART. 1ᵉʳ. Sont appelés à l'activité les vingt mille jeunes soldats restés disponibles sur la classe de 1829 : leur départ aura lieu le 25 décembre prochain.

2. Sont appelés à l'activité les soixante-mille jeunes soldats disponibles de la classe de 1828 : leur départ aura lieu le 25 décembre prochain.

3. Sont appelés à l'activité les vingt-huit mille jeunes soldats restés disponibles sur la classe de 1824 : leur départ aura lieu le 25 décembre prochain.

4. Ces jeunes soldats seront répartis entre les corps de nos armées de terre et de mer, suivant l'état ci-joint.

5. Notre ministre secrétaire d'état de la guerre est chargé de l'exécution de la présente ordonnance.

Signé LOUIS-PHILIPPE.

Par le Roi : *le Ministre Secrétaire d'état de la guerre,*

Signé Mᵃˡ Cᵗᵉ Gérard.

ÉTAT Nº 1. *RÉPARTITION, entre les Corps, des cent huit mille jeunes Soldats de classes de 1824, 1828 et 1829, appelés à l'activité par l'Ordonnance du 25 Septembre 1830.*

DÉSIGNATION DES CORPS.	DÉPARTEMENS fournissant À CES CORPS.	NOMBRE D'HOMMES affecté à chaque corps.			TOTAL par CORPS.
		CLASSE de 1824	CLASSE de 1828	CLASSE de 1829	
ARMÉE DE MER.					
	Aisne............	"	9.	"	
	Allier............	"	5.	"	
	Ardennes........	"	5.	"	
	Aube............	"	5.	"	
	Charente........	"	7.	"	
	Charente-Inférieure	"	8.	"	
Régiment d'artillerie de marine à Brest.......	Cher............	"	5.	"	100.
	Corrèze..........	"	5.	"	
	Côtes-du-Nord....	"	11.	"	
	Creuse...........	"	5.	"	
	Eure............	"	8.	"	
	Eure-et-Loir.....	"	5.	"	
	Finistère........	"	9.	"	
	Ille-et-Vilaine.....	"	10.	"	
	Loir-et-Cher.....	"	3.	"	
	Alpes (Basses)...	"	3.	"	
	Alpes (Hautes)...	"	3.	"	
	Ardèche.,......	"	6.	"	
	Bouches-du-Rhône.	"	6.	"	
	Corse...........	"	4.	"	
	Drôme..........	"	6.	"	
	Isère............	"	10.	"	
	Jura............	"	7.	"	
	Loire...........	"	7.	"	
Id m à Toulon........	Loire (Haute)....	"	5.	"	125.
	Lozère..........	"	3.	"	
	Meurthe.........	"	8.	"	
	Moselle	"	8.	"	
	Rhin (Bas)......	"	10.	"	
	Rhin (Haut).....	"	8.	"	
	Saone (Haute)....	"	7.	"	
	Tarn............	"	6.	"	
	Var	"	6.	"	
	Vaucluse........	"	5.	"	
	Vosges..........	"	7.	"	

DÉSIGNATION DES CORPS.	DÉPARTEMENS fournissant à ces corps.	NOMBRE D'HOMMES affecté à chaque corps.		
		CLASSE de 1824	CLASSE de 1828	CLASSE de 1829
	Calvados..........	//	9.	//
	Côte-d'Or.........	//	7.	//
	Dordogne.........	//	9.	//
	Gironde..........	//	10.	//
	Indre-et-Loire....	//	5.	//
	Landes	//	5.	//
	Loire-Inférieure...	//	9.	//
	Lot.............	//	5.	//
	Lot-et-Garonne...	//	6.	//
	Loiret...........	//	6.	//
	Maine-et-Loire....	//	9.	//
	Manche..........	//	12.	//
	Marne	//	6.	//
	Marne (Haute)...	//	5.	//
	Mayenne	//	7.	//
	Meuse	//	6	//
Régiment d'artillerie de marine à Lorient.....	Morbihan.........	//	8.	//
	Nièvre...........	//	5.	//
	Nord	//	18.	//
	Orne............	//	9	//
	Pas-de-Calais.....	//	12.	//
	Pyrénées (Basses).	//	7.	//
	Saone-et-Loire....	//	10.	//
	Sarthe	//	8.	//
	Seine............	//	19.	//
	Seine-Inférieure...	//	13.	//
	Seine-et-Marne ...	//	6.	//
	Seine-et-Oise.....	//	8.	//
	Sèvres (Deux)...	//	5.	//
	Somme...........	//	10.	//
	Vendée..........	//	6.	//
	Vienne..........	//	5.	//
	Vienne (Haute)..	//	5.	//
	Yonne	//	6.	//
				27
	Ain	//	6.	//
	Ariége	//	5.	//
	Aude...........	//	5.	//
	Aveyron.........	//	7.	//
	Cantal	//	5.	//
	Doubs...........	//	5.	//
Idem à Rochefort.......	Gard............	//	7.	//
				7

Y 2

DÉSIGNATION DES CORPS.	DÉPARTEMENS fournissant à CES CORPS.	NOMBRE D'HOMMES affecté à chaque corps.			TOTAL par CORPS.
		CLASSE de 1824	CLASSE de 1828	CLASSE de 1829	
	Garonne (Haute).	"	8.	"	
	Gers.............	"	8.	"	
	Hérault	"	6.	"	
	Pyrénées (Hautes).	"	4.	"	
	Pyrénées-Orientales	"	3.	"	
	Rhône............	"	8.	"	
gimrent d'artillerie de marine à Cherbourg...	Indre............	3	4.	"	25.
	Oise.............	"	7.	"	
	Puy-de-Dôme.......	"	10.	"	
	Tarn-et-Garonne...	"	4.	"	
	Aisne.............	"	3.	"	
	Allier.............	"	2.	"	
	Ardennes.........	"	2.	"	
	Aube............	"	2.	"	
	Charente........	"	3.	"	
	Charente-Inférieure	"	3.	"	
	Cher.............	"	2.	"	
	Corrèze..........	"	2.	"	
	Côtes-du-Nord....	"	4.	"	
mpagnie d'ouvriers d'ar-tlorie de marine à Brest	Creuse..........	"	2.	"	50.
	Eure............	"	3.	"	
	Eure-et-Loir......	"	2.	"	
	Finistère	"	3.	"	
	Ille-et-Vilaine....	"	3.	"	
	Loir-et-Cher......	"	2.	"	
	Loire-Inférieure...	"	3.	4	
	Loiret...........	"	2.	"	
	Lot.............	"	2.	"	
	Lot-et-Garonne....	"	2.	"	
	Maine-et-Loire....	"	3.	"	
	Ain..............	"	2.	"	
	Alpes (Basses)...	"	2.	"	
	Alpes (Hautes)...	"	2.	"	
	Ardèche..........	"	2.	"	
	Ariége...........	"	2.	"	
	Aveyron.........	"	2.	"	
	Bouches-du-Rhône.	"	2.	"	
	Corse............	"	2.	"	
	Doubs...........	"	2.	"	
	Drôme...........	"	2.	"	

DESIGNATION DES CORPS.	DÉPARTEMENS fournissant À CES CORPS.	NOMBRE D'HOMMES affecté à chaque corps.			TOTAL par CORPS
		CLASSE de 1824	CLASSE de 1828	CLASSE de 1829	
Compagnie d'ouvriers d'artillerie de marine à Toulon	Gard............	ʺ	2.	ʺ	50.
	Gers............	ʺ	2.	ʺ	
	Hérault.........	ʺ	2.	ʺ	
	Isère	ʺ	2.	ʺ	
	Loire...........	ʺ	2.	ʺ	
	Meurthe........	ʺ	2.	ʺ	
	Moselle........	ʺ	2.	ʺ	
	Pyrénées-Orientales	ʺ	2.	ʺ	
	Rhin (Bas)......	ʺ	2.	ʺ	
	Rhin (Haut).....	ʺ	2.	ʺ	
	Rhône..........	ʺ	2.	ʺ	
	Saone (Haute)...	ʺ	2.	ʺ	
	Var............	ʺ	2.	ʺ	
	Vaucluse........	ʺ	2.	ʺ	
	Vosges..........	ʺ	2.	ʺ	
Idem à Lorient	Indre-et-Loire.....	ʺ	2.	ʺ	30.
	Manche.........	ʺ	4.	ʺ	
	Marne..........	ʺ	2.	ʺ	
	Mayenne........	ʺ	2.	ʺ	
	Meuse..........	ʺ	2.	ʺ	
	Morbihan........	ʺ	3.	ʺ	
	Sarthe.........	ʺ	3.	ʺ	
	Seine...........	ʺ	4.	ʺ	
	Seine-Inférieure...	ʺ	4.	ʺ	
	Seine-et-Marne....	ʺ	2.	ʺ	
	Sèvres (Deux)....	ʺ	2.	ʺ	
Idem à Rochefort........	Aude...........	ʺ	2.	ʺ	40.
	Cantal	ʺ	2.	ʺ	
	Dordogne.......	ʺ	2.	ʺ	
	Garonne (Haute)..	ʺ	2.	ʺ	
	Gironde........	ʺ	3.	ʺ	
	Indre...........	ʺ	2.	ʺ	
	Landes.........	ʺ	2.	ʺ	
	Lozère..........	ʺ	2.	ʺ	
	Loire (Haute)....	ʺ	2.	ʺ	
	Marne (Haute)...	ʺ	2.	ʺ	
	Puy-de-Dôme	ʺ	2.	ʺ	
	Pyrénées (Hautes).	ʺ	2.	ʺ	
	Pyrénées (Basses).	ʺ	2.	ʺ	
	Saone-et-Loire....	ʺ	2.	ʺ	
	Somme.........	ʺ	3.	ʺ	

Y 3

DÉSIGNATION DES CORPS.	DÉPARTEMENS fournissant à CES CORPS.	NOMBRE D'HOMMES affecté à chaque corps.			TOTAL par CORPS.
		CLASSE de 1824	CLASSE de 1828	CLASSE de 1829	
Compagnie d'ouvriers d'artillerie de marine à Cherbourg.............	Tarn.................... Tarn-et-Garonne... Vienne (Haute).... Yonne..............		3. 2. 2. 2.		
	Calvados............ Côte-d'Or........... Jura .... Nièvre.............. Nord................ Oise................ Orne................ Pas-de-Calais....... Seine-et-Oise........ Vendée.............. Vienne..............		2. 2. 2. 2. 4. 3. 3. 3. 3. 2. 2.		30.
ARMÉE DE TERRE					
1ᵉʳ Régiment de carabiniers	Aube............... Calvados............ Côte-d'Or........... Eure................ Loire............... Manche.............. Marne (Haute)... Nord................ Orne................ Pas-de-Calais...... Saone-et-Loire..... Seine-Inférieure.... Somme............. Yonne.............		5. 10. 5. 10. 5. 10. 5. 15. 5. 15. 5. 15. 5. 5.		115.
	Ain................ Aisne.............. Ardennes........... Charente-Inférieure Dordogne.......... Doubs............. Eure-et-Loir......		5. 10. 5. 5. 5. 5. 5.		

DÉSIGNATION DES CORPS.	DÉPARTEMENS fournissant à ces corps.	NOMBRE D'HOMMES affecté à chaque corps.			TOTAL par CORPS
		CLASSE de 1824	CLASSE de 1828	CLASSE de 1829	
Régiment d'artillerie de marine à Lorient.	Calvados...........	"	9.	"	
	Côte-d'Or..........	"	7.	"	
	Dordogne..........	"	9.	"	
	Gironde...........	"	10.	"	
	Indre-et-Loire.....	"	5.	"	
	Landes	"	5.	"	
	Loire-Inférieure...	"	9.	"	
	Lot..............	"	5.	"	
	Lot-et-Garonne....	"	6.	"	
	Loiret...........	"	6.	"	
	Maine-et-Loire....	"	9.	"	
	Manche...........	"	12.	"	
	Marne	"	6.	"	
	Marne (Haute)...	"	5.	"	
	Mayenne	"	7.	"	
	Meuse...........	"	6	"	273
	Morbihan.........	"	8.	"	
	Nièvre..........	"	5.	"	
	Nord	"	18.	"	
	Orne............	"	9.	"	
	Pas-de-Calais....	"	12.	"	
	Pyrénées (Basses).	"	7.	"	
	Saone-et-Loire....	"	10.	"	
	Sarthe	"	8.	"	
	Seine...........	"	19.	"	
	Seine-Inférieure...	"	13.	"	
	Seine-et-Marne ...	"	6.	"	
	Seine-et-Oise.....	"	8.	"	
	Sèvres (Deux)..	"	5.	"	
	Somme..........	"	10.	"	
	Vendée.........	"	6.	"	
	Vienne..........	"	5.	"	
	Vienne (Haute)..	"	5.	"	
	Yonne	"	6.	"	
Idem à Rochefort.......	Ain	"	6.	"	
	Ariége..........	"	5.	"	
	Aude...........	"	5.	"	
	Aveyron........	"	7.	"	
	Cantal	"	5.	"	
	Doubs..........	"	5.	"	
	Gard...........	"	7.	"	75

DÉSIGNATION DES CORPS.	DÉPARTEMENS fournissant à ces corps.	NOMBRE D'HOMMES affecté à chaque corps.			TOTAL par CORPS.
		CLASSE de 1824	CLASSE de 1828	CLASSE de 1829	
1ᵉʳ Régiment d'artillerie...	Aisne............	"	38.	40.	675.
	Calvados.........	"	36.	45.	
	Eure............	"	7.	35.	
	Manche..........	"	18.	45.	
	Orne............	"	57.	55.	
	Pas-de-Calais......	"	85.	60.	
	Seine-Inférieure...	"	86.	70.	
2ᵉ idem..............	Aube............	"	40.	35.	625.
	Côte-d'Or........	"	70.	50.	
	Loire...........	"	35.	45.	
	Puy-de-Dôme.....	"	25.	10.	
	Rhône..........	"	70.	35.	
	Saone-et-Loire.....	"	80.	50.	
	Yonne...........	"	50.	40.	
3ᵉ idem..............	Eure-et-Loir.....	"	100.	80.	660.
	Loiret...........	"	34.	20.	
	Oise............	"	43.	35.	
	Seine-et-Marne....	"	60.	50.	
	Seine-et-Oise.....	"	70.	43.	
	Somme..........	"	75.	50.	
4ᵉ idem..............	Charente........	"	38.	30.	675.
	Indre-et-Loire....	"	35.	30.	
	Loir-et-Cher......	"	17.	15.	
	Maine-et-Loire....	"	56.	45.	
	Mayenne.........	"	53.	35.	
	Sarthe..........	"	67.	45.	
	Sèvres (Deux)...	"	60.	25.	
	Vendée..........	"	44.	25.	
	Vienne..........	"	30.	25.	
5ᵉ idem..............	Ariége..........	"	30.	35.	675.
	Aude...........	"	35.	15.	
	Dordogne........	"	36.	35.	
	Garonne (Haute).	"	32.	25.	
	Gers...........	"	35.	30.	
	Hérault.........	"	55.	45.	
	Pyrénées (Basses).	"	43.	50.	
	Pyrénées (Hautes).	"	26.	20.	
	Pyrénées-Orient...	"	7.	10.	

DESIGNATION DES CORPS.	DÉPARTEMENS fournissant À CES CORPS.	NOMBRE D'HOMMES affecté à chaque corps.			TOTAL par CORPS.
		CLASSE de 1824	CLASSE de 1828	CLASSE de 1829	
Compagnie d'ouvriers d'artillerie de marine à Toulon	Gard.............	"	2.	"	50.
	Gers.............	"	2.	"	
	Hérault	"	2.	"	
	Isère	"	2.	"	
	Loire............	"	2.	"	
	Meurthe.........	"	2.	"	
	Moselle..........	"	2.	"	
	Pyrénées-Orientales	"	2.	"	
	Rhin (Bas)......	"	2.	"	
	Rhin (Haut).....	"	2.	"	
	Rhône...........	"	2.	"	
	Saone (Haute)...	"	2.	"	
	Var	"	2.	"	
	Vaucluse.........	"	2.	"	
	Vosges...........	"	2.	"	
Idem à Lorient	Indre-et-Loire.....	"	2.	"	30.
	Manche	"	4.	"	
	Marne	"	2.	"	
	Mayenne	"	2.	"	
	Meuse	"	2.	"	
	Morbihan........	"	3.	"	
	Sarthe	"	3.	"	
	Seine............	"	4.	"	
	Seine-Inférieure...	"	4.	"	
	Seine-et-Marne....	"	2.	"	
	Sèvres (Deux)....	"	2.	"	
Idem à Rochefort.......	Aude............	"	2.	"	40.
	Cantal	"	2.	"	
	Dordogne.........	"	2.	"	
	Garonne (Haute)..	"	2.	"	
	Gironde..........	"	3.	"	
	Indre............	"	2.	"	
	Landes..........	"	2.	"	
	Lozère..........	"	2.	"	
	Loire (Haute)....	"	2.	"	
	Marne (Haute)...	"	2.	"	
	Puy-de-Dôme				

DÉSIGNATION DES CORPS.	DÉPARTEMENS fournissant à CES CORPS.	NOMBRE D'HOMMES affecté à chaque corps.			TOTAL par CORPS.
		CLASSE de 1824	CLASSE de 1828	CLASSE de 1829	
	Alpes (Basses).....	"	12.	10.	
	Alpes (Hautes).....	"	5.	10.	
	Ardèche.........	"	49.	40.	
	Aveyron.........	"	56.	40.	
	Bouches-du-Rhône.	"	44.	40.	
.0ᵉ Régiment d'artillerie..	Corse	"	16.	15.	675.
	Gard...........	"	45.	45.	
	Gironde.........	"	44.	45.	
	Loire (Haute).....	"	10.	15.	
	Var...........	"	29.	30.	
	Vaucluse........	"	40.	30.	
	Ain...........	"	6.	3.	
	Aisne..........	"	6.	3.	
	Allier..........	"	10.	4.	
	Ardèche.........	"	6.	3.	
	Ardennes........	"	6.	3.	
	Aube..........	"	6.	3.	
	Aude	"	6.	3.	
	Bouches-du-Rhône.	"	10.	5.	
	Calvados........	"	10.	5.	
	Charente	"	4.	2.	
	Charente-Inférieure	"	10.	5.	
	Cher..........	"	4.	2.	
	Côte-d'Or.......	"	4.	2.	
	Corse	"	4.	2.	
	Côtes-du-Nord	"	10.	5.	
	Dordogne........	"	10.	5.	
	Drôme	"	4.	2.	
	Eure...........	"	6.	3.	
	Finistère........	"	10.	5.	
	Gard...........	"	4.	2.	
	Garonne (Haute)..	"	8.	4.	
	Gironde.........	"	10.	5.	
	Hérault	"	8.	4.	
	Indre..........	"	6.	3.	
	Indre-et-Loire.....	"	10.	5.	
	Isère..........	"	6.	3.	
	Loir-et-Cher......	"	6.	3.	

DÉSIGNATION DES CORPS.	DÉPARTEM fournissant à CES CORPS.	NOMBRE D'HOMMES affecté à chaque corps.			TOTAL par CORPS.
		CLASSE de 1824	CLASSE de 1828	CLASSE de 1829	
2ᵉ Régiment de carabiniers	Isère............	ɪ	5.	ɪ	115.
	Jura............	ɪ	5.	ɪ	
	Loiret..........	ɪ	5.	ɪ	
	Marne..........	ɪ	5.	ɪ	
	Meurthe.........	ɪ	5.	ɪ	
	Meuse...........	ɪ	5.	ɪ	
	Moselle..........	ɪ	5.	ɪ	
	Oise............	ɪ	5.	ɪ	
	Rhin (Bas)......	ɪ	10.	ɪ	
	Rhin (Haut).....	ɪ	10.	ɪ	
	Saone (Haute)....	ɪ	5.	ɪ	
	Seine-et-Marne....	ɪ	5.	ɪ	
	Seine-et-Oise.....	ɪ	5.	ɪ	
1ᵉʳ Régiment de cuirassiers	Orne............	ɪ	20.	5.	115.
	Seine-Inférieure...	ɪ	60.	30.	
2ᵉ idem..............	Meurthe.........	ɪ	20.	10.	115.
	Nord............	ɪ	60.	25.	
3ᵉ idem.............	Meuse...........	ɪ	20.	5.	115.
	Moselle..........	ɪ	30.	10.	
	Nord............	ɪ	30.	20.	
4ᵉ idem.............	Calvados.........	ɪ	60.	30.	115.
	Eure............	ɪ	20.	5.	
5ᵉ idem.............	Pas-de-Calais.....	ɪ	50.	20.	115.
	Somme..........	ɪ	30.	15.	
6ᵉ idem.............	Doubs...........	ɪ	30.	15.	115.
	Jura............	ɪ	50.	20.	
7ᵉ idem.............	Rhin (Bas)......	ɪ	60.	20.	115.
	Rhin (Haut).....	ɪɪ	20.	15.	
8ᵉ idem.............	Aisne...........	ɪ	50.	20.	115.
	Oise............	ɪ	20.	5.	
	Seine-et-Marne....	ɪ	10.	10.	
9ᵉ idem.............	Manche..........	ɪ	90.	25.	115.
10ᵉ idem.............	Ardennes........	ɪ	40.	15.	115.
	Marne..........	ɪ	30.	15.	
	Saone (Haute)...	ɪ	10.	5.	

DÉSIGNATION DES CORPS.	DÉPARTEMENS fournissant à CES CORPS.	NOMBRE D'HOMMES affecté à chaque corps.			TOTAL par CORPS.
		CLASSE de 1824	CLASSE de 1828	CLASSE de 1829	
3e Régiment de dragons..	Aube............	u	20.	10,	125.
	Côte-d'Or........	l	25.	10.	
	Oise............	l	25.	15.	
	Seine-et-Marne....	l	15.	5.	
4e idem..............	Aisne...........	5	35.	10	125.
	Marne (Haute)....	5	20.	10.	
	Nord............	l	10.	10.	
	Yonne..........	l	20.	10.	
5e idem..............	Pas-de-Calais.....	l	40.	20.	125.
	Seine-Inférieure...	l	45.	20.	
6e idem.............	Calvados.........	l	35.	15.	125.
	Eure............	l	20.	5.	
	Manche.........	l	35.	15.	
7e idem.............	Ardennes........	l	20.	10,	125.
	Marne...........	l	25.	10.	
	Meuse...........	l	20.	10.	
	Vosges..........	l	20.	10.	
8e idem.............	Aude...........	l	10.	5.	125,
	Charente........	l	10.	5.	
	Charente-Inférieure	l	15.	5.	
	Dordogne........	l	15.	10.	
	Garonne (Haute)..	l	15.	5.	
	Lot-et-Garonne....	l	10.	5.	
	Tarn-et-Garonne...	l	10.	5.	
9e idem..............	Nord............	l	90.	35.	125.
10e idem.............	Eure-et-Loir......	l	20.	10.	125.
	Seine-et-Oise.....	l	25.	10.	
	Somme..........	l	40.	20.	
11e idem.............	Ain.............	l	20.	10.	125.
	Doubs..........	u	20.	10.	
	Jura............	u	20.	10.	
	Saone (Haute)...	u	15.	5.	
	Saone-et-Loire....	u	10.	5.	

DÉSIGNATION DES CORPS.	DÉPARTEMENS fournissant à CES CORPS.	NOMBRE D'HOMMES affecté à chaque corps.			TOTAL par CORPS.
		CLASSE de 1824	CLASSE de 1828	CLASSE de 1829	
	Tarn...............	ƒ	30.	25.	
	Tarn-et-Garonne...	ƒ	31.	25.	
6ᵉ Régiment d'artillerie...	Ain............	ƒ	64.	60.	
	Doubs.............	ƒ	20.	30.	
	Marne (Haute)...	ƒ	40.	20.	
	Meurthe...........	ƒ	37.	50.	675
	Meuse............	ƒ	29.	25.	
	Moselle..........	ƒ	42.	50.	
	Saone (Haute)....	ƒ	53.	25.	
	Vosges...........	ƒ	75.	55.	
7ᵉ idem..............	Allier..........	ƒ	30.	15.	
	Cantal..........	ƒ	10.	10.	
	Cher............	ƒ	30.	30.	
	Creuse..........	ƒ	20.	25.	
	Drôme...........	ƒ	35.	30.	615
	Indre...........	ƒ	30.	35.	
	Isère...........	ƒ	85.	65.	
	Jura............	ƒ	20.	35.	
	Nièvre..........	ƒ	40.	35.	
	Vienne (Haute)...	ƒ	15.	20.	
8ᵉ idem..............	Charente-Inférieure	ƒ	47.	30.	
	Corrèze.........	ƒ	5.	9.	
	Côtes-du-Nord ...	ƒ	29.	50.	
	Finistère........	ƒ	31.	35.	
	Ille-et-Vilaine.....	ƒ	50.	45.	
	Landes..........	ƒ	15.	10.	675
	Loire-Inférieure...	ƒ	66.	50.	
	Lot............	ƒ	20.	25.	
	Lot-et-Garonne....	ƒ	44.	35.	
	Lozère..........	ƒ	17.	10.	
	Morbihan........	ƒ	22.	30.	
9ᵉ idem..............	Ardennes........	ƒ	10.	35.	
	Marne	ƒ	19.	25.	
	Nord...........	ƒ	127.	115.	650
	Rhin (Bas)......	ƒ	45.	50.	
	Rhin (Haut)......	ƒ	17.	20.	
	Seine..........	ƒ	87.	100.	

ÉSIGNATION DES CORPS.	DÉPARTEMENS fournissant À CES CORPS.	NOMBRE D'HOMMES affecté à chaque corps.			TOTAL par CORPS.
		CLASSE de 1824	CLASSE de 1828	CLASSE de 1829	
Régiment d'artillerie..	Alpes (Basses),,..	´	12.	10.	675.
	Alpes (Hautes)....	´	5.	10.	
	Ardèche.........	´	49.	40.	
	Aveyron.........	´	58.	40.	
	Bouches-du-Rhône.	´	44.	40.	
	Corse..........	´	16.	15.	
	Gard...........	´	45.	45.	
	Gironde........	´	44.	45.	
	Loire (Haute).....	´	10.	15.	
	Var...........	´	29.	30.	
	Vaucluse........	´	40.	30.	
	Ain............	´	6.	3.	
	Aisne..........	´	6.	3.	
	Allier..........	´	10.	5.	
	Ardèche........	´	6.	3.	
	Ardennes.......	´	6.	3.	
	Aube..........	´	6.	3.	
	Aude..........	´	6.	3.	
	Bouches-du-Rhône.	´	10.	5.	
	Calvados........	´	10.	5.	
	Charente	´	4.	2.	
	Charente-Inférieure	´	10.	5.	
	Cher..........	´	4.	2.	
	Côte-d'Or.......	´	4.	2.	
	Corse..........	´	4.	2.	
	Côtes-du-Nord....	´	10.	5.	
	Dordogne.......	´	10.	5.	
	Drôme	´	4.	2.	
	Eure..........	´	6.	3.	
	Finistère........	´	10.	5.	
	Gard..........	´	4.	2.	
	Garonne (Haute)..	´	8.	4.	
	Gironde........	´	10.	5.	
	Hérault	´	8.	4.	
	Indre..........	´	6.	3.	
	Indre-et-Loire....	´	10.	5.	
	Isère..........	´	6.	3.	
	Loir-et-Cher.....	´	6.	3.	

NATION CORPS.	DÉPARTEMENS fournissant à ces corps.	NOMBRE D'HOMMES affecté à chaque corps.			TOTAL par CORPS.
		CLASSE de 1824	CLASSE de 1828	CLASSE de 1829	
pontonniers.	Loire............	"	10.	5.	660.
	Loire-Inférieure...	"	10.	5.	
	Loiret............	"	10.	5.	
	Maine-et-Loire....	"	10.	5.	
	Manche..........	"	10.	5.	
	Marne............	"	10.	5.	
	Marne (Haute),...	"	6.	3.	
	Meurthe..........	"	6.	3.	
	Meuse............	"	8.	4.	
	Morbihan........	"	10.	5.	
	Moselle..........	"	8.	4.	
	Nièvre...........	"	4.	2.	
	Nord	"	10.	5.	
	Oise.............	"	4.	2.	
	Pas-de-Calais.....	"	10.	5.	
	Pyrénées (Basses)..	"	10.	5.	
	Rhin (Bas).......	"	8.	4.	
	Rhin (Haut)......	"	6.	3.	
	Rhône...........	"	10.	5.	
	Saone-et-Loire....	"	10.	5.	
	Sarthe...........	"	4.	2.	
	Seine............	"	10.	5.	
	Seine-Inférieure...	"	10.	5.	
	Seine-et-Marne....	"	6.	3.	
	Seine-et-Oise.....	"	6.	3.	
	Somme..........	"	10.	5.	
	Tarn-et-Garonne...	"	4.	2.	
	Var.............	"	10.	5.	
	Vaucluse.........	"	10.	5.	
	Yonne...........	"	10.	5.	
nt de dragons, .	Indre-et-Loire.....	"	10.	5.	125.
	Loir-et-Cher......	"	10.	5.	
	Maine-et-Loire....	"	10.	5.	
	Mayenne.........	"	10.	5.	
	Orne............	"	25.	10.	
	Sarthe...........	"	20.	10.	
....	Meurthe..........	"	25.	10.	125.
	Moselle..........	"	25.	10.	
	Rhin (Bas).......	"	25.	10.	
	Rhin (Haut)......	"	15.	5.	

DÉSIGNATION DES CORPS.	DÉPARTEMENS fournissant À CES CORPS.	NOMBRE D'HOMMES affecté à chaque corps.			TOTAL par CORPS.
		CLASSE de 1824	CLASSE de 1828	CLASSE de 1829	
	Rhin (Haut)	"	15.	5.	
	Saone (Haute)....	"	15.	5.	
	Vosges..........	"	20.	10.	
	Charente	"	10.	5.	
	Charente-Inférieure	"	20.	5.	
	Cher............	"	10.	5.	
	Indre...........	"	10.	5.	
	Indre-et-Loire.....	"	10.	5.	
2e escadron du train des parcs d'artillerie......	Loire-Inférieure...	"	20.	5.	250.
	Loir-et-Cher......	"	10.	5.	
	Maine-et-Loire....	"	10.	5.	
	Nièvre	"	10.	5.	
	Sarthe..........	"	15.	5.	
	Sèvres (Deux)....	"	20.	5.	
	Vendée	"	20.	5.	
	Vienne..........	"	20.	5.	
3e idem...............	Seine-et-Marne....	"	15.	5.	20.
	Calvados.........	"	40.	10.	
	Côtes-du-Nord....	"	20.	10.	
4e idem...............	Finistère.........	"	20.	10.	250.
	Ille-et-Vilaine.....	"	20.	10.	
	Manche	"	45.	10.	
	Morbihan.........	"	10.	5.	
	Orne............	"	30.	10.	
	Eure............	"	20.	10.	
	Nord	"	50.	15.	
5e idem...............	Oise............	"	20.	5.	250.
	Pas-de-Calais.....	"	40.	10.	
	Seine-Inférieure...	"	40.	10.	
	Somme..........	"	20.	10.	
	Aisne...........	"	20.	10.	
	Ardennes........	"	20.	10.	
	Aube...........	"	10.	10.	
6e idem.............	Côte-d'Or........	"	20.	10.	250.
	Marne...........	"	20.	10.	
	Marne (Haute)....	"	20.	10.	

DÉPARTEMENS fournissant à CES CORPS.	NOMBRE D'HOMMES affecté à chaque corps.			TOTAL par CORPS.
	CLASSE de 1824	CLASSE de 1828	CLASSE de 1829	
Allier............		5.	5.	
Cher............		10.	5.	
Indre...........		10.	5.	
Isère............		25.	10.	125.
Loire...........		10.	5.	
Loiret..........		15.	5.	
Nièvre..........		10.	5.	
Ain.............		20.	10.	
Ardennes........		15.	10.	
Aube...........		15.	5.	
Côte-d'Or........		20.	10.	
Doubs..........		15.	10.	
Jura............		15.	10.	
Marne (Haute)...		10.	5.	
Meurthe.........		20.	10.	385.
Meuse..........		15.	10.	
Moselle..........		20.	10.	
Rhin (Bas).......		20.	10.	
Rhin (Haut).....		20.	10.	
Saone-et-Loire....		15.	10.	
Saone (Haute)....		10.	5.	
Vosges..........		20.	10.	
Aisne...........		10.	5.	
Allier...........		5.	5.	
Calvados........		10.	5.	
Charente........		5.	5.	
Charente-Inférieure		5.	5.	
Côtes-du-Nord....		5.	5.	
Creuse..........		5.	5.	
Eure............		10.	5.	
Eure-et-Loir.....		5.	5.	
Finistère........		5.	5.	
Ille-et-Vilaine.....		5.	5.	
Indre...........		5.	5.	
Indre-et-Loire.....		5.	5.	
Loire-Inférieure...		5.	5.	
Loir-et-Cher.....		5.	5.	
Loiret..........		5.	5.	

e dragons..

u génie....

DESIGNATION DES CORPS.	DÉPARTEMENS fournissant À CES CORPS.	NOMBRE D'HOMMES affecté à chaque corps.			TOTAL par CORPS.
		CLASSE de 1824	CLASSE de 1828	CLASSE de 1829	
11e Régiment de chasseurs.	Aube............	"	20.	10.	110.
	Saone (Haute)....	"	30.	10.	
	Seine-et-Oise.....	"	30.	10.	
12e idem.............	Marne (Haute)....	"	20.	5.	100.
	Meurthe.........	"	60.	15.	
13e idem.............	Ain............	"	25.	10.	65.
	Jura...........	"	10.	5.	
	Loire..........	"	10.	5.	
14e idem.............	Côte-d'Or.......	"	20.	10.	100.
	Doubs..........	"	15.	5.	
	Saone-et-Loire....	"	40.	10.	
15e idem.............	Ardennes........	"	30.	10.	110.
	Meuse..........	"	20.	10.	
	Yonne.........	"	30.	10.	
16e idem.............	Mayenne.........	"	15.	5.	20.
17e idem.............	Gers...........	"	10.	5.	30.
	Pyrénées-Orientales	"	10.	5.	
18e idem.............	Loiret..........	"	30.	10.	110.
	Orne...........	"	50.	20.	
1er Régiment de hussards (de Chartres)........	Moselle.........	"	60.	15.	115.
	Vosges..........	"	30.	10.	
2e Régiment de hussards..	Oise...........	"	30.	10.	115.
	Sarthe.........	"	25.	10.	
	Seine-et-Marne...	"	30.	10.	
3e idem.............	Rhin (Bas)......	"	60.	15.	115.
	Rhin (Haut).....	"	30.	10.	
4e idem.............	Côtes-du-Nord....	"	15.	5.	120.
	Loire-Inférieure...	"	20.	10.	
	Sèvres (Deux)....	"	10.	5.	
	Vendée.........	"	20.	10.	
	Vienne.........	"	15	10.	
5e idem.............	Pas-de-Calais.....	"	90.	30.	120.

DÉSIGNATION DES CORPS.	DÉPARTEMENS fournissant À CES CORPS.	NOMBRE D'HOMMES affecté à chaque corps.			TOTAL par CORPS.
		CLASSE de 1824	CLASSE de 1828	CLASSE de 1829	
	Pyrénées (Basses).	"	10.	5.	
	Rhône	"	15.	5.	
	Tarn.	"	10.	5.	
	Tarn-et-Garonne...	"	10.	5.	
	Var.	"	15.	5.	
	Vaucluse.	"	15.	5.	
1re Compagnie d'ouvriers d'artillerie.	Calvados.	"	5.	3.	16.
	Manche.	"	5.	3.	
3e idem	Isère.	"	2.	1.	14.
	Loire	"	3.	2.	
	Rhône.	"	4.	2.	
5e idem	Garonne (Haute). .	"	3.	2.	10.
	Gironde.	"	3.	2.	
6e idem	Aisne.	"	2.	3.	20.
	Ardennes.	"	2.	3.	
	Seine-Inférieure...	"	2.	3.	
	Somme	"	2.	3.	
8e idem	Rhin (Haut).	"	2.	2.	8.
	Saone-et-Loire	"	2.	2.	
9e idem	Rhin (Bas).	"	2.	3.	10.
	Vosges.	"	2.	3.	
10e idem	Meurthe.	"	2.	2.	12.
	Moselle.	"	2.	2.	
	Yonne	"	2.	2.	
11e idem	Aube. . . . . :	"	2.	2.	12.
	Côte-d'Or.	"	2.	2.	
	Marne (Haute). . . .	"	2.	2.	
12e idem	Nord.	"	2.	3.	10.
	Pas-de-Calais.	"	2.	3.	
1er Escadron du train des parcs d'artillerie	Ain	"	20.	10.	250.
	Doubs	"	20.	10.	
	Jura.	"	20.	10.	
	Meurthe.	"	20.	10.	
	Moselle.	"	20.	10.	
	Rhin (Bas).	"	20.	10.	

DÉSIGNATION DES CORPS.	DÉPARTEMENS fournissant à CES CORPS.	NOMBRE D'HOMMES affecté à chaque corps.			TOTAL par CORPS.
		CLASSE de 1824	CLASSE de 1828	CLASSE de 1829	
4e Rég. d'infanterie de lig.	Tarn-et-Garonne...	203.	384.	111.	845.
	Vaucluse.	"	147.	"	
5e idem.	Nord.	"	590.	"	590.
6e idem.	Corse.	171.	323.	100.	594.
7e idem.	Somme.	428.	449.	205.	1,082.
8e idem.	Vendée.	265.	511.	159.	935.
9e. idem.	Sarthe.	364.	315.	206.	885.
0e idem.	Yonne.	270.	512.	134.	910.
1e idem.	Ille-et-Vilaine.	"	647.	"	994.
	Manche.	"	347.	"	
2e idem.	Côtes-du-Nord. . . .	524.	266.	293.	1,083.
3e idem.	Loiret.	"	204.	"	1,278.
	Moselle.	379.	547.	148.	
4e idem.	Dordogne.	"	537.	"	537.
5e idem.	Loire-Inférieure. . .	"	295.	"	295.
6e idem.	Morbihan.	457.	607.	226.	1,290.
7e idem.	Cher.	202.	397.	110.	709.
8e idem.	Drôme.	235.	476.	144.	855.
9e idem.	Mayenne.	289.	460.	174.	923.
0e idem.	Gironde.	"	554.	"	554.
1e idem.	Gironde.	521.	360.	274.	1,155.
2e idem.	Eure.	395.	648.	189.	1,232.
3e idem.	Cantal.	197.	472.	151.	960.
	Isère.	"	140.	"	
4e idem.	Indre-et-Loire.	238.	464.	199.	1,191.
	Seine-et-Marne. . . .	"	360.	"	
5e idem.	Seine-Inférieure. . .	654.	472.	263.	1,389.
6e idem.	Doubs.	238.	345.	81.	1,505.
	Marne.	262.	458.	121.	
7e idem.	Dordogne.	349.	230.	234.	813.
8e idem.	Garonne (Haute).	317.	137.	212.	666.
9e idem.	Hérault.	334.	249.	156.	739.
0e idem.	Indre.	174.	251.	92.	517.
1e idem.	Calvados.	422.	656.	184.	1,262.

DÉSIGNATION DES CORPS.	DÉPARTEMENS fournissant À CES CORPS.	NOMBRE D'HOMMES affecté à chaque corps.			TOTAL par CORPS.
		CLASSE de 1824	CLASSE de 1828	CLASSE de 1829	
	Meuse	"	20.	10.	
	Saone-et-Loire......	"	20.	10.	
	Yonne	"	10.	10.	
1er Régiment de chasseurs (de Nemours).........	Aisne.............	"	40.	15.	100.
	Marne..............	"	50.	15.	
2e Régiment de chasseurs.	Nord..............	"	60.	20.	80.
3e idem.............	Aude	"	10.	5.	
	Dordogne.....	"	15.	5.	
	Garonne (Haute)..	"	15.	5.	
	Gironde...........	"	10.	5.	100.
	Lot-et-Garonne ...	"	10.	5.	
	Tarn-et-Garonne..	"	10.	5.	
4e idem.............	Nord.............	"	70.	30.	100.
5e idem..............	Charente	"	20.	10.	
	Charente-Inférieure	"	50.	10.	95.
	Maine-et-Loire.....	"	20.	5.	
6e idem.............	Eure	"	40.	15.	125.
	Somme...........	"	50.	20.	
7e idem.............	Bouches-du-Rhône.	"	10.	5.	
	Hérault..........	"	10.	5.	
	Isère.............	"	30.	5.	95.
	Var....	"	10.	5.	
	Vaucluse	"	10.	5.	
8e idem..............	Eure-et-Loir......	"	30.	10.	
	Ille-et-Vilaine.....	"	30.	10.	100.
	Indre-et-Loire.....	"	5.	5.	
	Loir-et-Cher......	"	5.	5.	
9e idem.............	Seine-Inférieure...	"	70.	30.	100.
10e idem.............	Allier............	"	10.	5.	
	Cantal...........	"	5.	5.	
	Cher.............	"	10.	5.	
	Creuse...........	"	10.	5.	100.
	Indre............	"	10.	5.	
	Nièvre	"	10.	5.	
	Vienne (Haute)...	"	10.	5.	

DESIGNATION DES CORPS.	DÉPARTEMENS fournissant À CES CORPS.	NOMBRE D'HOMMES affecté à chaque corps.			TOTAL par CORPS.
		CLASSE de 1821	CLASSE de 1828	CLASSE de 1829	
11ᶜ Régiment de chasseurs.	Aube..........	"	20.	10.	110.
	Saone (Haute)....	"	30.	10.	
	Seine-et-Oise.....	"	30.	10.	
12ᶜ idem..............	Marne (Haute)....	"	20.	5.	100.
	Meurthe.........	"	60.	15.	
13ᶜ idem..............	Ain.............	"	25.	10.	65.
	Jura............	"	10.	5.	
	Loire	"	10.	5.	
14ᶜ idem..............	Côte-d'Or.......	"	20.	10.	100.
	Doubs..........	"	15.	5.	
	Saone-et-Loire	"	40.	10.	
15ᶜ idem..............	Ardennes........	"	30.	10.	110.
	Meuse..........	"	20.	10.	
	Yonne..........	"	30.	10.	
16ᶜ idem	Mayenne.........	"	15.	5.	20.
17ᶜ idem..............	Gers...........	"	10.	5.	30.
	Pyrénées-Orientales	"	10.	5.	
18ᶜ idem..............	Loiret...........	"	30.	10.	110.
	Orne...........	"	50.	20.	
1ᵉʳ Régiment de hussards (de Chartres)........	Moselle.........	"	60.	15.	115.
	Vosges..........	"	30.	10.	
2ᶜ Régiment de hussards..	Oise...........	"	30.	10.	115.
	Sarthe	"	25.	10.	
	Seine-et-Marne ...	"	30.	10.	
3ᶜ idem...............	Rhin (Bas)	"	60.	15.	115.
	Rhin (Haut).....	"	30.	10.	
4ᶜ idem...............	Côtes-du-Nord....	"	15.	5.	120.
	Loire-Inférieure...	"	20.	10.	
	Sèvres (Deux),...	"	10.	5.	
	Vendée.........	"	20.	10.	
	Vienne..........	"	15	10.	
5ᶜ idem...............	Pas-de-Calais	"	90.	30.	120.

DÉSIGNATION DES CORPS.	DÉPARTEMENS fournissant À CES COTPS.	NOMBRE D'HOMMES affecté à chaque corps.			TOTAL par CORPS.
		CLASSE de 1824	CLASSE de 1828	CLASSE de 1829	
6ᵉ régiment de hussards...	Calvados..........	'	70.	20.	180.
	Manche	'	70.	20.	
Hôpital militaire de Strasbourg............	Ain.............	'	2.	'	20.
	Côte-d'Or.........	'	2.	'	
	Doubs............	'	2.	'	
	Jura.............	'	2.	'	
	Meurthe..........	'	2.	'	
	Moselle...........	'	2.	'	
	Rhin (Bas).....	'	2.	'	
	Rhin (Haut).....	'	2.	'	
	Saone (Haute)....	'	2.	'	
	Vosges..........	'	2.	'	
Hôpital militaire de Metz..	Allier............	'	2.	'	20.
	Ardennes........	'	2.	'	
	Aube...........	'	2.	'	
	Loire...........	'	2.	'	
	Marne..........	'	2.	'	
	Marne (Haute)...	'	2.	'	
	Meuse...........	'	2.	'	
	Rhône..........	'	2.	'	
	Saone-et-Loire....	'	2.	'	
	Yonne..........	'	2.	'	
Hôpital militaire de Lille..	Aisne...........	'	2.	'	20.
	Eure............	'	2.	'	
	Eure-et-Loir.....	'	2.	'	
	Nord...........	'	2.	'	
	Oise...........	'	2.	'	
	Pas-de-Calais....	'	2.	'	
	Seine-et-Marne....	'	2.	'	
	Seine-et-Oise.....	'	2.	'	
	Seine-Inférieure...	'	2.	'	
	Somme..........	'	2.	'	
1ᵉʳ Rég. d'infanterie de lig.	Aisne..........	'	245.	'	963.
	Nord..........	'	433.	'	
	Somme.........	'	285.	'	
2ᶜ idem.............	Aveyron........	289.	577.	177.	1,043.
3ᶜ idem.............	Vaucluse........	186.	210.	102.	498.

Z 2

NUMÉROS des lieux indicés	DÉPARTE-MENS.	DÉSIGNATION DES CORPS qui recouvrent LES HOMMES DE CHAQUE DÉPARTEMENT.	NOMBRE D'HOMMES affecté à chaque corps.			TOTAL par DÉPARTEMENT.		
			Classe de 1824.	Classe de 1828.	Classe de 1829.	Classe de 1824.	Classe de 1828.	Classe de 1829.
1re	Aisne....	1er régiment d'artillerie............	»	36	46	372	991	309
		Bataillon de pontonniers...........	»	0	5			
		4e régiment de dragons............	»	35	10			
		2e régiment du génie.,......	»	10	5			
		6e compagnie d'ouvriers d'artillerie. ..	»	2	3			
		6e escadron du train des parcs d'artillerie	»	90	10			
		1er régiment de chasseurs (de Nemours).	»	40	15			
		Hôpital militaire de Lille...........	»	2	»			
		1er régiment d'infanterie de ligne......	»	245	»			
		58e idem.,........	372	454	203			
1re	Eure-et-L.	Artillerie de marine à Brest.........	»	3	»	259	523	176
		Ouvriers d'artillerie de marine à Brest..	»	2	»			
		2e régiment de carabiniers..........	»	3	»			
		8e régiment d'artillerie,.......	»	100	80			
		10e régiment de dragons............	»	90	10			
		2e régiment du génie..........	»	5	5			
		8e régiment de chasseurs.......	»	30	10			
		Hôpital militaire de Lille...........	»	2	»			
		59e régiment d'infanterie de ligne......	»	140	»			
		66e idem.............	259	214	71			
1re	Loiret...	Artillerie de marine à Lorient........	»	6	»	273	373	193
		Ouvriers d'artillerie de marine à Brest..	»	2	»			
		2e régiment de carabiniers..........	»	5	»			
		3e régiment d'artillerie............	»	84	20			
		Bataillon de pontonniers.,.......	»	10	5			
		12e régiment de dragons............	»	15	5			
		2e régiment du génie...........	»	5	5			
		18 régiment de chasseurs.........	»	30	10			
		13e régiment d'infanterie de ligne......	»	204	»			
		63e idem.............	273	232	148			
1re	Oise.....	Artillerie de marine à Cherbourg.....	»	7	»	357	725	245
		Ouvriers d'artill. de marine à Cherbourg.	»	3	»			
		2e régiment de carabiniers..........	»	»	»			
		8e régiment de cuirassiers..........	»	90	5			
		8e régiment d'artillerie............	»	45	85			
		Bataillon de pontonniers..,.......	»	4	2			
		3e régiment de dragons............	»	25	15			

DÉSIGNATION DES CORPS.	DÉPARTEMENS fournissent à ces corps.	NOMBRE D'HOMMES affecté à chaque corps.			TOTAL par CORPS.
		CLASSE de 1824	CLASSE de 1828	CLASSE de 1829	
0ᵉ Rég. d'infanterie légère.	Ariége.........	177.	420.	117.	1,409.
	Pyrénées (Hautes).	188.	386.	121.	
1ᵉ idem............	Meuse	268.	430.	120.	818.
2ᵉ idem............	Charente	291.	197.	167.	1,398.
	Nièvre	203.	426.	115.	
3ᵉ idem............	Loire..........	322.	609.	171.	1,102.
4ᵉ idem............	Lot......◆.....	214.	491.	148.	1,473.
	Puy-de-Dôme.....	//	620.	//	
5ᵉ idem............	Saone (Haute)....	328.	468.	152.	948.
7ᵉ idem............	Jura...........	314.	433.	106.	853.
8ᵉ idem............	Corrèze.........	254.	525.	171.	1,859.
	Gers...........	238.	516.	155.	
9ᵉ idem............	Vienne (Haute)...	236.	488.	150.	874.
0ᵉ idem............	Ai.er..........	248.	468.	146.	862.
TAUX............		28,000.	60,000.	20,000.	108,000.

Le Ministre Secrétaire d'état de la guerre, signé Mᵃˡ Cᵗᵉ GÉRARD.

r nº 2. *RÉCAPITULATION, par Départemens et par Divisions militaires, de la Répartition, entre les Corps, des cent huit mille jeunes Soldats des classes de 1824, 1828 et 1829, appeles à l'activité par l'Ordonnance royale du 25 Septembre 1830.*

DÉPARTE- MENS.	DÉSIGNATION DES CORPS qui recevront LES HOMMES DE CHAQUE DÉPARTEMENT.	NOMBRE D'HOMMES affecté à chaque corps.			TOTAL par DÉPARTEMENT.		
		Classe de 1824.	Classe de 1828.	Classe de 1829.	Classe de 1824.	Classe de 1828.	Classe de 1829.
	Artillerie de marine à Brest..........	//	9	//			
	Ouvriers d'artillerie de marine à Brest..	//	3	//			
	2ᵉ régiment de carabiniers...........	//	10	//			
	8ᵉ régiment de cuirassiers...........	//	50	20			

Z 4

DÉPARTE-MENS.	DÉSIGNATION DES CORPS. qui recevront LES HOMMES DE CHAQUE DÉPARTEMENT.	NOMBRE D'HOMMES affecté à chaque corps.			TOTAL par DÉPARTEMENT.		
		Classe de 1824.	Classe de 1828.	Classe de 1829.	Classe de 1824.	Classe de 1828.	Classe de 1829.
Ardennes.	2ᶜ régiment de carabiniers..........	ʋ	5	ʋ	244	530	178
	10ᶜ régiment de cuirassiers..........	ʋ	40	15			
	9ᶜ régiment d'artillerie	ʋ	10	35			
	Bataillon de pontonniers..............	ʋ	6	3			
	7ᶜ régiment de dragons..............	ʋ	20	10			
	1ᵉʳ régiment du génie...............	ʋ	15	10			
	6ᵉ compagnie d'ouvriers d'artillerie.....	ʋ	2	3			
	6ᵉ escadron du train des parcs d'artillerie.	ʋ	20	10			
	15ᵉ régiment de chasseurs............	ʋ	30	10			
	Hôpital militaire de Metz	ʋ	2	ʋ			
	33ᶜ régiment d'infanterie de ligne......	244	373	82			
Marne...	Artillerie de marine à Lorient.........	ʋ	6	ʋ	262	612	206
	Ouvriers d'artillerie de marine à Lorient.	ʋ	2	ʋ			
	2ᶜ régiment de carabiniers...........	ʋ	5	ʋ			
	10ᶜ régiment de cuirassiers...........	ʋ	30	15			
	9ᶜ régiment d'artillerie	ʋ	19	25			
	Bataillon de pontonniers.............	ʋ	10	5			
	7ᶜ régiment de dragons..............	ʋ	25	10			
	2ᶜ régiment du génie................	ʋ	5	5			
	6ᵉ escadron du train des parcs d'artillerie.	ʋ	20	10			
	1ᵉʳ régiment de chasseurs (de Nemours)	ʋ	30	15			
	Hôpital militaire de Metz............	ʋ	2	ʋ			
	26ᵉ régiment d'infanterie de ligne......	262	458	121			
Meuse...	Artillerie de marine à Lorient.........	ʋ	6	ʋ	268	577	194
	Ouvriers d'artillerie de marine à Lorient.	ʋ	2	ʋ			
	2ᶜ régiment de carabiniers...........	ʋ	5	ʋ			
	3ᶜ régiment de cuirassiers...........	ʋ	20	5			
	6ᶜ régiment d'artillerie	ʋ	29	25			
	Bataillon de pontonniers.............	ʋ	8	4			
	7ᶜ régiment de dragons.............	ʋ	20	10			
	1ᵉʳ régiment du génie...............	ʋ	15	10			
	6ᵉ escadron du train des parcs d'artillerie.	ʋ	20	10			
	15ᵉ régiment de chasseurs............	ʋ	20	10			
	Hôpital militaire de Metz	ʋ	2	ʋ			
	11ᵉ régiment d'infanterie légère.......	268	430	120			
	Artillerie de marine à Toulon.........	ʋ	8	ʋ			
	Ouvriers d'artillerie de marine à Toulon.	ʋ	2	ʋ			

DÉPARTE-MENS.	DÉSIGNATION DES CORPS qui recevront LES HOMMES DE CHAQUE DÉPARTEMENT.	NOMBRE D'HOMMES affecté à chaque corps.			TOTAL par DÉPARTEMENT.		
		Classe de 1824.	Classe de 1828.	Classe de 1829.	Classe de 1824.	Classe de 1828.	Classe de 1829.
	2e régiment du génie . . . , ...	"	5	5			
	5e escadron du train des parcs d'artillerie.	"	20	5			
	2e régiment de hussards	"	30	10			
	Hôpital militaire de Lille	"	2	"			
	65e régiment d'infanterie de ligne	357	561	167			
Seine	Artillerie de marine à Lorient	"	19	"			
	Ouvriers d'artillerie de marine à Lorient.	"	4	"			
	9e régiment d'artillerie	"	87	100			
	Bataillon de pontonniers . . . , ...	"	10	5	887	1909	479
	2e régiment du génie	"	40	10			
	58e régiment d'infanterie de ligne	"	583	"			
	61e idem	887	1166	364			
	Artillerie de marine à Lorient	"	6	"			
	Ouvriers d'artillerie de marine à Lorient.	"	2	"			
	2e régiment de carabiniers	"	5	"			
	8e régiment de cuirassiers	"	10	10			
	3e régiment d'artillerie	"	60	50			
	Bataillon de pontonniers	"	6	3			
Seine-et-Marne.	3e régiment de dragons	"	15	5	289	599	201
	2e régiment du génie . . . . , ...	"	5	5			
	5e escadron du train des parcs d'artillerie.	"	15	5			
	2e régiment de hussards	"	30	10			
	Hôpital militaire de Lille	"	2	"			
	24e régiment d'infanterie de ligne	"	360	"			
	65e idem	289	83	113			
	Artillerie de marine à Lorient	"	8	"			
	Ouvriers d'artill. de marine à Cherbourg.	"	3	"			
	2e régiment de carabiniers	"	5	"			
	3e régiment d'artillerie	"	70	43			
Seine-et-Oise.	Bataillon de pontonniers	"	6	3	385	830	279
	10e régiment de dragons	"	25	10			
	2e régiment du génie	"	5	5			
	11e régiment de chasseurs	"	30	10			
	Hôpital militaire de Lille	"	2	"			
	58e régiment d'infanterie de ligne	385	676	208			
	Artillerie de marine à Brest	"	5	"			
	Ouvriers d'artillerie de marine à Brest . . .	"	2	"			

	DÉPARTE-MENS.	DESIGNATION DES CORPS qui recevront LES HOMMES DE CHAQUE DÉPARTEMENT.	NOMBRE D'HOMMES affecto à chaque corps.			TOTAL par DÉPARTEMENT		
			Classe de 1824.	Classe de 1823.	Classe de 1829.	Classe de 1824.	Classe de 1823.	Classe du 1823.
4e	Indre-et-L.	Bataillon de pontonniers..............	//	10	5	238	540	184
		1er régiment de dragons.............	//	10	5			
		2e régiment du génie...............	//	5	5			
		2e escadron du train des parcs d'artillerie.	//	10	5			
		8e régiment de chasseurs...........	//	5	5			
		24e régiment d'infanterie de ligne......	238	464	129			
4e	Loir-et-Ch.	Artillerie de marine à Brest..........	//	8	0	184	434	140
		Ouvriers d'artillerie de marine à Brest..	//	2	//			
		4e régiment d'artillerie..............	//	17	13			
		Bataillon de pontonniers............	//	6	3			
		1er régiment de dragons.............	//	10	5			
		2e régiment du génie...............	//	5	5			
		2e escadron du train des parcs d'artillerie.	//	10	5			
		8e régiment de chasseurs...........	//	5	5			
		65e régiment d'infanterie de ligne......	184	376	108			
4e	Maine-et-Loire.	Artillerie de marine à Lorient.........	//	9	//	427	864	290
		Ouvriers d'artillerie de marine à Brest..	//	3	//			
		4e régiment d'artillerie..............	//	58	45			
		Bataillon de pontonniers............	//	10	5			
		1er régiment de dragons.............	//	10	5			
		2e régiment du génie...............	//	5	5			
		2e escadron du train des parcs d'artillerie.	//	10	5			
		3e régiment de chasseurs...........	//	20	5			
		66e régiment d'infanterie de ligne......	427	741	220			
4e	Mayenne..	Artillerie de marine à Lorient.........	//	7	//	289	667	224
		Ouvriers d'artillerie de marine à Lorient.	//	2	//			
		4e régiment d'artillerie..............	//	53	35			
		1er régiment de dragons.............	//	10	5			
		2e régiment du génie...............	//	5	5			
		16e régiment de chasseurs...........	//	15	5			
		19e régiment d'infanterie de ligne.....	289	460	174			
		66e idem.....................	//	115	0			
		Artillerie de marine à Lorient.......	//	8	//			
		Ouvriers d'artillerie de marine à Lorient.	//	3	//			
		4e régiment d'artillerie.............	//	67	45			
		Bataillon de pontonniers............	//	4	2			

NUMÉRO	DÉPARTE-MENS.	DÉSIGNATION DES CORPS qui recevront LES HOMMES DE CHAQUE DÉPARTEMENT.	NOMBRE d'hommes affecté à chaque corps.			TOTAL par DÉPARTEMENT.		
			Classe de 1824.	Classe de 1829.	Classe de 1829.	Classe de 1824.	Classe de 1829.	Classe de 1829.
4°	Sarthe..	1ᵉʳ régiment de dragons.....	◢	20	10	304	841	283
		2ᵉ régiment du génie........	◢	3	5			
		2ᵉ escadron du train des parcs d'artillerie.	◢	15	5			
		2ᵉ régiment de hussards.........	◢	25	10			
		9ᵉ régiment d'infanterie de ligne.....	364	315	206			
		59ᵉ idem.,......	◢	379	◢			
4°	Rhin (Bas)	Artillerie de marine à Toulon......	◢	10	◢	530	1008	338
		Ouvriers d'artillerie de marine à Toulon.	◢	2	◢			
		2ᵉ régiment de carabiniers.........	◢	10	◢			
		7ᵉ régiment de cuirassiers........	◢	60	20			
		9ᵉ régiment d'artillerie........	◢	45	30			
		Bataillon de pontonniers......	◢	8	4			
		2ᵉ régiment de dragons.......	◢	25	10			
		1ᵉʳ régiment du génie........	◢	20	10			
		9ᵉ compagnie d'ouvriers d'artillerie.....	◢	2	3			
		1ᵉʳ escadron du train des parcs d'artillerie.	◢	20	10			
		3ᵉ régiment de hussards.......	◢	60	15			
		Hôpital militaire de Strasbourg......	◢	2	◢			
		46ᵉ régiment d'infanterie de ligne....	530	744	216			
5°	Rhin (H.).	Artillerie de marine à Toulon......	◢	8	◢	405	770	259
		Ouvriers d'artillerie de marine à Toulon.	◢	2	◢			
		2ᵉ régiment de carabiniers........	◢	10	◢			
		7ᵉ régiment de cuirassiers.......	◢	20	15			
		9ᵉ régiment d'artillerie.......	◢	17	20			
		Bataillon de pontonniers.......	◢	6	3			
		2ᵉ régiment de dragons.........	◢	15	5			
		1ᵉʳ régiment du génie.........	◢	20	10			
		8ᵉ compagnie d'ouvriers d'artillerie....	◢	2	2			
		1ᵉʳ escadron du train des parcs d'artillerie.	◢	15	5			
		3ᵉ régiment de hussards.........	◢	30	10			
		Hôpital militaire de Strasbourg.......	◢	2	◢			
		2ᵉ régiment d'infanterie légère......	405	623	189			
5°	Ain.....	Artillerie de marine à Rochefort......	◢	6	◢	335	643	246
		Ouvriers d'artillerie de marine à Toulon.	◢	2	◢			
		2ᵉ régiment de carabiniers.........	◢	3	◢			
		6ᵉ régiment d'artillerie.......	◢	64	60			
		Bataillon de pontonniers........	◢	6	3			
		11ᵉ régiment de dragons........	◢	20	10			

NUMÉROS	DÉPARTEMENTS	DESIGNATION DES CORPS qui recevront LES HOMMES DE CHAQUE DÉPARTEMENT.	NOMBRE D'HOMMES affecté à chaque corps.			TOTAL par DÉPARTEMENT.		
			Classe de 1824.	Classe de 1823.	Classe de 1822.	Classe de 1824.	Classe de 1823.	Classe de 1822.
4e	Indre-et-L.	Bataillon de pontonniers............	»	10	5	238	540	184
		1er régiment de dragons..............	»	10	5			
		2e régiment du génie.............	»	5	5			
		2e escadron du train des parcs d'artillerie.	»	10	5			
		8e régiment de chasseurs.	»	5	5			
		24e régiment d'infanterie de ligne......	238	464	129			
4e	Loir-et-Ch.	Artillerie de marine à Brest.......	»	8	»	184	456	146
		Ouvriers d'artillerie de marine à Brest..	»	2	»			
		4e régiment d'artillerie..............	»	17	15			
		Bataillon de pontonniers.	»	6	5			
		1er régiment de dragons..............	»	10	5			
		2e régiment du génie.............	»	5	5			
		2e escadron du train des parcs d'artillerie.	»	10	5			
		8e régiment de chasseurs.............	»	5	5			
		65e régiment d'infanterie de ligne......	184	376	108			
4e	Maine-et-Loire.	Artillerie de marine à Lorient.........	»	9	»	427	864	290
		Ouvriers d'artillerie de marine à Brest..	»	3	»			
		4e régiment d'artillerie..............	»	58	45			
		Bataillon de pontonniers.	»	10	5			
		1er régiment de dragons..............	»	10	5			
		2e régiment du génie.............	»	5	5			
		2e escadron du train des parcs d'artillerie.	»	10	5			
		3e régiment de chasseurs.............	»	20	5			
		66e régiment d'infanterie de ligne......	427	741	220			
4e	Mayenne..	Artillerie de marine à Lorient........	»	7	»	289	667	224
		Ouvriers d'artillerie de marine à Lorient.	»	2	»			
		4e régiment d'artillerie............	»	53	35			
		1er régiment de dragons............	»	10	5			
		2e régiment du génie.............	»	5	5			
		16e régiment de chasseurs.............	»	15	5			
		19e régiment d'infanterie de ligne.....	289	460	174			
		66e idem........................	»	115	0			
		Artillerie de marine à Lorient........	»	8	»			
		Ouvriers d'artillerie de marine à Lorient.	»	3	»			
		4e régiment d'artillerie............	»	67	45			
		Bataillon de pontonniers............	»	4	2			

DÉSIGNATION DES CORPS qui recevront LES HOMMES DE CHAQUE DÉPARTEMENT.	NOMBRE D'hommes affecté à chaque corps.			TOTAL par DÉPARTEMENT.		
	Classe de 1824.	Classe de 1823.	Classe de 1822.	Classe de 1824.	Classe de 1823.	Classe de 1822.
1er régiment de dragons.....	ˮ	20	10	304	841	283
2e régiment du génie............	ˮ	5	5			
2e escadron du train des parcs d'artillerie.	ˮ	15	5			
2e régiment de hussards...........	ˮ	25	10			
9e régiment d'infanterie de ligne......	304	315	206			
59e idem.,.................	ˮ	379	ˮ			
Artillerie de marine à Toulon........	ˮ	10	ˮ			
Ouvriers d'artillerie de marine à Toulon.	ˮ	2	ˮ			
2e régiment de carabiniers...........	ˮ	10	ˮ			
7e régiment de cuirassiers.........	ˮ	60	20			
9e régiment d'artillerie...........	ˮ	45	50			
Bataillon de pontonniers..........	ˮ	8	4			
2e régiment de dragons...........	ˮ	25	10	530	1008	338
1er régiment du génie..........	ˮ	20	10			
9e compagnie d'ouvriers d'artillerie.....	ˮ	2	3			
1er escadron du train des parcs d'artillerie.	ˮ	20	10			
3e régiment de hussards..........	ˮ	60	15			
Hôpital militaire de Strasbourg	ˮ	2	ˮ			
46e régiment d'infanterie de ligne.....	530	744	216			
Artillerie de marine à Toulon.........	ˮ	8	ˮ			
Ouvriers d'artillerie de marine à Toulon.	ˮ	2	ˮ			
2e régiment de carabiniers..........	ˮ	10	ˮ			
7e régiment de cuirassiers...........	ˮ	20	15			
9e régiment d'artillerie...........	ˮ	17	20			
Bataillon de pontonniers...........	ˮ	6	3			
2e régiment de dragons...........	ˮ	15	5	405	770	259
1er régiment du génie...........	ˮ	20	10			
8e compagnie d'ouvriers d'artillerie....	ˮ	2	2			
1er escadron du train des parcs d'artillerie.	ˮ	15	5			
3e régiment de hussards...........	ˮ	30	10			
Hôpital militaire de Strasbourg........	ˮ	2	ˮ			
2e régiment d'infanterie légère........	405	623	189			
Artillerie de marine à Rochefort......	ˮ	6	ˮ			
Ouvriers d'artillerie de marine à Toulon.	ˮ	2	ˮ			
2e régiment de carabiniers...........	ˮ	5	ˮ			
6e régiment d'artillerie..........	ˮ	64	60			
Bataillon de pontonniers...........	ˮ	6	3			
11e régiment de dragons...........	ˮ	20	10	335	843	246

DÉSIGNATION DES CORPS qui recevront LES HOMMES DE CHAQUE DÉPARTEMENT.	NOMBRE D'HOMMES affecté à chaque corps.			TOTAL par DÉPARTEMENT.		
	Classe de 1824.	Classe de 1828.	Classe de 1829.	Classe de 1824.	Classe de 1828.	Classe de 1829.
3e régiment du génie................	"	15	5			
7e régiment de chasseurs...........	"	10	5			
58e régiment d'infanterie de ligne.......	319	514	152			
Artillerie de marine à Toulon...........	"	5	"			
Ouvriers d'artillerie de marine à Toulon.	"	2	"			
10e régiment d'artillerie.............	"	40	30			
Bataillon de pontonniers...........	"	10	5			
3e régiment du génie...............	"	15	5	186	439	147
7e régiment de chasseurs...........	"	10	5			
3e régiment d'infanterie de ligne.......	186	210	102			
4e idem.......................	"	147	"			
Artillerie de marine à Toulon.........	"	6	"			
Ouvriers d'artillerie de marine à Toulon.	"	2	"			
10e régiment d'artillerie.............	"	49	40			
Bataillon de pontonniers...........	"	6	3	299	619	208
3e régiment du génie...............	"	15	5			
58e régiment d'infanterie de ligne......	"	276	"			
5e régiment d'infanterie légère........	299	265	160			
Artillerie de marine à Rochefort......	"	7	"			
Ouvriers d'artillerie de marine à Toulon.	"	2	"			
10e régiment d'artillerie.............	"	58	40	289	659	222
3e régiment du génie...............	"	15	5			
2e régiment d'infanterie de ligne......	289	577	177			
Artillerie de marine à Rochefort......	"	7	"			
Ouvriers d'artillerie de marine à Toulon.	"	2	"			
10e régiment d'artillerie.............	"	45	48			
Bataillon de pontonniers...........	"	4	2	281	655	220
3e régiment du génie...............	"	15	5			
40e régiment d'infanterie de ligne......	281	582	165			
Artillerie de marine à Rochefort......	"	6	"			
Ouvriers d'artillerie de marine à Toulon.	"	2	"			
5e régiment d'artillerie.............	"	55	45			
Bataillon de pontonniers.............	"	8	4	334	640	215
3e régiment du génie...............	"	15	5			
7e régiment de chasseurs.............	"	10	5			
29e régiment d'infanterie de ligne.....	334	249	156			
31e idem.....................	"	295	"			

DÉPARTE- MENS.	DÉSIGNATION DES CORPS qui recevront LES HOMMES DE CHAQUE DÉPARTEMENT.	NOMBRE D'HOMMES affecté à chaque corps.			TOTAL par DÉPARTEMENT.		
		Classe de 1824.	Classe de 1828.	Classe de 1829.	Classe de 1824.	Classe de 1828.	Classe de 1830.
Alpes (H.)	Artillerie de marine à Toulon........	"	3	"	127	236	79
	Ouvriers d'artillerie de marine à Toulon.	"	2	"			
	10ᵉ régiment d'artillerie.............	"	5	10			
	37ᵉ régiment d'infanterie de ligne.....	127	226	69			
Drôme...	Artillerie de marine à Toulon........	"	6	"	235	538	181
	Ouvriers d'artillerie de marine à Toulon.	"	2	"			
	7ᵉ régiment d'artillerie.............	"	35	30			
	Bataillon de pontonniers.............	"	4	2			
	3ᵉ régiment du génie................	"	15	5			
	18ᵉ régiment d'infanterie de ligne......	235	476	144			
Isère....	Artillerie de marine à Toulon........	"	10	"	484	991	333
	Ouvriers d'artillerie de marine à Toulon.	"	2	"			
	2ᵉ régiment de carabiniers...........	"	"	"			
	7ᵉ régiment d'artillerie.............	"	85	65			
	Bataillon de pontonniers.............	"	6	3			
	12ᵉ régiment de dragons.............	"	25	10			
	3ᵉ régiment du génie................	"	20	10			
	3ᵉ compagnie d'ouvriers d'artillerie.....	"	2	1			
	7ᵉ régiment de chasseurs............	"	30	5			
	23ᵉ régiment d'infanterie de ligne......	"	140	"			
	36ᵉ idem....................	484	425	239			
	54ᵉ idem....................	"	241	"			
Alpes (B.)	Artillerie de marine à Toulon........	"	3	"	121	288	97
	Ouvriers d'artillerie de marine à Toulon.	"	2	"			
	10ᵉ régiment d'artillerie.............	"	12	10			
	60ᵉ régiment d'infanterie de ligne......	121	271	87			
Bouches- du-Rhône.	Artillerie de marine à Toulon........	"	6	"	358	615	207
	Ouvriers d'artillerie de marine à Toulon.	"	2	"			
	10ᵉ régiment d'artillerie.............	"	44	40			
	Bataillon de pontonniers.............	"	10	5			
	3ᵉ régiment du génie................	"	15	5			
	7ᵉ régiment de chasseurs....	"	10	5			
	60ᵉ régiment d'infanterie de ligne.....	358	528	152			
Var.....	Artillerie de marine à Toulon.........	"	6	"	319	586	197
	Ouvriers d'artillerie de marine à Toulon.	"	2	"			
	10ᵉ régiment d'artillerie.............	"	29	30			
	Bataillon de pontonniers........	"	10	5			

DÉSIGNATION DES CORPS qui recevront LES HOMMES DE CHAQUE DÉPARTEMENT.	NOMBRE D'HOMMES affecté à chaque corps.			TOTAL par DÉPARTEMENT.		
	Classe de 1827.	Classe de 1828.	Classe de 1829.	Classe de 1827.	Classe de 1828.	Classe de 1829.
3e régiment du génie..............	//	10	5			
17e régiment de chasseurs...........	//	10	5			
18e régiment d'infanterie légère.......	238	516	153			
Artillerie de marine à Rochefort......	//	4	//			
Ouvriers d'artill. de marine à Rochefort.	//	2	//	188	418	141
5e régiment d'artillerie.............	//	26	20			
10e régiment d'infanterie légère.......	188	386	121			
Artillerie de marine à Rochefort......	//	3	//			
Ouvriers d'artillerie de marine à Toulon.	//	2	//			
5e régiment d'artillerie.............	//	7	10	132	285	96
17e régiment de chasseurs..........	//	10	5			
7e régiment d'infanterie légère........	132	263	81			
Artillerie de marine à Cherbourg......	//	4	//			
Ouvriers d'artill. de marine à Rochefort.	//	2	//			
5e régiment d'artillerie.............	//	31	25			
Bataillon de pontonniers.............	//	4	2	203	455	153
8e régiment de dragons.............	//	10	5			
3e régiment du génie..............	//	10	5			
3e régiment de chasseurs...........	//	10	5			
4e régiment d'infanterie de ligne.......	203	384	111			
Artillerie de marine à Lorient........	//	9	//			
Ouvriers d'artill. de marine à Rochefort.	//	2	//			
2.e régiment de carabiniers..........	//	5	//			
5e régiment d'artillerie.............	//	36	35			
Bataillon de pontonniers.............	//	10	5	349	874	294
8e régiment de dragons.............	//	15	10			
3e régiment du génie..............	//	15	5			
3e régiment de chasseurs...........	//	15	5			
14e régiment d'infanterie de ligne......	//	537	//			
27e idem..................	349	230	234			
Artillerie de marine à Lorient........	//	10	//			
Ouvriers d'artill. de marine à Rochefort.	//	3	//			
10e régiment d'artillerie.............	//	44	45	521	1014	341
Bataillon de pontonniers.............	//	10	5			
3e régiment du génie..............	//	20	10			

NUMÉROS des divis. militaires.	DÉPARTE-MENS.	DÉSIGNATION DES CORPS qui recevront LES HOMMES DE CHAQUE DÉPARTEMENT.	NOMBRE D'HOMMES affecté à chaque corps.			TOTAL par DÉPARTEMENT.		
			Classe de 1824.	Classe de 1828.	Classe de 1829.	Classe de 1824.	Classe de 1828.	Classe de 1829.
9ᶜ	Lozère...	Artillerie de marine à Toulon.........	"	3	"	112	261	88
		Ouvriers d'artillerie de marine à Rochefort	"	2	"			
		8ᵉ régiment d'artillerie.............	"	17	10			
		1ᵉʳ régiment d'infanterie légère.......	112	230	78			
9ᶜ	Tarn....	Artillerie de marine à Toulon.........	"	6	"	282	617	207
		Ouvriers d'artillerie de marine à Rochefort	"	2	"			
		5ᵉ régiment d'artillerie.............	"	30	25			
		3ᵉ régiment du génie................	"	10	5			
		1ᵉʳ régiment d'infanterie légère.......	282	569	177			
10ᶜ	Ariége...	Artillerie de marine à Rochefort....	"	5	"	177	467	157
		Ouvriers d'artillerie de marine à Toulon.	"	2	"			
		5ᵉ régiment d'artillerie.............	"	30	35			
		3ᵉ régiment du génie................	"	10	5			
		10ᵉ régiment d'infanterie légère.......	177	420	117			
10ᶜ	Aude....	Artillerie de marine à Rochefort......	"	5	"	252	501	168
		Ouvriers d'artill. de marine à Rochefort.	"	2	"			
		5ᵉ régiment d'artillerie.............	"	35	15			
		Bataillon de pontonniers.............	"	6	3			
		8ᵉ régiment de dragons..............	"	10	5			
		3ᵉ régiment du génie................	"	10	5			
		3ᵉ régiment de chasseurs.............	"	10	5			
		35ᵉ régiment d'infanterie de ligne.....	252	423	135			
10ᶜ	Garonne (Haute)..	Artillerie de marine à Rochefort......	"	8	"	317	767	258
		Ouvriers d'artill. de marine à Rochefort.	"	2	"			
		5ᵉ régiment d'artillerie.............		32	25			
		Bataillon de pontonniers.............	"	8	4			
		8ᵉ régiment de dragons..............	"	15	5			
		3ᵉ régiment du génie................	"	15	5			
		5ᵉ compagnie d'ouvriers d'artillerie.....	"	3	2			
		3ᵉ régiment de chasseurs.............	"	15	5			
		28ᵉ régiment d'infanterie de ligne......	317	137	212			
		48ᵉ idem........................	"	532	"			
10ᵉ	Gers.....	Artillerie de marine à Rochefort......	"	6	"	238	579	195
		Ouvriers d'artillerie de marine à Toulon.	"	2	"			
		5ᵉ régiment d'artillerie.............	"	35	30			

DÉPARTE-MENS.	DÉSIGNATION DES CORPS qui recevront LES HOMMES DE CHAQUE DÉPARTEMENT.	NOMBRE D'HOMMES affecté à chaque corps.			TOTAL par DÉPARTEMENT.		
		Classe de 1824.	Classe de 1828.	Classe de 1829.	Classe de 1831.	Classe de 1828.	Classe de 1829.
Char.-Inf.	Artillerie de marine à Brest..........	//	8	//	389	799	268
	Ouvriers d'artillerie de marine à Brest...	//	3	//			
	2° régiment de carabiniers............	//	5	//			
	8e régiment d'artillerie..............	//	47	30			
	Bataillon de pontonniers.............	//	10	5			
	8e régiment de dragons	//	15	5			
	.e régiment du génie................	//	5	5			
	2e escadron du train des parcs d'artillerie.	//	20	5			
	5e régiment de chasseurs............	//	30	10			
	42e régiment d'infanterie de ligne......	389	656	208			
Loire-Inf.	Artillerie de marine à Lorient........	//	9	//	400	861	289
	Ouvriers d'artillerie de marine à Brest..	//	3	//			
	8e régiment d'artillerie..............	//	66	50			
	Bataillon de pontonniers.............	//	10	5			
	2e régiment du génie................	//	5	5			
	2e escadron du train des parcs d'artillerie.	//	20	5			
	4e régiment de hussards.............	//	20	10			
	13e régiment d'infanterie de ligne......	//	295	~			
	41e idem.........................	406	433	214			
Sèvres (Deux)	Artillerie de marine à Lorient........	//	5	//	226	543	182
	Ouvriers d'artillerie de marine à Lorient.	//	2	//			
	4e régiment d'artillerie..............	//	60	25			
	2e régiment du génie................	//	5	5			
	2e escadron du train des parcs d'artillerie.	//	20	5			
	4e régiment de hussards.............	//	10	5			
	55e régiment d'infanterie de ligne......	226	441	142			
Vendée..	Artillerie de marine à Lorient........	//	6	//	265	608	204
	Ouvriers d'artill. de marine à Cherbourg.	//	2	//			
	4e régiment d'artillerie..............	//	44	25			
	2e régiment du génie	//	5	5			
	2e escadron du train des parcs d'artillerie.	//	20	5			
	4e régiment de hussards.............	//	20	10			
	8e régiment d'infanterie de ligne.......	265	511	159			
Vienne...	Artillerie de marine à Lorient........	//	5	//	216	504	169
	Ouvriers d'artill. de marine à Cherbourg.	//	2	//			
	4e régiment d'artillerie..............	//	30	25			
	2e régiment du génie................	//	5	5			
	2e escadron du train des parcs d'artillerie.	//	20	5			

Numéros des div. militaires.	DÉPARTE-MENS.	DESIGNATION DES CORPS qui recevront LES HOMMES DE CHAQUE DÉPARTEMENT.	NOMBRE D'HOMMES affecté à chaque corps.			TOTAL par DÉPARTEMENT.		
			Classe de 1824.	Classe de 1828.	Classe de 1829.	Classe de 1824.	Classe de 1828.	Classe de 1829.
		5e compagnie d'ouvriers d'artillerie....	"	3	2			
		3e régiment de chasseurs.............	"	10	5			
		21e idem...................	"	554	"			
		20e régiment d'infanterie de ligne......	521	360	272			
11e	Landes...	Artillerie de marine à Lorient.........	"	5	"	217	500	168
		Ouvriers d'artill. de marine à Rochefort.	"	2	"			
		8e régiment d'artillerie.............	"	15	10			
		63e régiment d'infanterie de ligne......	217	478	158			
11e	Lot.....	Artillerie de marine à Lorient.........	"	5	"	214	528	278
		Ouvriers d'artillerie de marine à Brest..	"	2	"			
		8e régiment d'artillerie.............	"	20	25			
		3e régiment du génie...............	"	10	5			
		14e régiment d'infanterie légère........	214	491	148			
11e	Lot-et-Garonne...	Artillerie de marine à Lorient.........	"	6	"	270	635	213
		Ouvriers d'artillerie de marine à Brest..	"	2	"			
		8e régiment d'artillerie.............	"	44	35			
		8e régiment de dragons.............	"	10	5			
		3e rég.ment du génie..............	"	10	5			
		3e régiment de chasseurs............	"	10	5			
		7e régiment d'infanterie légère........	270	553	163			
11e	Pyrénées (Basses)..	Artillerie de marine à Lorient.........	"	7	"	337	777	261
		Ouvriers d'artill. de marine à Rochefort.	"	2	"			
		5e régiment d'artillerie.............	"	43	50			
		Bataillon de pontonniers............	"	10	5			
		3e régiment du génie...............	"	10	5			
		6e régiment d'infanterie légère........	337	705	201			
12e	Charente.	Artillerie de marine à Brest..........	"	7	"	291	666	224
		Ouvriers d'artillerie de marine à Brest...	"	3	"			
		4e régiment d'artillerie.............	"	38	30			
		Bataillon de pontonniers............	"	4	2			
		8e régiment de dragons.............	"	10	5			
		2e régiment du génie...............	"	5	5			
		2e escadron du train des parcs d'artillerie.	"	10	5			
		5e régiment de chasseurs............	"	20	10			
		9e régiment d'infanterie légère........	"	372	"			
		12e idem...................	291	197	167			

N° des div. militaires.	DÉPARTEMENS.	DÉSIGNATION DES CORPS qui recevront LES HOMMES DE CHAQUE DÉPARTEMENT.	Classe de 1824.	Classe de 1828.	Classe de 1829.	Classe de 1824.	Classe de 1828.	Classe de 1829.
14e	Calvados..	Artillerie de marine à Lorient........	//	9	//	422	944	317
		Ouvriers d'artil. de marine à Cherbourg.	//	3	//			
		1er régiment de carabiniers...........	//	10	//			
		4e régiment de cuirassiers...........	//	60	30			
		1er régiment d'artillerie.............	//	36	45			
		Bataillon de pontonniers.............	//	10	5			
		6e régiment de dragons..............	//	35	15			
		2e régiment du génie................	//	10	5			
		1re compagnie d'ouvriers d'artillerie....	//	5	3			
		4e escadron du train des parcs d'artillerie.	//	40	10			
		6e régiment de hussards.............	//	70	20			
		31e régiment d'infanterie de ligne......	422	656	184			
14e	Eure....	Artillerie de marine à Brest..........	//	8	//	395	794	267
		Ouvriers d'artillerie de marine à Brest,.	//	3	//			
		1er régiment de carabiniers...........	//	10	//			
		4e régiment de cuirassiers...........	//	20	5			
		1er régiment d'artillerie.............	//	7	35			
		Bataillon de pontonniers.............	//	6	3			
		6e régiment de dragons..............	//	20	5			
		2e régiment du génie................	//	10	5			
		5e escadron du train des parcs d'artillerie,	//	20	10			
		6e régiment de chasseurs,...........	//	40	15			
		Hôpital militaire de Lille............	//	2	//			
		22e régiment d'infanterie de ligne......	395	648	189			
14e	Manche..	Artillerie de marine à Lorient........	//	12	//	554	1151	387
		Ouvriers d'artillerie de marine à Lorient.	//	4	//			
		1er régiment de carabiniers...........	//	10	//			
		9e régiment de cuirassiers...........	//	90	25			
		1er régiment d'artillerie.............	//	18	45			
		Bataillon de pontonniers.............	//	10	5			
		6e régiment de dragons..............	//	35	15			
		2e régiment du génie................	//	10	5			
		1re compagnie d'ouvriers d'artillerie....	//	5	3			
		4e escadron du train des parcs d'artillerie.	//	45	10			
		6e régiment de hussards.............	//	70	20			
		11e régiment d'infanterie de ligne.....	//	347	//			
		43e idem....................	554	495	259			

NUMÉRO des divis. militaires	DÉPARTE-MENS.	DÉSIGNATION DES CORPS qui recevront LES HOMMES DE CHAQUE DÉPARTEMENT.	NOMBRE D'HOMMES affecté à chaque corps.			TOTAL par DÉPARTEMENT.		
			Classe de 1824.	Classe de 1828.	Classe de 1829.	Classe de 1824.	Classe de 1828.	Classe de 1829.
14e	Orne	Artillerie de marine à Lorient	"	8	"			
		Ouvriers d'artill. de marine à Cherbourg.	"	2	"			
		1er régiment de carabiniers...........	"	5	"			
		1er régiment de cuirassiers...........	"	20	5			
		1er régiment d'artillerie.............	"	57	55			
		1er régiment de dragons.............	"	25	10	676	818	273
		2e régiment du génie...............	"	10	5			
		4e escadron du train des parcs d'artillerie.	"	30	10			
		18e régiment de chasseurs...........	"	50	20			
		32e régiment d'infanterie de ligne....	376	75	170			
		38e idem......................	"	535	"			
15e	Seine-Inf.	Artillerie de marine à Lorient........	"	13	"			
		Ouvriers d'artillerie de marine à Lorient.	"	4	"			
		1er régiment de carabiniers.........	"	15	4			
		1er régiment de cuirassiers.........	"	60	30			
		1er régiment d'artillerie...........	"	86	70			
		Bataillon de pontonniers...........	"	10	5			
		5e régiment de dragons............	"	45	20	654	1296	436
		2e régiment du génie..............	"	10	5			
		6e compagnie d'ouvriers d'artillerie.....	"	2	3			
		5e escadron du train des parcs d'artillerie.	"	40	10			
		9e régiment de chasseurs..........	"	70	30			
		Hôpital militaire de Lille.........	"	2	"			
		25e régiment d'infanterie de ligne.....	654	472	263			
		52e idem......................	"	467	"			
15e	Allier....	Artillerie de marine à Brest........	"	5	"			
		Ouvriers d'artillerie de marine à Brest..	"	2	"			
		7e régiment d'artillerie...........	"	30	15			
		Bataillon de pontonniers..........	"	10	5			
		12e régiment de dragons...........	"	5	5	248	537	181
		2e régiment du génie.............	"	5	5			
		10e régiment de chasseurs.........	"	10	5			
		Hôpital militaire de Metz.........	"	2	"			
		20e régiment d'infanterie légère.....	248	468	146			
		Artillerie de marine à Brest........	"	5	"			
		Ouvriers d'artillerie de marine à Brest..	"	2	"			
		7e régiment d'artillerie.............	"	30	30			

A a 4.

NUMÉROS	DÉPARTE-MENS.	DÉSIGNATION DES CORPS qui recevront LES HOMMES DE CHAQUE DÉPARTEMENT.	NOMBRE D'HOMMES affecté à chaque corps.			TOTAL par DÉPARTEMENT.		
			Classe de 1824.	Classe de 1828.	Classe de 1830.	Classe de 1824.	Classe de 1828.	Classe de 1830.
5ᵉ	Cher	Bataillon de pontonniers..............	″	4	2	202	468	157
		12ᵉ régiment de dragons.............	″	10	5			
		2ᵉ escadron du train des parcs d'artillerie.	″	10	5			
		10ᵉ régiment de chasseurs............	″	10	5			
		17ᵉ régiment d'infanterie de ligne......	202	397	110			
5ᵉ	Corrèze ..	Artillerie de marine à Brest...........	″	5	″	254	537	180
		Ouvriers d'artillerie de marine à Brest...	″	2	″			
		8ᵉ régiment d'artillerie.............	″	5	9			
		18ᵉ régiment d'infanterie légère	254	525	171			
5ᵉ	Creuse..	Artillerie de marine à Brest..........	″	5	″	229	476	160
		Ouvriers d'artillerie de marine à Brest...	″	2	″			
		7ᵉ régiment d'artillerie.............	″	20	25			
		2ᵉ régiment du génie...............	″	5	5			
		10ᵉ régiment de chasseurs............	″	10	5			
		34ᵉ régiment d'infanterie de ligne......	229	434	125			
5ᵉ	Indre....	Artillerie de marine à Cherbourg......	″	4	″	174	443	150
		Ouvriers d'artill. de marine à Rochefort..	″	2	″			
		7ᵉ régiment d'artillerie.............	″	30	35			
		Bataillon de pontonniers.............	″	6	3			
		12ᵉ régiment de dragons.............	″	10	5			
		2ᵉ régiment du génie...............	″	5	5			
		2ᵉ escadron du train des parcs d'artillerie.	″	10	5			
		10ᵉ régiment de chasseurs............	″	10	5			
		50ᵉ régiment d'infanterie de ligne......	174	251	92			
		56ᵉ idem.	″	120	″			
5ᵉ	Nièvre...	Artillerie de marine à Lorient........	″	5	″	202	512	173
		Ouvriers d'artill. de marine à Cherbourg.	″	2	″			
		7ᵉ régiment d'artillerie..............	″	40	35			
		Bataillon de pontonniers.............	″	4	2			
		12ᵉ régiment de dragons.............	″	10	5			
		2ᵉ régiment du génie.,.............	″	5	5			
		2ᵉ escadron du train des parcs d'artillerie.	″	10	5			
		10ᵉ régiment de chasseurs............	″	10	5			
		12ᵉ régiment d'infanterie légère	202	426	115			

	DÉPARTE-MENS.	DÉSIGNATION DES CORPS qui recevront LES HOMMES DE CHAQUE DÉPARTEMENT.	NOMBRE D'HOMMES affecté à chaque corps.			TOTAL par DÉPARTEMENT.		
			Classe de 1824.	Classe de 1828.	Classe de 1829.	Classe de 1824.	Classe de 1828.	Classe de 1829.
15e	Vienne (Haute).	Artillerie de marine à Lorient.........	//	5	//	236	520	175
		Ouvriers d'artill. de marine à Rochefort..	//	2	//			
		7e régiment d'artillerie..............	//	15	20			
		10e régiment de chasseurs...........	//	10	5			
		19e régiment d'infanterie légère.......	236	488	150			
16e	Nord....	Artillerie de marine à Lorient.........	//	18	//	838	1813	609
		Ouvriers d'artill. de marine à Cherbourg.	//	5	//			
		1er régiment de carabiniers..........	//	15	//			
		2e régiment de cuirassiers...........	//	60	25			
		3e idem...............	//	30	20			
		9e régiment d'artillerie..............	//	127	115			
		Bataillon de pontonniers..............	//	10	5			
		4e régiment de dragons..............	//	10	10			
		9e idem...............	//	90	35			
		2e régiment du génie.............	//	10	10			
		12e compagnie d'ouvriers d'artillerie....	//	2	3			
		5e escadron du train des parcs d'artillerie.	//	50	15			
		2e régiment de chasseurs...........	//	60	20			
		4e idem...............	//	70	30			
		Hôpital militaire de Lille............	//	2	//			
		1er régiment d'infanterie de ligne......	//	433	//			
		5e idem...............	//	596	//			
		44e idem...............	838	215	321			
16e	Pas-de-Calais....	Artillerie de marine à Lorient.........	//	12	//	617	1211	407
		Ouvriers d'artill. de marine à Cherbourg.	//	3	//			
		1er régiment de carabiniers..........	//	15	//			
		5e régiment de cuirassiers...........	//	50	20			
		1er régiment d'artillerie.............	//	85	60			
		Bataillon de pontonniers..............	//	10	5			
		5e régiment de dragons.............	//	40	20			
		2e régiment du génie............	//	10	5			
		12e compagnie d'ouvriers d'artillerie....	//	2	3			
		5e escadron du train des parcs d'artillerie.	//	40	10			
		5e régiment de hussards.............	//	90	30			
		Hôpital militaire de Lille............	//	2	//			
		38e régiment d'infanterie de ligne......	//	264	//			
		62e idem......... /........ ...	617	588	254			

NUMÉROS des divis. militaires.	DÉPARTE-MENS.	DÉSIGNATION DES CORPS qui recevront LES HOMMES DE CHAQUE DÉPARTEMENT.	NOMBRE D'HOMMES affecté à chaque corps.			TOTAL par DÉPARTEMENT.		
			Classe de 1824.	Classe de 1828.	Classe de 1829.	Classe de 1824.	Classe de 1828.	Classe de 1829.
16e	Somme	Artillerie de marine à Lorient............	″	40	″			
		Ouvriers d'artill. de marine à Rochefort.	″	3	″			
		1er régiment de carabiniers...............	″	5	″			
		5e régiment de cuirassiers...............	″	30	15			
		3e régiment d'artillerie.................	″	75	50			
		Bataillon de pontonniers.................	″	10	5			
		10e régiment de dragons..................	″	40	20	428	991	333
		2e régiment du génie.....................	″	10	8			
		6e compagnie d'ouvriers d'artillerie.....	″	2	3			
		5e escadron du train des parcs d'artillerie.	″	20	10			
		6e régiment de chasseurs.................	″	50	20			
		Hôpital militaire de Lille...............	″	2	″			
		1er régiment d'infanterie de ligne.......	″	285	″			
		7e idem..................................	428	449	205			
17e	Corse	Artillerie de marine à Toulon............	″	4	″			
		Ouvriers d'artillerie de marine à Toulon.	″	2	″			
		10e régiment d'artillerie................	″	16	15	171	349	117
		Bataillon de pontonniers.................	″	4	2			
		6e régiment d'infanterie de ligne........	171	323	100			
18e	Aube	Artillerie de marine à Brest.............	″	5	″			
		Ouvriers d'artillerie de marine à Brest...	″	2	″			
		1er régiment de carabiniers...............	″	5	″			
		2e régiment d'artillerie	″	40	25			
		Bataillon de pontonniers.................	″	6	3			
		3e régiment de dragons...................	″	20	10	213	455	153
		1er régiment du génie....................	″	15	8			
		11e compagnie d'ouvriers d'artillerie....	″	2	2			
		6e escadron du train des parcs d'artillerie.	″	10	10			
		11e régiment de chasseurs................	″	20	10			
		Hôpital militaire de Metz................	″	2	″			
		47e régiment d'infanterie de ligne.......	213	328	88			
		Artillerie de marine à Lorient	″	7	″			
		Ouvriers d'artill. de marine à Cherbourg.	″	2	″			
		1er régiment de carabiniers..........	″	5	″			
		2e régiment d'artillerie	″	70	50			
		Bataillon de pontonniers..............	″	4	2			

NUMÉROS des divis. militaires.	DÉPARTE-MENS.	DÉSIGNATION DES CORPS qui recevront LES HOMMES DE CHAQUE DÉPARTEMENT.	NOMBRE D'HOMMES affecté à chaque corps.			TOTAL par DÉPARTEMENT.		
			Classe de 1824.	Classe de 1828.	Classe de 1829.	Classe de 1824.	Classe de 1828.	Classe de 1829.
18ᵉ	Côte-d'Or.	3ᵉ régiment de dragons......................	4	25	10	337	699	235
		1ᵉʳ régiment du génie....................	"	20	10			
		11ᵉ compagnie d'ouvriers d'artillerie....	"	2	2			
		6ᵉ escadron du train des parcs d'artillerie.	"	20	10			
		14ᵉ régiment de chasseurs................	"	20	10			
		Hôpital militaire de Strasbourg.........	"	2	"			
		56ᵉ régiment d'infanterie de ligne.......	337	522	141			
18ᵉ	Marne (Haute).	Artillerie de marine à Lorient.........	4	5	"	219	461	155
		Ouvriers d'artill. de marine à Rochefort.	"	2	"			
		1ᵉʳ régiment de carabiniers.............	"	5	"			
		6ᵉ régiment d'artillerie...............	"	40	20			
		Bataillon de pontonniers...............	4	6	3			
		4ᵉ régiment de dragons................	"	20	10			
		1ᵉʳ régiment du génie.................	"	10	5			
		11ᵉ compagnie d'ouvriers d'artillerie....	"	2	2			
		6ᵉ escadron du train des parcs d'artillerie.	"	20	10			
		12ᵉ régiment de chasseurs..............	"	20	5			
		Hôpital militaire de Metz..............	"	2	"			
		3ᵉ régiment d'infanterie légère.........	219	329	100			
18ᵉ	Saone-et-Loire.	Artillerie de marine à Lorient.........	"	10	"	379	971	326
		Ouvriers d'artill. de marine à Rochefort.	"	2	"			
		1ᵉʳ régiment de carabiniers............	"	5	"			
		2ᵉ régiment d'artillerie	"	80	50			
		Bataillon de pontonniers...............	"	10	5			
		11ᵉ régiment de dragons...............	"	10	5			
		1ᵉʳ régiment du génie.................	"	15	10			
		8ᵉ compagnie d'ouvriers d'artillerie....	"	2	2			
		6ᵉ escadron du train des parcs d'artillerie.	"	20	10			
		14ᵉ régiment de chasseurs..............	"	40	10			
		Hôpital militaire de Metz..............	"	2	"			
		47ᵉ régiment d'infanterie de ligne......	"	405	"			
		57ᵉ idem.............................	379	370	234			
		Artillerie de marine à Lorient.........	"	6	"			
		Ouvriers d'artill. de marine à Rochefort.	"	2	"			
		1ᵉʳ régiment de carabiniers...........	"	5	"			
		2ᵉ régiment d'artillerie..............	"	50	40			

NUMÉROS des divis. militaires.	DÉPARTE-MENS.	DÉSIGNATION DES CORPS qui recevront LES HOMMES DE CHAQUE DÉPARTEMENT.	NOMBRE D'HOMMES affecté à chaque corps.			TOTAL par DÉPARTEMENT.		
			Classe de 1824.	Classe de 1823.	Classe de 1822.	Classe de 1824.	Classe de 1823.	Classe de 1822.
18e	Yonne...	Bataillon de pontonniers............	"	10	5	270	644	216
		4e régiment de dragons..............	"	20	10			
		2e régiment du génie.................	"	5	5			
		10e compagnie d'ouvriers d'artillerie....	"	2	2			
		5e escadron du train des parcs d'artillerie.	"	10	10			
		15e régiment de chasseurs............	"	30	10			
		Hôpital militaire de Metz....	"	2	"			
		10e régiment d'infanterie de ligne......	270	512	134			
19e	Cantal...	Artillerie de marine à Rochefort.......	"	5	"	197	494	166
		Ouvriers d'artill. de marine à Rochefort..	"	2	"			
		7e régiment d'artillerie..............	"	10	10			
		10e régiment de chasseurs............	"	5	5			
		23e régiment d'infanterie de ligne......	197	472	151			
19e	Loire....	Artillerie de marine à Toulon.........	"	7	"	322	708	238
		Ouvriers d'artillerie de marine à Toulon..	"	2	"			
		1er régiment de carabiniers...........	"	5	"			
		2e régiment d'artillerie..............	"	35	45			
		Bataillon de pontonniers............	"	10	5			
		12e régiment de dragons.............	"	10	5			
		3e régiment du génie.................	"	15	5			
		3e compagnie d'ouvriers d'artillerie.....	"	3	2			
		13e régiment de chasseurs............	"	10	5			
		Hôpital militaire de Metz............	"	2	"			
		13e régiment d'infanterie légère........	322	609	171			
19e	Loire (Haute).	Artillerie de marine à Toulon.........	"	5	"	221	538	181
		Ouvriers d'artill. de marine à Rochefort..	"	2	"			
		10e régiment d'artillerie..............	"	10	15			
		3e régiment du génie.................	"	5	5			
		6e régiment d'infanterie légère........	221	516	161			
19e	Puy-de-D.	Artillerie de marine à Cherbourg......	"	10	"	454	1067	359
		Ouvriers d'artill. de marine à Rochefort..	"	2	"			
		2e régiment d'artillerie..............	"	25	10			
		3e régiment du génie.................	"	15	5			
		3e régiment d'infanterie légère.........	454	395	344			
		14e idem.....................	"	620	"			

NUMÉROS des divis. militaires.	DÉPARTE-MENS.	DÉSIGNATION DES CORPS qui recevront LES HOMMES DE CHAQUE DÉPARTEMENT.	NOMBRE D'HOMMES affecté à chaque corps.			TOTAL par DÉPARTEMENT.		
			Classe de 1824.	Classe de 1828.	Classe de 1829.	Classe de 1824.	Classe de 1828.	Classe de 1829.
19ᵉ	Rhône...	Artillerie de marine à Rochefort.......	//	8	//			
		Ouvriers d'artillerie de marine à Toulon..	//	2	//			
		2ᵉ régiment d'artillerie..............	//	70	35			
		Bataillon de pontonniers.............	//	10	5	447	785	264
		3ᵉ régiment du génie................	//	15	5			
		3ᵉ compagnie d'ouvriers d'artillerie.....	//	4	2			
		Hôpital militaire de Metz............	//	2	//			
		54ᵉ régiment d'infanterie de ligne......	447	674	217			

TOTAUX...............	Année 1824... 28,000.
	Année 1828... 60,000.
	Année 1829... 20,000.

Le Ministre Secrétaire d'état de la guerre, signé Mᵃˡ Cᵗᵉ GÉRARD.

N° 358. — ORDONNANCE DU ROI *qui classe un Chemin parmi les Routes départementales de Seine-et-Marne.*

A Paris, le 15 Octobre 1830.

LOUIS-PHILIPPE, ROI DES FRANÇAIS, à tous présens et à venir, SALUT.

Sur le rapport de notre ministre secrétaire d'état de l'intérieur;

Vu la délibération du conseil général du département de Seine-et-Marne, session de 1826, tendant à classer au rang des routes départementales, sous le n° 19, le chemin de Montereau à Montargis par le Petit-Fossard, Leschiot, Voulx, Villellambeau, Lorrez, Égreville et Branles;

Vu la délibération du conseil municipal de la commune d'Égreville, du 27 mars 1829, contenant, en outre du vote d'une imposition extraordinaire pendant sept années pour concourir à la confection de cette nouvelle route, l'offre d'une somme de onze mille deux cents francs à prendre pendant le même temps sur les revenus communaux, à raison de seize cents francs par année;

Vu la délibération du conseil municipal de la ville de Montereau,

du 14 mai 1829, contenant également l'offre de concourir à la
dépense de cette route pour une somme de vingt-huit mille francs,
payable en sept années sur les revenus de cette ville ;

Vu les offres volontaires par vingt-sept propriétaires de la
commune de Voulx et par quatre propriétaires des communes
d'Esmans, Cannes, Fossard et Lorrez-le-Bocage, montant ensemble
à cinq mille deux cents francs, payables en six années, pour la
confection de cette route ;

Vu les délibérations des communes de Blennes, Branles, Chaintreaux, Chevry-en-Sereine, Dian, Égreville, Esmans, Lagerville,
Lorrez-le-Bocage, Remonville, Thoury-Ferrottes, Villebéon et
Voulx, contenant leurs votes d'imposition extraordinaire à percevoir en six et sept années pour concourir à la dépense de construction de cette route, évalués ensemble à la somme de quatre-
vingt-sept mille quatre cents francs ;

Vu l'avis du préfet du département,

Celui du conseil général des ponts et chaussées ;

Vu le décret du 16 décembre 1811 contenant réglement sur la
construction, réparation et entretien des routes, section II ;

Le comité de l'intérieur de notre Conseil d'état entendu,

NOUS AVONS ORDONNÉ et ORDONNONS ce qui suit :

ART. 1er. Le chemin de Montereau à Montargis est classé
parmi les routes départementales du département de Seine-
et-Marne sous la dénomination suivante :

Route n° 19 de Montereau à Montargis par le Petit-
Fossard, Leschiot, Voulx, Villeflambeau, Lorrez, Égreville
et Branles.

2. La ville de Montereau contribuera pour une somme de
vingt-huit mille francs, payable en sept années sur les revenus
de cette ville, dans les frais de construction de cette route
départementale, conformément à la délibération de son conseil
municipal du 14 mai 1829, ci-dessus visée.

3. La commune d'Égreville contribuera dans les mêmes
frais pour une somme de onze mille deux cents francs, payable
en sept années, à raison de seize cents francs par an, sur
les revenus de cette commune.

4. Les communes de Blennes, Branles, Chaintreaux,
Chevry-en-Sereine, Dian, Égreville, Esmans, Lagerville,
Lorrez-le-Bocage, Remonville, Thoury-Ferrottes, Villebéon

et Voulx, fourniront quatre-vingt-sept mille quatre cents francs pour l'achèvement de la route, conformément aux délibérations qu'elles ont prises à ce sujet; et les imposi-tions à établir sur chacune d'elles pour obtenir ce contingent seront ultérieurement déterminées par une ordonnance spé-ciale.

5. Les offres volontaires faites par trente-et-un propriétaires de concourir à la dépense de cette route pour une somme de cinq mille deux cents francs, payable en six années, sont acceptées.

6. L'administration est autorisée à acquérir les terrains et propriétés nécessaires pour la confection de cette route; elle se conformera aux dispositions de la loi du 8 mars 1810 sur les expropriations pour cause d'utilité publique.

7. Notre ministre secrétaire d'état de l'intérieur est chargé de l'exécution de la présente ordonnance.

Signé LOUIS-PHILIPPE.

Par le Roi : *le Ministre Secrétaire d'état au département de l'intérieur,*

Signé GUIZOT.

———

N° 359. — ORDONNANCE DU ROI qui autorise M. *Lagard* à maintenir et conserver en activité le bocard à crasses existant dans les usines à fer de *Linchamps*, commune des Hautes-Rivières, département des Ar-dennes. (*Paris, 29 Septembre 1830.*)

———

N° 360. — ORDONNANCE DU ROI qui autorise M. *Richard* à construire un haut-fourneau destiné à fondre le minerai de fer, dans la commune de *Brethenay*, département de la Haute-Marne. (*Paris, 29 Septembre 1830.*)

———

N° 361. — ORDONNANCE DU ROI qui autorise M. *Piot* à transférer à cent mètres en aval de l'emplacement actuel le patouillet qu'il possède dans la commune de *Brethenay*. (*Paris, 29 Septembre 1830.*)

———

N° 362. — ORDONNANCE DU ROI qui autorise M. le vicomte *de Sainte-Maure* à maintenir et conserver en activité les usines à fer qu'il pos-sède dans les communes de *Lanty* et de *Dinteville*, département de la Haute-Marne. (*Paris, 29 Septembre 1830.*)

———

N° 363. — ORDONNANCE DU ROI qui autorise M. le vicomte *de Sainte-Maure* à construire un haut-fourneau, destiné à fondre le minerai de fer, dans la commune de *Dinteville*, département de la Haute-Marne. (*Paris, 29 Septembre 1830.*)

Nº 364. — ORDONNANCE DU ROI portant concession des *mines de fer* qui existent dans la commune de *Pinsot*, canton d'Allevard (Isère), à MM. *Maréchal* et *Calvas*. (*Paris, 1er Octobre 1830.*)

Nº 365. — ORDONNANCE DU ROI qui autorise M. *Gauthier* à établir un *lavoir à cheval* et trois *lavoirs à bras* pour le lavage du minerai de fer dans la commune d'*Aroz*, département de la Haute-Saone. (*Paris, 11 Octobre 1830.*)

Nº 366. — ORDONNANCE DU ROI qui autorise M. *Épailly* à construire deux *lavoirs à bras* pour le lavage du minerai de fer dans la commune de *la Chapelle Saint-Quillain*, département de la Haute-Saone. (*Paris, 15 Octobre 1830.*)

Nº 367. — ORDONNANCE DU ROI portant concession à M. *Robert de Grandville* des *mines de houille* de la Tabarière, commune de *Chantonnay*, département de la Vendée. (*Paris, 15 Octobre 1830.*)

Nº 368. — ORDONNANCE DU ROI portant qu'il n'y a pas lieu d'autoriser le collège communal de la ville de *Mayenne* à accepter le Legs fait à cet établissement, par le sieur *Raimbault*, d'une closerie dite *du Haut-Mongriveux*, sise dans les communes de Grandvisseau et de Parigné, suivant testament olographe du 9 août 1830. (*Paris, 16 Octobre 1830.*)

CERTIFIÉ conforme par nous

Garde des sceaux de France, Ministre Secrétaire d'état au département de la justice,

A Paris, le 9 * Novembre 1830,

DUPONT (de l'Eure).

* Cette date est celle de la réception du Bulletin à la Chancellerie.

On s'abonne pour le Bulletin des lois, à raison de 9 francs par an, à la caisse de l'Imprimerie royale ou chez les Directeurs des postes des départemens.

À PARIS, DE L'IMPRIMERIE ROYALE.

9 Novembre 1830.

BULLETIN DES LOIS.

2e Partie. — ORDONNANCES. — N° 21.

N° 369. — *ORDONNANCE DU ROI qui convoque la Cour des Pairs pour procéder au jugement du Comte* de Kergorlay, *ex-pair de France, et des complices du délit à lui imputé.*

A Paris, le 9 Novembre 1830.

LOUIS-PHILIPPE, ROI DES FRANÇAIS, à tous présens et à venir, SALUT.

Considérant que le comte *de Kergorlay,* ex-pair de France, et les sieurs *Brian, Genoude* et *Lubis,* sont poursuivis comme auteur et complices du délit prévu par l'article 4 de la loi du 25 mars 1822;

Vu l'arrêt du 5 novembre dernier par lequel la cour royale de Paris s'est déclarée incompétente pour juger le comte *de Kergorlay* et ses co-prévenus, en se fondant sur ce que le premier n'avait point encore perdu sa qualité de pair de France à l'époque du délit qui lui est imputé;

Sur le rapport de notre garde des sceaux, ministre secrétaire d'état au département de la justice,

NOUS AVONS ORDONNÉ et ORDONNONS ce qui suit :

ART. 1er. La Cour des Pairs est convoquée.

Les pairs absens de Paris seront tenus de s'y rendre immédiatement, à moins qu'ils ne justifient d'un empêchement légitime.

2. Cette cour procédera sans délai au jugement du comte *de Kergorlay,* ex-pair de France, de *Brian, Genoude* et *Lubis,* comme prévenus d'avoir publié la lettre en date du 23 septembre, signée *le comte* de Kergorlay, *pair de France,* et insérée dans la *Quotidienne* du 25 septembre et dans la *Gazette de France* du 27 du même mois, et de s'être par-là rendus coupables du délit prévu par l'article 4 de la loi du 25 mars 1822.

3. Elle se conformera, pour l'instruction et le jugement, aux formes qui ont été suivies par elle jusqu'à ce jour.

4. M. *Persil,* notre procureur général en la cour royale de Paris, remplira les fonctions de notre procureur général près la Cour des Pairs.

Il sera assisté de M. *Berville,* premier avocat général en la même cour, faisant les fonctions d'avocat général et chargé de remplacer le procureur général en son absence.

5. Le garde des archives de la Chambre des Pairs et son adjoint rempliront les fonctions de greffiers près notre Cour des Pairs.

6. Notre président du Conseil des ministres, et notre garde des sceaux, ministre secrétaire d'état au département de la justice, sont chargés, chacun en ce qui le concerne, de l'exécution de la présente ordonnance, qui sera insérée au Bulletin des lois.

Signé LOUIS-PHILIPPE.

Par le Roi : *le Garde des sceaux, Ministre Secrétaire d'état au département de la justice,*

Signé DUPONT (de l'Eure).

N° 370. — *ORDONNANCE DU ROI portant suppression de la Commission du Sceau et réunion de ses attributions aux divisions du Ministère de la justice.*

A Paris, le 31 Octobre 1830.

LOUIS-PHILIPPE, ROI DES FRANÇAIS, à tous présens et à venir, SALUT.

Sur le rapport de notre garde des sceaux, ministre secrétaire d'état au département de la justice,

NOUS AVONS ORDONNÉ et ORDONNONS ce qui suit:

ART. 1er. L'administration du sceau sera réunie à notre ministère de la justice, et en formera, à l'avenir, une division nouvelle, sous la dénomination de *division du sceau.*

Le secrétaire général actuel du sceau prendra le titre de chef de division, et sera assimilé aux autres chefs de division du même ministère, en conservant ses attributions actuelles.

Les chefs de service et employés du sceau seront réunis et

assimilés aux chefs de service et employés du ministère de la justice, dans le budget duquel ils seront compris à l'avenir.

2. La commission du sceau est supprimée, à compter du 1ᵉʳ novembre prochain. Ses fonctions seront attribuées au conseil d'administration établi près notre garde des sceaux, ministre de la justice.

Le chef de la division du sceau y sera admis sur le même pied que les autres chefs de division du ministère, et y fera le rapport des affaires du sceau.

Les décisions y seront prises à la pluralité des voix des membres composant le conseil.

3. Les fonctions de commissaire du Roi au sceau de France seront remplies par le secrétaire général du ministère de la justice sans traitement supplémentaire.

4. Les fonds déposés à la caisse des consignations comme constituant le fonds de retraite du ministère de la justice et de la caisse du sceau seront réunis dans un seul et même compte, pour les produits en être appliqués aux retraites qui seront accordées aux employés de toutes les divisions du ministère de la justice sans distinction.

5. Les référendaires institués près la chancellerie continueront d'être seuls chargés de la poursuite des affaires sur lesquelles la commission du sceau était appelée à délibérer.

Ils devront fournir un cautionnement de cinq cents francs de rente cinq pour cent sur l'État.

Ce cautionnement sera déposé à la caisse des consignations dans le délai de six mois, et ne pourra être retiré que dans les formes voulues pour les autres cautionnemens.

6. Notre garde des sceaux continuera de prononcer, d'après les moyens d'existence des impétrans, sur les réductions de droits qu'il paraîtra juste d'accorder pour la délivrance des lettres de naturalité, de dispenses d'âge et de parenté pour mariage.

7. Il sera proposé, dans le projet de la prochaine loi de finance, des dispositions législatives propres à réunir la caisse du sceau au trésor public, et à assurer sur les fonds dudit

trésor le paiement des frais de l'administration du sceau et le service des autres dépenses qui en dépendent.

8. Toutes les ordonnances et réglemens contraires à la présente sont et demeurent abrogés.

9. Notre garde des sceaux, ministre de la justice, est chargé de l'exécution de la présente ordonnance.

Signé LOUIS-PHILIPPE.

Par le Roi : le Garde des sceaux, Ministre Secrétaire d'état au département de la justice,

Signé Dupont (de l'Eure).

N° 371.—ORDONNANCE DU ROI relative au Personnel du service des Ponts et Chaussées.

A Paris, le 19 Octobre 1830.

LOUIS-PHILIPPE, ROI DES FRANÇAIS, à tous présens et à venir, SALUT.

Sur le rapport de notre ministre secrétaire d'état de l'intérieur, NOUS AVONS ORDONNÉ et ORDONNONS ce qui suit :

ART. 1er. Le territoire du royaume continue à être réparti, sous le rapport du service des ponts et chaussées, en quinze divisions.

La division spéciale de la Loire est également maintenue.

Notre directeur général des ponts et chaussées et des mines déterminera, chaque année, un ordre de service pour l'inspection de ces divisions par les inspecteurs divisionnaires.

Ce service devra être réglé de manière que les deux tiers des inspecteurs divisionnaires puissent être présens aux séances du conseil des ponts et chaussées.

2. La disposition de l'article 3 de l'ordonnance du 10 mai 1829, d'après laquelle les inspecteurs divisionnaires devaient faire partie de la commission locale créée dans chaque département pour la répartition des fonds d'entretien et de réparation ordinaires, est rapportée.

3. Les inspecteurs généraux pourront, comme par le passé, être chargés d'inspections extraordinaires.

4. Les inspecteurs généraux et divisionnaires résideront à Paris, et ne pourront s'absenter qu'en vertu de l'autorisation du directeur général.

5. Les frais de bureau alloués par le décret du 25 août 1804 (1) aux inspecteurs généraux sont réduits à douze cents francs. Pareille somme sera accordée, au même titre, aux inspecteurs divisionnaires.

Les inspecteurs généraux et divisionnaires recevront des droits de présence pour les séances du conseil des ponts et chaussées, et des commissions spéciales dont il sera parlé ci-après.

Ils seront remboursés des frais des tournées dont ils auront été chargés par le directeur général, à raison de huit francs par poste et douze francs par jour.

Au moyen de ces dispositions, les inspecteurs divisionnaires cesseront de recevoir les sommes fixes qui leur étaient allouées par l'article 32 du décret du 25 août 1804 pour frais et loyers de bureau, paiement d'employés, frais de séjour, de tournées et autres dépenses.

6. Il y aura désormais un grade d'ingénieur en chef directeur entre ceux d'inspecteur divisionnaire et d'ingénieur en chef.

Ce grade ne pourra être donné qu'à des ingénieurs en chef de première classe, et seulement après vingt années de services, depuis et y compris le grade d'aspirant. Le nombre de ces ingénieurs en chef directeurs ne pourra excéder six. Ils seront nommés par nous.

Le titre de directeur sera, comme par le passé, conféré à tout ingénieur en chef qui aura sous ses ordres un ou plusieurs autres ingénieurs en chef. Il cessera de droit, lorsque la circonstance qui y avait donné lieu n'existera plus ; mais le grade pourra alors être accordé, suivant les dispositions du paragraphe précédent.

7. Les ingénieurs en chef directeurs et les ingénieurs en

---

(1) 7 fructidor an XII, art. 32.

B b 3

chef, appelés à de nouvelles résidences, recevront pour tous
frais de déplacément, huit francs par poste;

Les ingénieurs ordinaires et aspirans, quatre francs *idem;*
· Les élèves, deux francs *idem.*

8. Il ne sera alloué aucuns frais aux ingénieurs, de quelque
grade qu'ils soient, déplacés pour cause d'avancement, ou
d'après leurs demandes. Toutefois le directeur général pourra,
dans ce dernier cas, et eu égard aux circonstances particulières, accorder une indemnité à l'ingénieur appelé à une autre
destination.

9. Le conseil général des ponts et chaussées sera formé du
directeur général, des inspecteurs généraux et divisionnaires,
et d'un ingénieur en chef, qui remplira les fonctions de secrétaire et aura voix délibérative.

Le directeur général présidera le conseil.

Un inspecteur général remplira les fonctions de vice-président. Il sera désigné pour un an par le directeur général, et
il ne pourra être continué.

Les ingénieurs en chef directeurs, les directeurs des travaux des ports militaires, présens à Paris, assistent au conseil
avec voix délibérative.

10. Il sera formé deux commissions dans le sein du conseil
général des ponts et chaussées, sous le titre de *commission
des routes* et de *commission de la navigation.*

La première sera chargée d'examiner les affaires relatives
aux routes, ponts, chemins de fer et objets qui s'y rattachent.

La seconde examinera les affaires relatives à la navigation
naturelle et artificielle, aux ports, aux usines, aux desséche-
mens et objets qui s'y rattachent.

11. Chacune de ces commissions sera composée d'un inspecteur général, vice-président en l'absence du directeur général; de trois inspecteurs divisionnaires et du chef de la division de l'administration centrale à laquelle ressortissent les
affaires indiquées ci-dessus.

Deux ingénieurs ordinaires, aspirans ou élèves, tiendront

la plume dans les commissions, sous la surveillance de l'ingénieur en chef secrétaire du conseil des ponts et chaussées, qui pourra assister aux séances, et y aura voix délibérative.

12. Les inspecteurs généraux et divisionnaires qui devront faire partie des deux commissions, seront désignés par le directeur général tous les six mois.

13. Toutes les affaires spécifiées en l'article 15 du décret du 25 août 1804 qui demanderont un examen particulier, seront portées à celle des commissions qui est appelée à en connaître d'après l'article 10.

Le directeur général déterminera quelles seront celles de ces affaires qui devront être présentées ensuite au conseil général.

14. Les commissions des routes et de la navigation et le conseil général des ponts et chaussées se réuniront une fois par semaine; si des réunions extraordinaires sont nécessaires, elles seront indiquées par le directeur général.

15. Les dispositions actuellement en vigueur auxquelles il n'est point dérogé par la présente ordonnance, continueront à recevoir leur exécution.

16. Notre ministre secrétaire d'état de l'intérieur est chargé de l'exécution de la présente ordonnance, qui sera insérée au Bulletin des lois.

Signé LOUIS-PHILIPPE.

Par le Roi : *le Ministre Secrétaire d'état au département de l'intérieur,*
Signé GUIZOT.

N° 372. — ORDONNANCE DU ROI *sur la Vente de bois affectés à la dotation de la Caisse d'amortissement.*

A Paris, le 7 Octobre 1830.

LOUIS-PHILIPPE, ROI DES FRANÇAIS;

Vu la loi du 25 mars 1817, portant autorisation d'aliéner cent cinquante mille hectares des bois affectés à la dotation de la caisse d'amortissement;

Sur le rapport de notre ministre secrétaire d'état des finances,

NOUS AVONS ORDONNÉ et ORDONNONS ce qui suit :

B b 4

ART. 1ᵉʳ. Il sera procédé à la vente en sol et superficie des bois restant à aliéner pour compléter les cent cinquante mille hectares dont l'aliénation a été autorisée par la loi du 25 mars 1817. .

2. L'administration des forêts fera estimer par ses préposés les bois qui devront être aliénés. Le montant de l'estimation formera la mise à prix; mais elle sera augmentée, si le préfet juge, d'après l'avis du directeur des domaines ou de l'agent supérieur des forêts, que les bois n'ont pas été estimés à leur juste valeur.

3. Les ventes seront faites, à la diligence de la direction générale des domaines, au chef-lieu de l'arrondissement dans lequel les bois mis en vente seront situés. Les préfets pourront néanmoins faire vendre au chef-lieu du département les bois situés dans les autres arrondissemens, toutes les fois que cette mesure paraîtra devoir être avantageuse.

Les préfets et sous-préfets qui procéderont aux ventes seront assistés d'un préposé de l'administration des domaines et d'un agent de l'adminisration forestière.

4. Notre ministre des finances déterminera le mode de vente et de paiement par un cahier des charges qui contiendra les diverses conditions de la vente.

5. Notre ministre secrétaire d'état des finances est chargé de l'exécution de la présente ordonnance.

Signé LOUIS-PHILIPPE.

Par le Roi : *le Ministre Secrétaire d'état des finances ,*

Signé LOUIS.

_____

Nº 373. — ORDONNANCE DU ROI *relative à l'administration des Biens composant l'ancienne dotation de la Couronne.*

A Paris, le 16 Octobre 1830.

LOUIS-PHILIPPE, ROI DES FRANÇAIS;

Vu notre ordonnance du 13 août dernier qui établit une commission chargée de constater l'état de l'ancienne liste civile et de pourvoir à la conservation des biens et valeurs de toute nature dont elle se compose, de mettre toutes les dépenses sur le pied de simple entretien, de réunir tous les comptes de l'ancien intendant général et de préparer tous les élémens de la liquidation ;

Considérant qu'il est urgent de procéder en ce moment aux adjudications des coupes de bois, et en général de centraliser l'administration de tous les biens composant l'ancienne dotation de la couronne ;

Sur le rapport de notre ministre secrétaire d'état des finances,

Nous avons ordonné et ordonnons ce qui suit :

Art. 1ᵉʳ. Il sera nommé un administrateur spécial pour tout ce qui concerne les domaines et propriétés de l'ancienne dotation de la couronne.

Cet administrateur sera chargé, sous les ordres de notre ministre secrétaire d'état des finances, de la direction générale de tout ce qui a rapport à ces domaines et propriétés.

2. M. le comte *de Montalivet*, pair de France, est nommé administrateur desdits domaines.

3. MM. *de Schonen* et *Duvergier de Hauranne*, membres de la Chambre des Députés, continueront, de concert avec M. *de Montalivet*, à préparer les élémens de la liquidation de l'ancienne liste civile.

4. Notre ministre secrétaire d'état des finances est chargé de l'exécution de la présente ordonnance.

Signé LOUIS-PHILIPPE.

Par le Roi : *le Ministre Secrétaire d'état des finances,*

Signé LOUIS.

Nᵒ 374. — *Ordonnance du Roi qui crée une Commission chargée de l'examen des Demandes de prêts ou secours faites par le Commerce.*

A Paris, le 18 Octobre 1830.

LOUIS-PHILIPPE, Roi des Français, à tous présens et à venir, salut.

Vu la loi du 17 octobre courant par laquelle il est ouvert au ministre des finances un crédit extraordinaire de trente millions, qui pourront être employés en prêts ou avances au commerce et à l'industrie, en prenant les sûretés convenables pour la garantie des intérêts du trésor ;

Sur le rapport de notre ministre secrétaire d'état des finances,

Nous avons ordonné et ordonnons :

Art. 1er. Il sera formé à Paris une commission de commerce qui sera chargée .

De recevoir et d'examiner les demandes des commerçans et manufacturiers de Paris et des départemens, tendant à obtenir des prêts ou avances;

De vérifier la validité des garanties offertes en immeubles, effets de commerce, marchandises ou autres valeurs;

De classer les demandes selon le degré de préférence qu'elle croira leur être dû, dans l'intérêt le plus général;

Et enfin de proposer la quotité des sommes à accorder sur chacune des demandes qu'elle aura jugées admissibles.

2. Il sera statué par nous, en notre Conseil, sur les propositions de la commission, d'après le rapport qui nous en sera fait par un des membres du Conseil sans portefeuille. Les sommes accordées seront ordonnancées par le ministre des finances, en conséquence des états de distribution arrêtés par nous en notre Conseil.

3. Lesdites sommes seront fournies en numéraire à l'intérêt de quatre pour cent par an, ou en bons du trésor échéant à six, douze et dix-huit mois, sans intérêts.

4. Sont nommés membres de la commission de commerce,

MM.

Le marquis d'Audiffret, conseiller d'état, président à la cour des comptes;

Odier, membre de la Chambre des Députés, censeur de la banque de France;

Cottier, régent de la banque de France;

Ganneron, Sanson-Davillier, membres de la chambre de commerce et juges au tribunal de commerce de Paris.

5. Notre ministre secrétaire d'état des finances est chargé de l'exécution de la présente ordonnance.

Signé LOUIS-PHILIPPE.

Par le Roi : le Ministre Secrétaire d'état des finances,
Signé LOUIS.

N° 375. — *Ordonnance du Roi relative aux Taxes d'octroi de plusieurs Communes.*

A Paris, le 27 Octobre 1830.

LOUIS-PHILIPPE, Roi des Français;

Sur le rapport de notre ministre secrétaire d'état des finances,

Nous avons ordonné et ordonnons ce qui suit :

Art. 1er. 1° L'article 2 du réglement actuellement en vigueur pour la perception de l'octroi de la commune d'Alais, département du Gard, est supprimé. Le réglement supplémentaire annexé à la présente ordonnance pour la perception de l'octroi de la commune d'Alais est approuvé.

2° A partir du 1er janvier 1831, la taxe actuellement perçue sur la morue à l'octroi de la ville de Rouen, département de la Seine-Inférieure, sera supprimée. A partir de la même époque, la perception de la taxe additionnelle d'un décime par franc sur les objets compris au tarif dudit octroi, autorisée par ordonnance du 10 juin 1827 jusqu'au 31 décembre 1830, sera prorogée pour trois nouvelles années : les boissons sont exceptées de cette disposition. Le produit de ladite taxe, de l'emploi duquel il sera justifié à la régie des contributions indirectes, sera affranchi du prélèvement du dixième pour les sommes seulement qui auront été consacrées à l'achèvement des travaux à la dépense desquels cette perception temporaire a été primitivement destinée.

3° Jusques et compris le 31 décembre 1833, les droits d'octroi perçus en ce moment dans la commune de Revel, département de la Haute-Garonne, sur les huiles, seront maintenus à douze francs l'hectolitre pour l'huile d'olive et à six francs l'hectolitre pour l'huile à brûler.

4° L'octroi établi dans la commune de Saint-Cirq, département de Lot-et-Garonne, est et demeure supprimé à partir du 1er janvier 1831.

5° Les tarif et réglement d'octroi de la commune d'Albi, département du Tarn, annexés à l'ordonnance du 23 décembre 1829, sont modifiés ainsi qu'il suit, savoir :

TARIF.

1° Les taxes sur le sainfoin, la luzerne et tous autres fourrages artificiels, comme celles sur la paille et les cuirs en bourre, frais ou secs, sont supprimées.

2° Désormais le droit sur les sucres sera ainsi perçu :

Sucres en pain, pilés, mêlés et terrés, le myriagramme...... 1f 00c

Sucres de qualité inférieure, sirops de sucre, le myriagramme. 0. 60.

3° Les fagots de buisson d'aubépine, de ronces, et les racines, sont affranchis du droit sur les bois à brûler.

RÉGLEMENT.

Le minimum des quantités de sucre au-dessous duquel il ne sera point accordé décharge à la sortie de l'entrepôt, est fixé à quarante kilogrammes.

2. Notre ministre secrétaire d'état des finances est chargé de l'exécution de la présente ordonnance.

Signé LOUIS-PHILIPPE.

Par le Roi : *le Ministre Secrétaire d'état des finances*,

Signé Louis.

N° 376. — *ORDONNANCE DU ROI portant Suppression ou Réduction de Pensions accordées sur les fonds du Sceau.*

A Paris, le 25 Octobre 1830.

LOUIS-PHILIPPE, Roi DES FRANÇAIS, à tous présens et à venir, SALUT.

Sur le rapport de notre garde des sceaux, ministre secrétaire d'état au département de la justice,

NOUS AVONS ORDONNÉ et ORDONNONS ce qui suit :

ART. 1er. L'ordonnance royale du 15 mai 1822 portant concession d'une pension de trois mille francs à Mme veuve *Dalon*, née *Marie-Louise-Henriette Rolland ;*

Celle du 17 avril 1823 portant concession d'une pension de six mille francs à Mme veuve *de Perpigna*, née *Madeleine Sainfort-Raye*, et à Mlle *Marguerite-Raimonde de Perpigna*, sa fille ;

Celle du même jour portant concession d'une pension de six mille francs sur le sceau à M. le comte *de la Bourdonnaye-Blossac* (*Charles-Esprit-Marie*), pair de France ;

Celle du 25 juin 1827 portant concession d'une pension

de huit mille francs à Mme la vicomtesse *de Peyronnet*, née *Boutin*, et à ses trois enfans,

Sont et demeurent révoquées, ainsi que celle du 11 mai 1825 portant concession d'une pension de quatorze cents francs à M. *d'Urbain-Gautier*.

2. La pension de trois mille francs accordée sur les fonds du sceau à Mme la marquise *Dax-Daxat*, née *Anastasie-Émile Guignart de Saint-Priest*, par ordonnance du 30 août 1818, est réduite à deux mille francs.

Celles de six mille francs accordées par ordonnance du 17 avril 1823 à MM. *Lambert* (*Augustin-Charles-Pascal*), ancien conseiller d'état ; *Foulon d'Écotier* (*Eugène-Joseph-Stanislas*), ancien conseiller d'état ; *de la Porte-Lalanne* (*Arnauld-Joseph*), ancien conseiller d'état, et celle de six mille francs accordée par ordonnance du 5 novembre 1826 à M. *Pagès*, ancien procureur général à la cour royale de Riom, sont et demeurent réduites chacune à la somme annuelle de trois mille francs.

Celle de trois mille francs accordée à Mme la comtesse *Maréchal de Vezet*, née *Françoise-Émilie de Germigney*, par ordonnance du 17 avril 1823, est réduite à la somme annuelle de deux mille francs.

Celle de trois mille francs accordée à Mlle *Bellart* (*Julie-Françoise*) par ordonnance du 5 août 1826 est réduite à la somme annuelle de deux mille francs.

Celle de deux mille francs accordée à M. *Rebut-la-Rhoëllerie* par ordonnance du 27 janvier 1828 est réduite à la somme annuelle de mille francs.

3. La présente ordonnance recevra son exécution à compter du 1er janvier prochain.

4. Toutes les ordonnances contraires à la présente sont rapportées.

5. Une ampliation de la présente ordonnance sera transmise à notre ministre secrétaire d'état des finances.

Notre garde des sceaux, ministre secrétaire d'état au

N° 383. — ORDONNANCE DU ROI qui approuve le procès-verbal constatant que les experts régulièrement nommés par le préfet du département de la Côte-d'Or ont opéré la délimitation des bois de la commune de Fontaine-en-Duémois d'avec les propriétés qui les entourent. (*Paris, 17 Septembre 1830.*)

N° 384. — ORDONNANCE DU ROI qui approuve le procès-verbal constatant que les experts régulièrement nommés par le préfet du département du Bas-Rhin ont opéré la délimitation de la forêt royale d'Ungersberg et des propriétés des sieurs *Blaise* et consorts. (*Paris, 17 Septembre 1830.*)

N° 385. — ORDONNANCE DU ROI qui approuve le procès-verbal constatant que les experts régulièrement nommés par le préfet du département de l'Ariége ont opéré la délimitation de la forêt royale de Carcanet (Ariége) d'avec les bois Pontaron (Aude) appartenant à M. le baron *de la Rochefoucauld.* (*Paris, 17 Septembre 1830.*)

N° 386. — ORDONNANCE DU ROI portant que le sieur *Anderson (Thomas),* né le 23 juin 1771 à Rochester en Angleterre, et demeurant à Boulogne, département du Pas-de-Calais, est admis à établir son domicile en France, pour y jouir de l'exercice des droits civils tant qu'il continuera d'y résider. (*Paris, 5 Octobre 1830.*)

CERTIFIÉ conforme par nous

Garde des sceaux de France, Ministre Secrétaire d'état au département de la justice,

A Paris, le 16 * Novembre 1830 ,

DUPONT (de l'Eure).

* Cette date est celle de la réception du Bulletin à la Chancellerie.

On s'abonne pour le Bulletin des lois, à raison de 9 francs par an, à la caisse de l'Imprimerie royale, ou chez les Directeurs des postes des départemens.

A PARIS, DE L'IMPRIMERIE ROYALE.
16 Novembre 1830.

˙BULLETIN DES LOIS.

2ᵈPartie.—ORDONNANCES.—N°22.

N° 387. — *ORDONNANCE DU ˙ROI qui accorde Amnistie pour tous délits forestiers et de pêche, pour contraventions à la police du roulage et à la grande voirie, et Remise des doubles droits et amendes en matière de timbre, d'enregistrement et de mutation.*

A Paris, le 8 Novembre 1830.

LOUIS-PHILIPPE, ROI DES FRANÇAIS;

A l'occasion de notre avénement à la couronne, et sur le rapport de nos ministres secrétaires d'état de la justice et des finances,

NOUS AVONS ORDONNÉ et ORDONNONS ce qui suit:

ART. 1ᵉʳ. Amnistie pleine et entière est accordée pour tous délits ou contraventions relatifs aux lois sur les forêts et sur la pêche commis antérieurement à la publication de la présente ordonnance : ceux des délinquans qui sont actuellement détenus, seront immédiatement mis en liberté.

Sont exceptés les adjudicataires de coupes de bois poursuivis pour cause de malversations et abus dans l'exploitation de leurs coupes; sont également exceptés de l'amnistie les adjudicataires de cantonnement de pêche et les porteurs de licence poursuivis pour délits commis dans les cantonnemens.

2. L'amnistie accordée par l'article précédent s'applique aux peines d'emprisonnement et d'amende prononcées ou encourues, ainsi qu'aux frais avancés par l'État et au paiement des dommages et intérêts qui lui ont été alloués par jugemens.

Les objets saisis et non vendus seront remis aux parties, à l'exception de ceux qui sont prohibés et des bois de délit.

3. Remise est accordée de toute amende de cent francs et

IXᵉ Série. — 2ᵉ Partie.   C c au-dessous qui aurait été prononcée en matière correction-nelle, de police de roulage et de grande voirie, par suite de délits ou contraventions commis antérieurement au 1ᵉʳ août dernier, et autres que ceux qui sont prévus par l'article 1ᵉʳ de la présente ordonnance. Cette remise ne s'étendra pas aux frais avancés par l'État.

4. Les sommes acquittées avant la date de la présente ordonnance ne seront pas restituées.

Dans aucun cas l'amnistie ne pourra être opposée aux droits des particuliers, des communes et des établissemens publics auxquels des dommages-intérêts et des dépens auraient été ou devraient être alloués.

5. Il est accordé un délai de trois mois, à compter du jour de la publication de la présente ordonnance, pour faire enre-gistrer et timbrer, sans droits en sus ni amendes, tous les actes sous signatures privées, effets et registres qui, en con-travention aux lois sur l'enregistrement et le timbre, n'auraient pas été soumis à ces formalités.

Le même délai de faveur est accordé pour faire la décla-ration des biens transmis, soit par décès, soit entre-vifs, lors-qu'il n'existera pas de conventions écrites.

Les héritiers, donataires ou légataires, et tous nouveaux possesseurs qui auraient fait des omissions ou des estimations insuffisantes dans leurs actes ou déclarations, seront admis à les réparer sans être soumis à aucune peine, pourvu qu'ils acquittent les droits simples et les frais dans le délai de trois mois, à partir de la publication de la présente.

Le bénéfice résultant du présent article ne pourra être ré-clamé que pour les contraventions existant au jour de la publication de la présente ordonnance.

6. Ne sont point compris dans la remise accordée par l'ar-ticle précédent les condamnations prononcées par jugemens en matière d'enregistrement et de timbre, et les frais d'instance et de poursuites à la charge des parties.

7. Nos ministres secrétaires d'état de la justice et des finances sont chargés de l'exécution de la présente ordonnance.

Signé LOUIS-PHILIPPE.

Par le Roi : *le Ministre Secrétaire d'état des finances ,*

Signé J. Laffitte.

N° 388. — *Ordonnance du Roi sur la Fabrication de Pièces d'or de cent et de dix francs.*

A Paris, le 8 Novembre 1830.

LOUIS-PHILIPPE, Roi des Français;

Vu la loi du 7 germinal an XI relative à la fabrication des monnaies ;

Considérant que l'utilité et la convenance de fabriquer des pièces d'or de la valeur de cent et de dix francs est reconnue, et que la fabrication de nouvelles monnaies à notre effigie est une circonstance favorable à la réalisation de cette mesure ; 4.

D'après l'avis de la commission des monnaies,

Et sur le rapport de notre ministre secrétaire d'état au département des finances, président du Conseil des ministres,

Nous avons ordonné et ordonnons ce qui suit :

Art. 1er. Indépendamment des pièces d'or de quarante et de vingt francs désignées par la loi du 7 germinal an XI, il en sera à l'avenir fabriqué de la valeur de cent francs et de dix francs.

2. La pièce de cent francs sera à la taille de trente-et-une pièces au kilogramme , au poids de 32^{grammes}2580 , et au diamètre de trente-quatre millimètres : la tolérance de poids sera d'un millième seulement en dessus et en dessous.

La pièce de dix francs sera à la taille de trois cent dix pièces au kilogramme , au poids de 3^{grammes}2258 , et au diamètre de dix-huit millimètres : la tolérance de poids sera de deux millièmes en dessus et en dessous.

3. Notre ministre secrétaire d'état des finances est chargé de l'exécution de la présente ordonnance, qui sera insérée au Bulletin des lois.

Signé LOUIS-PHILIPPE.

Par le Roi : *le Ministre Secrétaire d'état des finances ,*

Signé J. Laffitte.

C c 2

N° 389. — *Ordonnance du Roi qui ouvre un Concours pour la gravure du coin des Espèces d'or et d'argent.*

A Paris, le 8 Novembre 1830.

LOUIS-PHILIPPE, Roi des Français ;

Considérant que le moyen le plus certain d'obtenir, dans la confection des coins destinés à frapper les monnaies françaises, toute la perfection que les progrès des arts permettent de leur donner, est d'ouvrir un concours parmi tous les graveurs qui voudront y participer ;

D'après l'avis de la commission des monnaies,

Et sur le rapport de notre ministre secrétaire d'état des finances, président du Conseil des ministres,

Nous avons ordonné et ordonnons ce qui suit :

Art. 1er. Il est ouvert un concours pour la gravure du coin des espèces d'or de cent, quarante, vingt et dix francs, et d'argent de cinq, deux, un, demi et quart de franc, qui devront être frappées au type prescrit par notre ordonnance du 17 août 1830.

Tous les graveurs français sont appelés à participer à ce concours, en se conformant aux instructions de la commission des monnaies, approuvées par notre ministre secrétaire d'état des finances.

Un délai de trois mois, à partir de la date de la présente ordonnance, est accordé à chaque graveur prenant part au concours, pour la remise de son travail entre les mains de la commission des monnaies.

2. Un jury spécial prononcera sur la préférence à accorder pour la gravure du coin de nos monnaies.

3. Ce jury sera composé de sept personnes : trois seront choisies par les artistes eux-mêmes parmi les membres de l'Institut, une autre par le ministre des finances, auxquelles s'adjoindront le président et les deux commissaires généraux des monnaies.

4. Un prix de quinze mille francs sera accordé pour la gravure de la tête et du revers de la pièce d'or de cent francs;

pareille somme sera accordée pour la gravure de la tête et du revers de la pièce d'argent de cinq francs. Au moyen de cette somme, l'artiste aura à fournir :

Pour la tête,

Un poinçon de tête isolé ;
Une matrice originale avec lettres, grenetis, listel ;
Un poinçon original avec lettres, grenetis, listel ;
Une matrice de service avec lettres, grenetis, listel ;
Un poinçon de reproduction avec lettres, grenetis, listel.

Pour le revers,

Un poinçon de couronne isolée, laurier et olivier ;
Une matrice originale avec lettres, grenetis, listel ;
Un poinçon original avec lettres, grenetis, listel ;
Une matrice de service avec lettres, grenetis, listel ;
Un poinçon de reproduction avec lettres, grenetis, listel.

Pour les lettres,

Une matrice originale de lettres, chiffres, grenetis et points ;
Les lettres originales, chiffres, grenetis et points.

L'artiste dont l'ouvrage aura été préféré pour la pièce de cent francs, sera chargé de graver les pièces de quarante, vingt et dix francs.

L'artiste dont l'ouvrage aura été préféré pour la pièce de cinq francs, sera chargé de graver les pièces de deux, un, demi et quart de franc.

La valeur des matrices des pièces d'or de quarante, vingt et dix francs, et la valeur des matrices des pièces d'argent de deux francs, un, demi et quart de franc, sera payée séparément, en sus des prix ci-dessus réglés et qui s'appliquent aux pièces de cent francs pour l'or et de cinq francs pour l'argent.

5. Jusqu'à ce que les coins définitifs des nouvelles monnaies aient été adoptés, des coins provisoires pour les pièces de vingt francs et de cinq francs au type prescrit par notre

ordonnance du 17 août 1830 serviront à la fabrication des espèces dans nos hôtels des monnaies.

6. Notre ministre secrétaire d'état des finances est chargé de l'exécution de la présente ordonnance.

Signé LOUIS-PHILIPPE.

Par le Roi : *le Ministre Secrétaire d'état des finances,*

Signé J. LAFFITTE.

N° 390.— *Ordonnance du Roi relative à la Pêche.*

A Paris, le 15 Novembre 1830.

LOUIS-PHILIPPE, Roi des Français;

Vu les articles 26, 27, 28 et 29 de la loi du 15 avril 1829, relative à la pêche fluviale;

Sur le rapport de notre ministre secrétaire d'état des finances;

Notre Conseil d'état entendu,

Nous avons ordonné et ordonnons ce qui suit:

ART. 1er. Sont prohibés, sous les peines portées par l'article 28 de la loi du 15 avril 1829,

1.° Les filets traînans;

2.° Les filets dont les mailles carrées, sans accrues, et non tendues, ni tirées en losange, auraient moins de trente millimètres [quatorze lignes] de chaque côté, après que le filet aura séjourné dans l'eau;

3.° Les bires, nasses ou autres engins dont les verges en osier seraient écartées entre elles de moins de trente millimètres.

2. Sont néanmoins autorisés pour la pêche des goujons, ablettes, loches, vérons, vandoises, et autres poissons de petite espèce, les filets dont les mailles auront quinze millimètres [sept lignes] de largeur, et les nasses d'osier ou autres engins dont les baguettes ou verges seront écartées de quinze millimètres. Les pêcheurs auront aussi la faculté de se servir de toute espèce de nasses en jonc à jour, quel que soit l'écartement de leurs verges.

3. Quiconque se servira pour une autre pêche que celle

qui est indiquée dans l'article précédent, des filets spécialement affectés à cet usage, sera puni des peines portées par l'article 28 de la loi du 15 avril 1829.

4. Aucune restriction, ni pour le temps de la pêche, ni pour l'emploi des filets ou engins, ne sera imposée aux pêcheurs du Rhin.

5. Dans chaque département, le préfet déterminera, sur l'avis du conseil général et après avoir consulté les agens forestiers, les temps, saisons et heures pendant lesquels la pêche sera interdite dans les rivières et cours d'eau.

6. Il fera également un réglement dans lequel il déterminera et divisera les filets et engins qui, d'après les règles ci-dessus, devront être interdits.

7. Sur l'avis du conseil général, et après avoir consulté les agens forestiers, il pourra prohiber les procédés et modes de pêche qui lui sembleront de nature à nuire au repeuplement des rivières.

8. Les réglemens des préfets devront être homologués par ordonnances royales.

9. Notre ministre secrétaire d'état des finances est chargé de l'exécution de la présente ordonnance.

Signé LOUIS-PHILIPPE.

Par le Roi: *le Ministre Secrétaire d'état des finances,*

Signé J. LAFFITTE.

N° 391. — *ORDONNANCE DU ROI portant Convocation de deux Colléges électoraux.*

A Paris, le 4 Novembre 1830.

LOUIS-PHILIPPE, ROI DES FRANÇAIS, à tous présens et à venir, SALUT.

Sur le rapport de notre ministre secrétaire d'état de l'intérieur;

Vu les lois des 5 février 1817, 29 juin 1820, 2 mai 1827, 2 juillet 1828, 11 et 12 septembre 1830;

Vu nos ordonnances des 19 et 23 octobre dernier qui ont nommé inspecteur général des ponts et chaussées M. *Bérigny*

C c 4

député de la Seine-Inférieure, et ambassadeur en Espagne M. le comte *Eugène d'Harcourt*, député de Seine-et-Marne,

Nous avons ordonné et ordonnons ce qui suit :

Art. 1ᵉʳ, Le collége du cinquième arrondissement électoral de la Seine-Inférieure, et le collége comprenant tous les électeurs du département de Seine-et-Marne, sont convoqués à Dieppe et à Melun, pour le 27 novembre, à l'effet d'élire chacun un député.

2. Conformement à l'article 21 de la loi du 2 juillet 1828, il sera fait usage, pour ces élections, des listes électorales arrêtées lors de la révision annuelle de 1830.

3. Il sera procédé, pour les opérations des colléges électoraux, ainsi qu'il est réglé par les dispositions combinées de la loi du 12 septembre 1830 et de l'ordonnance royale du 11 octobre 1820.

4. Notre ministre secrétaire d'état de l'intérieur est chargé de l'exécution de la présente ordonnance.

Signé LOUIS-PHILIPPE.

Par le Roi : *le Ministre Secrétaire d'état au département de l'intérieur,*

Signé Montalivet.

N° 392. — Ordonnance du Roi *qui nomme un Administrateur provisoire des propriétés de l'ancienne Dotation de la Couronne, et les Liquidateurs de l'ancienne Liste civile.*

A Paris, le 5 Novembre 1830.

LOUIS-PHILIPPE, Roi des Français, à tous présens et à venir, salut.

Vu notre ordonnance du 16 octobre dernier qui institue un administrateur spécial pour tout ce qui concerne les domaines et propriétés de l'ancienne dotation de la couronne, et nomme à cet emploi M. le comte *de Montalivet*, pair de France ;

Vu notre ordonnance du 2 novembre présent mois qui nomme M. le comte *de Montalivet* ministre secrétaire d'état au département de l'intérieur ;

Sur le rapport de notre ministre secrétaire d'état des finances,

Nous avons ordonné et ordonnons ce qui suit :

ART. 1ᶜʳ. M . *Delaître*, ancien préfet du département de Seine-et-Oise, est chargé provisoirement de l'administration des domaines et propriétés de l'ancienne dotation de la couronne.

2. MM. *de Schonen* et *Duvergier de Hauranne*, membres de la Chambre des Députés, restent chargés seuls de préparer les élémens de la liquidation de l'ancienne liste civile.

3. Notre ministre secrétaire d'état des finances est chargé de l'exécution de la présente ordonnance.

Signé LOUIS-PHILIPPE.

Par le Roi : *le Ministre Secrétaire d'état des finances*,

Signé J. LAFFITTE.

———————

N° 393.—ORDONNANCE DU ROI *qui proroge le Péage de l'écluse de Rodignies.*

A Paris, le 11 Octobre 1830.

LOUIS-PHILIPPE, ROI DES FRANÇAIS, à tous présens et à venir, SALUT.

Vu l'ordonnance du Roi du 3 septembre 1823 qui concède au sieur *Honnorez*, adjudicataire des travaux de l'écluse de Rodignies sur l'Escaut, le droit de percevoir un péage à ladite écluse pendant six ans, immédiatement après sa construction ;

Vu l'article 20 du cahier de charges annexé à ladite ordonnance, portant qu'une prolongation de jouissance sera accordée au concessionnaire dans le cas où le canal d'Antoin, tournant autour de Condé, serait exécuté et navigable avant l'expiration de la concession de l'écluse de Rodignies ;

Considérant qu'il est de notoriété publique que le canal d'Antoin a été livré à la navigation par le gouvernement des Pays-Bas le 26 juin 1826 ; que sans cet incident la concession de l'écluse de Rodignies devrait expirer le 24 octobre courant, mais que l'existence du canal d'Antoin a ouvert au profit du sieur *Honnorez* un droit de prolongation de jouissance qui ne peut être contesté ;

Considérant qu'à défaut d'instruction et information complète, le temps manque à l'administration pour déterminer définitivement avant le 24 octobre quels devraient être, à raison du décroissement des recettes de l'écluse de Rodignies, la durée et le terme de la prolongation de jouissance acquise au concessionnaire de ladite écluse ;

Fresnes, à dater du 1ᶜʳ décembre 1827, et pour l'écluse
d'Iwuy, à dater du 1ᶜʳ décembre 1831.

3. L'écluse de Rodignies devra être terminée le 31 décembre 1824 au plus tard.

A dater du jour où cette écluse sera livrée à la navigation,
et pendant six ans, le sieur *Honnorez* est autorisé à percevoir
un droit de dix-huit centimes par tonneau sur chaque bateau
chargé, et de neuf centimes par tonneau sur chaque bateau
vide passant à ladite écluse.

4. Les procès-verbaux d'adjudication du 16 juin 1823 et
le cahier des charges du 18 mai précédent demeureront annexés à la présente ordonnance. Toutes les clauses et conditions qui y sont stipulées recevront leur pleine et entière exécution.

5. Notre ministre secrétaire d'état au département de l'intérieur est chargé de l'exécution de la présente ordonnance.

Donné en notre château des Tuileries, le 3 Septembre de l'an de grâce
1823, et de notre règne le vingt-neuvième.

Signé LOUIS.

Par le Roi : *le Ministre Secrétaire d'état au département de l'intérieur,*

Signé CORBIÈRE.

———————

Nº 395. — *ORDONNANCE DU ROI qui autorise des Exploitations
dans des Bois communaux.*

A Paris, le 20 Octobre 1830.

LOUIS-PHILIPPE, ROI DES FRANÇAIS;

Vu les titres Iᵉʳ, III et VI du Code forestier;
Vu l'ordonnance d'exécution du 1ᵉʳ août 1827;
Sur le rapport de notre ministre secrétaire d'état des finances,
NOUS AVONS ORDONNÉ et ORDONNONS ce qui suit :

ART. 1ᵉʳ. L'administration forestière est autorisée à faire
délivrance aux communes ci-après désignées, savoir :

1º Pessans (Doubs), de la coupe de trois hectares de la réserve de ses
bois ;

2º Gerberoy (Oise), de la coupe du taillis des coupes ordinaires de
ses bois qui ont actuellement dépassé l'âge de dix-huit ans :
Il sera procédé à l'aménagement desdits bois ;

3° Abbans-Dessous (Doubs), de la coupe de sept hectares vingt-six ares de sa réserve ;

4° Guebwiller (Haut-Rhin), de la coupe, par forme de recépage, d'un canton de ses bois de la contenance d'environ quarante ares, pour ledit canton être ensuite réuni au sol forestier ;

5° Vosbles (Jura), de la coupe d'un hectare quarante ares formant la réserve du bois de Mongefond, annexe de ladite commune ;

6° Sandet (Basses-Pyrénées), d'un arbre chêne à prendre dans ses bois ;

7° Montreuil (Haute-Marne), de la coupe, par forme de recépage, de deux hectares appartenant à cette commune et formant une lisière de broussailles ;

8° Hennemont (Meuse), de la coupe de sept cent soixante-deux chênes et quatre-vingt-treize fruitiers à prendre dans ses bois ;

9° Rignosot (Doubs), de la coupe de cent vingt chênes à prendre dans les coupes destinées à l'ordinaire 1831 et des quatre années suivantes ;

10° Candresse (Landes), de trois chênes à prendre dans ses bois ;

11° Roissy (Seine-et-Marne), de la coupe, en deux années successives, de treize hectares quatre-vingt-deux ares soixante-et-dix-huit centiares formant la réserve de ses bois ;

12° Altroff (Bas-Rhin), de la coupe, pendant huit années successives, de deux hectares quarante ares à prendre dans la partie la plus âgée de ses bois :

Il sera procédé à l'aménagement desdits bois ;

13° Louit (Hautes-Pyrénées), de la coupe de quatre hectares cinquante ares de taillis, et de quinze arbres à prendre dans ses bois ;

14° Tournay (Hautes-Pyrénées), de la coupe de quatre hectares de ses bois ;

15° Souyaux (Hautes-Pyrénées), de la coupe de deux hectares de taillis et de six arbres à prendre dans ses bois ;

16° Sarrouilles (Hautes-Pyrénées), de vingt arbres à prendre dans ses bois ;

17° Royaumeix (Meurthe), de la coupe de douze hectares de sa réserve ;

18° Crion (Meurthe), de la coupe, en deux années successives, de dix hectares cinquante-six ares de sa réserve ;

19° Errevet (Haute-Saone), de la coupe de quatre hectares de la réserve de ses bois :

Il sera procédé à l'aménagement desdits bois ;

20° Franois (Doubs), de la coupe de neuf hectares quatre-vingt-cinq ares de sa réserve ;

21° Colmery (Nièvre), de la coupe d'environ neuf hectares composant la réserve de Vandoisy, annexe de cette commune ;

22° Barbazan-Debat (Hautes-Pyrénées), de quinze arbres dépérissans de la réserve de ses bois ;

23° Aumetz (Moselle), de la coupe de seize hectares de la réserve de ses bois de Crusnes, annexe de cette commune ;

24° Merryvaux (Yonne), de la coupe, pour l'ordinaire 1831, de six à sept hectares environ de la réserve de ses bois.

2. Il sera procédé à la vente et adjudication de l'émondage

de dix chênes existant dans les bois communaux de Ponts (Basses-Pyrénées).

3. Nos ministres secrétaires d'état des finances et de l'intérieur sont chargés de l'exécution de la présente ordonnance.

Signé LOUIS-PHILIPPE.

Par le Roi : *le Ministre Secrétaire d'état des finances ,*

Signé LOUIS.

N° 396. — ORDONNANCE DU ROI qui nomme M. le lieutenant général baron *Saint-Cyr-Nugues* directeur général du personnel au ministère de la guerre, en remplacement de M. le comte *Gentil-Saint-Alphonse* , maréchal-de-camp, dont la démission a été acceptée. (*Paris, 5 Novembre 1830.*)

N° 397. — ORDONNANCE DU ROI qui nomme secrétaire général du ministère de la justice M. *Renouard,* conseiller d'état. (*Paris, 9 Novembre 1830.*)

N° 398. — ORDONNANCE DU ROI qui nomme M. le comte *Treilhard* préfet de police à Paris. (*Paris, 7 Novembre 1830.*)

N° 399. — ORDONNANCE DU ROI qui nomme M. *Billig* secrétaire général de la préfecture de police. (*Paris, 10 Novembre 1830.*)

N° 400. — ORDONNANCE DU ROI qui nomme M. *Baude* sous-secrétaire d'état au département de l'intérieur. (*Paris, 10 Novembre 1830.*)

N° 401. — ORDONNANCE DU ROI qui approuve le procès-verbal constatant que les experts régulièrement nommés par le préfet du département de la Haute-Garonne ont opéré la délimitation de la forêt royale de Portel d'avec la propriété du sieur *Oustel.* (*Paris, 17 Septembre 1830.*)

N° 402. — ORDONNANCE DU ROI qui approuve le procès-verbal constatant que les experts régulièrement nommés par le préfet du département de la Meurthe ont opéré la délimitation de la forêt royale de Xirchange (Meurthe) d'avec les bois de la commune de Maizières. (*Paris, 17 Septembre 1830.*)

N° 403. — ORDONNANCE DU ROI qui approuve le procès-verbal constatant que l'expert régulièrement nommé par le préfet du département de l'Aisne a opéré la délimitation des bois de la commune de Frunes d'avec ceux du sieur *Aigoix*, qui y sont contigus. (*Paris, 17 Septembre 1830.*)

N° 404. — ORDONNANCE DU ROI portant que le procès-verbal qui constate que les experts régulièrement nommés par le préfet du département de Seine-et-Marne ont opéré la délimitation de la forêt royale de Montreaux d'avec les propriétés qui l'entourent, est approuvé, sauf aux parties intéressées à se pourvoir devant les tribunaux dans le cas où elles se croiraient lésées. (*Paris, 26 Septembre 1830.*)

N° 405. — ORDONNANCE DU ROI qui approuve le procès-verbal constatant que les experts régulièrement nommés par le préfet de la Côte-d'Or ont opéré la délimitation des bois du hameau du Petit-Jailly, dépendant de la commune de Touillon, d'avec les propriétés qui les avoisinent. (*Paris, 26 Septembre 1830.*)

N° 406. — ORDONNANCE DU ROI portant approbation du procès-verbal constatant que les experts régulièrement nommés par le préfet du département de la Meurthe ont opéré la délimitation de la cense de la Valrade, appartenant au sieur *Corrigeux*, d'avec les bois de l'État dits *Taugesval* et *Clairbois Haut-chemin*. (*Paris, 9 Octobre 1830.*)

N° 407. — ORDONNANCE DU ROI qui nomme M. *Bohain* préfet de la Charente, en remplacement de M. *Jahan de Belleville*. (*Paris, 14 Octobre 1830.*)

N° 408. — ORDONNANCE DU ROI qui établit un commissariat de police dans la commune des Ponts de Cé, département de Maine-et-Loire. (*Paris, 19 Octobre 1830.*)

N° 409. — ORDONNANCE DU ROI qui crée un second commissariat de police dans la ville d'Alais, département du Gard. (*Paris, 22 Octobre 1830.*)

N° 410. — ORDONNANCE DU ROI qui crée un commissariat de police dans la commune de Brie-Comte-Robert, département de Seine-et-Marne. (*Paris, 22 Octobre 1830.*)

N° 411. — ORDONNANCE DU ROI qui supprime le commissariat de police créé dans la ville de Luçon (Vendée) par une ordonnance du 13 juin 1827. (*Paris, 7 Novembre 1830.*)

N° 412. — ORDONNANCE DU ROI qui établit un second commissariat de police dans la ville de Dunkerque, département du Nord. (*Paris, 7 Novembre 1830.*)

N° 413. — ORDONNANCE DU ROI portant qu'il sera établi dans le quartier de Saint-Clair, section de la commune de la Croix-Rousse, arrondissement de Lyon, département du Rhône, un troisième adjoint au maire de cette commune, lequel sera chargé de recevoir les actes civils dans ladite section et d'y exercer la police par délégation. (*Paris, 7 Novembre 1830.*)

N° 414. — ORDONNANCE DU ROI qui autorise l'acceptation de la Donation faite à l'hospice de *Darnetal* (Seine-Inférieure), par Mme veuve *Mariolle*, d'une somme de 4000 francs, d'objets mobiliers estimés 300 fr., et d'une rente annuelle et perpétuelle de 60 francs. (*Paris, 7 Octobre 1830.*)

N° 415. — ORDONNANCE DU ROI qui autorise l'acceptation de la Donation d'une somme de 1077 francs faite au bureau de bienfaisance de *Gérardmer* par M. et Mme *Jung*. (*Paris, 7 Octobre 1830.*)

N° 416. — ORDONNANCE DU ROI portant que les communes d'*Izon* et de *Vayre* sont distraites du canton de *Fronsac*, arrondissement de *Libourne*, département de la Gironde, et réunies à celui de *Libourne*, même arrondissement. (*Paris, 7 Novembre 1830.*)

CERTIFIÉ conforme par nous

Garde des sceaux de France, Ministre Secrétaire d'état au département de la justice,

A Paris, le 19 * Novembre 1830,

DUPONT (de l'Eure).

* Cette date est celle de la réception du Bulletin à la Chancellerie.

On s'abonne pour le Bulletin des lois, à raison de 9 francs par an, à la caisse de l'Imprimerie royale, ou chez les Directeurs des postes des départemens.

A PARIS, DE L'IMPRIMERIE ROYALE.

19 Novembre 1830.

BULLETIN DES LOIS.

2ᵉ Partie. — ORDONNANCES. — Nᵒ 23.

Nᵒ 417. — *Ordonnance du Roi portant Nomination à trois Ministères.*

A Paris, le 17 Novembre 1830.

LOUIS-PHILIPPE, Roi des Français, à tous présens et à venir, SALUT.

Nous avons ordonné et ordonnons ce qui suit :

M. le comte *Sébastiani*, ministre secrétaire d'état au département de la marine et des colonies, est nommé ministre secrétaire d'état au département des affaires étrangères, en remplacement de M. le maréchal marquis *Maison*, pair de France, dont la démission est acceptée.

M. le comte *d'Argout*, pair de France, est nommé ministre secrétaire d'état au département de la marine et des colonies, en remplacement de M. le comte *Sébastiani*.

M. le maréchal *Soult*, duc *de Dalmatie*, pair de France, est nommé ministre secrétaire d'état au département de la guerre, en remplacement de M. le maréchal comte *Gérard*, dont la démission est acceptée.

Signé LOUIS-PHILIPPE.

Par le Roi : *le Ministre Secrétaire d'état des finances, Président du Conseil des ministres,*

Signé J. Laffitte.

Nᵒ 418. — *Ordonnance du Roi relative à l'Organisation du Corps du Génie.*

A Paris, le 14 Novembre 1830.

LOUIS-PHILIPPE, Roi des Français, à tous présens et à venir, SALUT.

Vu l'ordonnance royale du 13 décembre 1829 portant organisation du corps du génie;

IXᵉ Série. — 2ᵉ Partie.   D d

Sur le rapport de notre ministre secrétaire d'état au département de la guerre,

Nous avons ordonné et ordonnons ce qui suit :

TITRE PREMIER.
État-major.

Art. 1er. Le complet des officiers de l'état-major du corps du génie est porté à 380 ; savoir :

24 colonels,
24 lieutenans-colonels,
72 chefs de bataillon,
130 capitaines de 1re classe,
130 capitaines de 2e classe et lieutenans.

Total... 380.

TITRE II.
Troupes.

2. Chacun des trois régimens du génie sera augmenté de deux compagnies de sapeurs: en conséquence, chaque bataillon sera composé de huit compagnies actives, au lieu de sept.

3. Un second adjudant-major sera rétabli dans chaque régiment du génie.

4. Par suite de ces dispositions, l'effectif des régimens est réglé ainsi qu'il suit, tant sur le pied de guerre que sur le pied de paix.

		PIED DE GUERRE.			PIED DE PAIX.		
		Officiers.	Troupes.	TOTAL.	Officiers.	Troupes.	TOTAL.
Pour un régiment.	État-major.......	12.	16.	28.	12.	16.	28.
	Seize compagnies..	64.	2,400.	2,464.	64.	1,632.	1,696.
	Cadres de deux compagnies de dépôt.	8.	24.	32.	"	"	"
	Enfans de troupe..	"	32.	32.	"	32.	32.
Total pour un régiment...		84.	2,472.	2,556.	76.	1,680.	1,756.
Total pour trois régimens.		252.	7,416.	7,668.	228.	5,040.	5,268.

TITRE III.

Dispositions générales.

5. L'article 3 de l'ordonnance du 13 décembre 1829, et toutes autres dispositions qu'elle renferme qui sont contraires à la présente ordonnance, sont et demeurent abrogés.

6. Notre ministre secrétaire d'état de la guerre est chargé de l'exécution de la présente ordonnance, qui sera insérée au Bulletin des lois.

Signé LOUIS-PHILIPPE.

Par le Roi : *le Ministre Secrétaire d'état de la guerre ,*

Signé M^{al} Cte GÉRARD.

N° 419.—*ORDONNANCE DU ROI portant qu'il sera formé, pour le service de l'Armée, celui des Places de l'intérieur et des Parcs de construction d'équipages, un Train des équipages et des compagnies d'ouvriers.*

A Paris, le 10 Novembre 1830.

LOUIS-PHILIPPE, ROI DES FRANÇAIS, à tous présens et à venir, SALUT.

Sur le rapport de notre ministre secrétaire d'état au département de la guerre,

NOUS AVONS ORDONNÉ et ORDONNONS ce qui suit :

ART. 1er. Il sera formé pour le service de l'armée, celui des places de l'intérieur et des parcs de construction d'équipages, un train des équipages et des compagnies d'ouvriers dont la force et la composition sont arrêtées ainsi qu'il suit :

NOMBRE de COMPAGNIES.	OFFICIERS.						SOUS-OFFICIERS ET SOLDATS.									
	Capitaines		Lieutenans		Sous-lieu-tenans	TOTAL des officiers	artiste vétéri-naire en 2e.	Maré-chal-des-logis chef.	Maré-chaux-des-logis.	Four-riers.	Briga-diers.	Trom-pettes.	Ou-vriers. de 1re classe.	Soldats de 2e classe.	TOTAL.
	en 1er	en 2e	en 1er	en 2e											
Huit compagnies actives du train des équipages, composées cha-cune.........	1.		1.	1.	2.	5.	1.	1.	8.	1.	16.	2.	13.	50.	98.	190.
Une compagnie de dépôt forte de.	1.		1.	1.	2.	5.	1.	1.	8.	1.	16.	2.	13.	50.	98.	190.
Huit compagnies de réserve com-posées chacune de.........		1.	1.	1.	2.	5.	1.	1.	8.	1.	16.	2.	13.	50.	98.	190.

Nota. Il pourra être admis deux enfans de troupe par compagnie.

De sorte que la force effective des compagnies du train des équipages formera un total de quatre-vingt-cinq officiers et de trois mille deux cent trente hommes.

	OFFICIERS.				SOUS-OFFICIERS ET SOLDATS.								
	Capitaines	Lieutenans		TOTAL des officiers.	Ser-gent major.	Ser-gens.	Four-rier.	Capo-raux.	Maî-tres-ou-vriers.	Ouvriers			Tam-bours.	TOTAL.
	en 1re ou en 2e.	en 1re.	en 2e.							de 1re classe.	de 2e classe.	de 3e classe.		
Trois compagnies d'ouvriers composées chacune de............	1. 1.	2.	2.	6.	1.	8.	1.	8.	8.	20.	24.	48.	2.	120.

Nota. Il pourra être admis deux enfans de troupe par compagnie.

Total de la force effective des trois compagnies d'ouvriers : dix-huit officiers et trois cent soixante hommes.

D d 3

2. En temps de paix, les huit compagnies actives du train et la compagnie de dépôt seront chargées de la garde des parcs de construction ; elles exécuteront avec les chevaux et voitures à leur disposition les transports relatifs au matériel des équipages et aux divers services du ministère de la guerre ; elles feront en outre le service des garnisons où elles seront placées, soit seules, soit concurremment avec les autres corps de ligne.

En temps de guerre, la compagnie de dépôt restera seule chargée du service des parcs et du service de l'intérieur.

3. Les huit compagnies de réserve ne seront mises en activité qu'en temps de guerre.

En raison de cette disposition, les officiers de ces compagnies ne recevront que le traitement de disponibilité : les sous-officiers jouiront de la solde de congé de semestre, ou seront envoyés en congé temporaire d'après leur demande, et tous les soldats seront envoyés en congé temporaire.

Lorsqu'il y aura des vacances d'emplois dans les compagnies actives, les officiers en disponibilité en seront pourvus, et ceux nouvellement promus pour compléter les cadres recevront la solde de disponibilité.

Les manques au complet en sous-officiers et soldats des compagnies actives seront remplis par des sous-officiers et soldats des compagnies de réserve, qui seront eux-mêmes remplacés par les sujets proposés à l'avancement et par les recrues.

La tenue des contrôles de ces compagnies sera particulièrement confiée au major du corps, qui aura soin de se faire tenir au courant de toutes les mutations des hommes en congé, en correspondant à cet effet avec les capitaines de recrutement.

4. Le nombre de compagnies du train des équipages pourra être augmenté en temps de guerre, suivant les besoins du service de l'armée ; mais, à la paix, la composition du corps du train sera réduite à huit compagnies actives, à une compagnie de dépôt et à huit compagnies de réserve.

5. A l'état-major du corps du train des équipages, tel qu'il est déterminé par l'ordonnance du 14 mai 1823, il sera ajouté un aide-chirurgien-major.

L'adjudant-major pourra être choisi indifféremment parmi les lieutenans ou les capitaines, ainsi que cela est réglé pour les autres corps de troupes, et alors le lieutenant pourvu de ces fonctions jouira de la solde et des accessoires de capitaine en second.

En temps de paix, le nombre des chefs d'escadron employés au commandement des compagnies du train est fixé à deux; en temps de guerre, ce nombre sera augmenté suivant les besoins du service, mais toujours à raison d'un chef d'escadron par quatre compagnies.

Ceux de ces officiers supérieurs qui ne seront pas conservés en activité pendant la paix, jouiront du traitement de disponibilité.

6. Lorsque les travaux des parcs n'exigeront pas en temps de paix l'emploi de tous les sous-officiers et soldats des trois compagnies d'ouvriers, notre ministre de la guerre déterminera le nombre de sous-officiers et soldats de ces compagnies qui devra être envoyé en congé temporaire. L'effectif de ces compagnies ne pourra cependant être au-dessous de celui de paix déterminé par l'ordonnance du 19 février 1823.

7. En temps de guerre, le matériel des compagnies du train des équipages sera composé ainsi qu'il suit :

309 chevaux, dont ......{ 29 de selle.
　　　　　　　　　　　　 { 280 de trait, y compris 16 hauts-le-pied.

64 caissons.
1 prolonge.
1 forge.

66 voitures.

280 harnais complets dont { 140 de devant.
　　　　　　　　　　　　　 { 140 de derrière.
140 selles d'attelage complètes avec brides et filets.
148 bridons d'abreuvoir.
29 selles avec fontes, brides et filets, pour sous-officiers, brigadiers et trompettes.
29 couvertures en laine.

D d 4

ART. 1ᶜʳ. Le jugement par jurés est rétabli dans le départ-
tement de la Corse. En conséquence, toutes les lois existantes
relatives au jury, notamment celles des 2 mai 1827 et 2 juillet
1828, y seront exécutées.

2. Aussitôt la réception de la présente, le préfet s'occupera
de la formation des listes électorales et du jury, en se conformant aux lois précitées.

3. Pour cette fois seulement, il publiera, le 1ᵉʳ décembre
prochain, la liste générale, et successivement, tous les quinze
jours, les tableaux de rectification prescrits par l'article 15 de
la loi du 2 juillet 1828.

4. Le 1ᵉʳ février 1831, le préfet procédera à la clôture de
la liste. Le dernier tableau de rectification et l'arrêté de clôture
seront affichés le 4 du même mois.

5. Immédiatement après la clôture de la liste générale, le
préfet en extraira, sous sa responsabilité, une liste pour le
service du jury pendant l'année 1831, et il la transmettra sans
délai au ministre de la justice, au premier président de la
cour royale et au procureur général.

6. Le premier président, aussitôt qu'il aura reçu la liste
transmise par le préfet, procédera au tirage au sort des jurés,
conformément à l'article 9 de la loi du 2 mai 1827.

7. A l'avenir, la révision annuelle des listes électorales et
du jury, et les modifications qui y seront faites, auront lieu
aux époques déterminées par la loi du 2 juillet 1828.

8. Toutes dispositions contraires à la présente, notamment
l'ordonnance royale du 29 juin 1814, sont et demeurent
abrogées.

9. Notre garde des sceaux, ministre secrétaire d'état au département de la justice, et notre ministre secrétaire d'état au
département de l'intérieur, sont chargés, chacun en ce qui le
concerne, de l'exécution de la présente ordonnance, qui sera
insérée au Bulletin des lois.

Signé LOUIS-PHILIPPE.

Par le Roi : *le Garde des sceaux, Ministre Secrétaire d'état
au département de la justice,*

Signé DUPONT (de l'Eure).

N° 422. — *Ordonnance du Roi* (Louis XVIII) *qui met la Corse hors de la Charte, quant au Jury.*

A Paris, le 29 Juin 1814.

LOUIS, par la grâce de Dieu, Roi de France et de Navarre, à tous présens et à venir, SALUT.

Vu l'article 27 de la loi du 20 avril 1810, et l'article 59 de la charte constitutionnelle que nous avons octroyée à nos sujets ;

Considérant que depuis cette charte constitutionnelle la cour spéciale dite *extraordinaire*, qui existe dans l'île de Corse, ne doit pas conserver cette dénomination ; que, d'un autre côté, il ne nous paraît pas convenable d'y introduire en ce moment la procédure par jurés, qui n'y a jamais été établie, et que la cour spéciale dite *extraordinaire* est réellement dans la Corse une cour ordinaire, puisqu'elle n'est composée que de magistrats, qu'elle connaît des crimes dont la connaissance est attribuée dans le reste de la France aux cours d'assises, et que, sauf le concours des jurés, elle suit les mêmes formes de procéder que les cours d'assises ;

Sur le rapport de notre amé et féal chevalier, chancelier de France, le sieur *Dambray*,

Nous avons ordonné et ordonnons ce qui suit :

ART. 1er. La cour spéciale extraordinaire qui existe à Ajaccio, et qui est prise dans le sein même de notre cour royale, portera à l'avenir le nom de *cour de justice criminelle.*

2. Elle ne pourra juger, conformément à la loi de son institution, qu'au nombre pair de six ou de huit juges.

3. Ses arrêts continueront d'être sujets au recours en cassation.

　　　　　　　　　　　　Signé LOUIS.

Par le Roi : *le Chancelier de France,*

　　　　　　　　　　Signé DAMBRAY.

────────────

N° 423. — *Ordonnance du Roi qui supprime la Congrégation du Saint-Esprit.*

A Paris, le 27 Octobre 1830.

LOUIS-PHILIPPE, Roi des Français, à tous présens et à venir, SALUT.

Vu la lettre de notre ministre secrétaire d'état de la marine et des colonies sur la congrégation du Saint-Esprit, autorisée antérieurement à la loi du 2 janvier 1817, et destinée à former des prêtres pour les colonies ;

Sur le rapport de notre ministre secrétaire d'état de l'instruction publique et des cultes,

Nous avons ordonné et ordonnons ce qui suit :

ART. 1er. La disposition de l'ordonnance du 2 avril 1816 qui accorde un secours annuel de cinq mille francs à la congrégation du Saint-Esprit, est rapportée.

Cette dépense cessera d'être supportée par l'État à dater du 1er octobre 1830.

2. Notre ministre secrétaire d'état au département de l'instruction publique et des cultes est chargé de l'exécution de la présente ordonnance, qui sera insérée au Bulletin des lois.

Signé LOUIS-PHILIPPE.

Par le Roi : *le Ministre Secrétaire d'état de l'instruction publique et des cultes,*

Signé Duc de Broglie.

N° 424. — *Ordonnance du Roi* (Louis XVIII) *qui reconnaît l'existence de deux Congrégations d'hommes et leur accorde des secours.*

A Paris, le 2 Avril 1816.

LOUIS, par la grâce de Dieu, Roi de France et de Navarre, à tous ceux qui ces présentes verront, salut.

Sur le rapport de notre ministre secrétaire d'état de l'intérieur,

Nous avons ordonné et ordonnons ce qui suit :

ART. 1er. Il est accordé, à compter du 1er janvier 1816, 1° un secours annuel de quatre mille francs à la congrégation des Lazaristes, 2° un secours annuel de cinq mille francs à celle du Saint-Esprit.

2. Ces secours seront imputés sur les fonds compris dans le budget du ministère de l'intérieur pour les dépenses du clergé.

3. Notre ministre secrétaire d'état de l'intérieur est chargé de l'exécution de la présente ordonnance.

Donné en notre château des Tuileries, le 2 Avril, l'an de grâce 1816, et de notre règne le vingt-et-unième.

Signé LOUIS.

Par le Roi : *le Ministre Secrétaire d'état au département de l'intérieur,*

Signé VAUBLANC.

N° 425. — ORDONNANCE DU ROI *qui autorise des Exploitations dans plusieurs Bois communaux.*

A Paris, le 27 Octobre 1830.

LOUIS-PHILIPPE, ROI DES FRANÇAIS;

Vu les titres I, III et VI du Code forestier ;
Vu l'ordonnance d'exécution du 1er août 1827 ;
Sur le rapport de notre ministre secrétaire d'état des finances,
NOUS AVONS ORDONNÉ et ORDONNONS ce qui suit :

ART. 1er. L'administration forestière est autorisée à faire délivrance aux communes ci-après désignées, savoir :

1° Bourmont (Haute-Marne), de la coupe des brins et arbres qui se trouveront sur le nouveau tracé d'un chemin qui traverse ses bois, et qui doit être porté à la largeur de cinq mètres;

2° Sazos (Hautes-Pyrénées), de quinze sapins à prendre dans ses bois ;

3° Fixin (Côte-d'Or), de la coupe de neuf hectares quarante-et-un ares de la réserve de ses bois;

4° Vaillant (Haute-Marne), de la coupe de huit hectares de ses bois ;

5° Malvillers (Haute-Saone), de la coupe, par forme de recépage, du canton de ses bois dit *Vernot :* les vieilles futaies qui se trouvent dans ce canton en seront extraites et seront remplacées par un nombre quadruple de plants de hautes tiges ;

6° Châteauneuf (Nièvre), de la coupe de cent milliers de rouettes à prendre dans la réserve de ses bois ;

7° Isaut de l'Hôtel (Haute-Garonne), de la coupe du quart en réserve de ses bois ;

8° Vennans (Doubs), de la coupe de cinq hectares quarante-six ares de la réserve de ses bois ;

9° Moncley (Doubs), d'une demi-coupe dans la forêt du Grand-Bugnot et d'une autre demi-coupe dans la forêt de l'Aige-ronde, chaque année, pendant dix ans et à partir de l'ordinaire prochain :
Les demi-coupes de la forêt de l'Aige-ronde seront repeuplées chaque année aux frais de la commune aussitôt après leur exploitation ;

10° Hunskirich (Meurthe), de la coupe des bois existant sur le tracé d'un chemin à ouvrir sur la rive septentrionale de ses bois ;

11° Gespunsart (Ardennes), de la coupe d'environ seize hectares de la réserve de ses bois ;

12° Bures (Meurthe), de la coupe, par forme de recépage, de six hectares quatre-vingt-dix-sept ares de ses bois ;

13° Plobsheim (Bas-Rhin), de la coupe des bois à ravaler dans plusieurs cantons de sa forêt communale ;

14° Lampertheim (Bas-Rhin), de la coupe de quatre hectares de ses bois :

Pendant quatre années successives, les coupes affouagères annuelles de cette commune ne pourront excéder deux hectares.

2. Il sera procédé à l'aménagement des bois, 1° de la commune de Val d'Ajol (Vosges), 2° de la commune d'Antully (Saone-et-Loire).

3. La commune de Bordes (Basses-Pyrénées) est autorisée à établir une pépinière d'un hectare à l'extrémité orientale de ses bois. Il sera procédé à la vente de cinquante chênes têtards qui se trouvent sur l'emplacement de cette pépinière.

4. Notre ministre secrétaire d'état des finances est chargé de l'exécution de la présente ordonnance.

Signé LOUIS-PHILIPPE.

Par le Roi : *le Ministre Secrétaire d'état des finances,*

Signé Louis.

N° 426. — ORDONNANCE DU ROI qui approuve le procès-verbal constatant que les experts régulièrement nommés par le préfet du département du Bas-Rhin ont opéré la délimitation des propriétés contiguës dites *Kohlbachel* et *Langthal,* appartenant, la première, aux sieurs *Blaise Venderscher,* maire de la commune d'Erlenbach, et *Jacques Blaise,* aubergiste à Villé, et la seconde, à *Nicolas Clad* et consorts, demeurant à Trienbach, et la forêt de l'État dite *Ungenberg,* ainsi que les terres et forêts communales de Trienbach. (*Paris, 26 Septembre 1830.*)

N° 427. — ORDONNANCE DU ROI qui approuve le procès-verbal constatant que les experts régulièrement nommés par le préfet du département du Bas-Rhin ont opéré la délimitation des bois de la commune de Spanbach d'avec les propriétés qui les environnent. (*Paris, 26 Septembre 1830.*)

N° 428. — ORDONNANCE DU ROI qui approuve le procès-verbal constatant que les experts régulièrement nommés par le préfet du département de l'Aube ont opéré la délimitation du canton des bois de la commune de Vitry-le-Croisé dit *Pentecôte* d'avec la forêt de Bossican, appartenant à M. *de Sainte-Maure.* (*Paris, 26 Septembre 1830.*)

N° 429. — ORDONNANCE DU ROI qui maintient sous le régime forestier les bois communaux ci-après désignés, savoir :

	HECTARES.	ARES.
Commune de Caramany...................	200	"
———— d'Argèles......................	214	"
———— de Banyuls-sur-mer.............	49	50
———— d'Anglès......................	3,000	"
———— de Formiguères................	600	"
———— de Puy-Valador et Rintort.......	400	"
———— de Fontpédrouse et Prats Saint-Thomas.....	1,200	"
———— de Palau......................	200	"
———— d'Osseja......................	600	"
———— de Nahuje.....................	190	"
———— de Sainte-Léocadie.............	160	"
———— d'Err....,....................	260	"
———— d'Oletto et Évol...............	1,260	"
———— de Fujols.....................	133	"
———— de Fontrabiouse et Esponsonille.........	100	"
———— de Llo (Pyrénées-Orientales)...........	500	"

(*Paris, 26 Septembre 1830.*)

N° 430. — ORDONNANCE DU ROI portant,

Premièrement, que les bois appartenant aux communes ci-après désignées sont et demeurent soumis au régime forestier, savoir :

1° Les parties de bois de la commune de Saint-Genès-Champespe ou de ses annexes (Landes), désignées par l'administration des forêts ;

2° La totalité des bois de la commune de Saint-Vincent de Paul (Landes), d'une contenance de deux cent vingt-huit hectares cinquante-huit ares vingt centiares ;

3° La totalité des bois de la commune de Rivière et Saas (Landes), d'une contenance d'environ deux cents hectares ;

4° Les parties du bois de la commune de Mallemont (Bouches-du-Rhône) connues sous le nom de *Cantons des Îles* ;

5° Tous les terrains boisés dépendant de la forêt de Poyanne, commune du même nom (Landes) :

Deuxièmement, que les six hectares du communal de Lasalle qui avaient été maintenus sous le régime forestier par ordonnance du 17 février 1830, sont abandonnés à la libre disposition de la commune de Roumoules (Basses-Alpes). (*Paris, 20 Octobre 1830.*)

Nº 431. — ORDONNANCE DU ROI qui nomme M. *Girod*, de l'Ain, conseiller d'état en service ordinaire. (*Paris, 7 Novembre 1830.*)

_____

Nº 432. — ORDONNANCE DU ROI qui autorise l'acceptation du Legs de 600 fr. fait à l'hospice de *Villeneuve de Berg* (Ardèche) par Mᵐᵉ veuve *Delière*. (*Paris, 7 Octobre 1830.*)

_____

Nº 433. — ORDONNANCE DU ROI qui autorise l'acceptation de deux Legs de 600 fr. chacun, faits à l'hospice de *Saulieu* (Côte-d'Or) par Mᵐᵉ veuve *Merle*. (*Paris, 7 Octobre 1830.*)

_____

Nº 434. — ORDONNANCE DU ROI qui autorise l'acceptation du Legs de 1000 fr. fait au mont-de-piété de *Montpellier* (Hérault) par Mᵐᵉ veuve *Ouf*. (*Paris, 7 Octobre 1830.*)

_____

Nº 435. — ORDONNANCE DU ROI qui autorise l'acceptation du Legs de 1000 francs fait au bureau de bienfaisance d'*Agen* (Lot-et-Garonne) par Mᵐᵉ veuve *Marcot*. (*Paris, 7 Octobre 1830.*)

_____

Nº 436. — ORDONNANCE DU ROI qui autorise l'acceptation de la Donation d'une somme de 4000 francs faite à l'hospice d'*Ernée* (Mayenne) par Mᵐᵉ veuve *Macé* et M. *Bricqueville* pour la fondation d'un lit. (*Paris, 7 Octobre 1830.*)

CERTIFIÉ conforme par nous

Garde des sceaux de France, Ministre Secrétaire d'état au département de la justice,

A Paris, le 20 * Novembre 1830,

DUPONT (de l'Eure).

_____

* Cette date est celle de la réception du Bulletin à la Chancellerie.

_____

On s'abonne pour le Bulletin des lois, à raison de 9 francs par an, à la caisse de l'Imprimerie royale, ou chez les Directeurs des postes des départemens.

_____

A PARIS, DE L'IMPRIMERIE ROYALE.
20 Novembre 1830.

BULLETIN DES LOIS.

2ᵉ Partie. — ORDONNANCES. — N° 24.

N° 437. — ORDONNANCE DU ROI *relative aux Timbres et Cachets à l'usage des Tribunaux et des Notaires.*

A Paris, le 19 Novembre 1830.

LOUIS-PHILIPPE, ROI DES FRANÇAIS, à tous présens et à venir, SALUT.

Sur le rapport de notre garde des sceaux, ministre secrétaire d'état au département de la justice,

NOUS AVONS ORDONNÉ et ORDONNONS ce qui suit :

ART. 1ᵉʳ. A l'avenir, les timbres et cachets nécessaires pour constater l'authenticité des actes et de leurs expéditions émanant des cours, tribunaux, justices de paix et notaires du royaume, porteront,

Pour type, une balance dont le fléau est soutenu par les tables de la loi ;

Pour exergue, *Charte, 1830 ;*

Et pour légende, le titre de l'autorité par laquelle ils seront employés.

2. Notre garde des sceaux, ministre secrétaire d'état au département de la justice, est chargé de l'exécution de la présente ordonnance.

Signé LOUIS-PHILIPPE.

Par le Roi : *le Garde des sceaux, Ministre Secrétaire d'état au département de la justice,*

Signé DUPONT (de l'Eure).

N° 438. — ORDONNANCE DU ROI *relative au Personnel du service de l'Habillement et du Campement.*

A Paris, le 10 Novembre 1830.

LOUIS-PHILIPPE, ROI DES FRANÇAIS, à tous présens et à venir, SALUT.

Voulant donner au personnel du service de l'habillement et du campement une organisation régulière et définitive;

Voulant, en outre, fixer les règles d'admission et d'avancement des employés de ce service, ainsi que leurs droits à la retraite; enfin assurer leur avenir;

Sur la proposition de notre ministre secrétaire d'état de la guerre,

Nous avons ordonné et ordonnons ce qui suit :

Art. 1er. Le personnel du service de l'habillement et du campement, tant dans l'intérieur qu'aux armées, se compose d'agens entretenus et d'agens auxiliaires, dont la dénomination et la hiérarchie sont fixées ainsi qu'il suit :

Agens principaux du service,

Agens comptables.. { 1re classe,
2e classe,
3e classe,

Commis de .... { 1re classe,
2e classe,
3e classe.

2. Les agens entretenus font partie d'un cadre fixe et permanent; les agens auxiliaires sont ceux employés en sus de ce cadre, lorsque les besoins du service l'exigent.

Les uns et les autres sont nommés par notre ministre secrétaire d'état de la guerre.

3. Le cadre des agens entretenus est composé comme ci-après, savoir :

Agens principaux. { 1re classe....... 1.}
2e classe....... 1.} 2.

Agens comptables.. { 1re classe....... 2.}
2e classe....... 4.} 11.
3e classe...... 5.}

Commis de........ { 1re classe...... 4.}
2e classe....... 8.} 22.
3e classe......10.}

Total.......... 33.

4. Le nombre des agens auxiliaires est déterminé par notre

ministre secrétaire d'état de la guerre. Ils sont licenciés en totalité ou en partie, lorsqu'il reconnaît que leurs services ne sont plus nécessaires.

5. Aux armées, le personnel du service de l'habillement et du campement sera formé,

1° Des agens entretenus qui seront détachés du service de l'intérieur, pour exercer l'emploi dont ils sont titulaires, ou pour servir comme auxiliaires dans un emploi supérieur ;

2° Et, en cas d'insuffisance, d'agens auxiliaires.

Lorsqu'un agent principal ou un agent comptable sera désigné pour diriger en chef le service de l'habillement et du campement d'une armée active, il prendra le titre d'agent en chef. Ce titre ne lui conférera aucun grade et cessera avec les fonctions qui y sont attachées.

6. Les agens entretenus qui auront été employés aux armées, soit dans l'emploi dont ils sont titulaires, soit dans un emploi supérieur, reprendront, après la guerre, l'emploi qu'ils occupaient, ou la position qu'ils avaient dans l'intérieur.

7. L'admission dans le cadre des agens entretenus aura lieu par l'emploi de commis de troisième classe.

Ces emplois seront donnés au choix, et de préférence aux sous-officiers de l'armée libérés du service après rengagement.

Les emplois d'agent comptable seront réservés à l'avancement des commis de première classe.

Néanmoins les anciens employés du service auront droit, concurremment avec les agens auxiliaires, à la moitié des emplois qui viendront à vaquer après la première organisation, pourvu qu'ils aient l'aptitude exigée.

Les emplois d'agent principal appartiendront, moitié à l'avancement des agens comptables de première classe, moitié aux officiers comptables capitaines d'habillement des corps de troupe qui auront quatre ans au moins d'exercice dans cet emploi.

L'aptitude des capitaines d'habillement qui desireront faire partie du personnel de l'habillement et du campement, et celle des anciens employés et des candidats aux emplois de commis de troisième classe, devront être préalablement reconnues et constatées par les membres du corps de l'intendance militaire, suivant le mode qui sera indiqué par notre ministre secrétaire d'état de la guerre.

Toutefois nul ne pourra être admis aux fonctions d'agent principal, s'il ne produit un certificat, soit de la chambre, soit du tribunal de commerce d'une des principales villes manufacturières de France, attestant qu'il a subi un examen, constaté par un procès-verbal dont copie sera jointe au certificat, et qu'il possède toutes les connaissances que doit avoir un fabricant d'étoffes.

8. L'avancement dans le cadre des agens entretenus aura lieu au choix et dans l'ordre des classes.

Nul ne pourra être promu à une classe supérieure, s'il n'a servi pendant un an, au moins, dans la classe immédiatement inférieure.

Nul ne sera nommé à un emploi supérieur, s'il n'a servi pendant quatre ans, au moins, dans l'emploi inférieur.

En temps de guerre, ce nombre d'années de services exigé pourra être réduit.

Sera compté, dans les cas ci-dessus, aux agens entretenus, le temps de service dans les emplois dont ils auront été pourvus antérieurement, et qui correspondraient à la place vacante d'après l'assimilation ou classement indiqué à l'article 10 de la présente ordonnance.

L'aptitude des agens à remplir l'emploi supérieur devra, en outre, être reconnue et constatée, comme il est dit à l'article 7 ci-dessus.

9. Les règles établies par les articles 7 et 8 qui précèdent, concernant l'admission et l'avancement dans le cadre des agens entretenus, sont applicables aux agens auxiliaires.

Seront nommés agens auxiliaires, de préférence à tous autres, les anciens employés du service de l'habillement et du campement susceptibles d'être rappelés au service et qui n'auront pu être compris dans le cadre des agens entretenus.

Toutefois il ne pourra y avoir d'agens principaux auxiliaires qu'en temps de guerre; ils seront choisis parmi les agens comptables entretenus, et subsidiairement parmi les agens comptables auxiliaires, ayant les uns et les autres deux ans au moins d'exercice dans leur emploi.

10. Le classement des titulaires actuels dans les emplois créés par l'article 3 ci-dessus sera déterminé, autant que possible, d'après la quotité des traitemens dont ils sont en possession.

11. Les agens entretenus ou auxiliaires sont chargés, sous la surveillance et sous les ordres immédiats des membres du corps de l'intendance militaire, de la gestion et de l'exécution du service.

Ils sont soumis à toutes les règles de la discipline militaire envers les membres de l'intendance militaire et envers leurs chefs, dans l'ordre hiérarchique des emplois.

12. Tout agent chargé de la gestion d'un magasin dans l'intérieur est tenu de fournir un cautionnement dont la quotité invariable sera déterminée par les lettres de service d'après l'importance de cette gestion.

13. Un réglement arrêté par notre ministre secrétaire d'état de la guerre déterminera,

1° Les fonctions et attributions des agens du service, tant à l'intérieur qu'aux armées;

2° Les règles de police et de subordination;

3° L'uniforme des agens entretenus et auxiliaires.

14. Le traitement d'activité des agens entretenus et auxiliaires est fixé par le tarif n° 1 joint à la présente ordonnance.

Toutefois les employés qui jouissent en ce moment d'un

E e 3

traitement supérieur à celui de la classe où ils seront placés, le conserveront jusqu'à ce qu'ils soient promus à un emploi ou à une autre classe supérieure.

15. Les agens entretenus qui ne seront pas pourvus de lettres de service, recevront la solde de congé à titre de solde de disponibilité.

16. Notre ministre secrétaire d'état de la guerre déterminera les frais de tournée ou de bureau qui devront être alloués aux agens principaux du service et aux agens chargés de la gestion d'un magasin, selon les localités et l'importance de leurs travaux; il déterminera aussi les indemnités et gratifications d'entrée en campagne et de pertes à allouer aux agens entretenus ou auxiliaires appelés à une armée active.

17. Les agens licenciés ou réformés qui n'auront pas droit à la pension de retraite, dont il sera parlé à l'article suivant, recevront un traitement de réforme conformément aux ordonnances des 5 février 1823 et 8 février 1829, s'ils réunissent huit ans de service, dont quatre dans le personnel de l'habillement et du campement.

La durée et la quotité de ce traitement de réforme sont fixées par le tarif n° 2 annexé à la présente ordonnance.

18. Les agens entretenus et auxiliaires auront droit à la pension de retraite, suivant les règles générales établies pour l'armée.

Leurs veuves et orphelins jouiront de tous les avantages que la législation des pensions accorde aux veuves et orphelins des militaires.

La quotité de la pension de retraite des agens de l'habillement et du campement est fixée par le tarif n° 3 annexé à la présente ordonnance.

19. Pour l'exécution des articles 17 et 18 ci-dessus, les agens entretenus ou auxiliaires seront admis à compter, pour leur durée effective, tous leurs services antérieurs, soit dans

le grade d'officier, sous-officier ou soldat de nos armées, soit dans les administrations au compte de l'État.

20. Lorsqu'en conformité de l'article 4 de la présente ordonnance, des agens auxiliaires seront licenciés, ceux qui, d'après leurs services, ne pourront prétendre au traitement de réforme, recevront un mois de solde sur le pied de paix ou sur le pied de guerre, suivant leur position, à titre d'indemnité de licenciement.

21. Les agens entretenus ou auxiliaires actuellement attachés au service, et qui ne se trouveront pas compris dans le nouveau cadre d'organisation, seront admis à jouir du bénéfice des articles 17, 18, 19 et 20 ci-dessus, et jusqu'à la liquidation de leurs droits ils recevront la solde de congé.

22. Le traitement des agens du service de l'habillement est passible des mêmes retenues, au profit de la dotation des invalides, que les autres traitemens militaires.

23. Les ouvriers nécessaires au service de manutention dans les magasins de l'habillement et du campement seront tirés, autant que possible, des escouades du bataillon d'administration spécialement affectées à ce service; à défaut, il y sera pourvu comme par le passé, mais en choisissant de préférence d'anciens militaires libérés.

24. Notre ministre secrétaire d'état au département de la guerre est chargé de l'exécution de la présente ordonnance.

Signé LOUIS-PHILIPPE.

Par le Roi : *le Ministre Secrétaire d'état de la guerre,*

Signé M^{al} Cte GÉRARD.

Nº 1ᵉʳ. *TARIF du Traitement des Agens du service de l'habillement et du campement.*

EMPLOIS.		SOLDE SUR LE PIED DE GUERRE,				SOLDE SUR LE PIED DE PAIX,			
		par an.	par mois.	par jour.	à l'hôpital.	par an.	par mois.	par jour.	à l'hôpital.
Agens principaux.	1ʳᵉ classe.	6,000ᶠ	500ᶠ 00,0.	16ᶠ 66,6.	8ᶠ 33,3.	5,000ᶠ	416. 66,6.	13. 88,8.	6. 94,4.
	2ᵉ classe.	5,000.	416. 66,6.	13. 88,8.	6. 94,4.	4,000.	333. 33,3.	11. 11,1.	5. 55,5.
Agens comptables.	1ʳᵉ classe.	4,000.	333. 33,3.	11. 11,1.	5. 55,5.	3,000.	250. 00,0.	8. 33,3.	4. 16,6.
	2ᵉ classe.	3,300.	275. 00,0.	9. 16,6.	4. 58,3.	2,400.	200. 00,0.	6. 66,6.	3. 33,3.
	3ᵉ classe.	3,000.	250. 00,0.	8. 33,3.	4. 16,6.	2,000.	166. 66,6.	5. 55,5.	2. 77,7.
Commis ...	1ʳᵉ classe.	2,700.	225. 00,0.	7. 50,0.	3. 75,0.	1,800.	150. 00,0.	5. 00,0.	2. 50,0.
	2ᵉ classe.	2,250.	187. 50,0.	6. 25,0.	3. 12,5.	1,500.	125. 00,0.	4. 16,6.	2. 08,3.
	3ᵉ classe.	1,800.	150. 00,0.	5. 00,0.	2. 50,0.	1,200.	100. 00,0.	3. 33,3.	1. 66,6.

Le Ministre Secrétaire d'état de la guerre, signé Mᵃˡ Cᵗᵉ GÉRARD.

Nº 2. *TARIF du Traitement de réforme des Agens du service de l'habillement et du campement.*

EMPLOIS.	QUOTITÉ annuelle du traitement de réforme.	OBSERVATIONS.	
Agent principal..	1,000ᶠ	Conformément aux dispositions des ordonnances des 5 février 1823 et 8 février 1829, la durée du traitement de réforme est réglée ainsi qu'il suit :	
Agent comptable.	900.	NOMBRE DES ANNÉES DE SERVICE EFFECTIF.	DURÉE du TRAITEMENT de réforme.
Commis........	450.	Vingt ans accomplis...................	Dix années.
		Dix-huit ans accomplis et moins de vingt ans.	Neuf années.
		Seize ans accomplis et moins de dix ans....	Huit années.
		Quatorze ans accomplis et moins de seize ans	Sept années.
		Douze ans accomplis et moins de quatorze ans.........................	Six années.
		Dix ans accomplis et moins de douze ans....	Cinq années.
		Huit ans accomplis et moins de dix ans....	Quatre années.

Le Ministre Secrétaire d'état de la guerre, signé Mᵃˡ Cᵗᵉ GÉRARD.

N°3. *TARIF des Pensions pour les Agens du service de l'habillement et du campement.*

EMPLOIS.	PENSIONS DE RETRAITE à titre d'ancienneté de service.			PENSION DE RETRAITE à titre de BLESSURES OU INFIRMITÉS GRAVES ET INCURABLES provenant des événemens de la guerre, d'accidens éprouvés dans un service commandé ou des circonstances et fatigues du service militaire.								PENSIONS
				BLESSURES OU INFIRMITÉS graves qui mettent dans l'impossibilité de rester au service avant d'avoir accompli les 30 ans exigés pour le droit à la pension d'ancienneté.			BLESSURES OU INFIRMITÉS graves qui occasionnent la perte absolue de l'usage d'un membre ou qui sont équivalentes.			Amputation d'un membre, perte absolue de l'usage de deux membres.	Amputation de deux membres, ou perte totale de la vue.	aux veuves, secours aux orphelins.
	Minimum à 30 ans de services effectifs de la supputation des campagnes comprises.	Accroissement pour chaque année de services effectifs au-delà de 30 ans et pour chaque année résultant des services effectifs campagnes comprises.	Maximum à 50 ans de services, campagnes comprises.	Minimum	Accroissement pour chaque année de service au-delà de 30 ans lorsque les campagnes cumulées avec les services effectifs forment un total de plus de 30 ans.	Maximum à 50 ans de services, campagnes comprises.	Minimum	Accroissement pour chaque année de services, y compris les campagnes.	Maximum à 20 ans de services, campagnes comprises.	Pension fixe, quelle que soit la durée des services.	Pension fixe, quelle que soit la durée des services.	Quart du maximum de la pension d'ancienneté.
Agens principaux.	1,800ᶠ	30ᶠ	2,400ᶠ	1,800ᶠ	30ᶠ	2,400ᶠ	1,800ᶠ	30ᶠ	2,400ᶠ	2,400ᶠ	2,400ᶠ	600ᶠ
Agens comptables.	1,200.	30.	1,800.	1,200.	30.	1,800.	1,200.	30.	1,800.	1,800.	1,800.	450.
Commis.........	800.	20.	1,200.	800.	20.	1,200.	800.	20.	1,200.	1,200.	1,200.	300.

Le Ministre Secrétaire d'état de la guerre, signé Mal Cte GÉRARD.

N° 439. — *Ordonnance du Roi qui nomme le Gouverneur de la Martinique et fixe ses émolumens.*

A Paris, le 16 Août 1830.

LOUIS-PHILIPPE, Roi des Français, à tous présens et à venir, SALUT.

Sur le rapport de notre ministre secrétaire d'état au département de la marine et des colonies,

Nous avons ordonné et ordonnons ce qui suit :

Art. 1er. Le sieur *Dupotet* (*Jean-Henri-Joseph*), contre-amiral, est nommé gouverneur de la Martinique, en remplacement du contre-amiral baron *Desaulces de Freycinet*, démissionnaire.

2. Le sieur *Dupotet* jouira des émolumens attribués à l'emploi de gouverneur de la Martinique par l'ordonnance du 19 mars 1826.

·3. Notre ministre secrétaire d'état au département de la marine et des colonies est chargé de l'exécution de la présente ordonnance.

Signé LOUIS-PHILIPPE.

Par le Roi : *le Ministre Secrétaire d'état au département de la marine et des colonies,*

Signé Horace Sébastiani.

N° 440. — *Ordonnance du Roi* (Charles X) *sur le Gouvernement civil et militaire de la Martinique.*

A Paris, le 2 Janvier 1826.

CHARLES, par la grâce de Dieu, Roi de France et de Navarre;

Notre intention étant de faire jouir au plus tôt la colonie de la Martinique des avantages que doit procurer aux habitans de nos possessions d'outre-mer le nouveau système de gouvernement adopté pour l'île de Bourbon par l'ordonnance royale du 21 août dernier, et voulant faire coïncider la mise en vigueur de cette ordonnance avec l'époque très-prochaine de l'entrée en fonctions du sieur comte *de Bouillé*, que nous venons de nommer gouverneur de la Martinique;

Sur le rapport du ministre secrétaire d'état de la marine,

Nous avons ordonné et ordonnons ce qui suit :

Art. 1ᵉʳ. Aussitôt après l'installation du sieur comte de Bouillé dans l'exercice de ses fonctions, l'ordonnance royale du 21 août 1825, concernant le gouvernement de l'île Bourbon, sera mise en vigueur à la Martinique, sous les modifications portées aux articles ci-après.

2. L'emploi de commandant militaire qui existe à la Martinique est maintenu. Le commandant militaire sera choisi parmi les officiers supérieurs de l'armée de terre, et ne pourra être d'un grade inférieur à celui de colonel.

Le commandant militaire sera membre du conseil privé, du conseil de défense et de la commission locale des prises.

En cas de mort, d'absence ou autre empêchement, et lorsque nous n'y aurons pas pourvu d'avance, le gouverneur de la Martinique sera remplacé provisoirement par le commandant militaire, et, à défaut de celui-ci, par le commissaire ordonnateur.

Le commandant militaire prendra rang dans les conseils, comme dans les cérémonies publiques, immédiatement après le gouverneur.

Lorsque le gouverneur n'assiste pas au conseil privé, la présidence appartient au commandant militaire, et, à défaut de celui-ci, au commissaire ordonnateur.

Le commandant militaire est adjudant-commandant des milices de la colonie; il exerce d'ailleurs, en ce qui concerne le service militaire, les fonctions que le gouverneur juge convenable de lui déléguer.

3. Il y aura à la Martinique trois conseillers coloniaux et deux suppléans : la durée de leurs fonctions sera de deux ans; ils pourront être réélus.

4. Pour la première nomination du conseil général de la Martinique, la liste des candidats sera formée sur la présentation des commandans et capitaines des milices, réunis aux commissaires-commandans et aux lieutenans-commandans des divers quartiers.

5. Les articles 190, 191, 192 et 193, titre VII de l'ordonnance du 21 août 1825, qui sont relatifs aux dépendances de l'île Bourbon, ne seront point appliqués à la Martinique.

Notre ministre de la marine déterminera provisoirement les modifications que devront subir, dans leur application à la Martinique, les dispositions de détail de la même ordonnance, et notamment celles qui se rapportent spécialement aux localités de l'île Bourbon; il nous présentera d'ailleurs, dans le plus bref délai possible, un projet d'ordonnance royale ayant pour objet de régler définitivement ce qui concerne le gouvernement de la colonie de la Martinique.

6. Notre ministre secrétaire d'état de la marine est chargé de l'exécution de la présente ordonnance.

Donné à Paris, en notre château des Tuileries, le 2e jour du mois de Janvier de l'an de grâce 1826, et de notre règne le deuxième.

Signé CHARLES.

Par le Roi : *le Pair de France, Ministre Secrétaire d'état de la marine et des colonies,*

Signé Cᵗᵉ DE CHABROL.

N° 441. — ORDONNANCE DU ROI (CHARLES X) *sur le traitement et les indemnités du Gouverneur, des Chefs de service et des Conseillers coloniaux à la Martinique.*

A Paris, le 19 Mars 1826.

CHARLES, par la grâce de Dieu, ROI DE FRANCE ET DE NAVARRE;

Vu notre ordonnance du 2 janvier 1826 relative au gouvernement de la Martinique;

Sur le rapport de notre ministre secrétaire d'état de la marine et des colonies,

NOUS AVONS ORDONNÉ et ORDONNONS ce qui suit :

ART. 1ᵉʳ. Le gouverneur de la Martinique reçoit sur les fonds de la colonie, pendant la durée de ses fonctions, un traitement annuel de quatre-vingt-deux mille francs.

Il jouit en outre, sur les fonds du département de la guerre ou du département de la marine, du traitement attribué au grade dont il est personnellement revêtu.

Ces allocations lui tiennent lieu de tous frais de représentation, de tournée, de secrétariat, et autres, de quelque nature qu'ils soient.

Le gouverneur a la jouissance des hôtels du Gouvernement au Fort-Royal et à Bellevue. Le mobilier des hôtels est fourni en nature aux frais de la colonie : deux concierges gardes du mobilier, et quinze noirs ou négresses pris parmi ceux qui appartiennent à la colonie, sont attachés au service du gouverneur.

2. Le commandant militaire, le commissaire ordonnateur, le directeur général de l'intérieur et le procureur général, reçoivent sur les fonds de la colonie, pendant la durée de leurs fonctions, un traitement annuel de vingt-quatre mille francs.

Sur ce traitement seront précomptés ceux que le commandant militaire et le commissaire ordonnateur touchent du département de la guerre et du département de la marine à raison de leur grade ; il en sera de même à l'égard du directeur de l'intérieur, si ce fonctionnaire appartient à l'administration de la marine.

Le contrôleur colonial reçoit, sous la déduction du traitement de son grade, un traitement annuel de douze mille francs.

Le traitement du secrétaire archiviste est de huit mille francs.

Ces six fonctionnaires ont droit au logement et à l'ameublement en nature, aux frais de la colonie.

Chacun de ces fonctionnaires aura à son service le nombre de noirs de l'un et de l'autre sexe fixé ci-après :

Le commandant militaire, le commissaire ordonnateur, le directeur général de l'intérieur et le procureur général, cinq noirs ; le contrôleur, quatre noirs ; le secrétaire archiviste, deux noirs. L'huissier du conseil est placé sous ses ordres.

Les allocations réglées au présent article tiennent lieu

de tous frais de représentation, de tournée, de secrétaire , et autres, de quelque nature qu'ils soient.

3. Il est alloué pour frais de déplacement, savoir :

Au gouverneur... 30,000ᶠ
Au commandant militaire................................. 10,000.
Au commissaire ordonnateur............................. 10,000.
Au directeur général de l'intérieur..................... 10,000.
Au procureur général.................................... 10,000.
Au contrôleur colonial.................................. 6,000.
Au secrétaire archiviste................................ 3,000.

Ces allocations tiennent lieu de traitement depuis le jour de la nomination jusqu'à celui de l'arrivée dans la colonie, de frais de route jusqu'au port d'embarquement, de frais de relâche, de frais d'installation et autres, ceux de passage exceptés.

Toutefois il n'y aura point de suspension dans le paiement des traitemens de grade que les fonctionnaires ci-dessus désignés recevraient du département de la guerre ou du département de la marine; mais le montant du traitement qu'ils auront reçu depuis le jour de leur nomination jusqu'à celui de leur arrivée dans la colonie, sera déduit des premiers paiemens qu'ils auront à recevoir sur les fonds coloniaux.

Les dispositions qui précèdent ne seront applicables qu'aux fonctionnaires résidant en France au moment de leur nomination : il sera statué spécialement à l'égard de ceux qui seraient envoyés d'une autre colonie dans celle de la Martinique.

4. La valeur de l'ameublement des hôtels du Gouvernement ne pourra excéder cinquante mille francs ; celle du mobilier des maisons affectées au logement des quatre fonctionnaires membres du Gouvernement, et à celui du contrôleur colonial, ne pourra excéder douze mille francs pour chacun des quatre premiers, et huit mille francs pour le contrôleur : la valeur de l'ameublement du secrétaire archiviste est fixée à quatre mille francs.

Ces divers ameublemens ne doivent être composés que de meubles dits *meublans*, et leur entretien reste à la charge de la colonie.

5. Au moyen des allocations qui précèdent, le gouverneur, les quatre fonctionnaires membres du Gouvernement colonial, le contrôleur et le-secrétaire archiviste, ne peuvent, sous aucun prétexte, se faire délivrer aucune fourniture quelconque des magasins du Roi ni de ceux de la colonie; il est de plus défendu d'attacher à leur service personnel aucun agent salarié ni aucun noir appartenant à la colonie, autres que ceux qui leur sont accordés par l'article 2 de la présente ordonnance.

Ces noirs ne peuvent être choisis parmi les commandeurs et parmi les ouvriers.

6. Le traitement des fonctionnaires qui s'absenteront de la colonie, sera réglé conformément aux dispositions de l'arrêté du 14 août 1799 (1).

Il sera statué par des dispositions spéciales sur le traitement de congé dont les fonctionnaires qui ne sont pourvus d'aucun grade seront dans le cas de jouir, lorsqu'ils reviendront en France pour cause de maladie.

7. Le fonctionnaire appelé à l'intérim de la place de gouverneur jouira, pendant la durée de la vacance, et sous la déduction du traitement de son grade, des deux tiers du traitement intégral attribué au titulaire.

A l'égard des autres emplois, l'intérimaire jouira, sous la même déduction, des trois quarts du traitement que recevait le titulaire.

8. Il sera alloué aux conseillers coloniaux, à titre de droit de présence, et à chaque séance du conseil privé à laquelle ils assisteront, un jeton d'or à l'effigie du Roi, dont la valeur sera ultérieurement déterminée.

9. Notre ministre secrétaire d'état de la marine et des colonies est chargé de l'exécution de la présente ordonnance.

Donné à Paris, en notre château des Tuileries, le 19ᵉ jour du mois de Mars, l'an de grâce 1826, et de notre règne le deuxième.

Signé CHARLES.

Par le Roi : *le Pair de France, Ministre Secrétaire d'état de la marine et des colonies,*

Signé Cᵗᵉ DE CHABROL.

---

(1) Au Bulletin, 2ᵉ série, n° 3307.

N° 442. — Ordonnance du Roi qui nomme

Conseiller d'état en service ordinaire, M. *Macarel*, maître des requêtes;

Conseiller d'état en service extraordinaire, M. le baron *Fain*, ancien maître des requêtes et premier secrétaire du cabinet de Sa Majesté;

Maîtres des requêtes en service ordinaire,

MM. *Chasseloup-Laubat*, auditeur au Conseil d'état,
Armand de Claranges-Lucotte,
Tournouer, ancien avocat à la cour de cassation;

Maîtres des requêtes en service extraordinaire,

MM. *Bellon*, sous-préfet de Pontoise,
Denis-Lagarde fils, secrétaire-rédacteur de la Chambre des Députés,
Taschereau, secrétaire général de la préfecture de la Seine;

Auditeurs au Conseil d'état, MM. *Jouvencel* fils, et *Eugène de la Borderie*. (*Paris, 15 Novembre 1830.*)

N° 443. — Ordonnance du Roi qui autorise l'acceptation de la Donation faite à la maison des pauvres malades d'*Hazebrouck* (Nord), par Mⁱˡᵉ *Devos*, d'une pièce de terre d'un revenu annuel de 38 francs. (*Paris, 7 Octobre 1830.*)

CERTIFIÉ conforme par nous

Garde des sceaux de France, Ministre Secrétaire d'état au département de la justice,

A Paris, le 25 * Novembre 1830,

DUPONT (de l'Eure).

* Cette date est celle de la réception du Bulletin à la Chancellerie.

On s'abonne pour le Bulletin des lois, à raison de 9 francs par an, à la caisse de l'Imprimerie royale, ou chez les Directeurs des postes des départemens.

A PARIS, DE L'IMPRIMERIE ROYALE.
25 Novembre 1830.

BULLETIN DES LOIS.

2ᵉ Partie. — ORDONNANCES. — N° 25.

N.° 444. — *Tableau des Prix des Grains pour servir de régulateur de l'Exportation et de l'Importation, conformément aux Lois des 16 Juillet 1819, 4 Juillet 1821 et 20 Octobre 1830, arrêté le 30 Novembre 1830.*

SECTIONS.	DÉPARTEMENS.	MARCHÉS.	PRIX MOYEN DE L'HECTOLITRE de			
			Froment.	Seigle.	Maïs.	Avoine.

1ʳᵉ CLASSE.

Limite { de l'exportation des grains et farines............ 26ᶠ

de l'importation { du froment.... au-dessous de.... 24.
{ du seigle et du maïs.. *idem*....... 16.
{ de l'avoine........ *idem*....... 9.

SECTIONS.	DÉPARTEMENS.	MARCHÉS.	Froment.	Seigle.	Maïs.	Avoine.
Unique.	Pyrénées-Or... Aude........ Hérault...... Gard........ Bouches-du-Rh. Var........ Corse.......	Toulouse..... Lyon........ Marseille..... Gray........	24ᶠ 73ᶜ	17ᶠ 84ᶜ	12ᶠ 46ᶜ	8ᶠ 78ᶜ

2ᶜ CLASSE.

Limite { de l'exportation des grains et farines............ 24ᶠ

de l'importation { du froment.... au-dessous de.... 22.
{ du seigle et du maïs.. *idem*....... 14.
{ de l'avoine........ *idem*....... 8.

SECTIONS.	DÉPARTEMENS.	MARCHÉS.	Froment.	Seigle.	Maïs.	Avoine.
1ʳᵉ.	Gironde...... Landes....... B.ˢᵉˢ-Pyrénées. H.ᵗᵉˢ-Pyrénées. Ariége...... Haute-Garonne	Marans...... Bordeaux..... Toulouse.....	19ᶠ 96ᶜ	14ᶠ 93ᶜ	9ᶠ 06ᶜ	8ᶠ 75ᶜ
2ᶜ.	Jura........ Doubs...... Ain........ Isère....... Basses-Alpes. Hautes-Alpes..	Gray........ Saint-Laurent.. Le Grand-Lemps.	27. 17.	17. 84.	13. 36.	6. 67.

SECTIONS.	DÉPARTEMENS.	MARCHÉS.	PRIX MOYEN DE L'HECTOLITRE de			
			Froment.	Seigle.	Maïs.	Avoine.

3ᵉ CLASSE.

Limite { de l'exportation des grains et farines. 22ᶠ
{ de l'importation { du froment . . . au-dessous de . . . . 20.
{ du seigle et du maïs. . *idem*. . . . . . 12.
{ de l'avoine. . . . . *idem*. . . . . . . 8.

SECTIONS.	DÉPARTEMENS.	MARCHÉS.	Froment.	Seigle.	Maïs.	Avoine.
1ʳᵉ.	Haut-Rhin. . . . Bas-Rhin.	Mulhausen. . . . Strasbourg. . . .	22ᶠ 04ᶜ	14ᶠ 50ᶜ	"	7ᶠ 38ᶜ
2ᵉ.	Nord. . . . . Pas-de-Calais. . Somme. . . . . . . Seine-Inför. . Eure. . . . . Calvados.	Bergues, ... Arras. . . . . Roye. . . . . . . Soissons. . . . . Paris. . . . . Rouen.	23. 49.	12. 87.	"	7. 10.
3ᵉ.	Loire-Infér. . . Vendée. . . . . . Charente-Infér.	Saumur. . . . . . Nantes. . . . . . . Marans.	19. 45.	13. 11.	"	8. 11.

4ᵉ CLASSE.

Limite { de l'exportation des grains et farines. 20ᶠ
{ de l'importation { du froment. . . . au-dessous de . . . . 18.
{ du seigle et du maïs. . *idem*. . . . . 10.
{ de l'avoine. . . . . *idem*. . . . . . . 7.

SECTIONS.	DÉPARTEMENS.	MARCHÉS.	Froment.	Seigle.	Maïs.	Avoine.
1ʳᵉ.	Moselle. . . . . . Meuse. . . . . . . Ardennes. . . . . Aisne.	Metz. . . . . . . Verdun. . . . . . Charleville. . . . Soissons.	22ᶠ 96ᶜ	13ᶠ 67.	"	6ᶠ 31ᶜ
2ᵉ.	Manche. . . . . . Ille-et-Vilaine. . Côtes-du-Nord. Finistère. . . . . Morbihan.	Saint-Lô. . . . . Paimpol. . . . . . Quimper. . . . . Hennebon . . . Nantes.	20. 13.	11. 25	"	8. 00

ARRÊTÉ par nous Pair de France, Ministre Secrétaire d'état au département de l'intérieur.

A Paris, le 30 Novembre 1830.

Signé MONTALIVET.

N° 445.—*ORDONNANCE DU ROI sur les moyens de procurer du Travail pendant l'hiver à la classe indigente et laborieuse.*

A Paris, le 22 Novembre 1830.

LOUIS-PHILIPPE, Roi des Français, à tous présens et à venir, SALUT.

Sur le rapport de notre ministre secrétaire d'état au département de l'intérieur ;

Considérant que la loi du 8 septembre dernier, qui a mis à la disposition de notre ministre de l'intérieur un crédit de cinq millions pour les travaux publics et autres besoins urgens auxquels il était indispensable de pourvoir, n'a pas désigné spécialement la ville de Paris, quoique cette ville ait été l'objet principal des motifs et de la discussion de la loi ;

Que les besoins les plus urgens seront satisfaits avec une distribution de quatre millions qui permettra d'atteindre l'exercice 1831 ;

Que des départemens et des communes, manquant de ressources nécessaires pour assurer du travail à la classe indigente pendant l'hiver, éprouvent des besoins non moins urgens, auxquels il est indispensable de pourvoir dans l'intérêt du maintien de la paix publique ;

Ayant reconnu la nécessité de déroger, pour cette fois seulement, au principe de la spécialité départementale et communale, et sans tirer à conséquence pour l'avenir,

Nous avons ordonné et ordonnons ce qui suit :

Art. 1er. Notre ministre secrétaire d'état de l'intérieur est autorisé à disposer, sur le crédit de cinq millions ouvert par la loi du 8 septembre dernier, jusqu'à concurrence d'un million, pour aider, soit à titre d'allocation définitive, soit à titre de prêts ou avances, les départemens et les communes dans les moyens de procurer du travail pendant l'hiver à la classe indigente et laborieuse.

2. Nos ministres secrétaires d'état aux départemens des finances et de l'intérieur sont chargés de l'exécution de la présente ordonnance, chacun en ce qui le concerne.

Signé LOUIS-PHILIPPE.

Par le Roi : *le Ministre Secrétaire d'état au département de l'intérieur,*
                    Signé Montalivet.

N° 446. — *Ordonnance du Roi qui réduit le cadre des Officiers du Corps royal d'état-major.*

À Paris, le 12 Novembre 1830.

LOUIS-PHILIPPE, Roi des Français, à tous présens et à venir, SALUT.

Vu les ordonnances des 6 mai 1818 et 10 décembre 1826;

Sur le rapport de notre ministre secrétaire d'état au département de la guerre,

Nous avons ordonné et ordonnons ce qui suit :

Art. 1er. Le cadre des officiers titulaires du corps royal d'état-major est provisoirement réduit à

<blockquote>

20 colonels,
20 lieutenans-colonels,
60 chefs de bataillon,
et 200 capitaines.
_____
300.

</blockquote>

2. Les officiers qui ne seront pas compris dans ce cadre seront nommés à des emplois de leurs grades dans les régimens d'infanterie et de cavalerie de l'armée.

Ces officiers conserveront la faculté de rentrer dans le cadre des officiers titulaires du corps royal d'état-major, à moins qu'ils n'aient obtenu de l'avancement dans les régimens où ils seront placés.

3. La moitié des emplois qui deviendront vacans dans le cadre des officiers titulaires du corps royal d'état-major, sera dévolue aux officiers des grades correspondans employés dans les régimens de l'armée, et qui n'y auront point obtenu d'avancement; l'autre moitié appartiendra aux officiers du cadre.

4. Les officiers d'état-major placés dans les régimens de l'armée porteront l'uniforme de ces régimens; mais ils conserveront la solde d'activité fixée pour les officiers d'état-major.

5. A dater de la publication de la présente ordonnance,

les officiers du corps royal d'état-major qui ne seront pas employés n'auront droit qu'à la solde de congé de leur grade allouée aux officiers de cavalerie.

6. Les dispositions des ordonnances des 6 mai 1818 et 10 décembre 1826, contraires à la présente, sont et demeurent abrogées.

7. Notre ministre secrétaire d'état de la guerre est chargé de l'exécution de la présente ordonnance.

Signé LOUIS-PHILIPPE.

Par le Roi : *le Ministre Secrétaire d'état de la guerre,*

Signé M^{al} Cte GÉRARD.

N° 447. — ORDONNANCE DU ROI *qui accorde une indemnité annuelle à l'Inspecteur général des Gardes nationales de France.*

A Paris, le 15 Octobre 1830.

LOUIS-PHILIPPE, ROI DES FRANÇAIS, à tous présens et à venir, SALUT.

Sur le rapport de notre ministre secrétaire d'état au département de l'intérieur,

NOUS AVONS ORDONNÉ et ORDONNONS ce qui suit :

ART. 1er. Il est accordé au lieutenant général *Mathieu Dumas*, en sa qualité d'inspecteur général des gardes nationales de France, une indemnité annuelle de vingt-cinq mille francs.

2. Cette indemnité, qui a commencé à courir du 1er septembre dernier, lui sera payée en 1830 sur le crédit extraordinaire demandé par notre ministre secrétaire d'état au département de l'intérieur pour l'administration des gardes nationales de France, et continuera de lui être allouée en 1831 sur le budget qui sera établi pour lesdites gardes nationales.

3. Notre ministre secrétaire d'état de l'intérieur est chargé de l'exécution de la présente ordonnance.

Signé LOUIS-PHILIPPE.

Par le Roi : *le Ministre Secrétaire d'état au département de l'intérieur,*

Signé GUIZOT.

N° 448. — *Ordonnance du Roi qui rapporte celle du 6 Août attribuant des Décorations aux Élèves de l'École polytechnique.*

A Paris, le 14 Novembre 1830.

LOUIS-PHILIPPE, Roi des Français, à tous présens et à venir, SALUT.

Les élèves présens à l'école polytechnique en 1830, en faveur desquels l'ordonnance du 6 août dernier avait créé, soit des lieutenances d'artillerie ou du génie, soit des grades correspondans pour les ponts et chaussées et les mines, ayant exprimé le desir de renoncer à ces avantages, afin de ne pas nuire à l'avancement de leurs prédécesseurs ;

Sur le rapport de notre ministre secrétaire d'état au département de l'intérieur,

Nous avons ordonné et ordonnons ce qui suit :

L'ordonnance du 6 août dernier est et demeure révoquée.

Toutefois le sentiment de délicatesse qui a dicté la démarche des élèves ne pouvant qu'ajouter à l'estime et à la considération que leur noble, patriotique et courageuse conduite pendant les mémorables événemens de juillet a inspirées à toute la population parisienne, nous nous réservons de nous faire présenter un rapport spécial sur chaque élève, et de lui accorder la récompense honorifique qu'il aura méritée.

4. Notre ministre secrétaire d'état de l'intérieur est chargé de l'exécution de la présente ordonnance.

Signé LOUIS-PHILIPPE.

Par le Roi : *le Ministre Secrétaire d'état au département de l'intérieur,*

Signé MONTALIVET.

N° 449. — *Ordonnance du Roi relative à diverses Circonscriptions communales (Moselle) par suite de réunion de portions de territoire détenues depuis 1816 par la Prusse.*

A Paris, le 7 Octobre 1830.

LOUIS-PHILIPPE, Roi des Français, à tous présens et à venir, SALUT.

Sur le rapport de notre ministre secrétaire d'état au département de l'intérieur ;

Le comité de l'intérieur de notre Conseil d'état entendu,

NOUS AVONS ORDONNÉ et ORDONNONS ce qui suit.

ART. 1er. Le village de Manderen ainsi que son territoire, qui ont été concédés à la France par suite de la convention de limites conclue avec la Prusse le 23 octobre 1829, et la commune de Tinting-Mensberg, sont réunis en une seule commune, dont le chef-lieu est fixé à Manderen, et qui fera partie du canton de Sierck, arrondissement de Thionville, département de la Moselle.

2. La partie du territoire d'Ihn et Lognon-Leyding, le village et le territoire de Heyning, cédés par la même convention, formeront une commune, dont le chef-lieu est fixé à Heyning, et qui fera partie du canton de Bouzonville, même arrondissement.

3. Le hameau de Gaveistroff est distrait de la commune de Reimering. Ce hameau et les villages de Wellengen et de Schreckling, ainsi que leurs territoires, rendus à la France par suite des mêmes conventions, sont réunis en une seule commune, dont le chef-lieu est fixé à Wellengen, et qui fera partie du canton de Bouzonville.

4. Les hameaux de Scheuerwald, de Burg-Esch, de Cottendorff, d'Oltzweiler, le moulin de Holter-mühl, également cédés à la France, sont réunis, le premier, à la commune de Launstroff, canton de Sierck, et les autres, à celle de Schwerdorff, canton de Bouzonville, dont ils dépendaient autrefois.

5. Les communes, villages et hameaux réunis par les articles précédens, continueront, s'il y a lieu, à jouir séparément, comme section de commune, des droits d'usage ou autres qui pourraient leur appartenir, sans néanmoins pouvoir se dispenser de contribuer en commun aux charges municipales.

6. La commune de Remelsdorff est réunie au canton de Bouzonville, arrondissement de Thionville.

7. Notre garde des sceaux, ministre de la justice, et nos ministres secrétaires d'état de l'intérieur et des finances, sont

F f 4

chargés, chaque en ce qui le concerne, de l'exécution de la présente ordonnance.

Signé LOUIS-PHILIPPE.

Par le Roi : *le Ministre Secrétaire d'état au département de l'intérieur,*

Signé GUIZOT.

Nº 480. — *DÉCLARATION pour terminer le différend qui s'est élevé sur le district de la Leyen entre la Prusse et la France.*

À Paris, le 11 Juin 1827.

LE GOUVERNEMENT FRANÇAIS et LE GOUVERNEMENT PRUSSIEN sont convenus de terminer le différend qui s'est élevé relativement au district de la Leyen, situé entre la Sarre et la Blies, et composé des villages Klein-Bliderstroff, Auerschmachern, des hameaux de Hanweiler, Rilchingen, et de la ferme de Witringen-hof, par la transaction contenue dans les articles suivans.

ART. 1er. La Prusse reste en possession du district de la Leyen, et la France renonce formellement à toute prétention qu'elle pourrait former sur ce même district.

2. La France accepte, comme compensation des prétentions qu'elle avait formées sur le district de la Leyen d'après le sens littéral du traité de Paris du 20 novembre 1815, les villages de Merten, Biblingen, Flatten, Gangelfangen, avec leurs banlieues.

3. La cession de ces villages à la France sera effectuée le plus tôt possible, et sans attendre que la démarcation définitive des frontières soit terminée.

4. Le Gouvernement prussien renonce aux impôts arriérés qui pourraient rester dus par les habitans de Merten et de Biblingen le jour de la cession.

5. Là où la Sarre et la Blies séparent le territoire de la Prusse de celui de la France, le thalweg de ces deux rivières formera la frontière.

6. La présente déclaration, faite au nom de Leurs Majestés le Roi de France et le Roi de Prusse, et expédiée en double

absolument conforme, sera valable immédiatement après que l'échange en aura eu lieu.

Signé LE Bᵒⁿ DE DAMAS.   Signé WERTHER.

(L. S.)   (L. S.)

Pour copie conforme :

Le Conseiller d'état Chef de la division des archives au ministère des affaires étrangères, signé MIGNET.

N° 451. — CONVENTION définitive entre la France et la Prusse pour régler les limites des deux États respectifs.

Du 23 Octobre 1829.

LES COMMISSAIRES nommés en vertu du paragraphe 6 de l'article 1ᵉʳ du traité de Paris du 20 novembre 1815, savoir :

De la part de Sa Majesté le Roi de France et de Navarre,

Le sieur *Étienne-Nicolas Rousseau*, colonel au corps royal des ingénieurs-géographes, officier de l'ordre royal de la Légion d'honneur, chevalier de l'ordre royal et militaire de Saint-Louis, chevalier de l'ordre militaire de Guillaume des Pays-Bas et de l'ordre du Mérite civil de la Couronne de Bavière,

Et de la part de Sa Majesté le Roi de Prusse,

Le sieur *Henri Délius*, président en chef du conseil de regence de Cologne, chevalier de l'ordre de l'Aigle rouge de Prusse, troisième classe,

Après s'être respectivement et en due forme communiqué leurs pleins pouvoirs; après avoir reconnu que la déclaration signée et échangée le 11 juin 1827, par laquelle leurs Gouvernemens respectifs sont convenus de terminer le différend qui s'était élevé relativement au district de la Leyen, avait reçu son exécution en ce qui concerne l'article 3 de cette déclaration; après avoir aussi reconnu que le procès-verbal dressé à Sarrebruck le 20 février 1821 par leurs délégués, dans le but de fixer la position géométrique des endroits ayant banlieue par rapport à la ligne qui, en exécution du traité du 20 novembre 1815, doit être tirée de Perl à Houve, devait servir de base pour régler le tracé de la limite le long de cette ligne; les commissaires, adoptant les arrangemens et projets d'échanges arrêtés par les mêmes délégués et insérés à la suite dudit procès-verbal, sont convenus des articles suivans :

ART. 1ᵉʳ. La limite entre les deux États commencera au milieu du cours d'eau de la Moselle, c'est-à-dire, sur le thalweg de cette rivière, au point qui sert de contact entre le royaume de France, celui de Prusse, et le grand-duché de Luxembourg sous la souveraineté du Roi des Pays-Bas; point situé vis-à-vis de celui (sur la rive droite de la même rivière) sur la ligne formant la séparation des banlieues des villages d'Apach (France) et de Perl (Prusse); elle suivra de là la ligne qui désormais formera la démarcation entre les territoires de toutes les communes situées de part et d'autre le long de la frontière, jusqu'au point où, entre Guy-dengen et Sarre-Buchingen, l'un et l'autre à la Prusse, elle atteint la rivière de Sarre, dont le thalweg, ou fil d'eau, servira de limite, dans cette partie de son cours, jusqu'au confluent de cette rivière avec la Blies sous Sarreguemines, pour remonter ensuite le thalweg de cette dernière et arriver au point de séparation près de l'Uhrys-mühl, entre le territoire de la commune prussienne de Blies-Ranschbach, celui de la commune bavaroise de Bliesmengen et Bliesbolgen avec celui de la commune française de Blies-Schweyen, et qui forme en même temps contact entre la France, la Prusse et la Bavière rhénane; le tout ainsi que cela se trouve déterminé et marqué au plan général annexé à la présente convention, et que cela est indiqué par un double liséré (rouge du côté de la France, et bleu du côté de la Prusse) sur ce plan, lequel a été arrêté et signé par MM. les commissaires, leurs délégués et les ingénieurs qui ont été chargés du levé.

Par suite de cette détermination des limites entre les deux royaumes, l'article 3 de la déclaration du 11 juin 1827 se trouvant exécuté, la France a reçu de la Prusse les villages et territoires en dépendant de Flatten, de Gongelfangen, Merten et Bibling, en compensation des prétentions que la première puissance avait formées sur le district de la Leyen d'après le sens littéral du traité du 20 novembre 1815, auxquelles elle renonce formellement, ainsi que le porte la déclaration du 11 juin ci-dessus citée.

Pour établir d'une manière sûre et stable l'état de possession de chaque royaume, ainsi que le prescrit la détermination du tracé des limites entre les deux États, il a été reconnu et convenu que, d'une part, la Prusse remettrait à la France,

1° Le village et le territoire de Manderen ;

2° Le hameau de Scheuerwald avec la partie de son territoire située au sud du chemin qui, sortant du bois de Saint-Martin au point qui sépare la commune de Manderen (France) de celle de Bustroff (Prusse), et passe près et au nord de la petite maison dite *le Château*, jusqu'au point où il joint le chemin de Luxembourg à Sarrelouis, qui forme ensuite la limite entre les deux États jusqu'à la croix dite *Kolleskreutz* ;

3° Le hameau de Remelsdorff et son territoire ;

4° La partie du territoire d'Ihn ou Loignon ;

5° Le hameau d'Heyning et son territoire ;

6° La partie du territoire de Leyding :

Ces trois derniers endroits et lieux en tant qu'ils se trouvent au sud-est du chemin qui conduit de Guertsling à Schreckling ;

7° Le village et le territoire de Schreckling ;

8° Le village et le territoire de Wellengen ;

Et que d'une autre part la France ferait remise à la Prusse,

1° Des petites portions du territoire de Launstroff au nord du chemin de Luxembourg à Sarrelouis ;

2° Du petit pays appelé *Molwinger-grund*, de la commune de Waldwies, situé au nord-est de cette commune et placé au-delà des bois de Kirschhoff et de Wieserwald ;

3° La petite portion du territoire de Heyning située au nord-est du chemin qui va de Guertsling à Schreckling ;

4°. Le moulin de Guersweiler avec ses dépendances, situé sur la rive droite de la Blies, en conservant aux habitans du village de Guersweiler la faculté d'y faire moudre leurs grains comme par le passé.

La Prusse, en outre, continuera à posséder le hameau et le territoire de Diesdorff, ancienne dépendance de Schwerdorff, ainsi que le Warent-wald [forêt de Warent] et la ferme de Warent-hoff enclavée dans ces bois, de manière que la lisière du bois fera la frontière.

Pour ne rien laisser d'incertain, il sera annexé à cette convention définitive un état de tous les territoires et portions de territoire qui toucheront de chaque côté la nouvelle ligne entre les deux royaumes : cet état sera signé par les commissaires, après qu'il aura été reconnu conforme au plan général de cette limite.

A cet effet, et aussitôt après l'approbation de la présente convention, MM. les délégués des commissaires, savoir :

Le sieur *Gaspar-René Biollay*, chef de bataillon au corps royal du génie, chevalier de l'ordre royal et militaire de Saint-Louis et de l'ordre royal de la Légion d'honneur, de la part du commissaire de Sa Majesté Très-Chrétienne,

Et le sieur *Guillaume-Henri Dern*, conseiller provincial et chevalier de l'ordre de l'Aigle rouge de Prusse de troisième classe, de la part du commissaire de Sa Majesté Prussienne,

Feront dans le plus bref délai établir des poteaux, par les soins des ingénieurs attachés à la commission, sur tous les points principaux et les plus remarquables, afin que la nouvelle limite puisse être connue sur tous les points où elle reçoit des modifications ; ils procéderont ensuite, étant assistés des agens de l'autorité civile des deux Gouvernemens, aux remises et prises de possession des territoires et portions de territoire échus ou échéant en partage à chaque État, ainsi que cela a été stipulé et indiqué ci-dessus.

Ces remises et prises de possession seront constatées par

des procès-verbaux faits en autant d'expéditions qu'il y aura
de parties intéressées à les connaître, et dont une de ces expéditions sera jointe à la présente convention pour y rester
annexée, afin de montrer qu'à cet égard elle a reçu son entière
exécution.

MM. les délégués des commissaires, après cette opération,
procéderont aussi à l'abornement de la frontière et à la rédaction des procès-verbaux de délimitation, ainsi que cela sera
expliqué art. 17.

2. Il est entendu que les deux États doivent entrer en
possession des territoires et portions de territoire cédés de
part et d'autre ainsi que cela a été spécifié à l'article 1er, sans
pouvoir prétendre, jusqu'au 1er janvier 1830 exclusivement,
à aucune indemnité pécuniaire à raison de leur occupation
antérieure, tant pour ce qui concerne la perception des impôts que pour les revenus des propriétés royales et domaniales.

Il est entendu aussi que chaque État jouira, sur les territoires ou portions de territoire cédés de part et d'autre, de
tous les droits de souveraineté et de propriété quant aux
propriétés royales et domaniales, sans préjudice pourtant des
droits que chaque commune des deux royaumes peut faire
valoir, lesquels droits seront constatés lors de l'abornement
de la frontière et de la rédaction des procès-verbaux de délimitation, ainsi que cela sera expliqué ci-après art. 11,
sauf la faculté aux intéressés de recourir aux tribunaux ordinaires de chaque pays pour provoquer la décision des contestations qui pourraient survenir entre eux.

3. Sur toutes les portions de frontière où le territoire des
deux royaumes sera séparé par des rivières et ruisseaux, et
notamment sur la Sarre et la Blies, le thalweg ou milieu des
eaux desdites rivières et ruisseaux formera la limite entre les
deux États : on ne pourra faire aucune construction ou
bâtisse quelconque qui puisse en déranger le cours actuel, à
moins que ces constructions n'aient un but commun d'utilité
aux deux États et ne soient consenties par eux d'un commun

accord. A l'égard des constructions riveraines et des ponts et passages, on s'en tiendra aux observances actuelles, aussi bien que pour la libre navigation de la Sarre en tant qu'elle pourra être praticable dans son cours depuis Sarreguemines jusqu'à Guydengen.

4. Il est entendu que sur toutes les parties de frontière où des chemins servent à indiquer la limite, ces chemins ou toutes celles de leurs parties qui suivront cette frontière seront mitoyens, c'est-à-dire, communs aux deux États, sans que pour cela il soit attenté en rien aux droits de propriété des particuliers à qui ces chemins pourraient appartenir.

Aucun des deux États ne pourra exercer sur ces chemins ou portions de chemin d'acte de souveraineté, si ce n'est ceux nécessaires pour prévenir ou arrêter les délits ou crimes qui nuiraient à la liberté et à la sûreté du passage.

En tant que propriété foncière, ces chemins ou portions de chemin seront soumis, pour ce qui concerne les impôts, à l'État sur lequel réside le propriétaire.

5. A l'avenir et dans l'intérêt des deux États, aucun édifice, bâtiment ou habitation quelconque ne pourra être élevé le long de la frontière qu'autant que ces constructions seront établies à dix mètres [trente pieds de Prusse] de la ligne qui forme la limite; toutefois, lorsqu'un chemin ou ruisseau formera la limite, cette distance sera réduite à cinq mètres [quinze pieds de Prusse] à partir du bord le plus voisin.

6. Si, par l'effet des cessions réciproques contenues dans la présente convention de limite, quelques propriétés se trouvaient morcelées, les propriétaires ou fermiers de celles-ci jouiront de la faculté d'y transporter les engrais et amendemens nécessaires, et d'en importer librement, en exemption de tous droits et sans qu'il y soit mis obstacle, les récoltes, de quelque nature qu'elles soient, provenant de ces propriétés morcelées.

Cependant les propriétaires seront tenus de déclarer, une fois pour toutes, s'ils veulent jouir de la faculté qui leur est accordée par le présent article d'importer leur récolte, laquelle ils ne pourront introduire, en tout état de choses, que brute et telle que le terrain sur lequel elle aura cru l'aura produite. Il sera donné avis de cette disposition aux communes limitrophes lors de l'abornement de la frontière et de la rédaction des procès-verbaux de délimitation, et il leur sera accordé un délai de trois mois pour faire et recevoir les déclarations, à dater du jour où lesdits procès-verbaux de délimitation seront portés à la connaissance de chaque commune délimitée.

7. Pareille faculté sera accordée pour retirer le produit brut des récoltes aux propriétaires des deux États qui se trouveraient possesseurs de terres dans l'autre, si celles-ci se trouvent placées à la distance qui ne dépassera pas cinq kilomètres [douze cents perches de Prusse] de la ligne formant la limite entre les deux royaumes; ils auront toutefois à se conformer aux lois et réglemens des douanes de chaque pays pour ce qui concerne le transit des récoltes et denrées, et ils seront tenus, une fois pour toutes, à une déclaration pareille à celle dont il a été fait mention dans l'article précédent et dans le délai qui y est indiqué.

8. Les biens, les droits réels, les rentes et capitaux qui peuvent appartenir aux communes et établissemens publics de l'un des deux États dans le territoire de l'autre, sont maintenus et conservés. Ils sont regardés comme propriétés privées dont l'administration est réservée auxdits établissemens ou communes, en se conformant aux lois communales de leurs Gouvernemens respectifs.

9. Lorsque des endroits réunis jusqu'à ce jour sous l'administration d'une même mairie seront divisés, ils auront l'obligation de solder les frais de l'administration communale jusqu'au 1.er janvier 1830, soit que la prise de possession ait eu lieu par suite d'arrangemens antérieurs, soit qu'elle se fasse en vertu de la présente convention. Lorsque ce décompte sera établi, l'excédant de caisse, les biens communaux et les dettes seront répartis proportionnellement. Pour établir cette

proportion, on prendra pour base le montant de la contribution foncière.

10. Quant aux villages, fermes, hameaux et portions du territoire limitrophe dont l'état de possession changera, afin d'accomplir les stipulations de la présente convention conformément à l'article 9 du traité du 20 novembre 1815, il est expressément déclaré que la possession sous laquelle ils se sont trouvés jusqu'ici est réputée légale, et que par conséquent tout acte administratif et judiciaire émané des autorités compétentes sera respecté,

Les transactions, contrats de bail et de vente, concessions et aliénations quelconques sur des objets tant domaniaux que communaux, seront maintenus dans leur validité, et cela sans qu'il puisse y être question de liquidation ou équivalent entre les deux Gouvernemens.

11. L'intention des Gouvernemens des deux États étant que les communes limitrophes puissent jouir, sans aucun trouble ni empêchement, de tous les droits dont elles sont légalement en possession, soit qu'ils soient fondés sur des titres, ou qu'à défaut de titres il y ait possession immémoriale et non interrompue jusqu'à présent, ces droits seront constatés par les délégués des commissaires; et si leur validité, d'accord avec les parties intéressées, est reconnue par l'examen contradictoire qui en sera fait par lesdits délégués en leur présence, ils seront spécifiés dans les procès-verbaux de délimitation, en conservant toutefois aux intéressés la même faculté de recourir, s'il y a lieu, aux tribunaux dont il a été parlé dans l'article 2. La mention qui en sera faite dans ces procès-verbaux de délimitation produira le même effet que si l'insertion en avait été textuellement faite dans la présente convention.

12. Jusqu'à l'expiration des baux existans pour la pêche de la Sarre et de la Blies, le revenu sera partagé entre les deux Gouvernemens: à partir de l'expiration de ces baux, la pêche dans la Sarre, depuis Guydengen jusqu'à moitié chemin de Sarreguemines, appartiendra à la Prusse, et l'autre moitié à la

France; depuis le triple confin jusqu'à moitié chemin du confluent dans la Sarre, la pêche dans la Blies appartiendra à la Prusse et l'autre moitié à la France, auxquels points de séparation il sera planté des bornes d'une forme particulière qui indiqueront les limites de la pêche.

Quant aux revenus des passages, ils seront, sur ces deux rivières, réglés par MM. les délégués, après avoir pris connaissance du produit annuel de ces passages.

13. Les délégués sont autorisés à accorder, pour l'utilité des communes limitrophes, les concessions de passages qu'ils jugeront nécessaires, tant pour ce qui regarde les exploitations rurales que pour ce qui a rapport à l'extraction et au transport, hors des forêts, des bois coupés et abattus, ou même pour faciliter les communications d'une commune à l'autre, lorsque ces communications seront reconnues utiles et qu'elles se trouveront compensées par des avantages réciproques. Pour tous ces cas, il sera stipulé dans les procès-verbaux de délimitation que l'habitant français ou prussien, usant des passages accordés, ne pourra pas dévier de son chemin ni s'y arrêter pour charger et décharger, sous peine d'encourir confiscation de marchandises et de se voir infliger les punitions et amendes voulues par les réglemens des douanes et les lois du royaume qu'il traverse, à moins qu'il n'ait fait à son entrée une déclaration des objets transportés, et pour lors il demeurera soumis aux lois et ordonnances des douanes en tout ce qui concerne l'entrée et la sortie des marchandises dans le royaume qu'il traverse.

Dans le cas de simple passage, aucune déclaration ne pourra être exigée, et il ne sera fait aucune opposition pour user de la faculté accordée pour passer.

Il est bien entendu que la liberté de passage dont il est ici question ne s'étendra en aucune manière aux militaires armés ni aux équipages de guerre d'aucune espèce.

14. La remise de tous actes, titres et documens relatifs aux territoires cédés de part et d'autre, s'effectuera, au moment de la rédaction des procès-verbaux de délimitation, par les

soins de MM. les délégués des commissaires, qui seront à cette époque le partage des papiers, titres et autres documens que chacune des communes intéressées devra posséder.

15. Il est accordé un délai de trois ans, à dater du jour où il sera donné connaissance à chaque commune du procès-verbal de la délimitation, à tous les habitans des pays cédés de part et d'autre, pour, s'ils le jugent convenable pendant cet intervalle de temps, disposer de leurs propriétés comme ils l'entendront, et se retirer dans tel pays qu'il leur plaira de choisir.

16. Aussitôt après l'échange des ratifications de la présente convention, et après que les remises et prises de possession des territoires cédés de part et d'autre auront été effectuées, les militaires qui pourraient se trouver faire partie des familles dont les habitations ont été cédées seront réciproquement rendus.

17. Aussitôt après qu'il aura été procédé, par les soins des délégués des commissaires, ainsi que cela a été dit à l'article 1ᵉʳ, aux actes de remises et prises de possession des territoires cédés de part et d'autre, les mêmes délégués s'occuperont sans délai de la rédaction des procès-verbaux de délimitation, commune par commune, après avoir préalablement fait procéder à l'abornement de la frontière sur toute son étendue.

Les procès-verbaux de délimitation seront accompagnés des plans figuratifs de la frontière, qui seront signés par lesdits délégués et par les ingénieurs et géomètres qui assisteront à l'opération, ainsi que par les maires et les bourgmestres des communes intéressées. Ils relateront, ainsi que le porte l'article 11, tous les droits dont les communes et leurs habitans sont en possession et qu'ils ont à exercer sur les communes limitrophes, quelle que soit la nature de ces droits.

Pour cette opération, MM. les délégués suivront exactement les instructions qui leur seront données à cet effet par MM. les commissaires.

La réunion de tous ces procès-verbaux de délimitation, dont il sera remis, par les soins desdits délégués, une expédition à chacun des maires et bourgmestres des communes que cela concerne, et seconde expédition sera déposée aux archives du département de la Moselle, pour la France, et aux archives de la régence royale de Trèves, pour la Prusse, formera suite à la présente convention, et montrera qu'elle a eu son entière exécution ; et, à cet effet, deux autres expéditions originales desdits procès-verbaux de délimitation, ainsi que des plans de limites qui les accompagnent, seront jointes à la présente convention, pour qu'une d'elles soit échangée au moment où les commissaires vérifieront et approuveront les travaux de leurs délégués, et dans le but de faire posséder aux archives de chaque Gouvernement, outre le mode de rédaction qu'il a dû suivre, le mode de rédaction suivi par l'autre ; lesdits procès-verbaux, vérifiés et approuvés par MM. les commissaires, auront même force et valeur que si leur contenu était textuellement inséré dans la présente convention.

18. Lors de la rédaction des procès-verbaux de délimitation, si les délégués reconnaissaient utile d'échanger quelques portions de terrain, soit afin de redresser la ligne de limite, soit pour faciliter les communications de village à village, ils sont autorisés à proposer ces échanges à leurs commissaires respectifs, toujours avec réciprocité d'avantages et égalité de superficie et de valeur autant que possible.

19. La présente convention sera ratifiée et les ratifications seront échangées dans le terme de six semaines(1), ou plus tôt si faire se peut.

En foi de quoi les commissaires susdénommés ont signé la présente.

Fait à Sarrebruck, le 23 Octobre 1829.

Signé ROUSSEAU. (*L. S.*)   *Signé* HENRI DÉLIUS. (*L. S.*)
(Commissaire de S. M. T. C.)

Pour copie conforme :

Le Conseiller d'état Chef de la division des archives au ministère des affaires étrangères, signé MIGNET.

_____

(1) La ratification a été faite; savoir, par le Roi de France, le 15 novembre 1829, et, par le roi de Prusse, le 14 du même mois; et l'échange de ces ratifications a eu lieu le 2 décembre suivant.

*État et Noms des villages, hameaux ou dépendances, dont les territoires
toucheront la nouvelle limite fixée par la Convention définitive du
23 Octobre 1829 entre la France et la Prusse.*

DU CÔTÉ DE LA FRANCE.

Apach, annexe de Kirsch-lès-Sierck,

Merschweiler { avec ses annexes de Belmacher, Kitzing et Nauendorff,

Manderen,

Tinting et Mensberg,

Scheuerwald et la partie sud de son territoire,

Ritzing, annexe de Launstroff,

Launstroff,

Flatten, annexe de Launstroff,

Gongelfang, annexe de Waldwies,

Waldwies,

Zeurange, annexe de Grindorff,

Burg-Esch, annexe de Schwerdorff,

Cottendorff, *idem*,

Otzweiler, *idem*,

Schwerdorff,

Neuenkirchen, annexe de Schwerdorff,

Remeldorff,

Niedwelling et Guertsling,

La portion cédée d'Ihn ou Laignon,

Heyning,

La portion cédée de Leyding,

Schreckling,

Wellengen,

Berweiler,

Merten et Bibling,

La Houve et la ferme de Wendelhoff . . . . . .

La Croix . . . . } Creutzwald,

Wilhemsbronn . . . . . .

L'Hôpital et Carling,

Freymingen et Sainte-Fontaine,

Merlebach,

Cocheren et Ditschweiler,

Rosbruck,

Morsbach et Guensbach,

Forbach, côté à l'ouest,

Petite-Roselle et Vieille-Verrerie,

Forbach. { avec Schœneck, la verrerie Sophie, la ferme de Styring et dépendances,

Spicheren,

Altzing et Zinzing,

Gross-Bliderstroff et le moulin de Simbach,

Welferdingen,

Sarreguemines,

Neuenkirchen,

Blies-Guerschweiler,

Blies-Schweyen (dernier).

DU CÔTÉ DE LA PRUSSE.

Perl et Ober-Perl,

Pelling,

Burg,

Elst,

Buschdorff,

Scheuerwald; partie nord de son territoire,

Wehingen,

Wellingen,

Biedengen et la portion cédée de Waldwies,

Silwingen,

Bierengen,

Ober-Esch,

Diesdorff,

Suhrweiler,

Gross-Hemmersdorff,

Kœrpenich-Hemmersdorff,

Nied-Altdorff,

Ihn ou Lognon et la partie nord de son territoire,

La petite portion cédée d'Heyning,

Leyding et la portion nord de son territoire,

Bedersdorff,

Ittersdorff,

Berus et Saint-Oranc,

Ueberhern,

La ferme de Warent et le Warent-
wald (bois),
Les bois, triages de Lauterbach,
Lauterbach,
Carlsbronnen,
Saint-Nicolas;
Nass-Weiler,
Emmersweiler et le moulin de Guens-
bach,
Grand ou Gross Rosseln,
Ludwiller,
Geislautern,
Furstenhausen,
Clarenthal,
Krughûtte,

Ziegelboff,
Gersweiler,
La ville et le territoire de Sarre-
bruck,
Saint-Arneval,
Guidengen,
Sarre-Buebingen,
Klein-Bliderstroff....
Auerschmachern.....
Roelchingen........
Hanweiler ....
La ferme de Wintring.
Le moulin de Gersweiler,
Ranspach,
Uhrys-mühl.

ci-devant
district
de la Leyen.

Cet état des villages, hameaux et territoires qui touchent de chaque côté
la ligne de limite entre la France et la Prusse, étant conforme aux noms
écrits sur le plan général, sera annexé et fera suite à la convention définitive
signée à Sarrebruck cejourd'hui, et conformément à l'article 1ᵉʳ.

Signé ROUSSEAU.   *Signé* HENRI DELIUS.

Pour copie conforme :

*Le Conseiller d'état Chef de la division des archives au ministère
des affaires étrangères, signé* MASSET.

N.º 45ℨ. — ORDONNANCE DU ROI *relative à des Dépenses pour
frais d'achat et de réparations de l'Hôtel du Ministère de l'Instruction publique.*

A Paris, le 18 Octobre 1830.

LOUIS-PHILIPPE, ROI DES FRANÇAIS, à tous présens
et à venir, SALUT.

Sur le rapport de notre ministre secrétaire d'état au département
de l'instruction publique et des cultes;

Vu l'ordonnance du 24 juin 1829;

Vu la délibération du conseil royal de l'instruction publique en
date du 12 octobre courant,

NOUS AVONS ORDONNÉ et ORDONNONS ce qui suit :

ART. 1ᵉʳ. Le conseil royal de l'instruction publique, qui
avait été autorisé, par l'article 2 de l'ordonnance du 24 juin
1829, à faire vendre, jusqu'à concurrence de cinq cent vingt
mille francs, des rentes sur l'État appartenant à l'université
et provenant de placemens faits par elle à différentes époques

sur ses excédans de recettes, n'en fera vendre que jusqu'à . concurrence de deux cent quatre-vingt-neuf mille deux cent cinquante francs.

2. Le conseil royal de l'instruction publique est autorisé à prélever sur les excédans de recettes de l'université, pendant l'année 1829, une somme de deux cent mille francs.

3. Les deux sommes mentionnées ci-dessus seront employées à payer les dépenses spécifiées dans l'ordonnance du 24 juin 1829.

4. Un crédit extraordinaire de trente-deux mille francs est ouvert au conseil royal de l'instruction publique, sur les excédans de recettes de 1829, pour solder les frais de réparations, de dispositions qui ont été reconnues nécessaires dans l'hôtel rue de Grenelle n° 116, ainsi que les frais d'établissement de la grande-maîtrise et de l'administration de l'instruction publique dans ledit hôtel.

5. Notre ministre secrétaire d'état au département de l'instruction publique et des cultes, président du Conseil d'état, est chargé de l'exécution de la présente ordonnance.

Signé LOUIS-PHILIPPE.

Par le Roi : *le Ministre Secrétaire d'état au département de l'instruction publique et des cultes, Président du Conseil d'état,*

Signé Duc de Broglie. ●

N° 453. — ORDONNANCE DU ROI (CHARLES X) *relative à l'ouverture d'un Crédit extraordinaire pour achat d'un Hôtel destiné au chef-lieu de l'Université.*

Au château de Saint-Cloud, le 24 Juin 1829.

CHARLES, par la grâce de Dieu, ROI DE FRANCE ET DE NAVARRE, à tous ceux qui ces présentes verront, SALUT.

Vu la délibération de notre conseil royal de l'instruction publique en date du 13 juin courant, de laquelle il résulte,

Que les frais d'acquisition de l'hôtel destiné au chef-lieu de l'université et du terrain adjacent, acquisitions autorisées par nos ordonnances des 4 janvier et 24 mai 1829, s'élèveront à . 508,000^f 00^c

Que les intérêts du capital seront dus jusqu'au paiement à raison de cinq pour cent, et qu'ils sont évalués, pour l'année 1829, à . . . . 23,941. 00.

Que les frais d'actes d'enregistrement sont évalués à... 6,941ᶠ 66ᶜ
Les frais de réparations, dispositions et d'établissement, à....................................... 93,750. 57.
Et les frais d'achat de mobilier, à............. 93,379. 47.

Total................. 726,000. 00.

Que l'on peut, sans nuire au service, prélever sur les excédans
de recettes de l'université une somme de deux cent six mille francs,
pour payer une partie de ces dépenses ;

Que le surplus ne peut être acquitté que par le produit de la
vente des rentes sur l'État appartenant à l'université, provenant
de placemens faits par elle à différentes époques sur ses excédans
de recettes disponibles ;

Sur le rapport de notre ministre secrétaire d'état au département
de l'instruction publique,

Nous avons ordonné et ordonnons ce qui suit :

Art. 1ᵉʳ. Il est ouvert à notre conseil royal de l'instruction
publique, pour solder l'acquisition de l'hôtel rue de Grenelle
n° 116, et du terrain adjacent, pour intérêt du capital, frais
d'actes, réparations et dispositions dans ledit hôtel, achat de
mobilier et frais de premier établissement, un crédit extraordinaire de sept cent vingt-six mille francs, dont deux cent six
mille francs seront imputés sur les excédans de recettes de
l'université pendant l'année 1828 ét années antérieures.

2. Notre conseil royal est autorisé à faire vendre, jusqu'à
concurrence de cinq cent vingt mille francs, des rentes sur
l'État appartenant à l'université, et provenant de placemens
faits par elle à différentes époques sur les excédans de recettes
disponibles, et à employer le produit de vente au paiement
des dépenses énoncées ci-dessus.

3. Notre ministre secrétaire d'état au département de l'instruction publique est chargé de l'exécution de la présente
ordonnance.

Donné en notre château de Saint-Cloud, le 24ᵉ jour du mois de Juin, l'an
de grâce 1829, et de notre règne le cinquième.

Signé CHARLES.

Par le Roi : le Ministre Secrétaire d'état au département
de l'instruction publique,

Signé H. DE VATIMESNIL.

Nº 454. — *Ordonnance du Roi* (Charles X) *qui autorise l'acquisition d'un Hôtel, par le Ministre de l'Instruction publique, aux frais de l'Université.*

A Paris, le 4 Janvier 1828.

CHARLES, par la grâce de Dieu, ROI DE FRANCE ET DE NAVARRE, à tous ceux qui ces présentes verront, SALUT.

Sur le rapport de notre ministre secrétaire d'état au département de l'instruction publique;

Vu la délibération, en date du 4 décembre 1828, par laquelle notre conseil royal de l'instruction publique demande l'autorisation d'acquérir, au nom et pour le compte de l'université, un hôtel qui sera destiné au logement du ministère de l'instruction publique, au placement du conseil et des bureaux;

De l'avis du comité de l'intérieur et du commerce,

NOUS AVONS ORDONNÉ et ORDONNONS ce qui suit :

ART. 1ᵉʳ. Notre ministre de l'instruction publique, grand-maître de l'université de France, est autorisé à acquérir, au nom et pour le compte de l'université, moyennant le prix de quatre cent cinquante mille francs, l'ancien hôtel de Rochechouart, sis à Paris, rue de Grenelle Saint-Germain, n° 116 nouveau et 97 ancien, lequel sera destiné au logement du grand-maître, au placement du conseil royal et des bureaux de l'université.

2. Notre ministre secrétaire d'état au département de l'instruction publique est chargé de l'exécution de la présente ordonnance.

Donné en notre château des Tuileries, le 4ᵉ jour de Janvier, l'an de grâce 1829, et de notre règne le cinquième.

Signé CHARLES.

Par le Roi : *le Ministre Secrétaire d'état au département de l'instruction publique,*.

Signé H. DE VATIMESNIL.

Nº 455. — *Ordonnance du Roi* (Charles X) *qui autorise l'achat d'un Terrain contigu à l'Hôtel du Ministère de l'Instruction publique.*

A Saint-Cloud, le 24 Mai 1829.

CHARLES, par la grâce de Dieu, ROI DE FRANCE ET DE NAVARRE, à tous ceux qui ces présentes verront, SALUT.

Sur le rapport de notre ministre secrétaire d'état au département de l'instruction publique;

Vu l'avis de notre conseil royal de l'instruction publique du 28 mars 1829;

De l'avis du comité de l'intérieur et du commerce de notre Conseil d'état,

Nous Avons ORDONNÉ et ORDONNONS ce qui suit:

ART. 1ᵉʳ. Notre ministre secrétaire d'état au département de l'instruction publique est autorisé à acquérir, au nom et pour le compte de l'université, à raison de quatre cents francs la toise, et conformément au plan ci-annexé, cent quarante-cinq toises de terrain contigu à l'hôtel du ministère, rue de Grenelle-Saint-Germain, n° 116.

2. Notre ministre secrétaire d'état au département de l'instruction publique est chargé de l'exécution de la présente ordonnance.

Donné en notre château de Saint-Cloud, le 24ᶜ jour du mois de Mai, l'an de grâce 1829, et de notre règne le cinquième.

Signé CHARLES.

Par le Roi: *le Ministre Secrétaire d'état au départemens de l'instruction publique,*

Signé H. DE VATIMESNIL.

N° 456. — ORDONNANCE DU ROI *portant fixation du Traitement de l'Archevêque de Paris.*

A Paris, le 25 Octobre 1830.

LOUIS-PHILIPPE, ROI DES FRANÇAIS, à tous présens et à venir, SALUT.

Sur le rapport de notre ministre secrétaire d'état au département de l'instruction publique et des cultes, président du Conseil d'état,

Nous AVONS ORDONNÉ et ORDONNONS ce qui suit:

ART. 1ᵉʳ. Le traitement de l'archevêque de Paris est fixé à la somme de cinquante mille francs par an, à compter de l'année 1831.

2. Notre ministre secrétaire d'état de l'instruction publique

finances sont chargés de l'exécution de la présente ordonnance chacun en ce qui le concerne.

Signé LOUIS-PHILIPPE.

Par le Roi : le Ministre Secrétaire d'état au département de l'intérieur

Signé GUIZOT.

N° 459. — PAR ORDONNANCE DU ROI, l'administration forestière est autorisée à faire délivrance aux communes ci-après désignées, savoir :

1° Céreste (Bouches-du-Rhône), de la coupe de trois cents pins à prendre dans ses bois :

L'adjudicataire pourra en outre disposer du bois bas et rampant et élaguer tous les pins au-dessous de quatre-vingts centimètres, mesurés à un metre du sol ;

2° Heiligenberg (Bas-Rhin), de la coupe de six hectares à prendre dans ses bois ;

3° Laroin (Basses-Pyrénées), de la coupe de deux hectares de taillis, essence aune, des bois qui lui appartiennent ;

4° Domblain (Haute-Marne), de la coupe de trois chênes morts et dépérissans de la réserve de ses bois ;

5° Naisey (Doubs), de la coupe de dix hectares de sa réserve ;

6° Villey-le-Sec (Meurthe), de la coupe de sept hectares quatre ares formant la réserve de ses bois ;

7° Hoff (Meurthe), de la coupe, par forme de coupe sombre et de réensemencement de la superficie, de sept hectares soixante-et-dix ares formant l'ancien quart en réserve de ses bois ;

8° Domecy-sur-Cure (Yonne), de la coupe, pour l'ordinaire 1831, de dix hectares vingt ares formant la réserve des bois des hameaux de Villars et Culétre, annexés de ladite commune ;

9° Gérardmer (Vosges), de la coupe, pendant neuf années consécutives, de six cents stères par an à prendre dans ses bois par forme de nettoiement ;

10° Martincourt (Meuse), de la coupe, en deux années successives, de onze hectares environ restant de la réserve de ses bois ;

11° Wiswiller (Moselle), de la moitié ou du tiers des souches d'arbres futaies qui se trouvent dans les coupes ordinaires 1827 et 1828 de la réserve de ses bois ;

12° Épeugney (Doubs), de la coupe, en deux années successives, d'environ quinze hectares de sa réserve ;

13° Lanfroicourt (Meurthe), de la coupe, 1° de cinq hectares soixante-et-treize ares composant la réserve de ses bois, pour être exploités par forme d'éclaircie, 2° de vingt-huit arbres dépérissans sur la lisière du bois dont il s'agit ;

14° Juzennecourt (Haute-Marne), de la coupe de vingt-cinq hectares à la réserve de ses bois. (Paris , 4 Novembre 1830.)

N° 460. — Par Ordonnance du Roi, l'administration forestière est autorisée à faire délivrance aux communes ci-après désignées, savoir :

1° Château des Prés (Jura), de la coupe, en deux années successives et par lots égaux, de vingt hectares de taillis de hêtre, et de quinze cents sapins dépérissans, le tout à prendre dans la réserve de ses bois ;

2° Boutx (Haute-Garonne), de deux cent cinquante sapins et de cinquante hêtres à prendre dans sa réserve ;

3° Seinghouse (Moselle), de la coupe, pour l'ordinaire 1834 et par forme d'expurgade, de cinq hectares trente-deux ares de la réserve des bois du village de Guenvillers, annexe de ladite commune ;

4° Baudrières (Saone-et-Loire), de la coupe, 1° de deux hectares des bois du hameau de Champ-Saint-Pierre, 2° et de cinquante ares de ceux du hameau de Chiranys ; ces hameaux annexes de ladite commune :
Il sera procédé à l'aménagement des bois desdits hameaux ;

5° Voulant (Haute-Marne), de la coupe, à titre de supplément d'affouage pour l'ordinaire 1831, d'un hectare cinquante ares de ses bois ;

6° Jandelincourt (Meurthe), de six arbres morts à prendre dans sa réserve ;

7° Cirfontaines-en-Ornois (Haute-Marne), de la coupe de quatre hectares environ de ses bois ;

8° Violet, Grandchamp et Rivières-le-Bois (Haute-Marne), de la coupe, 1° pour l'ordinaire de 1831, à titre de supplément d'affouage, de la moitié de la coupe affouagère n° 24 des bois indivis entre lesdites communes, pour être exploitée avec celle n° 23 ; 2°, pour l'ordinaire 1832, de l'autre moitié de la coupe n° 24, pour être exploitée avec celle n° 25 ;

9° Vannes (Meurthe), de la coupe, en deux années successives, de douze hectares de sa réserve ;

10° Chatenois (Jura), de la coupe, en deux années successives, de dix-huit hectares de sa réserve ;

11° Serre-les-Moulières (Jura), de la coupe, en trois années successives et par forme de recépage, des quarante-sept hectares composant sa réserve ;

12° Villette-lès-Arbois (Jura), de la coupe de deux hectares de sa réserve ;

13° Saint-Julien (Doubs), de la coupe, pour l'ordinaire de 1832, de soixante-et-dix chênes à prendre dans ses bois ;

14° Étouvans (Doubs), de la coupe, pour l'ordinaire 1832 de douze hectares de sa réserve ;

15° Fallerans (Doubs), de la coupe, en deux années successives, de dix-sept hectares trente-sept ares formant quatre cantons non aménagés de ses bois, appelés Montravers, le Malheur, Prébruillin et Derrière les communaux :
Il sera procédé à l'aménagement des bois de ladite commune ;

16° Raze (Haute-Saone), de la coupe de dix hectares de sa réserve ;

17° Voujancourt (Doubs), de la coupe, en deux années successives, à partir de l'ordinaire 1832, de vingt-quatre hectares de sa réserve ;

18° Werentz-hausen (Haut-Rhin), 1° de la coupe, par forme d'éclaircie, de deux hectares de ses bois; 2º de soixante-cinq chênes dépérissans, à prendre sur ses anciens pâturages qui sont en repeuplement;

19º Ober-Miche.bach (Haut-Rhin), de la coupe de quatre hectares de se bois , et de seize chênes dépérissans;

20º Tressandans (Doubs), de la coupe de six hectares soixante-cinq are composant sa réserve ;

21º Lougres (Doubs), de la coupe, pour l'ordinaire 1832 , de neuf hectares de sa réserve ;

22º Hombourg Haut et Bas (Moselle), de la coupe, par forme d'expurgade , de sept hectares de sa réserve;

23º Sainte-Croix-en-Plaine (Haut-Rhin), de la coupe de six hectares de ses bois , et de cent arbres dépérissans , à charge d'une retenue proportionnelle sur les trois ordinaires suivans ;

24º Félon (Haut-Rhin), de la coupe de deux hectares cinquante ares en taillis de ses bois , et de douze chênes dépérissans :

Le canton appelé *le Chênois* est abandonné à ladite commune pour le parcours de son bétail, à charge par elle de remettre immédiatement en nature de bois le pâturage qu'elle possède auprès de la forêt des É.... ;

25º Vassy (Haute-Marne), de la coupe, par forme de rec....ge , du canton de ses bois appelé *les cinq Ventes*, de la contenance de quarante ares ;

26º Ovanches (Haute-Saone), de vingt-quatre arbres secs et dépérissans à prendre sur les limites de sa réserve ;

27º Bréchainville (Vosges), de la coupe de huit hectares de sa réserve:

Il sera procédé à la reprise de douze hectares cinquante-trois ares sur les excédans des coupes ordinaires nos 1 , 2 , 9 , 24 et 25, pour compléter la réserve ;

Cette opération sera constatée par un procès-verbal, et même par un plan si cela est jugé nécessaire ;

28º Montcharvet (Haute-Marne), de deux chênes dépérissans à prendre dans ses bois ;

29º Chissey (Saone-et-Loire), de deux hectares de la réserve des bois du hameau de Lys, annexe de ladite commune ;

30º Récicourt (Meuse), de la coupe, en trois années successives, de vingt-quatre hectares de sa réserve;

31º Moyen (Meurthe), de la coupe de quatre hectares cinquante ares de sa réserve :

Il sera procédé à l'aménagement des bois de ladite commune ;

32º Azé (Saone-et-Loire), de la coupe, 1º de six hectares de la réserve des bois de cette commune; 2º de onze hectares de celle des bois des hameaux de Vaux et Aine, ses annexes :

Il sera procédé à l'aménagement des bois de ladite commune et de ses annexes ;

33º Frouard (Meurthe), de la coupe de vingt hectares environ de sa réserve, pour tous les bois blancs et nuisibles, ainsi que les arbres viciés et dépérissans , être exploités par forme d'extraction ;

34º Westhalten (Haut-Rhin), de la coupe, en quatre années successives, de six mille six cent cinquante arbres, essences sapin et hêtre, à prendre au canton de ses bois dit *Uberfust:*

Il sera procédé à l'aménagement des bois de ladite commune ;

35° Rorschwyr (Haut-Rhin), de la coupe de mille sapins à prendre dans ses bois ;

36° Vilognes et Brieulles (Meuse), de quarante-huit arbres dépérissans situés sur une lisière séparative de leurs bois ;

37°, Flammerécourt (Haute-Marne), de la coupe des vingt hectares soixante-cinq ares composant sa réserve ;

38° Kerbach (Moselle), de la coupe, par forme d'expurgade, savoir : 1° en trois années successives, des seize hectares soixante-et-treize ares formant la réserve des bois du village de Behren, annexe de ladite commune ; 2° en deux années successives, des vingt hectares environ composant la réserve des bois du village d'Etzling, autre annexe de Kerbach :

Il sera procédé à l'aménagement du bois du village d'Etzling ;

39° Eton (Meuse), de soixante chênes dépérissans et de vingt-huit charmes et fruitiers , le tout à prendre dans sa réserve ;

40° Vibr-au-Val (Haut - Rhin), de cinq cents arbres dépérissans à prendre dans ses bois ;

41° Jouey (Côte-d'Or), de la coupe, en deux années successives , de douze hectares environ de la réserve des bois du hameau de Blangey, annexe de ladite commune ;

42° Saint-Amarin (Haut-Rhin), de quatre cents sapins dépérissans à prendre dans ses bois , à charge d'une retenue proportionnelle de deux hectares à répartir par quart sur les quatre ordinaires qui suivront la délivrance dont il s'agit ;

43° Pardies de Monein (Basses-Pyrénées), de dix chênes dépérissans à prendre dans ses bois ;

44° Foussemagne (Haut-Rhin), de la coupe de trois hectares de ses bois , à charge de retenue sur les trois ordinaires suivans, à raison d'un hectare pour chaque année ;

45° Wasserbourg (Haut-Rhin), de six cents sapins dépérissans à prendre dans ses bois.

L'administration forestière est également autorisée à faire délivrance, savoir :

1° Au sieur *Soulerat*, de trente-six arbres à prendre dans les bois de la commune de Bagnères-de-Luchon (Haute-Garonne);

2° Et au sieur *Guillaume Larriel* dit *Crampedebat*, de douze sapins à prendre dans la forêt de Daston, appartenant par indivis aux communes de Sazos , Sassis et Grust (Hautes-Pyrénées). (*Paris, 8 Novembre 1830.*)

N° 461. — ORDONNANCE DU ROI qui réunit en association, sous le nom de *syndicat de l'association de la Basse-Valergue*, les propriétaires des communes de Roquemaure, Pujaut et Villeneuve-lès-Avignon (Gard), qui sont intéressés à l'existence des digues ou chaussées du Rhône commençant au-dessous de Sauveterre et se prolongeant jusqu'auprès de la Loue de la Motte. (*Paris, 7 Novembre 1830.*)

N° 462. — ORDONNANCE DU ROI portant concession des *mines de houille* de la lande de la Beurie, commune de *Saint-Pierre-la-Cour* (Mayenne) à la compagnie *Bazouin*. (*Paris, 11 Octobre 1830.*)

N° 463. — ORDONNANCE DU ROI qui autorise le bureau de bienfaisance de *Boulay* (Moselle) à accepter les Legs faits par M. *Renauld*, 1° d'une somme de 600 francs pour les pauvres, 2° d'une somme de 6000 francs pour aider à fonder un hospice, et 3° d'une somme de 100 francs pour être employée à l'instruction des enfans pauvres. (*Paris, 16 Octobre 1830.*)

N° 464. — ORDONNANCE DU ROI qui autorise à accepter, jusqu'à concurrence de 500 francs seulement, le Legs universel fait aux pauvres d'*Auzebosc* (Seine-Inférieure) par M. *Andrieu*. (*Paris, 16 Octobre 1830.*)

N° 465. — ORDONNANCE DU ROI qui autorise l'acceptation du Legs, évalué à 1800 francs environ, fait aux pauvres des communes de *Fougères, Saint-George* et *Poilley* (Ille-et-Vilaine), par Mme veuve de *Princey de Montault*. (*Paris, 16 Octobre 1830.*)

N° 466. — ORDONNANCE DU ROI qui autorise à accepter, pour les valeurs mobilières seulement, montant à 15,900 francs, le Legs universel, évalué à 55,000 francs environ, fait à l'hôpital général d'*Orléans* (Loiret) par M. *Bussière*. (*Paris, 16 Octobre 1830.*)

N° 467. — ORDONNANCE DU ROI qui autorise l'acceptation du Legs d'une somme de 1000 francs fait à la société d'agriculture, des sciences, d'arts et de belles-lettres de *Tours* (Indre-et-Loire) par M. *Rouillé*. (*Paris, 19 Octobre 1830.*)

CERTIFIÉ conforme par nous

Garde des sceaux de France, Ministre Secrétaire d'état au département de la justice,

A Paris, le 1er * Décembre 1830,

DUPONT (de l'Eure).

* Cette date est celle de la réception du Bulletin à la Chancellerie.

On s'abonne pour le Bulletin des lois, à raison de 9 francs par an, à la caisse de l'Imprimerie royale, ou chez les Directeurs des postes des départemens.

A PARIS, DE L'IMPRIMERIE ROYALE.
1er Décembre 1830.

BULLETIN DES LOIS.

2ᵉ Partie. — ORDONNANCES. — N° 26.

N° 468. — *Ordonnance du Roi qui nomme un Comité d'escompte pour la distribution des secours accordés au Commerce, et fixe le Taux et les Conditions de cet escompte.*

A Paris, le 26 Octobre 1830.

LOUIS-PHILIPPE, Roi des Français;

Vu la loi du 17 octobre courant;

Vu notre ordonnance du 18 dudit;

Considérant qu'il importe, pour remplir entièrement les intentions de la loi, d'en étendre les dispositions à toutes les classes du commerce, et particulièrement de faciliter l'escompte des effets que les statuts de la banque de France ne lui permettent pas d'admettre, pourvu que les souscripteurs ou présentateurs jouissent d'une réputation de solvabilité suffisante, le but et le devoir du Gouvernement étant de suppléer aux difficultés du moment pour aider le négociant gêné ou embarrassé, et non pour fournir des fonds à celui dont les moyens sont totalement épuisés;

Ayant pris également en considération les vues présentées par la commission du commerce pour donner à ses travaux toute l'utilité désirable;

Sur le rapport de notre ministre des finances, et de l'avis de notre Conseil des ministres,

Nous avons ordonné et ordonnons:

Art. 1ᵉʳ. Il sera formé auprès de la commission du commerce instituée par notre ordonnance du 18 de ce mois, un comité d'escompte composé de sept membres.

Le comité sera chargé, sous la responsabilité morale, de juger et d'admettre à l'escompte le papier sur Paris à deux signatures reconnues solvables et échéant de trois à six mois, ainsi que le papier sur les départemens à trois mois au plus, que les statuts de la banque de France ne lui permettent pas d'admettre.

IXᵉ Série. — 2ᵉ Partie.　　　　　　　G g

Le comité fixera une somme qui ne pourra être dépassée pour chaque présentateur.

2. Une somme d'un million trois cent mille francs, prise sur le crédit extraordinaire de trente millions créé par la loi du 17 octobre courant, sera mise à la disposition du comité, savoir :

. Un million pour l'escompte du papier sur Paris,

Et trois cent mille francs pour celui du papier sur les départemens.

3. Le taux de l'escompte est fixé à quatre pour cent par an pour le papier sur Paris, et à cinq pour cent pour le papier sur les départemens.

Les escomptes seront faits d'après le mode qui sera arrêté par le comité, sur bordereaux certifiés par trois de ses membres au moins.

Les bons délivrés, soit sur le trésor, soit sur la banque de France pour compte du trésor, en conséquence desdits bordereaux, devront également être signés de trois membres du comité.

4. Les effets escomptés seront remis chaque soir, pour le compte du trésor, à la banque de France, et conservés par elle. A mesure que les effets sur Paris arriveront à l'échéance de trois mois, l'escompte pourra en être demandé à la banque, sous la garantie du trésor pour troisième signature, sans toutefois que cette garantie puisse excéder la somme fixée par l'article 2.

5. Le papier sur la province à deux signatures reconnues solvables, et à trois mois au plus, sera examiné et vérifié comme le papier sur Paris, et remis au trésor avec les bordereaux visés. Le montant en sera payé contre un bon signé de trois membres du comité. Le trésor sera chargé d'en faire opérer le recouvrement aux échéances.

6. Sont nommés membres du comité,

MM.

Bouvattier, négociant en bois étrangers ;

Journet, ancien négociant en cuirs et corroiries;

Hémon, négociant en épiceries;

F. Ferron, négociant en quincaillerie;

Ledoux fils, négociant en librairie;

Ruffier, }
Loignon, } banquiers.

7. Notre ministre secrétaire d'état des finances est chargé de l'exécution de la présente ordonnance.

Signé LOUIS-PHILIPPE.

Par le Roi : *le Ministre Secrétaire d'état des finances*,

Signé LOUIS.

———————

N° 469. — ORDONNANCE DU ROI *sur la formation du cadre de l'État-major général de l'armée, sur l'emploi et les traitemens des Officiers généraux en activité ou en réserve, portant suppression des Gouverneurs de division militaire, et des Grades honorifiques.*

A Paris, le 15 Novembre 183.

LOUIS-PHILIPPE, ROI DES FRANÇAIS, à tous présens et à venir, SALUT.

Vu les ordonnances des 22 juillet 1818, 26 janvier 1820, 1er décembre 1824 et 24 mai 1829, relatives à la fixation du cadre de l'état-major général de l'armée;

Sur le rapport de notre ministre secrétaire d'état au département de la guerre,

NOUS AVONS ORDONNÉ et ORDONNONS ce qui suit :

ART. 1er. Le cadre d'activité de l'état-major général de l'armée, comprenant les officiers généraux employés ou disponibles, sera composé en 1831 de cent cinquante lieutenans généraux et de deux cent cinquante maréchaux-de-camp.

2. Il ne sera fait de remplacemens dans le cadre d'activité des officiers généraux qu'en raison d'une promotion pour deux vacances, jusqu'à ce que ledit cadre ne comprenne plus que cent lieutenans généraux et cent cinquante maréchaux-de-camp.

3. Pour cette fois seulement, et sans tirer à conséquence pour l'avenir, les maréchaux de France seront convoqués pour

G g 2

former un conseil qui sera chargé de nous présenter, avant le
1ᵉʳ janvier 1831, la liste des lieutenans généraux et maréchaux-de-camp qui leur paraîtront propres à former le cadre
d'activité de l'état-major général de l'armée, dans les limites
posées par l'article 1ᵉʳ : ils n'y admettront aucun officier général au-dessus de l'âge de soixante-cinq ans, à moins qu'il
n'ait commandé en chef.

4. Les officiers généraux, âgés de soixante-cinq ans et plus,
qui seront considérés par le conseil des maréchaux de France
comme devant continuer de faire partie de l'armée, soit en
raison des services qu'ils sont encore en état de rendre, soit
par égard pour ceux qu'ils ont rendus dans les armées nationales, seront compris, en quelque nombre qu'ils se trouvent,
dans le cadre de réserve de l'état-major général.

5. Les officiers généraux que le conseil des maréchaux de
France n'aura pas reconnus propres à faire partie soit du cadre
d'activité, soit du cadre de réserve de l'état-major général,
seront immédiatement mis en retraite, s'ils remplissent les
conditions nécessaires pour en obtenir le traitement, ou admis
au traitement de réforme, jusqu'à ce qu'ils aient atteint le
temps de service exigé pour la retraite.

6. Pour mettre le conseil des maréchaux de France en état
de nous présenter les listes des officiers généraux qui formeront les deux cadres d'activité et de réserve, notre ministre
de la guerre leur communiquera les états de service, 1° des
officiers généraux qui font aujourd'hui partie du cadre d'activité; 2° de ceux qui, étant en retraite ou en réforme, ont reçu
des lettres de service depuis le 26 juillet dernier; 3° enfin,
de ceux qui, n'ayant servi que dans les armées nationales,
ont été mis à la retraite depuis le 12 mai 1814 jusqu'au
1ᵉʳ août 1830.

7. Les officiers généraux que, d'après le rapport du conseil
des maréchaux de France, nous jugerons à propos de comprendre dans le cadre d'activité ou dans le cadre de réserve,
seront immédiatement relevés de la retraite, s'ils étaient dans
cette position.

8. Après le 1ᵉʳ janvier 1831, les officiers généraux ne seront admis que sur leur demande à la retraite, qui les dispensera, comme par le passé, de toute obligation militaire.

9. Les officiers généraux du cadre de réserve ne pourront être appelés à un service actif que dans le cas de guerre. Ils seront alors considérés, et pour ce temps seulement, comme faisant partie du cadre d'activité, et traités comme ceux qui le composent.

10. En temps de paix, les officiers généraux du cadre de réserve ne pourront être employés que dans le service de l'état-major des places.

11. Les officiers généraux du cadre de réserve ne seront susceptibles d'avancement qu'en temps de guerre et dans les armées actives.

12. Le traitement des officiers généraux du cadre d'activité sera, pour les lieutenans généraux disponibles, de . 12,000ᶠ
Pour les maréchaux-de-camp disponibles, de... 8,000.

13. Le traitement des officiers généraux du cadre de réserve sera, pour les lieutenans généraux, de....... 8,000ᶠ
Pour les maréchaux-de-camp, de .,.........,..... 6,000.

14. Le titre de gouverneur de division militaire, créé par ordonnance du 4 septembre 1815, est supprimé.

15. Les grades honorifiques accordés jusqu'à ce jour ne seront reconnus que pour les officiers généraux et autres en retraite, et, sous quelque prétexte que ce soit, il ne pourra plus en être donné.

16. Toutes dispositions des ordonnances antérieures, contraires à la présente, sont et demeurent abrogées.

17. Notre ministre secrétaire d'état au département de la guerre est chargé de l'exécution de la présente ordonnance.

Signé LOUIS-PHILIPPE.

Par le Roi : le Ministre Secrétaire d'état de la guerre,

Signé Mᵃˡ Cᵗᵉ GÉRARD.

G g 3

N°. 470. — *Ordonnance du Roi portant création de trois compagnies d'Ouvriers d'administration.*

A Paris, le 10 Novembre 1830.

LOUIS-PHILIPPE, Roi des Français, à tous présens et à venir, SALUT.

Sur le rapport de notre ministre secrétaire d'état au département de la guerre,

Nous avons ordonné et ordonnons ce qui suit:

Art. 1er. Il sera créé trois nouvelles compagnies d'ouvriers d'administration; ce qui portera à sept le nombre de celles qui sont destinées au service actif, indépendamment de celle dite *de dépôt*.

2. L'organisation de ces compagnies aura lieu d'après les bases établies par l'ordonnance du 24 février 1830, de manière que chacune d'elles sera composée, savoir :

Officiers..	Capitaine			1. }
	Lieutenant			1. } 3.
	Sous-lieutenant			1. }
Sous-officiers et soldats.	Sergent-major			1.
	Sergens			4.
	Fourrier			1.
	Maîtres ouvriers.	Maçons	4.	} 10.
		Charpentiers	4.	
		Serruriers	2.	
	Caporaux....	Infirmiers majors	12.	} 202.
		Brigadiers principaux des subsistances	4.	
		Romainiers de vivres-viande	4.	
		Chef ouvrier de campement	1.	
	Soldats de 1.re classe.	Maçons	4.	
		Charpentiers	8.	
		Menuisiers	4.	
		Tonnelier	1.	
		Serrurier et coutelier	2.	
		Brigadiers boulangers	12.	
		Bouchers	8.	
	Soldats de 2.e classe.	Infirmiers ordinaires	68.	
		Boulangers pétrisseurs	36.	
		Toucheurs	4.	
		Botteleurs	4.	
		Ouvriers de magasin	12.	
	Clairons			2. }

TOTAL par compagnie............. 205.

3. Nos ministres secrétaires d'état aux départemens de la guerre et des finances sont chargés, chacun en ce qui le concerne, de l'exécution de la présente ordonnance.

Signé LOUIS-PHILIPPE.

Par le Roi : *le Ministre Secrétaire d'état de la guerre,*

Signé M^{al} Cte GÉRARD.

N° 71. — ORDONNANCE DU ROI (CHARLES X) *sur l'organisation d'un Bataillon d'Ouvriers d'administration.*

A Paris, le 24 Février 1830.

CHARLES, par la grâce de Dieu, ROI DE FRANCE ET DE NAVARRE;

Vu les ordonnances royales des 29 janvier, 5 février et 9 avril 1823, relatives à la création du bataillon temporaire d'ouvriers d'administration ;

Voulant donner à ce corps la fixité que réclame l'intérêt du service et apporter à son organisation les améliorations dont l'expérience a fait reconnaître la nécessité;

Sur le rapport de notre ministre secrétaire d'état de la guerre,

NOUS AVONS ORDONNÉ et ORDONNONS ce qui suit :

ART. 1er. Le bataillon temporaire d'ouvriers d'administration créé par les ordonnances royales des 29 janvier, 5 février et 9 avril 1823, est constitué en corps permanent.

2. Les ouvriers d'administration seront exclusivement affectés à l'exploitation des services administratifs ; ils seront subsidiairement employés à la garde et police des établissemens servant à cette exploitation , de même qu'aux escortes des évacuations de malades et de convois de subsistances ou d'effets militaires.

3. Le bataillon d'ouvriers d'administration sera composé , sur le pied de paix , d'un état-major et de cinq compagnies, dont une de dépôt : en cas de guerre, ce nombre de compagnies pourra être augmenté suivant que les besoins du service l'exigeront.

4. La compagnie de dépôt ne portera pas de numéro et n'aura pas de complet fixe et déterminé en hommes de

Gg 4

troupe ; les enrôlés volontaires et les hommes de première levée y seront incorporés , pour ensuite être répartis dans les compagnies détachées dans les places de l'intérieur ou à l'armée.

5. Le cadre d'organisation de l'état-major et de chaque compagnie du bataillon d'ouvriers d'administration est fixé ainsi qu'il suit :

État-major du bataillon.

Officiers..... {	Chef de bataillon commandant..............	1. }	
	Lieutenant trésorier et officier d'habillement...	1. }	3.
	Chirurgien aide-major....................	1. }	

Petit État-major.

Sous-officiers.. {	Adjudant sous-officier..................	1. }	
	Maîtres..... { armurier...................	1. }	
	tailleur....................	1. }	3.
	cordonnier................	1. }	
	clairon...................	1. }	

TOTAL de l'état-major...... 8.

Compagnies.

Officiers...... {	Capitaine...................	1. }	
	Lieutenant...................	1. }	3.
	Sous-lieutenant..............	1. }	

Sous-officiers et soldats. {	Sergent-major...................	1.	
	Sergens...................	4.	
	Fourrier...................	1.	
	Maîtres ouvriers : maçons 4 , charpentiers 4 , serruriers 2...................	10.	
	Caporaux... { Infirmiers majors..........	12.	
	Brigadiers principaux des subsistances..............	4.	
	Romainiers des vivres-viande..	4.	
	Chef ouvrier du campement..	1.	
	Soldats de 1.re classe. { Maçons	4.	202.
	Charpentiers 8 , menuisiers 4 , tonnelier 1..............	13.	
	Serrurier et coutelier........	2	
	Brigadiers boulangers........	12.	
	Bouchers.................	8.	
	Soldats de 2.e classe. { Infirmiers ordinaires........	68.	
	Boulangers pétrisseurs.......	36.	
	Toucheurs.............	4.	
	Botteleurs.............	4.	
	Ouvriers de magasin........	12.	
	Clairons...................	2.	

TOTAL par compagnie............ 205.

Compagnie de dépôt.

Officiers......	Capitaine .... 1.	3.
	Lieutenant..................................... 1.	
	Sous-lieutenant............................. 1.	

Sous-officiers et soldats.	Sergent-major... .... 1.	15.
	Sergens.. 4.	
	Fourrier....................................... 1.	
	Caporaux...................................... 8.	
	Clairons....................................... 1.	

TOTAL de la compagnie de pépôt............ 18.

Ainsi la force totale du cadre d'organisatiou du bataillon à cinq compagnies sera de

| Officiers...... | d'état-major..................................... 3. | 18. |
| | de compagnies...........................—15. | |

| Sous-officiers et soldats. | d'état-major.................................... 5. | 828. |
| | de compagnies............................ 823. | |

TOTAL................ 846,

6. Chaque compagnie sera composée de neuf escouades, dont quatre pour le service des subsistances, quatre pour le service des hôpitaux et une pour le service du campement et baraquement : le sergent-major, le fourrier, les ouvriers constructeurs des fours et les clairons, ne font point partie des escouades et resteront à l'état-major de la compagnie.

7. Deux escouades formeront un peloton qui sera commandé par un sergent ; deux pelotons formeront une section qui sera commandée par un officier.

8. Chaque escouade sera composée,

Pour le service des subsistances,

1 brigadier principal,
1 romainier,
3 brigadiers boulangers,
9 boulangers pétrisseurs,
2 bouchers,
4 ouvriers toucheurs et botteleurs.

20.

Pour le service des hôpitaux ,

3 infirmiers majors,
17 infirmiers ordinaires.
_____
20.

Pour le service du campement ,

1 chef ouvrier du campement,
2 maîtres maçons,
2 maîtres charpentiers,
1 maître serrurier,
2 ouvriers maçons,
4 ouvriers charpentiers,
2 ouvriers menuisiers,
1 ouvrier serrurier,
5 ouvriers de magasin.
_____
20.

9. Le bataillon d'ouvriers d'administration se recrutera par des engagemens volontaires, et subsidiairement par la voie des appels. Dans l'emploi de l'un et l'autre de ces deux modes de recrutement, le choix des hommes de chaque profession sera combiné avec les besoins du corps.

10. Nul ne sera admis à contracter un engagement volontaire pour le bataillon d'ouvriers d'administration, s'il ne remplit les conditions imposées par la loi, et s'il n'est porteur d'un certificat du sous-intendant militaire du département, portant qu'il a été reconnu propre à la profession à laquelle il se destine. L'acte d'engagement devra faira mention de l'exhibition de ce certificat. Il devra également être porteur d'un certificat délivré par le chef de bataillon, constatant que l'effectif du corps permet de l'y admettre.

11. Pour la première formation, on incorporera dans le bataillon permanent,

1° Les soldats d'ambulance qui font actuellement partie du bataillon temporaire;

2° Les infirmiers entretenus des hôpitaux militaires créés par notre ordonnance du 18 septembre 1824.

12. Les officiers du bataillon d'ouvriers d'administration seront nommés par nous, sur la présentation de notre ministre secrétaire d'état de la guerre.

13. Les officiers seront pris pour la première formation, savoir :

Le chef de bataillon, les capitaines, ainsi que les lieutenans, soit parmi les officiers du bataillon temporaire en activité de service ou qui ont été licenciés, soit parmi les officiers d'administration des hôpitaux, soit parmi les agens d'autres services administratifs qui comptent des services militaires; soit parmi les officiers des corps de l'armée en activité : on se conformera, dans tous les cas, aux règles d'avancement établies par l'ordonnance du 2 août 1818;

Les sous-lieutenans, parmi les sous-officiers des compagnies des corps du génie ou d'ouvriers du génie qui, d'après un examen dont le ministre de la guerre déterminera les conditions, seront reconnus réunir les connaissances nécessaires à la construction des fours et à toutes autres constructions que les établissemens des services administratifs en campagne peuvent exiger.

14. Après la première formation, l'avancement des officiers roulera entre les officiers du corps, tant au choix qu'à l'ancienneté; les sous-lieutenans seront pris moitié parmi les sous-officiers du corps, moitié parmi ceux du génie.

15. Les sergens-majors, sergens et caporaux, seront pris, pour la première formation, soit parmi les sous-officiers et caporaux des compagnies d'infirmiers actuellement existantes, soit parmi les infirmiers entretenus, en possession du temps de service et du grade requis, soit enfin parmi les sous-officiers et caporaux congédiés des corps de l'armée, et seront nommés par l'intendant militaire chargé de l'organisation.

Ils seront nommés, sur la présentation du chef de bataillon commandant le corps, par l'intendant militaire de la division où se trouvera l'état-major, par application des règles prescrites à l'article 16 de l'ordonnance du 2 août 1818.

16. En temps de guerre, les nominations et les promotions à l'emploi de sous-officier auront lieu, sur la présentation des commandans respectifs des compagnies, par les intendans des corps d'armée dans lesquels ces compagnies se trouveront détachées, et d'après l'avis du sous-intendant militaire chargé de la police de la compagnie.

17. L'habillement, l'équipement et l'armement des officiers, sous-officiers et soldats du bataillon d'ouvriers d'administration, seront conformes à ceux de nos troupes d'infanterie, sauf la couleur du fond de l'uniforme qui sera gris-de-fer, et celle distinctive, qui sera brun-marron.

18. La solde et les autres prestations en denrées attribuées au bataillon d'ouvriers d'administration seront réglées par un tarif spécial et sur les mêmes bases que pour les ouvriers du train des équipages militaires.

19. Lorsque les sous-officiers et soldats seront employés dans les établissemens administratifs, il pourra leur être accordé, en sus de leur solde, une prime de travail payable sur les fonds affectés à l'exploitation de ces différens services; ceux attachés aux hôpitaux comme infirmiers majors ou ordinaires y recevront la nourriture d'hôpital, telle qu'elle est réglée pour ces emplois.

20. Les officiers, sous-officiers et soldats du bataillon d'ouvriers d'administration, auront droit au traitement de réforme et aux pensions, suivant les règles générales applicables aux autres corps de l'armée.

21. Un conseil d'administration, composé du chef de bataillon, président, du capitaine et du lieutenant de la compagnie de dépôt, sera chargé de l'administration du bataillon; le trésorier tiendra la plume, et les attributions de ce conseil seront les mêmes que dans les autres corps de troupe.

22. Le bataillon d'ouvriers d'administration sera spécialement sous les ordres et la police immédiate des sous-intendans, sous la police supérieure et l'inspection générale des intendans militaires.

23. Les sous-officiers et soldats placés dans les différens établissemens de l'administration y seront à la disposition des chefs ou des agens comptables de ces établissemens, et seront soumis, à leur égard, à toutes les règles de la subordination et de la discipline militaire.

24. Les officiers généraux et commandans militaires exerceront sur le bataillon d'ouvriers d'administration la même police et la même surveillance que sur les autres corps de troupe placés sous leur commandement ; toutefois ils ne pourront en disposer pour un service quelconque que dans des circonstances extraordinaires et urgentes, et qu'autant qu'ils jugeront que ces troupes peuvent, sans compromettre le service spécial auquel elles sont affectées, en être momentanément distraites.

25. Les ordres de service, de mouvement et de punition, donnés par les officiers généraux et autres commandans militaires, dans les cas prévus par l'article précédent, seront transmis au commandant du bataillon ou des compagnies d'ouvriers d'administration, par l'intermédiaire des intendans ou sous-intendans militaires.

26. Les intendans ou sous-intendans militaires remettront aux généraux ou commandans militaires les situations du bataillon ou des compagnies d'ouvriers d'administration, et leur rendront compte du mouvement qu'ils ordonneront.

27. Les dispositions de l'ordonnance du 18 septembre 1824 sur le personnel de santé et administratif des hôpitaux militaires, et qui sont relatives aux infirmiers entretenus, continueront à être exécutées, sauf à réduire le nombre de ces infirmiers en raison des ressources que procurera pour le service des hôpitaux l'effectif du bataillon d'ouvriers d'administration.

28. Les ordonnances royales des 29 janvier, 5 février et 9 avril 1823, relatives à l'organisation du bataillon temporaire d'ouvriers d'administration, sont et demeurent abrogées.

29. Notre ministre secrétaire d'état de la guerre est chargé de l'exécution de la présente ordonnance.

Donné en notre château des Tuileries, le 24ᵉ jour du mois de Février de l'an de grâce 1830, et de notre règne le sixième.

Signé CHARLES.

Par le Roi : *le Ministre Secrétaire d'état de la guerre*,

Signé Cᵗᵉ DE BOURMONT.

Nᵒ 472. — ORDONNANCE DU ROI *qui réduit les Dépenses de l'administration des Invalides.*

À Paris, le 16 Octobre 1830.

LOUIS-PHILIPPE, ROI DES FRANÇAIS, à tous présens et à venir, SALUT.

Voulant introduire dans l'administration des invalides toutes les économies compatibles avec le bien-être des vieux défenseurs de l'État ;

Considérant que si plusieurs d'entre elles ne peuvent avoir lieu immédiatement sans compromettre des intérêts garantis en quelque sorte par une longue possession ou par des dispositions expresses, mais acquis, dans tous les cas, à d'anciens et honorables services, il est cependant essentiel d'en consacrer dès aujourd'hui le principe, afin de ramener, à une époque peu éloignée du moins, toutes les dépenses dans de justes limites ;

Sur le rapport de notre ministre secrétaire d'état de la guerre,

NOUS AVONS ORDONNÉ et ORDONNONS ce qui suit :

ART. 1ᵉʳ. A dater du 1ᵉʳ janvier 1831, les allocations attribuées aux divers emplois mentionnés au tableau ci-après comme devant être maintenus, soit définitivement, soit provisoirement, dans la nouvelle organisation de l'administration des invalides, sont fixées conformément au tarif suivant ; savoir :

DÉSIGNATION DES EMPLOIS.	ALLOCATIONS			
	fixée maintenue à dater du 1ᵉʳ janvier 1831.		à supprimer au fur et à mesure des vacances ou en cas de remplacement des titulaires actuels.	
	Traitemens.	Frais de bureau ou accessoires.	Traitemens.	Frais de bureau ou accessoires.
Gouverneur................	40,000ᶠ	″	″	″
Secrétaire du gouvernement (emploi supprimé à dater du 1.ᵉʳ janvier 1831).........	″	″	″	″
Général commandant (traitement et frais de bureau à réduire en cas de vacance)...........	15,000.	5,000ᶠ	3,000ᶠ	2,000ᶠ
Quatre adjudans-majors (dont trois au traitement de 1,800 fr. lequel, en cas de vacance, sera réduit à 1,500 francs, comme du quatrième)..	6,900.	″	900.	″
Quatre sous-adjudans-majors (au traitement de 1,200 francs, qui sera réduit à 1,100 francs en cas de vacance)..........	4,800.	″	400.	″
Quatre officiers généraux en retraite, membres du conseil d'administration (emplois supprimés en cas de vacance, ou à l'expiration de la mission des titulaires actuels)..........	12,000.	″	12,000.	″
Intendant militaire (emploi supprimé en cas de vacance)....	10,000.	8,000.	10,000.	8,000.
Sous-intendant militaire......	6,000.	3,000.	″	″
Trésorier de la dotation.......	6,000.	3,000.	″	″
Secrétaire général archiviste (traitement et frais de bureau à réduire en cas de vacance)..	5,000.	3,000.	1,000.	1,000.
Un médecin en chef.......	4,800.	″	″	″
Un médecin ordinaire........	2,400.	″	″	″
Un médecin ordinaire adjoint...	1,800.	″	″	″
Un chirurgien en chef........	4,800.	″	″	″

DÉSIGNATION DES EMPLOIS.	ALLOCATIONS			
	déterminées à dater du 1er janvier 1831.		à supprimer au fur et à mesure des vacances ou en cas de remplacement des titulaires actuels.	
	Traitemens.	Frais de bureau ou accessoires.	Traitemens.	Frais de bureau ou accessoires.
Un chirurgien en chef adjoint (emploi supprimé en cas de vacance).	4,800.	"	4,800	"
Un chirurgien-major.	2,400.	"	"	"
Deux chirurgiens aides-majors (dont l'un à supprimer en cas de vacance).	3,600.	"	1,800.	"
Huit chirurgiens sous-aides.	9,600.	"	"	"
Un pharmacien en chef.	4,800.	"	"	"
Un pharmacien en chef adjoint (emploi supprimé en cas de vacance).	4,800.	"	4,800.	"
Un pharmacien-major (remplacé en cas de vacance par un aide-major au traitement de 1,800 f.)	2,400.	"	600.	"
Quatre pharmaciens sous-aides.	4,800.	"	"	"
Premier aumônier (curé).	2,400.	"	"	"
Second aumônier (premier chapelain).	2,000.	"	"	"
Troisième aumônier (second chapelain).	1,500.	"	"	"
Troisième et quatrième chapelains (emplois supprimés à dater du 1er janvier 1831).	"	"	"	"
Architecte.	5,000.	3,000	"	"
Contrôleur des bâtimens.	3,000.	1,500.	"	"
Inspecteur des bâtimens (emploi supprimé).	"	"	"	"
Bibliothécaire en chef.	1,000.	"	"	"
Bibliothécaire adjoint (emploi supprimé).	"	"	"	"
Quartier-maître trésorier de la succursale d'Avignon.	3,000.	1.800.	"	"

2. Il n'est rien changé aux allocations actuellement affectées à tous les autres emplois existant à l'hôtel des invalides et à la succursale d'Avignon, et dont la nomination nous est réservée, ou appartient, soit à notre ministre secrétaire d'état de la guerre, soit au gouverneur des invalides.

3. A dater du 1er janvier 1831, la musique harmonique de l'hôtel des invalides et toutes les dépenses qui s'y rattachent sont supprimées.

4. Toutes dispositions des décrets, ordonnances, décisions et réglemens contraires à la présente, sont et demeurent formellement abrogées.

5. Notre ministre secrétaire d'état de la guerre est chargé de l'exécution de la présente ordonnance.

Signé LOUIS-PHILIPPE.

Par le Roi : *le Ministre Secrétaire d'état au département de la guerre,*

Signé M^{al} G^{re} GÉRARD.

N° 473. — ORDONNANCE DU ROI *sur la formation de deux Bataillons de Gendarmerie mobile à Angers et à Rennes.*

A Paris, le 4 Septembre 1830.

LOUIS-PHILIPPE, ROI DES FRANÇAIS, à tous présens et à venir, SALUT.

Sur le rapport de notre ministre secrétaire d'état au département de la guerre,

NOUS AVONS ORDONNÉ et ORDONNONS ce qui suit :

ART. 1er. Il sera formé deux bataillons mobiles de gendarmerie, qui s'organiseront, le premier, à Angers, et le second à Rennes, par les soins des lieutenans généraux commandant les quatrième et treizième divisions militaires.

Chaque bataillon, commandé par un officier supérieur, comprendra deux compagnies.

Il y sera attaché un officier comptable.

Chaque compagnie se composera ainsi qu'il suit :

1 capitaine (pour les quatre compagnies)....	4.	} 12 officiers.
2 lieutenans, idem......................	8.	
1 maréchal-des-logis chef, idem...........	4.	
4 maréchaux-des-logis, idem...............	16.	
1 brigadier fourrier, idem................	4.	} 480 hommes de troupe.
8 brigadiers, idem.......................	32.	
104 gendarmes, idem.....................	416.	
2 tambours, idem.......................	8.	
123.	492.	

2. Les sous-officiers, gendarmes et tambours destinés à former les bataillons mobiles, seront pris parmi les militaires de l'arme à pied dans l'ancien corps de gendarmerie de la ville de Paris, et dirigés immédiatement, moitié sur Angers, et moitié sur Rennes.

3. L'uniforme de ces bataillons sera en tout semblable à celui de la gendarmerie à pied des départemens.

4. La solde des officiers, maréchaux-des-logis, brigadiers-fourriers, brigadiers, gendarmes et tambours, sera la même que celle des grades correspondans dans la gendarmerie des départemens.

Celle des maréchaux-des-logis chefs est fixée à huit cent cinquante francs par an.

5. Notre ministre secrétaire d'état de la guerre est chargé de l'exécution de la présente ordonnance.

Signé LOUIS-PHILIPPE.

Par le Roi : *le Ministre Secrétaire d'état de la guerre,*

Signé Mal Cte GÉRARD.

N° 474. — *ORDONNANCE DU Roi relative à la Garde municipale de Paris.*

A Paris, le 24 Novembre 1830.

LOUIS-PHILIPPE, ROI DES FRANÇAIS, à tous présens et à venir, SALUT.

Considérant qu'il importe, 1° de fixer d'une manière précise les conditions légales à remplir par les militaires admis dans la garde municipale de Paris, comme gardes à pied ou à cheval, comme sous-officiers, sous-lieutenans, lieutenans et capitaines, pour obtenir leur confirmation dans les emplois dont ils ont été provisoirement pourvus;

2° De déterminer le mode à suivre pour l'admission et l'avancement aux emplois de sous-officiers, jusqu'à ce que les militaires du corps satisfassent complétement aux conditions exigées par les articles 14 et 15 de l'ordonnance du 29 octobre 1820, qui ont été rendues applicables à la garde municipale de Paris;

Vu notre ordonnance du 16 août 1830 et celle du 29 octobre 1820;

Vu aussi les articles 27 et 22 de la loi du 10 mars 1818;

Sur le rapport de notre ministre secrétaire d'état de la guerre,

Nous avons ordonné et ordonnons ce qui suit:

Art. 1er. Pourront être immédiatement confirmés, s'ils sont âgés de vingt-cinq ans révolus,

1° Dans les emplois de garde à pied ou à cheval, les individus présens au corps et qui y ont été admis avant le 1er novembre 1830, quelle que fût la quotité de leurs services antérieurs;

2° Dans les grades de caporal ou brigadier, de sergent ou maréchal-des-logis, de sergent-major ou maréchal-des-logis-chef et d'adjudant-sous-officier, les militaires pourvus de ces emplois dans la garde municipale avant le 1er novembre 1830, et qui ont précédemment servi pendant deux ans au moins dans des corps de troupes réglées;

3° Dans l'emploi de sous-lieutenant, les officiers déjà brevetés en cette qualité, et les sous-officiers admis provisoirement en ce grade avant le 1er novembre 1830, pourvu qu'ils aient servi pendant deux ans comme sous-officiers:

Il ne pourra toutefois être conservé dans la garde municipale, et pour la première formation seulement, plus de neuf officiers du grade de sous-lieutenant;

4° Dans l'emploi de lieutenant, les officiers déjà brevetés en cette qualité, et ceux qui ont été admis provisoirement en ce grade, après avoir servi pendant quatre ans dans le grade de sous-lieutenant;

5° Dans l'emploi de capitaine, les officiers déjà brevetés en cette qualité, et ceux qui ont été admis provisoirement en ce grade, après avoir servi pendant quatre ans dans celui de lieutenant.

2. Tout individu admis dans la garde municipale avant l'âge de vingt-cinq ans révolus sera rayé des contrôles de ce corps d'ici au 1ᵉʳ mars 1831, à moins que sa vingt-cinquième année ne se trouve accomplie dans cet intervalle.

Les militaires tenus au service d'après les dispositions de la loi sur le recrutement de l'armée, ou en vertu d'engagement volontaire, seront replacés dans l'arme à laquelle ils appartenaient.

3. Seront provisoirement dispensés des conditions d'âge et de services antérieurs, exigées par les articles précédens, les sous-lieutenans, les sous-officiers et les gardes admis sur la proposition de la commission des récompenses nationales.

4. A compter du 1ᵉʳ novembre 1830, et jusqu'au 1ᵉʳ novembre 1832, l'avancement aux emplois de sous-officier aura lieu dans le corps, conformément à l'article 27 de la loi du 10 mars 1818.

A partir de cette dernière époque, le corps sera entièrement soumis, sous le rapport de l'avancement des sous-officiers, aux dispositions de l'ordonnance du 29 octobre 1820.

Dès à présent, et conformément à l'article 14 de cette ordonnance, les sous-officiers de la ligne qui, ayant accompli un rengagement, auront occupé pendant trois ans, dans un corps de l'armée, l'emploi d'adjudant, de sergent-major ou de maréchal-des-logis chef, seront seuls admis à passer dans la garde municipale avec le grade de caporal ou brigadier; les emplois de sous-officiers de grades supérieurs étant formellement réservés à l'avancement des militaires du corps.

5. A l'avenir, les sous-lieutenans, autres que ceux du corps de la gendarmerie, ne pourront être employés dans la garde municipale; et les lieutenans de l'armée qui se présenteront pour y être admis, devront remplir rigoureusement toutes les conditions fixées par l'article 17 de l'ordonnance du 29 octobre 1820.

6. Les dispositions de l'ordonnance du 29 octobre 1820

auxquelles il n'est pas temporairement dérogé par la présente, continueront d'être appliquées à la garde municipale de Paris, notamment en ce qui concerne l'admission aux emplois d'officiers, sauf les modifications résultant de notre ordonnance du 28 août 1830 en faveur des officiers en non-activité.

7. Nos ministres secrétaires d'état de la guerre et de l'intérieur sont chargés, chacun en ce qui le concerne, de l'exécution de la présente ordonnance.

Signé LOUIS-PHILIPPE.

Par le Roi : *le Ministre Secrétaire d'état de la guerre,*

Signé M^{al} Duc de Dalmatie.

N° 475. ORDONNANCE DU ROI qui supprime le Traitement et les Frais d'établissement des Cardinaux.

A Paris, le 21 Octobre 1830.

LOUIS-PHILIPPE, Roi des Français, à tous présens et à venir, SALUT.

Sur le rapport de notre ministre secrétaire d'état au département de l'instruction publique et des cultes, président du Conseil d'état,

Nous avons ordonné et ordonnons ce qui suit :

ART. 1er. Les dispositions de l'arrêté du 7 ventôse an XI, concernant le traitement et les frais d'installation des cardinaux, sont rapportées.

Le traitement dont jouissent actuellement les cardinaux résidant en France, cessera de leur être acquitté à compter du 1er janvier 1831.

2. Notre ministre secrétaire d'état au département de l'instruction publique et des cultes, président du Conseil d'état, est chargé de l'exécution de la présente ordonnance.

Signé LOUIS-PHILIPPE.

Par le Roi : *le Ministre Secrétaire d'état au département de l'instruction publique et des cultes,*

Signé Duc de Broglie.

2. Notre ministre secrétaire d'état de l'intérieur est chargé de l'exécution de la présente ordonnance.

Signé LOUIS-PHILIPPE.

Par le Roi : *le Ministre Secrétaire d'état au département de l'intérieur,*

Signé Guizot.

N° 479. — ORDONNANCE DU ROI *qui approuve, aux conditions y exprimées, l'Adjudication de la concession du Canal de Digoin à Roanne.*

A Paris, le 11 Octobre 1830.

LOUIS-PHILIPPE, ROI DES FRANÇAIS, à tous présens et à venir, SALUT.

Sur le rapport de notre ministre secrétaire d'état au département de l'intérieur ;

Vu la loi du 29 mai 1827, qui autorise le Gouvernement à procéder par la voie de la publicité et de la concurrence à la concession perpétuelle d'un canal de Digoin à Roanne ;

Vu le cahier de charges arrêté le 26 juin 1830 par le ministre des travaux publics pour la concession de cette entreprise ;

Vu le procès-verbal du 7 août 1830, constatant les opérations faites à la préfecture du département de la Loire pour parvenir avec publicité et concurrence à l'adjudication de la concession du canal dont il s'agit ;

Le Conseil d'état entendu,

NOUS AVONS ORDONNÉ et ORDONNONS ce qui suit :

ART. 1er. L'adjudication de la concession du canal de Digoin à Roanne, passée, le 7 août 1830, par le préfet du département de la Loire, aux sieurs *de Tardy, d'Ailly, La Chaume, Devillaine-Rougier, Merle* et *Rivière,* agissant comme syndics de la compagnie formée à Roanne pour l'exécution du canal, moyennant la perception des droits déterminés par la loi du 29 mai 1827, est approuvée.

Toutes les charges, clauses et conditions relatées dans le procès-verbal d'adjudication du 7 août 1830, recevront leur pleine et entière exécution.

2. Le cahier des charges et le procès-verbal d'adjudication demeureront annexés à la présente ordonnance.

3. Notre ministre secrétaire d'état de l'intérieur est chargé de l'exécution de la présente ordonnance.

Signé LOUIS-PHILIPPE.

Par le Roi : *le Ministre Secrétaire d'état au département de l'intérieur,*

Signé Guizot.

N° 480. — *Ordonnance du Roi portant Prorogation du Péage sur le Pont Cornillon à Meaux.*

A Paris, le 7 Novembre 1830.

LOUIS PHILIPPE, Roi des Français, à tous présens et à venir, SALUT.

Sur le rapport de notre ministre secrétaire d'état de l'intérieur ;

Vu la demande du sieur *Moreau,* concessionnaire du péage établi sur le pont Cornillon à l'entrée de la ville de Meaux, route royale n° 36, de Soissons à Melun, tendant à obtenir la prorogation de ce péage pour le rembourser des avances par lui faites pour l'établissement d'un pont provisoire destiné à assurer les communications pendant la construction du pont en pierre ;

Vu la délibération du conseil municipal de la ville de Meaux, du 6 juillet 1821, ayant pour objet la construction de ce pont provisoire au moyen de la prorogation du péage ;

Vu le réglement des avances réclamées ;

Vu le cahier des charges de l'entreprise ;

Vu le procès-verbal constatant l'époque de l'ouverture du péage ;

Vu l'avis du conseil général des ponts et chaussées ;

Vu l'ordonnance royale du 8 juin 1820 qui autorise l'établissement du péage sur le pont Cornillon à Meaux ;

Le Conseil d'état entendu,

Nous avons ordonné et ordonnons ce qui suit :

Art. 1ᵉʳ. Pour indemniser le sieur *Moreau* des dépenses par lui faites pour la construction d'un pont provisoire destiné à assurer les communications de la ville de Meaux pendant la reconstruction du pont Cornillon, il lui est accordé une prorogation du péage établi sur ce dernier pont, et cette prorogation sera de neuf mois et cinq jours, à partir du 11 novembre 1830. En conséquence, le sieur *Moreau*

cessera de percevoir le péage du pont Cornillon le 16 août 1831.

2. Notre ministre secrétaire d'état de l'intérieur est chargé de l'exécution de la présente ordonnance.

Signé LOUIS PHILIPPE.

Par le Roi : *le Ministre Secrétaire d'état au département de l'intérieur,*

Signé MONTALIVET.

N° 481. — PAR ORDONNANCE DU ROI, l'administration forestière est autorisée à faire délivrance aux communes ci-après désignées, savoir :

ARTICLE 1ᵉʳ.

1° Saffloz (Jura), de la coupe de huit hectares de taillis et de deux cents sapins dépérissans, le tout à prendre dans ses bois :

Il sera procédé à l'aménagement des bois de ladite commune ;

2° Marsous (Hautes-Pyrénées), de seize sapins à prendre dans ses bois

Ces arbres seront précomptés à ladite commune sur la coupe affouagère ordinaire 1831 ;

3° Golbey (Vosges), de la coupe, à titre de supplément d'affouage pour l'ordinaire 1831, du canton dit *les Haies Fraisottes*, de la contenance de deux hectares vingt-huit ares environ : ce canton sera ensuite réuni au sol forestier, et fera partie de la quinzième coupe des bois de ladite commune ;

4° Mertrud (Haute-Marne), de la coupe affouagère de ses bois, ordinaire 1832, contenant treize hectares treize ares, pour être exploitée simultanément avec celle de 1831 ;

5° Melles (Haute-Garonne), de quatre cents sapins dépérissans à prendre dans ses bois ;

6° Lestelle (Haute-Garonne), de cinquante-huit chênes à prendre dans ses bois ;

7° Bessoncourt (Haut-Rhin), de la coupe de deux hectares quatre-vingt-huit ares de ses bois ;

8° Luembschwiller (Haut-Rhin), de la coupe de trois hectares de ses bois ;

9° Moosch (Haut-Rhin), de quatre cents sapins dépérissans à prendre dans ses bois ;

10° Wittersbourg et Givrécourt (Meurthe), de trois chênes à prendre dans la réserve des bois mitoyens entre lesdites communes :

L'adjudication de sept arbres chablis gisant sur la coupe de cette réserve, ordinaire 1828, laquelle a eu lieu sans autorisation légale, sera annullée purement et simplement ;

11° Rang (Doubs), de la coupe de seize hectares cinquante ares de sa réserve;

12° Erstroff (Moselle), de la coupe, en trois années successives, par forme d'expurgade, des vingt-quatre hectares quarante-cinq ares composant la réserve de ses bois;

13° Villeneuve-au-Chemin (Aube), de la coupe de treize hectares de sa réserve;

14° Verneuil-Petit (Meuse), de la coupe, en trois années successives, des dix-neuf hectares composant sa réserve;

15° Velaine (Meuse), de la coupe, en deux années successives, de quatorze hectares de sa réserve;

16° Saint-Seine-l'Abbaye et Saint-Martin du Mont (Côte-d'Or), de la coupe, en cinq années successives et par portions égales, à partir de l'ordinaire 1831, de cent soixante-et-dix-neuf hectares quarante-huit ares de la réserve des bois indivis desdites communes;

17° Montivernage (Doubs), de la coupe de cinq hectares quarante-neuf ares de sa réserve;

18° Hablainville (Meurthe), de soixante arbres à prendre dans sa réserve;

19° Landécourt (Meurthe), de la coupe de cinq hectares cinquante ares de sa réserve :

Il sera procédé à l'aménagement des bois de ladite commune;

20° Clerjus (Vosges), de la coupe, par forme d'éclaircie, en quatre années successives, de quarante-neuf hectares de sa réserve;

21° Fontenu (Jura), de cent dix sapins dépérissans à prendre dans ses bois :

Il sera procédé à l'aménagement des bois de ladite commune;

22° Chevrotaine (Jura), de trois cents arbres dépérissans à prendre dans ses bois :

Il sera procédé à l'aménagement des bois de ladite commune;

23° Beaumont-sur-Vingeanne (Côte-d'Or), de la coupe, en deux années successives, des vingt-huit hectares quatre-vingt-dix-huit ares composant sa réserve;

24° Villejesus (Charente), de sept ormes et un chêne dépérissans à prendre dans sa réserve;

25° Auxon (Aube), de la coupe de quatorze hectares de sa réserve;

26° Montrond (Doubs), de la coupe de onze hectares de sa réserve;

27° Silley (Doubs), de la coupe d'un hectare de sa réserve;

28° Sergenoz (Jura), de trente-huit chênes et deux charmes dépérissans à prendre dans sa réserve.

2. Il sera procédé, à fur et à mesure de l'exploitation des coupes ordinaires des bois appartenant à l'hospice de Séclin (Nord),

4° L'octroi établi dans la commune de Bagnères-de-Luchon, département de la Haute-Garonne, est et demeure supprimé.

2. Notre ministre secrétaire d'état des finances est chargé de l'exécution de la présente ordonnance.

Signé LOUIS-PHILIPPE.

Par le Roi : *le Ministre Secrétaire d'état des finances,*

Signé J. LAFFITTE.

N° 483. — ORDONNANCE DU ROI qui supprime le commissariat principal de police établi dans la ville d'Angers (Maine-et-Loire) par ordonnance du 18 octobre 1829. (*Paris, 18 Septembre 1830.*)

N° 484. — ORDONNANCE DU ROI qui, aux termes de la loi du 16 septembre 1807, établit une commission spéciale pour la répartition, entre les propriétaires intéressés, des deux tiers de la dépense des travaux à faire sur la rive droite du Rhône pour la défense de la plaine de Chabrialan, commune de Rochemaure (Ardèche) : l'autre tiers reste à la charge du Gouvernement. (*Paris, 28 Septembre 1830.*)

N° 485. — ORDONNANCE DU ROI qui établit une commission syndicale pour l'association des propriétaires des bas-fonds situés dans les communes de Sainte-Marie du Mont, Boutteville, Sabeville, Turqueville et Andouville-la-Hubert, département de la Manche, et protégés contre la mer par la digue des Essarts. (*Paris, 28 Septembre 1830.*)

N° 486. — ORDONNANCE DU ROI qui, sous le nom de *société du canal de Buzai,* autorise l'association des propriétaires des marais situés autour du lac de Grand-lieu et le long des rivières affluentes, département de la Loire-Inférieure. (*Paris, 28 Septembre 1830.*)

N° 487. — ORDONNANCE DU ROI qui nomme M. *Callou* (*George*) membre du comité d'escompte établi par l'ordonnance du 26 octobre, en remplacement de M. *Loignon,* non acceptant. (*Paris, 29 Octobre 1830.*)

N° 488. — ORDONNANCE DU ROI qui nomme

M. *Dupont-Delporte,* ancien préfet, aux fonctions de préfet du département de la Seine-Inférieure, en remplacement de M. le comte *Treilhard*, appelé à d'autres fonctions ;

M. le baron *Méchin*, conseiller d'état, membre de la Chambre des Députés, aux fonctions de préfet du Nord, en remplacement de M. *Devilliers-Duterrage*, démissionnaire ;

M. *de la Coste*, préfet du Gard, aux fonctions de préfet de Tarn-et-Garonne, en remplacement de M. *Chaper* ;

M. *Chaper*, préfet de Tarn-et-Garonne, aux fonctions de préfet du Gard, en remplacement de M. *de la Coste*. (*Paris*, *17 Novembre 1830.*)

N° 489. — ORDONNANCE DU ROI qui établit un commissariat de police dans la ville d'Orbec, département du Calvados. (*Paris*, *21 Novembre 1830.*)

N° 490. — ORDONNANCE DU ROI portant que le sieur *Herrenschmidt* (*Jacob-Balthasar*), né le 26 août 1777 à Saar-union, arrondissement de Saverne, département du Bas-Rhin, est réintégré dans la qualité et les droits de Français, qu'il aurait perdus, aux termes de l'article 17 du Code civil, par sa naturalisation en Suisse. (*Paris, 8 Novembre 1830.*)

N° 491. — ORDONNANCE DU ROI portant que,

1° Le sieur *Arduino* (*Jean-Étienne*), né le 14 mai 1786 à Laiguiglia en Piémont, et demeurant à Marseille, département des Bouches-du-Rhône,

2° Le sieur *Kerr* (*Franklin*), né de parens anglais le 9 frimaire an II [29 novembre 1793] à Boulogne-sur-mer, département du Pas-de-Calais, demeurant dans la même ville,

Sont admis à établir leur domicile en France, pour y jouir de l'exercice des droits civils tant qu'ils continueront d'y résider. (*Paris, 8 Novembre 1830.*)

N° 492. — ORDONNANCE DU ROI portant que :

1° Le sieur *Blondin* (*Dominique-Jean-Baptiste*), né le 5 novembre 1799 à Vienne en Autriche, bottier, demeurant à Paris,

2° Le sieur *Engesser* (*Jean-Évangéliste*), né le 26 juin 1790 à Ippingen, grand-duché de Bade, demeurant à Danjoutin, arrondissement de Belfort, département du Haut-Rhin,

3° Le sieur *Hosp* (*Vendolin*), né le 20 juin 1793 à Herischried, grand-duché de Bade, charpentier, demeurant à Stettin, arrondissement d'Altkirch, département du Haut-Rhin,

4° Le sieur *Duarte de Mendonça*, né à Lisbonne le 3 octobre 1796, et demeurant à Paris,

5° Le sieur *Pfeifer* (*Mathieu*), né le 12 décembre 1791 à Dogern, grand-duché de Bade, demeurant à Nieder-Morschwiller, arrondissement d'Altkirch, département du Haut-Rhin,

6° Le sieur *Schafer* (*Jean-Jacques*), né le 30 décembre 1797 à Konigs-bach, grand-duché de Bade, demeurant à Mulhausen, arrondissement d'Alt-kirch, département du Haut-Rhin,

7° Le sieur *Seger* (*George*), né le 3 mai 1779 à Nieder-Hofen, royaume de Wurtemberg, charpentier, demeurant à Strasbourg, département du Bas-Rhin,

8° Le sieur *Wege* (*André-Frédéric*), né à Hanovre le 6 novembre 1785, demeurant à Saint-Laurent, arrondissement de Mézières, département des Ardennes,

9° Le sieur *Wiekydal* (*Martin*), né le 9 octobre 1800 à Marcktedieditz en Moravie (Bohème), marchand de drap à Lure, département de la Haute-Saone,

Sont admis à établir leur domicile en France, pour y jouir de l'exercice des droits civils tant qu'ils continueront d'y résider. (*Paris, 8 Novembre 1830.*)

N° 493. — Ordonnance du Roi qui autorise l'acceptation de la Donation d'une somme de 2500 francs faite à la commune de *Billy-sur-Ourcq* (Aisne) par la demoiselle *Courtant*. (*Paris, 23 Octobre 1830.*)

N° 494. — Ordonnance du Roi qui autorise l'acceptation de la Donation d'un terrain de 45 mètres carrés faite à la commune de *Montmaur* (Drôme) par M. *Giloin*. (*Paris, 23 Octobre 1830.*)

N° 495. — Ordonnance du Roi qui autorise l'acceptation de la Donation faite à la commune de *Noyers* (Eure), par une personne qui desire ne pas être nommée, d'une rente annuelle et perpétuelle de 150 francs. (*Paris, 23 Octobre 1830.*)

Certifié conforme par nous

Garde des sceaux de France, Ministre Secrétaire
d'état au département de la justice,

A Paris, le 4 * Décembre 1830,

DUPONT (de l'Eure).

* Cette date est celle de la réception du Bulletin à la Chancellerie.

On s'abonne pour le Bulletin des lois, à raison de 9 francs par an, à la caisse de l'Imprimerie royale, ou chez les Directeurs des postes des départemens.

A PARIS, DE L'IMPRIMERIE ROYALE.
4 Décembre 1830.

N° 496. — *ORDONNANCE DU Roi qui crée, dans les Départemens, des compagnies de Vétérans de l'armée.*

A Paris, le 26 Novembre 1830.

LOUIS-PHILIPPE, Roi DES FRANÇAIS, à tous présens et à venir, SALUT.

Voulant donner aux anciens militaires une preuve de l'intérêt que nous leur portons, et reconnaître les services qu'ils ont rendus à la patrie, en leur procurant les moyens de la servir encore;

Vu le rapport de notre ministre secrétaire d'état au département de la guerre,

Nous AVONS ORDONNÉ et ORDONNONS ce qui suit:

ART. 1er. Il sera formé dans chaque département une compagnie de vétérans de l'armée.

Il pourra être formé d'autres compagnies dans les départemens où le nombre d'anciens militaires donnera le moyen de les compléter.

2. Il ne sera admis dans les compagnies de vétérans de l'armée que d'anciens militaires retirés dans leurs foyers, libérés du service actif et encore en état de servir.

3. L'admission dans les compagnies de vétérans de l'armée aura lieu par la voie de l'engagement volontaire et conformément aux instructions qui seront publiées à cet effet.

4. Les officiers en retraite ou en réforme, encore aptes au service, qui demanderaient à entrer dans les compagnies de vétérans de l'armée, pourront y être admis.

5. Chaque compagnie sera composée de la manière suivante :

IXe Série. — 2e Partie.   H h

1 Lieutenant....................................	
2 Sous-lieutenans................................	
1 Sergent-major.................................	
1 Fourrier....................................	
4 Sergens....................................	152.
8 Caporaux....................................	
2 Tambours....................................	
134 Vétérans....................................	
2 Enfans de troupe..............................	

Force de la compagnie, officiers compris.......... 156.

6. Pour la solde, les masses et leur administration, les compagnies de vétérans de l'armée seront assimilées aux compagnies sédentaires.

7. L'uniforme des vétérans de l'armée sera celui de la garde nationale, mais avec le bouton jaune, excepté que les officiers et les soldats auront le pantalon garance et le schakos de l'infanterie de ligne.

8. Notre ministre secrétaire d'état de la guerre est chargé de l'exécution de la présente ordonnance.

Signé LOUIS-PHILIPPE.

Par le Roi : *le Ministre Secrétaire d'état au département de la guerre,*

Signé M^{al} Duc de Dalmatie.

N° 497. — *Ordonnance du Roi qui prescrit la formation d'une Compagnie du Train du Génie.*

A Paris, le 4 Décembre 1830.

LOUIS-PHILIPPE, Roi des Français, à tous présens et à venir, salut.

Vu l'ordonnance du 13 décembre 1829 relative à l'organisation du corps royal du génie ;

Sur le rapport de notre ministre secrétaire d'état de la guerre,

Nous avons ordonné et ordonnons ce qui suit :

Art. 1er. Il sera formé immédiatement une compagnie du train du génie, composée ainsi qu'il suit :

	Officiers.	Sous-officiers et soldats.	TOTAL.	CHEVAUX			
				d'offi- ciers.	de troupe;		TOTAL.
					de selle.	de trait.	
Capitaine-commandant..	1.	»	1.	2.	»	»	2.
Lieutenant..	1.	»	1.	1.	»	»	1.
Sous-lieutenant......	1.	»	1.	1.	»	»	1.
Maréchal-des-logis-chef.	»	1.	1.	»	1.	1	1.
Maréchaux-des-logis. ..	»	4.	4.	»	4.	»	4
Fourrier..........	»	1.	1.	»	1.	»	1.
Brigadiers...........	»	6.	6.	»	6.	»	6.
Soldats de 1re classe....	»	31.	31.	»	»	188.	188.
Soldats de 2e classe.	»	62.	62.	»	»		
Vétérinaire...........	»	1.	1.	»	1.	»	1.
Maréchaux-ferrans.....	»	2.	2.	»	2.	»	2.
Selliers-bourreliers.....	»	2.	2.	»	2.	»	2.
Trompettes..........	»	2.	2.	»	2.	»	2.
	3.	123.	125.	4.	19.	188.	211.

2. Deux autres compagnies, composées suivant le tableau ci-dessus, seront organisées dès que les besoins l'exigeront.

3. Notre ministre secrétaire d'état de la guerre est chargé de l'exécution de la présente ordonnance.

Signé LOUIS-PHILIPPE.

Par le Roi : *le Ministre Secrétaire d'état de la guerre,*

Signé Mal Duc de Dalmatie.

N° 498. — *Ordonnance du Roi relative à l'Organisation de l'École polytechnique.*

A Paris, le 13 Novembre 1830.

LOUIS-PHILIPPE, Roi des Français, à tous présens et à venir, SALUT.

Sur le rapport de notre ministre secrétaire d'état au département de l'intérieur,

Avons ordonné et ordonnons :

ART. 1er. L'école polytechnique fournira, comme par le

H h 2

passé, les élèves des écoles spéciales des corps du génie militaire et de l'artillerie de terre et de mer, des ponts et chaussées, des mines, de la marine, du génie maritime, des ingénieurs-géographes, des poudres et salpêtres, et des autres services publics qui pourront exiger des connaissances étendues sur les sciences physiques et mathématiques.

État-major.

2. L'école polytechnique sera dans les attributions du ministre secrétaire d'état de la guerre, et aura un régime militaire.

3. L'école polytechnique aura pour chef un officier général pris dans les corps militaires qui s'y alimentent. Il sera nommé par nous, et portera le titre de *commandant de l'école;* il n'aura point d'aide-de-camp.

Un officier supérieur, pris dans les corps qui s'alimentent à l'école, commandera en second. Il ne pourra pas être de la même arme que le commandant en chef.

4. Le commandant de l'école rédigera et soumettra à l'approbation du ministre les réglemens relatifs à la police et à la discipline des élèves.

5. Les élèves continueront à être casernés; mais les réglemens intérieurs de l'école seront modifiés de manière à leur laisser, dans les jours de sortie, plus de liberté que par le passé.

Lorsque les élèves sortiront individuellement dans la ville, ils porteront l'épée.

6. Les élèves seront partagés en quatre compagnies : on les exercera au maniement du fusil et à la marche pendant les heures de récréation, et deux fois au plus par semaine.

Les élèves qui, par leur rang de promotion, se trouveront chefs de salle d'études, porteront le titre et les galons de sergent-major et de sergent, et en rempliront les fonctions sous les armes.

Quatre tambours, garçons de salle, seront attachés aux

compagnies de l'école. Il y aura, en outre, un armurier spécialement chargé de nettoyer et d'entretenir les armes des élèves.

7. Quatre officiers, du grade de capitaine, pris parmi les anciens élèves, et dans les corps militaires qui s'alimentent à l'école, porteront le titre d'*inspecteurs des études* Le ministre les nommera, sur la présentation des deux comités de l'artillerie et du génie. Leurs fonctions seront de surveiller les travaux des élèves dans les salles d'études, conformément aux réglemens, et aussi de diriger leurs exercices militaires, et de les commander sous les armes.

8. Quatre lieutenans ou sous-lieutenans, nommés par le ministre, veilleront à la police intérieure de l'école et aux détails des exercices militaires; ils seront aidés par deux adjudans sous-officiers : les uns et les autres prendront place dans les compagnies de l'école, lorsqu'elles seront sous les armes.

9. Les militaires employés à l'école polytechnique, à quelque titre que ce soit, n'obtiendront pas d'avancement au choix tant qu'ils y resteront.

Élèves.

10. Tous les ans, au 1ᵉʳ août, on ouvrira, tant à Paris que dans les principales villes du royaume qui seront désignées, un examen public pour l'admission des élèves à l'école polytechnique. Le programme en sera publié à l'époque du 1ᵉʳ avril au plus tard. Ce programme, outre l'indication des matières sur lesquelles devra porter l'examen, fera connaître les ouvrages de mathématiques d'après lesquels les élèves seront examinés.

11. Dans chaque ville d'examen, les aspirans se feront inscrire à la préfecture avant le 1ᵉʳ juillet; la voie du sort déterminera dans quel ordre ils seront examinés.

12. Aucun aspirant ne pourra se présenter que dans la ville d'examen la plus voisine du lieu de sa naissance, ou celui où il a fait ses études.

13. Tout aspirant sera tenu de présenter à l'examinateur, des certificats constatant,

1° Qu'il est Français;

2° Qu'il a été vacciné, ou qu'il a eu la petite vérole;

3° Qu'il a eu plus de seize ans et moins de vingt ans au 1er janvier de l'année courante.

Cependant les sous-officiers et soldats des corps réguliers pourront être admis jusqu'à l'âge de vingt-quatre ans, pourvu qu'ils aient au moins deux ans de service sous le drapeau.

14. Les élèves, au moment de leur entrée à l'école, présenteront un acte par lequel leurs parens ou répondans s'engagent à payer pour eux une pension annuelle et leur trousseau.

15. Douze bourses, susceptibles d'être partagées en demi-bourses, sont instituées, pour chaque année, en faveur des élèves peu aisés. Elles seront accordées par le ministre sur la présentation du conseil de l'école. Nul ne pourra les obtenir, s'il n'a pas prouvé que sa famille est hors d'état de payer sa pension, et s'il ne fait pas partie des deux premiers tiers de la liste générale d'admission des élèves. Cette faveur sera retirée pour la seconde année aux élèves qui, après l'examen de passage d'une année à l'autre, ne se trouveront pas placés dans la première moitié de la liste par ordre de mérite du service auquel ils se destinent.

Examens d'admission.

16. Il y aura, comme par le passé, quatre examinateurs pour l'admission des élèves. Ils seront nommés par le ministre sur la présentation de l'académie des sciences de l'institut de France et du conseil de l'école. Ils ne pourront être révoqués de leurs fonctions que sur la demande du même conseil. Les fonctions d'examinateur d'admission seront incompatibles avec celles de professeur ou de répétiteur dans un établissement quelconque destiné à fournir des élèves à l'école. Les propriétaires, directeurs ou associés de ces établissemens seront également exclus.

17. Les aspirans à l'école polytechnique qui auront été inscrits à Paris, seront répartis en nombre égal entre les quatre examinateurs d'admission.

18. Tous les ans, vers le 1er octobre, il sera formé à Paris un jury chargé de prononcer sur l'admission à l'école des aspirans examinés dans tout le royaume. Il se composera du commandant de l'école, du directeur des études, des deux examinateurs d'analyse attachés à l'école, et des quatre examinateurs d'admission.

19. Ce jury dressera une liste, par ordre de mérite, de tous les aspirans susceptibles d'être admis à l'école : il la formera au moyen des listes particulières fournies par les examinateurs, et en prenant dans chacune d'elles proportionnellément au nombre d'aspirans jugés admissibles qu'elle contient.

Les listes d'admissibles présentées par chaque examinateur seront, avant tout, discutées et arrêtées par le jury.

Enseignement.

20. Tous les détails de l'instruction seront sous la surveillance spéciale d'un directeur des études nommé par nous, sur la présentation du conseil de l'école et sur celle de l'académie des sciences.

21. Il y aura, pour l'instruction des élèves, dix professeurs, entre lesquels seront répartis, par le conseil de l'école, les cours de

> Analyse,
> Mécanique,
> Analyse appliquée à la géométrie,
> Géométrie descriptive et ses applications,
> Géodésie et topographie,
> Machines,
> Arithmétique sociale,
> Physique,
> Chimie,
> Architecture,

Composition française pendant la première année,
Langue allemande pendant la seconde annéc.

22. Les professeurs seront nommés par le ministre, ceux
des sciences mathématiques et physiques, sur la présentation
de l'académie des sciences et sur celle du conseil de l'école ;
les autres, sur une présentation du même conseil, qui comprendra deux noms.

23. Chaque professeur aura un répétiteur, nommé tous
les ans, sur sa présentation, par le conseil de l'école.

Il y aura en outre un répétiteur nommé de même par le
conseil de l'école, sur la présentation des professeurs de géométrie descriptive et de machines, lequel surveillera les travaux graphiques des deux cours.

24. Les élèves seront exercés, aussi souvent que possible,
au dessin de la figure, sous la direction de quatre maîtres : un
cinquième maître sera spécialement chargé d'enseigner le
paysage et le dessin topographique. Ces cinq maîtres seront
nommés par le ministre, sur une présentation du conseil de
l'école, qui comprendra deux noms pour chaque place.

25. Il y aura, pour la conservation des modèles, deux
conservateurs, dont l'un sera attaché au cours de géométrie
descriptive, l'autre au cours de physique. Ils seront nommés
par le conseil de l'école.

26. Le cours complet d'instruction à l'école polytechnique
durera deux ans. Cependant les élèves pourront y passer une
année de plus, soit pour cause de maladie, soit dans les cas
spécifiés ci-après, art. 30.

Examens de passage et de sortie.

27. Chaque année, après la clôture des cours, tous les
élèves subiront un examen public, auquel assisteront des fonc-
ionnaires de chaque service désignés par le ministre. Les
dxamens de la première année serviront à décider si les élèves
toivent être admis à suivre les cours de la seconde ; les exa-
omens de la seconde année régleront le passage des élèves dans
les services publics.

28. A la fin de la première année d'études, les élèves seront tenus de désigner celui des services publics auquel ils se destinent, et aucune mutation ne pourra avoir lieu par la suite. Pour les guider dans ce choix, on leur fera connaître le nombre des places qui seront disponibles dans chaque service à la fin de l'année suivante.

29. Après l'examen de la première année, on dressera pour les divers services, et par ordre de mérite, les listes des candidats admissibles qui se sont présentés : tous seront appelés à suivre les cours de la seconde année, quoique leur nombre puisse être supérieur au nombre des places disponibles.

30. Les élèves admissibles qui, à cause de leur rang dans les listes dressées d'après les examens de la seconde année, n'auront pas obtenu le service de leur choix, pourront passer encore un an à l'école, pourvu qu'ils n'aient pas doublé la première année ; mais s'ils jouissent d'une bourse, elle leur sera ôtée. Les mines et ponts et chaussées seront considérés comme un seul et même service.

31. Les élèves de la seconde année (soit qu'ils l'aient doublée ou non), si leur rang dans la liste des admissibles ne leur donne pas le service de leur choix, auront droit d'être placés comme sous-lieutenans dans les corps de l'armée qui ne s'alimentent pas à l'école polytechnique. Les élèves compris dans la même catégorie, qui ne prendront pas de sous-lieutenance, auront droit d'être reçus à l'école forestière, ou, sur leur demande, de suivre comme élèves libres celle des écoles civiles d'application qu'ils désigneront : ils y jouiront, sous le rapport des études, des mêmes avantages que les élèves du Gouvernement.

32. Les élèves jugés inadmissibles à la fin de la première ou de la seconde année quitteront l'école, à moins que des raisons de santé ne leur donnent une excuse légitime. Le conseil de l'école en sera juge.

33. Les élèves qui auront choisi les carrières militaires seront, avant l'examen de la première année, visités, en présence d'un délégué du service auquel ils se destinent, par un

chirurgien-major étranger à l'école. L'objet de cette visite sera
de constater qu'ils ne sont affectés d'aucune infirmité grave, et
qu'ils possèdent les qualités physiques convenables à leur destination : il en sera dressé procès-verbal.

34. Les matières sur lesquelles les élèves doivent être examinés à la fin de la première et de la seconde année, se ont
divisées entre les examinateurs, conformément aux programmes
arrêtés chaque année par le conseil de l'école et approuvés par
le ministre.

Il y aura pour l'analyse et la mécanique, formant la première partie, deux examinateurs qui seront permanens et nommés par le ministre de la guerre, sur la présentation du conseil
de l'école et sur celle de l'académie des sciences.

Les autres parties, qui sont les arts graphiques, la physique,
la chimie, &c. , seront confiées à des examinateurs temporaires,
dont le nombre sera déterminé chaque année par le conseil de
l'école, et qui seront nommés, sur sa présentation, par le
ministre.

35. Afin de faciliter le classement des élèves par ordre de
mérite, tous ceux qui se destinent à un même service seront
examinés les uns à la suite des autres. Le sort réglera l'ordre
dans lequel les examens des divers services auront lieu.

36. Après les examens, le directeur des études et les examinateurs se réuniront en jury, sous la présidence du commandant de l'école, pour former les listes, par ordre de mérite, des élèves destinés à chaque service. Le conseil de l'école
aura déterminé d'avance la proportion suivant laquelle chaque
partie d'examen, chaque nature de travail et les notes des élèves
entreront pour leur classement dans les listes.

Conseil de l'École.

37. Le conseil de l'école se composera du commandant,
président, du commandant en second, du directeur des études
et de tous les professeurs. Le bibliothécaire y remplira les
fonctions de secrétaire, et n'aura pas voix délibérative.

Le conseil s'assemblera au moins une fois par mois, et s'occupera de tout ce qui est relatif à l'enseignement, aux études
des élèves et à l'administration de l'école.

38. A l'époque de la révision annuelle des programmes,
les examinateurs de sortie de l'année précédente feront partie
du conseil de l'école. A cette époque feront aussi partie du
conseil un membre de chacun des comités de l'artillerie et du
génie, un délégué du département de la marine et un délégué
du département de l'intérieur, pour les services des ponts et
chaussées et des mines.

Ces quatre délégués devront spécialement veiller à ce que
l'instruction soit dirigée, autant que possible, dans l'intérêt pratique des services qu'ils représentent. Ils auront en conséquence
voix délibérative sur tout ce qui se rapporte aux programmes,
aux moyens de les coordonner avec les travaux des écoles d'application, et aux différens modes de classement des élèves par
ordre de mérite.

Administration.

39. Le conseil de l'école déléguera chaque année une
commission composée du commandant en second, président,
d'un professeur, de deux inspecteurs des études et de deux
répétiteurs, pour veiller à tous les détails de l'administration
intérieure.

Cette commission rendra compte de ses opérations chaque
mois, et soumettra au conseil toutes les mesures qui, par leur
importance, exigeront une décision préalable.

40. Seront attachés à l'école un administrateur, un caissier
garde des archives, un bibliothécaire, et un médecin-chirurgien, astreint à une visite journalière.

Ces quatre fonctionnaires seront nommés par le ministre,
sur la présentation du conseil de l'école.

41. L'administrateur et le caissier assisteront à toutes les
séances de la commission administrative déléguée par le conseil ; ils n'y auront que voix consultative : le caissier y remplira
les fonctions de secrétaire.

Hh 6

L'administrateur assistera en outre aux séances du conseil de l'école dans lesquelles il y aura à débattre des questions relatives à l'administration:

42. Seront tenus de résider dans les bâtimens de l'école polytechnique le commandant, le directeur des études, les inspecteurs des études, les lieutenans ou sous-lieutenans, les adjudans, l'administrateur, le caissier et le bibliothécaire. Chacun de ces fonctionnaires jouira en conséquence d'un logement qui lui sera désigné par le conseil. Le logement du commandant de l'école sera pourvu des meubles principaux.

43. Le commandant de l'école nommera les employés subalternes, dont le nombre, les fonctions et le traitement seront déterminés par un réglement discuté dans le conseil et soumis à l'approbation du ministre.

44. Chaque année, le conseil de l'école dressera le budget des dépenses de l'exercice suivant, et le soumettra à l'approbation du ministre.

45. Les fonctionnaires principaux de l'école toucheront chaque mois leurs appointemens des mains du caissier, d'après une revue passée par l'intendant militaire de la place de Paris. Les traitemens des employés subalternes seront de même payés par le caissier, sur des états ordonnancés par la commission déléguée par l'administration et par le commandant de l'école.

46. Il continuera d'être fait sur les appointemens des fonctionnaires et employés permanens de l'école polytechnique qui n'appartiennent pas à l'armée, une retenue, au moyen de laquelle ils auront droit, comme par le passé, à une pension de retraite : la quotité de la pension et de la retenue sera réglée conformément aux dispositions des ordonnances du 25 février 1816 et du 1.er juillet 1820.

Les pensions déjà accordées sur les fonds de retenue de l'école polytechnique seront payées à l'avenir, et telles qu'elles ont été réglées, par les soins du ministère de la guerre. A cet effet, les fonds appartenant aujourd'hui à la caisse de l'école seront mis à sa disposition.

47. Les traitemens de l'état-major et des personnes chargées de l'enseignement sont réglés comme il va suivre. Ils tiendront lieu de tous autres traitemens, indemnités ou prestations quelconques auxquelles pourraient prétendre, en raison de leurs grades, les militaires appartenant à l'armée. Quant à ceux qui n'en font plus partie, ils subiront sur leur traitement à l'école une déduction égale au montant de la solde de retraite dont ils jouissent.

Un commandant de l'école.............................		18,000ᶠ
Un commandant en second.............................		8,000.
Quatre capitaines, inspecteurs des études.........à 4,000ᶠ		16,000.
Quatre lieutenans ou sous-lieutenans.............à 2,500.		10,000.
Deux adjudans-sous-officiers....................à 1,300.		2,600.
Quatre tambours, garçons de salle..............à 800.		3,200.

Tout compris.............. 57,800.

Un directeur des études.............................		10,000ᶠ
Quatre examinateurs d'admission (non compris les frais de route).....................................à 4,000ᶠ		16,000.
Deux examinateurs permanens..................à 6,000.		12,000.
Trois examinateurs temporaires................à 2,500.		7,500.
Deux professeurs d'analyse et de mécanique.......à 5,000.		10,000.
Un professeur de géométrie descriptive...........à 5,000.		5,000.
Un professeur de physique.....................à 5,000.		5,000.
Deux professeurs de chimie....................à 5,000.		10,000.
Un professeur de géodésie et de topographie......à 5,000.		5,000.
Un professeur d'architecture...................à 5,000.		5,000.
Un professeur de composition française...........à 3,000.		3,000.
Un professeur de langue allemande.............à 3,000.		3,000.

Tout compris............. 91,500.

Deux répétiteurs du cours d'analyse et de mécanique..à 2,000ᶠ		4,000ᶠ
Un répétiteur de géométrie descriptive..........à 2,000.		2,000.
Un répétiteur de géodésie.....................à 2,000.		2,000.
Un répétiteur de physique....................à 2,000.		2,000.
Deux répétiteurs de chimie....................à 2,000.		4,000.
Un répétiteur pour les travaux graphiques.........à 2,500.		2,500.
Un répétiteur d'architecture...................à 2,000.		2,000.
Un répétiteur du cours de composition française.....à 1,500.		1,500.
Un répétiteur du cours de langue allemande........à 1,500.		1,500.

Tout compris............. 21,500.

Deux maitres pour le dessin de la figure . . . . à 2,000ᶠ   4,000ᶠ
Deux maitres pour le dessin de la figure . . . . à 1,500.   3,000.
Un maitre pour le paysage et le dessin topographique . à 3,000.   3,000.

        Tout compris . . . . 10,000.

Un administrateur . . . . à 6,000ᶠ   6,000ᶠ
Un caissier garde des archives . . . . à 4,000.   4,000.
Un bibliothécaire secrétaire du conseil . . . . à 4,000.   4,000.
Deux conservateurs des modèles . . . . ensemble   3,000.
Un médecin-chirurgien . . . . à 3,000.   3,000.

        Tout compris . . . . 20,000.

       TOTAL GÉNÉRAL . . . . 200,800.

Les fonctionnaires dont les emplois, en vertu du présent tarif, se trouvent moins rétribués qu'ils ne l'ont été précédemment, n'éprouveront aucune diminution sur le traitement dont ils jouissent, tant qu'ils demeureront attachés à l'école.

48. Le ministre de la guerre pourvoira en outre aux dépenses nécessaires à l'entretien des amphithéâtres et salles d'études, des laboratoires de chimie, des cabinets de physique, de machines et de stéréotomie, de la bibliothèque, à la publication du journal de l'école, aux frais de bureau et autres dépenses relatives à l'enseignement, le tout moyennant une somme de . . . . 44,000ᶠ A.

Il paiera aussi les appointemens des commis et agens subalternes attachés aux différentes branches de l'instruction, ci . . . . 16,000. B.

                60,000.

49. La somme provenant des pensions annuelles, jointe aux vingt-quatre mille francs fournis par le ministre de la guerre pour vingt-quatre bourses, continuera à être administrée séparément, dans l'intérêt du bien-être des élèves.

50. Toutes les dispositions contraires à la présente sont rapportées.

51. Nos ministres de l'intérieur, de la guerre et de la

marine, sont chargés, chacun en ce qui le concerne, de l'exécution de la présente ordonnance.

A Paris, le 13 Novembre 1830.

Signé LOUIS-PHILIPPE.

Par le Roi : le Ministre Secrétaire d'état au département de l'intérieur,

Signé MONTALIVET.

N° 499 — ORDONNANCE DU Roi portant Convocation de trois Collèges électoraux.

A Paris, le 25 Novembre 1830.

LOUIS-PHILIPPE, Roi DES FRANÇAIS, à tous présens et à venir, SALUT.

Vu les lois des 5 février 1817, 29 juin 1820, 2 mai 1827, 2 juillet 1828, 11 et 12 septembre 1830;

Vu nos ordonnances des 10 et 17 de ce mois qui ont nommé M. *Baude*, député de la Loire, aux fonctions de sous-secrétaire d'état au département de l'intérieur, et M. *Méchin*, député de l'Aisne, aux fonctions de préfet du département du Nord ;

Vu la démission de M. *Benjamin Morel*, député du Nord, reçue par la Chambre des Députés dans sa séance du 22 novembre ;

Sur le rapport de notre ministre secrétaire d'état de l'intérieur,

Nous avons ordonné et ordonnons ce qui suit :

ART. 1er. Les électeurs du département de la Loire sont convoqués en un seul collége, qui se réunira le 20 décembre prochain à Montbrison, à l'effet d'élire un député.

2. Les colléges électoraux du quatrième arrondissement de l'Aisne et du premier arrondissement du Nord sont convoqués à Soissons et à Dunkerque pour le 20 décembre prochain, à l'effet d'élire chacun un député.

3. Conformément à l'article 21 de la loi du 2 juillet 1828, il sera fait usage, pour ces élections, de la liste électorale arrêtée le 16 novembre 1830.

4. Il sera procédé pour les opérations des colléges électoraux ainsi qu'il est réglé par les dispositions combinées de la loi du 12 septembre 1830 et de l'ordonnance royale du 11 octobre 1820.

Hh 8

5. Notre ministre secrétaire d'état de l'intérieur est chargé
de l'exécution de la présente ordonnance.

Signé LOUIS-PHILIPPE.

Par le Roi : *le Ministre Secrétaire d'état au département de l'intérieur,*

Signé MONTALIVET.

N° 500. — *ORDONNANCE DU ROI qui supprime les chaires de
Pandectes et de Droit administratif en la Faculté de droit de
Toulouse, et crée dans cette Faculté une chaire de Droit public.*

A Paris, le 25 Novembre 1830.

LOUIS-PHILIPPE, ROI DES FRANÇAIS, à tous présens
et à venir, SALUT.

Sur le rapport de notre ministre secrétaire d'état au département
de l'instruction publique et des cultes, président du Conseil d'état,

NOUS AVONS ORDONNÉ et ORDONNONS ce qui suit :

ART. 1er. Les chaires de pandectes et de droit administratif de la faculté de droit de Toulouse sont supprimées.

2. Il est créé dans cette faculté une chaire de droit public
français.

3. Notre ministre secrétaire d'état au département de l'instruction publique et des cultes nommera pour la première
fois à cette chaire. Lorsqu'elle deviendra vacante, il y sera
pourvu par la voie du concours.

4. Notre ministre secrétaire d'état au département de l'instruction publique et des cultes est chargé de l'exécution de la
présente ordonnance.

Signé LOUIS-PHILIPPE.

Par le Roi : *le Ministre Secrétaire d'état au département
de l'instruction publique et des cultes,*

Signé MÉRILHOU.

N° 501. — *ORDONNANCE DU ROI relative à des modifications
aux Tarifs d'octroi des villes et communes de Bréhat (Côtes-
du-Nord), Verneuil (Eure), Toul (Meurthe), Tournus (Saone-
et-Loire) et Nemours (Seine-et-Marne).*

A Paris, le 4 Septembre 1830.

LOUIS-PHILIPPE, ROI DES FRANÇAIS, à tous présens
et à venir, SALUT.

Vu l'ordonnance du 9 décembre 1814 et les dispositions des lois des 28 avril 1816 et 24 juin 1824, relatives aux octrois;

Vu les délibérations des conseils municipaux des villes ou communes de Bréhat, département des Côtes-du-Nord; Verneuil, département de l'Eure; Toul, département de la Meurthe; Tournus, département de Saone-et-Loire, et Nemours, département de Seine-et-Marne;

Vu les arrêtés des préfets de ces départemens;

Vu les observations de notre ministre secrétaire d'état de l'intérieur;

Sur le rapport de notre ministre secrétaire d'état des finances,

Nous avons ordonné et ordonnons ce qui suit :

Art. 1er. 1° Les tarif et réglement présentement en vigueur pour la perception de l'octroi de la commune de Bréhat, département des Côtes-du-Nord, sont encore prorogés, mais pour dernier délai, jusqu'au 31 décembre 1831.

2° Les tarif et réglement annexés à la présente ordonnance pour la perception de l'octroi de la commune de Verneuil, département de l'Eure, sont approuvés.

3° Les tarif et réglement annexés à la présente ordonnance pour la perception de l'octroi de la commune de Toul, département de la Meurthe, sont approuvés.

4° L'article *viande dépecée*, au tarif de l'octroi de la commune de Tournus, département de Saone-et-Loire, et le réglement supplémentaire, approuvés le 23 décembre 1829, sont supprimés. Les tarif et réglement supplémentaires annexés à la présente ordonnance pour la perception dudit octroi sont approuvés.

5° Au réglement de l'octroi de la commune de Nemours, département de Seine-et-Marne, approuvé le 5 mai 1829, il sera ajouté à la suite de l'article 30, chapitre II, *Passe-debout, Transit et Entrepôt :* « Lorsque les conducteurs ne » pourront cautionner ni consigner les droits, il leur sera » accordé une escorte dont les frais seront à leur charge, et » sont réglés de la manière suivante, savoir :

» Cinq centimes, lorsque la consignation n'aura pas dû ex-
» céder dix francs;

» Quinze centimes, lorsqu'elle aura dû être de dix à vingt-cinq
» francs ;

» Vingt-cinq centimes, pour toute consignation qui aurait été
» de plus de vingt-cinq francs.

Le réglement actuel dudit octroi de Nemours cessera d'être
en vigueur au 1er janvier 1832.

2. Notre ministre secrétaire d'état des finances est chargé
de l'exécution de la présente ordonnance.

Signé LOUIS-PHILIPPE.

Par le Roi : le Ministre Secrétaire d'état des finances,

Signé LOUIS.

No 502. — ORDONNANCE DU ROI qui supprime l'Octroi de
Mirambeau (Charente-Inférieure), et modifie les Tarifs d'Angoulême (Charente) et de Pontarlier (Doubs).

A Paris, le 30 Septembre 1830.

LOUIS-PHILIPPE, ROI DES FRANÇAIS,

Sur le rapport de notre ministre secrétaire d'état au département
des finances,

NOUS AVONS ORDONNÉ et ORDONNONS ce qui suit :

ART. 1er. 1° Au chapitre de l'entrepôt, article 30, du
réglement d'octroi de la commune d'Angoulême, département
de la Charente, approuvé, ainsi que le tarif, par ordonnance
du 25 avril 1830, seront ajoutées les dispositions suivantes:
« 1° Les quantités d'huiles, fixées à quinze litres, pour les-
» quelles un certificat de sortie pourra être délivré, devront
» être contenues dans une futaille cerclée. 2° La même faculté
» sera accordée aux savons pour une caisse. »

2° Le droit sur les tuiles porté au tarif de l'octroi de la
commune de Pontarlier, département du Doubs, cessera
d'être perçu à partir du 1er janvier 1831.

3° L'octroi établi dans la commune de Mirambeau, département de la Charente-Inférieure, sera supprimé à partir du
1er janvier 1831.

2. Notre ministre secrétaire d'état des finances est chargé de l'exécution de la présente ordonnance.

Signé LOUIS-PHILIPPE.

Par le Roi : *le Ministre Secrétaire d'état des finances,*
Signé LOUIS.

N° 503. — *ORDONNANCE DU ROI sur le Mont-de-piété de Beaucaire.*

A Paris, le 7 Novembre 1830.

LOUIS-PHILIPPE, ROI DES FRANÇAIS, à tous présens et à venir, SALUT.

Sur le rapport de notre ministre secrétaire d'état de l'intérieur,
Notre Conseil d'état entendu,
NOUS AVONS ORDONNÉ et ORDONNONS ce qui suit :

ART. 1er. Le mont-de-piété, créé à Beaucaire (Gard) par lettres patentes du 16 juin 1583, sera désormais régi conformément aux dispositions du réglement annexé à la présente ordonnance.

2. Notre ministre secrétaire d'état de l'intérieur est chargé de l'exécution de la présente ordonnance, qui sera insérée au Bulletin des lois.

Signé LOUIS-PHILIPPE.

Par le Roi : *le Ministre Secrétaire d'état au département de l'intérieur,*
Signé MONTALIVET.

RÉGLEMENT POUR LE MONT-DE-PIÉTÉ DE BEAUCAIRE.

TITRE PREMIER.

De l'Administration.

ART. 1er. Le mont-de-piété de Beaucaire sera régi par une administration gratuite et charitable, composée des cinq administrateurs du bureau de bienfaisance et de cinq autres administrateurs nommés par le ministre de l'intérieur, sur une liste triple de candidats présentés par l'administration et sur l'avis du préfet. Pour la première formation, ces cinq derniers administrateurs seront nommés par le ministre, sur la proposition du préfet.

2. Les administrateurs qui seront membres du bureau de bienfaisance, resteront en fonctions tant qu'ils conserveront cette qualité ; les cinq autres seront nommés pour cinq ans, et seront renouvelés chaque année par cinquième. Le sort, et ensuite l'ancienneté, déterminera l'ordre de sortie. Ils seront indéfiniment rééligibles.

3. Le maire sera président-né de l'administration.

4. L'administration élira dans son sein un vice-président, directeur, et un secrétaire. Ils resteront en fonctions pendant un an, et pourront être réélus.

5. Les autres membres de l'administration rempliront alternativement les fonctions d'appréciateurs amiables des objets présentés en nantissement; mais pour l'estimation des objets d'or et d'argent elle désignera un orfèvre.

6. L'administration nommera hors de son sein, un garde-magasin, un caissier, et le nombre d'employés nécessaire pour assurer le service de l'établissement, et elle réglera, sauf l'approbation du préfet, leurs appointemens et les cautionnemens auxquels elle jugera convenable de les assujettir. L'administration pourra aussi révoquer la nomination de ces employés; mais également avec l'approbation du préfet.

7. L'administration s'assemblera, en réunion ordinaire, à des époques fixes et qui seront déterminées par elle. Le maire, président-né, ou le vice-président, directeur, pourra en outre la convoquer en assemblée extraordinaire aussi souvent que l'exigeront le bien du service et l'expédition des affaires.

8. Il est expressément interdit à tout administrateur ou employé du mont-de-piété de faire lui-même aucun prêt sur nantissement, même après que les emprunteurs auraient été refusés dans les bureaux, sous peine de destitution et d'être en outre poursuivi devant les tribunaux, conformément à l'article 3 de la loi du 16 pluviôse an XII [6 février 1804].

9. Il leur est également défendu, sous peine de destitution, de se rendre adjudicataires d'aucun objet mis en vente par le mont-de-piété.

10. Les bureaux de l'établissement seront ouverts au public aux jours et aux heures qui seront indiqués par l'administration.

TITRE II.

Des Fonctions des Administrateurs et des Préposés chargés des différentes parties du service.

DU VICE-PRÉSIDENT, DIRECTEUR.

11. Le directeur inspecte les opérations, veille à l'exécution des lois, ordonnances, décisions et réglemens, et à celle des délibérations de l'administration.

12. Il surveille les magasins et doit en faire souvent la visite.

13. Il lève les difficultés qui peuvent survenir entre les emprunteurs et les employés de l'administration.

14. Il reçoit les réclamations, déclarations et oppositions qui peuvent être faites; mais il est tenu de prendre sur les objets d'un intérêt majeur l'avis de l'administration.

15. Le directeur est chargé de toutes les dépenses relatives à l'entretien des bâtimens, aux fournitures de bureau, au traitement des employés, aux mesures de sûreté, et généralement de tous les frais de régie. Il y pourvoit par des états ou mandats que le caissier est tenu d'acquitter.

16. Il tient tous les registres nécessaires à sa gestion, et les présente toutes les fois qu'il en est requis par l'administration.

17. Il fait à l'administration les rapports et les propositions qu'il croît utiles à l'établissement.

18. Aux époques fixées par l'administration, le directeur lui remet un bordereau de recette et de dépense, qu'elle arrête après l'avoir vérifié, ainsi qu'un état sommaire de situation des magasins et un tableau analytique des opérations de l'établissement.

19. Dans le courant du troisième trimestre de chaque année, le directeur présente à l'administration le budget des recettes et des dépenses présumées de l'établissement pour l'année suivante.

20. Le directeur rend également à l'administration, dans le cours du premier trimestre de chaque année, le compte des opérations de l'établissement et de leurs résultats pendant l'année précédente.

21. Les comptes et budgets, vérifiés par l'administration, seront réglés conformément aux dispositions de l'ordonnance royale du 18 juin 1823.

DU SECRÉTAIRE.

22. Le secrétaire tient les registres de la correspondance et des délibérations, et en délivre les expéditions.

23. Il est chargé de tout ce qui concerne la convocation des administrateurs en réunions ordinaires et extraordinaires, suivant les indications qu'il reçoit de qui de droit.

24. Le secrétaire est chargé de la garde des archives.

25. L'administration pourra, si elle le juge nécessaire, désigner un employé qui aura le titre de secrétaire-adjoint, et qui aidera l'administrateur-secrétaire dans ses fonctions.

DU CAISSIER.

26. Le caissier est dépositaire des fonds de l'établissement. Il est chargé de faire toutes les recettes et d'acquitter toutes les dépenses.

27. Il ne peut faire aucun paiement sans un état ou un mandat du directeur, pour des dépenses autres que les prêts qu'il effectue sur le vu des reconnaissances du garde-magasin, et la remise du *boni*, qui a lieu d'après les comptes de vente.

28. Il ne peut pas non plus recevoir des fonds autres que ceux qui proviennent des dégagemens, renouvellemens et ventes, si ce n'est d'après un bordereau signé par le directeur.

29. Le caissier tient tous les registres nécessaires à la régularité de sa comptabilité, d'après ce qui est réglé par l'administration.

30. A l'expiration de chaque année, le caissier remet au directeur le compte des recettes et des dépenses de la caisse, appuyé des pièces justificatives, pour être joint à celui que le directeur doit rendre à l'administration.

DES ADMINISTRATEURS SURVEILLANS.

31. Chaque semaine, deux administrateurs seront chargés de la surveillance de l'établissement.

32. Ils président les séances d'engagemens, de renouvellemens et de dégagemens.

33. Ils sont chargés de l'estimation de tous les objets présentés en

nantissement, sauf de celle des objets d'or et d'argent, qui est faite, sous leur direction, par l'orfévre appréciateur désigné à cet effet par l'administration.

34. Lorsque l'emprunteur acquiesce à l'estimation qui est faite de son nantissement, le montant de cette évaluation est indiqué sur un bulletin qui reste joint au nantissement.

35. Lorsqu'un nantissement est composé de plusieurs objets, ils sont tous appréciés séparément, et les diverses estimations sont portées sur le bulletin dont il est fait mention à l'article précédent; mais le montant total de ces estimations est seul porté sur le registre des prêts.

36. Les administrateurs surveillans et l'orfévre appréciateur visiteront les magasins, afin de s'assurer que les nantissemens y sont bien distribués et gardés.

DU GARDE-MAGASIN.

37. Le garde-magasin a, en cette qualité, la manutention des magasins. Il est tenu de veiller soigneusement à la garde et à la conservation des effets qui y sont déposés. Il est responsable de leur disparition, sauf les cas de force majeure. Il est également responsable de leur détérioration, à moins qu'il ne prouve qu'elle ne provient pas de sa négligence.

38. Il doit faire la visite et le remuement des objets déposés et qui sont susceptibles de détérioration, au moins deux fois par mois, en présence des administrateurs surveillans, ou, au moins, de l'un d'eux.

39. Il est seul dépositaire des clefs des différens magasins où sont placés les objets donnés en nantissement.

40. Les objets précieux doivent être renfermés dans des armoires particulières.

41. Le garde-magasin tient soigneusement les registres et répertoires indiqués par l'administration.

42. En cas d'empêchement légitime, il peut se faire remplacer momentanément, mais avec l'agrément de l'administration, et en restant garant de celui qui le remplace.

TITRE III.
Des Opérations du Mont-de-piété.

43. Les opérations du mont-de-piété consistent dans le prêt sur nantissement en faveur des indigens.

44. Les prêts sont accordés sur engagemens d'effets mobiliers déposés dans les magasins de l'établissement.

45. Nul ne sera admis à déposer des nantissemens pour lui valoir prêt, s'il n'est connu ou domicilié dans la ville, ou assisté d'un répondant qui remplisse l'une ou l'autre de ces conditions.

46. Ne seront point admis à l'emprunt les enfans en puissance paternelle ou en tutelle, les fripiers et courtiers de hardes, et les femmes mariées qui ne prouveraient pas qu'elles sont propriétaires des effets présentés, ou qu'elles agissent avec l'autorisation de leurs maris.

47. On prendra, dans le cas où les nantissemens seraient présentés par des personnes soupçonnées de les avoir volés, les mesures indiquées au titre XI du présent réglement. (*Police et Contentieux.*)

48. Lorsque les dépôts auront été jugés admissibles, les administrateurs

surveillans procéderont à l'estimation des effets et fixeront les sommes à prêter sur leur valeur et d'après les fixations suivantes, savoir, pour les nantissemens en vaisselle, en bijoux d'or et d'argent, les quatre cinquièmes de leur valeur au poids; et pour tous les autres effets, les deux tiers du prix de leur estimation.

49. Tout déposant sera tenu de signer l'acte de dépôt des effets qu'il donne en nantissement. S'il est illottré et inconnu, l'acte sera signé par son répondant; mais s'il est connu, il sera dispensé de présenter un répondant, et l'un des administrateurs surveillans certifiera sur le registre l'incapacité du déposant de remplir la formalité de la signature.

50. Le garde-magasin, sur le vu du bulletin des administrateurs surveillans, enregistrera le nantissement, et délivrera à l'emprunteur une reconnaissance des effets qui le composent. Cette reconnaissance sera au porteur, et contiendra la date du dépôt, la désignation du nantissement, le numéro sous lequel il a été enregistré, l'estimation qui en a été faite, la quotité du prêt et ses conditions.

51. Sur le vu de cette reconnaissance, le caissier remettra à l'emprunteur la somme qu'elle indiquera comme devant lui être prêtée.

52. Dans le cas où l'emprunteur perdrait sa reconnaissance, il devra en faire aussitôt la déclaration aux administrateurs-surveillans, qui la feront inscrire sur le registre du garde-magasin, en marge de l'article dont la reconnaissance serait adirée, et la signeront avec le déposant. Si ce dernier est illettré, il sera fait mention de cette circonstance.

TITRE IV.
Des Formes et des Conditions du Prêt.

53. Les prêts du mont-de-piété seront accordés pour un an.

54. Les emprunteurs pourront renouveler leurs engagemens à l'échéance, ainsi qu'il est expliqué au titre V (Des Renouvellemens).

55. Ils pourront aussi dégager les effets déposés, avant le terme fixé pour la durée du prêt, en remplissant les formalités indiquées au titre VI (Des Dégagemens).

56. Si l'emprunteur n'a pas besoin de toute la somme qui pourrait lui être prêtée d'après l'évaluation du nantissement, la reconnaissance n'en devra pas moins porter l'évaluation entière, les appréciateurs ne devant pas la réduire dans la proportion du prêt.

57. Si l'administration du mont-de-piété juge qu'il soit nécessaire de fixer un maximum et un minimum des prêts, elle les réglera par une délibération qui sera soumise à l'approbation du préfet.

58. Ces fixations pourront être modifiées en suivant la même marche.

59. Le droit unique à percevoir par l'établissement pour frais d'appréciation, de dépôt, de magasinage, de garde et de régie, ainsi que pour l'intérêt des sommes prêtées, sera fixé par le ministre de l'intérieur, sur la proposition de l'administration et l'avis du préfet; mais il ne pourra pas excéder six pour cent par an.

60. Le décompte des droits dûs par les emprunteurs se fera par quinzaine, et la quinzaine commencée sera due en entier.

TITRE V.

Des Renouvellemens.

61. A l'expiration de la durée du prêt, l'emprunteur pourra être admis, si rien d'ailleurs ne s'y oppose, à renouveler l'engagement des effets donnés par lui en nantissement, et, par ce moyen, à en empêcher la vente.

62. Le renouvellement aura lieu aux mêmes conditions et pour le même délai que le prêt primitif.

63. Pour obtenir ce renouvellement, l'emprunteur sera tenu de payer d'abord les intérêts dûs au mont-de-piété, et de rembourser le cinquième de la somme prêtée.

64. La reconnaissance délivrée lors du premier engagement sera retirée, et le dégagement sera constaté sur les registres. Une nouvelle reconnaissance dans laquelle la somme prêtée sera diminuée d'un cinquième, en conservant aux objets leur estimation primitive, sera remise à l'empru·teur.

TITRE VI.

Des Dégagemens.

65. Tout possesseur d'une reconnaissance de dépôt qui remboursera à l'établissement les sommes prêtées, plus les intérêts dûs, pourra retirer le nantissement indiqué dans ladite reconnaissance, soit avant le terme, soit même après son expiration, dans le cas où la vente n'en aurait pas encore été faite.

66. Pour opérer le dégagement, l'emprunteur devra présenter la reconnaissance au caissier, qui, après en avoir reçu le montant et en avoir fait note au bas de ladite reconnaissance, y apposera sa signature et la remettra au garde-magasin, qui restituera à l'emprunteur son nantissement.

67. Si l'effet donné en nantissement était perdu et ne pouvait être rendu à son propriétaire, la valeur lui en serait payée au prix de l'estimation fixée lors du dépôt, avec l'augmentation, à titre d'indemnité, d'un cinquième ou d'un tiers en sus, suivant que le nantissement consistait en vaisselle, en bijoux d'or ou d'argent, ou en autres effets.

68. L'emprunteur qui aura perdu sa reconnaissance et qui en aura fait la déclaration, ne pourra toutefois dégager le nantissement avant l'échéance du terme fixé pour l'engagement.

TITRE VII.

Des Ventes des Nantissemens.

69. Les effets donnés en nantissement et qui, à l'expiration du terme stipulé dans la reconnaissance du mont-de-piété délivrée à l'emprunteur, n'auront pas été dégagés, seront vendus pour le compte de l'administration, jusqu'à concurrence de la somme qui lui sera due, sauf, en cas d'excédant, à en tenir compte à l'emprunteur.

70· Dans aucun cas ni sous aucun prétexte, il ne pourra être exposé en vente au mont-de-piété, des effets autres que ceux qui y auront été mis en nantissement, dans les formes voulues par le présent règlement.

71. Les ventes se feront publiquement et sur une seule exposition, au

plus offrant et dernier enchérisseur, en présence de quatre administrateurs, y compris les deux administrateurs surveillans, et par le ministère
du garde-magasin et à la diligence du vice-président directeur, d'après un
rôle ou état sommaire par lui dressé sur la note que lui aura fournie le
garde-magasin, des nantissemens dont le terme de prêt est échu et dont
l'engagement n'a pas été renouvelé.

72. Le rôle dressé par le directeur sera préalablement rendu exécutoire par le président du tribunal de première instance de l'arrondissement,
ou par l'un des juges du même tribunal à ce commis, en vertu d'une ordonnance mise sans frais au bas de la requête qui sera présentée par le
directeur.

73. Le directeur veillera à ce qu'il y ait au moins une vente chaque
année.

74. Dans le cas où, à la première exposition, un nantissement ne
serait pas porté au montant de la somme due au mont-de-piété en principal et en intérêts, les administrateurs auront le droit d'en renvoyer l'adjudication à la vente suivante.

75. Les administrateurs auront le même droit dans l'intérêt des emprunteurs, lorsque les effets ne seront pas portés à leur valeur au moins
approximative, quoique les intérêts de l'établissement soient assurés, ou
bien encore s'ils s'aperçoivent qu'il y ait collusion entre les enchérisseurs.

76. Quel que soit le motif qui fasse suspendre la vente d'un objet, le
propriétaire ne pourra, en aucun cas, être obligé de payer les intérêts
pour le temps qui se sera écoulé depuis la première exposition de son
nantissement.

77. Lorsque des nantissemens entièrement composés ou seulement
garnis d'or ou d'argent se trouveront compris dans le rôle de vente, il
en sera donné avis au contrôleur des droits de marque, avec invitation
de venir procéder à la vérification desdits nantissemens.

78. Le contrôleur se transportera, à cet effet, au dépôt des ventes du
mont-de-piété, et formera, après cette vérification, l'état de ceux desdits
nantissemens d'or ou d'argent qui, n'étant pas revêtus de l'empreinte de
garantie, ne pourront être délivrés qu'après l'avoir reçue, à moins que
les adjudicataires ne consentent à les laisser briser et mettre hors de
service.

79. Quant aux nantissemens d'or et d'argent qui, par leur nature, ne
sont pas susceptibles d'être marqués, ils seront brisés avant d'être exposés
en vente, et, dans le cas où ils n'auraient pas été achetés, ils seront
fondus par les soins des administrateurs, et les matières d'or et d'argent,
ainsi que les pierres précieuses qui en proviendront, seront vendues de
gré à gré. Le produit servira à couvrir le mont-de-piété de ses prêts, des
intérêts dûs et des frais de fonte et de vente, et le surplus formera le
boni à remettre aux emprunteurs.

80. Les ventes du mont-de-piété se feront dans un local désigné par
l'administration, et seront annoncées au moins huit jours à l'avance par
des publications et des affiches. Les affiches contiendront l'indication
sommaire des numéros des articles à vendre, de la nature de ces nantissemens et des conditions de la vente.

81. Les oppositions formées à la vente de nantissemens n'empêcheront

pas qué cette vente n'ait lieu, et même sans qu'il soit besoin d'y appeler l'opposant, autrement que par la publicité des annonces, et sauf d'ailleurs andit opposant à faire valoir ses droits, s'il y a lieu, sur l'excédant ou *boni* restant net du prix de la vente, après l'entier acquittement de la somme due au mont-de-piété.

82. Le droit à percevoir par l'administration pour les frais de vente ne pourra s'élever à plus d'un pour cent de la valeur des gages. Il sera à la charge de l'adjudicataire, et en sus du prix de son adjudication.

83. L'officier ministériel que l'administration aura chargé de la vente, en versera le produit, à la fin de chaque vacation, entre les mains du caissier, et lui remettra les procès-verbaux des ventes et tous les actes qui y sont relatifs, et au vu desquels le caissier formera, pour chaque article d'engagement, le compte du déposant.

84. Ce compte sera composé, d'une part, du produit de la vente, et, de l'autre, de la somme due par l'emprunteur, tant en principal qu'intérêts ; et il indiquera pour résultat, soit l'excédant ou *boni* dont il y a lieu de tenir compte au déposant, soit le déficit à supporter par l'établissement, soit enfin la balance exacte des diverses parties du compte.

TITRE VIII.

De l'Excédant ou Boni.

85. Le paiement de l'excédant ou *boni* restant net du produit de la vente d'un nantissement se fera sur la représentation et la remise de la reconnaissance d'engagement.

86. Les créanciers particuliers des porteurs de reconnaissances seront reçus à former opposition à la délivrance du *boni* dû à ces derniers.

87. Ces oppositions devront être formées entre les mains du directeur, et ne seront obligatoires pour le mont-de-piété qu'après qu'elles auront été visées par lui.

88. Lorsqu'il aura été formé opposition à un paiement de *boni*, il ne pourra plus être fait à l'emprunteur que du consentement de l'opposant et sur le vu de la décharge ou main-levée de son opposition.

89. Les excédans ou *boni* qui n'auront pas été retirés dans les trois ans de la date des reconnaissances, ne pourront plus être réclamés, et deviendront la propriété de l'établissement.

90. Les dispositions de l'article précédent seront rappelées, en forme d'avis, dans la formule des reconnaissances.

TITRE IX.

De l'Emprunt et du Dépôt.

91. Le mont-de-piété pourra, lorsque les besoins du service l'exigeront, recevoir et employer tous les fonds qui lui seront offerts par des particuliers, soit en placement, soit en simple dépôt.

92. Le taux de l'intérêt auquel ces placemens seront reçus, sera fixé par une délibération de l'administration, sauf confirmation par le ministre de l'intérieur, sur l'avis du préfet ; mais ils ne porteront intérêt que lorsque les prêteurs ou les déposans consentiront à les laisser au moins un an dans la caisse de l'établissement.

93. Si les prêteurs ou déposans n'ont point fixé l'époque de leur remboursement, ils seront obligés de prévenir le directeur six mois avant l'époque à laquelle ils desireront être remboursés.

94. Il sera délivré, à titre de reconnaissance du placement, deux billets payables au porteur ou nominatifs, au choix du déposant, dont l'un pour le principal et l'autre pour les intérêts. Ces billets porteront le numéro d'enregistrement, la date de l'émission et celle de l'échéance.

95. Le billet pour le principal indiquera la quotité du placement, et le billet relatif aux intérêts en indiquera le montant. Ils seront signés par le caissier, enregistrés à la direction, et la mention de cet enregistrement sera signée par le directeur.

96. Au fur et à mesure de l'acquittement de ces divers effets, mention en sera faite en marge de leur article d'enregistrement.

TITRE X.

Hypothèque et Garantie des Prêteurs et des Emprunteurs.

97. Les fonds versés, à quelque titre que ce soit, dans la caisse du mont-de-piété, auront pour hypothèque la dotation de l'établissement.

98. Cette même dotation servira de garantie aux propriétaires de nantissemens, jusqu'à concurrence de l'excédant de la valeur desdits nantissemens sur les sommes prêtées.

99. L'établissement étant garant et responsable de la perte des nantissemens, l'administration prendra ou provoquera toutes les mesures propres à en empêcher la détérioration et à en prévenir le vol ou l'incendie.

100. Les bâtimens du mont-de-piété, ainsi que leur mobilier, dans lequel sont compris les nantissemens déposés dans ses magasins, seront assurés contre l'incendie, à la diligence de l'administration.

101. Sont exceptés de la garantie stipulée par les articles précédens, les vols et pillages à force ouverte ou par suite d'émeute populaire, et tous les autres accidens extraordinaires et hors de toute prévoyance humaine.

TITRE XI.

Police et Contentieux.

102. Dans le cas où il serait présenté en nantissement des effets que l'on soupçonnerait avoir été volés, la reconnaissance ne sera délivrée qu'après que le directeur aura entendu le porteur desdits effets, et qu'il ne restera plus de doute sur la vérité de sa déclaration.

103. S'il restait encore quelques soupçons, les déclarations seraient constatées par un procès-verbal dressé par un commissaire de police que le directeur requerrait de se transporter au mont-de-piété. Ce procès-verbal sera transmis sur-le-champ au procureur du Roi. En attendant, il ne sera prêté aucune somme au porteur desdits effets, lesquels resteront en dépôt dans les magasins de l'établissement jusqu'à ce qu'il en soit autrement ordonné.

104. Les nantissemens revendiqués pour vol, ou pour quelque autre cause que ce soit, ne seront rendus aux réclamans qu'après qu'ils auront légalement justifié que ces effets leur appartiennent, et qu'après qu'ils auront

acquittés, en principal et intérêts, la somme pour laquelle les effets auront été laissés en nantissement, sauf leur recours contre ceux qui les auront déposés et contre leurs répondans.

105. Les réclamations pour effets perdus ou volés qui parviendront à la connaissance du directeur, seront inscrites sur un registre particulier; celles qui seront faites directement au mont-de-piété seront signées sur ce registre par ceux qui les apporteront. Aussitôt après l'enregistrement des unes et des autres, il en sera distribué des notes dans les bureaux, et l'on vérifiera sur-le-champ si les effets sont au mont-de-piété, afin d'en prévenir les réclamans.

106. S'ils n'y ont pas été apportés, tous les employés par les mains desquels passent les effets offerts en nantissement, n'en devront pas moins faire la plus grande attention aux notes qui leur auront été remises, afin de pouvoir reconnaître les effets, dans le cas où ils seraient présentés; auquel cas le directeur en sera averti pour qu'il puisse prendre les précautions ci-dessus indiquées et en informer les réclamans.

107. Des extraits du présent règlement, contenant tout ce qu'il est nécessaire que le public connaisse, seront affichés dans les différentes salles où il est admis.

Vu et arrêté le présent règlement pour être annexé à l'Ordonnance royale du 7 Novembre 1830, enregistrée sous le n.° 1478.

Le Ministre Secrétaire d'état au département de l'intérieur, signé MONTALIVET.

N° 504. — ORDONNANCE DU ROI qui approuve le procès-verbal en date du 1er avril 1830, constatant que les experts régulièrement nommés par le préfet du département de Vaucluse ont opéré la délimitation partielle de la forêt royale de Gigondas d'avec une propriété appartenant aux enfans mineurs de la veuve *Raymond*, femme *Hant*. (*Paris, 26 Novembre 1830.*)

N° 505. — ORDONNANCE DU ROI qui approuve le procès-verbal en date du 4 mai 1830, constatant que les experts régulièrement nommés par le préfet du département des Vosges ont opéré la délimitation d'un terrain contigu à la forêt de Xertigny et appartenant au sieur *Husson*, propriétaire de la forge de Saint-Nouze. (*Paris, 26 Novembre 1830.*)

N° 506. — ORDONNANCE DU ROI portant que le procès-verbal en date du 22 mai 1830, qui constate que les experts régulièrement nommés par le préfet du département de la Creuse ont opéré la délimitation générale de la forêt royale d'Aulon, située dans l'arrondissement de Bourganeuf, est approuvé, sauf aux riverains opposans à faire valoir leurs droits dans le délai voulu par l'article 11 du Code forestier. (*Paris, 26 Novembre 1830.*)

N° 507. — ORDONNANCE DU ROI qui approuve le procès-verbal en date du 5 août 1830, constatant que les experts régulièrement nommés par le préfet du département des Pyrénées-Orientales ont opéré la délimitation de la forêt royale de la Jasse et Coste del Pam d'avec celle de Balcerola, appartenant à la commune des Angles. (*Paris, 26 Novembre 1830.*)

N° 508. — LETTRES PATENTES *portant érection de Majorats.*

PAR LETTRES PATENTES signées LOUIS-PHILIPPE, et plus bas, *Par le Roi,* le garde des sceaux, signé DUPONT (de l'Eure), scellées le 30 octobre 1830,

Sa Majesté a érigé comme majorat, en faveur de M. le vicomte *Auguste Herry de Maupas,* officier supérieur en retraite, chevalier de Saint-Louis et de la Légion d'honneur, les biens ci-après désignés, situés commune de Damemarie, canton de Château-Renard, arrondissement de Tours, département d'Indre-et-Loire, savoir : le château de la Guérinière, ses bâtimens, boulangerie, laiterie, remises, pressoir, granges, chapelle ; deux hectares de jardin, quatre pièces de terres labourables de quatorze hectares quatre ares soixante-cinq centiares ; la grande allée de la Guérinière, quatre pièces de terres, prés, prairies artificielles ; une pièce en terre, pré et bruyère, et un vivier, de vingt-cinq hectares quatre-vingt-dix ares quatre-vingt-sept centiares ; et dix pièces de bois appelées *les Jumeaux, la Penthière, la Fosse aux sangliers, la Pelure, l'Ancienne Futaie, la Vieille Futaie, la Glandée, la Glacière,* ensemble de quatre-vingt-dix-neuf hectares soixante-et-quinze ares soixante-huit centiares ; le tout appartenant au vicomte *Herry de Maupas,* et produisant net six mille deux cent trente-huit francs quarante-six centimes, mais non compris ledit château, et sept hectares deux ares soixante-et-treize centiares de bois en futaie, gaulis et réserve faisant partie de ces quatre-vingt-dix-neuf hectares soixante-et-quinze ares soixante-huit centiares, et dont la valeur en capital est de vingt-cinq mille cinq cents francs : — auquel majorat a été attaché le titre de *Vicomte,* dont le sieur *de Maupas* a été revêtu par lettres patentes du 10 juin 1828.

Sa Majesté a érigé comme majorat, en faveur de M. *Pierre-Louis Jousserandot,* le château de Persanges, situé commune de l'Étoile, avec ses cours, bâtimens, jardins potager et d'agrément, douze hectares soixante-et-dix-neuf ares soixante-et-dix-huit centiares de terres en sept pièces sur la commune de Saint-Didier et sur le territoire de l'Étoile, avec une enclave, portés au cadastre, sections B, n° 1, 5, 23, 97 ; B 2, n° 146, 147, 148, 194, 196 ; — douze hectares soixante-et-dix ares de vignes en dix-sept pièces, dont six sur Saint-Didier, section B 1re, n° 12, 84, 87, 89, 91 et 97 en partie ; et onze sur l'Étoile, section B 2, n° 194, 196, 200, 201, 203 en partie ; section A 2, n° 62 ; section A 3, n° 29 en partie ; section B 2, n° 181, et section C 1re, n° 34 et 151 ; — six hectares trente-deux ares de parcours en cinq pièces sur l'Étoile, tenant à deux chemins communaux et au sieur *Jousserandot ;* — une maison de ferme avec ses dépendances, cour, vergers et plants, sise au milieu des propriétés dudit sieur *Jousserandot ;* — plus une maison de vigneron joignant le verger tous ces biens situés arrondissement de Lons-le-Saulnier, département du Jura, appartenant au sieur Jousserandot, et produisant cinq mille cinq cents francs cinquante centimes : == auquel majorat a été attaché le titre de *Baron.*

Sa Majesté a érigé comme majorat, en faveur du sieur *Aignan-Étienne Brossard*, les biens ci-après désignés, à lui appartenant, situés, savoir : 1° dans l'arrondissement de Châteaudun, département d'Eure-et-Loir, une métairie de vingt-et-une pièces de terres labourables de quatre-vingt-six hectares quatre-vingt-dix ares vingt-six centiares, sises au climat Pauloup, au terroir de Vaugonnier, au bois Beaurepaire, vers Bazoches et aux grandes eaux, avec les bâtimens d'exploitation, écuries, étables, bergeries, granges, cour, jardin en dépendant, produisant deux mille deux cents francs; — 2° et dans l'arrondissement de Pithiviers, département du Loiret, treize pièces de terres de quarante-deux hectares vingt ares quatre-vingt-deux centiares au terroir de Laas, lieux dits *Champtiers du bas de Bouzonville et de la Couture*, près le Parc de Laas, *la Grande Pièce, Champtiers du Préhaut et du Gripper*, produisant deux mille huit cent soixante-sept francs quarante-et-un centimes; == auquel majorat, du revenu net de cinq mille soixante-sept francs quarante-et-un centimes, a été attaché le titre de *Baron.*

Sa Majesté a érigé comme majorat, en faveur du sieur *Alphonse-Auguste Duchesne-Conegliano*, son hôtel situé à Paris, rue du Faubourg Poissonnière, n° 9, double en profondeur, ayant entrée principale par une porte cochère sur ladite rue, trois boutiques, dont deux sur la même rue et l'autre en retour sur la rue Bergère; cour, deux bâtimens, l'un de quatre étages sur la rue du Faubourg Poissonnière, l'autre de trois sur le derrière, au fond de la cour, produisant dix mille cent soixante-cinq francs : == auquel majorat a été attaché le titre de *Baron.*

Sa Majesté a érigé comme majorat, en faveur du baron *Nicolas-Marie Deschodt*, ancien sous-préfet de Dunkerque, 1° une ferme amaisonnée dite *Saint-Antoine*, située sur la commune des Moëres, canton de Hondschoote, arrondissement de Dunkerque, département du Nord, et cinquante-quatre hectares trente-huit ares soixante-huit centiares de terres en pâtures et labour en dépendant, en huit pièces; 2° une censelette amasée de maison et autres bâtimens, de deux hectares trois ares quarante-six centiares en deux pièces de terre, pâture et labour, situés commune de Rexpoëde, arrondissement de Dunkerque; le tout appartenant au baron *Deschodt*, produisant deux mille quatre cent quarante-neuf francs vingt-cinq centimes; — 3° et une rente de deux mille cinq cent cinquante-et-un francs, inscrite en son nom sur le grand-livre des cinq pour cent sous le n° 96,265, série 3, immobilisée sous le n° 116 : == auquel majorat de cinq mille francs vingt-cinq centimes a été attaché le titre de *Baron*, dont le sieur *Deschodt* a été revêtu.

Sa Majesté a érigé comme majorat, en faveur du sieur *Guillaume-Frédéric Falloux*, chevalier de Saint-Louis, les biens ci-après énoncés, à lui appartenant, faisant partie de la terre de la Meignannerie, située communes de la Mignanne et de Saint-Clément de la Place, arrondissement d'Angers, département de Maine-et-Loire, et consistant dans le lieu particulier dit *la Meignannerie* avec sa métairie, le domaine de la Gaucheterie, les métairies du

Pinchard, de la Cotelleraie, du Petit Bitoire, de l'Hôtellerie, de la Coussinerie, de la Roche, de la Possardière, de la Guittonnière et de la Messissière, avec les bâtimens, cours, jardins, vivicrs, champs, terres, vignes, prés, pâtures, bois et autres dépendances de ces domaines et métairies ; le tout de trois cent quarante-quatre hectares environ, et produisant dix mille cinq cent trente-quatre francs : a auquel majorat a été attaché le titre de *Comte*.

Pour Extrait :

Le Secrétaire du sceau, Chef de division au ministère de la justice,

Signé CUVILLIER.

N.° 509. — PAR ORDONNANCE DU ROI, les propriétaires dont les noms suivent sont autorisés, savoir :

1° Le sieur *Maucorps*, à conserver un rocher qu'il a fait construire à proximité des forêts, à la charge d'en souffrir la démolition sans indemnité, si son voisinage devenait par la suite préjudiciable aux forêts (Meurthe) ;

2° Le sieur *Valentin*, à reconstruire une ancienne tuilerie à proximité des forêts, à la charge d'en souffrir la démolition sans indemnité, si son voisinage devenait par la suite préjudiciable aux forêts (Meurthe) ;

3° Le sieur *Félix*, à maintenir en activité une ancienne scierie qu'il possède à proximité des forêts, à la charge d'en souffrir la démolition sans indemnité, si son voisinage devenait par la suite préjudiciable aux forêts (Isère) ;

4° Le sieur *de Nairac*, à maintenir en activité une ancienne scierie qui lui appartient à proximité des forêts, à la charge d'en souffrir la démolition sans indemnité, si son voisinage devenait par la suite préjudiciable aux forêts (Hautes-Pyrénées) ;

5° Le sieur *Laruelle*, à construire une maison d'habitation à proximité des forêts, à la charge d'en souffrir la démolition sans indemnité, si son voisinage devenait par la suite préjudiciable aux forêts (Meurthe) ;

6° Le sieur *Flory*, à construire une tuilerie et une maison avec ses dépendances à proximité d'un pâturage communal ; peuplé de quelques arbres épars, à la charge d'en souffrir la démolition sans indemnité, si leur voisinage devenait par la suite préjudiciable aux forêts (Haut-Rhin) ;

7° Le sieur *Guin*, à conserver une maison de ferme qu'il a fait construire sans autorisation à proximité des forêts, à la charge d'en souffrir la démolition sans indemnité, si son voisinage devenait par la suite préjudiciable aux forêts (Haute-Saone) ;

8° Le sieur *Marion*, à établir deux fours à chaux temporaires dans une coupe de bois de l'État, pour y consommer des broussailles (Côte-d'Or) ;

9° Le sieur *Emin*, à établir un four à chaux à proximité des forêts, à la charge de ne le maintenir en activité que pendant six jours (Ain) ;

10° La commune d'Amondans, à construire un four à chaux temporaire sur un terrain qui lui appartient (Doubs) ;

11° Les sieurs *Penet* et *Martin*, à établir chacun un four à chaux à proximité des forêts, à la charge de ne les maintenir en activité que pendant un mois (Ain). (*Paris, 30 Septembre 1830.*)

Nº 510. — ORDONNANCE DU ROI qui autorise l'acceptation de la Donation faite à la commune de *l'Ile de Batz* (Finistère), par la demoiselle *Flock*, d'une partie de la franchise de Douarabian, évaluée à un revenu de 23 francs, et de la somme de 240 francs formant le cinquième du montant de la condamnation prononcée contre cette commune au profit de la donatrice et consorts. (*Paris, 23 Octobre 1830.*)

Nº 511. — ORDONNANCE DU ROI qui autorise l'acceptation de la Donation faite à la commune d'*Ingrande* (Indre-et-Loire), par M. et Mᵐᵉ *Rochereau*, d'une maison avec dépendances estimée 4000 francs. (*Paris, 23 Octobre 1830.*)

Nº 512. — ORDONNANCE DU ROI qui autorise l'acceptation de la rétrocession faite par divers habitans à la commune de *Doulon* (Loire-Inférieure), de la chapelle dite *de Toutes-aides.* (*Paris, 23 Octobre 1830.*)

Nº 513. — ORDONNANCE DU ROI qui autorise l'acceptation du Legs d'une rente annuelle de 50 francs fait à la commune de *Saint-Senier de Beuvron* (Manche) par Mᵐᵉ veuve *Duhomme.* (*Paris, 23 Octobre 1830.*)

Nº 514. — ORDONNANCE DU ROI qui autorise l'acceptation des Legs faits à la commune de *Villers-sous-Châtillon* (Marne), par M. *Guyot de Chenizot*, d'un terrain contenant 38 arcs 30 centiares, de plusieurs sommes s'élevant ensemble à 16,500 francs, et de diverses rentes annuelles et perpétuelles montant ensemble à 3575 francs. (*Paris, 23 Octobre 1830.*)

CERTIFIÉ conforme par nous

Garde des sceaux de France, Ministre Secrétaire d'état au département de la justice,

A Paris, le 20* Décembre 1830,

DUPONT (de l'Eure).

* Cette date est celle de la réception du Bulletin à la Chancellerie.

On s'abonne pour le Bulletin des lois, à raison de 9 francs par an, à la caisse de l'Imprimerie royale, ou chez les Directeurs des postes des départemens.

A PARIS, DE L'IMPRIMERIE ROYALE.
20 Décembre 1830.

BULLETIN DES LOIS.

2ᵉ Partie. — ORDONNANCES. — N° 28.

N° 515. — *Ordonnance du Roi qui accorde Amnistie pour les Délits forestiers et de chasse commis dans les Bois et Domaines de l'ancienne dotation de la Couronne.*

A Paris, le 7 Décembre 1830.

LOUIS-PHILIPPE, Roi des Français;

Voulant compléter, quant aux bois et forêts de l'ancienne dotation dé la couronne, les bienfaits de l'amnistie accordée par notre ordonnance du 8 novembre de cette année;

Sur le rapport de notre ministre secrétaire d'état des finances,

Nous avons ordonné et ordonnons ce qui suit :

Art. 1ᵉʳ. Il est accordé remise des restitutions et dommages-intérêts non actuellement recouvrés et prononcés pour les délits et contraventions aux lois forestières auxquels s'applique l'article 1ᵉʳ de l'amnistie du 8 novembre présente année, et qui auraient été commis dans les bois de l'ancienne dotation de la couronne. Il sera également renoncé à la répétition des frais de poursuite non recouvrés.

2. Il est accordé pleine et entière amnistie pour délits et contraventions aux lois et réglemens concernant la chasse dans les bois, forêts et domaines de l'ancienne dotation de la couronne.

En conséquence, les restitutions et dommages-intérêts, ainsi que les frais de poursuite non actuellement recouvrés, ne seront pas répétés.

3. Les exceptions exprimées au second paragraphe de l'article 1ᵉʳ de notre ordonnance du 8 novembre présente année recevront leur plein et entier effet à l'égard des contraventions et délits tant forestiers que des chasses.

4. Nos ministres secrétaires d'état des finances et de la justice sont chargés, chacun en ce qui le concerne, de l'exécution de la présente ordonnance.

Signé LOUIS-PHILIPPE.

Par le Roi : *le Ministre Secrétaire d'état des finances,*

Signé J. LAFFITTE.

N° 516. — *ORDONNANCE DU ROI qui crée un nouveau Régiment d'artillerie.*

A Paris, le 26 Novembre 1830.

LOUIS-PHILIPPE, ROI DES FRANÇAIS, à tous présens et à venir, SALUT.

Sur le rapport de notre ministre secrétaire d'état au département de la guerre,

NOUS AVONS ORDONNÉ et ORDONNONS ce qui suit :

ART. 1er. Il sera créé à la Fère un nouveau régiment d'artillerie qui prendra le n° 11, et qui sera composé

D'un état-major, de neuf batteries montées, dont trois d'artillerie à cheval, de sept batteries non montées, et, en cas de guerre seulement, d'un cadre de dépôt, conformément aux tableaux ci-après :

État-major.	PIED DE GUERRE.		PIED DE PAIX.	
	Hommes.	Chevaux.	Hommes.	Chevaux.
Colonel........................	1.	5.	1.	3.
Lieutenant-colonel...............	1.	4.	1.	3.
Chefs d'escadron................	4.	12.	4.	8.
Major.........................	1.	2.	1.	2.
Adjudans-majors................	2.	4.	2.	2.
Trésorier......................	1.	1.	1.	7
Officier d'habillement...........	1.	1.	1.	7
Chirurgiens... { major..........	1.	2.	1.	7
{ aides-majors........	2.	2.	2.	7
TOTAL des officiers..........	14.	33.	14.	10.

	PIED DE GUERRE.		PIED DE PAIX.	
	Hommes.	Chevaux.	Hommes.	Chevaux.
Adjudans	2.	2.	4.	2.
Chef artificier	1.	″	1.	″
Vétérinaires . . { en premier	1.	1.	1.	″
en second	1.	1.	1.	″
Trompettes . . . { maréchal-des-logis . . .	1.	1.	1.	1.
brigadier	1.	1.	r.	1.
Maître armurier-éperonnier	1.	″	1.	″
Maîtres . . . . . . { tailleur	1.	″	1.	″
cordonnier-bottier . . .	1.	″	1.	″
sellier-bourrelier	1.	″	1.	″
TOTAL des sous-officiers et ouvriers . .	11.	6.	13.	4.

	PIED DE GUERRE,						PIED DE PAIX,				
	à cheval.		à pied.				à cheval.		à pied.		
			Montés.		Non montés.				Montés.		non mon-tés.
	Hommes.	Chevaux.	Hommes.	Chevaux.	Hommes.	Chevaux.	Hommes.	Chevaux.	Hommes.	Chevaux.	Hommes.
Batteries.											
Capitaines . . { command.ᵗ	1.	3.	1.	3.	1.	3.	1.	2.	1.	2.	1.
en second . .	1.	3.	1.	3.	1.	3.	1.	″	1.	″	1.
Lieutenans. { en premier .	1.	2.	1.	2.	1.	2.	1.	1.	1.	1.	1.
en second . .	1.	2.	1.	2.	1.	2.	1.	1.	1.	1.	1.
TOTAL des officiers . .	4.	10.	4.	10.	4.	10.	4.	4.	4.	4.	4.

Suite des *Batteries.*

| | PIED DE GUERRE | | | | | | PIED DE PAIX | | | | |
| | à cheval | | à pied Montés | | à pied Non montés | | à cheval | | à pied Montés | | à pied non montés |
	Hommes.	Chevaux.	Hommes.	Chevaux.	Hommes.	Chevaux.	Hommes.	Chevaux.	Hommes.	Chevaux.	Hommes.
Adjudant de batterie....	1	1	1	1	"	"	"	"	"	"	"
Maréchal-des-logis chef..	1	1	1	1	1	"	1	1	1	"	1
Maréchaux-des-logis	6	6	6	6	6	"	6	6	6	8	4
Fourriers.............	2	2	2	2	1	"	1	1	1		1
Brigadiers...........	8	8	8	2	8	"	6	6	6	"	4
Artificiers..........	6		6	"	6	"	6		6	"	4
Canonniers servans { de 1re classe	24 } 48		24	"	24	"	18 } 18		18	"	18
{ de 2e classe	48 }		36	"	48	"	24 }		24	"	24
Canonniers conducteurs { de 1re classe	36 } 156		40 } 180		"	"	12 } 26		12 } 26		"
{ de 2e classe	52 }		60 }		"	"	18 }		18 }		"
Ouvriers en bois et en fer	4	"	4	"	4	"	4	"	4		4
Maréchaux-ferrans	3	3	3	3	"	"	2	"	2	"	"
Bourreliers..........	2	"	2	"	"	"	1	"	1	"	"
Trompettes..........	3	3	3	3	2	"	3	2	3	2	2
TOTAL des sous-officiers et canonniers......	196	228	190	198	100	"	102	60	102	36	62
Enfans de troupe.......	2	"	2	"	1	"	1	"	1	"	1

Cadre de dépôt.

	HOMMES.	CHEVAUX.
Capitaines.. { commandant......................	1.	2.
{ en second......................	1.	2.
Lieutenans. { en premier....................	1.	1.
{ en second...................	1.	1.
TOTAL des officiers.............	4.	6.
Maréchal-des-logis chef..........	1.	}
Maréchaux-des-logis............	6.	} 8.
Fourriers.................	2.	
Brigadiers................	8.	
Maréchaux-ferrans...........	2.	"
Bourreliers...............	2.	"
Trompettes...............	2.	2.
TOTAL des sous-officiers et canonniers........	23.	10.

Ainsi le complet du onzième régiment d'artillerie sera de

	PIED DE GUERRE				PIED DE PAIX			
	Hommes	d'officiers	Chevaux de troupe, de selle	de trait	Hommes	d'officiers	Chevaux de troupe, de selle	de trait
Officiers								
État-major................	14	33	»	»	14	18	»	»
3 batteries d'artillerie à cheval.	12	30	»	»	12	12	»	»
6 idem.... à pied montées...	24 } 82	60 } 199	»	»	24 } 78	24 } 54	»	»
7 idem.... idem non montées.	28	70	»	»	28	54	»	»
Cadre de dépôt..........	4	6	»	»	»	»	»	»
Sous-officiers, brigadiers, ouvriers et canonn.rs.								
État-major.............	11	»	6	»	13	»	4	»
3 batteries d'artillerie à cheval.	588	»	216	468	306	»	102	78
6 idem... à pied montées...	1,176 } 2,498	»	108 } 340	1,080 } 1,548	612 } 1,356	»	60 } 166	156 } 234
7 idem... idem non montées.	700	»	»	»	434	»	»	»
Cadre de dépôt............	28	»	10	»	»	»	»	»
Enfans de troupe............	23	»	»	»	16	»	»	»
TOTAL GÉNÉRAL.........	2,605	199	340	1,548	1,459	54	166	234
			1,838.				ADD.	

1 : 3

2. Le onzième régiment sera organisé de suite au moyen de la batterie de réserve de Paris et de quinze autres batteries qui seront tirées des dix régimens d'artillerie actuellement existans et de la manière suivante :

Le 1er régiment fournira sa 10e batterie non montée ;
  2e...idem...idem.... 2e batterie à cheval ;
  3e...idem...idem.... 3e..idem...idem ;
  4e...idem...idem.... 4e..idem ;
  5e...idem...idem.... 5e..idem et la 11e non montée ;
  6e...idem...idem.... 6e..idem..,..12e,....idem ;
  7e...idem...idem.... 7e..idem..,..13e....idem ;
  8e...idem...idem.... 8e..idem,.....14e...,.idem ;
  9e...idem...idem..., 9e..idem.....15e....idem ;
  10e..,idem...idem.... 16e batterie non montée.

3. Les trois batteries à cheval seront classées entre elles dans le onzième régiment d'artillerie, suivant l'ordre d'ancienneté des capitaines qui les commandent. Il en sera de même à l'égard des batteries montées et des batteries non montées. Ce classement une fois effectué deviendra invariable, quelle que soit la mutation qui pourra s'opérer dans les capitaines commandans.

4. Les sous-officiers provenant du licenciement du régiment d'artillerie de l'ex-garde qui sont en ce moment à la suite de la batterie de réserve de Paris, concourront à la formation du onzième régiment d'artillerie, dans lequel ils ne pourront être employés que dans le grade dont ils exerçaient les fonctions dans l'ex-garde, et ils porteront seulement les marques distinctives de ces grades; mais ces sous-officiers conserveront la solde du grade immédiatement supérieur.

5. Les quinze batteries fournies au onzième régiment d'artillerie par les dix autres régimens laisseront chacune dans leurs régimens respectifs un cadre composé d'un capitaine en second, d'un maréchal-des-logis chef, six maréchaux-des-logis et deux brigadiers.

Ces cadres serviront à réorganiser immédiatement, dans chaque régiment, des batteries de remplacement de la même espèce et portant les mêmes numéros que les batteries remplacées. Pour cette réorganisation les autres batteries du régiment fourniront une portion de leurs anciens canonniers, de manière que toutes les batteries en aient à peu près le même nombre. Le classement des officiers dans les nouvelles batteries aura lieu conformément à l'ordonnance du 5 août 1829.

6. Le onzième régiment sera porté au même effectif en hommes et en chevaux que les dix autres régimens.

7. Notre ministre secrétaire d'état au département de la guerre est chargé de l'exécution de la présente ordonnance.

Signé LOUIS-PHILIPPE.

Par le Roi : *le Ministre Sécrétaire d'état de la guerre*,

Signé M^{al} Duc de Dalmatie.

N° 517. — *Ordonnance du Roi qui prescrit la formation d'un troisième Bataillon mobile de Gendarmerie, et contient des Dispositions relatives aux deux premiers Bataillons.*

A Paris, le 11 Décembre 1830.

LOUIS-PHILIPPE, Roi des Français, à tous présens et à venir, salut.

Vu notre ordonnance du 4 septembre dernier qui a prescrit l'organisation, à Angers et à Rennes, de deux bataillons mobiles de gendarmerie;

Sur le rapport de notre ministre secrétaire d'état de la guerre,

Nous avons ordonné et ordonnons ce qui suit :

Art. 1er. Chacun des deux premiers bataillons mobiles de gendarmerie se composera de trois compagnies de quatre-vingts hommes, officiers non compris.

Ces compagnies seront organisées ainsi qu'il suit :

Officiers.	Capitaine-commandant...................... 1.	} 3.
	Lieutenans............................... 2.	
Sous-officiers et gendarmes.	Maréchal-des-logis-chef................. 1.	
	Maréchaux-des-logis................. 3.	
	Brigadier-fourrier...................... 1.	
	Brigadiers............................. 6.	} 80.
	Gendarmes à pied.................. 67.	
	Tambours........................... 2.	

2. Il sera formé à Nantes, pour renforcer la gendarmerie

I i 4

dans l'étendue de la douzième division militaire, un troisième
bataillon mobile composé comme les deux premiers.

3. Notre ministre secrétaire d'état de la guerre est chargé
de l'exécution de la présente ordonnance.

Signé **LOUIS-PHILIPPE.**

Par le Roi : *le Ministre Secrétaire d'état de la guerre,*

Signé M^{al} Duc de Dalmatie.

N° 518. — *Ordonnance du Roi qui détermine la composition
du Jury chargé de prononcer sur la préférence à accorder pour
la gravure du coin des nouvelles Monnaies.*

A Paris, le 29 Novembre 1830.

LOUIS-PHILIPPE, Roi des Français;

Vu notre ordonnance du 8 novembre courant, qui ouvre un concours pour la gravure du coin des espèces d'or et d'argent qui
doivent être frappées à notre effigie;

Vu les observations des graveurs sur la formation du jury d'examen, sur l'utilité d'une exposition publique avant le jugement du
jury, et sur la fixation du délai dans lequel chaque concurrent devra
remettre son travail;

Vu l'avis de la commission des monnaies sur ces observations;

Sur le rapport de notre ministre secrétaire d'état des finances,
président du Conseil des ministres,

Nous avons ordonné et ordonnons ce qui suit :

Art. 1er. Le jury spécial chargé, par l'article 2 de notre
ordonnance du 8 novembre courant, de prononcer sur la
préférence à accorder pour la gravure du coin des nouvelles
monnaies, sera composé de onze personnes : sept seront
nommées par les concurrens eux-mêmes, dont cinq au moins
choisies parmi les membres de l'institut; une par le ministre
des finances; les trois autres personnes seront le président et
les deux commissaires généraux des monnaies, qui toutefois
ne compteront que pour une voix dans la délibération du jury.

2. Le jury institué par l'article 1er de la présente ordonnance sera formé à l'avance, et assistera, avec les artistes
concurrens, au tirage au balancier des pièces qui seront
frappées avec les coins présentés au concours.

Ces pièces seront exposées publiquement dans la salle du musée de l'hôtel des monnaies, pendant les huit jours qui précéderont le jugement du jury.

3. Le délai de trois mois, fixé par l'article 1er de notre ordonnance du 8 novembre pour la remise du travail de chacun des concurrens, ne courra que du 19 de ce même mois, jour de l'insertion de l'ordonnance au Bulletin des lois.

4. Notre ministre secrétaire d'état des finances est chargé de l'exécution de la présente ordonnance.

Signé LOUIS-PHILIPPE.

Par le Roi : *le Ministre Secrétaire d'état des finances,*

Signé J. LAFFITTE.

N° 519. — ORDONNANCE DU ROI portant Convocation d'un Collége électoral,

AParis, le 7 Décembre 1830.

LOUIS-PHILIPPE, ROI DES FRANÇAIS, à tous présens et à venir, SALUT.

Sur le rapport de notre ministre secrétaire d'état de l'intérieur;

Vu les lois des 5 février 1817, 29 juin 1820, 2 mai 1827, 2 juillet 1828, 11 et 12 septembre 1830;

Vu notre ordonnance du 4 novembre qui a nommé M. *Thiers,* député des Bouches-du-Rhône, aux fonctions de sous-secrétaire d'état au département des finances,

NOUS AVONS ORDONNÉ et ORDONNONS ce qui suit :

ART. 1er. Le collége du deuxième arrondissement électoral des Bouches-du-Rhône est convoqué à Aix pour le 13 janvier 1831, à l'effet d'élire un député.

2. Conformément à l'article 6 de la loi du 2 mai 1827 et à l'article 22 de la loi du 2 juillet 1828, le préfet publiera la présente ordonnance immédiatement après sa réception; il ouvrira le registre des réclamations et publiera le tableau de rectification à la liste électorale de l'arrondissement dans le délai prescrit par la loi du 2 juillet 1828.

3. Les opérations du collége électoral auront lieu ainsi qu'il est réglé par les dispositions combinées de la loi du

12 septembre 1830 et de l'ordonnance royale du 11 octobre 1820.

4. Notre ministre secrétaire d'état de l'intérieur est chargé de l'exécution de la présente ordonnance.

Signé LOUIS-PHILIPPE.

Par le Roi : *le Ministre Secrétaire d'état au département de l'intérieur,*

Signé MONTALIVET.

N° 520. — ORDONNANCE DU ROI *relative aux Propositions de la Commission chargée d'examiner les demandes de prêts ou secours faites par le Commerce.*

A Paris, le 6 Novembre 1830.

LOUIS-PHILIPPE, ROI DES FRANÇAIS ;

Vu notre ordonnance du 18 octobre dernier relative à l'exécution de la loi du 17 du même mois, concernant les prêts et avances à distribuer au commerce et à l'industrie ;

Considérant que, par suite de la nouvelle organisation de notre Conseil des ministres, l'article 2 de l'ordonnance précitée doit être modifié ;

Sur le rapport de notre ministre secrétaire d'état des finances, président du Conseil des ministres ;

Notre Conseil entendu,

NOUS AVONS ORDONNÉ et ORDONNONS :

ARTICLE UNIQUE. Les propositions délibérées par la commission du commerce créée par notre ordonnance du 18 octobre dernier seront, à l'avenir, rapportées en notre Conseil par le ministre secrétaire d'état des finances, lequel est chargé de l'exécution de la présente ordonnance.

Signé LOUIS-PHILIPPE.

Par le Roi : *le Ministre Secrétaire d'état des finances ,*

Signé J. LAFFITTE.

N° 521. — ORDONNANCE DU ROI *qui augmente le nombre des Agens extérieurs de l'administration des Contributions directes.*

A Paris, le 29 Novembre 1830.

LOUIS-PHILIPPE, ROI DES FRANÇAIS ;

Considérant que les travaux extraordinaires que va nécessiter le transformation des contributions mobilière et des portes et fenêtres en impôt de quotité, rendent momentanément indispensable une augmentation dans le nombre des agens extérieurs de l'administration des contributions directes ;

Sur le rapport de notre ministre secrétaire d'état des finances,

NOUS AVONS ORDONNÉ et ORDONNONS ce qui suit :

ART. 1er. A l'avenir, il ne pourra être attaché plus de cent surnuméraires aux directions des contributions directes de département.

Toutefois, et par exception, ce nombre sera immédiatement porté à cent cinquante, sous la réserve de ne pourvoir aux vacances qui surviendront qu'autant que le nombre des surnuméraires sera redescendu au-dessous de cent, et seulement pour compléter ce nombre.

2. A partir du 1er janvier 1831, il sera créé dix nouveaux contrôles principaux ; ce qui portera à cent le nombre des emplois de cette classe.

Les nouveaux contrôleurs seront choisis parmi les contrôleurs de première classe, dont le nombre se trouvera réduit proportionnellement.

3. Notre ministre secrétaire d'état des finances est chargé de l'exécution de la présente ordonnance.

Signé LOUIS-PHILIPPE.

Par le Roi : le Ministre Secrétaire d'état des finances,

Signé J. LAFFITTE.

N° 522. — ORDONNANCE DU ROI relative à la Commission chargée de l'examen des Comptes ministériels.

A Paris, le 8 Décembre 1830.

LOUIS-PHILIPPE, ROI DES FRANÇAIS ;

Vu l'ordonnance du 10 décembre 1823 qui institue une commission spéciale pour l'examen des comptes publiés par nos ministres, et celle du 12 novembre 1826 qui charge ladite commission de vérifier et d'arrêter, le 31 décembre de chaque année, les livres et registres tenus à la direction de la dette inscrite, et servant à établir le montant des rentes et pensions subsistantes ;

Ayant reconnu l'utilité d'augmenter le nombre des commissaires

Ii 6

chargés de ces travaux et d'y faire participer des membres des deux Chambres législatives,

NOUS AVONS ORDONNÉ et ORDONNONS ce qui suit :

ART. 1ᵉʳ. La commission créée par l'article 7 de l'ordonnance royale du 10 décembre 1823 pour l'examen des comptes ministériels, sera désormais composée de neuf membres choisis par nous, chaque année, dans le sein de notre Cour des comptes, de notre Conseil d'état et des deux Chambres législatives.

2. Sont nommés. membres de la commission chargée de l'examen des comptes de 1830,

MM. comte *Mollien*, pair de France, président ;
    Odier, membre de la Chambre des Députés ;
    Humann, idem ;
    Duchâtel, conseiller d'état ;
    Thirat de Saint-Agnan, maître des requêtes ;
    Bessières, conseiller-maître à la Cour des comptes ;
    Goussard, conseiller référendaire de première classe à la Cour des comptes ;
    Le Bas de Courmont, idem de seconde classe ;
    de Saint-Laurent, idem.

3. Notre ministre secrétaire d'état des finances est chargé de l'exécution de la présente ordonnance.

Signé LOUIS-PHILIPPE.
Par le Roi : *le Ministre Secretaire d'état des finances*,
Signé J. LAFFITTE.

N° 523. — *ORDONNANCE DU ROI portant Reconstitution de la Commission chargée de la liquidation de l'indemnité des Emigrés.*

A Paris, le 8 Décembre 1830.

LOUIS-PHILIPPE, ROI DES FRANÇAIS, à tous présens et à venir, SALUT.

Vu l'article 10 de la loi du 27 avril 1825, et les ordonnances royales des 1ᵉʳ et 8 mai 1825 et 23 décembre 1827 ;

Sur le rapport de notre ministre secrétaire d'état des finances,

Nous avons ordonné et ordonnons :

Art. 1.er. Sont nommés membres de la commission chargée de la liquidation de l'indemnité accordée par la loi du 27 avril 1825,

MM. le comte *Abrial*, pair de France, président ;
Bernard et *Girod* de l'Ain, députés ;
Macarel, conseiller d'état ;
Billig, secrétaire général de la préfecture de police ;
Malhouet (*Louis*), maitre des comptes.

2. Les rapports continueront d'être faits par tous les maitres des requêtes en service ordinaire de notre Conseil d'état.

3. Notre ministre secrétaire d'état des finances est chargé de l'exécution de la présente ordonnance.

Signé LOUIS-PHILIPPE.

Par le Roi : *le Ministre Secrétaire d'état des finances,*

Signé J. LAFFITTE.

N° 534. — *Ordonnance du Roi qui fixe le Traitement des Sous-secrétaires d'état.*

À Paris, le 26 Novembre 1830.

LOUIS-PHILIPPE, Roi des Français ;

Sur la proposition de notre ministre secrétaire d'état des finances, président du Conseil,

Nous avons ordonné et ordonnons ce qui suit :

Art. 1.er. Le traitement des sous-secrétaires d'état qui sont ou seraient établis près de chaque ministère, est fixé à trente mille francs.

2. Notre ministre secrétaire d'état des finances est chargé de l'exécution de la présente ordonnance.

Signé LOUIS-PHILIPPE.

Par le Roi : *le Ministre Secrétaire d'état des finances, Président du Conseil des ministres,*

Signé J. LAFFITTE.

N° 525. — *Ordonnance du Roi qui accorde une Indemnité de vingt-cinq mille francs à M. le Baron* Bignon *pour services rendus depuis le 29 Juillet jusqu'au 21 Août 1830* (1).

A Paris, le 21 Août 1830.

LOUIS-PHILIPPE, Roi des Français, à tous présens et à venir, SALUT.

Sur le rapport de notre ministre secrétaire d'état des finances, NOUS AVONS ORDONNÉ et ORDONNONS ce qui suit .

ART. 1ᵉʳ. Il est accordé à M. le baron *Bignon*, membre de notre Conseil des ministres et de la Chambre des Députés, sur les crédits du ministère de l'instruction publique, une somme de vingt-cinq mille francs à titre d'indemnité pour les diverses missions dont il a été chargé depuis le 29 juillet dernier.

2. Nos ministres secrétaires d'état des finances et de l'instruction publique sont chargés de l'exécution de la présente ordonnance.

Signé LOUIS-PHILIPPE.

Par le Roi : *le Ministre Secrétaire d'état des finances ,*

Signé J. LAFFITTE.

N° 526. — *Ordonnance du Roi relative à l'établissement d'une Maison de refuge dans la ville de Toul.*

A Paris, le 26 Novembre 1830.

LOUIS-PHILIPPE, Roi des Français, à tous présens et à venir, SALUT.

Vu les délibérations prises le 10 juin 1830 par le bureau de bienfaisance de la ville de Toul, et le 28 du même mois par le conseil de charité de ladite ville;

Vu l'arrêté du préfet du département de la Meurthe du 28 juillet suivant;

Sur le rapport de notre ministre secrétaire d'état au département de l'intérieur;

Le comité de l'intérieur de notre Conseil d'état entendu,

_____

(1) Cette ordonnance n'a été adressée à M. le garde des sceaux, pour être insérée au Bulletin, que le 11 décembre.

Nous avons ordonné et ordonnons ce qui suit :

Art. 1er. Il sera établi dans la ville de Toul, département de la Meurthe, par les soins de l'autorité municipale et au moyen des dons et souscriptions volontaires déjà recueillis, une maison de refuge destinée à recevoir les mendians de ladite ville et à leur procurer des moyens de travail.

2. Cette maison sera administrée, sous la surveillance de l'autorité, par le bureau de bienfaisance, qui en tiendra une comptabilité distincte et séparée.

Il sera adjoint audit bureau, spécialement et uniquement pour cette gestion, cinq des plus notables souscripteurs qui seront désignés par le maire.

3. Notre ministre secrétaire d'état de l'intérieur est chargé de l'exécution de la présente ordonnance.

Signé LOUIS-PHILIPPE.

Par le Roi : *le Ministre Secrétaire d'état au département de l'intérieur,*

Signé Montalivet.

─────────

N° 527. — *A R R Ê T É des Consuls qui crée un Fonds de retraite pour les pensions des Employés des Salines* (1).

Paris, le 7 Nivôse an X [28 Décembre 1801].

Les Consuls &c.

Sur le rapport du ministre des finances,

Le Conseil d'état entendu, ARRÊTENT :

Art. 1er. A dater du 1er vendémiaire an X, il sera fait une retenue sur les traitemens ou salaires fixes et variables des commissaires du Gouvernement, régisseurs, employés et ouvriers des salines, laquelle formera un fonds de pensions de retraites et de secours en faveur de ceux qui les auront obtenus.

2. Les retenues établies par l'article précédent seront d'un vingtième sur le traitement des commissaires, régisseurs et employés, et sur les salaires fixes de tous les ouvriers

─────────

(1) *Voyez,* n° 20 *bis* du Bulletin des ordonnances, l'ordonnance du 17 septembre 1830, applicative de cet arrêté.

attachés à l'exploitation des salines. Celle qui a eu lieu pour le même objet depuis le 1er germinal an IX, est définitivement approuvée.

3. Le montant des traitemens pendant les vacances d'emplois qui n'excéderont pas un mois, fera partie du fonds desdites pensions.

4. Au commencement de chaque semestre, la régie présentera au ministre des finances,

1° L'état des pensions ou retraites et secours déjà obtenus ;

2° Le bordereau des retenues faites et à faire sur les traitemens, et leur produit ;

3° L'état des demandes nouvelles ;

4° L'aperçu des sommes nécessaires pour acquitter lesdites pensions et retraites.

5. Le ministre réglera le montant des paiemens à faire sur les anciennes pensions et en approuvera l'état.

Il soumettra au Gouvernement l'état des nouvelles demandes pour être approuvé, s'il y a lieu.

6. Ces états ainsi approuvés seront envoyés dans chaque division et acquittés par trimestre.

Ils seront émargés à l'instant des paiemens par chaque partie prenante, et visés, tant par le directeur de la division, que par le commissaire particulier du Gouvernement.

7. Au semestre suivant, ces états ainsi émargés ou accompagnés de quittances seront reproduits au ministère, qui les approuvera, s'il y a lieu.

Ils ne seront alloués en dépense à la régie que d'après cette approbation définitive.

8. Pour déterminer le montant des pensions auxquelles chaque commissaire, régisseur et employé, aura droit, il sera fait une année commune du traitement dont ils auront joui pendant les trois dernières années de leur travail.

La pension sera, pour trente ans, de la moitié.

Elle s'accroîtra d'un vingtième de l'autre moitié pour chaque année au-dessus de trente ans de service, sans que le maximum de la pension puisse être au-dessus de trois mille francs.

9. La pension ne pourra être accordée avant trente ans de service qu'à ceux qui auront été blessés ou auront contracté des infirmités dans l'exercice de leurs fonctions, qui les mettraient hors d'état de les continuer.

Elle sera alors du sixième du traitement pour ceux qui n'auront que dix ans ou moins de dix ans de service, et d'un soixantième pour chaque année au-dessus de dix ans de service.

Ces pensions pourront être accordées aux veuves et enfans de ceux qui perdraient la vie par suite d'accidens ou de blessures dans leurs fonctions.

10. Les demandes des ouvriers ne pourront être admises, qu'il n'ait été constaté par l'avis de deux officiers de santé, de l'agent en chef, du directeur de la division et du commissaire particulier du Gouvernement, qu'ils sont hors d'état de continuer leur service, soit à raison d'infirmités, soit à raison de l'âge.

11. Les sommes nécessaires au traitement et à la guérison des blessés pendant leur service seront prises sur les fonds de la caisse des pensions et retraites.

12. Il sera tenu par la régie un rôle exact de tous les ouvriers : les mutations y seront portées chaque année.; un double du rôle sera remis au ministre des finances, chaque année, avec un état des mutations; nul ouvrier nouveau ne pourra être porté sur cet état, s'il a plus de trente années d'âge, à moins d'une décision précise du ministre.

13. Le ministre des finances est chargé de l'exécution du présent arrêté.

Le premier Consul, signé BONAPARTE.

Par le premier Consul : *le Secrétaire d'état*, signé HUGUES B. MARET.

N° 528. — *ORDONNANCE DU ROI portant formation d'une Commission pour améliorer le répartement de l'Impôt foncier dans le Pas-de-Calais.*

A Paris, le 30 Septembre 1830.

LOUIS-PHILIPPE, ROI DES FRANÇAIS;

Vu l'ordonnânce royale (1) qui a organisé pour le département du Pas-de-Calais la commission spéciale chargée de diriger les travaux prescrits par la loi du 31 juillet 1821, à l'effet d'améliorer le répartement de l'impôt foncier entre les arrondissemens et les communes;

Vu la lettre du préfet de ce département, en date du présent mois, qui expose la nécessité de pourvoir au remplacement de plusieurs membres de cette commission démissionnaires ou décédés;

Sur le rapport du ministre secrétaire d'état des finances,

Nous avons ordonné et ordonnons ce qui suit :

Sont nommés membres de la commission spéciale du département du Pas-de-Calais,

Les sieurs

d'*Aiguirande*, membre du conseil d'arrondissement de Béthune, en remplacement du sieur baron *de Berthoult*, démissionnaire;

Lebrun, notaire à Lens, en remplacement du sieur *Herreng*, démissionnaire;

Grandsire de Belleval, membre du conseil d'arrondissement de Boulogne, en remplacement du sieur *de Rosny*, démissionnaire;

de Clocheville fils, membre du conseil d'arrondissement de Boulogne, en remplacement du sieur *de Clocheville* père, démissionnaire;

Blondin de Baizieux, membre du conseil d'arrondissement de Montreuil, en remplacement du sieur *Ducamp de Rosamel*, démissionnaire;

Foconnier, membre du conseil d'arrondissement de Montreuil, en remplacement du sieur *de Montbrun*, démissionnaire;

Delhomet-Pecquet, notaire à Montreuil, en remplacement du sieur *Brulé*, démissionnaire;

Liot de Nortbecourt, membre du conseil d'arrondissement de Saint-Omer, en remplacement du sieur *Boudry-Caduk*, démissionnaire;

Francoville, membre du conseil d'arrondissement de Saint-Omer, en remplacement du sieur *Dallennes*, démissionnaire;

Thuillier fils, notaire à Saint-Omer, en remplacement du sieur *Thuillier* père, décédé;

Lechon fils, notaire à Avesne, en remplacement du sieur *Delombre* aîné, décédé.

_____

(1) Elle est du 23 juillet 1823. *Voir* ci-après.

Notre ministre secrétaire d'état des finances est chargé de l'exécution de la présente ordonnance. .

Signé LOUIS-PHILIPPE.

Par le Roi : *le Ministre Secrétaire d'état des finances*,

Signé Louis.

N° 529. — ORDONNANCE DU ROI (LOUIS XVIII) *pour la formation, dans trente-trois départemens, d'une Commission à l'effet d'opérer une meilleure répartition de la Contribution foncière.*

A Paris, le 23 Juillet 1823.

LOUIS, par la grâce de Dieu, ROI DE FRANCE ET DE NAVARRE; .

Vu notre ordonnance du 3 octobre 1821 (1) dont l'article 4 établit dans chaque département une commission spéciale à l'effet de suivre et d'examiner le travail exécuté en vertu de l'article 19 de la loi du 31 juillet de la même année pour une meilleure répartition de la contribution foncière entre les arrondissemens et les communes;

Vu notre seconde ordonnance du 19 mars 1823 (2) qui prescrit la formation immédiate de cette commission;

Vu enfin les listes de présentation adressées par les préfets en exécution du deuxième paragraphe de l'article précité de notre ordonnance du 3 octobre 1821;

Prenant en considération le vœu exprimé par plusieurs de ces magistrats pour la nomination de commissaires suppléans dont le nombre soit égal à celui des commissaires en titre;

Sur le rapport de notre ministre secrétaire d'état des finances,

Nous AVONS ORDONNÉ et ORDONNONS ce qui suit :

ART. 1er. La commission spéciale créée par l'article 4 de l'ordonnance du 3 octobre 1821, et dont la formation immédiate est prescrite par l'ordonnance du 19 mars 1823, sera composée ainsi qu'il suit dans les départemens ci-après :

(Suit l'état nominatif des commissaires et suppléans pour trente-trois départemens ci-après.)

---

(1) *Voir* ci-après.
(2) *Voir* ci-après.

Allier.	Landes.	Pyrénées-Orientales.
Ardèche.	Loire.	Rhin (Bas).
Ariége.	Loiret.	Sarthe.
Drôme.	Lot-et-Garonne.	Seine.
Eure-et-Loir.	Maine-et-Loire.	Seine-Inférieure.
Finistère.	Marne.	Seine-et-Oise.
Gard.	Mayenne.	Tarn-et-Garonne.
Garonne (Haute).	Meuse.	Var.
Hérault.	Morbihan.	Vienne (Haute).
Ile-et-Vilaine.	Nord.	Vosges.
Indre.	Pas-de-Calais.	Yonne.

2. Notre ministre secrétaire d'état des finances et chargé de l'exécution de la présente ordonnance.

Donné au château des Tuileries, le 23 Juillet, l'an de grâce 1823, et de notre règne le vingt-neuvième.

Signé LOUIS.

Par le Roi : *le Ministre Secrétaire d'état des finances,*

Signé Jⁿ DE VILLÈLE.

———————

N° 530. — ORDONNANCE DU ROI (LOUIS XVIII) *pour la formation d'une Commission, en chaque département, chargée de proposer les bases d'une Répartition de la Contribution foncière.*

A Paris, le 3 Octobre 1821.

LOUIS, par la grâce de Dieu, ROI DE FRANCE ET DE NAVARRE ;

Vu l'article 19 de la loi du 31 juillet 1821 sur les finances, portant : ·

« Les bases prescrites par l'article 38 de la loi du 15 mai 1818
» pour parvenir à l'évaluation des revenus imposables des dépar-
» temens seront appliquées aux communes et aux arrondissemens
» par une commission spéciale qui sera formée dans chaque dépar-
» tement : ce travail servira de renseignement aux conseils géné-
» raux de département et aux conseils d'arrondissement pour fixer
» les contingens en principal des arrondissemens et des com-
» munes ; »

Voulant régler d'une manière uniforme les procédés qui doivent être suivis pour parvenir à l'exécution de ces dispositions ;

Sur le rapport de notre ministre secrétaire d'état des finances, et de l'avis de notre Conseil des ministres,

NOUS AVONS ORDONNÉ et ORDONNONS ce qui suit :

ART. 1er. Les baux et les actes de vente qui doivent servir à la rectification des contingens des arrondissemens et des communes dans la contribution foncière, seront pris dans la période de 1812 à 1821 inclusivement.

2. La direction des contributions directes est chargée du relevé et de l'application de ces actes, dont les résultats pour chaque canton seront soumis à une assemblée cantonnale, composée du maire et d'un propriétaire de chaque commune nommé par le conseil municipal. L'inspecteur des contributions et les contrôleurs qui auront opéré dans le canton assisteront à l'assemblée pour donner les renseignemens nécessaires.

3. L'assemblée cantonnale examinera les actes dont on aura fait choix pour chaque commune, indiquera ceux qui pourraient conduire à de fausses indications, et fera connaître les changemens dont le travail lui aura paru susceptible.

4. Les opérations pour tous les cantons du département, étant terminées, seront soumises à une commission spéciale formée de trois membres du conseil général du département, de deux membres du conseil de chaque arrondissement, et d'un notaire pareillement choisi dans chaque arrondissement.

Les membres de cette commission seront nommés par nous sur la proposition de notre ministre secrétaire d'état des finances, et sur la présentation, par les préfets, de six membres du conseil général, de quatre membres de chaque conseil d'arrondissement, et de deux notaires aussi par arrondissement.

Le directeur des contributions assistera à l'assemblée pour fournir tous les éclaircissemens qui lui seront demandés.

5. Le tableau de l'évaluation des revenus imposables de toutes les communes, arrêté par la commission spéciale, sera remis par le préfet au conseil général du département avec le projet de la nouvelle répartition entre les arrondissemens et les communes.

6. La répartition faite par la commission spéciale sera adressée par le préfet à notre ministre secrétaire d'état des finances, avec la délibération que le conseil général aura prise

à ce sûjet et les observations du préfet, pour être révétue de notre approbation..

7. Toutes les mesures seront prises pour que les travaux qui auront pour objet la répartition définitive du contingent du département entre les arrondissemens et les communes soient terminés dans le délai de trois années au plus tard.

8. En attendant, et jusqu'à ce que les bases de la nouvelle répartition soiént fixées, les conseils généraux de département et les conseils d'arrondissement continueront à répartir leurs contingens, comme par le passé, entre les arrondissemens et les communes.

9. Notre ministre secrétaire d'état des finances est chargé de l'exécution de la présente ordonnance.

Donné à Paris, le 3 Octobre de l'an de grâce 1821, et de notre règne le vingt-septième.

Signé LOUIS.

Par le Roi : *le Ministre Secrétaire d'état des finances,*

Signé Roy.

N° 531. — *Ordonnance du Roi* (Louis XVIII) *sur l'organisation des Commissions départementales relatives au répartement de l'Impôt foncier.*

A Paris, le 19 Mars 1823.

LOUIS, par la grâce de Dieu, Roi de France et de Navarre;

Vu l'article 19 de la loi du 31 juillet 1821, ainsi conçu:

« Les bases prescrites par l'article 38 de la loi du 15 mai 1818 » pour parvenir à l'évaluation des revenus imposables des depar- » temens seront appliquées aux communes et aux arrondissemens » par une commission spéciale qui sera formée dans chaque dé- » partement : ce travail servira de renseignement aux conseils » généraux de département et aux conseils d'arrondissement pour » fixer les contingens en principal des arrondissemens et des com- » munes »;

Vu l'article 4 de notre ordonnance du 3 octobre 1821, portant,

1° Que les opérations prescrites par la loi pour une meilleure répartition de la contribution foncière entre les arrondissemens et les communes seront soumises à une commission spéciale, formée de trois membres du conseil général du département, de deux membres du conseil de chaque arrondissement;

2° Que les membres de cette commission seront nommés par nous, sur la proposition de notre ministre secrétaire d'état des finances et sur une liste double formée par le préfet;

Considérant que le moment est venu de procéder à l'organisation de la commission spéciale dans tous les départemens;

Sur le rapport de notre ministre secrétaire d'état des finances,

NOUS AVONS ORDONNÉ et ORDONNONS ce qui suit:

ART. 1er. La commission spéciale créée par l'article 4 de notre ordonnance du 3 octobre 1821 sera immédiatement organisée dans tous les départemens.

2. Elle se réunira sur la convocation du préfet, toutes les fois que l'exigera l'intérêt de l'opération.

3. La commission spéciale est autorisée à étendre ou à restreindre la période indiquée par notre précédente ordonnance pour le choix des baux et actes de vente qui doivent entrer comme élémens dans le travail de la sous-répartition; à déterminer l'importance de ceux dont la direction des contributions directes devra faire usage dans le travail préparatoire qu'elle est chargée de présenter à l'examen des assemblées cantonnales établies par l'article 2 de notre ordonnance précitée; à statuer sur toutes les difficultés qui pourraient entraver la marche de ces assemblées, et à proposer enfin toutes les opérations de contrôle qui lui paraîtraient propres à éclairer les résultats du travail général.

Notre ministre secrétaire d'état des finances est chargé de l'exécution de la présente ordonnance.

Donné à Paris, en notre château des Tuileries, le 19 Mars de l'an de grâce 1823, et de notre règne le vingt-huitième.

Signé LOUIS.

Par le Roi: le Ministre Secrétaire d'état des finances,

Signé Je DE VILLÈLE.

N° 532. — ORDONNANCE DU ROI qui augmente le nombre des Avoués près le Tribunal de Castres (Tarn).

A Paris, le 29 Novembre 1830.

LOUIS-PHILIPPE, ROI DES FRANÇAIS, à tous présens et à venir, SALUT.

Sur le rapport de notre garde des sceaux, ministre secrétaire
d'état au département de la justice ;

Vu l'avis du tribunal de première instance de Castres et celui de
la cour royale de Toulouse, en date du 1er mai 1829,

Avons ordonné et ordonnons ce qui suit :

Art. 1er. Le nombre des avoués près du tribunal de
Castres (Tarn), qui avait été fixé à six par l'ordonnance du
3 mars 1820, sera porté à neuf.

2. Notre garde des sceaux, ministre secrétaire d'état au
département de la justice, est chargé de l'exécution de la présente ordonnance.

Signé LOUIS-PHILIPPE.

Par le Roi : *le Garde des sceaux, Ministre Secrétaire d'état*
au département de la justice,

Signé Dupont (de l'Eure).

Nº 533. — *Ordonnance du Roi qui classe un Chemin*
au rang des Routes départementales de l'Allier.

A Paris, le 5 Décembre 1830.

LOUIS-PHILIPPE, Roi des Français, à tous présens
et à venir, SALUT.

Sur le rapport de notre ministre secrétaire d'état de l'intérieur ;

Vu la délibération du conseil général du département de l'Allier,
session de 1829, tendant à ce que le chemin de Montmarault à
Gannat par Bellenave et Ébreuil soit classé au rang des routes
départementales ;

Vu l'avis du préfet et celui du conseil général des ponts et
chaussées ;

Le comité de l'intérieur du Conseil d'état entendu,

Nous avons ordonné et ordonnons ce qui suit :

Art. 1er. Le chemin de Montmarault à Gannat par Bellenave et Ébreuil est et demeure classé au rang des routes
départementales de l'Allier sous le n° 3 *bis*.

2. L'administration est autorisée à acquérir les terrains
nécessaires pour l'achèvement et le perfectionnement de cette
nouvelle route, en se conformant toutefois aux dispositions
de la loi du 8 mars 1810.

3. Notre ministre secrétaire d'état de l'intérieur est chargé de l'exécution de la présente ordonnance.

Signé LOUIS-PHILIPPE.

Par le Roi : *le Ministre Secrétaire d'état au département de l'intérieur,*

Signé MONTALIVET.

N° 524. — PAR ORDONNANCE DU ROI, les propriétaires dont les noms suivent sont autorisés, savoir:

1° Le sieur *Anthelme Carpin*, à établir un four à chaux sur sa propriété située à proximité du bois communal de Lassignieux, à charge de ne le maintenir en activité que pendant cinq jours et de le démolir ensuite (Ain);

2° Le sieur *Hermann Cattand*, à construire un four à chaux à proximité des forêts, à charge de ne le maintenir en activité que pendant le temps nécessaire pour consommer les broussailles provenant du recépage de son bois et de le démolir ensuite (Jura);

3° Le sieur *Joseph Peligrin*, à construire un four à chaux sur sa propriété située à proximité de la forêt communale de Beaumont, à charge de ne le maintenir en activité que pendant le temps nécessaire à cuire la chaux dont il a besoin pour les constructions qu'il projette et de le démolir ensuite (Vaucluse);

4° Les sieurs *Pierre Gallet* et *Joseph Charnet*, à construire un four à chaux à proximité de la forêt communale de Saint-Just, à charge de ne le maintenir en activité que pendant un mois et de le démolir à l'expiration de ce délai (Ain);

5° Le sieur *Joseph Morel*, à construire un four à chaux à proximité de la forêt communale de Ceyzeriat, à charge de ne le maintenir en activité que pendant un mois et de le démolir ensuite (Ain);

6° Le sieur *Burlotte Baron*, à construire un four à chaux, à charge de ne le maintenir en activité que pendant trois mois et de le démolir ensuite (Hautes-Pyrénées);

7° Le sieur *Beau*, à établir deux fours à chaux dans des places vagues d'une coupe de la forêt royale de Conzieu, dont il est adjudicataire, à charge de ne les maintenir en activité que pendant le temps nécessaire pour consommer les broussailles et remanens provenant de son exploitation (Ain);

8° Les sieurs *Bourard, Molard* et *Muyard*, à construire trois fours à chaux à proximité des forêts, à charge de ne les maintenir en activité que pendant le temps nécessaire pour consommer les rémanens et broussailles provenant de coupes de bois dont ils se sont rendus adjudicataires et de les démolir ensuite (Jura);

9° Le sieur *de Meillonas*, à construire deux fours à chaux à proximité des forêts communales de Chavanney, à la charge de ne les maintenir en activité que pendant trois ans, sauf prorogation, s'il y a lieu, à l'expiration de ce délai (Ain);

10° Le sieur *Pagneux Joseph*, à construire un four à chaux, à charge de ne le maintenir en activité que pendant un mois et de le démolir à l'expiration de ce délai (Ain);

11º La commune d'Ance, à construire un four à chaux, à charge de ne le maintenir en activité que pendant trois mois et de le démolir ensuite (Basses-Pyrénées);

12º Le sieur Rogerry, à construire un four à chaux, à charge de ne le maintenir en activité que pendant le temps nécessaire pour consommer les broussailles provenant de ses propriétés (Var);

13" Les sieurs *Vignec* et *Arné*, à remettre en activité l'un des fours à chaux temporaires établis dans un terrain dépendant de la forêt royale de Farrancolin, et à extraire de cette forêt les brins, ronces, épines et coudriers nécessaires pour alimenter ce four, moyennant le paiement au trésor public d'une somme de quarante francs par chaque fournée de trente mètres cubes de chaux :

La durée de la remise en activité du four dont il s'agit, est limitée à six années, sauf démolition avant l'expiration de ce délai, si son existence était reconnue nuisible à la forêt (Hautes-Pyrénées);

14º Le sieur *Jean-Marie Regard*, à construire deux fours à chaux à charge de ne les maintenir en activité que pendant cinq jours et de les démolir ensuite (Ain);

15º Le sieur *François Massons*, à construire un four à chaux, à charge de ne le maintenir en activité que pendant cinq jours et de le démolir ensuite (Ain);

16º Le sieur *Jean-Pierre Fatou*, à construire un four à chaux, à charge de ne le maintenir en activité que pendant le temps nécessaire pour consommer les remanens et broussailles provenant d'une exploitation de bois et de le démolir ensuite (Jura);

17º Le sieur *Louis Libert*, à construire un four à chaux sur sa propriété située à proximité de la forêt de Saint-André, à charge de souscrire préalablement l'obligation d'en souffrir la démolition sans aucune indemnité, si son voisinage devenait par la suite préjudiciable à la forêt (Calvados);

18º Le sieur *Claude-Didier Génin*, à établir au rocher sur sa propriété située à proximité de la forêt communale d'Ochey, à charge de le construire avec des planches et de ne le conserver chaque année que depuis le 1er mai jusqu'au mois de septembre, époque à laquelle il le rentrera chez lui (Meurthe);

19º La commune de Fontanes, à construire deux fours à chaux, à charge de ne les maintenir en activité que pendant le temps nécessaire pour consommer les menus bois et broussailles provenant d'une exploitation de vacans communaux et de les démolir ensuite (Aude);

20º Le sieur *Truc-Simon*, à construire un four à chaux au quartier dit du Défends, situé près de la forêt communale de Gonfaron, à charge de ne le maintenir en activité que pendant le temps nécessaire pour consommer les bois rampans provenant de sa propriété et de le démolir ensuite (Var);

21º Le sieur *Joseph Landes*, à construire une maison de garde sur le bord d'un bois qui lui appartient à proximité de la forêt communale de la Caune, à charge de souscrire préalablement l'obligation d'en souffrir la démolition sans indemnité, si son voisinage devenait par la suite préjudiciable à la forêt (Tarn);

22º Le sieur *Nicolas Deyber*, à construire une maison d'habitation sur sa propriété situés à proximité de la forêt communale, à charge de souscrire préalablement l'obligation d'en souffrir la démolition sans indemnité, si son voisinage devenait par la suite préjudiciable à la forêt (Haut-Rhin);

23° Les sieurs *Roblein*, *Villiot*, *Roux*, *Ménétrier*, *Picard* et *Geny*, à conserver des maisons construites sur perches, à charge de souscrire l'obligation d'en souffrir la démolition sans indemnité, si leur voisinage devenait par la suite préjudiciable aux forêts (Côte-d'Or);

24° Le sieur *Benoît Fenouil*, à construire un four à chaux, à charge de ne le maintenir en activité que pendant le temps nécessaire pour utiliser les menus bois provenant de sa propriété et de le démolir ensuite (Vaucluse);

25° La commune de Saint-Paul, à construire un four à chaux, à charge de ne le maintenir en activité que pendant le temps nécessaire à cuire la chaux dont les habitans ont besoin pour la réparation de leurs maisons, et de le démolir ensuite (Bouches-du-Rhône);

26° Les sieurs *Baptiste Lacazanoue* et *Jean Mondot*, à maintenir en activité pendant un nouveau délai d'une année les fours à chaux qu'ils ont été autorisés à établir sur leurs propriétés à proximité des forêts (Basses-Pyrénées);

27° Le sieur *Pierre-Jean-François Bachasse* fils, à conserver la scierie qu'il possède au territoire de la commune de Treninis, mais seulement pendant le temps nécessaire pour scier les arbres provenant d'une coupe de bois dont il est adjudicataire et à charge de la démolir ensuite (Isère);

28° Le sieur *Jean Dumas*, à maintenir en activité une ancienne scierie qu'il possède au territoire de la commune de Gresse, à charge de souscrire l'obligation d'en souffrir la démolition sans indemnité, si son voisinage devenait préjudiciable aux forêts (Isère);

29° Le sieur *François Lannois*, à conserver une tuilerie qu'il possède à proximité de la forêt royale de Vauclere, et à ajouter à cet établissement une maison d'habitation et un hangar, à charge de souscrire l'obligation de souffrir sans indemnité la démolition de ces constructions, si leur voisinage devenait préjudiciable à la forêt (Aisne);

30° Le sieur *Anthelme Martelin*, à établir un atelier à proximité de la forêt royale d'Arvières, à charge de ne le conserver que pendant le temps nécessaire pour débiter en sabots les bois provenant d'une coupe de cette forêt dont il est adjudicataire, et de le supprimer ensuite (Ain);

31° Les sieurs *Pierre-Ignace-Simon* et *Sébastien Bertrand*, à construire une scierie sur leur propriété située à proximité de la forêt communale de Rouyefaing, à charge de ne la maintenir en activité que pendant dix ans, sauf prorogation, s'il y a lieu, à l'expiration de ce délai (Vosges);

32° Le sieur *Weck*, à construire une maison de ferme sur sa propriété située à proximité de la forêt royale de Lubine, à charge de souscrire préalablement l'obligation d'en souffrir la démolition sans indemnité, si son voisinage devenait préjudiciable à la forêt (Vosges);

33° Le sieur *Antoine Guibert* dit *Bertrand*, à construire une maison d'habitation sur sa propriété située à proximité de la forêt royale d'Écouves, à charge de souscrire l'obligation d'en souffrir la démolition sans indemnité, si son voisinage devenait préjudiciable à la forêt (Orne);

34° Le sieur *Alexis Ferton*, à construire une maison d'habitation sur sa propriété située à proximité de la forêt royale de Boulogne, à charge de souscrire préalablement l'obligation d'en souffrir la démolition sans indemnité, si son voisinage devenait préjudiciable à la forêt (Pas-de-Calais). (*Paris, le 13 Septembre 1830.*)

N° 535. — PAR ORDONNANCE DU ROI, les propriétaires dont les noms suivent sont autorisés, savoir :

1° La commune de Majastres (Basses-Alpes), à établir une tuilerie temporaire à proximité de la forêt communale de Maline :

Il sera fait délivrance à ladite commune d'une coupe de dix hectares à prendre dans ses bois pour alimenter cette usine ;

2° Le sieur *Rumibe*, à faire deux fournées de chaux dans un ancien four existant sur une coupe communale (Haute-Garonne) ;

3° Le sieur *Gérard*, à reconstruire la maison incendiée sur un autre emplacement de sa propriété à proximité des forêts, à la charge d'en souffrir la démolition sans indemnité, si son voisinage devenait par la suite préjudiciable aux forêts (Meurthe) ;

4° Le sieur *Renouf*, à établir un four à chaux temporaire sur sa propriété située à proximité des forêts, à la charge de ne le maintenir en activité que pendant trois ans, sauf prorogation (Manche) ;

5° Le sieur *Bonamy*, à construire une tuilerie sur un terrain qui lui appartient à proximité des forêts, à la charge d'en souffrir la démolition sans indemnité, si son voisinage devenait par la suite préjudiciable aux forêts (Meuse) ;

6° Le sieur *Gérard*, à construire une scierie supplémentaire pour débiter les arbres provenant du premier tiers de la coupe extraordinaire de Lusse, dont il est adjudicataire, à la charge de remettre à l'État la susdite scierie immédiatement après son exploitation (Vosges) ;

7° Le sieur *Pierrel*, à conserver une maison qu'il a fait bâtir sans autorisation à proximité de forêts communales, à la charge d'en souffrir la démolition sans indemnité, si son voisinage devenait par la suite préjudiciable aux forêts (Vosges) ;

8° Le sieur *Dallié*, à construire une maison d'habitation à proximité des forêts, à la charge d'en souffrir la démolition sans indemnité, si son voisinage devenait par la suite préjudiciable aux forêts (Sarthe). (*Paris, 26 Septembre 1830.*)

N° 536. — ORDONNANCE DU ROI qui nomme sous-secrétaire d'état au département des finances M. *Thiers*, conseiller d'état, membre de la Chambre des Députés. (*Paris, 4 Novembre 1830.*)

N° 537. — ORDONNANCE DU ROI qui nomme M. *Auguste Billiard*, secrétaire général du ministère de l'intérieur, aux fonctions de préfet du département du Finistère, en remplacement de M *Rouillé d'Orfeuil*, admis à faire valoir ses droits à la retraite. (*Paris, 30 Novembre 1830.*)

N° 538. — Ordonnance du Roi qui supprime les commissariats de police établis à Mirande (Gers) le 3 avril 1817 et à Lambesc (Bouches-du-Rhône) le 12 novembre 1816. (*Paris, 3 Décembre 1830.*)

———

N° 539. — Ordonnance du Roi portant que M. le baron *Thirat de Saint-Agnan*, maître des requêtes en service ordinaire, appelé par le ministre de la guerre aux fonctions d'intendant militaire de la quinzième division militaire, est nommé maître des requêtes en service extraordinaire. (*Paris, 3 Décembre 1830.*)

———

N° 540. — Ordonnance du Roi portant que M. *Bouchené-Lefer*, avocat à la cour royale, est nommé, en remplacement de M. *Taillandier*, appelé à d'autres fonctions, secrétaire de la commission d'organisation du Conseil d'état créée par l'ordonnance du 20 août dernier. (*Paris, 3 Décembre 1830.*)

———

N° 541. — *Lettres patentes portant érection de Majorats.*

Par lettres patentes signées LOUIS-PHILIPPE, et plus bas, *Par le Roi,* le garde des sceaux de France, Dupont (de l'Eure), scellées le 30 octobre 1830,

Sa Majesté a érigé comme majorat, en faveur du sieur *Jean-Auguste Sarget de la Fontaine,* chevalier de la Légion d'honneur, une inscription de douze mille francs de rente, à lui appartenant, sur le grand-livre des cinq pour cent, numérotée 75,063, série 8ᵉ, immobilisée sous le n° 128, à l'effet de ce majorat auquel a été attaché le titre de *Baron.*

Par autres lettres signées comme celles ci-dessus, scellées le 7 décembre 1830,

Sa Majesté a érigé comme majorat, en faveur du sieur *Louis-Pharamond-Léonce Pandin de Narcillac,* son hôtel sis à Paris rue Saint-Dominique, faubourg Saint-Germain, n° 28, composé d'un principal corps de logis entre cour et jardin, et d'un autre corps de bâtiment en aile sur la cour et sur la rue, ayant trois étages et un quatrième mansardé, produisant net dix mille cent soixante-quatre francs de revenu : ⚌ auquel majorat a été attaché le titre de *Comte.*

Sa Majesté a érigé comme majorat, en faveur du sieur *Pierre Davene,* chevalier de la Légion d'honneur, les biens ci-après désignés, faisant partie de sa terre de la Grange-Menant, sise commune de Vaudoy, canton de Rosay, département de Seine-et-Marne, savoir : le château, ses bâtimens et cour clos de fossés remplis d'eaux vives, un enclos divisé en jardin potager et parc, d'un seul accint, de dix hectares cinquante-cinq ares vingt centiares; la ferme de la Grange-Menant, au même lieu, ses terres, prés, pâtures, friches, bois, et les terres de l'ancienne ferme de la Buhotière, avec logement de fermier et bâtiment d'exploitation, laiterie, granges, deux vacheries, bergeries, cellier, jardins; — cent vingt-trois hectares vingt-cinq ares trente-deux centiares de terres labourables; quatorze hectares trente-quatre ares treize centiares de prés, pâtures et friches; cent quarante-sept ares soixante-et-treize centiares dits *Pré du Château*, s'étendant jusqu'au fossé avoisinant la grange, et cinq hectares quatre-vingt-dix ares cinquante-deux centiares de bois taillis; enfin les jardins de la Grange-Menant et de la Babotière; — le tout produisant cinq mille cinquante-sept francs soixante-cinq centimes : == auquel majorat a été attaché le titre de *Baron*.

Sa Majesté a érigé comme majorat, en faveur du sieur *Anne-Élie-Pierre-Jean Goumaille*, chevalier de la Légion d'honneur, deux maisons à lui appartenant, sises à Paris, l'une, rue de l'Université, n° 13, dixième arrondissement, ayant corps de logis avec quatre boutiques sur la rue, surmontées de quatre étages avec entrée par porte cochère, produisant sept mille quatre cent trente-cinq francs, et l'autre, rue du Faubourg Saint-Honoré, n° 37, ayant corps de logis et plusieurs boutiques sur la rue, surmontées d'un entresol et étage en mansarde en partie, ayant entrée par une petite porte bâtarde, produisant huit mille huit cent cinq francs : == auquel majorat de seize mille deux cent quarante francs de revenu a été attaché le titre de *Baron*.

Pour Extraits :

Le Secrétaire du sceau de France, Chef de division au ministère de la justice,

Signé Cuvillier.

N° 543. — Ordonnance du Roi portant que,

1° Le sieur *Beischer* (*Joseph-Aloys*), né le 6 octobre 1806 à Moerskirch, grand-duché de Bade, relieur, demeurant à Strasbourg, département du Bas-Rhin,

2° Le sieur *Biruvelet* (*Jean-Joseph*), né le 17 juin 1790 à Houlemond, commune de Villers-sur-Semois, grand-duché de Luxembourg, demeurant à Thonne-le-Thil, arrondissement de Montmédy, département de la Meuse,

3° Le sieur *Bussat* (*Étienne*), né le 26 octobre 1797 à Neydens, ancien département du Léman, sergent-major au premier bataillon des grenadiers du régiment de Hohenlohe,

4° Le sieur *Émerich* (*Michel*), né le 22 février 1790 à Ober-Bessenbach, royaume de Bavière, tailleur d'habits à Strasbourg, département du Bas-Rhin,

5° Le sieur *Fagny* (*Jean-François*), né le 13 messidor an IV [1er juillet 1796] à Sainte-Marie, grand-duché de Luxembourg, demeurant à Chauvenoy-Saint-Hubert, arrondissement de Montmédy, département de la Meuse,

6° Le sieur *Kappes* (*Philippe-Chrétien*), né le 24 mars 1800 à Dotzheim, duché de Nassau, menuisier à Strasbourg, département du Bas-Rhin,

7° Le sieur *Kammerhoff* (*Henri-Charles-Frédéric*), né le 27 novembre 1786 à Gera, royaume de Saxe, demeurant à Ligny, arrondissement de Bar-le-Duc, département de la Meuse,

8° Le sieur *Kempf* (*Donatien-Laurent*), né le 16 février 1796 à Cappel, grand-duché de Bade, employé à l'octroi de Strasbourg, département du Bas-Rhin,

9° Le sieur *Kanser* (*Jacques*), né le 10 juillet 1802 à Herbolzheim, grand-duché de Bade, négociant à Strasbourg, département du Bas-Rhin,

10° Le sieur *Martin* (*Jean-Nicolas*), né le 31 janvier 1785 à Torgny, commune de Samorteau, grand-duché de Luxembourg, demeurant à Ville-Cloye, arrondissement de Montmédy, département de la Meuse,

11° Le sieur *Neupert* (*Auguste-Louis*), né le 15 août 1794 à Lengefeld, royaume de Saxe, demeurant à Strasbourg, département du Bas-Rhin,

12° Le sieur *Reinhardt* (*Jean-Michel*), né le 8 août 1796 à Senneborn, royaume de Saxe, mécanicien, demeurant à Strasbourg, département du Bas-Rhin,

Sont admis à établir leur domicile en France, pour y jouir de l'exercice des droits civils tant qu'ils continueront d'y résider. (*Paris, 23 Novembre 1830.*)

─────────

N° 543. — ORDONNANCE DU ROI portant que,

1° Le sieur *Buck* (*Jean-Ami*), né le 2 janvier 1791 à Beguins, canton de Vaud en Suisse, employé à la saline de Montmorot, département du Jura,

2° Le sieur *Cappelli* (*Bernard-Antoine*), né le 23 août 1801 à Livourne, duché de Toscane, et demeurant aux Batignolles,

3° Le sieur *Galignani* (*Jean-Antoine*), né à Londres le 13 octobre 1796, libraire, demeurant à Paris,

4° Le sieur *Galignani* (*Guillaume*), né à Londres le 10 mars 1798, libraire, demeurant à Paris,

5° Le sieur *Goetz* (*Mathias*), né le 2 septembre 1790 à Schübenhausen, grand duché de Bade, cordonnier, demeurant à Mulhausen, arrondissement d'Altkirch, département du Haut-Rhin,

6° Le sieur *Heim* (*Aloys*), né le 1er mai 1799 à Inslingen, grand duché de Bade, demeurant à Issy, département de la Seine,

7° Le sieur *Molin* (*Jean-Antoine*), né à Chambéry en Savoie le 12 février 1809, demeurant à Paris,

8° Le sieur *Restle* (*Balthasar*), né le 3 janvier 1780 à Jetkofen, royaume de Wurtemberg, demeurant à Mulhausen, arrondissement d'Altkirch, département du Haut-Rhin,

9° Le sieur *Schneckenburger* (*Matthias*), né le 16 février 1806 à Betzweiler, royaume de Wurtemberg, maréchal-ferrant à Mulhausen, arrondissement d'Altkirch, département du Haut-Rhin,

10° Le sieur *Tonglet* (*Jean-Joseph*), né le 26 décembre 1805 à Jamoigne, grand duché de Luxembourg, demeurant à Thonne-le-Thil, arrondissement de Montmédy, département de la Meuse,

Sont admis à établir leur domicile en France, pour y jouir de l'exercice des droits civils tant qu'ils continueront d'y résider. (*Paris, 2 Décembre 1830.*)

─────────

N° 544. — ORDONNANCE DU ROI qui autorise l'acceptation de la Donation faite à la commune de *Viviers-lès-Lavaur* (Tarn), par M. *Gasc*, d'une pièce de terre évaluée à un revenu de 2 francs. (*Paris, 23 Octobre 1830.*)

N° 545. — Ordonnance du Roi qui autorise l'acceptation de la Donation faite à la commune de *Buironfosse* (Aisne), par M. et Mme *Helin*, d'une maison avec dépendances estimée 3330 francs. (*Paris, 7 Novembre 1830.*)

———

N° 546. — Ordonnance du Roi qui autorise l'acceptation de la Donation offerte à la commune de *Jussy* (Aisne), par M. *Couty*, d'une portion de terrain estimée 80 francs. (*Paris, 7 Novembre 1830.*)

———

N° 547. — Ordonnance du Roi qui autorise l'acceptation de la Donation faite à la commune de *Salon* (Dordogne), par M. *Maury* et consorts, d'une maison avec dépendances servant actuellement de presbytère. (*Paris, 7 Novembre 1830.*)

———

N° 548. — Ordonnance du Roi qui autorise l'acceptation du Legs fait à l'hospice de *Varennes* (Meuse), par M. *Dumoulin*, de la moitié d'une pièce de terre contenant environ 26 ares, et estimée 800 francs. (*Paris, 7 Novembre 1830.*)

———

N° 549. — Ordonnance du Roi qui autorise l'acceptation des Legs faits à l'hospice de *Bagnères* (Hautes-Pyrénées), par M. *Lavenère*, d'une somme de 200 francs et de vases sacrés et ornemens sacerdotaux estimés 570 francs. (*Paris, 7 Novembre 1830.*)

———

N° 550. — Ordonnance du Roi qui autorise le sieur *Franc-Magnan* à transférer dans une maison sise rue du Coq Saint-Marceau, n° 41, à *Orléans* (Loiret), la *fabrique de colle forte* qu'il exploite dans la même ville, quai des Chantoiseurs, n° 86. (*Paris, 26 Août 1830.*)

CERTIFIÉ conforme par nous

Garde des sceaux de France, Ministre Secrétaire d'état au département de la justice,

À Paris, le 23 * Décembre **,

DUPONT (de l'Eure).

* Cette date est celle de la réception du Bulletin à la Chancellerie.

On s'abonne pour le Bulletin des lois, à raison de 9 francs par an, à la caisse de l'Imprimerie royale, ou chez les Directeurs des postes des départemens.

———

A PARIS, DE L'IMPRIMERIE ROYALE.
23 Décembre 1830.

BULLETIN DES LOIS.

2ᵉ Partie. — ORDONNANCES. — N° 29*.

N° 551. — ORDONNANCE DU ROI *relative aux Inscriptions hypothécaires existant sur des Biens situés dans des communes cédées à la France par la Prusse.*

À Paris, le 11 Décembre 1830.

LOUIS-PHILIPPE, ROI DES FRANÇAIS, à tous présens et à venir, SALUT.

Sur le rapport du comité de législation et de justice administrative;

Vu la convention conclue entre la France et la Prusse le octobre 1829, par laquelle ont été cédés à la France le village de Manderen et son territoire, la partie du territoire d'Ihn et Lognon de Leyding, le village et le territoire de Heining, ainsi que diverses autres portions de territoires dénommées en ladite convention;

Vu le titre du Code civil relatif aux priviléges et hypothèques, et notamment l'article 2146;

Voulant pourvoir, en ce qui touche les dispositions de ce code relatives aux priviléges et hypothèques, à l'exécution de la convention ci-dessus visée;

Notre Conseil d'état entendu,

NOUS AVONS ORDONNÉ et ORDONNONS ce qui suit :

ART. 1ᵉʳ. Pour conserver le rang des priviléges et hypothèques qui, d'après les dispositions du Code civil, ne se conservent pas indépendamment de l'inscription sur les registres du conservateur, et à raison desquels il a été pris des inscriptions au bureau prussien de Trèves sur des immeubles situés dans les communes ci-dessus indiquées, réunies à la France par la susdite convention du 23 octobre 1829, comme aussi pour conserver l'effet des transcriptions faites au même bureau, les porteurs de bordereaux d'inscription, de contrats

---

* Voyez un *Erratum* à la fin de ce Numéro.

transcrits et des certificats de transcription, seront tenus de les représenter, dans le délai de six mois, au conservateur des hypothèques de Thionville pour les immeubles situés dans ces communes.

2. Le conservateur portera lesdits bordereaux, contrats et certificats de transcription sur ses registres, suivant l'ordre des présentations, avec la date primitive de l'inscription ou transcription. Il sera fait mention, tant sur lesdits registres que sur les bordereaux d'inscription, contrats et certificats de transcription, du jour où ils auront été présentés audit conservateur et portés par lui sur ses registres.

3. A défaut de présentation des bordereaux d'inscription, contrats et certificats de transcription, au conservateur des hypothèques de Thionville, dans le délai ci-dessus déterminé, les hypothèques et transcriptions n'auront d'effet qu'à compter du jour de l'inscription ou de la transcription qui sera fait postérieurement; dans le même cas, les priviléges dégénéreront en simples hypothèques et n'auront rang que du jour de leur inscription : le tout conformement aux règles du droit commun.

4. Notre garde des sceaux, ministre secrétaire d'état de la justice, et notre ministre secrétaire d'état des finances, sont chargés, chacun en ce qui le concerne, de l'exécution de la présente ordonnance, qui sera insérée au Bulletin des lois.

Signé **LOUIS-PHILIPPE.**

Par le Roi : *le Garde des sceaux, Ministre Secrétaire d'état au département de la justice,*

Signé Dupont (de l'Eure).

N° 552. — ORDONNANCE DU ROI *portant Convocation de quatre Collégos électoraux.*

A Paris, le 10 Décembre 1830.

LOUIS-PHILIPPE, ROI DES FRANÇAIS, à tous présens et à venir, SALUT.

Sur le rapport de notre ministre secrétaire d'état de l'intérieur;

Vu les lois des 5 février 1817, 29 juin 1820, 2 mai 1827, 2 juillet 1828, 11 et 12 septembre 1830;

Vu l'ordonnance du 21. novembre dernier qui a nommé M. *Rodat* aux fonctions de conseiller de préfecture de l'Aveyron ;

　Vu les extraits des procès-verbaux de la Chambre des Députés, annonçant la démission de M. le duc *de Crussol*, l'option de M. *Gaillard de Kerbertin* pour l'élection du collége de Ploërmel (Morbihan), et la mort de M. *Guilhem*,

Nous avons ordonné et ordonnons ce qui suit :

Aʀт. 1ᵉʳ. Le collége électoral comprenant tous les électeurs du département de l'Aveyron, et les colléges électoraux du troisième arrondissement du Gard, du quatrième arrondissement d'Ille-et-Vilaine, et du premier arrondissement de Maine-et-Loire, sont convoqués, pour le 17 janvier prochain, dans les villes de Rodès, Uzès, Redon et Angers, à l'effet d'élire chacun un député.

2. Conformément à l'article 6 de la loi du 2 mai 1827 et à l'article 22 de la loi du 2 juillet 1828, les préfets publieront la présente ordonnance immédiatement après sa réception ; ils ouvriront le registre des réclamations et publieront le tableau de rectification aux listes électorales dans le délai prescrit par la loi du 2 juillet 1828.

3. Les opérations des colléges électoraux auront lieu ainsi qu'il est réglé par les dispositions combinées de la loi du 12 septembre 1830 et de l'ordonnance royale du 11 octobre 1820.

4. Notre ministre secrétaire d'état de l'intérieur est chargé de l'exécution de la présente ordonnance.

Signé LOUIS-PHILIPPE.

Par le Roi : *le Ministre Secrétaire d'état au département de l'intérieur,*

Signé Montalivet.

———————

Nᵒ 553.— *DÉCISION ROYALE qui soumet les Armateurs de navires destinés à la pêche de la baleine qui renoncent à la prime, à l'obligation de n'employer qu'un nombre déterminé de marins étrangers, sous peine de perdre leur nationalité.*

. A Paris, le 4 Octobre 1830.

Sire, une ordonnance du 7 décembre 1829 (1) sur les primes

———————

(1) Bulletin des lois , VIIIᵉ série , nᵒ 13,148.

accordées pour l'encouragement de la pêche de la baleine exige d'une manière *absolue* que, dans la composition du personnel des armemens, il ne soit admis qu'un tiers de marins étrangers. Quant à la distribution des emplois entre ces marins étrangers et le surplus des hommes formant la partie française de l'équipage, l'ordonnance est conçue de telle façon, qu'elle n'impose, à cet égard, que des obligations *relatives*, c'est-à-dire, dont l'accomplissement est subordonné au cas où l'allocation de la prime serait réclamée.

On ne pouvait supposer, lors de la rédaction de l'ordonnance, que la prime vînt à être refusée.

Cependant cette circonstance s'est dernièrement présentée.

Un armateur a entrepris plusieurs expéditions pour lesquelles il a déclaré renoncer à la prime.

Il s'est conformé à l'obligation absolue que consacre l'ordonnance en n'embarquant sur les navires qu'un tiers de marins étrangers : mais, au lieu de ne confier à ces marins étrangers qu'un tiers des postes principaux de chef de pirogue et de harponneur, comme il aurait été tenu de le faire d'après l'ordonnance, s'il eût reçu la prime, il les leur a conférés en totalité, au moyen de sa renonciation à la prime, écartant ainsi les marins français des emplois essentiels qui se rapportent aux opérations effectives de la pêche, pour les affecter uniquement aux travaux de la manœuvre du navire et au service des embarcations.

Ce que cet armateur a fait, il a pu le faire en usant rigoureusement du droit implicite qu'établissent les dispositions actuelles de l'ordonnance, conçues dans la pensée que la prime serait toujours réclamée et allouée avec ses conséquences.

Tolérer la continuation de pareils armemens, ce serait méconnaître le vœu réel de l'ordonnance; ce serait enlever à nos marins des occasions de se former à la pratique de la pêche; ce serait enfin, contre toute raison, conserver, sous le rapport du paiement des taxes, les priviléges de la navigation française à des expéditions véritablement antinationales.

Le renouvellement de cet abus doit être prévenu par une disposition positive qui statue sur un cas demeuré imprévu.

J'ai, en conséquence, l'honneur de proposer à Votre Majesté d'ordonner :

« Que les armateurs des navires destinés à la pêche de la ba-
» leine seront tenus, même lorsqu'ils renonceront à la prime, de se
» conformer aux prescriptions de l'ordonnance du 7 décembre
» 1820 pour le personnel des expéditions et la distribution des
» emplois entre la partie française et la partie étrangère de l'équi-

« page, sous peine d'être privés de la jouissance des avantages atta-
» chés à la navigation nationale. »

Je suis avec un profond respect,

SIRE,

de Votre Majesté

le très-humble et très-obéissant serviteur et fidèle sujet,

Signé HORACE SÉBASTIANI,

APPROUVÉ.

Signé LOUIS-PHILIPPE.

Par le Roi : *le Ministre Secrétaire d'état de la marine et des colonies,*

Signé HORACE SÉBASTIANI.

N° 554. — *ORDONNANCE DU ROI qui règle les Rapports du Conseil d'amirauté avec les Directions du Ministère de la marine.*

A Paris, le 31 Août 1830.

LOUIS-PHILIPPE, ROI DES FRANÇAIS, à tous présens et à venir, SALUT.

Nous étant fait représenter notre ordonnance du 26 de ce mois (1) sur la composition du conseil d'amirauté, et voulant étendre à la direction du personnel de la marine les rapports qui viennent d'être établis entre ce conseil et les directions du matériel et de la comptabilité;

Sur le rapport de notre ministre secrétaire d'état au département de la marine et des colonies,

NOUS AVONS ORDONNÉ et ORDONNONS ce qui suit : ·

ART. 1ᵉʳ. M. le contre-amiral baron *Roussin*, membre du conseil d'amirauté, est nommé directeur du personnel au ministère de la marine et des colonies, en remplacement de M. le baron *de Mackau*, démissionnaire.

2. Notre ministre secrétaire d'état au département de la marine et des colonies est chargé de l'exécution de la présente ordonnance.

Signé LOUIS-PHILIPPE.

Par le Roi : *le Ministre de la marine et des colonies,*

Signé HORACE SÉBASTIANI.

---

(1) *Voyez* n° 87, Bulletin n° 3.

K k 3

N° 555. — *Ordonnance du Roi relative aux Traitemens et Indemnités des Amiraux* (1).

A Paris, le 28 Septembre 1830.

LOUIS-PHILIPPE, Roi des Français, à tous présens et à venir, SALUT.

Vu notre ordonnance du 13 août 1830 qui a créé trois places d'amiraux dans le corps de la marine;

Vu les dispositions de cette ordonnance par lesquelles les amiraux sont assimilés en tout aux maréchaux de France;

Sur le rapport de notre ministre secrétaire d'état de la marine et des colonies,

Nous avons ordonné et ordonnons ce qui suit:

Art. 1er. Le traitement ordinaire des amiraux est fixé à quarante mille francs par an.

2. Lorsque les amiraux seront appelés au commandement d'une armée navale, ils jouiront, tant qu'ils conserveront cette position, d'un traitement annuel de quatre-vingt mille francs.

Ils recevront, en outre, à titre de traitement extraordinaire, des frais de représentation et de bureau, que nous nous réservons de déterminer individuellement, suivant le degré d'importance des commandemens et des missions.

Lesdits frais de représentation et de bureau remplaceront le traitement de table, les frais de passage et les autres allocations attribuées aux commandans des armées navales par les réglemens de la marine.

3. Notre ministre secrétaire d'état de la marine et des colonies est chargé de l'exécution de la présente ordonnance.

Signé LOUIS-PHILIPPE.

Par le Roi: *le Ministre Secrétaire d'état au département de la marine et des colonies,*

Signé Horace Sébastiani.

_____

(1) Cette ordonnance n'a été adressée au ministère de la justice que le 17 décembre.

N° 556. — *ORDONNANCE DU ROI relative à un Crédit, par anticipation, pour le service des Colonies.*

A Paris, le 11 Septembre 1830.

LOUIS-PHILIPPE, ROI DES FRANÇAIS;

Sur le rapport de notre ministre secrétaire d'état au département de la marine et des colonies,

NOUS AVONS ORDONNÉ et ORDONNONS ce qui suit :

ART. 1er. Il est mis, par anticipation, à la disposition de notre ministre secrétaire d'état de la marine et des colonies, sur les fonds de l'exercice 1831, une somme de douze cent quatre mille francs, divisible entre les chapitres II et XI du budget, savoir :

CHAPITRE II. — En numéraire, pour les avances à donner aux bâtimens
expéditionnaires........................ 500,000f

CHAPITRE XI. — En traites, pour les services militaires des
colonies............................ 704,000.

SOMME PAREILLE............ 1,204,000.

2. Nos ministres des finances et de la marine et des colonies sont autorisés à se concerter à l'effet d'expédier prochainement aux colonies, sur les fonds du même exercice 1831, un second envoi de huit cent mille francs, également applicable aux services militaires, lequel envoi sera composé des espèces métalliques les plus nécessaires à la circulation locale.

3. Nos ministres secrétaires d'état des finances et de la marine et des colonies sont chargés, chacun en ce qui le concerne, de l'exécution de la présente ordonnance.

Signé LOUIS-PHILIPPE.

Par le Roi : le Ministre Secrétaire d'état au département
de la marine et des colonies,

Signé HORACE SÉBASTIANI.

Kk 4

Nº 557. — *Décision royale sur la Formation d'une Commission d'examen des services des Officiers de l'armée navale admis à la retraite ou destitués sous l'ancien Gouvernement.*

A Paris, le 21 Août 1830.

SIRE, Votre Majesté a ordonné (1) la création d'une commission chargée d'examiner les réclamations des officiers de l'armée de terre qui ont été admis à la retraite ou destitués sous le dernier Gouvernement.

Des réclamations de la même nature me sont journellement adressées par des officiers des divers corps de la marine, et il est juste qu'elles soient l'objet d'un examen attentif et spécial.

Persuadé qu'il entrera dans les intentions de Votre Majesté d'appliquer au département de la marine la mesure qu'elle a adoptée pour celui de la guerre, je crois devoir lui demander l'autorisation de former une semblable commission et de désigner les personnes dont elle sera composée.

Je suis avec le plus profond respect,

SIRE,

de Votre Majesté

le très-humble serviteur et fidèle sujet,

Signé HORACE SÉBASTIANI.

APPROUVÉ.

Signé LOUIS-PHILIPPE.

Par le Roi : *le Ministre Secrétaire d'état de la marine et des colonies,*

Signé HORACE SÉBASTIANI.

Nº 558. — *ORDONNANCE DU ROI qui supprime la Compagnie des Gardes du Pavillon amiral.*

A Paris, le 19 Octobre 1830.

LOUIS-PHILIPPE, ROI DES FRANÇAIS, à tous présens et à venir, SALUT.

ART. 1er. L'ordonnance du 25 mai 1814, portant rétablissement de la compagnie des gardes du pavillon amiral, est rapportée.

---

(1) Cette ordonnance n'a pas été adressée au ministère de la justice pour être publiée.

Le supplément d'appointemens attribué par l'article 4 de ladite ordonnance aux officiers de l'état-major de cette com pagnie, cessera de leur être payé à dater du 1er novembre prochain.

2. Notre ministre secrétaire d'état de la marine et des co lonies est chargé de l'exécution de la présente ordonnance.

Signé LOUIS-PHILIPPE.

Par le Roi : _le Ministre de la marine et des colonies_ ,

Signé HORACE SÉBASTIANI.

N° 559. — *DÉCISION ROYALE* sur le *complément de la Commission supérieure de l'établissement des Invalides de la Marine.*

A Paris, le 10 Octobre 1830.

SIRE, la commission supérieure de l'établissement des invalides créée par l'ordonnance du 2 octobre 1825 se compose de cinq membres nommés pour trois ans et dont les fonctions sont gra tuites.

Les membres actuels (1) ont été renommés le 5 octobre 1828.

Mais deux d'entre eux sont absens, sans qu'on puisse prévoir l'époque de leur retour à Paris.

D'ailleurs, le budget de l'établissement doit être produit pour la première fois cette année en exécution de la loi du 2 août 1829; et ce qui suffisait dans un autre temps ne suffit plus aujourd'hui : il faut donc que cette ancienne institution, d'une nature toute spéciale, ait, dans les Chambres, de nouveaux organes aussi éclairés qu'indépendans, qui puissent l'expliquer, et, au besoin, la défendre.

Parmi les hommes distingués qui comprennent le mieux un éta blissement si étroitement lié à tous les intérêts maritimes, MM. *Duvergier de Hauranne* et *Gautier* de la Gironde me paraissent les plus capables d'atteindre le but de conservation que le Gouvernement doit se proposer.

Je prie Votre Majesté de les attacher pour trois ans à la com

---

(1) MM. le vicomte *Lainé*, pair de France, *président;* le baron *Portal*, pair de France, *vice-président; Alexandre Delaborde,* député de la Seine ; le comte *de Missiessy,* vice-amiral; le vicomte *Jurien*, conseiller d'état; *Lacoudrais,* commissaire principal de la marine, *secrétaire.*

Art. 1ᵉʳ. Le sieur *Barbaroux*, avocat, est nommé procureur général près la cour royale de Pondichéry.

Son traitement, pendant l'exercice de ses fonctions, sera de douze mille francs par an, y compris tous frais de secrétaire et de secrétariat.

Il recevra pour frais de déplacement et pour lui tenir lieu de traitement, depuis le jour de sa nomination jusqu'à celui de son entrée en fonctions, une somme de six mille francs.

2. Notre ministre secrétaire d'état au département de la marine et des colonies est chargé de l'exécution de la présente ordonnance.

Signé LOUIS-PHILIPPE.

Par le Roi : *le Ministre Secrétaire d'état au département de la marine et des colonies*,

Signé Horace Sébastiani.

N° 563. — *DÉCISION ROYALE sur le mode à suivre par les Huissiers de deux justices de paix à la Martinique, pour l'enregistrement des Actes soumis aux droits.*

A Paris, le 28 Septembre 1830.

Sire, d'après l'article 56 de l'ordonnance royale du 31 décembre 1828 (1) concernant l'établissement de l'enregistrement aux Antilles et à la Guiane française, les officiers ministériels ne peuvent, dans leurs actes, faire usage ou mention d'autres actes passés, soit à l'étranger, soit en France, soit dans les colonies françaises, à moins que ceux-ci n'aient préalablement été enregistrés dans la colonie.

Néanmoins la simple mention d'un de ces actes non encore enregistré est exceptionnellement autorisée par le même article, sous la condition expresse que l'acte dont il s'agit demeurera joint à celui dans lequel il sera mentionné, afin que l'enregistrement de l'un et de l'autre ait lieu simultanément : dans ce cas, l'officier ministériel est tenu d'acquitter les droits de l'acte annexé, en même temps que ceux de l'acte principal et sous les mêmes peines.

Les huissiers des cantons du Marin et de la Trinité, à la Mar-

---

(1) *Voyez* le Bulletin 312 *bis*, publié en 1829.

tinique, ont demandé que, vu leur éloignement des bureaux d'enregistrement, la faculté non-seulement de faire mention, mais aussi de donner signification des actes dont il s'agit, leur fût accordée sous les mêmes conditions, et en la bornant d'ailleurs aux actes ayant pour objet des procédures devant les justices de paix de ces deux cantons.

Le conseil privé de la Martinique, appelé à délibérer sur cette réclamation, a reconnu qu'il y avait lieu de l'accueillir; et le gouverneur, usant des pouvoirs extraordinaires qui lui sont conférés par l'article 72 de l'ordonnance royale organique du 9 février 1827 (1), a, par un arrêté du 6 mars dernier, ordonné la mise à exécution provisoire de la mesure additionnelle dont il s'agit.

Cette mesure, qui doit avoir pour effet d'épargner de doubles voyages aux huissiers des justices de paix désignées, et par conséquent de diminuer les frais de procédure, me paraît de nature à être approuvée; j'ai en conséquence l'honneur de proposer à Votre Majesté de rendre la décision suivante :

« Les huissiers des cantons du Marin et de la Trinité, vu l'éloi-
» gnement où ils se trouvent des bureaux d'enregistrement à la
» Martinique, sont autorisés à donner signification et copie, avant
» enregistrement, des actes passés, soit à l'étranger, soit en France,
» soit dans les colonies françaises, à charge par eux de les joindre
» à l'acte de notification, de les présenter ensemble à l'enregistre-
» ment et de demeurer personnellement responsables du paiement
» des droits, sous les peines portées par l'article 56 de l'ordonnance
» organique du 31 décembre 1828.
» Cette faculté ne pourra s'appliquer qu'aux actes ayant pour
» objet des procédures devant les justices de paix de ces deux
» cantons, et elle cesserait d'avoir lieu dans le cas où il serait établi
» des bureaux d'enregistrement au Marin et à la Trinité. »

Je suis avec le plus profond respect,

SIRE,

de Votre Majesté

le très-humble et très-obéissant serviteur et fidèle sujet,

Signé HORACE SÉBASTIANI.

APPROUVÉ.

Signé LOUIS-PHILIPPE.

Par le Roi : *le Ministre Secrétaire d'état de la marine et des colonies,*

SIGNÉ HORACE SÉBASTIANI.

_____

(1) Publiée au Bulletin.

Kk 7

A Paris, le 11 Décembre 1830.

LOUIS-PHILIPPE, Roi des Français, à tous présens et à venir, SALUT.

Vu l'article 39 de la loi du 20 avril 1810 et l'ordonnance du 1ᵉʳ novembre 1829;

Considérant qu'il existe un grand nombre d'affaires civiles arriérées au tribunal de première instance de Condom (Gers), et qu'il importe de remédier aux inconvéniens qui résultent d'un tel état de choses;

Sur le rapport de notre garde des sceaux, ministre secrétaire d'état au département de la justice;

Notre Conseil d'état entendu,

NOUS AVONS ORDONNÉ et ORDONNONS ce qui suit :

ART. 1ᵉʳ. La chambre temporaire créée dans notre tribunal de première instance de Condom par une ordonnance du 1ᵉʳ novembre 1829, pour l'expédition des affaires civiles, sera prorogée pour une année, à l'expiration de laquelle ses fonctions cesseront de droit, s'il n'en a été par nous autrement ordonné.

2. Notre garde des sceaux, ministre secrétaire d'état au département de la justice, est chargé de l'exécution de la présente ordonnance, qui sera insérée au Bulletin des lois.

Signé LOUIS-PHILIPPE.

Par le Roi : *le Garde des sceaux, Ministre Secrétaire d'état au département de la justice,*

Signé DUPONT (de l'Eure).

A Paris, le 11 Décembre 1830.

LOUIS-PHILIPPE, Roi des Français, à tous présens et à venir, SALUT.

Vu l'article 39 de la loi du 20 avril 1810,

L'ordonnance du 7 juillet 1824 portant création d'une chambre temporaire au tribunal de première Instance de Grenoble pour une année, à compter du jour de son installation,

Les ordonnances des 1ᵉʳ septembre 1825, 15 octobre 1826, 16 octobre 1827, 16 novembre 1828 et 22 novembre 1829, portant chacune prorogation de cette chambre pour une année;

Considérant que l'intérêt des justiciables exige encore le secours d'une chambre temporaire pour l'expédition des affaires civiles soumises à ce siége;

Sur le rapport de notre garde des sceaux, ministre secrétaire d'état au département de la justice;

Notre Conseil d'état entendu,

NOUS AVONS ORDONNÉ et ORDONNONS ce qui suit:

ART. 1ᵉʳ. La chambre temporaire créée au tribunal de première instance de Grenoble par l'ordonnance du 7 juillet 1824, et déjà prorogée par ordonnances des 1ᵉʳ septembre 1825, 15 octobre 1826, 16 octobre 1827, 16 novembre 1828 et 22 novembre 1829, continuera de remplir ses fonctions durant une année. A l'expiration de ce temps, elle cessera de droit, s'il n'en a pas été par nous autrement ordonné.

2. Notre garde des sceaux, ministre secrétaire d'état au département de la justice, est chargé de l'exécution de la présente ordonnance, qui sera insérée au Bulletin des lois.

Signé LOUIS-PHILIPPE.

Par le Roi: *le Garde des sceaux, Ministre Secrétaire d'état au département de la justice,*

Signé DUPONT (de l'Eure).

N° 566. — ORDONNANCE DU ROI *portant Prorogation de la Chambre temporaire créée au Tribunal de Saint-Étienne.*

A Paris, le 11 Décembre 1830..

LOUIS-PHILIPPE, ROI DES FRANÇAIS, à tous présens et à venir, SALUT.

Vu, 1° l'article 39 de la loi du 20 avril 1810; 2° les ordonnances des 15 octobre 1826, 16 octobre 1827, 16 novembre 1828 et 22 novembre 1829: la première, portant création d'une chambre temporaire au tribunal de première instance de Saint-Étienne pour une année, à compter du jour de son installation; les trois autres,

K k 8

portant chacune prorogation de cette chambre, également pour une année ;

· Considérant que l'intérêt des justiciables exige encore le secours d'une chambre temporaire pour l'expédition des affaires civiles arriérées pendantes devant ce siége ;

Sur le rapport de notre garde des sceaux, ministre secrétaire d'état au département de la justice ;

Notre Conseil d'état entendu,

NOUS AVONS ORDONNÉ et ORDONNONS ce qui suit : ·

ART. 1er. La chambre temporaire créée au tribunal de première instance de Saint-Étienne par l'ordonnance du 15 octobre 1826, et déjà prorogée par les ordonnances des 16 octobre 1827, 16 novembre 1828 et 22 novembre 1829, continuera de remplir ses fonctions pendant une année. A l'expiration de ce temps, elle cessera de droit, s'il n'en a été par nous autrement ordonné.

2. Notre garde des sceaux, ministre secrétaire d'état au département de la justice, est chargé de l'exécution de la présente ordonnance, qui sera insérée au Bulletin des lois.

Signé LOUIS-PHILIPPE.

Par le Roi : *le Garde des sceaux de France, Ministre Secrétaire d'état au département de la justice,*

Signé DUPONT (de l'Eure).

N° 567. — ORDONNANCE DU ROI *portant Prorogation de la Chambre temporaire créée au Tribunal de Saint-Gaudens.*

A Paris, le 11 Décembre 1830.

LOUIS-PHILIPPE, ROI DES FRANÇAIS, à tous présens et à venir, SALUT.

Vu l'article 39 de la loi du 20 avril 1810 ;

Vu les ordonnances des 25 avril et 16 octobre 1827, 16 novembre 1828 et 22 novembre 1829 ;

Sur le rapport de notre garde des sceaux, ministre secrétaire d'état au département de la justice ;

Notre Conseil d'état entendu,

NOUS AVONS ORDONNÉ et ORDONNONS ce qui suit :

ART. 1er. La chambre temporaire créée et prorogée dans

notre tribunal de première instance de Saint-Gaudens par nos ordonnances des 25 avril et 16 octobre 1827, 16 novembre 1828 et 22 novembre 1829, pour l'expédition des affaires civiles, sera prorogée de nouveau pour une année. A l'expiration de ce temps, elle cessera de droit, s'il n'en a été par nous autrement ordonné.

2. Notre garde des sceaux, ministre secrétaire d'état au département de la justice, est chargé de l'exécution de la présente ordonnance, qui sera insérée au Bulletin des lois.

Signé LOUIS-PHILIPPE.

Par le Roi : *le Garde des sceaux de France, Ministre Secrétaire d'état au département de la justice,*

Signé DUPONT (de l'Eure).

N° 568. — ORDONNANCE DU ROI *portant Prorogation de la Chambre temporaire créée au Tribunal de Saint-Girons.*

A Paris, le 11 Décembre 1830.

LOUIS-PHILIPPE, ROI DES FRANÇAIS , à tous présens et à venir , SALUT.

Vu l'article 39 de la loi du 20 avril 1810;

Vu les ordonnances des 16 octobre 1827, 16 novembre 1828, 22 novembre 1829;

Considérant qu'il existe encore un grand nombre d'affaires civiles arriérées au tribunal de première instance de Saint-Girons, et qu'il importe de remédier aux inconvéniens qui résultent d'un tel état de choses;

Sur le rapport de notre garde des sceaux, ministre secrétaire d'état au département de la justice;

Notre Conseil d'état entendu,

NOUS AVONS ORDONNÉ et ORDONNONS ce qui suit :

ART. 1er. La chambre temporaire créée et prorogée dans notre tribunal de première instance de Saint-Girons par les ordonnances des 16 octobre 1827, 16 novembre 1828 et 22 novembre 1829, pour l'expédition des affaires civiles, est renouvelée.

Cette chambre durera une année à partir de son installation. A' l'expiration de l'année, cette chambre cessera de droit, s'il n'en a été par nous autrement ordonné.

2. Notre garde des sceaux, ministre secrétaire d'état au département de la justice, est chargé de l'exécution de la présente ordonnance, qui sera insérée au Bulletin des lois.

Signé LOUIS-PHILIPPE.

Par le Roi : *le Garde des sceaux , Ministre Secrétaire d'état au département de la justice,*

Signé DUPONT (de l'Eure).

N° 569. — *ORDONNANCE DU ROI qui classe un Chemin parmi les Routes départementales de l'Eure.*

A Paris, le 5 Décembre 1830.

LOUIS-PHILIPPE, ROI DES FRANÇAIS, à tous présens et à venir, SALUT.

Sur le rapport de notre ministre secrétaire d'état de l'intérieur;

Vu la délibération prise par le conseil général du département de l'Eure dans sa session de 1829, tendant à classer au rang des routes départementales le chemin de Bernay à Louviers par Beaumont-le-Roger, les quatre routes et le Neufbourg;

Vu l'avis du préfet du département et celui du conseil général des ponts et chaussées;

Le comité de l'intérieur du Conseil d'état entendu,

NOUS AVONS ORDONNÉ et ORDONNONS ce qui suit :

ART. 1er. Le chemin de Bernay à Louviers est classé parmi les routes départementales du département de l'Eure sous le n° 13 et le nom de *route de Bernay à Louviers par Beaumont-le-Roger, les quatre routes et le Neufbourg.*

2. L'administration est autorisée à acquérir les terrains et propriétés nécessaires pour la construction de cette route, en se conformant à la loi du 8 mars 1810 sur les expropriations pour cause d'utilité publique.

3. Notre ministre secrétaire d'état de l'intérieur est chargé de l'exécution de la présente ordonnance.

Signé LOUIS-PHILIPPE.

Par le Roi : *le Ministre Secrétaire d'état au département de l'intérieur,*

Signé MONTALIVET.

N° 570. — Ordonnance du Roi qui classe un Chemin au rang des Routes départementales de l'Ardèche.

A Paris, le 16 Décembre 1830.

LOUIS-PHILIPPE, Roi des Français, à tous présens et à venir, SALUT.

Sur le rapport de notre ministre secrétaire d'état au département de l'intérieur ;

Vu la délibération du conseil général du département de l'Ardèche tendant à ce que le chemin de Privas à Saint-Pierreville par le Gua soit classé au rang des routes départementales ;

Vu l'avis du conseil général des ponts et chaussées;

Le comité de l'intérieur du Conseil d'état entendu,

Nous avons ordonné et ordonnons ce qui suit :

Art. 1er. Le chemin de Privas à Saint Pierreville par le Gua est et demeure classé au rang des routes départementales de l'Ardèche sous le n° 8 bis.

2. L'administration est autorisée à acquérir les terrains nécessaires pour le perfectionnement de cette route, en se conformant aux dispositions de la loi du 8 mars 1810 sur l'expropriation pour cause d'utilité publique.

3. Notre ministre secrétaire d'état de l'intérieur est chargé de l'exécution de la présente ordonnance.

Signé LOUIS-PHILIPPE.

Par le Roi : le Ministre Secrétaire d'état au département de l'intérieur,

Signé Montalivet.

___

N° 571. — Par Ordonnance du Roi, les propriétaires dont les noms suivent sont autorisés, savoir :

1° Le sieur Dreyfus, à conserver un hangar construit par lui à une distance prohibée des forêts, et dont la démolition a été ordonnée par une décision en date du 16 février dernier, à charge d'en souffrir la démolition, si son voisinage devenait préjudiciable aux forêts (Meurthe) ;

2° Le sieur Lallemand, à conserver en activité un ancien four à chaux à proximité des forêts, à la charge d'en souffrir la démolition, si son voisinage devenait préjudiciable aux forêts (Vosges);

3° Les sieurs Allard et Dumollard, à construire un four à chaux à une distance prohibée des bois soumis au régime forestier, à la charge de ne le maintenir en activité que pendant huit jours, et de le démolir ensuite (Ain);

4° Le sieur *Cœur*, à construire un four à chaux sur un terrain à proximité des forêts, à la charge de ne le maintenir en activité que le temps nécessaire pour consommer les broussailles d'une coupe communale dont il s'est rendu adjudicataire (Jura);

5° Le sieur *Benoist*, à construire un four à chaux dans un vague d'une coupe d'un bois de l'État dont il s'est rendu adjudicataire, à la charge de ne le maintenir en activité que le temps nécessaire pour consommer les ramilles en provenant (Côte-d'Or);

6° Le sieur *Bride*, à construire un four à chaux à proximité des forêts, à la charge de ne le maintenir en activité que pendant le temps nécessaire pour consommer les branchages et remanens provenant d'une coupe dont il s'est rendu adjudicataire (Jura);

7° Le sieur *Flambard*, à faire construire une maison d'habitation sur un terrain qui lui appartient à proximité des forêts, à la charge d'en souffrir la démolition, si son voisinage devenait préjudiciable aux forêts (Manche);

8° Le sieur *Pelletier*, à construire une maison d'habitation sur un terrain à proximité d'une forêt communale, à la charge d'en souffrir la démolition, si son voisinage devenait préjudiciable aux forêts (Haut-Rhin). (*Paris, 30 Septembre 1830.*)

N° 572. — PAR ORDONNANCE DU ROI, les propriétaires dont les noms suivent ont été autorisés, savoir :

1° Le sieur *Lions*, à conserver une ancienne scierie dont il est propriétaire, à la charge d'en souffrir la démolition sans indemnité, si son voisinage devenait par la suite préjudiciable aux forêts (Var);

2° La commune de Gellin (Doubs), à construire un four à chaux temporaire à proximité des forêts pour y consommer des broussailles;

3° Le sieur *Jean*, à établir un four à chaux temporaire sur sa propriété située à proximité des forêts, pour utiliser des menus bois (Var);

4° Le sieur *Giraud*, à construire un four à chaux temporaire à proximité des forêts, pour utiliser les broussailles provenant d'un bois qui lui appartient (Vaucluse);

5° Le sieur *de Montferré*, à construire une loge sans cheminée sur un terrain qui lui appartient à proximité des forêts, à la charge d'en souffrir la démolition sans indemnité, si son voisinage devenait par la suite préjudiciable aux forêts (Gard);

6° Le sieur *Seiller*, à construire une maison d'habitation sur un terrain qui lui appartient à proximité des forêts, à la charge d'en souffrir la démolition sans indemnité, si son voisinage devenait par la suite préjudiciable aux forêts (Haut-Rhin);

7° Le sieur *Boucaumont*, à établir une tuilerie et une briqueterie dans un domaine qui lui appartient à proximité des forêts, à la charge d'en souffrir la démolition sans indemnité, si son voisinage devenait par la suite préjudiciable aux forêts (Cher);

8° Le sieur *Robert*, à reconstruire sur un autre emplacement de sa propriété une maison qui lui appartient à proximité des forêts, à la charge d'en souffrir la démolition sans indemnité, si son voisinage devenait par la suite préjudiciable aux forêts (Vosges);

9° La commune d'Aubertin, à construire un four à chaux à proximité des forêts, à la charge de ne le maintenir en activité que pendant un mois (Basses Pyrénées);

10° La commune de Camous, à établir un four à chaux sur un terrain communal à proximité des forêts, à la charge de ne le maintenir en activité que pendant six mois (Hautes-Pyrénées). (*Paris, 1er Octobre 1830.*)

N° 573. — PAR ORDONNANCE DU ROI, les propriétaires dont les noms suivent sont autorisés, savoir :

1° Le sieur *Rolland de Ravelle*, à reconstruire un ancien four à chaux sur sa propriété située à proximité des forêts, à la charge de ne le chauffer qu'avec de la houille et de ne le maintenir en activité que pendant cinq années, sauf prorogation (Ain);

2° La dame veuve *Villemain*, à construire une maison sur un terrain qui lui appartient à proximité des forêts, à la charge d'en souffrir la démolition sans indemnité, si son voisinage devenait par la suite préjudiciable aux forêts (Vosges);

3° Le sieur *Husson*, à achever une loge qu'i! a fait construire à proximité d'une forêt communale, à la charge d'en souffrir la démolition sans indemnité, si son voisinage devenait par la suite préjudiciable à la forêt (Meurthe)

4° Le sieur *Larré*, à construire une maison d'habitation sur un terrain qu'il possède à proximité des forêts, à la charge d'en souffrir la démolition sans indemnité, si son voisinage devenait par la suite préjudiciable aux forêts (Tarn-et-Garonne);

5° Les sieurs *Bres*, *Klein* et *Walter*, à conserver une baraque qu'ils ont fait construire sans autorisation à proximité des forêts, à la charge d'en souffrir la démolition sans indemnité, si son voisinage devenait par la suite préjudiciable aux forêts (Haut-Rhin);

6° Le sieur *Coin*, à rétablir une scierie qui lui appartient à proximité des forêts et à la tenir en activité pendant trois mois (Ardèche);

7° Le sieur *Forin*, à établir une tuilerie sur un terrain qui lui appartient à proximité des forêts, à la charge de ne la maintenir en activité que pendant six ans, sauf prorogation, et en outre d'en souffrir la démolition sans indemnité, si son voisinage devenait par la suite préjudiciable aux forêts (Haute-Saone);

8° Le sieur *Raymond*, à construire un four à chaux à proximité des forêts, à la charge de ne le maintenir en activité que pendant trois mois (Jura);

9° Le sieur *Bremond*, à établir un four à chaux temporaire à proximité des forêts (Vaucluse);

10° Le sieur *Lemasson*, à conserver une maison qu'il a fait bâtir sans autorisation à proximité des forêts, à la charge d'en souffrir la démolition sans indemnité, si son voisinage devenait par la suite préjudiciable aux forêts (Vosges);

11° Le sieur *Flageollet*, à rétablir une ancienne scierie à proximité des forêts, à la charge de ne la maintenir en activité que pendant dix ans, sauf prorogation, et en outre d'en souffrir la démolition sans indemnité, si son voisinage devenait par la suite préjudiciable aux forêts (Vosges). (*Paris, 7 Octobre 1830.*)

N° 574 — Par Ordonnance du Roi, les propriétaires dont les noms suivent sont autorisés, savoir :

1° Le sieur *Debeine* et la veuve *Bocaux* et *Bailly*, à maintenir en activité une tuilerie qui leur appartient à proximité des forêts, à la charge d'en souffrir la démolition sans indemnité, si son voisinage devenait par la suite préjudiciable aux forêts (Aisne);

2° Les sieurs *Deblaye* et *Gille*, à établir sur leur propriété un four à fabriquer des tuyaux de fontaine, à la charge d'en souffrir la démolition sans indemnité, si son voisinage devenait par la suite préjudiciable aux forêts (Vosges);

3° Le sieur *Vaillat*, à établir un four à chaux temporaire à proximité des forêts, pour y consommer des menus bois provenant de sa propriété (Jura);

4° Le sieur *Guyot*, à établir un four à chaux temporaire à proximité des forêts, pour y consommer des broussailles (Jura);

5° Les habitans du hameau de Nahin, commune de Cléron, à construire un four à chaux temporaire à proximité des forêts, pour y consommer des menus bois (Doubs);

6° Le sieur *Lehartel*, à conserver pendant cinq ans, sauf prorogation, un ancien four à chaux qui lui appartient à proximité des forêts, à la charge d'en souffrir la démolition sans indemnité, si son voisinage devenait par la suite préjudiciable aux forêts (Manche);

7° Le sieur *Joaville*, à construire deux fours à chaux sur un terrain qui lui appartient à proximité des forêts, à la charge de ne les maintenir en activité que pendant cinq ans, sauf prorogation, et, en outre, d'en souffrir la démolition sans aucune indemnité, si leur voisinage devenait par la suite préjudiciable aux forêts (Moselle). (*Paris, 7 Octobre 1830.*)

N° 575. — Par Ordonnance du Roi, les propriétaires dont les noms suivent sont autorisés, savoir :

1° Le sieur *Lhôte*, à reconstruire sa maison d'habitation sur un autre emplacement de sa propriété située à proximité des forêts, à la charge d'en souffrir la démolition sans indemnité, si son voisinage devenait par la suite préjudiciable aux forêts (Vosges);

2° Le sieur *Tremblet*, à mettre en activité le four à chaux qu'il a établi sur sa propriété, et à en établir un second pour y consommer des remanens (Haute-Saone);

3° Le sieur *Ravaux*, à maintenir en activité une tuilerie qui lui appartient à proximité des forêts, à la charge d'en souffrir la démolition sans indemnité, si son voisinage devenait par la suite préjudiciable aux forêts (Aisne);

4° Le sieur *Gautier*, à maintenir en activité une scierie qui lui appartient à proximité des forêts, à la charge d'en souffrir la démolition sans indemnité, si son voisinage devenait par la suite préjudiciable aux forêts (Isère);

5° Le sieur *Leblanc*, à établir un four à chaux temporaire à proximité des forêts, pour y consommer des ramilles (Yonne);

6° Le sieur *Estivalet*, à établir un four à chaux temporaire sur une coupe domaniale pour y consommer des ramilles (Côte-d'Or);

7° Le sieur *Boucher*, garde forestier, à construire une maison à deux cents mètres de la forêt royale de Boulogne, mais à condition qu'en cas de mort ou de révocation sa maison sera abandonnée à son successeur sur évaluation (Pas-de-Calais);

8° Le sieur *Lebon*, à maintenir un four à chaux qu'il a établi à une distance prohibée des forêts, à la charge d'en souffrir la démolition sans indemnité, si son voisinage devenait par la suite préjudiciable aux forêts (Manche);

9° Le sieur *Beaudey*, à établir un four à chaux temporaire à proximité des forêts pour y consommer des ramilles (Côte-d'Or);

10° Les sieurs *Vermot* frères, a établir un four à chaux temporaire à proximité des forêts (Doubs);

11° Le sieur *Patience*, à construire une maison d'habitation sur sa propriété située à proximité des forêts, à la charge d'en souffrir la démolition sans indemnité, si son voisinage devenait par la suite préjudiciable aux forêts (Haute Marne). (*Paris , le 19 Octobre 1830.*)

N° 576. — PAR ORDONNANCE DU ROI, les bois appartenant aux communes ci-après désignées sont et demeurent soumis au régime forestier, savoir :

1° Les parties de bois de la commune de Saint-Genes-Champespe ou de ses annexes (Landes), désignées par l'administration des forêts;

2° La totalité des bois de la commune de Saint-Vincent-de-Paul (Landes), d'une contenance de deux cent vingt-huit hectares cinquante-huit ares vingt centiares;

3° La totalité des bois de la commune de Rivière et Saas (Landes), d'une contenance d'environ deux cents hectares;

4° Les parties du bois de la commune de Mallemont (Bouches-du-Rhône) connues sous le nom de *cantons des îles*;

5° Tous les terrains boisés dépendans de la forêt de Poyanne, commune du même nom (Landes).

6° Les six hectares du communal de la Salle qui avaient été maintenus sous le régime forestier par ordonnance du 17 février 1830, sont abandonnés à la libre disposition de la commune de Roumoules (Basses-Alpes).

Les dispositions de l'ordonnance précitée qui ne sont pas rapportées par les présentes, continueront à avoir leur plein et entier effet. (*Paris, 20 Octobre 1830.*)

N° 577. — PAR ORDONNANCE DU ROI, l'administration forestière est autorisée à faire délivrance aux communes ci-après désignées, savoir :

1° Hattstatt (Haut-Rhin), de la coupe de deux hectares cinquante ares de ses bois,

2° Stifl (Bas-Rhin), de la coupe de trois hectares environ à prendre dans ses bois;

3° Sorbey (Meuse), de la coupe, en deux années successives, d'environ dix hectares de la réserve de ses bois;

4° Couvertpuis (Meuse), de la coupe, en trois années successives, de dix-neuf hectares quarante-deux ares composant la réserve de ses bois;

5° Monthureux-le-Sec (Vosges), de la coupe, en quatre années successives, de seize hectares formant la réserve de ses bois:

Il sera procédé à l'aménagement desdits bois;

6° Corvol-l'Orgueilleux (Nièvre), de la coupe, pour l'ordinaire 1831, de vingt-deux hectares de la réserve de ses bois;

7° Huilliécourt (Haute-Marne), de la coupe, pour l'ordinaire 1831, de douze hectares environ de la réserve de ses bois;

8° Bourdons (Haute-Marne), de la coupe, en deux années successives à partir de l'ordinaire 1831, de vingt hectares environ de la réserve de ses bois;

9° Domremy (Haute-Marne), de la coupe, par anticipation, pour son affouage de l'ordinaire 1831, du n° 16 de l'aménagement de ses bois, d'une contenance de sept hectares cinquante ares, laquelle ne devait venir en tour d'exploitation que pour l'ordinaire 1832:

Il sera procédé à la vente du n° 15 de la même contenance;

10° Plan de la Tour (Var), de la coupe de tous les pins dépérissans sur des terrains communaux qui lui appartiennent;

11° Attenschwiler (Haut-Rhin), de la coupe de quatre hectares de ses bois;

12° Illfurth (Haut-Rhin), de la coupe d'un hectare cinquante ares de ses bois;

13° Reillanne (Basses-Alpes), de la coupe des anciens baliveaux reconnus surabondans qui se trouvent dans les coupes des ordinaires 1828 et 1829 de ses bois;

14° Barles (Basses-Alpes), de la coupe de soixante-et-dix arbres pins à prendre dans ses bois. (*Paris, 4 Novembre 1830.*)

N° 578. — ORDONNANCE DU ROI portant que,

ART. 1er. L'administration forestière est autorisée à faire délivrance aux communes ci-après désignées, savoir :

1° Robert-Espagne (Meuse), de la coupe, en deux années successives, des dix-huit hectares trente-neuf ares quatre-vingt-trois centiares composant la réserve de ses bois;

2° Amel (Meuse), de la coupe, en quatre années successives, de trente-cinq hectares cinquante-cinq ares restant de sa réserve;

3° Neuville-sur-Orne (Meuse), de la coupe, en cinq années successives, des trente hectares trente-et-un ares soixante-huit centiares formant sa réserve;

4° Bonnet (Meuse), de la coupe, pour l'ordinaire 1831, de la moitié de la coupe n° 15, en remplacement de celle n° 14 de l'aménagement actuel de ses bois:

Il n'est pas dérogé à l'ordonnance d'aménagement du 21 mars dernier, qui fixe à trente ans l'exploitation des coupes ordinaires;

5° Gonze (Basses-Pyrénées), de la coupe de trente-huit ares de bois taillis, essence aune et bois blancs, à prendre dans ses bois;

6° Saint-Vyt (Doubs), de la coupe de quinze hectares de sa réserve;

7° La Haye (Vosges), de la coupe des arbres anciens et modernes dépérissans ou nuisibles qui se trouvent sur une étendue de vingt-quatre hectares de sa réserve;

8° Jandelincourt (Meurthe), de la coupe, en deux années successives, de sept hectares soixante-sept ares de sa réserve;

9° Aignan (Gers), de la coupe, en huit années successives, par forme d'éclaircie, des quarante hectares formant sa réserve;

10° Bannoncourt (Meuse), de la coupe, en deux années successives, de seize hectares cinquante six ares de sa réserve :

Il sera procédé à un nouvel aménagement des bois de ladite commune;

11° Saint-George (Doubs), de la coupe de quatre hectares cinquante ares de sa réserve;

12° Cuissance-le-Châtel (Doubs), de la coupe de huit hectares de sa réserve;

13° Charbonnières (Doubs), de la coupe de cinq à six hectares restant du canton dit *Chemenot*, dépendant de sa réserve :

Il sera procédé à un nouvel aménagement des bois de ladite commune;

14° Bachas (Haute-Garonne), de la coupe des sept hectares quatre-vingt-dix ares composant sa réserve;

15° Glay (Doubs), de la coupe, pour l'ordinaire 1832, de neuf hectares de sa réserve;

16° Auzas (Haute-Garonne), de la coupe, par forme de nettoiement, des treize hectares cinquante-trois ares quatre-vingt-douze centiares formant sa réserve, et de trois hectares environ du canton de ses bois appelé *Moucha*;

17° Raréconrt (Meuse), de la coupe, en trois années successives, de soixante et-quinze hectares de sa réserve;

18. Treveray (Meuse), de la coupe, en deux années successives et par forme de nettoiement, de vingt-huit hectares de sa réserve;

19° Gimancourt (Meuse), de la coupe, en deux années successives, de dix-sept hectares de sa réserve;

20° Ancemont (Meuse), de la coupe, en trois années successives, de trente-cinq hectares de sa réserve;

21° Verdun (Meuse), de la coupe, en quatre années successives, 1° de cinquante-quatre hectares treize ares à prendre aux cantons dits *le Grand Bouchet, les Petites Sartelles, les Grandes Sartelles* et *le Trembley,* faisant partie de sa réserve; 2° de dix chênes dépérissans placés sur la lisière du canton des Grandes Sartelles :

L'exploitation des cantons appelés *le Petit Bouchet* et *les Dix-neuf arpens* est ajournée;

22° Poligny (Jura), de la coupe de trente hectares de sa réserve;

23° Choux (Jura), de la coupe, en deux années successives, de mille sapins à prendre dans sa réserve.

2. Il sera procédé, en deux années successives, à la vente et adjudication, en la forme ordinaire, des vingt-et-un hec-

tares vingt-quatre ares formant la réserve des bois de Dialos appartenant aux hospices de Dijon (Côte-d'Or).

3. Il sera procédé à l'aménagement des bois des communes de Perreuil (Saone-et-Loire) et Sommeville (Haute-Marne).

4. Les arrêtés du préfet du Bas-Rhin, en date des 7, 12, 15 et 30 juillet, 10 et 31 août et 8 septembre 1830, autorisant, pour cause d'urgence, des essartemens dans les bois des communes de Schelestadt, Strasbourg, Mothern, Artolsheim et Mackenheim, sont approuvés.

5. 1° La commune de Champenoux (Meurthe) est autorisée à faire ouvrir dans ses bois une tranchée de soixante-quatre mètres environ de longueur sur neuf mètres de largeur, fossés compris, pour servir de prolongement à celle ouverte dans la forêt royale de la Grande Bouzule, et à faire exploiter les arbres et taillis qui se trouvent sur le terrain destiné à l'emplacement de ladite tranchée.

2° La commune de Domèvre (Meurthe) est autorisée à ouvrir une tranchée en ligne droite à travers ses bois, en remplacement des chemins dans la même direction qui s'y trouvent pratiqués, et à exploiter tous les bois qui existent sur l'emplacement de ladite tranchée.

6. Il sera procédé, par voie d'économie, à l'élagage des arbres et à l'exploitation des brins qui couvrent le chemin dit *l'Étape*, traversant la forêt royale du Buisson-rond et les bois de la commune d'Amance (Aube).

7. Il sera procédé, en deux années successives, à partir de l'ordinaire 1831, à la vente et adjudication de six cents arbres à prendre parmi ceux qui seront reconnus inutiles ou nuisibles dans la forêt royale dite *le Fouilly* (Meurthe).

8. L'article 1er de l'ordonnance du 17 août 1828 qui prescrit un nouvel aménagement de la forêt royale de Nouhes (Jura), est modifié ainsi qu'il suit:

« Il sera procédé au levé du plan et à l'aménagement de la » forêt royale de Nouhes. Le canton dit *la Poire* se dis- » trait de la masse pour croître en futaie pleine, et le surplus

» sera divisé en vingt-cinq coupes égales pour être exploitées
» dans un pareil nombre d'années. »

9. Les mesures prescrites par le conservateur des forêts à
Colmar pour la délivrance dans la forêt royale de Reiperst-
willer (Bas-Rhin) des bois propres à la restauration du fort
de Lichtemberg, sont approuvées. (*Paris, 29 Novembre
1830.*)

N° 579. — PAR ORDONNANCE DU ROI, les propriétaires dont les
noms suivent sont autorisés, savoir :

1° Les sieurs *Borel, Blanc* et consorts, à conserver en activité pendant
cinq ans, sauf prorogation, une scierie qui leur appartient à proximité des
forêts, à la charge d'en souffrir la démolition sans indemnité, si son voisinage devenait par la suite préjudiciable aux forêts (Drôme);

2° Le sieur *Demière*, à maintenir en activité pendant neuf années, sauf
prorogation, une scierie qui lui appartient à proximité des forêts, à la
charge d'en souffrir la démolition sans indemnité, si son voisinage devenait par la suite préjudiciable aux forêts (Isère);

3° Le sieur *Schœffer*, à maintenir en activité pendant quatre ans une
scierie qui lui appartient à proximité des forêts, à la charge d'en souffrir la
démolition sans indemnité, si son voisinage devenait préjudiciable aux
forêts (Bas-Rhin);

4° Le sieur *Heugarot*, à maintenir en activité, pendant un nouveau délai d'une année, un four à chaux qu'il possède à proximité des forêts (Basses-
Pyrénées);

5° Le sieur *Mongin*, à construire un four à chaux temporaire à proximité des forêts (Doubs);

6° Le sieur *Bugey*, à réparer une scierie située à proximité des forêts
et à la faire rouler pendant le temps nécessaire pour débiter en planches
quatre cents arbres résineux dont il est adjudicataire (Isère);

7° Le sieur *Rovel*, à maintenir en activité une scierie qui lui appartient
pendant un nouveau délai de deux ans (Vosges);

8° Le sieur *Canaple*, à maintenir en activité pendant neuf années, sauf
prorogation, une scierie qui lui appartient, à la charge d'en souffrir la démolition sans indemnité, si son voisinage devenait préjudiciable aux forêts
(Isère);

9° Le sieur *Favier*, à construire un four à chaux temporaire à proximité
des forêts, pour y consommer des broussailles (Jura). (*Paris, 29 Novembre 1830.*)

N° 580. — Ordonnance du Roi portant que,

Art. 1ᵉʳ. L'administration forestière est autorisée à faire délivrance aux communes ci-après désignées, savoir :

1°ᵉ Nans-sous-Sainte-Anne (Doubs), de quatre coupes de six hectares chacune, situées au canton de Montmalict dépendant de sa réserve :
Ces coupes seront délivrées en nature aux habitans de ladite commune pour leur affouage des ordinaires 1831, 1832, 1833 et 1834 ;

2° Sigolsheim (Haut-Rhin), de la coupe, en deux années successives, 1° de dix-huit hectares de chênes rabougris, 2° de quelques bouquets d'aunes, 3° de six chênes, le tout à prendre dans les bois de ladite commune au canton Fechtwald ;

3° Champdor (Ain), de trois cent cinquante sapins dépérissans à prendre dans sa réserve ;

4° Vellexon (Haute-Saone), de la coupe, en deux années successives, de dix-sept hectares onze ares de sa réserve ;

5° Bouhans-lès-Lure (Haute-Saone), de la coupe, par forme de recépage, en quatre années successives, de cinquante-huit hectares trois ares de sa réserve ;

6° Deyvillers (Vosges) de la coupe, pour l'ordinaire 1831, de treize hectares de ses bois, dont sept hectares seront exploités à blanc étoc et le surplus par forme d'extraction ;

7° Balnot-sur-Laigne (Aube), de la coupe, pour l'ordinaire 1832, de deux hectares de plantation de ses bois situés à l'extrémité ouest de la partie appelée la Garenne, et des taillis circonvoisins :
Il sera procédé à l'aménagement des bois de ladite commune ;

8° Champagney (Jura), de la coupe des soixante-et-un ares restant à exploiter de la réserve des bois du hameau de Nilieu, annexe de ladite commune ;

9° Menou (Nièvre), de la coupe, en deux années successives, à partir de l'ordinaire prochain, de trente-cinq hectares de sa réserve ;

10° Sarrinsming (Moselle), de la coupe, par forme d'expurgade ou secondaire, en trois années successives, de soixante-et-un hectares de sa réserve ;

11° Sarreguemines et Neunkirch (Moselle), de la coupe, en quatre années successives, des arbres dépérissans et de tous les bois blancs qui se trouvent sur la réserve des bois indivis entre lesdites communes ;

12° Mottey-Besuches (Haute-Saone), de la coupe de sept hectares vingt-sept ares de sa réserve ;

13° Mollans (Haute-Saone), de la coupe, en trois années successives, de quarante hectares vingt-cinq ares cinquante centiares de sa réserve ;

14° La Chevalotte (Doubs), de vingt-cinq sapins à prendre dans sa réserve ;

15° Solemont (Doubs), de la coupe de cinq hectares de sa réserve ;

16° Mémont (Doubs), de quarante-quatre sapins et seize hêtres à prendre dans sa réserve parmi les plus dépérissans ;

17° Feule (Doubs), de la coupe de quatre hectares quatre-vingt-dix ares cinquante-huit centiares de sa réserve ;

18° Triconville (Meuse), de la coupe, en ~~deux années successives~~, de treize hectares dix ares de sa réserve;

19° Spada (Meuse), de la coupe, en trois années successives, des vingt-six hectares soixante-et-treize ares composant sa réserve;

20° Troyon (Meuse), de la coupe, en deux années successives, de quarante-deux hectares de sa réserve;

21°. Hudonville-sous-la-Chaussée (Meuse), de la coupe de quatre hectares trente-et-un ares de sa réserve;

22° Delouze (Meuse), de la coupe, en trois années successives, de trente-trois hectares dix-neuf ares de sa réserve;

23° Cavilhargues (Gard), de la coupe de dix hectares de ses bois:

Il sera procédé à l'aménagement des bois de ladite commune;

24° Gyé-sur-Seine (Aube), de la coupe, pour les ordinaires 1831 et 1833, de dix-sept hectares environ de ses bois;

25° Uffholtz (Haut-Rhin), de la coupe, par forme de nettoiement, des brins de sapin et de saule qui existent sur environ cinq hectares de ses bois;

26° Castellet-les-Sausses (Basses-Alpes), de la coupe de deux hectares de ses bois;

27° Tressange (Moselle), de la coupe, en deux années successives, de six hectares vingt-six ares de la réserve des bois du hameau de Ludlange, annexe de ladite commune;

28° Chenecey (Doubs), de la coupe de trente-deux hectares environ de sa réserve;

29° Moirey (Meuse), de la coupe de tous les arbres viciés ou sur le retour qui existent dans le canton en clairs-chênes dit *le bois l'Amaut*, dépendant de la réserve des bois indivis entre ladite commune et l'État;

30° Baroville (Aube), de la coupe de huit hectares environ de ses bois;

31° Lestelle (Haute-Garonne), de la coupe, en deux années successives, pour les ordinaires 1831 et 1833, de huit hectares de ses bois, sous la condition qu'il sera fait sur les premières coupes à venir une réduction proportionnelle, afin de ne pas intervertir l'ordre de l'aménagement;

32° Byarne (Jura), de la coupe des cinq hectares composant sa réserve actuelle:

Il sera procédé à un nouvel aménagement des bois de ladite commune;

33° Saint-Maurice (Doubs), de vingt chênes dépérissans à prendre dans sa réserve;

34° Fresnoy (Haute-Marne), de la coupe de huit hectares de sa réserve;

35° Saint-Guilhem-le-Désert (Hérault), de la coupe de dix hectares de taillis à prendre par anticipation dans la partie la plus âgée de ses bois:

Afin de rétablir l'ordre de l'aménagement, il sera fait une retenue de cinq hectares sur chacune des coupes des ordinaires 1832 et 1833;

36° Heiteren (Haut-Rhin), de la coupe, en trois années successives, de six cents arbres, essences chêne et orme, à prendre dans les cent cinquante hectares de ses bois destinés par le nouvel aménagement à composer les coupes ordinaires, sous la condition que la délivrance n'aura lieu qu'au fur et à mesure que les chemins et tranchées à ouvrir d'après l'aménagement permettront le passage desdits arbres.

2. Il sera procédé à l'aménagement du bois de Pfarrhurst

appartenant à l'église protestante de la commune d'Andolsheim (Haut-Rhin).

3. La commune de Fays-Billot (Haute-Marne) est autorisée à faire donner neuf mètres de largeur au chemin vicinal qui traverse la partie de ses bois appelée *Montvaudée*.

Il sera procédé à la vente et adjudication de tous les bois qui se trouveront sur le nouvel emplacement dudit chemin.

4. L'arrêté du préfet du Bas-Rhin en date du 8 septembre 1830, et autorisant par urgence la délivrance à la commune d'Uhrwiler de trois cents fascines à prendre dans sa forêt pour être employées à la réparation de chemins vicinaux, est approuvé.

5. L'ordonnance royale du 16 juin 1829, relative à l'aménagement des bois de la commune d'Étalans (Doubs), est modifiée : l'exploitation des coupes ordinaires sera portée à trente ans, au lieu de trente-cinq.

La demande de ladite commune tendant à obtenir la conservation en dix coupes affouagères de la réserve de ses bois, est rejetée.

6. Le canton de parcours dit *le Creux-Virchaux*, appartenant à la commune de Frambouhans (Doubs), sera réuni aux bois de ladite commune, qui sont aménagés pour être exploités selon les ordonnances. (*Paris, 7 Décembre 1830*)

_____

Nº 581. — ORDONNANCE DU ROI portant que la commission provisoire chargée de constater, conformément au vœu de la loi du 30 août 1830, les titres de ceux qui ont droit à des indemnités par suite des événemens des 26 , 27, 28 et 29 juillet dernier, est composée ainsi qu'il suit :

Le préfet de la Seine, président;

MM. *Benjamin Delessert.*}
    Ganneron . . . .} membres de la Chambre des Députés;
    Maine-Glatigny . . .}
    Besson . . . .} membres du conseil municipal ;
    Duchanoy, propriétaire ;

Lucas Montigny...) chefs de division à la préfecture de
Pontonnier.......(police ;

Villot, chef de bureau de statistique. (*Paris*, *3 Décembre
1830.*)

N° 582. — ORDONNANCE DU ROI qui autorise le préfet de la
Charente-Inférieure à nommer un second adjoint au maire de la
commune d'Archiac. (*Paris*, *7 Décembre 1830.*)

N° 583. — ORDONNANCE DU ROI qui établit un commissariat de
police dans chacune des villes du Neufbourg, département de
l'Eure, et de Beaumont, département de Seine-et-Oise. (*Paris,
7 Décembre 1830.*)

N° 584. — ORDONNANCE DU ROI qui autorise les sieurs *Parnet* jeune,
Riess et *Schüler*, à établir une *fabrique d'acide sulfurique* sur le territoire
de la ville de *Dieuze* (Meurthe), au lieu dit *des Courtes Fourches*.
(*Paris*, *26 Août 1830.*)

N° 585. — ORDONNANCE DU ROI qui autorise la dame veuve *Masse* à
transférer sa *fabrique de poudre fulminante et d'amorces à piston*, actuellement établie rue Marcadet, n° 13, commune de Montmartre, dans un
nouveau local situé chemin des Fillettes, commune de *la Chapelle Saint-
Denis*, département de la Seine. (*Paris*, *26 Août 1830.*)

N° 586. — ORDONNANCE DU ROI qui autorise les sieurs *Houssin* à établir
une *fabrique de vernis* rue des Emmurées à *Rouen*, département de la
Seine-Inférieure. (*Paris*, *26 Août 1830.*)

N° 587. — ORDONNANCE DU ROI qui autorise le sieur *Dassac* à établir
un *moulin à farine* dans la commune d'*Orleix* (Hautes-Pyrénées) et à
dériver du ruisseau d'Alaric les eaux nécessaires au mouvement de cette
usine. (*Paris*, *31 Août 1830.*)

N° 588. — ORDONNANCE DU ROI qui autorise les sieurs *Iztarbé* et *Jau-
rrguiber*, et la dame veuve *Jauregoyen*, à conserver le *moulin* qu'ils
ont construit dans la commune de *Larrau* (Basses-Pyrénées). (*Paris*,
81 Août 1830.)

N° 589. — ORDONNANCE DU ROI qui autorise M. *Létendart* à établir une
amidonerie dans la commune de *Coudekerque-Branche* (Nord), au lieu
dit *le Petit Tournant*. (*Paris*, *15 Septembre 1830.*)

N° 590. — ORDONNANCE DU ROI qui autorise MM. *Abraham* et *David
Picard* à établir une *fabrique d'huile de pieds de bœuf et de colle forte*
à *Nabécor*, lieu dit *Préchamp*, territoire de *Nancy*, département de la
Meurthe. (*Paris*, *15 Septembre 1830.*)

Nº 591. — ORDONNANCE DU ROI qui autorise les sieurs *Bustanobi*, *Etchecopar*, *Bagoykar* et *Iribe*, à établir un moulin à farine dans la commune de *Larrau*, département des Basses-Pyrénées. (*Paris*, 20 Septembre 1830.)

Nº 592. — ORDONNANCE DU ROI qui autorise le sieur *Gervais Choquel* à établir un moulin à farine sur la rivière d'Ancre à *Miramont*, département de la Somme. (*Paris*, 20 Septembre 1830.)

Nº 593. — ORDONNANCE DU ROI qui autorise les sieurs *Devilles*, *Bodson* et fils, à conserver l'usine à draps et à deux tournans construite par le sieur *Pierre Jean* dans les communes de *Mathon* et de *Carignan*, département des Ardennes. (*Paris*, 20 Septembre 1830.)

Nº 594. — ORDONNANCE DU ROI portant concession à la compagnie générale de desséchement (société *Thurninger*, *Danse*, *Rauch* et compagnie), de l'entreprise du desséchement des *marais* de la vallée d'Yèvres, sur le territoire des communes d'*Osmoy*, *Saint-Germain du Puits*, *Moulins* et *Bourges*, département du Cher. (*Paris*, 11 Octobre 1830.)

Nº 595. — ORDONNANCE DU ROI qui autorise la conservation du moulin à farine que le sieur *Cazaux* a construit sans autorisation sur la rivière de Lechez, dans la commune de *Benac*, département des Hautes Pyrénées. (*Paris*, 11 Octobre 1830.)

ERRATUM. Dans quelques exemplaires du Bulletin 28, n.º 525, page 526, il s'est glissé une erreur. L'ordonnance du 21 août, relative à M. le baron *Bignon*, est contre-signée *baron Louis*, et non *J. Laffitte.*

CERTIFIÉ conforme par nous

Garde des sceaux de France, Ministre Secrétaire d'état au département de la justice,

A Paris, le 29 * Décembre 1830,

MÉRILHOU.

* Cette date est celle de la réception du Bulletin à la Chancellerie.

On s'abonne pour le Bulletin des lois, à raison de 9 francs par an, à la caisse de l'Imprimerie royale, ou chez les Directeurs des postes des départemens.

A PARIS, DE L'IMPRIMERIE ROYALE.
29 Décembre 1830.

BULLETIN DES LOIS.

2ᵉ Partie. — ORDONNANCES. — N° 30,

N.° 596. — *TABLEAU des Prix des Grains pour servir de régulateur de l'Exportation et de l'Importation, conformément aux Lois des 16 Juillet 1819, 4 Juillet 1821 et 20 Octobre 1830.*

SECTIONS.	DÉPARTEMENS.	MARCHÉS.	PRIX MOYEN DE L'HECTOLITRE de			
			Froment.	Seigle.	Maïs.	Avoine.
		1ʳᵉ CLASSE.				
Limite { de l'exportation des grains et farines						26ᶠ
{ de l'importation { du froment.... au-dessous de						24.
{ du seigle et du maïs.. idem						16.
{ de l'avoine.... idem						9.
Unique . { Pyrénées-Or.. / Aude........ / Hérault....... / Gard........ / Bouches-du-Rh.. / Var........ / Corse........	Toulouse..... / Fleurance.... / Marseille..... / Gray........		24ᶠ 42ᶜ	16ᶠ 82ᶜ	11ᶠ 74ᶜ	8ᶠ
		2ᵉ CLASSE.				
Limite { de l'exportation des grains et farines						24ᶠ
{ de l'importation { du froment.... au-dessous de						22.
{ du seigle et du maïs.. idem						14.
{ de l'avoine.... idem						8.
1ʳᵉ ●	Gironde...... / Landes....... / Bᵃˢˢᵉˢ-Pyrénées.. / Hᵗᵉˢ-Pyrénées.. / Ariége....... / Haute-Garonne	Marans...... / Bordeaux..... / Toulouse.....	19ᶠ 86ᶜ	14ᶠ 68ᶜ		9ᶠ 24ᶜ
2ᵉ	Jura........ / Doubs....... / Ain......... / Isère........ / Basses-Alpes.. / Hautes-Alpes..	Gray........ / Saint-Laurent. / Le Grand-Lemps.	26. 89.	16. 86.	13. 76.	

IXᵉ Série. — 2ᵉ Partie.

L

SECTIONS.	DÉPARTEMENS.	MARCHÉS.	PRIX MOYEN DE L'HECTOLITRE de			
			Froment.	Seigle.	Maïs.	Avoine.

3ᵉ CLASSE.

Limite ⎰ de l'exportation des grains et farines........... 22ᶠ
⎱ de l'importation ⎰ du froment.... au-dessous de,.... 20.
　　　　　　　　 ⎱ du seigle et du maïs.. *idem*....... 13.
　　　　　　　　　 de l'avoine........ *idem*....... 8.

1ʳᵉ	Haut-Rhin.... / Bas-Rhin.....	Mulhausen... / Strasbourg ...	31ᶠ 40ᶜ	13ᶠ 80ᶜ	"	7ᶠ 06ᶜ
2ᵉ	Nord.. / Pas-de-Calais.. / Somme...... / Seine-Infér... / Eure........ / Calvados.....	Bergues...... / Arras...... / Roye........ / Soissons...... / Paris........ / Rouen.......	22. 89.	13. 03.	"	6. 90.
3ᵉ	Loire-Infér... / Vendée...... / Charente-Inf..	Saumur,..... / Nantes,...... / Marans,.....	19. 31.	13. 86.	"	8. 20.

4ᵉ CLASSE.

Limite ⎰ de l'exportation des grains et farines........... 20ᶠ
⎱ de l'importation ⎰ du froment.... au-dessous de.... 18.
　　　　　　　　 ⎱ du seigle et du maïs.. *idem*....... 10.
　　　　　　　　　 de l'avoine........ *idem*... ... 7.

1ʳᵉ	Moselle...... / Meuse....... / Ardennes.... / Aisne,......	Metz........ / Verdun...... / Charleville.... / Soissons.....	23ᶠ 22ᶜ	14ᶠ 24ᶜ	"	6ᶠ 20ᶜ
2ᵉ	Manche...... / Ille-et-Vilaine... / Côtes-du-Nord. / Finistère..... / Morbihan....	Saint-Lô..... / Paimpol...... / Quimper...... / Hennebon.... / Nantes......	20. 01.	11. 36.	"	7. 71.

ARRÊTÉ par nous, Pair de France, Ministre Secrétaire d'état au département de l'intérieur.

A Paris, le 31 Décembre 1830.

Signé MONTALIVET.

N° 397. — *DÉCISION ROYALE portant que les Officiers attachés à la Compagnie de discipline de la marine n'auront plus d'autres droits à l'avancement que ceux qui leur sont assurés par la Loi.*

A Paris, le 7 Septembre 1830.

SIRE, une ordonnance du 21 avril 1824 (1), qui crée une compagnie de discipline, porte que les officiers qui auront servi pendant quatre ans dans cette compagnie recevront le grade supérieur à celui dont ils sont pourvus.

Cette disposition avait été adoptée lorsqu'il existait deux régimens d'infanterie et un régiment d'artillerie de la marine ; elle pouvait être alors suivie sans inconvénient, parce que les officiers de la compagnie de discipline auraient été tirés alternativement des deux armes : mais, aujourd'hui que le régiment d'artillerie est seul, il est impossible de maintenir l'avancement obligé des officiers qui passeront dans la compagnie de discipline, et je propose à Votre Majesté de décider que ces officiers n'auront plus désormais d'autres droits à l'avancement que ceux déterminés par la loi du 10 mars 1818.

Toutefois, comme le service dont ces officiers sont chargés est extrêmement pénible, j'ai l'honneur de prier Votre Majesté de vouloir bien leur accorder, à titre de supplément annuel, savoir :

au capitaine commandant la compagnie, trois cents francs;
et aux trois officiers sous ses ordres, deux cents francs.

Je ferai former définitivement le cadre des officiers de la compagnie de discipline, dès que Votre Majesté aura daigné me faire connaître ses intentions.

Je suis avec le plus profond respect,

SIRE,

de Votre Majesté

le très-humble et très-obéissant serviteur et fidèle sujet,

Signé HORACE SÉBASTIANI.

APPROUVÉ.

Signé LOUIS-PHILIPPE.

Par le Roi : *le Ministre Secrétaire d'état de la marine et des colonies,*

Signé HORACE SÉBASTIANI.

_____

(1) Non insérée au Bulletin des lois.

N° 598. — *Décision royale portant attribution d'indemnité de route aux Officiers de l'armée navale qui se sont rendus à Paris pour y redemander du service.*

A Paris, le 28 Septembre 1830.

SIRE, une décision royale, insérée au Moniteur du jeudi 2 de ce mois(1), accorde aux officiers du département de la guerre qui sont venus à Paris dans l'intention de demander à reprendre du service, et pour les indemniser des frais de leur voyage, une double indemnité de route, tant pour l'aller du lieu de leur domicile à Paris que pour leur retour.

Il m'a paru juste d'appliquer littéralement cette décision aux officiers et administrateurs de la marine en retraite qui sont venus à Paris pour y réclamer contre les erreurs ou les injustices qui auraient pu être commises à leur égard par le dernier gouvernement; et pour prévenir les abus auxquels cette libéralité pourrait donner lieu, j'ai cru devoir fixer au 5 du mois prochain le terme passé lequel il ne sera plus accordé d'indemnité.

Je prie Votre Majesté de vouloir bien approuver cette décision.

Je suis avec le plus profond respect,

SIRE,

de Votre Majesté

le très-humble et très-obéissant serviteur et fidèle sujet,

Signé HORACE SÉBASTIANI.

APPROUVÉ.

Signé LOUIS-PHILIPPE.

Par le Roi : *le Ministre Secrétaire d'état de la marine et des colonies,*

Signé HORACE SÉBASTIANI

N° 599. — *ORDONNANCE DU ROI qui recrée la vingtième Division militaire, et réunit à la dixième le département du Tarn.*

A Paris, le 17 Décembre 1830.

LOUIS-PHILIPPE, ROI DES FRANÇAIS, à tous présens et à venir, SALUT.

Sur le rapport de notre ministre secrétaire d'état de la guerre,

NOUS AVONS ORDONNÉ ET ORDONNONS ce qui suit:

ART. 1er. L'ancienne vingtième division militaire, qui

(1) M. le ministre de la guerre n'a pas adressé cette pièce à M. le garde des sceaux pour être insérée au Bulletin des lois.

avait son chef-lieu à Périgueux, est recréée comme elle exis‌tait avant l'ordonnance du 19 juillet 1829.

2. Le département du Tarn sera retiré de la neuvième division militaire et réuni à la dixième.

3. Notre ministre secrétaire d'état de la guerre est chargé de l'exécution de la présente ordonnance.

Signé LOUIS-PHILIPPE.

Par le Roi : *le Ministre Secrétaire d'état de la guerre,*

Signé M^{al} Duc de Dalmatie.

N° 600. — *Ordonnance du Roi relative au Tarif de la Gare et du Chemin de fer de la presqu'île Perrache à Lyon.*

A Paris, le 5 Décembre 1830.

LOUIS-PHILIPPE, Roi des Français, à tous présens et à venir, SALUT.

Sur le rapport de notre ministre secrétaire d'état au département de l'intérieur ;

Vu l'ordonnance du 13 juin 1827, qui autorise la ville de Lyon à concéder aux sieurs *Séguin* frères une étendue d'environ deux cent quatre-vingt-trois mille mètres de terrain situé dans la presqu'île Perrache, moyennant le prix principal de cent cinquante mille francs et diverses autres clauses et conditions exprimées tant dans le traité passé entre eux et le maire de Lyon le 31 mai 1826 et accepté par délibération du conseil municipal du 16 juin suivant, que dans la délibération du même conseil en date du 5 avril 1827 ;

Vu l'acte passé en vertu de ladite ordonnance le 30 octobre 1827 devant *Dugeyt* et son collègue, notaires à Lyon, acte par lequel les frères *Séguin* s'engagent à construire dans le terrain sus-indiqué et dans le délai de six ans une gare d'environ soixante-et-dix mille mètres de superficie, destinée à recevoir des bateaux et à faciliter le chargement et le déchargement des marchandises, sous condition que les frères *Séguin* auront seuls le droit d'établir sur les quais et francs-bords de ladite gare, des grues et autres machines à poste fixe dont le nombre et les emplacemens seront déterminés par l'administration municipale, mais dont il sera facultatif au commerce d'user ou de ne pas user, et sous condition, pareillement, que les frères *Séguin* percevront seuls un droit d'attache sur les bateaux qui stationneront dans la gare ; le tarif applicable au stationnement et à l'usage des grues devant être réglé par une ordonnance royale, sur la demande des sieurs *Séguin*, après communication de ladite demande à la chambre de commerce et délibération du conseil municipal ;

Vu la demande des sieurs *Séguin* frères adressée au maire de Lyon, en date du 29 septembre 1827 et tendant à ce que le tarif du double droit soit fixé, savoir :

Pour le stationnement dans la gare, par mètre carré de bateau et par jour d'occupation, 0,035^m depuis le 1er novembre de chaque année jusqu'au 1er mars suivant, et à 0,027^m du 1er mars au 31 octobre,

Et pour l'usage des grues et machines, à soixante-et-quinze centimes pour cinq cents kilogrammes, ou un franc cinquante centimes pour mille kilogrammes ;

Vu la délibération de la chambre de commerce de Lyon, du 28 février 1828, qui propose de réduire ces taxes, savoir :

Pour le stationnement dans la gare, à demi-centime par mètre carré de bateau et par jour en toute saison,

. Et pour les grues et machines, à un franc par chaque millier de kilogramme de marchandises ;

Vu, sur la délibération précédente, le rapport du maire de Lyon à la date du 21 mars suivant, ledit rapport concluant à porter le tarif, savoir :

Pour le stationnement dans la gare, à deux centimes et demi par mètre carré de bateau et par jour depuis le 1er novembre jusqu'au 1er février, et à deux centimes pour le reste de l'année,

. Et pour l'usage des grues et machines, à soixante-deux centimes et demi pour tout poids qui n'excéderait pas cinq cent quatre-vingt-dix-neuf kilogrammes, avec augmentation de douze centimes et demi par chaque quintal métrique qui dépasserait le poids sus-indiqué ;

Vu la nouvelle délibération de la chambre de commerce du 10 avril 1828, qui déclare persister dans son avis du 28 février précédent ;

Vu la délibération du conseil municipal du 2 mai 1828, portant qu'il y a lieu de fixer le droit de stationnement dans la gare à un centime par jour et par mètre carré en toute saison,

Et le droit d'usage des grues, à un franc pour tout poids qui n'excéderait pas mille quatre-vingt dix-neuf kilogrammes, avec augmentation de dix centimes par quintal métrique qui dépasserait le poids sus-indiqué ;

Vu, sur le tout, l'avis du préfet du Rhône du 17 octobre 1828, et celui du conseil des ponts et chaussées du 7 juillet suivant, portant que les bases présentées par la chambre de commerce de

Lyon doivent être adoptées, et qu'il convient de sanctionner les propositions de ladite chambre par une ordonnance royale ;

Vu les observations de la compagnie *Séguin* des 5 mars 1828 et 27 juillet 1829 ;

Vu l'avis émis, le 21 avril 1830, par le comité de l'intérieur, et portant qu'en fixant le tarif de stationnement il convient d'assurer une concurrence qui permette au commerce d'user ou de ne pas user de la gare, et qu'à cet effet le chemin de fer de Saint-Étienne à Lyon et qui aboutit à ladite gare, doit recevoir un embranchement conduisant à un point quelconque de la Saone et du Rhône ;

Vu le rapport fait par le maire de Lyon au conseil municipal le 11 juin 1830 ;

Vu la délibération du conseil municipal en date du 16 juillet 1830, constatant que les deux compagnies du chemin de fer et de la gare ont pris l'engagement conditionnel de construire deux embranchemens aboutissant l'un au Rhône et l'autre à la Saone, dans le cas où le tarif de stationnement gênerait le mouvement commercial ; ladite délibération faisant foi que la compagnie *Séguin* s'est engagée postérieurement, sans restriction ni réserve, à fournir gratuitement et à perpétuité le passage sur ses terrains pour les deux embranchemens sus-indiqués : c'est pourquoi le conseil municipal conclut à ce que les deux compagnies s'entendent pour construire ces deux embranchemens à frais communs, si mieux elles n'aiment en charger exclusivement l'une d'elles ;

Vu l'avis approbatif du préfet de Lyon en date du 26 juillet 1830 ;

Vu les observations des frères *Séguin* en date du 20 avril 1830 ;

· Considérant qu'il n'existe dans l'acte du 30 octobre 1827 aucune disposition de laquelle on puisse induire qu'attendu la modicité du prix de la vente des terrains, la ville aurait entendu, en traitant avec la compagnie *Séguin*, que les frais de premier établissement de la gare et des grues fussent considérés comme une dépense complémentaire des prix d'acquisition des terrains ;

Considérant que d'après la diversité des bases de tarif présentées par les frères *Séguin*, par la chambre de commerce et par le conseil municipal de Lyon, il convient de donner la préférence aux propositions du conseil municipal, qui forment à peu près la moyenne des deux autres ;

· Considérant, au surplus, que la fixation des tarifs cessera de pouvoir devenir dommageable au commerce dès l'instant où la construction d'un embranchement au chemin de fer suscitera une concurrence à la gare ;

· Considérant enfin que l'embranchement proposé pour conduire

L l 4

du chemin de fer au Rhône est d'un médiocre intérêt, soit à cause de la difficulté des chargemens sur ce point du fleuve, soit parce que la grande majorité des chargemens s'opère sur la Saone, d'où il suit que, pour atteindre le but indiqué, il suffit de prescrire la construction d'un embranchement conduisant du chemin de fer à la Saone ;

Le Conseil d'état entendu,

Nous avons ordonné et ordonnons ce qui suit:

Art. 1er. Le tarif du droit d'attache des bateaux qui stationneront dans la gare de la compagnie *Séguin*, est fixé à un centime par mètre carré de bateau et par vingt-quatre heures d'occupation en toute saison : le jour commencé sera payé comme un jour entier.

2. Le tarif pour l'usage des grues et autres machines que cette compagnie est autorisée à placer sur les quais et au bord de la gare est fixé, pour tout poids qui n'excédera pas 1099 kilogrammes à.................... 1f 00c
    de 1100 à 1199 kilogr. à.......... 1. 10.
    de 1200 à 1299 kilogr. à.......... 1. 20.
et ainsi de suite, en augmentant de vingt centimes par cent kilogrammes.

3. Il sera libre en tout temps aux propriétaires de bateaux d'entrer dans la gare ou de stationner en dehors sur le Rhône ou sur la Saone, en se conformant aux réglemens de police sur la matière.

4. La compagnie *Séguin* sera tenue de donner un numéro d'ordre à chaque bateau entrant dans la gare. Elle les fera décharger ou charger les uns après les autres par ordre de numéro, sans pouvoir, sous aucun prétexte, différer cette opération plus de cinq jours à partir du jour de l'entrée du bateau dans la gare.

Si le chargement ou le déchargement n'était pas effectué le cinquième jour, aucun droit ne sera payé pour le temps qui excéderait les cinq jours de stationnement, à moins que les propriétaires de bateaux ne demandent eux-mêmes à prolonger le stationnement dans la gare après le chargement ou le déchargement, auquel cas le droit serait exigible pour toute la durée du séjour.

5. Il sera libre au commerce d'user ou de ne pas user des grues et machines à poste fixe, que la compagnie *Séguin* est seule autorisée à construire sur les francs-bords et quais de la gare.

6. Dans les délais fixés pour la construction de la gare, la compagnie *Séguin* sera tenue d'établir et d'entretenir à ses frais, ou de faire établir par la compagnie du chemin de fer, un embranchement à une voie conduisant dudit chemin de fer à la Saone. Cet embranchement partira du point marqué G sur le plan ci-annexé, et, après avoir traversé les masses 97 et 89 dans la direction des points B. C. D. E., il aboutira au cours *Rambaud*, où il prendra par une courbe de raccordement une direction parallèle au cours de la Saone, dont il suivra le bord jusqu'à l'entrée du canal qui conduit de la Saone à la gare. La compagnie *Séguin* ne pourra commencer la perception des tarifs autorisés par la présente ordonnance pour l'usage de la gare et des grues, sans que la construction de l'embranchement du chemin de fer ait été achevée et livrée au commerce.

7. Le tarif réglé pour l'usage du chemin de fer sera applicable à l'embranchement aboutissant à la Saone.

8. Notre ministre secrétaire d'état de l'intérieur est chargé de l'exécution de la présente ordonnance, qui sera insérée au Bulletin des lois.

Signé LOUIS-PHILIPPE.

Par le Roi : *le Ministre Secrétaire d'état au département de l'intérieur,*

Signé MONTALIVET.

N° 601. — *ORDONNANCE DU ROI* (CHARLES X) *qui autorise la Concession d'un terrain appartenant à la ville de Lyon dans la presqu'île Perrache, à une Compagnie pour l'établissement d'un Port de garage.*

Au château de Saint-Cloud, le 13 Juin 1827.

CHARLES, par la grâce de Dieu, ROI DE FRANCE ET DE NAVARRE, à tous ceux qui ces présentes verront, SALUT.

Sur le rapport de notre ministre secrétaire d'état au département de l'intérieur;

Notre Conseil d'état entendu,

NOUS AVONS ORDONNÉ et ORDONNONS ce qui suit:

ART. 1er. Notre bonne ville de Lyon (Rhône) est autorisée à concéder aux sieurs *Séguin* frères une étendue d'environ deux cent quatre-vingt-trois mille mètres de terrains situés dans la presqu'île Perrache, moyennant le prix principal de cent cinquante mille francs, et aux autres clauses et conditions exprimées tant dans le traité passé entre eux et le maire de Lyon le 31 mai 1826, et accepté par délibération municipale du 16 juin suivant, que dans la délibération du même conseil du 6 avril 1827.

2. Notre ministre secrétaire d'état de l'intérieur est chargé de l'exécution de la présente ordonnance.

Donné en notre château de Saint-Cloud, le 13 Juin de l'an de grâce 1827, et de notre règne le troisième.

Signé CHARLES.

Par le Roi : *le Ministre Secrétaire d'état au département de l'intérieur,*

Signé CORBIÈRE.

N° 602. — *ORDONNANCE DU ROI sur le Traitement des Procureurs généraux près les Cours royales de Bourbon et de la Guadeloupe.*

A Paris, le 31 Août 1830.

LOUIS-PHILIPPE, ROI DES FRANÇAIS, à tous présents et à venir, SALUT.

Sur le rapport de notre ministre secrétaire d'état au département de la marine et des colonies,

NOUS AVONS ORDONNÉ et ORDONNONS ce qui suit :

ART. 1er. Le sieur *d'Imbert de Bourdillon* (*Jean-Joseph-Raimond-Marie*), procureur général près la cour royale de l'île de Bourbon, est nommé procureur général près la cour royale de la Guadeloupe.

2. Le sieur *d'Imbert de Bourdillon* conservera le traite-

ment de vingt-quatre mille francs qui lui a été alloué par
l'ordonnance du 20 mai 1830 (1).

3. Le sieur *Moiroud* (*Philippe-Antoine*), conseiller à la
cour royale de Bourbon, est nommé procureur général près
la même cour, en remplacement du sieur *d'Imbert de
Bourdillon.*

4. Notre ministre secrétaire d'état au département de la
marine et des colonies est chargé de l'exécution de la présente ordonnance.

Signé LOUIS-PHILIPPE.

Par le Roi : *le Ministre Secrétaire d'état au département
de la marine et des colonies,*

Signé HORACE SÉBASTIANI.

N° 603. — *ORDONNANCE DU ROI qui fixe les Traitemens
des Autorités de la Guadeloupe.*

A Paris, le 4 Octobre 1830.

LOUIS-PHILIPPE, ROI DES FRANÇAIS, à tous présens
et à venir, SALUT.

Sur le rapport de notre ministre secrétaire d'état au département
de la marine et des colonies,

NOUS AVONS ORDONNÉ et ORDONNONS ce qui suit:

ART. 1er. Le traitement annuel alloué au gouverneur de
la Guadeloupe sur les fonds de la colonie en vertu de
l'ordonnance du 19 mars 1826 (2), sera réduit à soixante
mille francs à compter du 1er janvier 1831.

2. Les dispositions de l'ordonnance du 15 février 1829
qui ont réduit à vingt mille francs les traitemens du commandant militaire, du commissaire ordonnateur, du directeur
général de l'intérieur et du procureur général de la Guadeloupe, seront appliquées, à compter de la même époque, à
tous les fonctionnaires actuellement pourvus desdits emplois,
quelle que soit la date de leur nomination.

---

(1) *Voyez* ci-après l'ordonnance du 4 octobre, qui le réduit à vingt mille
francs.

(2) *Voyez*, n° 441 ci-dessus, l'ordonnance relative à la Martinique.

3. A partir de ladite époque, le traitement du commissaire chargé de l'inspection dans la même colonie sera réduit à dix mille francs, et celui du secrétaire archiviste sera réduit à six mille francs.

4. Notre ministre secrétaire d'état au département de la marine et des colonies est chargé de l'exécution de la présente ordonnance.

Signé LOUIS-PHILIPPE.

Par le Roi : *le Ministre Secrétaire d'état de la marine et des colonies,*

Signé HORACE SÉBASTIANI.

N° 664. — ORDONNANCE DU ROI *sur les Traitemens, à la Martinique* (1).

A Paris, le 4 Octobre 1830.

LOUIS-PHILIPPE, ROI DES FRANÇAIS, à tous présens et à venir, SALUT.

Sur le rapport de notre ministre secrétaire d'état au département de la marine et des colonies,

NOUS AVONS ORDONNÉ et ORDONNONS ce qui suit :

ART. 1er. Les dispositions de l'ordonnance du 15 février 1829 qui ont réduit à vingt mille francs les traitemens du commandant militaire, du commissaire ordonnateur, du directeur général de l'intérieur et du procureur général de la Martinique, seront appliquées, à compter du 1er janvier 1831, à tous les fonctionnaires actuellement pourvus desdits emplois, quelle que soit la date de leur nomination.

2. A partir de ladite époque, le traitement du commissaire chargé de l'inspection dans la même colonie sera réduit à dix mille francs, et celui du secrétaire archiviste sera réduit à six mille francs.

3. Notre ministre secrétaire d'état de la marine et des colonies est chargé de l'exécution de la présente ordonnance.

Signé LOUIS-PHILIPPE.

Par le Roi : *le Ministre Secrétaire d'état de la marine et des colonies,*

Signé HORACE SÉBASTIANI.

---

(1) *Voyez* ci-dessus, nos 439, 440 et 441, les ordonnances relatives aux mêmes traitemens.

N° 605. — LETTRES PATENTES *portant érection d'un Majorat*.

PAR LETTRES PATENTES signées LOUIS-PHILIPPE, et sur le repli, *Par le Roi*, le garde des sceaux, signé DUPONT (de l'Eure), scellées le 23 décembre 1830,

Sa Majesté a érigé, en faveur de M. le lieutenant général *Henri-François-Marie* comte *Charpentier*, et comme majorat de ce titre de *Comte* dont il a été revêtu dès 1810 (par remplacement d'une inscription de dix mille francs de rente portée au grand-livre des cinq pour cent et immobilisée, laquelle a cessé de constituer ce majorat), les biens ci-après désignés, à lui appartenant, situés dans l'arrondissement de Soissons, département de l'Aisne, canton de Villers-Cotterets, savoir : *commune* d'Oigny, le château d'Oigny et ses dépendances, un corps de ferme, un verger fermé de haies vives, une terre dite *du Poirier Dame Anne*, une autre à gauche du chemin de Damplcux, une pépinière y enclavée, des terres dites *la Fosse Bouvée, le Châtelet, la Fontaine de Bayancourt, les Roises, le Champ Langagne, des Noyers;* deux autres pièces, le pré Mademoiselle, une garenne, des friches, chemins, cours, emplacement de bâtimens, chaussées d'étangs, rives de prés ; trois étangs, trois vergers situés à Saint-Eugene, au pré des Moines, au chemin d'Oigny à Baisemont; une pièce près les jardins du château, en labour; deux moitiés au chemin de Faverolles et à la fosse Adrien, une moitié au chemin de la Ferté-Milon, et une prestation de deux hectostères trente stères onze centistères de bois de chauffage à prendre annuellement dans la forêt de Villers-Cotterets; le tout de deux cents hectares soixante-et-onze ares onze centiares, produisant net six mille cinq cents francs; ≡ et *communes* de Vailly, Chavonnes et Presles, une maison d'habitation, vendangeoir, cour, basse-cour, jardin à Vailly, rue d'Aisne; cent quatre-vingt-cinq ares vingt-sept centiares de vignes en douze pièces, terroir de Vailly; trente-cinq pièces de terres au même lieu, de dix-huit hectares soixante-sept ares ; un pré à Vailly, de quatre hectares soixante-et-onze ares quatre-vingt-dix centiares; un à Presles, de deux hectares soixante-quatre ares six centiares; et dix-huit pièces de bois, dont deux à Presles, l'une au chemin des Saignées, de cent quarante-six ares; l'autre au bois Morins, de cinquante-sept ares soixante-et-douze centiares, et le surplus commune de Vailly; ces dix-huit pièces contenant, réunies, trente-trois hectares quatre-vingt-huit ares cinquante centiares, produisant mille francs: lesquels biens comprennent en totalité soixante-deux hectares soixante-et-quatorze ares soixante-et-onze centiares, et sont du revenu de trois mille cinq cents francs, ce qui élève ce majorat de *Comte* à dix mille francs de produit annuel.

Pour Extrait conforme :

Le Secrétaire du sceau, Chef de division au ministère de la justice,

Signé CUVILLIER.

N° 606. — ORDONNANCE DU ROI portant que,

1° Le sieur *Hezaux* (*Henri*), né le 16 vendémiaire an VII [7 octobre 1798] à Mellier, grand-duché de Luxembourg, et demeurant à Nepvant, arrondissement de Montmédy, département de la Meuse,

2° Le sieur *Henaux* (*Jean-Joseph*), né le 7 nivôse an XII [29 décembre 1803] à Mellier, grand-duché de Luxembourg, demeurant à Nepvant, mêmes arrondissement et département,

3° Le sieur *Maury* (*Jean-Baptiste*), né le 13 août 1797 à Chiny, grand-duché de Luxembourg, demeurant à Nepvant, mêmes arrondissement et département,

4° Le sieur *Degoffe* (*Jean*), né le 22 fructidor an VII [8 septembre 1799] à Villers-devant-Orval, grand-duché de Luxembourg, demeurant à Nepvant, mêmes arrondissement et département,

5° Le sieur *Dupont* (*André-Joseph*), né le 13 juin 1787 à Florenville, grand-duché de Luxembourg, demeurant à Nepvant, mêmes arrondissement et département,

6° Le sieur *Schilling* (*Chrétien-Ernest*), né le 13 juin 1802 à Stammheim, royaume de Wurtemberg, demeurant à Dombach, arrondissement de Wissembourg, département du Bas-Rhin,

Sont admis à établir leur domicile en France, pour y jouir de l'exercice des droits civils tant qu'ils continueront d'y résider. (*Paris, 8 Décembre 1830.*)

N° 607. — ORDONNANCE DU ROI portant que,

1° Le sieur *Bruchus* (*Pierre*) dit *Bricus* et *Briclus*, né le 14 juillet 1795 à Fauvillers, ancien département des Forêts, demeurant à Tiercelet, arrondissement de Briey, département de la Moselle,

2° Le sieur *Hermann* (*Grégoire*), né le 9 mai 1789 à Haslach, grand-duché de Bade, demeurant à Ensisheim, arrondissement de Colmar, département du Haut-Rhin,

3° Le sieur *Pujol y Padre* (*François-Jean-Bonaventure*), né le 12 juin 1788 à Mollet, province de Catalogne, royaume d'Espagne, médecin, demeurant à Vorey, arrondissement du Puy, département de la Haute-Loire,

Sont admis à établir leur domicile en France, pour y jouir de l'exercice des droits civils tant qu'ils continueront d'y résider. (*Paris, 13 Décembre 1830.*)

N° 608. — ORDONNANCE DU ROI portant que le sieur *Schultz* (*Pierre*), né le 28 avril 1788 à Huningue, département du Haut-Rhin, est réintégré dans la qualité et les droits de Français qu'il aurait perdus, aux termes de l'article 17 du Code civil, pour avoir obtenu des lettres de bourgeoisie en Suisse. (*Paris, 13 Décembre 1830.*)

N° 609. — ORDONNANCE DU ROI qui autorise le sieur *Duchaussoy* à conserver le *moulin à farine* qu'il a établi sur la rivière de Thérain à *Saint-Samson*, département de l'Oise. (*Paris, 11 Octobre 1830.*)

N° 610. — ORDONNANCE DU ROI qui autorise le sieur *Tacussel* à établir une *usine à soie* sur la rivière de Sorgues, commune de *Vaucluse*, département de Vaucluse. (*Paris, 11 Octobre 1830.*)

N° 611. — ORDONNANCE DU ROI qui autorise le sieur *Pagès* à reconstruire le *moulin à farine* qui existait autrefois sur sa propriété située à *Montesquieu* (Pyrénées-Orientales), et à dériver du Tech les eaux nécessaires pour mettre en jeu cette usine. (*Paris, 11 Octobre 1830.*)

N° 612. — ORDONNANCE DU ROI qui autorise le sieur *Arhaux* à conserver le *moulin à farine* qu'il a établi sur un cours d'eau dérivé du ruisseau de Susseigude, commune de *Licq*, département des Basses-Pyrénées. (*Paris, 11 Octobre 1830.*)

N° 613. — ORDONNANCE DU ROI qui autorise le sieur *Ponret* à établir un *moulin à dévider la soie* près de l'usine qu'il possède à *Vedennes* (Vaucluse), et à dériver du canal de Vaucluse les eaux nécessaires pour mettre en jeu ce moulin. (*Paris, 11 Octobre 1830.*)

N° 614. — ORDONNANCE DU ROI qui autorise M. *de Richebourg* à établir une *fabrique d'amidon* au lieu dit le Petit Foucoge, commune d'Yvré-l'Évêque, département de la Sarthe. (*Paris, 14 Octobre 1830.*)

N° 615. — ORDONNANCE DU ROI qui autorise M. *Ferry-Fontrouvelle* à maintenir en activité la *verrerie* qu'il a établie sur le territoire de la commune de *Valsainte* (Basses-Alpes) : cette usine restera composée d'un four de fusion et d'un four de recuisson chauffés par le bois pour la fabrication de dames-jeannes, bouteilles et gobelets en verre blanc. (*Paris, 14 Octobre 1830.*)

N° 616. — ORDONNANCE DU ROI qui autorise M. *Piquant* à établir une *fabrique de bleu de Prusse et de noir d'ivoire* dans un local où était précédemment une fabrique de colle forte, commune de *Malzéville*, département de la Meurthe. (*Paris, 14 Octobre 1830.*)

N° 617. — ORDONNANCE DU ROI qui autorise M. *Schneider* à établir une *fonderie de suif en branche* à feu nu dans un jardin qu'il possède entre la ville de *Thionville* et le faubourg de *Beauregard* (Moselle), sur la rive droite du canal de la Fensch. (*Paris, 14 Octobre 1830.*)

N° 618. — ORDONNANCE DU ROI qui autorise M. *Laurin* à établir une *fonderie de suif en branche* à feu nu sur un terrain qui lui appartient entre la ville de *Thionville* et le faubourg de *Beauregard*, département de la Moselle. (*Paris, 14 Octobre 1830.*)

N° 619. — ORDONNANCE DU ROI qui autorise M. *Gallois* à établir une *fabrique de colle forte* dans un emplacement dit la Carrière du Chemin vert, situé sur le territoire de la ville de *Poissy*, département de Seine-et-Oise. (*Paris, 11 Octobre 1830.*)

Nº 620. — Ordonnance du Roi qui autorise le sieur *Lagard* à conserver le *moulin à farine* qu'il a établi à Linchamps, commune des *Hautes-Rivières*, département des Ardennes. (*Paris, 7 Novembre 1830.*)

Nº 621. — Ordonnance du Roi qui autorise le sieur *Rousseaux* à établir une *manufacture* dans la commune de *Picquigny* (Somme), et à dériver de la Somme les eaux nécessaires au jeu de cette usine. (*Paris, 7 Novembre 1830.*)

Nº 622. — Ordonnance du Roi qui autorise le sieur *Louette* à établir un *moulin à farine* sur le bras gauche de l'Essonne à *Itteville*, département de Seine-et-Oise. (*Paris, 7 Novembre 1830.*)

Nº 623. — Ordonnance du Roi qui autorise le sieur *Renaux* à conserver la *scie* qu'il a établie dans la commune de *l'Étanche* sur le ruisseau de ce nom, département des Vosges. (*Paris, 7 Novembre 1830.*)

Nº 624. — Ordonnance du Roi qui autorise le sieur *Gérard-Lebon* à conserver le troisième *tournant* qu'il a ajouté à l'usine qu'il possède à *Sensey*, département de la Meuse. (*Paris, 7 Novembre 1830.*)

Nº 625. — Ordonnance du Roi portant que la section *Baril*, dépendant actuellement de la commune de *Saint-Joseph* en la colonie de l'île de Bourbon, sera détachée de ladite commune pour former désormais une commune distincte, qui prendra le nom de *Saint-Philippe*.

La ravine de la *Basse Vallée* servira de limite intermédiaire. (*Paris, 4 Octobre 1830.*)

CERTIFIÉ conforme par nous

Garde des sceaux de France, Ministre Secrétaire d'état au département de la justice,

A Paris, le 1ᵉʳ* Janvier 1831,

MÉRILHOU.

* Cette date est celle de la réception du Bulletin à la Chancellerie.

On s'abonne pour le Bulletin des lois, à raison de 9 francs par an, à la caisse de l'Imprimerie royale, ou chez les Directeurs des postes des départemens.

A PARIS, DE L'IMPRIMERIE ROYALE.

1ᵉʳ Janvier 1831.

BULLETIN DES LOIS.

2e Partie. — ORDONNANCES. — N° 31.

N° 636. — *ORDONNANCE DU ROI qui appelle quatre-vingt mille hommes sur la classe de 1830.*

A Paris, le 15 Décembre 1830.

LOUIS-PHILIPPE, ROI DES FRANÇAIS, à tous présens et à venir, SALUT.

Vu les lois du 10 mars 1818, du 9 juin 1824 et du 11 décembre 1830;

Sur le rapport de notre ministre secrétaire d'état de la guerre,

NOUS AVONS ORDONNÉ et ORDONNONS ce qui suit :

ART. 1er. Quatre-vingt mille hommes sont appelés sur la classe de 1830.

2. Aux termes de l'article 2 de la loi du 11 décembre 1830, ces quatre-vingt mille hommes seront répartis, conformément au tableau ci-joint, entre les départemens, arrondissemens et cantons du royaume, d'après le terme moyen des jeunes gens inscrits sur les tableaux de recensement rectifiés des classes de 1825, 1826, 1827, 1828 et 1829.

3. Les deux publications des tableaux de recensement voulues par l'article 11 de la loi du 10 mars 1818 seront faites les dimanches 9 et 16 janvier 1831 ; l'examen de ces tableaux de recensement et le tirage au sort prescrit par l'article 12 de la même loi s'effectueront à partir du 25 du même mois. L'ouverture des opérations des conseils de révision aura lieu le 17 février ; et la clôture de la liste du contingent, le 22 mars.

4. Il sera incessamment statué sur l'époque de la mise en activité des jeunes soldats de la classe de 1830.

5. Notre ministre secrétaire d'état au département de la guerre est chargé de l'exécution de la présente ordonnance.

Signé LOUIS-PHILIPPE.

Par le Roi : *le Ministre Secrétaire d'état de la guerre,*

Signé Mal DUC DE DALMATIE.

DÉPARTEMENS.	NOMBRE DE JEUNES GENS				
	INSCRITS SUR LES TABLEAUX DE RECENSEMENT rectifiés des classes de				
	1825.	1826.	1827.	1828.	1829.
1.	2.	3.	4.	5.	6.
Jura...............	3,152.	2,969.	2,760.	2,782.	2,830.
Landes.............	2,937.	2,757.	2,682.	2,706.	2,701.
Loir-et-Cher	1,917.	1,823.	1,925.	2,009.	2,162.
Loire..............	3,767.	3,563.	3,532.	3,629.	3,677.
Loire (Haute)........	3,006.	2,941.	2,699.	2,808.	2,802.
Loire-Inférieure	4,145.	3,912.	4,213.	4,049.	4,143.
Loiret	2,337.	2,231.	2,415.	2,362.	2,696.
Lot...............	2,739.	2,814.	2,838.	2,723.	2,757.
Lot-et-Garonne........	3,647.	3,171.	3,245.	3,102.	3,143.
Lozère	1,447.	1,366.	1,359.	1,440.	1,402.
Maine-et-Loire........	3,936.	4,018.	4,184.	4,121.	4,005.
Manche.............	5,155.	5,119.	5,125.	5,095.	5,301.
Marne..............	2,554.	2,459.	2,289.	2,361.	2,721.
Marne (Haute).......	2,163.	2,042.	1,964.	1,969.	2,223.
Mayenne...........	2,954.	3,080.	2,960.	2,871.	3,105.
Meurthe	3,963.	3,685.	3,717.	3,707.	3,900.
Meuse..............	2,755.	2,709.	2,552.	2,396.	2,753.
Morbihan...........	4,207.	3,815.	4,019.	3,790.	4,259.
Moselle............	3,813.	3,805.	3,694.	3,704.	3,720.
Nièvre.............	2,372.	2,670.	2,584.	2,719.	2,831.
Nord..............	8,499.	8,029.	8,140.	7,792.	8,030.
Oise...............	3,618.	3,137.	3,126.	3,110.	3,311.
Orne...............	3,677.	3,566.	3,277.	3,268.	3,500.
Pas-de-Calais........	5,688.	5,564.	5,498.	5,308.	5,439.
Puy-de-Dôme........	5,502.	5,502.	5,251.	5,333.	5,330.
Pyrénées (Basses).....	4,138.	4,064.	4,006.	3,838.	3,726.
Pyrénées (Hautes).....	2,348.	2,217.	2,182.	2,283.	2,188.
Pyrénées-Orientales...	1,481.	1,444.	1,431.	1,474.	1,462.
Rhin (Bas).........	5,275.	5,227.	5,474.	5,341.	5,704.
Rhin (Haut)........	3,997.	3,810.	3,761.	3,994.	4,151.
Rhône	3,736.	3,667.	3,366.	3,555.	3,633.
Saone (Haute)	3,132.	2,918.	2,952.	2,830.	3,013.
Saone-et-Loire	4,957.	5,093.	4,527.	4,965.	5,163.
Sarthe.............	3,657.	3,714.	3,605.	3,628.	3,879.
Seine..............	5,295.	4,992.	4,973.	4,932.	5,155.
Seine-Inférieure	5,867.	5,550.	5,572.	5,321.	5,179.
Seine-et-Marne.......	2,300.	2,387.	2,235.	2,381.	2,793.
Seine-et-Oise........	3,790.	3,368.	3,379.	3,366.	3,783.
Sèvres (Deux)	2,786.	2,721.	2,869.	2,716.	2,936.

TOTAL des JEUNES GENS des cinq classes qui précèdent.	MOYENNE DU NOMBRE des jeunes gens, porté à la colonne 7.	CONTINGENT de chaque département d'après la moyenne que présente la colonne 8.	OBSERVATIONS.
7.	8.	9.	
14,495.	2,898. 3/5.	804.	
13,783.	2,756. 3/5.	765.	
9,834.	1,966. 4/5.	546.	
18,168.	3,633. 3/5.	1,006.	
14,256.	2,851. 1/5.	791.	
20,468.	4,093. 3/5.	1,136.	
12,041.	2,408. 1/5.	666.	
13,871.	2,774. 1/5.	770.	
16,410.	3,282.	911.	
7,014.	1,402. 4/5.	389.	
20,264.	4,052. 4/5.	1,125.	
25,895.	5,179.	1,438.	
12,387.	2,477. 2/5.	688.	
10,361.	2,072. 1/5.	575.	
14,971.	2,994. 1/5.	831.	
18,972.	3,794. 2/5.	1,053.	
13,165.	2,633.	731.	
20,090.	4,018.	1,115.	
18,736.	3,747. 1/5.	1,040.	
13,179.	2,635. 4/5.	731.	
40,490.	8,098.	2,248.	
16,305.	3,261.	905.	
17,288.	3,457. 3/5.	960.	
27,497.	5,499. 2/5.	1,526.	
27,138.	5,427. 3/5.	1,506.	
19,776.	3,954. 2/5.	1,097.	
11,218.	2,243. 3/5.	623.	
7,292.	1,458. 2/5.	405.	
27,021.	5,404. 1/5.	1,500.	
19,713.	3,942. 3/5.	1,094.	
17,977.	3,595. 2/5.	998.	
14,847.	2,969. 2/5.	824.	
24,707.	4,941. 2/5.	1,371.	
18,483.	3,696. 3/5.	1,026.	
25,347.	5,069. 2/5.	1,407.	
27,789.	5,557. 4/5.	1,542.	
12,206.	2,441. 1/5.	678.	
17,686.	3,537. 1/5.	982.	
14,028.	2,805. 3/5.	779.	

DÉPARTEMENS.	NOMBRE DE JEUNES GENS inscrits sur les tableaux de recensement rectifiés des classes de				
	1825. 2.	1826. 3.	1827. 4.	1828. 5.	1829. 6.
Somme	5,207.	4,712.	4,665.	4,428.	4,744
Tarn	3,548.	3,179.	3,362.	3,360.	3,411
Tarn-et-Garonne	2,594.	2,020.	2,536.	2,266.	2,399
Var	2,900.	2,663.	2,857.	2,849.	3,061
Vaucluse	2,243.	2,132.	2,191.	2,164.	2,161
Vendée	3,094.	3,191.	3,373.	3,331.	3,483
Vienne	2,543.	2,412.	2,478.	2,607.	2,623
Vienne (Haute)	2,662.	2,784.	2,830.	2,799.	3,146
Vosges	3,737.	3,613.	3,586.	3,527.	3,635
Yonne	2,768.	2,878.	2,690.	2,783.	3,122
TOTAUX	296,935.	283,651.	285,531.	282,549.	294,594

Paris, le 22 Décembre 1830.

N° 627. — *ORDONNANCE DU ROI relative aux Engagés volontaires.*

A Paris, le 15 Décembre 1830.

LOUIS-PHILIPPE, ROI DES FRANÇAIS, à tous présens et à venir, SALUT.

Vu la loi du 11 décembre 1830;

Considérant que le contingent de la classe de 1830 ne doit être tenu qu'au temps de service qui sera ultérieurement fixé par la loi sur le recrutement de l'armée;

Que, pour la même classe, l'exemption prévue au second paragraphe (numéroté 1) de l'article 14 de la loi du 10 mars 1818 n'est plus accordée qu'aux jeunes gens qui n'auront pas la taille d'un mètre cinquante-quatre centimètres;

Que les dispositions de la loi du 11 décembre 1830 sont applicables aux engagés volontaires;

Sur le rapport de notre ministre secrétaire d'état de la guerre,

NOUS AVONS ORDONNÉ et ORDONNONS ce qui suit:

ART. 1er. Il sera stipulé dans les actes d'engagement volontaire qui seront souscrits devant les officiers d'état civil postérieurement à la date de la présente ordonnance, et seu-

)TAL des ⟨EN OENA ⟩qui classes ⟨qui ⟨cident. 7.	MOYENNE DU NOMBRE des jeunes gens, porte à la colonne 7. 8.	CONTINGENT de chaque département d'après la moyenne que présente la colonne 8. 9.	OBSERVATIONS.
14,495.	2,898. 3/5.	804.	
13,783.	2,756. 3/5.	765.	
9,834.	1,966. 4/5.	546.	
18,168.	3,633. 3/5.	1,008.	
14,256.	2,851. 1/5.	791.	
20,468.	4,093. 3/5.	1,136.	
12,041.	2,408. 1/5.	668.	
13,871.	2,774. 1/5.	770.	
16,410.	3,282.	911.	
7,014.	1,402. 4/5.	389.	
20,264.	4,052. 4/5.	1,125.	
25,895.	5,179.	1,438.	
12,387.	2,477. 2/5.	688.	
10,361.	2,072. 2/5.	575.	
14,971.	2,994. 1/5.	831.	
18,972.	3,794. 2/5.	1,053.	
13,165.	2,633.	731.	
20,090.	4,018.	1,115.	
18,736.	3,747. 1/5.	1,040.	
13,179.	2,635. 4/5.	731.	
40,490.	8,098.	2,248.	
16,305.	3,261.	905.	
17,286.	3,457. 3/5.	960.	
27,497.	5,499. 2/5.	1,526.	
27,138.	5,427. 3/5.	1,506.	
19,778.	3,954. 2/5.	1,097.	
11,218.	2,243. 3/5.	623.	
7,292.	1,458. 2/5.	405.	
27,021.	5,404. 1/5.	1,500.	
19,713.	3,942. 3/5.	1,094.	
17,977.	3,595. 2/5.	998.	
14,847.	2,969. 2/5.	824.	
24,707.	4,941. 2/5.	1,371.	
18,483.	3,696. 3/5.	1,026.	
25,347.	5,069. 2/5.	1,407.	
27,789.	5,557. 4/5.	1,542.	
12,206.	2,441. 1/5.	678.	
17,686.	3,537. 1/5.	982.	
14,028.	2,805. 3/5.	779.	

M m 3

Nº 628. — *Ordonnance du Roi portant Réorganisation du Ministère de la guerre.*

A Paris, le 7 Décembre 1830.

LOUIS-PHILIPPE, Roi des Français, à tous présens et à venir, SALUT.

Sur le rapport de notre ministre secrétaire d'état de la guerre,

Nous avons ordonné et ordonnons ce qui suit :

Art. 1ᵉʳ. Le ministère de la uerre sera organisé comme ci-après :

Le secrétariat général,
Une direction du dépôt de la guerre,
Une direction de l'infanterie,
Une direction de la cavalerie,
Une direction de l'administration,
Une direction des fonds et de la comptabilité générale,
Un bureau pour l'artillerie,
Un bureau pour le génie.

2. Sont nommés,

Secrétaire général, le sieur *Baradère ;*
Directeur du dépôt de la guerre, le sieur baron *Pelet*, lieutenant général ;
Directeur de l'infanterie, le sieur baron *Nugues-Saint-Cyr*, lieutenant général ;
Directeur de la cavalerie, le sieur vicomte *Préval*, lieutenant général ;
Directeur de l'administration, le sieur comte *d'Aure*, conseiller d'état ;
Directeur des fonds et de la comptabilité générale, le sieur *Martineau des Chesnez*, maître des requêtes.

Le traitement de ces fonctionnaires sera réglé par une ordonnance spéciale.

Les chefs des bureaux de l'artillerie et du génie seront nommés par notre ministre secrétaire d'état de la guerre.

3. Notre ministre secrétaire d'état de la guerre est chargé de l'exécution de la présente ordonnance.

Signé LOUIS-PHILIPPE.

Par le Roi : *le Ministre Secrétaire d'état de la guerre,*

Signé Mᵃˡ Dᵘᶜ DE DALMATIE.

N° 629. — ORDONNANCE DU ROI portant Nomination d'une Commission d'examen des Frais de négociation et de service du Trésor pendant l'exercice 1829.

A Paris, le 12 Novembre 1830.

LOUIS-PHILIPPE, ROI DES FRANÇAIS;

Vu les ordonnances royales des 18 novembre 1817 (1), 19 janvier 1820 (2), 8 juin 1821 (3) et 15 janvier 1823 (4);

Sur le rapport de notre ministre secrétaire d'état des finances,

NOUS AVONS ORDONNÉ et ORDONNONS ce qui suit:

ART. 1er. Une commission prise dans le Conseil d'état, la cour des comptes et le ministère des finances, est chargée de l'examen et de la vérification des dépenses résultant des frais de négociation et de service du trésor public pour l'exercice 1829.

Cette commission se fera représenter les registres, états, journaux et autres documens qu'elle jugera lui être nécessaires. Elle constatera par un procès-verbal le résultat de sa vérification, et copie ou extrait de ce procès-verbal sera joint à l'appui de l'ordonnance délivrée par le ministre secrétaire d'état des finances pour compléter la régularisation de ces frais.

2. Sont nommés membres de la commission,

MM.

Comte *Bérenger*, conseiller d'état, président;

Taboureau et *Le Riche de Cheveigné*, maîtres des requêtes au Conseil d'état;

Savin, référendaire de première classe à la cour des comptes;

Foacier, référendaire de deuxième classe à la même cour;

Bailly, inspecteur général des finances.

MM. *Portal* et *Saulty*, auditeurs au Conseil d'état, sont adjoints à la commission.

_____

(1) VIIe série, Bulletin 184, n° 3242.
(2) *Voyez* ci-après.
(3) VIIe série, Bulletin 456, n° 10,719.
(4) *Voyez* ci-après.

3. Notre ministre secrétaire d'état des finances est chargé de l'exécution de la présente ordonnance.

Signé LOUIS-PHILIPPE.

Par le Roi : *le Ministre Secrétaire d'état des finances,*

Signé J. LAFFITTE.

Nº 630. — *Ordonnance du Roi* (LOUIS XVIII) *qui nomme une Commission de vérification des Frais de négociation du Trésor pour 1819.*

À Paris, le 19 Janvier 1820.

LOUIS, par la grâce de Dieu, ROI DE FRANCE ET DE NAVARRE;

Vu notre ordonnance du 18 novembre 1817 (1) relative à la régularisation des frais de négociation du trésor royal;

Voulant assurer pour 1819 l'exécution des dispositions réglementaires de cette ordonnance, et ayant jugé convenable d'adjoindre désormais des membres de la cour des comptes à ceux du Conseil d'état qui, jusqu'à présent, ont procédé à l'examen des comptes des frais de négociation;

Sur le rapport de notre ministre secrétaire d'état des finances,

Nous avons ordonné et ordonnons ce qui suit :

Art. 1er. Une commission prise dans notre Conseil d'état et notre cour des comptes est chargée de revoir, d'examiner, de vérifier et d'arrêter les comptes des frais de négociation du trésor royal pendant l'année 1819, en les divisant par trimestre si la disposition des élémens desdits comptes se prête à cette division.

2. La commission se fera représenter les registres, états, journaux, pièces et autres documens divers qu'elle croira devoir demander pour éclairer son examen et appuyer son jugement relativement à chacun desdits comptes.

3. Elle constatera par un procès-verbal les résultats de la vérification dudit compte, et proposera l'allocation des frais de négociation qu'elle aura reconnus réguliers.

4. Sont nommés membres de cette commission,

---

(1) Nº 3543, VIIe série.

Les sieurs

Ramond, conseiller d'état, président.;

Le baron *Fréville* et *Delaitre*, maitres des requêtes;

Jard-Panvillier et *Buchère*, référendaires de deuxième classe à la cour des comptes;

Duret, inspecteur général des finances.

5. Notre ministre secrétaire d'état des finances est chargé de l'exécution de la présente ordonnance.

Fait au château des Tuileries, le 19 Janvier de l'an de grâce 1820, et de notre règne le vingt-cinquième.

Signé LOUIS.

Par lo Roi ; *le Ministre Secrétaire d'état des finances*,

Signé ROY.

N° 631. — *ORDONNANCE DU ROI* (LOUIS XVIII) *pour la vérification des Frais de négociation du Trésor pendant l'exercice 1821*,

A Paris, le 15 Janvier 1823.

LOUIS, par la grâce de Dieu, ROI DE FRANCE ET DE NAVARRE;

Considérant que notre ordonnance du 8 juin 1821(1), ayant assujetti le caissier général du trésor royal à présenter ses comptes dans les formes prescrites aux autres comptables du royaume, a fait cesser à son égard les dispositions exceptionnelles déterminées par l'ordonnance du 18 novembre 1817, en ce qui concerne les frais de service et de négociation;

Considérant qu'en ce qui appartient à la gestion des receveurs généraux, les dépenses relatives auxdits frais de négociation sont comprises dans les comptes qu'ils sont tenus de présenter au jugement de notre cour des comptes;

Considérant que si, par suite des nouvelles obligations imposées aux comptables, la cour des comptes se trouve investie de la connaissance entière des frais de négociation, la nature de ce service ne permet pas de joindre aux quittances et aux comptes toutes les pièces justificatives de la dépense ; que ces justifications ne peuvent être obtenues que par l'examen et la vérification du compte général des frais de trésorerie et de négociation;

Vu notre ordonnance du 19 janvier 1820;

Sur le rapport de notre ministre secrétaire d'état des finances,

NOUS AVONS ORDONNÉ et ORDONNONS ce qui suit :

---

(1) VII° série, n° 10,719.

ART. 1er. Une commission prise dans le Conseil d'état, la cour des comptes et le ministère des finances, est chargée de revoir, d'examiner et de vérifier le compte des frais de négociation du trésor royal pendant l'exercice 1821. Elle se fera représenter les registres, états, journaux, pièces et autres documens propres à éclairer son travail.

2. La commission constatera par un procès-verbal les résultats de sa vérification; copie ou extrait de ce procès-verbal sera joint à l'appui de l'ordonnance délivrée pour compléter la régularisation des frais de négociation de l'exercice 1821.

3. Sont nommés membres de la commission,

MM.

Le comte *Bérenger*, conseiller d'état, président;
V. Masson, de la Bouillerie, maîtres des requêtes;
Bayeux et *Darrimajou*, référendaires de la cour des comptes;
Et *Dutilleul*, inspecteur général des finances.

4. Notre ministre secrétaire d'état des finances est chargé de l'exécution de la présente ordonnance.

Fait au château des Tuileries, le 15 Janvier de l'an de grâce 1823, et de notre règne le vingt-huitième.

Signé LOUIS.

Par le Roi : *le Ministre Secrétaire d'état au département des finances,*

Signé Jⁿ DE VILLÈLE.

N° 632. — *Décision Royale sur l'illégalité de l'emploi d'une somme sur la caisse du Sceau des Titres.*

A Paris, le 16 Octobre 1830.

SIRE, par une ordonnance royale en date du 21 décembre 1828, il a été accordé au garde des sceaux, ministre de la justice, une allocation de crédit extraordinaire de deux cent quarante-quatre mille huit cent soixante-cinq francs, composé,

1.° D'une indemnité et les frais résultant d'une transaction après jugement sur procès intenté à l'occasion de la bâtisse de l'hôtel occupé par le ministère de la justice, rue Neuve de Luxembourg, ci   65,000^f

2.° Des frais de construction, réparations et fournitures à l'hôtel de la Chancellerie, place Vendôme, ci... 179,865.

TOTAL ÉGAL......... 244,865.

L'article 2 de cette ordonnance porte que *la présente ordonnance sera convertie en loi à la prochaine session des Chambres.*

Cette dépense a été comprise, en conséquence., dans
soumis aux Chambres, de la situation provisoire des d
l'exercice 1828 du ministère de la justice au 1.ᵉʳ janvier

Elle forme l'article 5 de ce compte, arrêté le 4 févrie
M. le garde des sceaux comte *Portalis*.

Ce compte fut soumis à la Chambre dans la sessior
avec demande, par le ministre, de la loi à intervenir
quence de l'article 2 de l'ordonnance précitée.

La Chambre accorda l'allocation de soixante-cinq m
formant le montant de l'indemnité, et refusa celle des cei
. dix-neuf mille huit cent soixante-cinq francs réclamés po
de construction, réparations, &c., de l'hôtel de la Ch
place Vendôme.

Ces dispositions furent également adoptées par la Ch
Pairs ; et, par suite des résolutions des deux Chambres,
la loi (insérée au Bulletin des lois, n° 300), en date c
1829, par laquelle il est alloué au ministère de la justic
extraordinaire de soixante-cinq mille francs pour acquitt
nité mentionnée dans le paragraphe 1ᵉʳ de l'article 1ᵉʳ c
nance précitée du 21 décembre 1828.

D'après le refus d'allocation prononcé par les deux
relativement à la dépense des cent soixante-dix-neuf mill
soixante-cinq francs, objet du paragraphe 2 de cette mê
nance, cette dépense fut déclarée illégale ; et dans les c
qui eurent lieu sur la question, on établit qu'elle dev
à la charge de celui qui l'avait ordonnée sans avoir rem
malités imposées par les lois.

Après la promulgation de la loi du 4 juillet 1829, les
neurs et fournisseurs de la Chancellerie élevèrent de pro
clamations, tendant à être payés du montant de leurs
pour le paiement desquelles nuls fonds n'étaient légalen
nibles dans aucun ministère.

En cet état de choses., M. le garde des sceaux *Courv*
pouvoir proposer au Roi d'imputer cette dépense sur le
sceau, et fit rendre à cet effet, le 30 décembre 1829 (1
donnance par laquelle il est ouvert au garde des sceau:
de la justice, un crédit de cent quatre-vingt-douze mil
vingt-cinq francs vingt-cinq centimes, savoir : douze mill
soixante francs vingt-huit centimes pour fournitures
chauffage, et cent soixante-dix-neuf mille huit cent soix
francs quatre-vingt-dix-sept centimes pour construction
tions faites à l'hôtel de la Chancellerie ; somme dont
avait été refusée par les Chambres, ainsi qu'il est dit p

_____

(1) *Voir* le n° 15,537 de la VIIIᵉ série.

Tel est, Sire, l'exposé des faits. Je n'ai point à parler, en ce moment, de la dépense relative au bois de chauffage, parce que cette dépense n'a pas été portée dans les comptes soumis aux Chambres: mais il est de mon devoir d'appeler l'attention de Votre Majesté sur l'allocation du crédit des cent soixante-dix-neuf mille huit cent soixante-quatre francs quatre-vingt-dix-sept centimes.

D'après la loi du 17 août 1828, art. 3 , le compte des recettes et des dépenses du sceau doit être rendu aux Chambres chaque année : il m'est impossible de faire figurer dans le chapitre des dépenses un paiement qui non - seulement n'a pas été fait en vertu d'une loi, mais qui même a été fait en violation d'une délibération formelle des deux Chambres, qui ont refusé de mettre à la charge de l'État la dépense dont il s'agissait.

Quelle que soit l'opinion qu'on ait pu se faire avant la loi du 17 août 1828 sur le droit du Gouvernement de disposer des fonds du sceau , il est certain que, depuis cette loi, cette disponibilité n'a pu être exercée par le Gouvernement qu'à la charge du contrôle des Chambres législatives. Or ce contrôle, et même la censure des Chambres, ne peut manquer de frapper sévèrement un emploi de fonds que les Chambres elles-mêmes avaient défendu d'avance.

Le droit qu'ont les Chambres d'exiger et de recevoir le compte entraîne évidemment le droit d'approuver et de désapprouver l'emploi de cette portion des deniers publics.

Je ne crois pas devoir anticiper sur la décision que les Chambres pourront prendre à ce sujet. Quant à moi, je propose à Votre Majesté de m'autoriser à ne mentionner sur les dépenses du sceau, pour l'année 1830, la somme de cent soixante-dix-neuf mille huit cent soixante-quatre francs quatre-vingt-dix-sept centimes, qu'avec la déclaration de l'illégalité de ce paiement.

Ainsi le Gouvernement de Votre Majesté aura constaté que si elle ne peut réparer la disposition illégale des deniers publics exécutée sous le gouvernement déchu, elle ne perdra jamais l'occasion d'improuver solennellement des actes contraires aux lois.

Je suis avec respect,

SIRE,

de Votre Majesté
le très-humble et très-obéissant serviteur, .

Signé DUPONT (de l'Eure).

APPROUVÉ.

Signé LOUIS PHILIPPE.
Par le Roi : *le Garde des sceaux , Ministre de la justice ,.*
Signé DUPONT (de l'Eure).

N° 633. — ORDONNANCE DU ROI qui autorise le sieur *Gervais* à reconstruire le *moulin à foulon* dit *de Benagu*, à un tournant, qu'il possède sur la rivière de Claise, commune de *Chaumussay* (Indre-et-Loire), et à établir un *moulin à farine* à un tournant sur la rive gauche du même cours d'eau. (*Paris, 7 Novembre 1830.*)

N° 634. — ORDONNANCE DU ROI qui autorise le sieur *Poirot de Valcourt* à ajouter un second *tournant* à l'usine qu'il possède sur le ruisseau de Valcourt, commune de *Bicqueley* (Meurthe), pour servir, au besoin, à moudre le grain ou à broyer la pierre à plâtre. (*Paris, 7 Novembre 1830.*)

N° 635. — ORDONNANCE DU ROI qui autorise les sieurs *Humbert* et *Martin* à conserver le *barrage* qu'ils ont construit dans le lit de la rivière de Mosclotte pour l'irrigation de leurs propriétés, commune de *Vagney*, département des Vosges. (*Paris, 7 Novembre 1830.*)

N° 636. — ORDONNANCE DU ROI qui autorise le sieur *Michel* à établir une *prise d'eau* sur le cours d'eau dit *la Mayre de la Gourdoulière*, commune de *Grillon*, département de Vaucluse, pour servir à l'irrigation de ses propriétés. (*Paris, 7 Novembre 1830.*)

N° 637. — ORDONNANCE DU ROI qui autorise les sieurs *Champelaupier* frères à construire une *filature de soie* à *Saint-Jean du Pin* (Gard), et à dériver du ruisseau d'Auzon les eaux nécessaires au mouvement de cette usine. (*Paris, 7 Novembre 1830.*)

N° 638. — ORDONNANCE DU ROI qui autorise les sieurs *Michelis*, *Giraudy* et *Foucachon*, à établir un *moulin à huile* dans la commune de *Bouyon* (Var), et à dériver du torrent de Bouyon l'eau nécessaire au mouvement de ce moulin. (*Paris, 7 Novembre 1830.*)

N° 639. — ORDONNANCE DU ROI portant délimitation de la concession des *mines de houille* de *Montcenis* (Saone-et-Loire) accordée à M. *de la Chaize*, aux droits duquel sont aujourd'hui MM. *Chagot* et compagnie. (*Paris, 21 Novembre 1830.*)

N° 640. — ORDONNANCE DU ROI qui autorise M. *Bouzon* à établir une *verrerie* destinée à la fabrication des cristaux sur un terrain attenant à la maison qu'il habite, commune de *la Villette* (Seine), rue Neuve, n° 126. (*Paris, 22 Novembre 1830.*)

N° 641. — ORDONNANCE DU ROI qui autorise M. *Catherine* à établir une *fonderie de suif en branche* au bain-marie à *Yvetot*, département de la Seine-Inférieure. (*Paris, 25 Novembre 1830.*)

N° 642. — ORDONNANCE DU ROI qui autorise M. *Marolle-Laclef* à établir une *fabrique de vernis* sur un terrain situé près le chemin du moulin, commune de *Vaugirard*, département de la Seine. (*Paris, 26 Novembre 1830.*)

N° 643. — ORDONNANCE DU ROI qui autorise MM. *Calmain* et *Chardonnet* à établir une *fabrique d'acide nitrique* au hameau des Charpennes, commune de *Villeurbanne*, département de l'Isère. (*Paris, 26 Novembre 1830.*)

N° 644. — ORDONNANCE DU ROI qui autorise M. *Zipelius* à établir une *fonderie de suif en branche* à feu nu et une *fabrique de chandelle et de savon* près de la porte Vauban, à l'extérieur de la ville de *Colmar*, département du Haut-Rhin. (*Paris, 26 Novembre 1830.*)

N° 645. — ORDONNANCE DU ROI qui autorise M. *Vignaux* à établir une *fabrique de cuirs vernis* à *Belleville*, ruelle des Montagnes, n° 1er, département de la Seine. (*Paris, 3 Décembre 1830.*)

N° 646. — ORDONNANCE DU ROI qui autorise M. *de Pons-Renepont* à établir un *haut-fourneau* pour la fusion du minerai de fer sur le ruisseau d'Arène, lieu dit *les Vieilles Forges*, commune de *Monthérie* (Haute-Marne). (*Paris, 5 Décembre 1830.*)

N° 647. — ORDONNANCE DU ROI qui autorise M. *Colombier*, 1° à maintenir la *tréfilerie* dont il est propriétaire sur le ruisseau de Mortagne, commune d'*Autrey*, arrondissement d'Épinal, département des Vosges, et 2° à mettre en activité les quatre paires de *cylindres étireurs* établis dans l'ancien moulin situé à deux cents mètres en aval de la tréfilerie. (*Paris, 5 Décembre 1830.*)

CERTIFIÉ conforme par nous

Garde des sceaux de France, Ministre Secrétaire d'état au département de la justice,

À Paris, le 6 * Janvier 1831,

MÉRILHOU.

* Cette date est celle de la réception du Bulletin à la Chancellerie.

On s'abonne pour le Bulletin des lois, à raison de 9 francs par an, à la caisse de l'Imprimerie royale, ou chez les Directeurs des postes des départemens.

À PARIS, DE L'IMPRIMERIE ROYALE.
6 Janvier 1831.

BULLETIN DES LOIS,

2ᵉ Partie. — ORDONNANCES. — Nᵒ 32.

Nᵒ 648. — ORDONNANCE DU ROI *sur le Personnel du corps de l'Intendance militaire.*

A Paris, le 11 Décembre 1830.

LOUIS-PHILIPPE, ROI DES FRANÇAIS, à tous présens et à venir, SALUT.

Vu les ordonnances des 29 juillet 1817 (1), 27 septembre 1820 (2), 18 septembre 1822 (3), 26 décembre 1827 (4), 10 juin (5) et 27 décembre 1829 (6), concernant l'organisation du corps de l'intendance militaire;

Vu les sections 5 et 6 de l'ordonnance du 2 août 1818 (7) sur la hiérarchie militaire et la progression de l'avancement dans l'armée;

Vu l'ordonnance du 19 mars 1823 (8) sur la solde et les revues;

Vu aussi notre ordonnance du 28 août dernier (9) relative au placement des officiers en non-activité;

Voulant ramener la composition actuelle du corps de l'intendance militaire à ce qu'exigent les besoins du service, et la mettre en rapport avec l'accroissement que va recevoir l'armée;

Voulant en outre soumettre le recrutement de ce corps aux règles générales en vigueur, et donner en même temps une preuve de notre sollicitude aux anciens fonctionnaires militaires non compris dans le cadre d'activité;

Sur le rapport de notre ministre secrétaire d'état de la guerre,

NOUS AVONS ORDONNÉ et ORDONNONS ce qui suit :

---

(1) VIIᵉ série, nᵒ 2822.
(2) *Ibid.* nᵒ 9551.
(3) *Ibid.* nᵒ 13,401.
(4) VIIIᵉ série, nᵒ 7728.
(5) *Ibid.* nᵒ 11,273.
(6) *Ibid.* nᵒ 13,348.
(7) VIIᵉ série, nᵒ 4765.
(8) Elle n'a pas été insérée au Bulletin des lois à cause de sa longueur; mais on la trouve au Journal militaire, avec les tableaux.
(9) Ci-dessus, IXᵉ série, nᵒ 106.

. ART. 1". Les ordonnances du 27 décembre 1829 qui ont
créé cinq intendans en chef et un comité consultatif permanent d'administration, sont abrogées.

2. L'effectif du corps de l'intendance militaire demeure fixé,
conformément à l'ordonnance du 26 décembre 1827, ainsi
qu'il suit, savoir :

Inteudans militaires................................:............ 25.

Sous-intendans militaires..$\left\{\begin{array}{l}\text{de 1}^\text{re}\text{ classe....... 35.}\\\text{de 2}^\text{e}\text{ classe....... 50.}\\\text{de 3}^\text{e}\text{ classe....... 100.}\end{array}\right\}$ 185.

Sous-intendans militaires adjoints.................... 25.

TOTAL.................. 235.

3. Lorsqu'un intendant militaire sera désigné pour diriger
en chef l'administration d'une armée active, il prendra le titre
d'intendant en chef : ce titre cessera avec les fonctions qui y
sont attachées.

4. Le traitement d'activité et de disponibilité des intendans
militaires, sous-intendans militaires et sous-intendans militaires adjoints, reste tel qu'il est fixé par les tarifs en vigueur.

5. La moitié des emplois qui sont ou deviendront vacans
dans l'intendance militaire, sera réservée au placement de
ceux des anciens fonctionnaires ayant appartenu, soit à ce
corps, soit à l'inspection aux revues ou au commissariat des
guerres, non compris dans les cadres actuels, qui seront reconnus susceptibles d'être rappelés à l'activité; l'autre moitié
de ces emplois sera dévolue à l'avancement ordinaire du corps.

6. Les capitaines de toutes armes en activité, auxquels
l'article 3 de l'ordonnance du 10 juin 1829 attribuait la totalité des emplois de sous-intendant militaire adjoint, n'auront
droit qu'au quart des vacances dans ce grade, jusqu'à l'entier
placement des anciens adjoints susceptibles d'être rappelés au
service.

Le cinquième des emplois de sous-intendant militaire de
troisième classe continuera d'être réservé aux officiers supérieurs de l'armée, conformément au second paragraphe de
l'article 6 de l'ordonnance précitée.

7. Les anciens fonctionnaires rappelés au service seront classés d'après leur ancienneté de grade, conformément aux principes établis par l'article 6 de l'ordonnance du 18 sep-. tembre 1822, et sans déduction du temps pendant lequel ils seront restés en non-activité, ainsi qu'il a été réglé par notre ordonnance du 28 août dernier pour les officiers en non-activité.

Les adjoints provisoires aux commissaires des guerres qui seront admis dans l'intendance militaire, prendront rang du jour de leur nomination dans ce corps.

8. Les dispositions de l'article ci-dessus seront applicables à tous les fonctionnaires de l'intendance militaire admis dans ce corps postérieurement à l'ordonnance du 18 septembre 1822.

9. Pour l'exécution des articles 5 et 7, il sera dressé, par les soins de notre ministre secrétaire d'état de la guerre, une liste des anciens fonctionnaires qui, d'après le travail de la commission instituée pour examiner leurs réclamations, auront été reconnus susceptibles d'être rappelés au service.

Cette liste sera soumise à notre approbation.

10. Les anciens fonctionnaires compris dans la liste mentionnée ci-dessus formeront naturellement un cadre de rem placement pour l'intendance.

Ils auront la même dénomination que les membres du cadre d'activité.

Ils continueront de toucher les traitemens dont ils sont en possession ; mais ils participeront à tous les avantages qui, sous ce rapport, pourraient être accordés plus tard aux autres officiers de l'armée qui se trouvent, comme eux, en non-activité, en réforme ou en retraite.

Les pensions de retraite qu'il y aurait lieu de leur accorder avant d'être rappelés au service, seront réglées sous le titre et d'après le grade qu'ils auront obtenus dans le nouveau cadre de remplacement.

11. Lorsqu'il vaquera un des emplois réservés au placement des fonctionnaires du cadre de remplacement, il nous

sera présenté par notre ministre secrétaire d'état de la guerre
un de ces administrateurs du grade et de la classe correspon-
.dant à l'emploi vacant.

12. Ne pourront être compris ou maintenus dans le cadre
de remplacement, savoir :

· Les fonctionnaires du grade d'intendant militaire âgés de
plus de soixante-cinq ans, à moins qu'ils n'aient été inspecteurs
en chef aux revues, ou ordonnateurs en chef;

. Les fonctionnaires du grade de sous-intendant militaire âgés
de plus de soixante ans ;

: . Les fonctionnaires du grade de sous-intendant militaire
adjoint âgés de plus de cinquante ans.

13. En temps de guerre et en cas d'insuffisance des
membres du cadre d'activité, les fonctionnaires du cadre de
remplacement pourront être employés, soit dans l'intérieur,
soit aux armées.

Ils auront droit, pendant la durée de leurs fonctions actives, au traitement d'activité sous la déduction de celui de
réforme ou de la pension de retraite dont ils seront en jouissance et qu'ils continueront à recevoir.

14. Les anciens fonctionnaires en non-activité, en réforme
ou en retraite, qui ne feront pas partie du cadre de remplacement de l'intendance militaire, conserveront leur position et
leur traitement actuels; mais ils profiteront de toutes les améliorations qui seraient apportées par la suite à la situation des
autres officiers de l'armée qui se trouvent dans la même position qu'eux.

15. Les dispositions de l'article 280 de l'ordonnance du
2 août 1818, qui admettent à concourir pour les places d'officier comptable dans les corps de troupe les adjoints à l'inspection aux revues et les adjoints aux commissaires des
guerres, soit titulaires, soit provisoires, sortiront leur plein
et entier effet.

16. Les adjoints à l'intendance militaire reprendront leur
ancienne dénomination de *sous-intendant militaire adjoint*.
Ils pourront, lorsque les besoins du service l'exigeront, et

sur la désignation spéciale de notre ministre secrétaire d'état
de la guerre, exercer dans toute leur plénitude les fonctions
de sous-intendant militaire.

Toutefois ne seront pas observées à l'égard des sous-intendans militaires adjoints les dispositions de l'article 522 de
l'ordonnance du 19 mars 1823.

17. Notre ministre secrétaire d'état de la guerre aura la
faculté de réunir, après les inspections de chaque année, des
fonctionnaires du corps de l'intendance militaire en comité
temporaire d'administration, où seraient examinées et discutées toutes les améliorations dont l'administration militaire
paraîtra susceptible.

18. Toutes les dispositions contraires à la présente ordonnance sont et demeurent abrogées.

19. Notre ministre secrétaire d'état de la guerre est chargé
de l'exécution de la présente ordonnance.

Signé LOUIS-PHILIPPE.

Par le Roi : le Ministre Secrétaire d'état de la guerre,

Signé M^{al} Duc de Dalmatie.

N° 649. — Ordonnance du Roi prohibitive du cumul entre les
fonctions de Conseiller d'état en Service ordinaire et celles de
membre de la Commission d'indemnité des émigrés, et sur le
service des Auditeurs au Conseil d'état près cette commission.

A Paris, le 20 Décembre 1830.

LOUIS-PHILIPPE, Roi des Français, à tous présens
et à venir, SALUT.

Sur ce qu'il nous a été exposé que MM. Girod (de l'Ain) et Macarel, nommés, par notre ordonnance du 8 du courant, membres
de la commission chargée de la liquidation de l'indemnité accordée
par la loi du 27 avril 1825, ne pouvaient pas en cumuler les fonctions avec celles de conseillers d'état attachés au comité de législation et de justice administrative dont ils sont pourvus;

Voulant en outre donner la plus grande activité possible aux
travaux de la commission ;

Sur le rapport de notre ministre secrétaire d'état des finances,

Nous avons ordonné et ordonnons :

N n 3

ART. 1ᵉʳ. MM. *Tribert*, membre de la Chambre des Députés, et *Lechat*, conseiller d'état, sont nommés membres
de la commission de liquidation de l'indemnité accordée par
la loi du 27 avril 1825, en remplacement de MM. *Girod*
(de l'Ain) et *Macarel*.

2. Tous les auditeurs en notre Conseil d'état feront les
rapports à la commission, concurremment avec les maitres
des requêtes.

3. Notre ministre secrétaire d'état des finances est chargé
de l'exécution de la présente ordonnance.

Signé LOUIS-PHILIPPE.

Par le Roi : *le Ministre Secrétaire d'état des finances,*

Signé J. LAFFITTE.

Nº 650. — *ORDONNANCE DU ROI qui approuve l'Adjudication
d'un Pont suspendu sur l'Azergue à Chazay, moyennant un
Péage.*

A Paris, le 15 Décembre 1830.

LOUIS-PHILIPPE, ROI DES FRANÇAIS, à tous présens
et à venir, SALUT.

Sur le rapport de notre ministre secrétaire d'état au département
de l'interieur ;

Le Conseil d'etat entendu,

NOUS AVONS ORDONNÉ et ORDONNONS ce qui suit :

ART. 1ᵉʳ. L'adjudication de la construction d'un pont suspendu sur l'Azergue à Chazay, département du Rhône, faite
et passée, le 20 août 1830, aux sieurs *Delasalle* et *Dé-
goutte*, moyennant la concession d'un péage pendant quatre-
vingt-quinze ans, est et demeure approuvée.

En conséquence, les clauses et conditions de cette adjudication recevront leur pleine et entière exécution, conformément
au cahier des charges arrêté par le ministre des travaux
publics le 29 juin 1830.

2. A compter du jour où ce pont sera livré au public, il
y sera perçu un droit de péage d'après le tarif ci-après :

1º Pour une personne chargée ou non...................... 05ᶜ
2º Un cheval ou mulet, et son cavalier avec sa valise........... 10.

3° Une voiture suspendue à deux roues, à un cheval ou mulet, ou pour une litière à deux chevaux, avec le conducteur............ . 25ᶜ

4° Une voiture suspendue à quatre roues, à un cheval ou mulet, avec le conducteur.. 30.

5° Une voiture suspendue à deux chevaux ou mulets, avec le conducteur... 40.

6° Chaque cheval ou mulet en augmentation.................. 05.

7° Un âne ou une ânesse chargé ou non chargé, avec le conducteur. 07.

8° Un cheval ou un mulet chargé ou non chargé, avec le conducteur... 10.

Bestiaux destinés à la vente.

9° Un bœuf ou une vache, non compris le conducteur.......... 05.

10° Un veau ou mouton, ou brebis, ou bouc, ou chèvre, idem..... 01.

Usages divers.

11° Une charrette attelée d'un cheval ou mulet, avec le conducteur. 15.

12° Une charrette attelée de deux chevaux ou mulets, avec le conducteur.. 20.

13° Chaque cheval ou mulet d'augmentation................ 05.

14° Deux bœufs ou deux vaches pour la remonte, compris le conducteur... 10.

15° Chaque charrette attelée de deux bœufs ou deux vaches, avec le conducteur.. 15.

Roulage.

16° Chaque chariot de roulage à quatre roues, avec un cheval et le conducteur... 25.

17° Chaque chariot de roulage à quatre roues, avec deux chevaux et le conducteur... 30.

18° Chaque cheval d'augmentation....................... 05.

Agriculture.

19° Chaque cheval, mulet, bœuf, vache, âne ou ânesse, employé au labour ou étant conduit au pâturage, sans le conducteur........... 02.

20° Chaque mouton, brebis, bouc ou chèvre, conduit au pâturage, sans le conducteur....................................... 01.

21° Une charrette chargée d'engrais ou de récolte allant au domicile du propriétaire, ou venant de ses propriétés, avec un cheval, ou deux bœufs, ou deux vaches, compris le conducteur................ 10.

22° Chaque cheval d'augmentation....................... 05.

23° Une charrette attelée avec un âne ou une ânesse, compris le conducteur.. 10.

3. Sont exempts du droit de péage le préfet du département et le sous-préfet de l'arrondissement de Villefranche en tournée; les ingénieurs, conducteurs et piqueurs des ponts et chaussées, les employés de l'administration des contributions directes, la gendarmerie; les militaires voyageant par

N r. 4

corps ou isolément, à la charge, dans ce dernier cas, de présenter une feuille de route ou un ordre de service ; les courriers du Gouvernement, les malles-postes et les facteurs ruraux faisant le service des postes de l'État.

4. Notre ministre secrétaire d'état de l'intérieur est chargé de l'exécution de la présente ordonnance.

Signé LOUIS-PHILIPPE.

Par le Roi : le Ministre Secrétaire d'état au département de l'intérieur,

Signé MONTALIVET.

N° 651. — *Ordonnance du Roi* (1) (Charles X) *qui charge le Maréchal Duc* de Raguse *du Commandement supérieur des troupes de la première Division militaire.*

Au château de Saint-Cloud, le 25 (2) Juillet 1830.

CHARLES, par la grâce de Dieu, ROI DE FRANCE ET DE NAVARRE ;

Sur le rapport du président du Conseil des ministres ;

NOUS AVONS ORDONNÉ et ORDONNONS ce qui suit :

ART. 1er. Notre cousin le maréchal duc *de Raguse* est chargé du commandement supérieur des troupes de la première division militaire.

2. Notre président du Conseil, chargé par intérim du portefeuille de la guerre, est chargé de l'exécution de la présente ordonnance.

Donné en notre château de Saint-Cloud, le 25 Juillet de l'an de grâce 1830, et de notre règne le sixième.

Signé CHARLES.

Par le Roi : le Président du Conseil, chargé par intérim du portefeuille de la guerre,

Signé PRINCE DE POLIGNAC.

(1) Cette pièce et les suivantes complètent la VIIIe série, et ne sont insérées que comme documens historiques ; elles n'ont reçu aucune publication officielle.

(2) Dans les débats du procès des ex-ministres de *Charles X* devant la Cour des Pairs, la date de cette pièce a été contestée : on a prétendu qu'elle était du 26 ou même du 27 juillet.

N° 652. — *ORDONNANCE DU ROI* (CHARLES X) *qui nomme M. le Duc* de Mortemart *Président du Conseil des ministres et Ministre des affaires étrangères.*

Au château de Saint-Cloud, le 29 Juillet 1830.

CHARLES, par la grâce de Dieu, ROI DE FRANCE ET DE NAVARRE, à tous ceux qui ces présentes verront, SALUT.

Sur le rapport de notre garde des sceaux, ministre secrétaire d'état au département de la justice,

NOUS AVONS ORDONNÉ et ORDONNONS ce qui suit :

ART. 1ᵉʳ. Notre cousin le duc *de Mortemart*, pair de France, notre ambassadeur à la cour de Russie, est nommé ministre secrétaire d'état au département des affaires étrangères et président de notre Conseil des ministres.

2. Notre garde des sceaux, ministre secrétaire d'état au département de la justice, est chargé de l'exécution de la présente ordonnance.

Donné au château de Saint-Cloud, le 29ᵉ jour du mois de Juillet, l'an de grâce 1830, et de notre règne le sixième.

Signé CHARLES.

Par le Roi : *le Garde des sceaux de France,*

Signé DE CHANTELAUZE.

———————

N° 653. — *ORDONNANCE DU ROI* (CHARLES X) *qui nomme M.* Casimir Périer *Ministre des finances.*

Au château de Saint-Cloud, le 29 Juillet 1830.

CHARLES, par la grâce de Dieu, ROI DE FRANCE ET DE NAVARRE, à tous ceux qui ces présentes verront, SALUT.

Sur le rapport du président de notre Conseil des ministres,

NOUS AVONS ORDONNÉ et ORDONNONS ce qui suit :

ART. 1ᵉʳ. Le sieur *Casimir Périer*, membre de la Chambre des Députés, est nommé ministre secrétaire d'état au département des finances.

2. Le président de notre Conseil des ministres est chargé de l'exécution de la présente ordonnance.

Donné au château de Saint-Cloud, le 29ᵉ jour de Juillet de l'an de grâce 1830, et de notre règne le sixième.

Signé CHARLES.

Par le Roi : *le Président du Conseil des ministres ,*

Signé LE DUC DE MORTEMART.

Nº 654. — *ORDONNANCE DU ROI* (CHARLES X) *qui nomme le Lieutenant général* Gérard *Ministre de la guerre.*

Au château de Saint-Cloud , le 29 Juillet 1830.

CHARLES, par la grâce de Dieu, ROI DE FRANCE ET DE NAVARRE, à tous ceux qui ces présentes verront, SALUT.

Sur le rapport du président de notre Conseil des ministres,

NOUS AVONS ORDONNÉ ET ORDONNONS ce qui suit :

ART. 1ᵉʳ. Le lieutenant général comte *Gérard*, membre de la Chambre des Députés, est nommé ministre secrétaire d'état au département de la guerre.

2. Le président de notre Conseil des ministres est chargé de l'exécution de la présente ordonnance.

Donné au château de Saint-Cloud, le 29ᵉ jour de Juillet de l'an de grâce 1830, et de notre règne le sixième.

Signé CHARLES.

Par le Roi : *le Président du Conseil des ministres,*

Signé LE DUC DE MORTEMART.

Nº 655. — *ORDONNANCE DU ROI* (CHARLES X) *qui révoque les Ordonnances du 25 Juillet relatives à la liberté de la presse, aux élections, et à la dissolution de la Chambre, et fixe l'ouverture de la Session au 3 Août* (1).

Au château de Saint-Cloud, le 29 Juillet 1830.

CHARLES, par la grâce de Dieu, ROI DE FRANCE ET DE NAVARRE, à tous ceux qui ces présentes verront, SALUT.

(1) Il résulte d'une lettre de M. le duc *de Mortemart*, du 25 septembre 1830, que l'ordonnance sur la mise en état de siége du 28 juillet, laquelle a été insérée au Bulletin des lois, et dont certains exemplaires ont été distribués aux autorités de la capitale par un numéro qui a été supprimé, aurait été révoquée par lui en vertu des ordres spéciaux qu'il avait reçus du Roi *Charles X;* mais il n'a existé à cet égard aucune ordonnance. Seulement il

Sur le rapport du président de notre Conseil des ministres,

NOUS AVONS ORDONNÉ et ORDONNONS ce qui suit :

ART. 1er. Les ordonnances du 25 juillet relatives à la suspension de la liberté de la presse, aux nouvelles élections, à la convocation des Chambres, et aux nominations faites dans notre Conseil d'état, sont rapportées.

2. La session de la Chambre des Pairs et de la Chambre des Députés s'ouvrira le 3 août prochain.

Donné au château de Saint-Cloud, le 29e jour de Juillet de l'an de grâce 1830, et de notre règne le sixième.

Signé CHARLES.

Par le Roi : le Président du Conseil des ministres,

Signé LE DUC DE MORTEMART.

N° 656. — ARRÊTÉ CONSULAIRE sur les Précautions à prendre par les Dépositaires de deniers publics pour la conservation de leurs Fonds (1).

Du 8 Floréal an X [28 Avril 1802].

LES CONSULS DE LA RÉPUBLIQUE,

Sur les rapports du ministre des finances relatifs à des vols de deniers publics, dont divers préposés réclament la décharge ;

Le Conseil d'état entendu,

ARRÊTENT :

ART. 1er. Tout receveur, caissier, dépositaire, percepteur ou préposé quelconque, chargé de deniers publics, ne pourra obtenir décharge d'aucun vol, s'il n'est justifié qu'il est l'effet

---

paraît que, le 30 juillet, M. le duc de Mortemart a écrit aux présidens des cours et tribunaux pour les engager à reprendre le cours de leurs travaux : ce fait résulte d'une lettre de M. le grand référendaire de la Chambre des Pairs, du 27 décembre 1830. Dans sa lettre du 25 septembre, M. le duc de Mortemart ajoute qu'indépendamment des quatre ordonnances dont il a déposé les duplicata à la Chambre des Pairs, et les originaux à l'Hôtel-de-ville, où ils n'ont pas été retrouvés, il en a existé plusieurs autres contre-signées par lui ; que quelques-unes étaient conditionnelles, d'autres en blanc, et qu'il les a détruites, quand leur inutilité lui en a été démontrée, ainsi qu'il en avait fait la promesse.

(1) Voyez les articles 1927, 1928 et 1929 du Code civil, décrété le 14 mars 1804.

d'une force majeure, et que le dépositaire, outre les précautions ordinaires, avait eu celle de coucher ou de faire coucher un homme sûr dans le lieu où il tenait ses fonds, et en outre, si c'était au rez-de-chaussée, de le tenir solidement grillé.

2. Le ministre des finances est chargé de l'exécution du présent arrêté.

Signé BONAPARTE.

N° 637. — PAR DEUX ORDONNANCES DU ROI du *27 décembre 1830,* contre-signées *J. Laffitte*, président du Conseil des ministres, M. *Mérilhou*, ministre de l'instruction publique et des cultes, a été nommé garde des sceaux, ministre secrétaire d'état au département de la justice, en remplacement de M. *Dupont* (de l'Eure), dont la démission a été acceptée; et M. *Barthe*, président de chambre à la cour royale, a été nommé ministre secrétaire d'état au département de l'instruction publique et des cultes, avec la présidence du Conseil d'état, en remplacement de M. *Mérilhou*.

N° 638. — ORDONNANCE DU ROI qui autorise les habitans des communes dont la désignation suit, à faire pacager pendant cinq ans leurs bêtes à laine dans les bois communaux, aux conditions proposées par l'administration des forêts, savoir:

1° Les habitans des communes d'Aramits, Issor et Lanne (Basses-Pyrénées);

2° Ceux de la commune de Saint-Auban (Var);

3° Ceux de la commune de Niozelles (Basses-Alpes);

4° Ceux de la commune de Piégut (même département);

5° Ceux des communes de Saint-Paul et Vellemalle, Montferrier, Assas. Petit-Galargues, Compagne, Clairet, Vacquières, la Roque, Cazilhac, Moulis, Brissac, Bouet, Viols-le-Fort, Murles, Puechabon, Saint-Guilhen, la Boissière, Mentaruaud, Vaillanges, Aniane, Balaruc-les-Bains, Gigean et Vic (Hérault);

6° Ceux des communes de Maucor et Buros (Basses-Pyrénées);

7° Ceux de la commune de Selonnet (Basses-Pyrénées);

8° Ceux de la commune de Buzargues (Hérault);

9° Ceux de la commune de Saint-Benoît (Basses-Alpes); ·

10° Ceux de la commune de Braux (Basses-Alpes);

11° Ceux de la commune de Ger (Basses-Pyrénées);

12° Ceux de la commune d'Arète (même département). (*Paris, 13 Décembre 1830.*)

N° 659. — ORDONNANCE DU ROI qui autorise l'administration forestière à faire délivrance aux communes ci-après désignées, savoir :

1° Montaut (Landes), de la coupe, par forme d'éclaircie, en deux années successives, de huit hectares de ses bois ;

2° Vallauris (Var), de cent pins à prendre en jardinant dans ses bois ;

3° Vénasque (Vaucluse), de la coupe, en deux années successives, de vingt-cinq hectares de ses bois;

4° Saucourt (Haute-Marne), de la coupe n° 11 de l'aménagement de ses bois , sous la condition expresse qu'il ne sera fait aucune délivrance de bois pour l'année 1832 ;

5° Soultzbach (Haut-Rhin), de la coupe de quatre cents sapins dépérissans à prendre en jardinant dans ses bois ;

6° Novéant sur Moselle (Moselle), de la coupe de treize hectares soixante-et-quatorze ares de sa réserve ;

7° Burbach (Bas-Rhin), de la coupe, par forme d'expurgade, des bois blancs et de vingt-un chênes dépérissans qui se trouvent sur vingt-neuf hectares deux ares dix centiares de ses bois ?

Il sera procédé à l'aménagement des bois de ladite commune ;

8° Beaujeu (Basses-Alpes), de la coupe de quarante sapins à prendre dans ses bois ;

9° Oraison (Basses-Alpes), de la coupe de trois hectares de ses bois ;

10° Osse, Lées-Athas et Lourdios - Ichère (Basses-Pyrénées), de la coupe de soixante sapins à prendre en jardinant dans leurs bois indivis ;

11° Gésier (Haute-Saone), de la coupe, en deux années successives, de vingt-cinq hectares de ses bois ;

12° Cassagnebère (Haute-Garonne), de la coupe, par forme de nettoiement et d'économie, des ronces, épines, branches rampantes, ainsi que des arbustes nuisibles ou de mauvaise venue qui existent sur douze hectares de ses bois;

13° Barleat (Hautes-Pyrénées), de la coupe, par forme de nettoiement et d'économie, des houx, ronces et épines existant sur la réserve de ses bois;

14° Damelevière (Meurthe), de la coupe de dix hectares de ses bois :
Il sera procédé à l'aménagement des bois de ladite commune.

15° Chauffourt (Haute-Marne), de la coupe, en quatre années successives, à partir de l'ordinaire 1831, des quarante-sept hectares trente-huit ares composant sa réserve ;

16° Floing (Ardennes), de la coupe, en trois années successives, à partir de l'ordinaire 1831, de trente-deux hectares vingt-sept ares de sa réserve ;

17° Beaumont (Ardennes), de la coupe, en huit années successives, à partir de 1831, de quatre-vingt-onze hectares de sa réserve;

18° Long-Sancey (Doubs), de la coupe de dix hectares de sa réserve ;

19° Trepot (Doubs), de la coupe de quinze hectares de ses bois ;

20° Roches et Raucourt (Haute-Saone), de la coupe, pour l'ordinaire 1833, de trois hectares vingt-sept centiares composant sa réserve ;

21° Vaux le Moncelot (Haute-Saone), de la coupe, pour l'ordinaire 1832, de dix hectares environ de sa réserve ;

22° Tédry (Haute-Saone), de la coupe, en trois années successives, à partir de l'ordinaire 1833, des vingt-trois hectares soixante-et-quinze ares composant sa réserve ;

23° Grandvillard (Haut-Rhin), de la coupe de cinq hectares de ses bois ;

24° Brussey (Haute-Saone), de la coupe, en trois années successives, à partir de l'ordinaire 1832, de trente hectares quatre-vingt-douze ares de sa réserve ;

25° Bonnevent (Haute-Saone), de la coupe des seize hectares soixante ares composant sa réserve ;

26° Courcelles-Chaussy (Moselle), de la coupe de trois hectares quarante-huit ares de sa réserve. (*Paris, 13 Décembre 1830.*)

N.° 660. — ORDONNANCE DU ROI portant que,

ART. 1er. L'administration forestière est autorisée à faire délivrance aux communes ci-après désignées , savoir :

1° Vauconcourt (Haute-Saone), de la coupe, en deux années successives, à partir de l'ordinaire 1833, de dix hectares de sa réserve ;

2° Rechotte (Haut-Rhin), de cinq chênes dépérissans à prendre dans la réserve ;

3° Bélieu (Doubs), de vingt-deux arbres dépérissans et de huit souches à prendre dans sa réserve ;

4° Venise (Doubs), de la coupe, en deux années successives, de trente hectares de sa réserve ;

5° Reynel (Haute-Marne), de vingt-sept arbres dépérissans à prendre dans ses bois ;

6° Barbazan (Haute-Garonne), de vingt hêtres à prendre dans ses bois ;

7° Saint-Laurent de Cerda (Pyrénées-Orientales), de quatre cent cinquante châtaigniers dépérissans à prendre dans ses bois ;

8° Lamayou (Basses-Pyrénées), de la coupe de vingt-cinq chênes et quarante-neuf châtaigniers morts, et de l'émondage de cent soixante-dix autres châtaigniers, le tout dans les bois de ladite commune ;

9° Varennes (Meuse), de la coupe de dix-sept hectares de sa réserve ;

10° La Neuville-aux-Tourneurs (Ardennes), de la coupe, par forme d'expurgade, de sept hectares cinquante-trois ares cinquante centiares de ses bois ;

11° Romanswiller (Bas-Rhin), de la coupe, en deux années successives et par forme de nettoiement, de trente hectares de ses bois ;

12° La Garde-Freinet (Var), de la coupe de seize mille pins mûrs ou dépérissans à prendre dans ses bois :

Un délai de six ans sera accordé pour l'exploitation et la vidange de ces bois ;

13° Ribeauvillé (Haut-Rhin), de deux cent cinquante sapins à prendre dans ses bois ;

14° Marchaux (Doubs), de la coupe de neuf hectares de sa réserve ;

15° Bliesbrucken (Moselle), de la coupe, par anticipation, de six hectares cinquante ares de ses bois :

La contenance de cette coupe sera déduite, par portions égales, sur chacune des six premières coupes ordinaires qui seront délivrées à ladite commune ;

16° Marancourt (Haute-Marne), de la coupe de la réserve de ses bois ;

17° Belverne (Haute-Saone), de la coupe, en quatre années successives, de vingt-quatre hectares de sa réserve ;

18° Nidermuespach et Mittelmuespach (Haut-Rhin), de la coupe, savoir, de quatre hectares dans les bois de la première de ces communes, et de deux hectares dans ceux de l'autre.

Lesdites communes supporteront une retenue de cinquante ares sur les coupes des ordinaires suivans jusqu'à concurrence de celle dont il s'agit.

2. Il sera procédé à la vente et adjudication de quatre arbres existant sur la lisière des bois du sieur *Montigny* et de la commune de Courcelles-Chaussy (Moselle). (*Paris, 13 Décembre 1830.*)

N° 661. — ORDONNANCE DU ROI portant que,

1° Les tarif et réglement annexés à la présente ordonnance pour la perception de l'octroi de la commune de Fuveau, département des Bouches-du-Rhône, sont approuvés.

2° Les tarif et réglement de l'octroi de la commune de Rostrenen, département des Côtes-du-Nord, prorogés, par ordonnance du 23 janvier 1828, jusqu'au 31 décembre 1830, sont prorogés de nouveau, mais pour dernier délai, jusqu'au 31 décembre 1831.

3° L'octroi établi dans la commune de Saint-Cloud, département de Seine-et-Oise, sera supprimé à partir du 1er janvier 1831. (*Paris, 13 Décembre 1830.*)

N° 662. — ORDONNANCE DU ROI portant que le procès-verbal en date du 10 décembre 1829, qui constate que les experts régulièrement nommés par le préfet du département de la Côte-d'Or ont opéré la délimitation générale et contradictoire des bois appartenant à la commune de Vonges, est approuvé, sauf aux réclamans à faire valoir leurs droits dans le délai voulu par le Code forestier. (*Paris, 20 Décembre 1830.*)

N° 663. — ORDONNANCE DU ROI qui approuve le procès-verbal en date du 19 septembre 1830, constatant que les experts régulièrement nommés par le préfet du département de Saone-et-Loire ont opéré la délimitation entre une terre appartenant au sieur *Claude-Camille Perret* et la forêt royale de Molaise, d'un commun accord entre les parties. (*Paris, 20 Décembre 1830.*)

N° 664. — ORDONNANCE DU ROI qui concède à M. *Chaper des mines de fer* situées sur la montagne du Boat, commune de *Pinsot et de la Ferrière*, canton d'Allevard, département de l'Isère. (*Paris, 5 Décembre 1830.*)

N° 665. — ORDONNANCE DU ROI qui autorise M. *Dechamps* à construire une *usine* sur la rivière d'Arques, commune de *Muchedent* (Seine-Inférieure). (*Paris, 5 Décembre 1830.*)

N° 666. — ORDONNANCE DU ROI qui autorise M. *Mouillard* à établir, sur le terrain qu'il tient à bail des hospices de *Dieppe* (Seine-Inférieure), une *usine à scier des bois*, qui sera mise en mouvement au moyen des eaux de la rivière d'Arques. (*Paris, 5 Décembre 1830.*)

N° 667. — ORDONNANCE DU ROI qui réunit à la paroisse de *Thieulloy-la-Ville* la commune de *Méréaucourt*, distraite du territoire de la succursale d'*Esquennes*, canton de *Poix* (Somme). (*Paris, 8 Novembre 1830.*)

N° 668. — ORDONNANCE DU ROI qui transfère à *Poinsons-lès-Grancey* la succursale de *Poinsenot*, canton d'*Auberive*, diocèse de *Langres* (Haute-Marne) : *Poinsenot* lui est réuni. (*Paris, 8 Novembre 1830.*)

N° 669. — ORDONNANCE DU ROI qui approuve la transaction consentie entre les sieur et dame *Brunet de Calvaria* et la fabrique de l'église de *Geneston* (Loire-Inférieure), relative aux immeubles dont l'ordonnance du 27 janvier 1828 a autorisé la révélation au profit de ladite fabrique. (*Paris, 8 Novembre 1830.*)

CERTIFIÉ conforme par nous

Garde des sceaux de France, Ministre Secrétaire d'état au département de la justice,

À Paris, le 10* Janvier 1831,

'MÉRILHOU.

* Cette date est celle de la réception du Bulletin à la Chancellerie.

On s'abonne pour le Bulletin des lois, à raison de 9 francs par an, à la caisse de l'Imprimerie royale, ou chez les Directeurs des postes des départemens.

À PARIS, DE L'IMPRIMERIE ROYALE.
10 Janvier 1831.

BULLETIN DES LOIS.

2ᵉ Partie. — ORDONNANCES. — N°33.

Nº 670. — *ORDONNANCE DU ROI qui fixe les Réglement et Tarifs de pilotage du second arrondissement maritime.*

A Paris, le 31 Août 1830.

LOUIS-PHILIPPE, ROI DES FRANÇAIS, à tous présens et à venir, SALUT.

Sur le rapport de notre ministre secrétaire d'état au département de la marine et des colonies ;

Vu la loi du 15 août 1792 (1) sur le pilotage ;

Vu les art. 41 et 42 du décret du 12 décembre 1806 (2), portant réglement sur le service des pilotes lamaneurs,

NOUS AVONS ORDONNÉ et ORDONNONS ce qui suit :

ART. 1ᵉʳ. Les réglement et tarifs de pilotage arrêtés le 28 novembre 1829 par le conseil d'administration de la marine séant au chef-lieu du deuxième arrondissement maritime, pour les quartiers de Granville, Saint-Malo, Saint-Brieuc, Paimpol, Morlaix, Brest et Quimper, sont approuvés.

Lesdits réglement et tarifs seront exécutés selon leur forme et teneur, jusqu'à ce qu'ils aient été légalement renouvelés, et il sera procédé à leur révision dans l'année 1835, à moins que des circonstances extraordinaires ne rendent nécessaire de devancer cette époque.

2. Notre ministre secrétaire d'état au département de la marine et des colonies est chargé de l'exécution de la présente ordonnance.

Signé LOUIS-PHILIPPE.

Par le Roi : *le Ministre Secrétaire d'état au département de la marine et des colonies,*

Signé HORACE SÉBASTIANI.

_____

(1) Cette loi a été décrétée le 20 juin et sanctionnée par le pouvoir exécutif le 15 août.

(2) *Voyez* Bulletin des lois, IVᵉ série, nº 2074.

~~RÈGLEMENT~~ GÉNÉRAL *sur le service du Pilotage dans les Ports* *du second arrondissement maritime.*

TITRE PREMIER.

Bâtimens du Commerce.

QUARTIER DE GRANVILLE.

ART. 1er. Le pilotage des bâtimens continuera à se faire à Granville par les marins-pratiques du lieu, jusqu'à ce qu'il soit établi des pilotes-lamaneurs brevetés pour les stations de ce quartier (ce à quoi il devra être pourvu le plus promptement possible).

Dès que des pilotes brevetés auront été établis dans le quartier de Gran-ville, ils seront exclusivement chargés de la conduite des navires : néan-moins, lors du départ des bâtimens pour la pêche de la morue, les capitaines auront la faculté, en raison de l'insuffisance du nombre des pilotes brevetés, mais après que ceux-ci se trouveront tous employés, de prendre, pour mettre leurs bâtimens dehors, tels marins qu'ils jugeront convenable de choisir.

2. Les droits de pilotage à payer, comprenant les salaires du pilote et le loyer de son bateau armé, sont fixés ainsi qu'il suit :

	NAVIRES FRANÇAIS et navires étrangers y assimilés en vertu des traités (1).		NAVIRES ÉTRANGERS non assimilés aux navires français.	
	Du 1er avril au 30 sept.	Du 1er octob. au 31 mars.	Du 1er avril au 30 sept.	Du 1er octob. au 31 mars.
À l'entrée.				
Pour les bâtimens tirant 6 pieds d'eau et au-dessous.	8f.	10f.	15f.	20f.
plus de 6 pieds et moins de 10. . . .	10.	12.	20.	24.
de 10 à 14 pieds.	15.	18.	30.	36.
plus de 14 pieds.	20.	24.	40.	48.
À la sortie.				
Pour les bâtimens tirant 6 pieds d'eau et au-dessous.	6.	8.	12.	16.
plus de 6 pieds et moins de 10. . . .	8.	10.	16.	20.
de 10 à 14 pieds.	12.	14.	24.	28.
plus de 14 pieds.	16.	20.	32.	40.

(1) Les navires étrangers assimilés aux navires français en matière de lamanage sont jus-qu'à présent les navires américains, anglais, espagnols, brésiliens et mexicains. Relativement aux navires suédois, le bénéfice de l'assimilation n'est point applicable dans

3. Chaque bateau armé destiné au pilotage d'un navire devra être monté par quatre hommes, qui seront tenus d'aider à la manœuvre et de porter des mouées où le besoin sera, tant pour la sortie que pour l'entrée.

Le pilote devra mettre le bâtiment en dehors du banc de Haguet.

Dans le cas où les pilotes, soit par mauvais temps, soit par la volonté des capitaines, ou quelque cause valable, n'entreraient pas les navires dans le même jour, il leur sera alloué six francs par jour et six francs en sus pour le bateau armé, lorsque le capitaine l'aura retenu.

Lorsque le pilote, avec son bateau, ne prendra le bâtiment qu'en dedans du bout du Roc et du Loup, il ne lui sera alloué que les deux tiers du prix fixé par le tarif.

Lorsqu'un bateau pêcheur mettra un pilote à bord, et qu'il retournera sur le fond de pêche, l'indemnité à lui payer ne sera que de la moitié de ce même prix.

QUARTIER DE SAINT-MALO.

4. Le pilotage des bâtimens continuera à se faire à Saint-Malo et à Saint-Servan par les marins-pratiques du lieu, jusqu'à ce qu'il soit établi des pilotes-lamaneurs brevetés dans les stations de ce quartier (ce à quoi il devra être pourvu le plus promptement possible).

Dès que des pilotes brevetés auront été établis dans le quartier de Saint-Malo, ils seront exclusivement chargés de la conduite des navires. Néanmoins, lors du départ des bâtimens pour la pêche de la morue, les capitaines auront la faculté, en raison de l'insuffisance du nombre des pilotes brevetés, mais après que ceux-ci se trouveront tous employés, de prendre, pour mettre leurs bâtimens dehors, tels marins qu'ils jugeront convenable de choisir.

5. Les droits de pilotage à payer sont établis dans le tarif suivant, savoir :

_____

tous les cas. La jouissance en est subordonnée aux distinctions ci-après, selon le vœu de la convention du 26 janvier 1826 et de l'ordonnance royale rendue le 8 février suivant pour en assurer l'accomplissement, savoir :

A l'entrée,

1° Le droit français doit être payé pour les navires anglais venant avec ou sans chargement des ports du royaume-uni ou des possessions de ce royaume en Europe, et, sans chargement, de tous autres ports.

Hors ces cas, le droit étranger (ou droit surtaxé) est exigible.

A la sortie,

2° Le droit français doit être payé pour les navires anglais se rendant avec ou sans chargement dans les ports du royaume-uni ou des possessions de ce royaume en Europe, et sans chargement dans tous autres ports.

Hors ces cas, le droit étranger est exigible.

A l'entrée comme à la sortie, sont affranchis de tous droits quelconques de navigation les bateaux pêcheurs appartenant au royaume-uni ou à ses possessions en Europe, qui, forcés par le mauvais temps de chercher un refuge dans les ports ou sur les côtes de France, n'y ont effectué aucun chargement ni déchargement.

	NAVIRES FRANÇAIS et navires étrangers y assimilés en vertu des traités (1).		NAVIRES ÉTRANGERS non assimilés aux navires français.	
Entrée.	Du 1er avril au 30 sept.	Du 1er octob. au 31 mars.	Du 1er avril au 30 sept.	Du 1er octob. au 31 mars.
Au-dessous de 40 tonneaux. Pour entrer le bâtiment directement dans les ports de Saint-Malo, Trichet et Solidor....	8f 00c	7f 50c	9f 00c	11f 25c
Pour le mouiller en grande rade et l'entrer dans un des ports désignés ci-dessus........	12.00	15.00	18.00	22.50
Pour l'entrer, le mouiller en grande rade, ensuite en celle de Solidor, et le conduire à Saint-Malo ou Trichet. ...	18.00	21.00	27.00	31.50
Pour le conduire de la grande rade en Belle-grève......	4.00	5.00	6.00	7.50
Pour retour de Belle-grève dans les ports de Saint-Malo, Trichet, soit que le bâtiment ait ou n'ait pas mouillé en grande rade............	5.00	6.25	7.50	9.50
Pour retour de Belle-grève en Solidor................	2.00	2.50	3.00	3.75
De 40 à 80 tonneaux. Pour entrer le bâtiment directement dans les ports de Saint-Malo, Trichet ou Solidor...................	10.00	12.00	15.00	18.00
Pour le mouiller en grande rade et l'entrer dans un des ports désignés ci-dessus....	16.00	18.00	24.00	27.00
Pour l'entrer, le mouiller en grande rade, ensuite en celle de Solidor, et le conduire à Saint-Malo ou Trichet.....	22.00	25.00	33.00	37.50
Pour le pilotage de la grande rade en Belle-grève.......	6.00	7.00	9.00	10.50
Pour retour de Belle-grève dans les ports de Saint-Malo, Trichet, soit que le bâtiment ait ou n'ait pas mouillé en grande rade............	8.00	9.50	12.00	14.25
Pour retour de Belle-grève en Solidor................	3.00	3.50	4.50	5.25

(1) Voir la note portée au tarif de Granville, page 626.

	NAVIRES FRANÇAIS et navires étrangers y assimilés en vertu des traités.		NAVIRES ÉTRANGERS non assimilés aux navires français.	
Suite de l'*Entrée*.	Du 1er avril au 30 sept.	Du 1er octob. au 31 mars.	Du 1er avril au 30 sept.	Du 1er octob. au 31 mars.
De 81 à 150 tonneaux.				
Pour entrer le bâtiment directement dans les ports de Saint-Malo, Trichet ou Solidor......................	15f 00c	18f 00c	22f 50c	27f 00c
Pour le mouiller en grande rade et l'entrer dans un des ports désignés ci-dessus.....	21. 00.	24. 00.	31. 50.	36. 00.
Pour l'entrer, le mouiller en grande rade, ensuite en celle de Solidor, et le conduire à Saint-Malo ou Trichet.....	27. 00.	30. 00.	40. 50.	45. 00.
Pour le pilotage de la grande rade en Belle-grève........	9. 00.	10. 00.	13. 50.	15. 00.
Pour retour de Belle-grève dans les ports de Saint-Malo, Trichet, soit que le bâtiment ait ou n'ait pas mouillé en grande rade..............	12. 00.	14. 50.	18. 00.	22. 00.
Pour retour de Belle-grève en Solidor..................	4. 50.	5. 50.	6. 75.	8. 25.
De 151 à 250 tonneaux.				
Pour entrer le bâtiment directement dans les ports de Saint-Malo, Trichet et Solidor......................	20. 00.	24. 00.	30. 00.	36. 00.
Pour le mouiller en grande rade et l'entrer dans un des ports désignés ci-dessus....	26. 00.	30. 00.	39. 00.	45. 00.
Pour l'entrer, le mouiller en grande rade, ensuite en celle de Solidor, et le conduire à Saint-Malo ou Trichet.....	32. 00.	36. 00.	48. 00.	54. 00.
Pour pilotage de la grande rade en Belle-grève........	12. 00.	15. 00.	18. 00.	22. 50.
Pour retour de Belle-grève dans les ports de Saint-Malo, Trichet, soit que le bâtiment ait ou n'ait pas mouillé en grande rade..............	16. 00.	20. 00.	24. 00.	30. 00.
Pour retour de Belle-grève en Solidor..................	6. 00.	7. 50.	9. 00.	11. 25.

Suite de l'Entrée.	NAVIRES FRANÇAIS et navires étrangers y assimilés en vertu des traités.		NAVIRES ÉTRANGERS non assimilés aux navires français.	
	Du 1er avril au 30 sept.	Du 1er octob. au 31 mars.	Du 1er avril au 30 sept.	Du 1er octob. au 31 mars.
De 251 à 350 tonneaux.				
Pour entrer le bâtiment directement dans les ports de Saint-Malo, Trichet et Solidor.	24f 00c	30f 00c	36f 00c	45f 00c
Pour le mouiller en grande rade et l'entrer dans un des ports désignés ci-dessus.	30. 00.	36. 00.	45. 00.	54. 00.
Pour l'entrer, le mouiller en grande rade, ensuite en celle de Solidor, et le conduire à Saint-Malo ou Trichet.	36. 00.	42. 00.	54. 00.	63. 00.
Pour pilotage de la grande rade en Belle-grève.	15. 00.	18. 00.	22. 50.	27. 00.
Pour retour de Belle-grève dans les ports de Saint-Malo, Trichet, soit que le bâtiment ait ou n'ait pas mouillé en grande rade.	20. 00.	24. 00.	30. 00.	36. 00.
Pour retour de Belle-grève en Solidor.	7. 50.	9. 00.	11. 25.	13. 50.
De 351 à 500 tonneaux.				
Pour entrer le bâtiment directement dans les ports de Saint-Malo, Trichet et Solidor.	36. 00.	45. 00.	54. 00.	67. 50.
Pour le mouiller en grande rade et l'entrer dans un des ports désignés ci-dessus.	42. 00.	51. 00.	63. 00.	76. 50.
Pour l'entrer, le mouiller en grande rade, ensuite en celle de Solidor, et le conduire à Saint-Malo ou Trichet.	48. 00.	60. 00.	72. 00.	90. 00.
Pour pilotage de la grande rade en Belle-grève.	24. 00.	27. 00.	30. 50.	40. 50.
Pour retour de Belle-grève dans les ports de Saint-Malo, Trichet, soit que le bâtiment ait ou n'ait pas mouillé en grande rade.	24. 00.	28. 00.	36. 00.	42. 00.
Pour retour de Belle-grève en Solidor.	10. 50.	13. 50.	15. 75.	20. 25.

	NAVIRES FRANÇAIS et navires étrangers y assimilés en vertu des traités.		NAVIRES ÉTRANGERS non assimilés aux navires français.	
	Du 1er avril au 30 sept.	Du 1er octob. au 31 mars.	Du 1er avril au 30 sept.	Du 1er octob. au 31 mars.
Suite de l'*Entrée*.				
Pour entrer le bâtiment directement dans les ports de Saint-Malo, Trichet et Solidor............	50f 00c	65f 00c	75f 00c	97f 50c
Pour le mouiller en grande rade et l'entrer dans un des ports désignés ci-dessus...	58. 00.	74. 00.	84. 00.	101. 00.
Pour l'entrer, le mouiller en grande rade, ensuite en celle de Solidor, et le conduire à Saint-Malo ou Trichet.....	62. 00.	83. 00.	93. 00.	124. 50.
Pour pilotage de la grande rade en Belle-grève......	28. 00.	35. 00.	42. 00.	52. 50.
Pour retour de Belle-grève dans les ports de Saint-Malo, Trichet, soit que le bâtiment ait ou n'ait pas mouillé en grande rade............	32. 00.	45. 00.	48. 00.	67. 50.
Pour retour de Belle-grève en Solidor................	14. 00.	17. 50.	21. 00.	26. 25.
Sortie.				
Pour conduite et mouillage en rade seulement des ports de Saint-Malo, Trichet et Solidor............	3f 00c	3f 75c	4f 50c	5f 50c
Pour la mise hors directement des ports de Solidor, Trichet et Saint-Malo............	6. 00.	7. 50.	9. 00.	11. 25.
Pour la mise hors directement de la rade de Solidor.......	8. 00.	9. 50.	12. 00.	14. 25.
Pour pilotage des ports de Saint-Malo et Trichet, en Solidor, et retour auxdits ports.	6. 00.	7. 50.	9. 00.	11. 25.
Pour la mise hors de la grande rade.......................	4. 50.	6. 00.	6. 75.	9. 00.

De 501 tonneaux et au-dessus.

Au-dessous de 40 tonneaux.

O o 4

	NAVIRES FRANÇAIS et navires étrangers y assimilés en vertu des traités.		NAVIRES ÉTRANGERS non assimilés aux navires français.	
Suite de la *Sortie.*	Du 1er avril au 30 sept.	Du 1er octob. en 31 mars.	Du 1er avril au 30 sept.	Du 1er octob. en 31 mars.
De 40 à 80 tonneaux. Pour conduite et mouillage en rade seulement des ports de Saint-Malo, Trichet et Solidor...................	5f 00c	6f 00c	7f 50c	9f 00c
Pour la mise hors directement des ports de Solidor, Trichet et Saint-Malo..........	10. 00.	12. 00.	15. 00.	18. 00.
Pour la mise hors directement de la rade de Solidor......	13. 00.	16. 00.	19. 50.	24. 00.
Pour pilotage des ports de Saint-Malo et Trichet, en Solidor, et retour auxdits ports.	10. 00.	12. 00.	15. 00.	18. 00.
Pour la mise hors de la grande rade...................	7. 50.	9. 50.	11. 25.	14. 25.
De 81 à 150 tonneaux. Pour conduite et mouillage en rade seulement des ports de Saint-Malo, Trichet et Solidor...................	7. 50.	9. 00.	11. 25.	13. 50.
Pour la mise hors directement des ports de Solidor, Trichet et Saint-Malo............	15. 00.	18. 00.	22. 50.	27. 00.
Pour la mise hors directement de la rade de Solidor......	20. 00.	24. 00.	30. 00.	36. 00.
Pour pilotage des ports de Saint-Malo et Trichet, en Solidor, et retour auxdits ports..................	15. 00.	18. 00.	22. 50.	27. 00.
Pour la mise hors de la grande rade................	11. 25.	15. 00.	17. 00.	22. 50.
De 151 à 250 tonneaux. Pour conduite et mouillage en rade seulement des ports de Saint-Malo, Trichet et Solidor...................	10. 00.	12. 00.	15. 00.	18. 00.
Pour la mise hors directement des ports de Solidor, Trichet et Saint-Malo............	20. 00.	24. 00.	36. 00.	36. 00.
Pour la mise hors directement de la rade de Solidor......	26. 00.	30. 00.	39. 00.	45. 00.
Pour pilotage des ports de				

Suite de la *Sortie*.	NAVIRES FRANÇAIS et navires étrangers y assimilés en vertu des traités.		NAVIRES ÉTRANGERS non assimilés aux navires français.	
	Du 1er avril au 30 sept.	Du 1er octob. au 31 mars.	Du 1er avril au 30 sept.	Du 1er octob. au 31 mars.
Saint-Malo et Trichet, en Solidor, et retour auxdits ports.	20f 00c	24f 00c	30f 00c	36f 00c
Pour la mise hors de la grande rade................	15. 00.	20. 00.	22. 50.	30. 00.
De 251 à 350 tonneaux. Pour conduite et mouillage en rade seulement des ports de Saint-Malo, Trichet et Solidor.	12. 00.	15. 00.	18. 00.	22. 50.
Pour la mise hors directement des ports de Solidor, Trichet et Saint-Malo............	24. 00.	30. 00.	36. 00.	45. 00.
Pour la mise hors directement de la rade de Solidor........	30. 00.	36. 00.	45. 00.	54. 00.
Pour pilotage des ports de Saint-Malo et Trichet, en Solidor, et retour auxdits ports.	24. 00.	30. 00.	36. 00.	45. 00.
Pour la mise hors de la grande rade.................	18. 00.	24. 00.	27. 00.	36. 00.
De 351 à 500 tonneaux. Pour conduite et mouillage en rade seulement des ports de Saint-Malo, Trichet et Solidor.................	18. 00.	22. 50.	27. 00.	33. 75.
Pour la mise hors directement des ports de Solidor, Trichet et Saint-Malo.............	36. 00.	45. 00.	54. 00.	67. 50.
Pour la mise hors directement de la rade de Solidor......	45. 00.	54. 00.	67. 50.	81. 00.
Pour pilotage des ports de Saint-Malo et Trichet, en Solidor, et retour auxdits ports.	36. 00.	45. 00.	54. 00.	67. 50.
Pour la mise hors directement de la grande rade........	27. 00.	36. 00.	40. 50.	54. 00.
De 501 tonneaux et au-dessus. Pour conduite et mouillage en rade seulement des ports de Saint-Malo, Trichet et Solidor.................	25. 00.	32. 50.	37. 50.	48. 75.
Pour la mise hors directement des ports de Solidor, Trichet et Saint-Malo............	50. 00.	65. 00.	75. 00.	97. 50.

	NAVIRES FRANÇAIS et navires étrangers y assimilés en vertu des traités.		NAVIRES ÉTRANGERS non assimilés aux navires français.	
Suite de la *Sortie.*	Du 1er avril au 30 sept.	Du 1er octob. au 31 mars.	Du 1er avril au 30 sept.	Du 1er octob. au 31 mars.
Pour la mise hors directement de la rade de Solidor......	62f 00c	77f 00c	94f 00	115f 50c
Pour pilotage des ports de Saint-Malo et Trichet, en Solidor, et retour auxdits ports.	50. 00.	65. 00.	75. 00.	97. 50.
Pour la mise hors directement de la grande rade.......	40. 00	50. 00.	60. 00.	75. 00.

6. Les pilotes ne pourront quitter les navires qu'à une demi-lieue de la dernière pierre de la passe par laquelle ils seront sortis.

7. Lorsqu'un pilote sera obligé de faire quarantaine, ou s'il n'entre pas le bâtiment dans la marée qui suit le mouillage en rade, ou s'il est retenu à bord par le mauvais temps ou par le capitaine, ou enfin par quelque cause indépendante de sa propre volonté, il lui sera payé trois francs par jour, et de plus un franc cinquante centimes, aussi par jour, pour son bateau, et autant pour chacun des hommes formant l'équipage de cette embarcation : dans tous les cas, le pilote et les hommes du bateau seront nourris aux frais du navire.

QUARTIER DE SAINT-BRIEUC.

8. Le pilotage, dans le quartier de Saint-Brieuc, continuera à être exécuté par des pilotes amancurs, répartis ainsi qu'il suit, savoir :

Au Portrieux.. 2 pilotes.
Au Légué.. 4.
A Dahouet... 1.
A Saint-Cast....................................... 1.

TOTAL......................... 8 pilotes.

9. Ces pilotes seront indistinctement et exclusivement chargés de la conduite des navires dans tous les ports de la baie de Saint-Brieuc, et jusqu'aux premières stations dépendantes des quartiers de Paimpol et Saint-Malo, sans pouvoir être démontés par ceux des autres stations de Saint Brieuc qui se trouveraient sur le passage des navires dont ils auront pris la direction, sauf dans les cas exceptionnels déterminés ci-après.

Cependant, lors du départ annuel des bâtimens pour la pêche de la morue, les capitaines auront la faculté, en raison de l'insuffisance de pilotes brevetés, mais après qu'ils se trouveront tous employés, de prendre, pour mettre leurs bâtimens dehors, tels marins qu'ils jugeront convenable de choisir.

10. Aussitôt que le pilote appelé sera monté à bord du navire, il fera amener le pavillon de signal; cependant, si le capitaine n'était pas satisfait de ce pilote, soit en raison d'incapacité précédemment reconnue, soit en raison de son inconduite ou de toute autre cause légitime, il pourra appeler un second pilote, en payant toutefois le salaire du premier.

11. Lorsqu'un navire mouillé sur rade, pendant la morte-eau, sera obligé d'y séjourner pour attendre une marée convenable, le capitaine aura la faculté de renvoyer le pilote, en lui payant la totalité du salaire auquel il aurait eu droit, s'il avait conduit le navire au port; et dans le cas où il le retiendrait à bord, il aurait à lui payer, en sus dudit salaire, une indemnité de trois francs par jour.

12. S'il arrivait que le pilote monté à bord ne connût pas entièrement la baie, et que, par ce motif, ne pouvant continuer son service, il obligeât le capitaine à en appeler un autre, le premier pilote ne saurait réclamer, dans ce cas, qu'un salaire proportionné à la distance qu'il aurait parcourue, le surplus du droit étant acquis au second pilote pour avoir fait le surplus de la route.

13. Pour faciliter l'application des articles précédens, et dans la vue de prévenir toute contestation à ce sujet, on a déterminé ici les divers points où les pilotes devront prendre les navires pour avoir droit au salaire fixé, savoir:

Pour la première distance.. { l'ouest du raz de Bréhat,
la Horaine, les Légeons,
la pointe d'Erqui.

Pour la deuxième distance.. { la pierre à la Mauve,
la roche de Lamedeu.

Pour la troisième distance.. { la rade de Saint-Quay,
le rocher de Rohan,
le rocher de Verdelet.

14. Lorsqu'un navire ayant pris un pilote à la première distance sera forcé d'entrer dans un port de la baie autre que le sien, il ne sera dû au pilote qui se présentera pour entrer le navire dans ce port et pour l'en sortir, que la moitié du droit de pilotage.

15. Lorsqu'en sortant du port le capitaine retiendra sur rade le pilote qui l'aura conduit, il lui devra, outre son salaire, l'indemnité de trois francs fixée par l'article 11 du présent règlement, pour chaque jour qu'il l'aura retenu.

16. Les navires français et les navires étrangers, sans distinction de pavillon, seront soumis, pour le pilotage dans la baie de Saint-Brieuc, à des taxes égales, conformément aux fixations portées au tarif ci-après:

bâtimens avant leur entrée en rivière, démonteront ceux des stations voisines qui les auraient abordés en mer.

23. Les pilotes des stations voisines ou contiguës qui auront pris un bâtiment au large, et qui l'auront fait entrer dans les passes de la rivière, pourront le conduire au lieu de sa destination.

Lesdits pilotes, jusqu'à leur entrée dans les passes, seront tenus, sous peine de la perte de leur pilotage au profit des pilotes de Tréguier, de faire tenir dehors le pavillon en demande de lamaneurs de la rivière. Ils le feront amener aussitôt leur entrée dans les passes.

Quand ces pilotes auront pris un bâtiment au large, et qu'ils l'auront conduit à l'entrée des passes, le capitaine leur devra une indemnité qui sera réglée de gré à gré, en raison de la route parcourue et du temps passé à bord.

24. Pour entrer ou sortir les bâtimens du commerce chargés ou non chargés, dans toute l'étendue de la rivière de Tréguier, il sera accordé aux pilotes les prix ci-après :

Pour les bâtimens pris en dehors des dangers et conduits sur la rade de la Roche-jaune .... 14 cent. par tonneau.
De la Roche-jaune aux quais de Tréguier........ 07   *idem.*
Pour tous les havres au-dessus de Tréguier...... 10   *idem.*

25. Tout bâtiment au-dessous de trente tonneaux paiera comme s'il était de ce tonnage.

26. Le capitaine qui retiendra pour le service du navire le bateau du pilote, paiera un franc cinquante centimes par jour à chaque homme, et le bateau sera compté pour un homme.

27. Le pilote qui sera retenu par le capitaine, ou qui, par quelques circonstances, sera obligé de rester à bord plus de vingt-quatre heures, y sera nourri, et recevra, à titre d'indemnité, trois francs par chaque jour excédant les premières vingt-quatre heures.

28. Les prix ci-dessus pour les bâtimens français sont applicables aux navires étrangers assimilés (1) aux bâtimens français.

Les navires étrangers non assimilés aux bâtimens français paieront le double des prix stipulés à l'article 24.

PONTRIEUX ET LÉZARDRIEUX.

29. Les deux pilotes affectés au service de la station de Lézardrieux et Pontrieux résideront à Lézardrieux.

30. L'aspirant-pilote résidera à Pontrieux; il pourra, en l'absence des deux pilotes titulaires, se présenter à bord des navires pour les descendre jusqu'en dehors de Bréhat, de même que, rendu en dehors de Bréhat, l'aspirant-pilote trouvant un navire qui chercherait à entrer, pourra en prendre charge jusqu'à Pontrieux, sans qu'il puisse être démonté par les pilotes titulaires.

(1) Voir la note portée au tarif de Granville, page 626.

31. Dans le cas où il ne se trouverait point à Mélus un pilote de la station de Bréhat, ceux de Lézardrieux pourront conduire les bâtimens en dehors de Bréhat : de même les pilotes de Bréhat pourront conduire les bâtimens jusqu'à Pontrieux, s'il ne se trouve pas à Mélus un pilote de la station de Lézardrieux.

Les pilotes de Bréhat, en cas d'absence de ceux de Lézardrieux, pourront prendre les bâtimens à Pontrieux pour les conduire en mer; à défaut d'un pilote de Bréhat, ceux de Lézardrieux auront aussi le droit de prendre les navires en dehors de Bréhat pour les conduire à Pontrieux.

32. Mélus étant le point intermédiaire entre Bréhat et Pontrieux, le pilote de l'une des deux stations qui, soit à la sortie, soit à l'entrée d'un bâtiment, ne le conduira que jusqu'à ce point, recevra la moitié du droit fixé par le tarif ci-après, l'autre moitié devant appartenir au pilote qui, prenant le bâtiment à Mélus, complétera le pilotage.

33. Les droits de pilotage à payer sont établis dans le tarif suivant, savoir :

	NAVIRES français et navires étrangers y assimilés en vertu des traités (1).	NAVIRES étrangers non assimilés aux navires français.
Pour les navires de　80 tonneaux et au-dessous...	12ᶠ 00ᶜ	18ᶠ 00ᶜ
de　81 à 130....................	15. 00.	22. 50.
de 130 à 180....................	18. 00.	27. 00.
de 180 à 230....................	21. 00.	31. 50.
de 230 à 280....................	24. 00.	36. 00.
de 280 tonneaux et au-dessus...	30. 00.	45. 00.

34. Lorsqu'un pilote sera retenu à bord par le capitaine, ou par toute autre cause indépendante de sa propre volonté, il lui sera payé, à titre d'indemnité, en sus du prix de pilotage, trois francs par jour pour lui, un franc cinquante centimes, également par jour, pour son bateau, et autant pour chacun des hommes de son équipage. Cette indemnité sera augmentée d'un tiers pour les bâtimens étrangers non assimilés aux navires français. Dans tous les cas, le pilote et l'équipage de son bateau seront nourris par le bord.

QUARTIER DE MORLAIX.

35. Il y aura dans le quartier de Morlaix vingt-huit pilotes-lamaneurs et neuf aspirans-pilotes répartis comme il suit :

_____

(1) _Voir_ la note portée au tarif de Granville, _page 626._

Sous-quartier de Morlaix....	Station de Morlaix.. . . 2 pilotes.
	———— de Ploudézoch.. 3 pilotes et 1 aspirant.
	———— de Carantec... 3 pilotes et 1 aspirant.
	———— do Primel .... 2 pilotes et 1 aspirant.
	———— de Locquirec.. 2 pilotes et 1 aspirant.
Sous-quartier de Roscoff....	Station de Roscoff.... 2 pilotes et 1 aspirant.
	———— de l'île de Bas. 6 pilotes et 1 aspirant.
	———— de Pontusval.. 2 pilotes.
	———— de Corréjoux.. 2 pilotes.
Sous-quartier de Lannion ...	Station de Lannion... 1 pilote et 1 aspirant.
	———— de Yeodet.... 1 pilote et 1 aspirant.
	———— de Perros .... 2 pilotes et 1 aspirant.

36. Les bâtimens du commerce français, ainsi que les navires étrangers qui sont assimilés (1) aux nationaux en vertu des traités, paieront, lorsqu'ils seront chargés, les sommes ci-après pour droit de pilotage.

Sera réputé chargé tout bâtiment ayant à bord des marchandises représentant le dixième de son tonnage.

Par tonneau

1° De la mer en dehors des dangers à l'île de Bas, et réciproquement, si le bâtiment étant en cours de voyage pour une destination autre qu'un des ports, havres ou criques, &c. du quartier, ou étant sans destination fixe, n'entre dans cette rade qu'en relâche........ 18ᶜ

2° D'en dedans des Lavandières, pour la passe de l'ouest, ou d'en dedans de la pointe du Piquet, pour la passe de l'est, à l'île de Bas, dans le cas ci-dessus........ .... 12.

> Toutefois, si le mauvais temps ayant empêché le pilote d'aller plus loin, il a, de son bateau, on de dessus les rochers qui avoisinent les passes, guidé le capitaine par des signaux; ce fait étant bien constaté, il aura droit au prix fixé au n° 1.

3° De la mer, en dehors des dangers à Roscoff, et réciproquement, que le bâtiment ait ou n'ait pas fait escale.................... 24.

4° D'en dedans des Lavandières ou de la pointe du Piquet à Roscoff, sauf l'exception établie ci-dessus, n° 2, dans le cas de laquelle le pilote aurait droit au prix fixé au n° 3.................... 12.

5° De l'île de Bas à Roscoff, et réciproquement.............. 12.

6° De Corréjoux à Roscoff ou à l'île de Bas, et réciproquement, que le bâtiment ait ou n'ait pas fait escale.................... 36.

7° De Pontusval à Roscoff ou à l'île de Bas, et réciproquement, que le bâtiment ait ou n'ait pas fait escale..................... 30.

8° Du Kernic ou du Kersaint à Roscoff ou à l'île de Bas, et réciproquement, que le bâtiment ait ou n'ait pas fait escale........... 24.

9° De Pempoul de Léon à Roscoff ou à l'île de Bas, et réciproquement, que le bâtiment ait ou n'ait pas fait escale................. 12.

10° De Penzès à Roscoff ou à l'île de Bas, et réciproquement, que le bâtiment ait ou n'ait pas fait escale......................... 18.

_____

(1) Voir la note portée au tarif de Cherville, page 620.

Par
tonneau.

11° De Perros à Roscoff ou à l'île de Bas, et réciproquement, que
le bâtiment ait ou n'ait pas fait escale............................ 30ᶜ

12° Du Yeodet à Roscoff ou à l'île de Bas, et réciproquement, que
le bâtiment ait ou n'ait pas fait escale............................ 24.

13° De Locquirec à Roscoff ou à l'île de Bas, et réciproquement,
que le bâtiment ait ou n'ait pas fait escale....................... 18.

14° De la rade de Morlaix à Roscoff ou à l'île de Bas, et réciproquement, que le bâtiment ait ou n'ait pas fait escale............. 24.

15° De la mer en dehors de l'île de Bas ou des Mirouennes à la
rade de Morlaix, et réciproquement, que le bâtiment ait ou n'ait pas
fait escale.. 24.

16° D'en dedans de Duon ou des Roches-jaunes à la rade de
Morlaix... 12.

17° De Pempoul de Léon à la rade de Morlaix, et réciproquement, que le bâtiment ait ou n'ait pas fait escale................. 18.

18° De Penzès à la rade de Morlaix, et réciproquement, que le
bâtiment ait ou n'ait pas fait escale.............................. 24.

19° De Perros à la rade de Morlaix, et réciproquement, que le
bâtiment ait ou n'ait pas fait escale.............................. 36.

20° Du Yeodet à la rade de Morlaix, et réciproquement, que le
bâtiment ait ou n'ait pas fait escale.............................. 30.

21° De Locquirec à la rade de Morlaix, et réciproquement, que le
bâtiment ait ou n'ait pas fait escale.............................. 24.

22° De la rade au port de Morlaix, et réciproquement............. 12.

23° De la mer en dehors des dangers à Locquirec, et réciproquement, que le bâtiment ait ou n'ait pas fait escale................. 12.

24° De Pempoul de Léon à Locquirec, et réciproquement, que le
bâtiment ait ou n'ait pas fait escale.............................. 18.

25° De Penzès à Locquirec, et réciproquement, que le bâtiment
ait ou n'ait pas fait escale....................................... 24.

26° De Locquirec à Toulanhéry, et réciproquement................. 06.

27° De la mer en dehors des dangers à Pempoul de Léon, et réciproquement, que le bâtiment ait ou n'ait pas fait escale.......... 24.

28° D'en dedans des Lavandières ou des Mirouennes à Pempoul
de Léon... 12.

29° De Penzès à Pempoul de Léon, et réciproquement, que le
bâtiment ait ou n'ait pas fait escale.............................. 18.

30° De la mer en dehors des dangers à Penzès, et réciproquement,
que le bâtiment ait ou n'ait pas fait escale....................... 30.

31° D'en dedans des Lavandières ou des Mirouennes à Penzès... 18.

32° De la mer au Kernic ou à Kersaint, et réciproquement......... 18.

33° De la mer à Pontusval, et réciproquement..................... 24.

34° De la mer à Corréjoux, et réciproquement..................... 24.

35° De la mer en dehors des dangers à Perros, et réciproquement. 16.

36° De la mer en dehors des dangers au Yeodet, et réciproquement.. 18.

37° Du Yeodet au quai de Launion, et réciproquement............. 12.

37. Les prix fixés par l'article précédent seront réduits d'un tiers, si les

bâtimens sont sur leur lest, ou s'ils n'ont à bord que moins du dixième du chargement qu'ils pourraient prendre d'après leur tonnage.

38. Les bâtimens étrangers non assimilés (1) aux français paieront moitié en sus des frais de pilotage déterminés par les articles 36 et 37, suivant qu'ils seront chargés ou au lest.

39. Le double des prix fixés par l'article 43 sera alloué au pilote qui, en temps de guerre, ayant abordé en dehors des dangers, une prise chargée ou non, l'aura conduite à la première rade ou au premier crique, havre ou port.

40. Tout bâtiment au-dessous de trente tonneaux paiera comme s'il était de ce tonnage.

41. En cas de contestation sur le tonnage du bâtiment ou sur la quotité des marchandises qu'il aura à bord, le pilotage sera payé, dans le premier cas, sur le tonnage reconnu par la douane, et dans le second, d'après les papiers de bord justificatifs de chargement vis-à-vis cette administration.

42. Le capitaine qui retiendra pour le service du navire la barque du pilote, en paiera le loyer à raison d'un franc cinquante centimes par jour, plus la même somme pour chacun des hommes de son équipage, qui, en outre, devront être nourris par le bord.

43. Le pilote qui sera retenu, ou qui, par quelques circonstances, sera forcé de rester à bord plus de vingt-quatre heures, y sera nourri, et recevra, à titre d'indemnité, trois francs par chaque jour qui excédera les premières vingt-quatre heures.

44. Les pilotes de la rivière de Morlaix seront tenus d'aborder sans délai en grande rade les bâtimens qui y arriveront, et les pilotes de la rivière de Lannion accosteront aussi le plus tôt possible les bâtimens qui arriveront au Yeodet. Les uns et les autres perdront le tiers de leur salaire, lorsque, par leur négligence, les bâtimens n'auront pas pu profiter de la marée pour monter au port.

45. Le pilote de la rivière de Morlaix qui montera au port un navire carré, préviendra le capitaine d'apiquer ses basses vergues et de les garder ainsi pendant son séjour dans le port, à moins d'ordre de pavoiser, ou de permission momentanée et spéciale.

46. Le maître haleur établi à Morlaix devra procurer aux capitaines qui le requerront le nombre d'hommes dont ils auront besoin pour haler leurs bâtimens, soit en montant, soit en descendant la rivière; il sera payé pour chaque haleur un franc, et pour le maître haleur un franc cinquante centimes; et si celui-ci fournit les cordages nécessaires pour le halage, il recevra un franc de plus.

QUARTIER DE BREST.

47. Le pilotage des bâtimens continuera à se faire dans le quartier de Brest par des pilotes-lamaneurs répartis dans les stations ci-après :

---

(1) Voir la note portée au tarif de Granville, page 626.

3 à l'Abrewrach,
1 à Porsal,
3 à Labérildut,
4 à Ouessant,
2 à Molène,
3 au Conquet,
2 à Camaret,
2 à Brest,
6 Aspirans-pilotes répartis sur ces divers points.

TOTAL... 25 dont 6 aspirans.

48. Si un capitaine retient un pilote à son bord plus de vingt-quatre heures, lorsque le bâtiment n'est point à la voile, il y sera nourri, et recevra, indépendamment de son droit de pilotage, trois francs par jour, à titre d'indemnité; lorsque le bâtiment sera en quarantaine, cette indemnité sera réduite à deux francs.

Les bâtimens étrangers non assimilés (1) aux français paieront dans les mêmes circonstances une indemnité double de celle fixée ci-dessus.

Les pilotes qui, après avoir été démontés, seront retenus à bord par des circonstances indépendantes de la volonté des capitaines, ne recevront que la nourriture.

49. Si un capitaine retient pour le service de son navire la chaloupe du pilote, il paiera un franc cinquante centimes par jour à chaque homme, et l'embarcation sera comptée pour un homme.

50. Tout pilote appartenant à l'une ou l'autre des stations désignées à l'article 47, et qui prendra la conduite d'un navire, sera tenu de continuer à le piloter jusqu'à Brest, ou jusqu'à la station de l'île de Bas, selon sa destination, sans qu'il puisse être démonté, ni qu'il puisse être élevé de réclamation par les pilotes des stations intermédiaires : cependant les pilotes de la station du Conquet auront le droit de démonter ceux qui se trouveront à bord des navires qui viendraient à passer par le Four.

Toutefois, lorsque les bâtimens mouilleront dans quelqu'une des stations intermédiaires, les fonctions du premier pilote se termineront là, et la conduite des bâtimens jusqu'à leur destination ultérieure reviendra aux pilotes de cette station.

(1) Voir la note portée au tarif de Granville, page 636.

51. Le prix du pilotage sera payé ainsi qu'il suit :

		Navires français et navires étrangers y assimilés en vertu des traités (1).		Navires étrangers non assimilés aux navires français.	
		En hiver.	En été.	En hiver.	En été.
D'Abrewrach à la rade de Brest et dans le port, si le bâtiment n'a pas mouillé en rade pendant vingt-quatre heures, et de Brest à la station qui suivra dans le nord.	de 100 tonneaux et au-dessous.	50	40	130	110
	de 101 à 150............	60.	50.	150.	130.
	de 151 à 200............	70.	60.	170.	150.
	de 201 à 300............	90.	80.	180.	160.
	de 301 à 400............	100.	90.	200.	180.
	de 401 à 500............	110.	100.	220.	200.
	de 501 et au-dessus........	120.	110.	240.	220.
De Porsal.....	de 100 tonneaux et au-dessous.	40.	30.	110.	90.
	de 101 à 150............	50.	40.	130.	110.
	de 151 à 200............	60.	50.	150.	130.
	de 201 à 300............	80.	70.	160.	140.
	de 301 à 400............	90.	80.	180.	160.
	de 401 à 500............	100.	90.	200.	180.
	de 501 et au-dessus........	110.	100.	220.	200.
Du Four......	de 100 tonneaux et au-dessous.	40.	30.	95.	75.
	de 101 à 150............	50.	40.	115.	95.
	de 151 à 200............	60.	50.	135.	115.
	de 201 à 300............	75.	65.	150.	130.
	de 301 à 400............	85.	75.	170.	150.
	de 401 à 500............	95.	85.	190.	170.
	de 501 et au-dessus........	105.	95.	210.	190.
De Labérildut..	de 100 tonneaux et au-dessous.	33.	25.	70.	50.
	de 101 à 150............	45.	35.	90.	70.
	de 151 à 200............	55.	45.	110.	90.
	de 201 à 300............	65.	55.	130.	110.
	de 301 à 400............	75.	65.	150.	130.
	de 401 à 500............	85.	75.	170.	150.
	de 501 et au-dessus........	95.	85.	190.	170.
D'Ouessant par l'Iroise.......	de 100 tonneaux et au-dessous.	40.	30.	95.	75.
	de 101 à 150............	45.	35.	105.	85.
	de 151 à 200............	50.	40.	115.	95.
	de 201 à 300............	60.	50.	120.	100.
	de 301 à 400............	65.	55.	130.	110.
	de 401 à 500............	70.	60.	140.	120.
	de 501 et au-dessus........	75.	65.	150.	130.

(1) Voir la note portée au tarif de Granville, page 626.

		NAVIRES français et navires étrangers y assimilés en vertu des traités.		NAVIRES étrangers non assimilés aux navires français.	
		En hiver.	En été.	En hiver.	En été.
D'Ouessant par le Four........ (Lorsque le démontage aura lieu pour un navire arrivant d'Ouessant, le prix du pilotage se partagera par portions égales entre le pilote du Conquet et celui d'Ouessant.)	de 100 tonneaux et au-dessous.	35f	25f	70f	50f
	de 101 à 150............	45.	35.	90.	70.
	de 151 à 200............	50.	40.	100.	80.
	de 201 à 300............	60.	50.	120.	100.
	de 301 à 400............	70.	60.	140.	120.
	de 401 à 500............	80.	70.	160.	140.
	de 501 et au-dessus........	90.	80.	180.	160.
De Molène.....	de 100 tonneaux et au-dessous.	30.	20.	60.	40.
	de 101 à 150............	35.	25.	70.	50.
	de 151 à 200............	40.	30.	80.	60.
	de 201 à 300............	50.	40.	100.	80.
	de 301 à 400............	60.	50.	120.	100.
	de 401 à 500............	70.	60.	140.	120.
	de 501 et au-dessus........	80.	70.	160.	140.
Du Conquet à Brest........	de 100 tonneaux et au-dessous.	25.	20.	50.	40.
	de 101 à 150............	30.	25.	60.	50.
	de 151 à 200............	35.	30.	70.	60.
	de 201 à 300............	40.	35.	80.	70.
	de 301 à 400............	45.	40.	90.	80.
	de 401 à 500............	50.	45.	100.	90.
	de 501 et au-dessus........	55.	50.	110.	100.
De Brest à Camaret........	de 100 tonneaux et au-dessous.	15.	10.	30.	20.
	de 101 à 150............	20.	15.	40.	30.
	de 151 à 200............	25.	20.	50.	40.
	de 201 à 300............	30.	25.	60.	50.
	de 301 à 400............	35.	30.	70.	60.
	de 401 à 500............	40.	35.	80.	70.
	de 501 et au-dessus........	45.	40.	90.	80.
De Camaret au Conquet.....	de 100 tonneaux et au-dessous.	12.	9.	24.	18.
	de 101 à 150............	15.	12.	30.	24.
	de 151 à 200............	18.	15.	36.	30.
	de 201 à 300............	21.	18.	42.	36
	de 301 à 400............	24.	21.	48.	42
	de 401 à 500............	27.	24.	54.	48
	de 501 et au-dessus........	30.	27.	60.	54

	NAVIRES français et navires étrangers y assimilés en vertu des traités.		NAVIRES étrangers non assimilés aux navires français.	
	En hiver.	En été.	En hiver.	En été.
Du Conquet et Camaret au Raz. de 100 tonneaux et au-dessous.	20	15	40	36
de 101 à 150.	25	20	50	40
de 151 à 200.	30	25	60	50
de 201 à 300.	35	30	70	60
de 301 à 400.	40	35	80	70
de 400 à 500.	45	40	90	80
de 501 et au-dessus.	50	45	100	90
De Brest au Raz. de 100 tonneaux et au-dessous.	35	25	70	50
de 101 à 150.	45	35	90	70
de 151 à 200.	55	45	110	90
de 201 à 300.	65	55	130	110
de 301 à 400.	75	65	150	130
de 401 à 500.	85	75	170	150
de 501 et au-dessus.	95	85	190	170

	NAVIRES français et navires étrangers assimilés en vertu des traités.	NAVIRES étrangers non assimilés aux navires français.
Pour l'entrée dans le port de Brest, lorsque le navire est mouillé en rade, ou pour la sortie du port, le navire allant mouiller en rade et lorsqu'il n'appareille pas dans les vingt-quatre heures. de 100 tonneaux et au-dessous.	6f 00	12f 00
de 101 à 200.	8. 00	16. 00
de 201 à 300.	10. 00	20. 00
de 301 à 400.	12. 00	24. 00
de 401 et au-dessus.	15. 00	30. 00

Frais de pilotage de Brest ou de la rade.

A Camfrout. de 100 tonneaux et au-dessous.	8. 00	12. 00
de 101 et au-dessus.	12. 00	24. 00
A Rostellec. de 100 tonneaux et au-dessous.	8. 00	16. 00
de 101 à 200.	15. 00	30. 00
de 201 et au-dessus.	18. 00	36. 00

	NAVIRES françois et navires étrangers y assimilés en vertu des traités.	NAVIRES étrangers non assimilés aux navires français.
A Landerneau .... { de 100 tonneaux et au-dessous.	12ᶠ 00ᶜ	24ᶠ 00ᶜ
{ de 101 et au-dessus.........	24. 00.	48. 00.
A Landévénec .... { de 100 tonneaux et au-dessous.	7. 50.	15. 00.
{ de 101 et au-dessus.........	15. 00.	30. 00.
A Port-Launay .... { de 100 tonneaux et au-dessous.	15. 00.	30. 00.
{ de 101 et au-dessus.........	30. 00.	60. 00.
Abrewrach....... { de 80 tonneaux à 120......	8. 00.	16. 00.
(Entrée ou sortie venant { de 121 à 200...............	10. 00.	20. 00.
du large ou y allant.) { de 200 et au-dessous..........	12. 00.	24. 00.

En cas de relâche, à la demande des capitaines, dans les havres et rivières des ports ci-après :

Porsal, Argenton, { de 80 tonneaux à 120......	6. 00.	12. 00.
Laber.........{ de 121 et au-dessus........	8. 00.	16. 00.
Conquet.........{ de 100 tonneaux et au-dessous.	3. 00.	6. 00.
{ de 101 et au-dessus.........	5. 00.	10. 00.
{ de 80 tonneaux et au-dessous.	4. 00.	8. 00.
Molène.........{ de 81 à 120...............	6. 00.	12. 00.
{ de 121 à 200.............	8. 00.	16. 00.
{ de 200 et au-dessous.........	10. 00.	20. 00.

52. Les limites des stations de Camaret ou du Conquet sont fixées ainsi qu'il suit :

Camaret..... de Toulinguet à Saint-Mathieu.
Conquet..... de Saint-Mathieu à la pierre Saint-Paul.

QUARTIER DE QUIMPER.

53. Le pilotage des bâtimens continuera à se faire dans le quartier de Quimper par des pilotes-lamaneurs répartis comme il suit, savoir :

A Quimper..... 2 pilotes et 1 aspirant-pilote.
Bénodet...... 2 *idem*.
l'île Tudy.... 2 *idem*.. et 1 *idem*.
Lesconil..... 2 *idem*.
Guilvinec.... 2 *idem*.
Penmarch.... 3 *idem*. et 1 *idem*.
Audierne.... 3 *idem*. et 1 *idem*.
l'île des Seins. 4 *idem*.. et 2 *idem*.
Douarnenez.. 2 *idem*.. et 1 *idem*.

TOTAL.... 22 pilotes et 7 aspirans-pilotes.

54. Le pilotáge des navires français et des bâtimens étrangers y assi milés (1), du port de cent cinquante tonneaux et au-dessous, est fixé aux prix établis dans le tarif ci-après.

Il sera augmenté d'un sixième pour les bâtimens d'un tonnage supérieur.

	NAVIRES FRANÇAIS et navires étrangers y assimilés en vertu des traités (1).
L'entrée et la sortie de Bénodet....................	10f 50c
De Bénodet à Quimper...........................	13. 50.
De Quimper à Bénodet...........................	16. 50.
L'entrée et la sortie de l'île Tudy..................	11. 00.
De l'île Tudy à Pont-l'Abbé et réciproquement.......	7. 00.
De Bénodet au large des Glénans, Penmarch et Concarneau...................................	22. 00.
Entrée et sortie d'Audierne......................	11. 00.
D'Audierne à l'île des Seins et au Raz	22. 00.
———— à Kerity-Penmarch..................	27. 50.
———— à Camaret...................	33. 00.
———— au Conquet....................	44. 00.
———— à Douarnenez..................	33. 00.
Les mêmes prix pour ces quatre endroits seront alloués aux pilotes de l'île des Seins.	
De Douarnenez à Camaret......................	22. 00.
———— à Audierne....................	33. 00.
L'entrée et la sortie de Douarnenez, Kerity-Penmarch, Guilvinec et Lesconil.....................	11. 00.
De l'île Tudy jusqu'en dedans de Bénodet...........	16. 50.
De Lesconil et Guilvinec à Bénodet et Penmarch.....	18. 00.

55. Le droit de pilotage des bâtimens étrangers non assimilés (1) aux navires français sera augmenté de moitié, en raison des tonnages analogues.

56. Les pilotages de Penmarch à l'île Tudy, et réciproquement, se feront directement et sans le concours des pilotes des stations intermédiaires de Guilvinec et Lesconil, ces derniers pilotes n'étant maintenus que pour le cas où des bâtimens rendus devant l'une de ces deux stations réclameraient leur assistance.

57. Dans le cas où les pilotes, soit par mauvais temps, soit par la volonté des capitaines, ou toute autre cause valable, seraient retenus à bord plus de vingt-quatre heures, il serait payé aux pilotes six francs par jour et six francs en sus pour le bateau retenu et son équipage, sous la déduction des frais de

(1) Voir la note portée au tarif de Granville, page 696.

nourriture au prix d'un franc par jour pour le pilote et pour chaque homme de l'équipage du bateau.

58. Lorsqu'il y aura nécessité d'employer une barque d'aide, elle sera payée à raison de deux francs par jour, plus deux francs pour le patron, un franc cinquante centimes pour chaque matelot, un franc pour chaque novice, et soixante-et-quinze centimes pour les mousses.

TITRE II.

Dispositions communes à tous les Quartiers.

59. Si, par événement, force majeure, ou par le fait du capitaine, maître ou patron des navires du commerce, un pilote est forcé de dépasser les limites de la dernière station du quartier dont il dépend, la conduite pour le retour du premier point de relâche à son domicile sera payée par le capitaine à raison de deux francs par myriamètre.

60. Lorsqu'un navire du commerce, à l'entrée ou à la sortie d'un port, d'une rade ou rivière, aura été forcé de courir au large, il sera payé au pilote les indemnités fixées par les articles 3, 7, 15, 20, 27, 34, 43, 48 et 57, suivant les localités.

61. Toutes les contestations qui pourraient s'élever entre le capitaine du navire et le pilote, seront réglées, sommairement et sans frais, par le commissaire des classes et le président du tribunal de commerce, sans que ce réglement, purement officieux, puisse ôter aux parties qui n'en seraient pas satisfaites, le droit de faire prononcer judiciairement sur ces contestations par le tribunal de commerce, conformément à l'article 50 du décret du 12 décembre 1806.

TITRE III.

Bâtimens du Roi.

69. Les pilotes qui seront appelés à bord des bâtimens du Roi, soit pour les faire entrer dans les ports et rades ci-après désignés, soit pour les en faire sortir, recevront, savoir :

GRANVILLE ET SAINT-MALO.

| | Depuis le cap Fréhel, ou plus près, jusque dans la grande rade de Saint-Malo ou celle de Dinard. | | De la grande rade de Saint-Malo ou de celle de Dinard dans les rades | | | | | | De Saint-Malo à | | | | Venant de dehors pour entrer à | | | |
| | | | de Solidor. | | de Belle-grève. | | de Mont-Marin. | | Cancale. | | Granville. | | Cancale. | | Granville. | |
	Hiver.	Été.	Hiver.	Été.	Hiver.	Été.	Hiver.	Été.	Hiver.	Été.	Hiver.	Été.	Hiver.	Été.	Hiver.	Été.
Goëlettes et autres bâtimens légers	18ᶠ	15ᶠ	6ᶠ	4ᶠ	10ᶠ	8ᶠ	13ᶠ	12ᶠ	24ᶠ	21ᶠ	30ᶠ	25ᶠ	18ᶠ	15ᶠ	24ᶠ	20ᶠ
Brigs	21.	18.	8.	6.	15.	12.	18.	15.	30.	25.	35.	30.	21.	18.	26.	22.
Gabares de 101 à 200 tonneaux	24.	21.	12.	10.	18.	15.	24.	21.	36.	30.	40.	36.	24.	21.	30.	23.
de 301 à 300 idem	30.	25.	15.	12.	21.	18.	30.	25.	40.	36.	45.	40.	30.	25.	36.	30.
Corvettes de guerre de 18 canons. de 301 à 400 idem	30.	25.	15.	12.	21.	18.	30.	25.	40.	36.	45.	40.	30.	25.	36.	30.
Gabares de 401 à 500 tonneaux	36.	30.	18.	15.	24.	21.	30.	30.	48.	44.	50.	45.	36.	30.	45.	40.
Corvettes de guerre de 24 à 32 canons	40.	36.	21.	18.	30.	25.	40.	36.	54.	50.	60.	55.	40.	36.	54.	48.
Corvettes de charge	50.	45.	28.	24.	30.	30.	50.	45.	64.	60.	#	#	50.	45.	#	#
Frégates de sous rang	60.	55.	#	#	55.	50.	60.	55.	80.	70.	#	#	60.	50.	#	#
Vaisseaux	60.	65.	#	#	55.	50.	60.	50.	80.	70.	#	#	60.	55.	#	#

QUARTIER DE MORLAIX.

Pour un bâtiment de transport de 100 tonneaux et au-dessous.......... 10f
    de 101 *idem* à 150.. 12.
    de 151 *idem* à 200.. 14.
    de 201 *idem* à 250.. 16.
    de 251 *idem* à 300.. 18.

Pour un aviso, un brig de guerre ou une canonnière.............. 18.
Pour une corvette à trois mâts... 20.
Pour une frégate... 30.

QUARTIER DE BREST.

DES STATIONS CI-APRÈS DÉSIGNÉES, À BREST, OU DE BREST À LA STATION QUI SUIVRA,

| | de l'Abrewrach à Brest | | d'Ouessant en passant par | | | | de Molène en passant par | | | | du Conquet en passant par | | | | du Ras | | de Saint-Mathieu, Camaret ou Bertheaume | |
| | | | le Four | | l'Iroise | | l'Iroise | | le Four | | l'Iroise | | le Four | | | | | |
	Hiver.	Été.	Hiver.	Été.	Hiver.	Été.	Hiver.	Été.	Hiver.	Été.	Hiver.	Été.	Hiver.	Été.	Hiver.	Été.	Hiver.	Été.
Goëlettes et autres bâtimens légers	45f	35f	30f	20f	40f	30f	25f	15f	30f	20f	20f	10f	25f	15f	25f	15f	20f	10f
Brigs. Gabares de 101 à 200 tonn.x	60.	50.	45.	35.	55.	45.	40.	30.	45.	35.	30.	20.	40.	30.	40.	30.	30.	20.
de 201 à 300 *idem.*	70.	60.	55.	45.	65.	55.	50.	40.	55.	45.	35.	30.	50.	40.	50.	40.	35.	30.
de 301 à 400 *idem.*	80.	70.	65.	55.	75.	65.	60.	50.	65.	55.	40.	35.	60.	50.	60.	50.	40.	35.
Corvettes de guerre de 18 canons.	90.	80.	75.	65.	85.	75.	70.	60.	75.	65.	45.	40.	70.	60.	70.	60.	45.	40.
Gabares de 401 à 500 ton. Corvettes de guerre de 24 à 26 canons. Corvettes de charge.	110.	100.	90.	80.	100.	90.	85.	75.	90.	80.	55.	50.	85.	78.	85.	75.	55.	50.
Frégates.	130.	120.	105.	95.	115.	105.	100.	90.	105.	100.	65.	60.	100.	90.	100.	90.	65.	60.
Vaisseaux.	150.	140.	120.	110.	130.	120.	115.	105.	120.	110.	75.	70.	115.	105.	115.	105.	75.	70.

TITRE III.

Bâtimens du Roi.

69. Les pilotes qui seront appelés à bord des bâtimens du Roi, soit pour les faire entrer dans les ports et rades ci-après désignés, soit pour les en faire sortir, recevront, savoir :

GRANVILLE ET SAINT-MALO.

| | Depuis le cap Fréhel, ou plus près, jusque dans la grande rade de Saint-Malo ou celle de Dinard. | | De la grande rade de Saint-Malo en celle du Dinard dans les rades | | | | | | De Saint-Malo à | | | | Venant de dehors pour entrer à | | | |
| | | | de Solidor. | | de Belle-grève, Mont-Marin. | | de Mont-Marin. | | Cancale. | | Granville. | | Cancale. | | Granville. | |
	Hiver.	Été.	Hiver.	Été.	Hiver.	Été.	Hiver.	Été.	Hiver.	Été.	Hiver.	Été.	Hiver.	Été.	Hiver.	Été.
Goélettes et autres bâtimens légers	18¹	15¹	6¹	4¹	10¹	8¹	13¹	12¹	24¹	21¹	30¹	23¹	18¹	15¹	24¹	20¹
Bricks	21.	18.	8.	6.	15.	13.	18.	15.	30.	25.	35.	30.	21.	18.	26.	22.
Gabares de 101 à 200 tonneaux	21.	18.	8.	6.	15.	12.	18.	15.	30.	25.	35.	30.	21.	18.	26.	22.
Gabares de 201 à 300 *idem*	24.	21.	13.	10.	18.	15.	24.	21.	36.	30.	40.	36.	24.	21.	30.	25.
Corvettes de 301 à 400 *idem*	30.	25.	15.	12.	21.	18.	30.	25.	40.	36.	45.	40.	30.	25.	36.	30.
Corvettes de guerre de 18 canons	36.	30.	18.	15.	24.	21.	36.	30.	48.	44.	50.	45.	36.	30.	45.	40.
Gabares de 401 à 500 tonneaux	40.	36.	21.	18.	30.	25.	40.	36.	54.	50.	60.	55.	40.	36.	54.	45.
Corvettes de guerre de 24 à 16 canons	50.	45.	28.	24.	30.	30.	50.	45.	64.	58.	//	//	50.	45.	//	//
Corvettes de charge	60.	55.	//	//	55.	50.	60.	60.	80.	70.	//	//	60.	55.	18.	//
Frégates de sous rangs	60.	55.	//	//	55.	50.	60.	60.	80.	70.	//	//	60.	55.	//	//
Vaisseaux	60.	55.	//	//	55.	50.	60.	60.	80.	70.	//	//	60.	55.	//	//

QUARTIER DE MORLAIX.

Pour un bâtiment de transport de 100 tonneaux et au-dessous.......... 10f
    de 101 *idem* à 150.......... 12.
    de 151 *idem* à 200.......... 14.
    de 201 *idem* à 250.......... 16.
    de 251 *idem* à 300.......... 18.
Pour un aviso, un brig de guerre ou une canonnière.......... 18.
Pour une corvette à trois mâts.......... 20.
Pour une frégate.......... 30.

QUARTIER DE BREST,

DES STATIONS CI-APRÈS DÉSIGNÉES, À BREST, OU DE BREST À LA STATION QUI SUIVRA,

| | de l'Abrewrach à Brest | | d'Ouessant en passant par | | | | de Molène en passant par | | | | du Couquet en passant par | | | | du Ras | | de Saint-Mathieu, Camaret ou Bertheaume | |
| | | | le Four | | l'Iroise | | l'Iroise | | le Four | | l'Iroise | | le Four | | | | | |
	Hiver.	Été.	Hiver.	Été.	Hiver.	Été.	Hiver.	Été.	Hiver.	Été.	Hiver.	Été.	Hiver.	Été.	Hiver.	Été.	Hiver.	Été.
Godelettes et autres bâtimens légers	45f	35f	30f	20f	40f	30f	25f	15f	30f	20f	20f	10f	25f	15f	25f	15f	20f	10f
Brigs	60.	50.	45.	35.	55.	45.	40.	30.	45.	35.	30.	20.	40.	30.	40.	30.	30.	20.
Gabares de 101 à 200 tonn.ˣ	70.	60.	55.	45.	65.	55.	50.	40.	55.	45.	30.	20.	50.	40.	50.	40.	30.	20.
de 201 à 300 *idem.*	80.	70.	65.	55.	75.	65.	60.	50.	65.	55.	35.	30.	60.	50.	60.	50.	35.	30.
de 301 à 400 *idem.*	90.	80.	75.	65.	85.	75.	70.	60.	75.	65.	40.	35.	70.	60.	70.	60.	40.	35.
Corvettes de guerre de 18 canons											45.	40.					45.	40.
Gabares de 401 à 500 ton.											55.	50.					55.	50.
Corvettes de guerre de 24 à 26 canons.	120.	100.	90.	80.	100.	90.	85.	75.	90.	80.	55.	50.	85.	75.	95.	75.	55.	50.
Corvettes de charge.	120.	100.	95.	85.	105.	95.	100.	90.	105.	95.	60.	60.	100.	90.	100.	90.	65.	60.
Frégates	130.	120.	105.	95.	115.	105.	115.	105.	120.	110.	65.	60.	100.	90.	100.	90.	65.	60.
Vaisseaux	150.	140.	110.	110.	130.	120.	115.	105.	120.	110.	75.	70.	115.	105.	115.	105.	75.	70.

QUARTIER DE QUIMPER.

Pour les Bâtimens de cent cinquante tonneaux et au-dessous.	NAVIRES FRANÇAIS et navires étrangers y assimilés en vertu des traités (1).
L'entrée et la sortie de Bénodet....................	7f 50c
De Bénodet à Quimper........................	7. 50.
De Quimper à Bénodet.......................	10. 50.
L'entrée et la sortie de l'île Tudy.................	7. 50.
De l'île Tudy à Pont-l'Abbé et réciproquement.......	5. 00.
De Bénodet au large des Glénans, Penmarch et Concarneau......................................	13. 50.
Entrée et sortie d'Audierne.......................	7. 50.
D'Audierne à l'île des Seins et au Raz..............	13. 50.
———————— à Kerity-Penmarch.................	16. 50.
———————— à Camaret......................	19. 00.
———————— au Conquet....................	27. 00.
———————— à Douarnenez...................	19. 00.
Les mêmes prix pour ces quatre endroits seront alloués aux pilotes de l'île des Seins.	
De Douarnenez à Camaret.......................	13. 50.
———————— à Audierne......................	19. 00.
L'entrée et la sortie de Douarnenez, Kerity-Penmarch, Guilvinec et Lesconil.......................	7. 50.
De l'île Tudy jusqu'en dedans de Bénodet...........	10. 50.
De Lesconil et Guilvinec à Bénodet et Penmarch......	11. 00.

Les prix ci-dessus seront augmentés d'un sixième pour les bâtimens au-dessus de cent cinquante tonneaux, conformément à l'article 54.

63. Si, après avoir conduit les bâtimens hors des dangers, les commandans et capitaines jugeaient encore convenable de retenir les pilotes à bord, ceux-ci recevront une indemnité de trois francs par jour, indépendamment de la ration du bord. La même indemnité sera payée aux pilotes toutes les fois que par des vents forcés, ou par toute autre circonstance indépendante de leur volonté, ils se trouveront retenus à bord au-delà du temps employé au pilotage des bâtimens.

64. Lorsqu'un pilote, après avoir effectué le pilotage, sera mis à terre, la conduite de retour à son domicile lui sera payée sur le pied de deux francs par myriamètre, si toutefois il se trouve au moins une station intermédiaire entre celle à laquelle il appartient et le port de son débarquement, et s'il est reconnu qu'il ne peut s'y rendre que par terre.

65. Nul pilote, à quelque station qu'il appartienne, ne pourra démonter celui établi à bord des bâtimens du Roi, sous le prétexte de l'apparition de

(1) Voir la note portée au tarif de Granville, page 626.

ces bâtimens dans les parages de la station à laquelle il est affecté ; néanmoins il se tiendra toujours en vue avec sa chaloupe, pour attendre le signal
d'appel qui pourrait lui être fait.

66. Les articles 62, 63, 64 et 65, sont applicables aux bâtimens de guerre
des puissances étrangères.

Arrêté en séance du conseil d'administration de la marine, conformément
à la délibération de ce jour.

Brest, le 28 Novembre 1829.

Les membres du Conseil d'administration, signé DUPERRÉ, C. FOURCROY,
GEOFFROY, DESHAUTEURS, LECLERC, TROTTÉ DE LA ROCHE, BERNARD DE
MARIGNY, *Inspecteur de la marine,* et REDON-PUIJOURDAIN, *Secrétaire.*

Vu pour être annexé à l'Ordonnance royale du 31 Août 1830.

Le Ministre Secrétaire d'État au département de la marine et des colonies,

Signé HORACE SÉBASTIANI.

N° 671. — ORDONNANCE DU ROI qui approuve la transaction passée entre
les héritiers du sieur *Lecroq* et la fabrique de l'église d'*Angerville-l'Orcher*
(Seine-Inférieure), relative à la propriété d'anciennes dépendances du
presbytère de cette succursale. (*Paris, 8 Novembre 1830.*)

N° 672. — ORDONNANCE DU ROI qui autorise l'acceptation, en échange
d'une rente viagère de 150 francs donnée par le sieur *Chimbaud* à la
fabrique de l'église de *Quinsac* (Gironde), d'une somme de 1100 francs
à elle offerte par le sieur *Bétus,* redevable de ladite rente. (*Paris, 8 Novembre 1830.*)

N° 673. — ORDONNANCE DU ROI qui autorise la vente, sur la mise à prix
de 190 francs, d'un terrain appartenant à la fabrique de l'église de
Cassagnes-Begonhès (Aveyron). (*Paris, 8 Novembre 1830.*)

N° 674. — ORDONNANCE DU ROI qui autorise le trésorier de la fabrique
de l'église d'*Excideuil* (Dordogne) à vendre, sur la mise à prix de
1900 francs, les matériaux et l'emplacement de l'ancienne église Saint-
Martin et deux autres terrains. (*Paris, 8 Novembre 1830.*)

N° 675. — ORDONNANCE DU ROI qui autorise l'aliénation d'une rente de
133 francs sur l'État, et provenant du Legs fait par le sieur *Plantard*
à la fabrique de l'église de *Gorvello* (Morbihan). (*Paris, 8 Novembre
1830.*)

N° 676. — ORDONNANCE DU ROI qui autorise à employer au rachat du
capital d'une rente de 150 francs due aux héritiers *Lebrun* par la fabrique
de l'église Saint-Paul à *Orléans* (Loiret), 1° 1398 francs disponibles dans
la caisse de la fabrique, et 2° 1975 francs 31 centimes provenant d'une
rente de 100 francs léguée par la demoiselle *Lusse.* (*Paris, 8 Novembre
1830.*)

N° 677. — Ordonnance du Roi qui autorise la vente, sur la mise à prix de 550 francs, du sol et des matériaux de l'ancienne église Saint-Paul-le-Vieux existant dans la circonscription de la cure de Cancon (Lot-et-Garonne). (Paris, 8 Novembre 1830.)

N° 678. — Ordonnance du Roi qui autorise à employer aux réparations de l'église de Rieupeyroux (Aveyron) une somme de 2666 francs léguée par le sieur Ricome. (Paris, 8 Novembre 1830.)

N° 679. — Ordonnance du Roi qui autorise le trésorier de la fabrique de l'église de Thairé (Charente-Inférieure) à vendre, sur la mise à prix de 150 francs, les matériaux et le sol de l'ancienne église de Mortagne. (Paris, 8 Novembre 1830.)

N° 680. — Ordonnance du Roi qui autorise la fabrique de l'église de Commercy (Meuse) à céder, à titre d'échange, au sieur Demimuid, un pré d'un revenu de 135 francs contre un autre pré d'un revenu de 210 fr. (Paris, 18 Novembre 1830.)

N° 681. — Ordonnance du Roi qui autorise la vente d'un terrain et d'une maison appartenant à la fabrique de l'église de Corneilla-la-Rivière (Pyrénées-Orientales), sur la mise à prix de 1200 francs. (Paris, 8 Novembre 1830.)

N° 682. — Ordonnance du Roi qui autorise la fabrique de l'église de Vitry-la-Ville (Marne) à acquérir du sieur de Riocourt, et moyennant la somme de 2600 francs, l'ancien presbytère de cette commune. (Paris, 8 Novembre 1830.)

N° 683. — Ordonnance du Roi qui autorise la fabrique de l'église de Châtillon-sur-Sèvres (Deux-Sèvres) à acquérir, au prix de 8000 francs, une maison pour servir de presbytère. — La même fabrique est autorisée à vendre, 1° une maison estimée 2275 francs, et 2° une autre maison estimée 3540 francs. (Paris, 8 Novembre 1830.)

N° 684. — Ordonnance du Roi qui autorise la vente, et sur la mise à prix de 1900 francs, d'un pré appartenant à la fabrique de l'église de Saint-Didier-sur-Beaujeu (Rhône). (Paris, 8 Novembre 1830.)

N° 685. — Ordonnance du Roi qui autorise l'aliénation, mais jusqu'à concurrence seulement de 2000 francs, d'une inscription de rente de 508 francs appartenant à la fabrique de l'église de Saint-Julien du Sault (Yonne). (Paris, 8 Novembre 1830.)

N° 686. — Ordonnance du Roi qui autorise la vente, sur la mise à prix de 797 francs 50 centimes, des matériaux et de l'emplacement de l'église de Villedelm, commune réunie pour le culte à celle de Saint-Baudel (Cher). (Paris, 8 Novembre 1830.)

N° 687. — Ordonnance du Roi qui autorise la vente, sur la mise à prix de 300 francs, de l'emplacement, des matériaux et du cimetière de l'ancienne église de *Pradeau*, section de commune réunie pour le culte à la succursale de *Toulx-Sainte-Croix* (Creuse). (*Paris*, 8 Novembre 1830.)

N° 688. — Ordonnance du Roi qui autorise la vente, jusqu'à concurrence de 800 francs seulement, d'une partie des immeubles provenant du Legs fait aux desservans successifs de l'église de *Provenchère* (Doubs) par le sieur *Vuillien* (*Paris*, 8 Novembre 1830.)

N° 689. — Ordonnance du Roi qui autorise la cession, à titre d'échange, de deux pièces de terre estimées 770 francs et appartenant à la fabrique de l'église Saint-Jean-Baptiste de *Péronne* (Somme), et à recevoir en contre échange 71 ares 72 centiares de terre appartenant au *sieur de Foucaucourt* et estimés 1137 francs 50 centimes. (*Paris*, 8 Novembre 1830.)

N° 690. — Ordonnance du Roi qui autorise à employer aux réparations de l'église de *Buiscommun* (Loiret) une somme de 1591 francs 35 centimes provenant du Legs fait à cette église par le sieur *Fillot*. (*Paris*, 8 Novembre 1830.)

N° 691. — Ordonnance du Roi qui autorise l'acceptation de la Donation de 400 francs faite à la fabrique de l'église de *la Commelle* (Saone-et-Loire) par les sieurs *Bretin* et les sieur et dame *Simon*. ═ Rejet du Legs d'une somme de 1200 francs fait à ladite fabrique par le sieur *Pauchard*. (*Paris*, 10 Novembre 1830.)

N° 692. — Ordonnance du Roi qui autorise l'acceptation de l'offre de donation de 300 francs et d'une rente annuelle de 12 francs faite à la fabrique de l'église de *Romenay* (Saone-et-Loire) par le sieur *Bouthillon de la Serve*. (*Paris*, 10 Novembre 1830.)

N° 693. — Ordonnance du Roi qui autorise l'acceptation d'une fondation, moyennant 208 francs, et d'un Legs montant à 350 francs, faits à la fabrique de l'église de *Rieutort* (Lozère) par le sieur *Delmas*. (*Paris*, 10 Novembre 1830.)

N° 694. — Ordonnance du Roi qui autorise l'acceptation d'une fondation dont la rétribution annuelle a été fixée à 196 francs, faite dans l'église de *Vrely* (Somme) par la dame veuve *Chrétien*. (*Paris*, 10 Novembre 1830.)

N° 695. — Ordonnance du Roi qui autorise l'acceptation d'un Legs d'une pièce de terre estimée 185 francs 64 centimes, fait à la fabrique de l'église de *Nançois-le-Petit* (Meuse) par la dame *Denot*. (*Paris*, 10 Novembre 1830.)

N° 696. ? ORDONNANCE DU Roi qui autorise l'acceptation de la Donation d'une pièce de terre d'un revenu de 24 francs, faite aux desservans successifs de la succursale de *Montagnol* (Aveyron) par le sieur *de Bonald*. (*Paris, 10 Novembre 1830.*)

N° 697. — ORDONNANCE DU ROI qui autorise l'acceptation, 1° de la Donation d'une pièce de terre évaluée à 360 francs, par le sieur *Marrec*, et 2° de la Donation de deux parties de rentes en grains évaluées à 24 francs 30 centimes, par la dame veuve *Rumear* et les sieur et dame *Rumear*; lesdites Donations faites à la fabrique de l'église de *Guimaëc* (Finistère). (*Paris, 10 Novembre 1830.*)

N° 698. — ORDONNANCE DU ROI qui supprime les deux *foires*, précédemment instituées dans la commune de *Flers*, arrondissement de Domfront, département de l'Orne, et qui se tenaient, l'une, le mercredi qui suit le 2 juillet, et l'autre, le mercredi qui précède le 30 septembre. (*Paris, 25 Novembre 1830.*)

N° 699. — ORDONNANCE DU ROI qui fixe au 4 juillet la tenue de la *foire* précédemment instituée dans la commune de *Candes*, arrondissement de Chinon, département d'Indre-et-Loire, et qui s'y tenait le 25 mars. (*Paris, 25 Novembre 1830.*)

N° 700. — ORDONNANCE DU ROI portant que, 1° à l'avenir les *foires*, dans la commune de *Plomédeur*, arrondissement de Quimper, département du Finistère, seront au nombre de douze, qu'elles se tiendront le 13 de chaque mois et dureront un jour, et 2° que les six *foires* précédemment instituées dans la commune de *Plougastel-Saint-Germain*, même département, se tiendront à l'avenir le premier lundi des mois de janvier, mars, mai, juillet, septembre et novembre. (*Paris, 3 Décembre 1830.*)

CERTIFIÉ conforme par nous

Garde des sceaux de France, Ministre Secrétaire d'état au département de la justice,

A Paris; le 13 * Janvier 1831,

MÉRILHOU.

* Cette date est celle de la réception du Bulletin à la Chancellerie.

On s'abonne pour le Bulletin des lois, à raison de 9 francs par an, à la caisse de l'imprimerie royale, ou chez les Directeurs des postes des départemens.

A PARIS, DE L'IMPRIMERIE ROYALE.

13 Janvier 1831.

BULLETIN DES LOIS.

2e Partie. — ORDONNANCES. — N° 34.

N° 701. — ORDONNANCE DU ROI sur la répartition, entre les Ministères, du Crédit de trois cents millions.

A Paris, le 21 Décembre 1830.

LOUIS-PHILIPPE, ROI DES FRANÇAIS;

Vu l'article 6 de la loi du 12 décembre 1830 ;

Sur le rapport de notre ministre secrétaire d'état des finances,

NOUS AVONS ORDONNÉ et ORDONNONS ce qui suit :

ART. 1er. Le crédit provisoire de trois cents millions, ouvert à nos ministres sur l'exercice 1831 par la loi du 12 décembre 1830, est réparti entre les différens chapitres de leurs services ordinaires, conformément au tableau ci-joint.

2. Sont et demeurent rapportées les ordonnances des 11 septembre, 20 novembre et 4 décembre 1830(1), par lesquelles nous avions ouvert des crédits provisoires sur l'exercice 1831 aux ministères de la marine et des finances.

3. Nos ministres sont chargés, chacun en ce qui le concerne, de l'exécution de la présente ordonnance, qui sera insérée au Bulletin des lois.

Signé LOUIS-PHILIPPE.

Par le Roi : le Ministre Secrétaire d'état des finances,

Signé J. LAFFITTE.

(1) Par respect pour le principe de la publicité des actes du Gouvernement, les ordonnances des 11 septembre, 20 novembre et 4 décembre, ont été demandées. Le département des finances a déféré à cette invitation pour celle du 4 décembre (voyez ci-après). M. le ministre de la marine et des colonies a jugé que l'insertion des deux autres était inutile, vu que l'ordonnance de répartition les annulle.

TABLEAU de répartition, entre les divers Ministres, du Crédit provisoire
trois cents millions accordé pour les Dépenses de l'exercice 1831 par la Loi
12 Décembre 1830.

CHAPITRES spéciaux.	MINISTÈRES ET SERVICES.	MONTANT DES CRÉDITS.	
		par chapitres.	par ministères.
	MINISTÈRE DE LA JUSTICE.		
1.	Traitement du garde des sceaux............	20,000	
2.	Traitemens des bureaux de l'administration.....	87,300.	
3.	Entretien des deux hôtels, et fournitures générales...........	24,900.	
4.	Cour de cassation......................	202,835.	
5.	Cours royales........................	1,057,000.	
6.	—— d'assises....................	55,800.	
7.	Tribunaux de première instance...........	1,387,000.	
8.	——— du commerce..............	44,175.	
9.	——— de police................	15,500.	
10.	Justices de paix...........	774,090.	4,434,700.
11.	Frais de justice criminelle...............	600,000.	
12.	Fonds de subvention à la caisse des retraites du ministère de la justice............	140,000.	
	Dépenses précédemment payées sur la caisse du sceau.		
13.	Secours temporaires à d'anciens magistrats, à leurs veuves, orphelins, et indemnité pour le Journal des savans..........................	10,000.	
14.	Timbres et cachets à l'usage des cours et tribunaux.............................	20,000.	
	MINISTÈRE DES AFFAIRES ÉTRANGÈRES.		
	Administration centrale.		
1.	Traitement et frais de représentation du ministre.	30,000.	
2.	Traitement des bureaux................	100,000.	
3.	Gages des gens de service..............	11,500.	
4.	Fournitures générales des bureaux, et entretien des hôtels du ministère, &c..............	40,000.	
	Traitemens des agens du service extérieur.		
5.	Traitemens des agens politiques...........	619,000.	
6.	——— consulaires..........	411,500.	
7.	——— en inactivité.........	25,000.	
	A reporter........	1,237,000.	4,438,700.

CHAPITRES spéciaux.	MINISTÈRES ET SERVICES.	MONTANT DES CRÉDITS	
		par chapitres.	par ministère
	Report.................	1,237,000	4,438,70
	SERVICE ACCESSOIRE.		
	Dépenses variables.		
8.	Frais d'établissement des agens politiques et con-sulaires	300,000	1,032,00
9.	—— de voyage et de courriers.............	100,000.	
10.	—— de service des résidences politiques et con-sulaires...........................	*Mémoire.*	
11.	Présens diplomatiques.................	50,000.	
12.	Indemnités et secours.................	20,000.	
13.	Dépenses secrètes...................	175,000.	
14.	Missions extraordinaires et dépenses imprévues..	50,000.	
	MINISTÈRE DE L'INSTRUCTION PUBLIQUE ET DES CULTES.		
	Administration centrale et Conseil d'état.		
1.	Administration centrale.................	85,000.	
2.	Conseil d'état.....................	165,000.	
	Culte catholique.		
3.	Traitemens et indemnités fixes du clergé catho-lique...........................	7,180,000.	
4.	Bourses des séminaires.................	300,000.	
5.	Dépenses diocésaines.................	600,000.	
6.	Secours.........................	400,000.	9,400,00
7.	Dépenses diverses...................	80,000.	
	Cultes non catholiques.		
8.	Dépenses des cultes protestans...........	180,000.	
9.	—— du culte israélite...............	20,000.	
	Instruction publique.		
10.	Collèges royaux et bourses royales..........	440,000.	
11.	Instruction primaire.................	50,000.	
	A reporter........	....	15,750,7

Pp 2

CHAPITRES spéciaux.	MINISTÈRES ET SERVICES.	MONTANT DES CRÉDITS.	
		par chapitres.	par ministères
	Report	....	15,770,70
	MINISTÈRE DE L'INTÉRIEUR.		
	SERVICES ORDINAIRES.		
	Administration centrale.		
1.	Traitement du ministre secrétaire d'état et sous-secrétaire d'état..........................	27,500	
2.	Personnel de l'administration centrale........	178,000.	
3.	Pensions et indemnités temporaires aux anciens employés réformés.........................	25,000.	
4.	Matériel et dépenses diverses de l'administration centrale et des hôtels. ?...................	62,500.	
4 bis.	Dépenses d'administration et d'organisation des gardes nationales........................	50,000.	
	Ponts et chaussées, mines, et lignes télégraphiques.		
5.	Administration centrale....................	60,000.	
6.	Travaux et dépenses du service matériel des routes royales, ponts, navigation, bacs, quais, canaux, desséchemens, digues, ports maritimes, de commerce, phares, fanaux, plantations de dunes et autres objets....................	6,000,000.	
7.	Charges du personnel du corps royal des ponts et chaussées...........................	720,000.	
8.	Corps royal des mines, et dépenses de ce service.	106,000.	
9.	Lignes télégraphiques	170,000.	
10.	Contributions du trésor pour travaux sur fonds particuliers.............................	3,770,000.	
	Travaux publics d'architecture.		
11.	Travaux et dépenses d'entretien des bâtimens et édifices d'intérêt général à Paris...........	50,000.	
12.	Reconstruction de la salle de la Chambre des Députés................................	100,000.	
13.	Église de la Madeleine....................	80,000.	
14.	Arc de triomphe de l'Étoile	100,000.	
15.	Travaux d'achèvement ou d'agrandissement des monumens ou édifices de la capitale, consacrés à des services d'intérêt général............	100,000.	
	A reporter	11,509,000.	15,770,7

CHAPITRES spéciaux.	MINISTÈRES ET SERVICES.	MONTANT DES CRÉDITS	
		par chapitres.	par ministères
	Report............	11,599,000.	15,770,70(
16.	Travaux d'achèvement des maisons centrales de détention................................	120,000f	
17.	Construction de lazaréts et établissemens sanitaires, conservation d'anciens monumens, et travaux à la charge de l'État dans les départemens.............................	50,000.	
	Sciences, Belles-lettres et Beaux-arts.		
18.	Établissemens scientifiques ou littéraires........	350,000.	
19.	Établissemens de beaux-arts, monumens en bronze ou en marbre....................	85,000.	
20.	Encouragemens et souscriptions en faveur des artistes et hommes de lettres..............	100,000.	
	Haras.		
21.	Haras, dépôts d'étalons, primes, prix de courses, &c................................	450,000.	
	Agriculture, Commerce, et Services d'utilité publique.		
22.	Écoles vétérinaires et encouragemens à l'agriculture................................	75,000.	
23.	Commerce et manufactures.................	95,000.	
24.	Primes d'encouragemens aux pêches maritimes..	600,000.	
25.	Établissemens d'utilité publique..............	17,000.	
26.	———— de bienfaisance................	59,000.	
27.	Secours aux sociétés de charité maternelle......	15,000.	
28.	Service de la vérification des poids et mesures...	175,000.	
	Dépenses spéciales sur le versement de la ville de Paris.		
29.	Dépenses secrètes dont le compte est directement rendu au Roi........................	375,000.	
30.	Hôpital royal des Quinze-vingts..............	60,000.	
31.	Secours aux colons de Saint-Domingue ou autres réfugiés de Saint-Pierre de Miquelon et du Canada.............................	250,000.	
32.	Secours généraux aux bureaux de charité, aux hospices, maisons d'éducation, institutions de bienfaisance, &c...................	80,000.	
33.	Subventions aux théâtres et à l'école royale de chant et de déclamation................	525,000.	
	A reporter........	14,880,000.	15,770,70(

	MINISTÈRES ET SERVICES.	par chapitres.	
	Report	14,880,000	15,770,7
	Dépenses départementales.		
34.	Dépenses fixes ou communes à plusieurs départemens.	2,800,000.	
35.	—— variables spéciales à chaque département.	5,000,000.	
36.	—— variables sur le produit des ressources éventuelles des départemens.	200,000.	
37.	—— extraordinaires d'utilité départementale sur le produit des centimes facultatifs et extraordinaires votés par les conseils généraux. .	2,800,000.	
	Secours spéciaux.		20,500,0
38.	Secours spéciaux aux départemens pour pertes résultant d'incendies, de grêle, d'inondations et autres accidens.	820,000.	
	Services extraordinaires.		
39.	Récompenses, pensions ou secours à accorder en vertu de l'article 1er de la loi du 30 août 1830	600,000.	
40.	Indemnités pour dommages (article de la même loi)	*Mémoire.*	
41.	Continuation des travaux de canaux entrepris sur des fonds d'emprunts en vertu de lois spéciales.	1,250,000.	
42.	Ateliers de charité pendant l'hiver.	1,000 000.	
43.	Secours aux réfugiés espagnols, portugais et autres.	150,000.	
	MINISTÈRE DE LA GUERRE.		
1.	Administration centrale (*Personnel*).	378,000.	
2.	—— (*Matériel*).	122,000.	
3.	États-majors.	4,000,000.	
4.	Gendarmerie.	3,877,000.	
5.	Recrutement.	120,000.	
	Solde d'activité et abonnemens payables comme solde.	17,427,000.	
	Subsistances militaires et chauffage.	9,873,000.	
6.	Habillement, campement et harnachement.	1,000,000.	
	Lits militaires.	1,159,000.	
	Marche et transports.	723,000.	47,940,000.
	Hôpitaux.	1,739,000.	
7.	Justice militaire	56,000.	
	A reporter.	. . . .	93,210,700.

CHAPITRES spéciaux.	MINISTÈRES ET SERVICES.	MONTANT DES CRÉDITS,	
		par chapitres.	par ministères.
	Report........	138,270,000	110,228,700
	Enregistrement, Timbre et Domaines.		
32.	Administration centrale...................	170,000ᶠ	
33.	Service administratif et perception dans les départemens...................................	2,300,000.	
34.	Timbre...................................	150,000.	
	Forêts.		
35.	Administration centrale...................	60,000.	
36.	Service administratif dans les départemens......	100,000.	
37.	Avances recouvrables....................	5,000.	
	Douanes.		
38.	Administration centrale...................	130,000.	
39.	Service administratif et perception dans les départemens...................................	5,300,000.	
	Contributions indirectes.		
40.	Administration centrale...................	250,000.	
41.	Frais d'administration et perception dans les départemens (*service général*)................	4,100,000.	
42.	Exploitation des tabacs...................	8,000,000.	
43.	———————— des poudres à feu..............	650,000.	
	Postes.		
44.	Administration centrale...................	500,000.	
45.	Administration et perception dans les départemens...................................	900,000.	
46.	Transports des dépêches...................	2,100,000.	
47.	Service rural............................	750,000.	
	Loterie.		
48.	Administration centrale...................	100,000.	
49.	Service administratif....................	85,000.	
50.	Frais de perception......................	500,000.	
	A reporter........	164,920,000	110,228,700.

CHAPITRES spéciaux.	MINISTÈRES ET SERVICES.	MONTANT DES CRÉDITS	
		par chapitres.	par ministères
	Report........	164,920,000	110,226,70
51.	Salines et mines de sel de l'Est.............	50,000.	
52.	Remises aux receveurs des finances sur produits divers et coupes de bois............	50,000.	
	Remboursemens et Restitutions.		
53.	Restitutions sur les contributions directes......	2,000,000.	171,771,30
54.	Remboursemens de sommes indûment perçues sur produits indirects et divers...............	671,300.	
55.	Restitutions de produits d'amendes et confiscations........................	1,000,000.	
56.	Primes à l'exportation des marchandises........	2,600,000.	
57.	Escompte sur le droit de consommation des sels..	450,000.	
			282,000,00
	PORTION du crédit à répartir ultérieurement		18,000,00
			300,000,00

Vu pour être annexé à l'Ordonnance royale du 21 décembre 1830.

Le Ministre des finances, signé J. LAFFITTE.

N° 702. — ORDONNANCE DU ROI pour l'emploi, par anticipation sur l'exercice de 1831, au profit du Ministère des finances ; d'un Crédit de vingt millions.

A Paris, le 4 Décembre 1830.

LOUIS-PHILIPPE, ROI DES FRANÇAIS ;

Sur le rapport de notre ministre secrétaire d'état des finances, et vu l'urgence,

NOUS AVONS ORDONNÉ et ORDONNONS :

ART. 1er. Un crédit de vingt millions de francs est ouvert par anticipation à notre ministre secrétaire d'état des finances sur les fonds de l'exercice 1831.

La distribution de ce crédit entre les dépenses et services

auxquels il doit être pourvu par urgence, est réglée ainsi qu'il suit, savoir :

Intérêts de cautionnemens	8,000,000ᶠ
Dette viagère.........................	3,500,000.
Pensions civiles...,....................	800,000.
Pensions ecclésiastiques................	2,500,000.
Exploitation des tabacs, exploitation des poudres à feu, exploitation des postes et services divers..	4,200,000.
Restitutions et primes,.................	1,000,000.
SOMME ÉGALE........	20,000,000.

2. Notre ministre secrétaire d'état des finances est chargé de l'exécution de la présente ordonnance.

Signé LOUIS-PHILIPPE.

Par le Roi : *le Ministre Secrétaire d'état des finances,*

Signé J. LAFFIT E.

N° 703. — ORDONNANCE DU ROI *qui déclare l'amnistie du 21 Octobre applicable aux Sous-officiers et Soldats prévenus d'insubordination et de voies de fait envers leurs supérieurs.*

A Paris, le 30 Décembre 1830.

LOUIS-PHILIPPE, ROI DES FRANÇAIS, à tous présens et à venir, SALUT.

Sur le rapport de notre garde des sceaux, ministre secrétaire d'état au département de la justice;

Vu notre ordonnance du 21 octobre dernier portant amnistie en faveur des sous-officiers et soldats de nos troupes de terre et de mer qui, jusqu'à la publication de cette ordonnance, ont été condamnés pour fait d'insubordination et de voies de fait envers leurs supérieurs;

Considérant que les militaires qui étaient alors *prévenus* des mêmes faits ont également droit à notre indulgence,

NOUS AVONS ORDONNÉ et ORDONNONS ce qui suit :

Notre ordonnance d'amnistie, du 21 octobre dernier, est applicable aux sous-officiers et soldats qui, à l'époque de la publication de cette ordonnance, étaient prévenus d'insubordination et de voies de fait envers leurs supérieurs, soit qu'ils aient été jugés ou non.

Pp 6

CHAPITRES spéciaux.	MINISTÈRES ET SERVICES.	MONTANT DES CRÉDITS,	
		par chapitres.	par ministères.
	Report........	164,920,000	110,228,700
51.	Salines et mines de sel de l'État..............	50,000.	
52.	Remises aux receveurs des finances sur produits divers et coupes de bois.....,..,.......	50,000.	
	Remboursemens et Restitutions.		
53.	Restitutions sur les contributions directes......	2,000,000.	171,771,300
54.	Remboursemens de sommes indûment perçues sur produits indirects et divers..............	671,300.	
55.	Restitutions de produits d'amendes et confiscations.............	1,000,000.	
56.	Primes à l'exportation des marchandises........	2,600,000.	
57.	Escompte sur le droit de consommation des sels..	480,000.	
			282,000,000
	PORTION du crédit à répartir ultérieurement		18,000,000
			300,000,000

Vu pour être annexé à l'Ordonnance royale du 21 décembre 1830.

Le Ministre des finances, signé J. LAFFITTE.

N° 702. — *ORDONNANCE DU ROI pour l'emploi, par anticipation sur l'exercice de 1831, au profit du Ministère des finances; d'un Crédit de vingt millions.*

A Paris, le 4 Décembre 1830.

LOUIS-PHILIPPE, ROI DES FRANÇAIS;

Sur le rapport de notre ministre secrétaire d'état des finances, et vu l'urgence,

NOUS AVONS ORDONNÉ et ORDONNONS :

ART. 1er. Un crédit de vingt millions de francs est ouvert par anticipation à notre ministre secrétaire d'état des finances sur les fonds de l'exercice 1831.

La distribution de ce crédit entre les dépenses et services

auxquels il doit être pourvu par urgence, est réglée ainsi qu'il suit, savoir :

Intérêts de cautionnemens	8,000,000ᶠ
Dette viagère	3,500,000.
Pensions civiles	800,000.
Pensions ecclésiastiques	9,500,000.
Exploitation des tabacs, exploitation des poudres à feu, exploitation des postes et services divers	4,200,000.
Restitutions et primes	1,000,000.
SOMME ÉGALE	20,000,000.

2. Notre ministre secrétaire d'état des finances est chargé de l'exécution de la présente ordonnance.

Signé LOUIS-PHILIPPE.

Par le Roi : *le Ministre Secrétaire d'état des finances,*

Signé J. LAFFIT E.

N° 703. — ORDONNANCE DU ROI *qui déclare l'amnistie du 21 Octobre applicable aux Sous-officiers et Soldats prévenus d'insubordination et de voies de fait envers leurs supérieurs.*

A Paris, le 30 Décembre 1830.

LOUIS-PHILIPPE, ROI DES FRANÇAIS, à tous présens et à venir, SALUT.

Sur le rapport de notre garde des sceaux, ministre secrétaire d'état au département de la justice ;

Vu notre ordonnance du 21 octobre dernier portant amnistie en faveur des sous-officiers et soldats de nos troupes de terre et de mer qui, jusqu'à la public :tion de cette ordonnance, ont été condamnés pour fait d'insubordination et de voies de fait envers leurs supérieurs ;

Considérant que les militaires qui étaient alors *prévenus* des mêmes faits ont également droit à notre indulgence,

NOUS AVONS ORDONNÉ et ORDONNONS ce qui suit :

Notre ordonnance d'amnistie, du 21 octobre dernier, est applicable aux sous-officiers et soldats qui, à l'époque de la publication de cette ordonnance, étaient prévenus d'insubordination et de voies de fait envers leurs supérieurs, soit qu'ils aient été jugés ou non.

P p 6

Notre garde des sceaux, ministre secrétaire d'état de la justice, et nos ministres secrétaires d'état de la guerre et de la marine, sont chargés, chacun en ce qui le concerne, de l'exécution de la présente ordonnance.

Signé LOUIS-PHILIPPE.

Par le Roi : *le Garde des sceaux, Ministre Secrétaire d'état de la justice,*

Signé MÉRILHOU.

N° 704. — *ORDONNANCE DU ROI relative aux Compagnies sédentaires.*

A Paris, le 31 Décembre 1830.

LOUIS-PHILIPPE, ROI DES FRANÇAIS, à tous présens et à venir, SALUT.

Voulant faciliter l'admission des anciens militaires dans les compagnies sédentaires ;

Sur le rapport de notre ministre secrétaire d'état au département de la guerre,

NOUS AVONS ORDONNÉ et ORDONNONS ce qui suit :

ART. 1er. Il sera formé une nouvelle compagnie de sous-officiers sédentaires, qui prendra le n° 12.

2. Les compagnies de sous-officiers et de fusiliers sédentaires auront chacune la composition ci-après déterminée :

Capitaine en premier	1.	
Capitaine en second	1.	4.
Lieutenant en premier	1.	
Lieutenant en second	1.	
Sergent-major	1.	
Fourrier	1.	
Sergens	4.	
Caporaux	8.	152.
Soldats	134.	
Tambours	2.	
Enfans de troupe	2.	

Force de la compagnie, officiers compris....... 156.

3. Pourront être admis dans les compagnies de sous-officiers et de fusiliers sédentaires, lorsqu'ils seront reconnus susceptibles d'y faire un bon service, les anciens militaires âgés de quarante-cinq à cinquante-cinq ans, libérés du service actif,

on ayant quitté volontairement les compagnies sédentaires, et ceux qui, étant âgés de moins de quarante-cinq ans, justifie-raient qu'ils n'ont pu être placés dans les compagnies de vété-rans de leur département pour cause d'excédant au complet.

4. Pourront également être admis dans ces compagnies les militaires sous les drapeaux, qui auront accompli le temps de service voulu par la loi, ou qui seront atteints d'infirmités qui les empêchent de continuer un service actif.

5. Les hommes mariés ne seront admis dans les compa-gnies sédentaires qu'autant que les convenances du service et les ressources du casernement le permettront.

6. Continueront d'être en vigueur les dispositions qui in-terdisent l'admission, dans les compagnies sédentaires, des militaires jouissant d'une pension de retraite, et toutes celles qui ne sont pas contraires à la présente ordonnance.

7. Notre ministre secrétaire d'état de la guerre est chargé de l'exécution de la présente ordonnance, qui sera insérée au Bulletin des lois.

Signé LOUIS-PHILIPPE.

Par le Roi : *le Ministre Secrétaire d'état de la guerre,*

Signé M^{al} Duc de Dalmatie.

N° 705. — Ordonnance du Roi *qui révoque celle du 26 Septembre 1821* (1) *relative à la Pension accordée, chaque année, à trois élèves de l'École spéciale militaire.*

A Paris, le 31 Décembre 1830.

LOUIS-PHILIPPE, Roi des Français, à tous présens et à venir, SALUT.

Sur le rapport de notre ministre secrétaire d'état au département de la guerre,

Nous avons ordonné et ordonnons ce qui suit :

Art. 1er. L'ordonnance du 26 septembre 1821 par la-quelle il est accordé chaque année une pension de trois cents francs à trois élèves de l'école spéciale militaire désignés parmi ceux qui ont rempli les emplois de sous-officiers, est et demeure révoquée.

---

(1) VIIe série, n° 11,419.

2. Les titulaires actuels des pensions et demi-pensions précédemment accordées en vertu de ladite ordonnance en, conserveront la jouissance jusqu'à ce qu'ils aient atteint le grade de capitaine, à moins qu'ils n'aient cessé ou ne cessent, avant leur promotion à ce grade, d'être portés sur les contrôles de l'armée.

3. Notre ministre secrétaire d'état au département de la guerre est chargé de l'exécution de la présente ordonnance.

Signé LOUIS-PHILIPPE.

Par le Roi : *le Ministre Secrétaire d'état de la guerre,*

Signé M^{al} Duc de Dalmatie.

A Paris, le 17 Décembre 1830.

LOUIS-PHILIPPE, Roi des Français, à tous présens et à venir, salut.

Sur le rapport de notre ministre secrétaire d'état au département de l'intérieur ;

Vu les lois des 5 février 1817, 29 juin 1820, 2 mai 1827, 2 juillet 1828, 11 et 12 septembre 1830 ;

Considérant que la députation du département du Bas-Rhin est devenue incomplète par le décès de M. *Benjamin Constant,*

Nous avons ordonné et ordonnons ce qui suit :

Art. 1er. Le collége du quatrième arrondissement électoral du département du Bas-Rhin est convoqué à Strasbourg pour le 23 janvier prochain, à l'effet d'élire un député.

2. Conformément à l'article 6 de la loi du 2 mai 1827 et à l'article 22 de la loi du 2 juillet 1828, le préfet publiera la présente ordonnance immédiatement après sa réception : il ouvrira le registre des réclamations et publiera le tableau de rectification à la liste électorale de l'arrondissement dans le délai prescrit par la loi du 2 juillet 1828.

3. Les opérations du collége électoral auront lieu ainsi qu'il est réglé par les dispositions combinées de la loi du 12 septembre 1830 et de l'ordonnance royale du 11 octobre 1820.

4. Notre ministre secrétaire d'état de l'intérieur est chargé de l'exécution de la présente ordonnance.

Signé LOUIS-PHILIPPE.

Par le Roi : *le Ministre Secrétaire d'état au département de l'intérieur,*

Signé MONTALIVET.

N° 707. — ORDONNANCE DU ROI *portant Convocation de deux Colléges électoraux.*

A Paris, le 31 Décembre 1830.

LOUIS-PHILIPPE, ROI DES FRANÇAIS, à tous présens et à venir, SALUT.

Sur le rapport de notre ministre secrétaire d'état de l'intérieur ;

Vu l'arrêt de la Cour des Pairs, en date du 21 de ce mois, qui condamne à la prison perpétuelle et frappe d'interdiction les sieurs *Chantelauze* et *de Guernon-Ranville,* tous deux élus députés aux mois de juin et juillet derniers ;

Vu les articles 28 et 29 du Code pénal ;

Vu l'article 4 de la loi du 22 frimaire an VIII [13 décembre 1799] ;

Vu les lois des 5 février 1817, 29 juin 1820, 2 mai 1827, 2 juillet 1828 et 12 septembre 1830,

NOUS AVONS ORDONNÉ et ORDONNONS ce qui suit:

ART. 1er. Le collége du premier arrondissement électoral de la Loire et le collége comprenant tous les électeurs de Maine-et-Loire sont convoqués à Montbrison et à Angers pour le 8 février prochain, à l'effet d'élire chacun un député.

2. Conformément à l'article 6 de la loi du 2 mai 1827 et à l'article 22 de la loi du 2 juillet 1828, les préfets publieront la présente ordonnance immédiatement après sa réception : ils ouvriront le registre des réclamations, feront afficher de nouveau les listes électorales et publieront le tableau de rectification dans le délai prescrit par l'article 22 de la loi du 2 juillet 1828.

3. Il sera procédé, pour les opérations des colléges électoraux, ainsi qu'il est réglé par les dispositions combinées de la loi du 12 septembre 1830 et de l'ordonnance royale du 11 octobre 1820.

Pp s

4. Notre ministre secrétaire d'état de l'intérieur est chargé de l'exécution de la présente ordonnance.

Signé LOUIS-PHILIPPE.

Par le Roi : *le Ministre Secrétaire d'état au département de l'intérieur,*

Signé MONTALIVET.

N° 708. — *ORDONNANCE DU ROI* (1) *sur la fixation du Traitement des Ministres, leurs frais d'établissement, et ceux de représentation au Ministre des affaires étrangères.*

A Paris, le 21 Août 1830.

LOUIS-PHILIPPE, ROI DES FRANÇAIS, à tous présens et à venir, SALUT.

ART. 1ᵉʳ. Le traitement annuel de nos ministres secrétaires d'état est uniformément fixé à cent vingt mille francs, conformément à la réduction admise par les Chambres.

Il leur est accordé en outre une somme de vingt-cinq mille francs à chacun pour leur tenir lieu de frais de premier établissement.

2. Il est attribué à notre ministre secrétaire d'état au département des affaires étrangères une somme annuelle de trente mille francs, à titre de frais extraordinaires de représentation.

3. Notre ministre secrétaire d'état des finances est chargé de l'exécution de la présente ordonnance.

Signé LOUIS-PHILIPPE.

Par le Roi : *le Ministre Secrétaire d'état des finances,*

Signé LOUIS.

N° 709 — *ORDONNANCE DU ROI qui supprime la Direction des Travaux de Paris.*

A Paris, le 31 Décembre 1830.

LOUIS-PHILIPPE, ROI DES FRANÇAIS, à tous présens et à venir, SALUT.

---

(1) Cette ordonnance n'a été adressée à M. le garde des sceaux, pour être insérée au Bulletin, que le 7 janvier 1831.

. Vu le décret du 11 janvier 1811 (1) et l'ordonnance royale du
26 février 1817 (2) ;

' Sur le rapport de notre ministre secrétaire d'état au département
de l'intérieur,

Nous avons ordonné et ordonnons ce qui suit :

Art. 1er. La direction des travaux de Paris est supprimée
à dater du 1er janvier 1831.

2. Tous les travaux à la charge du budget du ministère de
l'intérieur rentreront sous la direction immédiate du ministre
secrétaire d'état de ce département.

3. Le préfet de la Seine reprendra dans son administration toutes les attributions conférées. précédemment à la
direction des travaux et qui sont relatives au budget particulier
de la ville de Paris et à celui du département.

4. Notre ministre secrétaire d'état de l'intérieur est chargé
de l'exécution de la présente ordonnance.

Signé LOUIS-PHILIPPE.

Par le Roi : le Ministre Secrétaire d'état au département de l'intérieur,

Signé Montalivet.

_____

N° 710. — Ordonnance du Roi relative aux Formalités
des Pourvois devant la Cour des Comptes, en matière de comptabilité communale.

A Paris, le 28 Décembre 1830.

LOUIS-PHILIPPE, Roi des Français, à tous présens
et à venir, salut.

Sur le rapport de notre ministre secrétaire d'état au département
de l'intérieur ;

Vu les ordonnances royales des 28 janvier 1815 (3), 21 mars
1816, 21 mai 1817, 31 octobre 1821 et 23 avril 1823 (4);

Considérant qu'il importe de déterminer d'une manière précise
la forme et les délais de la notification des arrêtés des conseils de

_____

(1) IVe série, n° 6454.
(2) VIIe série, n° 1782.
(3) Ve série, n° 726.
(4) VIIe série, n°s 539, 2166, 11,023 et 14,860.

préfecture et des sous préfets qui statuent sur les comptes des receveurs des communes et des établissemens de bienfaisance, ainsi que les règles à suivre pour l'introduction des pourvois contre ces arrêtés ;

Le Conseil d'état entendu,

Nous avons ordonné et ordonnons ce qui suit:

ART. 1er. Les arrêtés des conseils de préfecture et des sous-préfets statuant sur les comptes présentés par les receveurs des communes et des établissemens de bienfaisance, seront adressés en double expédition aux maires des communes, par les préfets ou sous-préfets, dans les quinze jours qui suivront la date de ces arrêtés.

2. Avant l'expiration des huit jours qui suivront la réception de l'arrêté, il sera notifié par le maire au receveur. Cette notification sera constatée par le récépissé du comptable et par une déclaration signée et datée par le maire au bas de l'expédition de l'arrêté.

Pareille déclaration sera faite sur la deuxième expédition, qui restera déposée à la mairie avec le récépissé du comptable.

3. En cas d'absence du receveur, ou sur son refus de délivrer le récépissé, la notification sera faite, aux frais du comptable, par le ministère d'un huissier. L'original de l'exploit sera déposé aux archives de la mairie.

4. Si la notification prescrite par les articles précédens n'a pas été faite dans les délais fixés par ces articles, toute partie intéressée pourra requérir expédition de l'arrêté de compte et la signifier par huissier.

5. Dans les trois mois de la notification, la partie qui voudra se pourvoir, rédigera sa requête en double original.

L'un des deux doubles sera remis à la partie adverse, qui en donnera récépissé; si elle refuse ou si elle est absente, la signification sera faite par huissier.

L'appelant adressera l'autre original à la cour des comptes, et y joindra l'expédition de l'arrêté qui lui aura été notifié. Ces pièces devront parvenir à la cour, au plus tard, dans le mois qui suivra l'expiration du délai du pourvoi.

6. Si la cour admet la requête, la partie poursuivante aura, pour faire la production des pièces justificatives du compte, un délai de deux mois à partir de la notification. de l'arrêt d'admission.

7. Faute de p·oductions suffisantes de la part de la partie poursuivante dans le délai dont il est parlé à l'article 5, la requête sera rayée du rôle, à moins que, sur la demande des parties intéressées, la cour ne consente à accorder un second délai, dont elle déterminera la durée.

La requête rayée du rôle ne pourra plus être reproduite.

8. Toute requête rejetée pour défaut d'accomplissement des formalités prescrites par la présente ordonnance pourra néanmoins être reproduite, si le délai de trois mois accordé pour le pourvoi n'est pas expiré.

9. Les dispositions de la présente ordonnance relatives au pourvoi seront observées à l'égard des pourvois contre les arrêtés des comptes des receveurs dont les comptes sont arrêtés par les sous-préfets.

10. Nos ministres secrétaires d'état de l'intérieur et des finances sont chargés, chacun en ce qui le concerne, de l'exécution de la présente ordonnance, qui sera insérée au Bulletin des lois.

Signé LOUIS-PHILIPPE.

Par le Roi : *le Ministre Secrétaire d'état au département de l'intérieur*,
Signé MONTALIVET.

———————

N° 711. — ORDONNANCE DU ROI *qui approuve l'Adjudication de la reconstruction du Pont de Condé sur la rivière de Morin* (Seine-et-Marne).

A Paris, le 26 Décembre 1830.

LOUIS-PHILIPPE, ROI DES FRANÇAIS, à tous présens et à venir, SALUT.

Sur le rapport de notre ministre secrétaire d'état de l'intérieur ;
Le Conseil d'état entendu,

NOUS AVONS ORDONNÉ et ORDONNONS ce qui suit :

Art. 1er. L'adjudication de la reconstruction du pont de Condé sur la rivière de Morin (Seine-et-Marne), faite et passée le 19 septembre 1830 à M. *Gallois*, moyennant la concession d'un péage pendant quatre-vingt-deux ans, est approuvée. En conséquence, les clauses et conditions de cette adjudication recevront leur pleine et entière exécution, conformément au cahier des charges rédigé par le maire de la commune.

2. A compter du jour où ce pont sera livré au public, il y sera perçu un droit de péage d'après le tarif ci-après :

Pour une personne à pied, en voiture, voyageur ou conducteur.	5ᶜ
Pour un cavalier et son cheval.	10.
Pour chaque cheval chargé.	10.
Pour chaque cheval non chargé.	5.
Pour chaque âne ou ânesse non chargé.	2. 1/2.
Pour chaque âne chargé.	5.
Pour chaque bœuf ou vache.	5.
Pour chaque veau ou porc.	2. 1/2.
Pour chaque mouton, brebis, bouc ou chèvre.	1.
Pour une voiture suspendue à deux roues.	15.
Idem à quatre roues.	30.
Pour chaque cheval de son attelage.	10.
Pour une voiture non suspendue à deux roues.	10.
Idem à quatre roues.	20.
Quand une voiture non suspendue à	par chaque cheval.	10.
deux ou quatre roues est chargée.	*idem* âne ou ânesse.	5.
La même à vide.	par cheval.	10.
	par âne.	2. 1/2.

3. Le pont ne sera livré au public qu'après que l'administration aura constaté par des épreuves suffisantes qu'il n'offre aucun danger pour la circulation.

4. Seront exempts des droits de péage les habitans de la commune de Condé à pied, les ingénieurs, conducteurs et piqueurs des ponts et chaussées; les militaires voyageant en corps ou séparément, à la charge par eux, dans ce dernier cas, de présenter une feuille de route ou un ordre de service; les employés des contributions indirectes et de l'administration des forêts dans l'exercice de leurs fonctions, les courriers du Gouvernement, les malles-postes, et les facteurs ruraux faisant le service des postes de l'État.

5. Notre ministre secrétaire d'état de l'intérieur est chargé de l'exécution de la présente ordonnance.

Signé LOUIS-PHILIPPE.

Par le Roi : *le Ministre Secrétaire d'état au département de l'intérieur,*

Signé MONTALIVET.

N° 712. — *ORDONNANCE DU ROI portant modification des Tarifs d'octroi de Saint-Brieuc et d'Amiens.*

A Paris, le 29 Décembre 1830.

LOUIS-PHILIPPE, ROI DES FRANÇAIS ;

Vu l'ordonnance du 9 décembre 1814 et les dispositions des lois des 28 avril 1816, 24 juin 1824 et 12 décembre 1830 ;

Vu les délibérations des conseils municipaux de Saint-Brieuc, département des Côtes-du-Nord, et d'Amiens, département de la Somme ;

Vu les avis des préfets de ces départemens ;

Vu les observations de notre ministre secrétaire d'état de l'intérieur ;

Sur le rapport de notre ministre secrétaire d'état des finances,

NOUS AVONS ORDONNÉ et ORDONNONS ce qui suit :

ART. 1er. 1° A partir du 1er janvier 1831 et jusqu'à ce qu'il en soit autrement ordonné, la perception de l'octroi de la ville de Saint-Brieuc, département des Côtes-du-Nord, sera opérée conformément au réglement approuvé par l'ordonnance du 18 janvier 1826 et au tarif ci-annexé.

S'il est constaté que la population agglomérée de la ville ne s'élève pas à dix mille ames, les droits fixés audit tarif pour les vins de l'alcool seront réduits, savoir :

Pour les vins en cercles et en bouteilles, à un franc quatre-vingts centimes l'hectolitre, ci................................ 1f 80c

Pour l'alcool pur contenu dans les eaux-de-vie et esprits en cercles, les eaux-de-vie et esprits en bouteilles, et les liqueurs en cercles et en bouteilles et les fruits à l'eau-de-vie, à six francs l'hectolitre.... .... 6. 00.

2° A partir du 1er janvier 1831 et jusques et compris le 31 décembre de la même année, une taxe additionnelle au tarif de l'octroi d'Amiens, département de la Somme, sera perçue dans la proportion suivante sur les objets ci-après déterminés, savoir :

2. Notre ministre secrétaire d'état des finances est chargé de l'exécution de la présente ordonnance.

Signé LOUIS-PHILIPPE.

Par le Roi : *le Ministre Secrétaire d'état des finances,*

Signé J. LAFFITTE.

N.° 714. — ORDONNANCE DU ROI portant que,

ART. 1er. Les bois ou parties de bois appartenant aux communes ci-après désignées sont et demeurent soumis au régime forestier, savoir :

1o La totalité des bois de la commune de Montfort (Landes), sans préjudice des droits que conservent les habitans d'y ramasser des engrais,

2o La totalité des bois des communes de Chapaise et de ses annexes, de Flagny et de Vers (Saone-et-Loire);

3o La totalité des bois appartenant aux communes de Chambon et Saint-Voy (Haute-Loire);

4o La totalité des bois de la commune de Monistrol ou de ses annexes (Haute-Loire);

5o Le canton de bois dit *Clairs-Chênes,* contenant cinquante hectares, appartenant à la commune de Gremilly (Meuse);

6o La totalité des bois de la commune de Toulouzette, d'une contenance de vingt-quatre hectares douze ares (Landes);

7o Le bois de Chavanon, appartenant à la commune de Bourg-Lastic (Puy-de-Dôme);

8o Les bois appartenant aux communes de Ratenelle, Labergement, Sainte-Colombe, Nancy et Saint-Christophe en Bresse (Saone-et-Loire);

9o Les bois appartenant aux communes de Forcalquet, Brove, la Roque, Esclapon, Saint-Vallier, Mongin, Valbonne, et la fabrique de Forcalquet .(Var).

2. La demande en aliénation du bois de Chavanon, appartenant à la commune de Bourg-Lastic, et désignée dans l'article premier de la présente ordonnance, est rejetée. (*Paris, 18 Décembre 1830.*)

N° 715. — ORDONNANCE du ROI portant que les propriétaires dont les noms suivent sont autorisés, savoir:

1° Le sieur *Gros,* à construire un bâtiment nécessaire à la culture de ses terres sur sa propriété située à proximité des forêts, à la charge d'en souffrir la démolition sans indemnité, si son voisinage devenait par la suite préjudiciable aux forêts (Bouches-du-Rhône);

2° Le sieur *Vaconnet,* à construire une maison d'habitation à proximité des forêts, à la charge d'en souffrir la démolition sans indemnité, si son voisinage devenait par la suite préjudiciable aux forêts (Haute-Saone);

3° Le sieur *Mairot*, à établir un four à chaux sur un terrain communal, à la charge de ne le maintenir en activité que pendant cinq ans, sauf prorogation (Doubs);

4° Le sieur *Espanet*, à établir deux fours à chaux temporaires dans une coupe communale dont il s'est rendu adjudicataire pour l'ordinaire 1831 (Bouches-du-Rhône);

5° Le sieur *Pellat*, à maintenir en activité une ancienne scierie qui lui appartient à proximité des forêts, à la charge d'en souffrir la démolition sans indemnité, si son voisinage devenait par la suite préjudiciable aux forêts (Isère);

6° Le sieur *Aubry*, à maintenir en activité une ancienne scierie qui lui appartient à proximité des forêts, à la charge d'en souffrir la démolition sans indemnité, si son voisinage devenait par la suite préjudiciable aux forêts (Isère);

7° Le sieur *Coste*, à maintenir en activité pendant cinq ans, sauf prorogation, une scierie qui lui appartient à proximité des forêts (Isère);

8° Les sieurs *Vachier* frères, à maintenir en activité une ancienne scierie qui leur appartient à proximité des forêts, à la charge d'en souffrir la démolition sans indemnité, si son voisinage devenait dangereux pour les forêts (Isère);

9° Le sieur *Blanc*, à établir trois fours à chaux temporaires dans une coupe de bois communal dont il s'est rendu adjudicataire pour l'ordinaire 1831 (Bouches-du-Rhône);

10° Le sieur *Capdeville*, à reconstruire sur une autre partie de sa propriété un ancien bâtiment qui y existe, à la charge d'en souffrir la démolition sans indemnité, si son voisinage devenait préjudiciable aux forêts (Haute-Garonne);

11° Le sieur *Grilliot*, à établir une tuilerie à proximité des forêts, et à la maintenir en activité pendant neuf ans, sauf prorogation, à la charge d'en souffrir la démolition sans indemnité, si son voisinage devenait préjudiciable aux forêts (Doubs);

12° Les sieurs *Armand*, *Bazin* et dix autres adjudicataires de coupes communales dans le département de Vaucluse, à établir dans leursdites coupes des fours à chaux temporaires pour utiliser les menus bois provenant de leurs exploitations. (*Paris, 18 Décembre 1830.*)

———————

N° 716. — ORDONNANCE DU ROI portant que, 1° le chemin ouvert pour communiquer du Pavillon à Saint-Sulpice d'Isau, entre la route royale n° 136 de Bordeaux à Bergerac et la route départementale n° 17 de Bordeaux à Libourne, est et demeure classé parmi les routes départementales de la Gironde comme prolongement de celle n° 9 de Langoiran au Pavillon, qui prendra désormais la dénomination de *route départementale n° 9 de Langoiran à Saint-Sulpice par le Pavillon;* 2° l'administration, lorsqu'elle ordonnera des travaux pour donner à la route la largeur qu'elle doit avoir, pourra acquérir les terrains et bâtimens nécessaires, en se conformant à la loi du 8 mars 1810 sur les expropriations pour cause d'utilité publique. (*Paris, 16 Décembre 1830.*)

N° 717. — ORDONNANCE DU ROI portant que le chemin de Colmar à Huningue par Battenheim est classé parmi les routes départementales du département du Haut-Rhin sous la dénomination suivante : *route n° 9 de Colmar à Huningue par Ensisheim, Battenheim, Baldersheim et Rixheim.* (*Paris, 16 Décembre 1830.*)

N° 718. — ORDONNANCE DU ROI portant que,

1° M. *Genty de Bussy,* maître des requêtes en service extraordinaire, passera en service ordinaire, en remplacement de M. *Thirat de Saint-Agnan,* qui a été placé en service extraordinaire ;

2° MM. *Lemercier...*
Pérignon.... auditeurs au Conseil d'état,
J. G. Ymbert
et *Moreau,*
sont nommés maîtres des requêtes en service extraordinaire, et autorisés à participer aux travaux des comités et à assister aux délibérations du Conseil ;

3° MM. *Mortimer-Ternaux.*
Charles Nouguier...
Anthoine......... avocats,
Léon de Septenville.
et *de Plancy.......*
sont nommés auditeurs de seconde classe au Conseil d'état. (*Paris, 25 Décembre 1830.*)

N° 719. — ORDONNANCE DU ROI qui nomme M. *Baude,* sous-secrétaire d'état au ministère de l'intérieur, aux fonctions de préfet de police à Paris, en remplacement de M. le comte *Treilhard,* appelé à d'autres fonctions. (*Paris, 26 Décembre 1830.*)

N° 720. — ORDONNANCE DU ROI qui nomme M. le lieutenant général comte *de Lobau* commandant général de la garde nationale de Paris. (*Paris, 26 Décembre 1830.*)

N° 721. — ORDONNANCE DU ROI portant que M. *Jacqueminot*, colonel en retraite, grenadier de la première légion de la garde nationale de Paris, membre de la Chambre des Députés, est nommé chef de l'état-major général de la garde nationale parisienne, en remplacement de M. *Carbonel*, dont la démission est acceptée. (*Paris, 27 Décembre 1830.*)

N° 722. — ORDONNANCE DU ROI portant que,

1° Le sieur *Carey* (*Thomas*), né le 17 avril 1807 à Saint-Pierre-Port, île de Guernesey, royaume de la Grande-Bretagne, docteur en droit, demeurant à Dijon, département de la Côte-d'Or,

2° Le sieur *Carey* (*William*), né le 27 août 1809 à Saint-Pierre-Port, île de Guernesey, royaume de la Grande-Bretagne, étudiant, demeurant à Dijon, département de la Côte-d'Or,

3° Le sieur *François-de-Paule Balbuo*, né le 16 novembre 1781 à Brozas, royaume d'Espagne, demeurant à Paris,

4° Le sieur *Heymann* (*Jean-Joseph*), né le 27 octobre 1790 sur la paroisse de Gros-Wieran à Tampadel, royaume de Prusse, demeurant à Villecloye, arrondissement de Montmédy, département de la Meuse,

Sont admis à établir leur domicile en France, pour y jouir de l'exercice des droits civils tant qu'ils continueront d'y résider. (*Paris, 23 Décembre 1830.*)

N° 723. — ORDONNANCE DU ROI qui autorise l'acceptation du Legs d'un capital de 600 francs fait à la fabrique de l'église de *Caragoudes* (Haute-Garonne) par le sieur *Lespinasse de Saune*. (*Paris, 10 Novembre 1830.*)

N° 724. — ORDONNANCE DU ROI qui autorise l'acceptation du Legs de deux parties de rentes montant ensemble à 80 francs, et d'une somme de 100 francs, fait à la fabrique de l'église de *Chanteloup* (Manche) par la dame *Piton*. (*Paris, 10 Novembre 1830.*)

N° 725. — ORDONNANCE DU ROI qui autorise l'acceptation de la Donation de 400 francs faite à la fabrique de l'église de *Choignes* (Haute-Marne) par le sieur *Hutinet*. (*Paris, 10 Novembre 1830.*)

N° 726. — ORDONNANCE DU ROI qui autorise l'acceptation des Legs, 1° de 200 francs, 2° de cinq pièces de terre estimées 2450 francs, et 3° de deux autres pièces de terre estimées 800 francs, faits à la fabrique de l'église de *Seninghem* (Pas-de-Calais) par la dame *Fayole*. (*Paris, 10 Novembre 1830.*)

N⁰. 727. — ORDONNANCE DU ROI qui autorise l'acceptation du Legs d'une rente annuelle de 30 francs fait à la fabrique de l'église de *Beye* (Finistère) par la dame *Lemarrec*. (*Paris, 10 Novembre 1830.*)

N⁰ 728. — ORDONNANCE DU ROI qui autorise l'acceptation du Legs de 1000 francs fait à la fabrique de l'église de *Cintegabelle* (Haute-Garonne) par le sieur *Milhau*. (*Paris, 10 Novembre 1830.*)

N⁰ 729. — ORDONNANCE DU ROI qui autorise l'acceptation de la Donation de 1000 francs et d'un calice et d'ornemens d'église estimés 130 francs, faite à la fabrique de l'église de *Benquet* (Landes) par le sieur *Duplantier*. (*Paris, 10 Novembre 1830.*)

N⁰ 730. — ORDONNANCE DU ROI qui autorise l'acceptation du Legs de deux sommes montant ensemble à 1300 francs et d'une rente d'environ 80 francs, fait à la fabrique de l'église de *Chaudeyrac* (Lozère) par la demoiselle *Lakoudes*. (*Paris, 10 Novembre 1830.*)

N⁰ 731. — ORDONNANCE DU ROI qui autorise l'acceptation de l'offre de donation d'une rente de 30 francs faite à la fabrique de l'église de *Précey* (Manche) par le sieur *Beaumont*. (*Paris, 10 Novembre 1830.*)

N⁰ 732. — ORDONNANCE DU ROI qui autorise l'acceptation de la Donation de quatre parties de rentes en grains et en argent d'un revenu d'environ 40 francs, faite aux desservans successifs de la succursale de *Cuq* (Tarn) par la demoiselle *Chambal*. (*Paris, 10 Novembre 1830.*)

N⁰ 733. — ORDONNANCE DU ROI qui autorise l'acceptation de la Donation d'une rente annuelle de 50 francs faite aux desservans successifs de la succursale de *Cuq* (Tarn) par la demoiselle *Labrune*. (*Paris, 10 Novembre 1830.*)

N⁰ 734. — ORDONNANCE DU ROI qui autorise l'acceptation de la Donation d'une rente annuelle de 50 francs faite aux desservans successifs de *Gizy-les-Nobles* (Yonne) par le sieur *Delaage*. (*Paris, 10 Novembre 1830.*)

N⁰ 735. — ORDONNANCE DU ROI qui autorise l'acceptation du Legs d'une rente de 20 francs fait à la fabrique de l'église de *Litteau* (Calvados) par le sieur *Trochon*. (*Paris, 10 Novembre 1830.*)

N⁰ 736. — ORDONNANCE DU ROI qui autorise l'acceptation du Legs de 600 francs fait au séminaire diocésain de *Toulouse* (Haute-Garonne) par la demoiselle *Cayrouse*. (*Paris, 10 Novembre 1830.*)

N⁰ 737. — ORDONNANCE DU ROI qui autorise l'acceptation du Legs de 1200 francs fait au séminaire de *Chartres* (Eure-et-Loir) par le sieur *Lavollé*. (*Paris, 10 Novembre 1830.*)

N° 738. — Ordonnance du Roi qui autorise l'acceptation du Legs fait au séminaire de *Dijon*, par le sieur *Jolly*, d'une partie de livres estimée 435 francs, et des deux tiers du produit d'un ouvrage publié par le testateur et intitulé *Mémorial de l'Écriture sainte*. (*Paris*, 10 *Novembre 1830*.)

N° 739. — Ordonnance du Roi qui autorise l'acceptation du Legs de 1000 francs fait au séminaire de *Dijon* par le sieur *Monget*. (*Paris*, 10 *Novembre 1830*.)

N° 740. — Ordonnance du Roi qui autorise l'acceptation du Legs de 600 francs fait à la fabrique de l'église de *Saint-Cirgues de Malbert* (Cantal) par la demoiselle *Charvary*. (*Paris*, 10 *Novembre 1830*.)

N° 741. — Ordonnance du Roi qui autorise l'acceptation du Legs de 800 francs fait à la fabrique de l'église Sainte-Foi de *Schelestadt* par le sieur *Streicher*. (*Paris*, 10 *Novembre 1830*.)

N° 742. — Ordonnance du Roi qui autorise l'acceptation du Legs d'une pièce de vigne estimée 500 francs, et d'une somme de 100 francs, fait à la fabrique de l'église de *Rougemont* (Doubs) par la dame veuve *Devaux*. (*Paris*, 10 *Novembre 1830*.)

N° 743. — Ordonnance du Roi qui autorise l'acceptation du Legs d'une rente de 60 francs fait, sous réserve de la moitié de l'usufruit, à la fabrique de l'église de *la Roche de Glun* (Drôme), par la dame *Chaléat*. (*Paris*, 10 *Novembre 1830*.)

N° 744. — Ordonnance du Roi qui autorise l'acceptation de la Donation d'une maison évaluée à 3500 francs, faite à la fabrique de l'église Saint-Jacques de *Reims* (Marne) par la demoiselle *Boucton*. (*Paris*, 10 *Novembre 1830*.)

N° 745. — Ordonnance du Roi qui autorise l'acceptation de la Donation d'une pièce de terre estimée 140 francs, faite à la fabrique de l'église de *Gauchin-Legal* (Pas-de-Calais) par le sieur *Pieron*. (*Paris*, 10 *Novembre 1830*.)

N° 746. — Ordonnance du Roi qui autorise l'acceptation de la Donation d'une rente de 50 francs faite à la fabrique de l'église de *Ville-Thierry* (Yonne) par le sieur *Veluart*. (*Paris*, 10 *Novembre 1830*.)

N° 747. — Ordonnance du Roi qui autorise l'acceptation de la Donation de 500 francs faite à la fabrique de l'église de *Ville-Thierry* (Yonne) par le sieur *Rattier*. (*Paris*, 10 *Novembre 1830*.)

N° 748. — Ordonnance du Roi qui approuve les acquisitions faites au nom de la fabrique de l'église de *Durenque* (Aveyron) d'une partie de château appartenant au sieur *Vernhes*, moyennant 60 francs, et d'une

N° 768. — ORDONNANCE DU ROI qui autorise l'acceptation du Legs d'une pièce de terre estimée 400 francs, fait à la fabrique de l'église de Montandon (Doubs) par le sieur *Barberot*. (*Paris*, *10 Novembre 1830.*)

———

N° 769. — ORDONNANCE DU ROI qui rejette le Legs de 1000 francs fait à la fabrique de l'église de *Génolhac* (Gard) par le sieur *Polge*. (*Paris*, *12 Novembre 1830.*)

———

N° 770. — ORDONNANCE DU ROI qui rejette le Legs de 1000 francs fait à la fabrique de l'église de *Beaulieu* (Ardèche) par le sieur *Égrand*. (*Paris*, *12 Novembre 1830.*)

———

N° 771. — ORDONNANCE DU ROI qui rejette le Legs d'une rente de 120 francs fait en faveur d'un établissement non reconnu par la loi et indiqué sous le nom de *l'œuvre* dite *du catéchisme aux enfans pauvres de la campagne* de la ville d'*Aix* (Bouches-du-Rhône), par le sieur *Beylot*. (*Paris*, *12 Novembre 1830.*)

———

N° 772. — ORDONNANCE DU ROI qui rejette le Legs fait par le sieur *Léglise* à la fabrique de l'église de *Bégaar* (Landes), des trois quarts des biens de sa succession évalués en totalité à 1600 francs. (*Paris*, *12 Novembre 1830.*)

———

N° 773. — ORDONNANCE DU ROI qui rejette le Legs d'immeubles d'un revenu de 176 francs, fait à l'église non autorisée de *la Viéville*, située dans la commune de *Dompaire* (Vosges), par la dame *Didelot*. (*Paris*, *12 Novembre 1830.*)

CERTIFIÉ conforme par nous

Garde des sceaux de France, Ministre Secrétaire d'état au département de la justice,

A Paris, le 14 * Janvier 1831,

MÉRILHOU.

———

* Cette date est celle de la réception du Bulletin à la Chancellerie.

———

On s'abonne pour le Bulletin des lois, à raison de 9 francs par an, à la caisse de l'Imprimerie royale, ou chez les Directeurs des postes des départemens.

———

A PARIS, DE L'IMPRIMERIE ROYALE.
14 Janvier 1831.

BULLETIN DES LOIS.

2e Partie. — ORDONNANCES. — N° 35.

N° 774. — ORDONNANCE DU ROI qui fixe les Réglement et Tarifs de pilotage pour le quatrième Arrondissement maritime.

A Paris, le 31 Août 1830.

LOUIS-PHILIPPE, ROI DES FRANÇAIS, à tous présens et à venir, SALUT.

Sur le rapport de notre ministre secrétaire d'état au département de la marine et des colonies;

Vu la loi du 15 août 1792 sur le pilotage;

Vu les articles 41 et 42 du décret du 12 décembre 1806, portant réglement sur le service des pilotes-lamaneurs,

NOUS AVONS ORDONNÉ et ORDONNONS ce qui suit :

ART. 1er. Les réglement et tarifs de pilotage arrêtés, le 1er décembre 1829, par le conseil d'administration de la marine séant au cheflieu du quatrième arrondissement maritime, pour les quartiers de Rochefort, Marennes, la Rochelle, l'île de Ré, Noirmoutier, des Sables d'Olonne, de Libourne, Bordeaux, Blaye, Pauillac, Royan, Bayonne et Saint-Jean de Luz, sont approuvés.

Lesdits réglement et tarifs seront exécutés selon leur forme et teneur jusqu'à ce qu'ils aient été légalement renouvelés; et il sera procédé à leur révision dans l'année 1835, à moins que des circonstances extraordinaires ne rendent nécessaire de devancer cette époque.

2. Notre ministre secrétaire d'état au département de la

marine et des colonies est chargé de l'exécution de la présente ordonnance.

Signé LOUIS-PHILIPPE.

Par le Roi : le Ministre Secrétaire d'état au département de la marine et des colonies ,.

Signé HORACE SÉBASTIANI.

RÉGLEMENT GÉNÉRAL ET TARIFS *pour le service du Pilotage dans les Rivières , Ports et Havres du quatrième arrondissement maritime.*

TITRE PREMIER..

Quartier de Rochefort.

ART. 1er. Il y aura deux stations de pilotes dans la rivière de la Charente, dont l'une sera établie au port des Barques , situé à l'embouchure de ladite rivière , et l'autre sera fixée au port de Rochefort.

2. La station du port des Barques sera composée de seize pilotes, dont un chef pilote , qui sera nommé par le directeur du port. Ce chef ou syndic sous la police et surveillance des pilotes et aspirans - pilotes; il sera responsable de l'exécution du réglement, comme de tous autres ordres qui pourront lui être transmis par les autorités compétentes. Il sera spécialement chargé de diriger le service des tours pour la descente des bâtimens : il dressera à cet effet un tableau des pilotes , sur lequel ils seront portés de manière que le tour de service de chacun soit exactement observé par ancienneté et sans aucune préférence. Enfin il sera tenu de rendre compte au directeur du port et au commissaire des classes, selon qu'il y aura lieu, des mouvemens et événemens qui pourraient intéresser le service.

La station de Rochefort sera de quatre pilotes seulement, et les uns et les autres seront sous l'autorité immédiate du directeur du port, conformément au décret du 12 décembre 1806.

Les pilotes de l'une ou de l'autre station seront tenus d'élire leur domicile dans le lieu déterminé pour chacune des deux stations , sauf les modifications apportées par l'article 5 ; cependant, si le directeur du port le juge convenable , il pourra restreindre cette obligation ou ne la rendre exigible que pour la moitié seulement des pilotes de chaque station.

3. Les pilotes de la station du port des Barques seront exclusivement chargés de monter les bâtimens venant du large, jusqu'à l'avant-garde du port de Rochefort, et de reconduire en mer ceux qui seront amenés à Soubise par les pilotes de Rochefort.

4. Les pilotes de cette dernière station prendront les bâtimens à l'avant-garde du port de Rochefort pour les conduire à Tonnay-Charente , d'où ils les ramèneront à Soubise.

Les pilotes qui conduiront des bâtimens à Tonnay-Charente ou à la Cabane carrée, seront tenus de les y ancrer et amarrer à quai, suivant les indications qu'ils recevront du capitaine de port. Ils n'auront droit à aucun supplément de salaire pour cette opération ; néanmoins, s'il est constaté par le capitaine de port qu'elle n'a pu avoir lieu à la même marée, il sera, dans ce cas, accordé une indemnité de six francs, quelle que soit d'ailleurs la force du bâtiment, et lors même que l'amarrage nécessiterait plusieurs mouvemens. Ce supplément ne sera exigible que sur la présentation du certificat du capitaine du port.

Les pilotes seront aussi tenus de démarrer les bâtimens qu'ils devront descendre, sans pouvoir exiger plus que le prix du pilotage.

5. Deux pilotes de la station du port des Barques devront avoir leur résidence à l'île d'Aix ; s'il y a obstacle, cette station y entretiendra journellement deux chaloupes de pilotes pour aller au-devant des bâtimens venant du large ; elles seront relevées toutes les vingt-quatre heures, d'après l'ordre qu'en donnera le chef pilote, à moins que le mauvais temps ne s'y oppose absolument.

6. Le remplacement des deux chaloupes désignées dans l'article précédent s'effectuera à tour de rôle régulièrement chaque jour, sans même attendre que celles qui seront de service soient de retour à la station.

7. Les patrons de ces chaloupes seront tenus, à leur rentrée au port des Barques, de faire leur rapport au chef pilote, qui tiendra note de leur déclaration et en rendra compte au directeur des mouvemens du port, lorsque le cas paraîtra l'exiger.

Tout contrevenant aux dispositions des articles 5, 6 et 7, sera puni d'une interdiction, dont la durée, qui pourra être de cinq à vingt-cinq jours, sera fixée par le directeur du port sur le rapport du chef pilote.

8. Les limites de la station du port des Barques, du côté de la Seudre, seront fixées à l'île d'Aix, et du côté de la Rochelle, à la rade de Chef de baie.

La sortie de tous les bâtimens depuis l'île d'Aix sera exclusivement dirigée par les pilotes de la rivière de Charente. En conséquence, lorsqu'un pilote de la station du Chapus pilotera un navire dans cette direction, il sera tenu de mettre le signal aussitôt qu'il sera dehors des bancs, pour qu'un pilote du port des Barques vienne le relever à la pointe des Palles.

9. Pourront les pilotes de ladite station prendre en mer les bâtimens destinés soit pour la Seudre, soit pour la Rochelle, soit pour l'île de Ré, qui n'auraient pas de pilote à bord : ils les conduiront jusqu'aux prochaines limites de l'une ou de l'autre station ci dessus, en tenant toujours hissé le signal qu'ils auront mis dans cette circonstance.

10. Lesdits pilotes, en montant les bâtimens à Rochefort, seront obligés, lorsqu'ils seront par le travers de Martrou, de mettre le signal d'avertissement pour la station de Rochefort ; et s'il ne se présente pas de pilote de cette station, ils continueront leur route jusqu'à Tonnay-Charente.

Les pilotes de la station de Rochefort, lorsqu'ils feront descendre la rivière à des bâtimens, seront obligés de mettre le signal, lorsqu'ils seront par le travers de Martrou, pour être relevés à Soubise par ceux de la station du port des Barques; mais, s'il ne se présente pas de pilote de cette station, ils conduiront les bâtimens jusqu'au port des Barques; et si là ils ne sont pas démontés, ils poursuivront jusqu'en rade de l'île d'Aix et même jusquen dehors.

11. Lorsqu'un des pilotes de la station du port des Barques conduira un navire à la Rochelle, il mettra le signal d'avertissement par le travers d'Angoulain, pour être relevé dans la rade de Chef de baie, où, à moins de forces majeures, n'étant pas relevé, il sera tenu de mouiller; et si, dans l'absence de forces majeures, il n'est pas relevé dans le délai d'une heure, il achèvera de conduire le navire à la Rochelle.

12. Lorsqu'un pilote de la même station amènera de dehors ou sortira de la rivière de Charente un navire destiné pour la Seudre, il fera le signal prescrit avant d'arriver sur la rade de l'île d'Aix, pour qu'un pilote de la station du Chapus vienne l'y relever.

S'il arrivait qu'il ne fût pas relevé à cette limite, il poursuivra sa route jusqu'à la balise du nord, et même jusqu'à la pointe du Chapus, s'il n'est pas démonté à ce dernier point, mais toujours en conservant son signal, sans entrer dans la passe de Maumusson.

13. Lorsqu'un bâtiment ira de la rivière de Charente à l'île de Ré, ou sera amené de dehors par un pilote du port des Barques, le pilote qui le conduira fera son signal pour être relevé à Chef de baie par un pilote de la station de la Rochelle; et faute d'être remplacé, il ira jusque dans les rades de l'île de Ré, où il sera obligé de mouiller en tenant toujours son signal hissé, sans pouvoir entrer dans les ports de la susdite île.

14. Tout pilote qui sera retenu par les vents contraires plus de trois jours à bord d'un navire, y compris celui d'entrée et de sortie, recevra six francs par jour de vingt-quatre heures, à compter du quatrième.

Dans le cas où un capitaine, pour la sûreté de son navire sur une rade, voudrait conserver le pilote à son bord, il lui paiera la même somme de six francs par jour de vingt-quatre heures, du jour qu'il le retiendra.

Dans l'un et l'autre cas, les pilotes ne pourront exiger rien de plus pour les mouvemens qu'ils auraient à faire faire au bâtiment.

L'indemnité sera acquise en entier, lors même que les vingt-quatre heures ne seraient pas révolues.

15. Si la chaloupe du pilote, montée de deux hommes, reste employée au service du navire, il sera également alloué douze francs par vingt-quatre heures, et neuf francs si elle n'est armée que d'un homme : chaque journée sera acquise après douze heures.

16. Les pilotes de la Charente qui feront des pilotages, mouvemens ou autres opérations dans les stations étrangères à la leur, seront payés suivant les différens tarifs et réglemens en usage dans lesdites stations.

17. Les pilotes de la station du port des Barques, qui doivent prendre les bâtimens arrivés aux limites de leur station pour les conduire en pleine

mer par le pertuis d'Antioche, seront tenus de les piloter jusque par le travers de la pointe Chardonnière sur la côte d'Oléron.

18. Le chef pilote jouira, en cette qualité, d'une rétribution d'un franc sur le prix du pilotage de chaque bâtiment entrant ou sortant, qui sera conduit par un pilote du port des Barques, ainsi que sur le prix du pilotage de sortie de tout bâtiment qui, dans le cas exceptionnel prévu par le dernier paragraphe de l'article 10, sera conduit en dehors de la Charente par un pilote de la station de Rochefort.

19. Les taxes de pilotage à payer par les navires français sont fixées dans le tarif de l'autre part. Les navires étrangers paieront un quart en sus desdites taxes, à l'exception des bâtimens espagnols, anglais, des État-Unis d'Amérique, brésiliens et mexicains, qui, pour tout ce qui touche aux redevances et charges de lamanage, seront traités de la même manière que les navires français (1).

20. Les bâtimens de commerce français et étrangers de toute nation, du port de 110 tonneaux et au-dessus, seront tenus de garder un pilote à leur bord pendant tout le temps qu'ils séjourneront à l'avant ou l'arrière garde du port militaire.

21. Toutes les fois que des circonstances de force majeure mettront un bâtiment dans la nécessité de dériver ou de faire voile de nuit, contre le vœu des réglemens, soit en rivière, soit en rade, il devra avoir un feu à la partie la plus apparente de sa mâture.

Le pilote qui aura négligé de rappeler cette disposition au capitaine, sera puni conformément à l'article 50 du décret du 12 décembre 1806; et si le capitaine, après avoir été prévenu, ne s'y conformait pas, il serait responsable des événemens qui pourraient s'ensuivre.

22. Tous les pilotes devront établir leurs réclamations de paiement dans les dix jours qui suivront la conduite des navires qui leur auront été confiés.

(1) *Voir*, en ce qui touche les navires anglais, l'observation portée à la suite du tarif page 691.

PILOTAGES.	De 2 m. 60 c. et au-dessous, 8 pieds et au-dessous.	Au-dessus de 2 m. 60 c. à 2 m. 95 c. ou au-dessus de 8 jusqu'à 9 pieds.	... de ... 3 au ... m... 9 ... 10 ...
De Tonnay-Charente à l'arrière-garde du port...........	10^f	11^f	1...
De l'avant-garde du port à Soubise.................	10.	11.	1...
De Soubise au port des Barques....................	12.	13.	...
Du port des Barques à l'île d'Aix....................	12.	14.	1...
De l'île d'Aix à la rade des Basques...............	12.	14.	1...
De la rade des Basques à la mer, laissant Chardonnière à l'ouvert de la tour de Chassiron..................	12.	14.	1...
De l'île d'Aix à la rade de Chef de baie.............	14.	16.	1...
De l'île d'Aix à la mer par le pertuis d'Antioche, laissant aussi Chardonnière à l'ouvert de la tour de Chassiron.	22.	24.	2...

Conformément à l'article 19, les navires étrangers autres que les anglais (1), ...
des prix établis pour chaque tirant d'eau.

Pour le passage du port du Roi, qui sera toujours exécuté par un maître ou par...
arrêté par le conseil de marine à Rochefort, sous la date du 18 décembre 1784, et ...
payé les sommes ci-après, savoir :

Pour tout bâtiment de quatre-vingts tonneaux et au-dessus jus...
De l'avant ou de l'arrière garde dans l'intérieur du port, en quelque endroit que...
De l'intérieur du port, lorsque le navire y a séjourné, jusqu'à l'avant ou l'arr...
Pour la traversée entière et sans s'arrêter, de l'avant à l'arrière-garde, et ...
Et par chaque bâtiment au-dessus de cinq cents tonneaux, cette rétribution...

Nota. Les prix sont les mêmes pour la montée que pour la descente.

Le tirant d'eau étant établi d'après les mesures françaises, cela...

(1) *Observation essentielle.* Le bénéfice de l'assimilation en matière de lamanage n'est point
si après, selon le vœu de la convention du 26 janvier 1826, et de l'ordonnance royale rendue le
1° À l'entrée : le droit français doit être payé pour les navires anglais venant avec ou sans
de tous autres ports. Hors ces cas, le droit étranger (ou droit surtaxé) est exigible.
2° À la sortie : le droit français doit être payé pour les navires anglais se rendant avec e
chargement dans tous autres ports. Hors ces cas, le droit étranger est exigible.
À l'entrée comme à la sortie, sont affranchis de tout droit quelconque de navigation les b
de chercher un refuge dans les ports ou sur les côtes de France, n'y ont effectué aucu

IF.

:au des Bâtimens.

Au-dessus 3 m. ... à ... 57 c. ou dessus de jusqu'à ... pieds.	Au-dessus de 3 m. 57 c. à 3 m. 90 c. ou au-dessus de 11 jusqu'à 12 pieds.	Au-dessus do 3 m. 90 c. à 4 m. 22 c. ou de 12 jusqu'à 13 pieds.	Au-dessus de 4 m. 22 c. à 4 m. 55 c. ou au-dessus de 13 jusqu'à 14 pieds.	Au-dessus de 4 m. 55 c. à 4 m. 87 c. ou au-dessus de 14 jusqu'à 15 pieds.	Au-dessus de 4 m. 87 c. à 5 m. 19 c. ou au-dessus de 15 jusqu'à 16 pieds.	Au-dessus de 5 m. 19 c. à 5 m. 52 c. ou au-dessus de 16 jusqu'à 17 pieds.	Au-dessus de 5 m. 52 c. à 5 m. 84 c. ou au-dessus de 17 jusqu'à 18 pieds.	Au-dessus de 5 m. 84 c. à 6 m. 16 c. ou au-dessus de 18 jusqu'à 19 pieds.	Au-dessus de 6 m. 16 c. ou au-ce sus du 19 pieds.
14ᶠ	16ᶠ	18ᶠ	21ᶠ	25ᶠ	28ᶠ	32ᶠ	37ᶠ	43ᶠ	50ᶠ
14.	16.	18.	21.	25.	28.	32.	37.	43.	50.
17.	20.	22.	25.	30.	36.	41.	47.	54.	62.
21.	23.	28.	33.	38.	43.	47.	53.	59.	76.
21.	23.	28.	33.	38.	43.	47.	53.	59.	76.
21.	23.	28.	33.	38.	43.	47.	53.	59.	76.
23.	25.	30.	35.	40.	45.	49.	55.	61.	78.
28.	33.	38.	45.	50.	58.	70.	80.	90.	105.

ats-Unis américains, espagnols, brésiliens et mexicains, paiéront le quart en sus

la direction des mouvemens de ce port, conformément à l'article 3 du réglement qu'à ce jour (lequel réglement est basé sur l'ordonnance du 25 mars 1765), il sera

oq cents tonneaux, de quelque nation qu'il soit,
it, si le navire doit y déposer ou prendre un chargement, six francs........ 6ᶠ
rde, six francs.. 6.
rsd, six francs.. 6.
gmentée de moitié en sus et portée à neuf francs..................... 9.

timens étrangers sera réduit et ramené à ce taux.

le aux navires anglais dans tous les cas : la jouissance en est subordonnée pour eux aux distinctions
er suivant pour en assurer l'accomplissement, savoir :
ment des ports du royaume-uni ou des possessions de ce royaume en Europe, et sans chargement
rgement dans les ports du royaume-uni ou des possessions de ce royaume en Europe, et sans
heurs appartenant au royaume-uni ou à ses possessions en Europe, qui, forcés par le mauvais temps
ment ni déchargement.

QUARTIER
DE ROCHEFORT.   *Prix à raison du*

PILOTAGES.	De 2 m. 60 c. et au-dessous, 8 pieds et au-dessous.	Au-dessus de 2 m. 60 c. à 2 m. 95 c. ou au-dessus de 8 jusqu'à 9 pieds.	
De Tonnay-Charente à l'arrière-garde du port..........	10^f	11^f	
De l'avant-garde du port à Soubise..................	10.	11.	
De Soubise au port des Barques...................	12.	13.	
Du port des Barques à l'île d'Aix..................	12.	14.	
De l'île d'Aix à la rade des Basques...............	12.	14.	
De la rade des Basques à la mer, laissant Chardonnière à l'ouvert de la tour de Chassiron	12.	14.	
De l'île d'Aix à la rade de Chef de baie............	14.	16.	
De l'île d'Aix à la mer par le pertuis d'Antioche, laissant aussi Chardonnière à l'ouvert de la tour de Chassiron.	22.	24.	

Conformément à l'article 19, les navires étrangers autres que les anglais (1)
des prix établis pour chaque tirant d'eau.

Pour le passage du port du Roi, qui sera toujours exécuté par un maître ou p
arrêté par le conseil de marine à Rochefort, sous la date du 18 décembre 1784, a
payé les sommes ci-après, savoir :

                Pour tout bâtiment de quatre-vingts tonneaux et au-dessus
De l'avant ou de l'arrière garde dans l'intérieur du port, en quelque endroi
De l'intérieur du port, lorsque le navire y a séjourné, jusqu'à l'avant ou l'a
Pour la traversée entière et sans s'arrêter, de l'avant à l'arrière-garde,
Et par chaque bâtiment au-dessus de cinq cents tonneaux, cette rétribu

    Nota. Les prix sont les mêmes pour la montée que pour la descente.
        Le tirant d'eau étant établi d'après les mesures françaises,

(1) *Observation essentielle.* Le bénéfice de l'assimilation en matière de lamanage n'est pa
ci-après, selon le vœu de la convention du 26 janvier 1826, et de l'ordonnance royale rendu
  1° A l'entrée : le droit français doit être payé pour les navires anglais venant avec ou s
    de tous autres ports. Hors ces cas, le droit étranger (ou droit surtaxé) est exigible.
  2° A la sortie : le droit français doit être payé pour les navires anglais se rendant ave
    chargement dans tous autres ports. Hors ces cas, le droit étranger est exigible.
  A l'entrée comme à la sortie, sont affranchis de tout droit quelconque de navigation le
    de chercher un refuge dans les ports ou sur les côtes de France, n'y ont effectué au

F.

s des Bâtimens.

sus 3 m. o. à 57 c. la sus e qu'à eds.	Au-dessus de 3 m. 57 c. à 3 m. 90 c. ou au-dessus de 11 jusqu'à 12 pieds.	Au-dessus de 3 m. 90 c. à 4 m. 22 c. ou au-dessus de 12 jusqu'à 13 pieds.	Au-dessus de 4 m. 22 c. à 4 m. 55 c. ou au-dessus de 13 jusqu'à 14 pieds.	Au-dessus de 4 m. 55 c. à 4 m. 87 c. ou au-dessus de 14 jusqu'à 15 pieds.	Au-dessus de 4 m. 87 c. à 5 m. 19 c. ou au-dessus de 15 jusqu'à 16 pieds.	Au-dessus de 5 m. 19 c. à 5 m. 52 c. ou au-dessus de 16 jusqu'à 17 pieds.	Au-dessus de 5 m. 52 c. à 5 m. 84 c. ou au-dessus de 17 jusqu'à 18 pieds.	Au-dessus de 5 m. 84 c. à 6 m. 16 c. ou au-dessus de 18 jusqu'à 19 pieds.	Au-dessus de 6 m. 16 c. ou au-dessus de 19 pieds.
4f	16f	18f	21f	25f	28f	32f	37f	43f	50f
4.	16.	18.	21.	25.	28.	32.	37.	43.	50.
7.	20.	22.	25.	30.	36.	41.	47.	54.	63.
1.	23.	28.	33.	38.	43.	47.	53.	59.	76.
1.	23.	28.	33.	38.	43.	47.	53.	59.	76.
1.	23.	28.	33.	38.	43.	47.	53.	59.	76.
3.	25.	30.	35.	40.	45.	49.	55.	61.	78.
8.	33.	38.	45.	50.	58.	70.	80.	90.	105.

s-Unis américains, espagnols, brésiliens et mexicains, paieront le quart en sus

t direction des mouvemens de ce port, conformément à l'article 3 du réglement u'à ce jour (lequel réglement est basé sur l'ordonnance du 25 mars 1765), il séra

cents tonneaux, de quelque nation qu'il soit,
, si le navire doit y déposer ou prendre un chargement, six francs........ 6f
e, six francs.. 6.
d, six francs.. 6.
mentée de moitié en sus et portée à neuf francs...................... 9.

sens étrangers sera réduit et ramené à ce taux.

aux navires anglais dans tous les cas : la jouissance en est subordonnée pour eux aux distinctions suivant pour en assurer l'accomplissement, savoir :
t des ports du royaume-uni ou des possessions de ce royaume en Europe, et sans chargement

ment dans les ports du royaume-uni ou des possessions de ce royaume en Europe, et sans

ers appartenant au royaume-uni ou à ses possessions en Europe, qui, forcés par le mauvais temps t nt déchargement.

Q q 4

QUARTIER DE MARENNES.

TARIF.

Prix à raison du tirant d'eau des Bâtiments.

PILOTAGES.	De 2 m. 60 c. et au-dessous, ou 8 pieds au-dessous.	Au-dessus de 2 m. 60 c. à 2 m. 92 c. ou 8 pieds jusqu'à 9.	Au-dessus de 2 m. 92 c. à 3 m. 24 c. ou 9 pieds jusqu'à 10.	Au-dessus de 3 m. 24 c. à 3 m. 57 c. ou 10 pieds jusqu'à 11.	Au-dessus de 3 m. 57 c. à 3 m. 90 c. ou 11 pieds jusqu'à 12.	Au-dessus de 3 m. 90 c. à 4 m. 23 c. ou 12 pieds jusqu'à 13.	Au-dessus de 4 m. 23 c. à 4 m. 55 c. ou 13 pieds jusqu'à 14.	Au-dessus de 4 m. 55 c. à 4 m. 87 c. ou 14 pieds jusqu'à 15.	Au-dessus de 4 m. 87 c. à 5 m. 19 c. ou 15 pieds jusqu'à 16.
De la mer au banc de Charray ou à la balise du Nord............................	30f 00c	35f 75c	37f 50c	46f 75c	57f 00c	68f 25c	80f 50c	93f 75c	107f 00c
De l'Ile d'Aix à la balise du Nord......	10. 00.	11. 25.	13. 50.	16. 75.	21. 00.	26. 00.	31. 50.	37. 50.	44. 00.
De la balise du Nord ou du banc de Charray à la pointe du Chapus.......	10. 00.	11. 25.	12. 50.	16. 50.	21. 00.	26. 00.	31. 50.	37. 50.	44. 00.
Des coureaux d'Oléron ou de la pointe du Chapus en la rivière de Seudre......	11. 00.	12. 50.	16. 50.	21. 00.	26. 00.	31. 50.	37. 50.	44. 00.	
Des coureaux d'Oléron ou de la pointe du Chapus à la mer par Maumusson......	14. 00.	13. 50.	19. 00.	24. 00.	29. 00.	35. 00.	41. 00.	48. 00.	
De la rivière de Seudre à la mer par Maumusson......	32. 00.	36. 00.	40. 00.	49. 00.	60. 00.	71. 50.	84. 00.		
Des coureaux d'Oléron au mouillage du Chapus dans un chenal, quel que soit le tirant d'eau du bâtiment.............	36. 00.	40. 00.	50. 00.	55. 00.	66. 00.	78. 00.	91. 00.		
Des coureaux d'Oléron au mouillage du Chapus dans un chenal, quel que soit le tirant d'eau du bâtiment.............	9. 00.	9. 00.	9. 00.	9. 00.	9. 00.	9. 00.	9. 00.	9. 00.	9. 00.

Suite du *Prix du tirant d'eau des Bâtimens.*

PILOTAGES.	De 4 m. 55 c. à 4 m. 87 c. ou de 14 à 15 pieds.	De 4 m. 88 c. à 5 m. 19 c. ou au-dessus de 15 jusqu'à 16 pieds.	De 5 m. 20 c. à 5 m. 52 c. ou au-dessus de 16 jusqu'à 17 pieds.	De 5 m. 53 c. à 5 m. 84 c. ou au-dessus de 17 jusqu'à 18 pieds.	De 5 m. 85 c. à 6 m. 16 c. ou au-dessus de 18 jusqu'à 19 pieds.	De 6 m. 17 c. à 6 m. 49 c. ou au-dessus de 19 jusqu'à 20 pieds.
De la balise du Nord en rade des bris............	37f 50c	44f 00c	57f 60c	73f 80c	92f 80c	116f 80.
Des bris en mer par Maumusson............	37. 50.	44. 00.	57. 60.	73. 80.	92. 80.	116. 80.
De la balise du Nord en rivière de Seudre............	50. 00.	56. 50.	70. 10.	86. 30.	105. 30.	129. 30.
De la rivière de Seudre dans les bris............	50. 00.	56. 50.	70. 10.	86. 30.	105. 30.	129. 30.
De la rivière de Seudre par le chenal de la Vache ou le Galon d'or à la mer par Maumusson............	91. 00.	97. 50.	111. 50.	127. 70.	"	"

Les navires étrangers paieront moitié en sus des prix établis pour chaque tirant d'eau dans le tarif ci-dessus, à l'exception des bâtimens espagnols, des États-Unis d'Amérique, anglais (1), brésiliens et mexicains, qui, pour tout ce qui touche aux redevances et charges de lamanage, seront traités de la même manière que les navires français.

Nota. Tous les pilotes devront établir leurs réclamations de paiement dans les dix jours qui suivront la conduite des navires qui leur auront été confiés. (Art. 22 du présent règlement.)

Le tirant d'eau étant établi d'après la mesure française, celui des bâtimens étrangers sera réduit et ramené à ce taux.

(1) *Voir,* en ce qui touche les navires anglais, l'observation portée à la suite du tarif de Rochefort, *page 694.*

TITRE III.

Quartier de la Rochelle.

37. Le nombre des pilotes de la Rochelle sera porté à huit.

38. Les lamaneurs de la Rochelle auront le droit exclusif de piloter tous les navires qui sortiront de ce port, soit pour aller en rade de l'île de Ré, ou à la mer ; mais ils ne pourront entrer les bâtimens dans les ports de cette île, ni en prendre même sur rade, pour les mettre dehors ou les conduire en rade de Chef de baie ou ailleurs, à moins qu'il n'y ait urgence et manque absolu de pilotes aux stations de l'île de Ré.

Ils auront également le privilége exclusif de piloter tous les navires sortant de la Rochelle pour aller à l'île d'Aix ; mais ils ne pourront prendre aucun bâtiment dans cette rade, soit pour l'entrer en Seudre ou dans la Charente, soit pour le mettre en mer, ou pour le conduire dans les rades de la Rochelle ou de l'île de Ré, ni ailleurs, à moins qu'il n'y ait urgence et manque absolu de pilotes à la station du port des Barques. Ils ne pourront non plus prendre aucun bâtiment en rivière de Seudre, coureaux d'Oléron et rivière de Bordeaux.

39. Pourront les lamaneurs de la Rochelle prendre à la mer les bâtimens destinés pour la Charente, la Seudre, l'île de Ré ou la rivière de Marans, dans les cas urgens, et lorsqu'un pilote de ces stations ne sera pas à portée de les monter ; ils les conduiront jusqu'aux prochaines limites desdites stations, et seront payés suivant les tarifs et réglemens qui y sont en usage.

40. Lorsqu'un lamaneur de la Rochelle pilotera un navire destiné à entrer dans la Charente, soit qu'il vienne de la Rochelle ou de la mer, s'il l'amène par la passe ordinaire, il sera tenu de faire le signal par le travers de la pointe N. O. de l'île d'Aix ; s'il vient par la passe entre les îles, il fera le signal à la pointe E. de l'île d'Aix, afin qu'un pilote du port des Barques vienne le relever.

Dans le cas où il ne serait pas démonté en rade par un pilote de cette station, et que le capitaine voulût de suite donner en rivière de Rochefort, il continuera sa route en gardant son signal ; et si, par le travers des fosses aux mâts de lupin, il n'est pas démonté, il pilotera le navire jusqu'à l'avant-garde du port de Rochefort.

41. Lorsqu'un lamaneur de la Rochelle pilotera un navire venant de la mer ou de la Rochelle, destiné pour la rivière de Seudre, s'il l'amène par la passe ordinaire, il fera le signal par le travers de la pointe N. O. de l'île d'Aix ; s'il vient par la passe entre les îles, il fera le signal à la pointe E. de ladite île.

S'il n'est pas relevé par un pilote du Chapus, et si le vent est bon et que le capitaine ne veuille pas mouiller, il suivra sa route en conservant son signal jusqu'au banc de Charray, dit *Lamouroux* ; et si là il n'est pas relevé, il pilotera le navire jusqu'au Chapus, et même jusqu'à la Tremblade, mais pas plus loin, et toujours avec son signal.

42. Lorsqu'un lamaneur de la Rochelle pilotera un navire venant de la mer ou de la Rochelle, destiné pour la rivière de Marans, il fera le signal à la pointe de l'Eguillon, pour être relevé par un pilote de la station de Marans.

43. Il sera établi pour la rivière de Marans trois pilotes-lamaneurs.

44. Les lamaneurs de la rivière de Marans auront le droit exclusif de piloter les bâtimens qui entreront en rivière de Marans, ou qui en sortiront, soit pour aller sur les rades ou dans les ports de l'île de Ré, soit pour venir sur la rade de Chef de baie; ils seront tenus de faire le signal avant d'arriver au lieu de mouillage de l'Éguillon, pour être remplacés par des pilotes de la station de l'île de Ré, et ils ne pourront conduire les bâtimens dans les ports et rades de cette île et la rade de Chef de baie que lorsqu'il y aura urgence et manque absolu de pilotes de ces deux stations.

45. Tout pilote entrant un navire est tenu de le placer et de l'amarrer convenablement dans l'endroit qui lui sera indiqué par le capitaine de port, ainsi que l'obligation lui en est faite par l'acte du Gouvernement du 12 décembre 1806. Il n'aura droit à aucun supplément de salaire pour cette opération; néanmoins, s'il est constaté par le capitaine de port, qu'elle n'a pu avoir lieu dans la même marée, il sera, dans ce cas, accordé une indemnité de six francs, quelle que soit d'ailleurs la force du bâtiment, et lors même que l'amarrage nécessiterait plusieurs mouvemens. Ce supplément ne sera exigible que sur la présentation du certificat du capitaine de port.

46. Lorsqu'un pilote, pour la sûreté d'un navire en rade, sera journellement employé à bord, il lui sera alloué six francs par jour. Cette indemnité sera acquise s'il est retenu douze heures.

47. Un pilote séjournant à bord d'un navire en rade, et dont les journées seront payées conformément à l'article précédent, ne pourra exiger rien de plus, si l'apparence du mauvais temps, ou le mauvais temps même, ou enfin quelque autre circonstance ou raison que ce fût, l'obligeait d'appareiller pour un autre mouillage plus commode ou plus sûr; excepté pour entrer dans le port, auquel cas seulement il lui sera alloué les salaires conformes au réglement, en sus de sa journée. »

48. Lorsque la chaloupe d'un pilote, montée de deux hommes, sera employée au service d'un navire, il sera payé douze francs par vingt-quatre heures, et neuf francs si elle n'est montée que d'un homme : ce salaire sera dû en entier, si la chaloupe est retenue douze heures.

49. Les lamaneurs sont chargés des mouvemens des navires et de leurs déplacemens, soit dans l'avant-port, soit dans l'intérieur, soit de l'avant-port à l'intérieur, et vice versâ.

Il leur sera alloué neuf francs par chaque marée.

A l'égard des mouvemens du port à l'avant-port, et réciproquement, l'indemnité ne sera due que lorsqu'ils seront isolés, c'est-à-dire, qu'ils auront pour objet de porter d'un point à un autre un navire antérieurement ancré ou amarré. Lorsqu'il s'agira d'un bâtiment arrivant ou partant, le salaire ne sera exigible que dans le cas prévu par l'article 45, et au taux qui y est fixé.

Quant aux mouvemens dans l'intérieur du port, il sera facultatif aux capitaines de les opérer eux-mêmes, avec l'autorisation et sous la surveillance du capitaine de port : si un pilote est appelé, il recevra neuf francs par marée, tel qu'il est déterminé ci-dessus.

50. Les lamaneurs qui feront des pilotages, mouvemens et autres opérations dans des stations étrangères à la leur, seront payés suivant les tarifs et réglemens en usage dans ces stations étrangères.

QUARTIER DE LA ROCHELLE.

TARIF. *Prix à raison du tirant d'eau des Bâtimens.*

PILOTAGES.	De 2 m. 60 c. et au-dessous, ou de 8 pieds et au-dessous.	Au-dessus de 2 m. 60 c. à 2 m. 95 c. ou au-dessus de 8 pieds jusqu'à 9.	Au-dessus de 2 m. 95 c. à 3 m. 24 c. ou au-dessus de 9 pieds de 10.	Au-dessus de 3 m. 24 c. à 3 m. 57 c. ou au-dessus de 10 pieds de 11.	Au-dessus de 3 m. 57 c. à 3 m. 90 c. ou au-dessus de 11 pieds de 12.	Au-dessus de 3 m. 90 c. à 4 m. 22 c. ou au-dessus de 12 pieds de 13.	Au-dessus de 4 m. 22 c. à 4 m. 56 c. ou au-dessus de 13 pieds jusqu'à 14.
	28f 00c	32f 00c	38f 00c	45f 00c	56f 00c	66f 00c	78f 00c
Du havre de la Rochelle à la mer (sans station).....	28. 00.	32. 00.	38. 00.	45. 00.	56. 00.	66. 00.	78. 00.
Du havre de la Rochelle à la rade de Chef de baie, ou de la rade des Basques à l'île d'Aix......	14. 00.	15. 85.	18. 65.	22. 85.	28. 00.	33. 60.	40. 15.
Du havre de la Rochelle à la rade des Basques (sans stat.)	15. 60.	17. 70.	20. 85.	25. 50.	31. 25.	37. 50.	44. 80.
Du havre de la Rochelle à l'île d'Aix......	24. 00.	27. 00.	32. 00.	38. 00.	47. 00.	56. 00.	66. 00.
De la rade de Chef de baie à la rade des Basques......	7. 00.	7. 95.	9. 35.	11. 45.	14. 00.	16. 80.	20. 05.
De la rade de Chef de baie à la mer (sans station)....	15. 60.	17. 70.	20. 85.	25. 50.	31. 25.	37. 50.	44. 80.
De la rade de Chef de baie à l'île d'Aix......	15. 60.	17. 70.	20. 85.	25. 50.	31. 25.	37. 50.	44. 80.
De la rade des Basques à la mer......	14. 00.	15. 85.	18. 65.	22. 88.	28. 00.	33. 60.	40. 15.
De la rade de Chef de baie dans les rades de l'île de Ré,	15. 00.	17. 00.	20. 00.	24. 50.	30. 00.	36. 00.	43. 00.
De la rade de Chef de baie à l'Éguillon......	15. 60.	17. 70.	20. 85.	25. 50.	31. 25.	37. 50.	44. 80.
Du port de Marans au Breuil......	15. 00.	17. 00.	20. 00.	24. 50.	30. 00.	36. 00.	43. 00.
Du Breuil à la rade de l'Éguillon......	15. 00.	17. 00.	20. 00.	24. 50.	30. 00.	36. 00.	43. 00.

Les navires étrangers paieront moitié en sus des prix établis pour chaque tirant d'eau dans le tarif ci-dessus, à l'exception des bâtimens espagnols, des États-Unis d'Amérique, anglais (1), brésiliens et mexicains, qui, pour tout ce qui touche aux redevances et charges de lamanage, seront traités de la même manière que les navires français.

Le tirant d'eau étant établi d'après la mesure française, celui des bâtimens étrangers sera réduit et ramené à ce taux.

Nota. Le pilote qui conduira un bâtiment de la mer au port de la Rochelle, ou partant de ce port, pour prendre la mer ou pour se rendre à l'île d'Aix, ne devra le mouiller dans les rades des Basques et de Chef de baie que dans le cas d'une nécessité absolue, sous peine d'être suspendu de ses fonctions, depuis cinq jusqu'à vingt-cinq jours.

Tous les pilotes devront établir leurs réclamations de paiement dans les dix jours qui suivront la conduite des navires qui leur auront été confiés. (Art. 22 du présent règlement.)

(1) *Voir,* en ce qui touche les navires anglais, l'observation portée à la suite du tarif de Rochefort, page 694.]

TITRE IV.
Quartier de l'île de Ré.

51. Il y aura à l'île de Ré neuf pilotes-lamaneurs, dont huit résideront à la Flotte et à Saint-Martin, et un à Ars; celui-ci sera exclusivement chargé de conduire sur les rades de l'île les bâtimens sortant du fief d'Ars.

Dans le cas où il ne se trouverait pas un pilote qui, volontairement, établit son domicile à Ars, ce service serait fait à tour de rôle tous les six mois ou tous les ans.

52. Les pilotes de ces trois stations auront seuls le droit d'entrer dans les ports et havres de l'île les bâtimens mouillés sur leurs rades, et de conduire en mer ceux qui en sortiront.

53. Pourront lesdits pilotes prendre à la mer les bâtimens destinés pour les ports circonvoisins dans les cas urgens et lorsqu'un pilote de ces stations ne sera pas à portée de les monter; ils les conduiront jusqu'aux prochaines limites desdites stations, et ils seront payés suivant les réglemens et tarifs qui y seront en usage.

Lorsqu'un pilote abordera un navire venant de la mer, il sera tenu de relever immédiatement le point où il se trouve. Le capitaine prendra, de son côté, le même relevé.

54. Lorsqu'un lamaneur de l'île de Ré pilotera un navire destiné pour la Charente ou la Seudre, soit qu'il vienne de la mer ou des ports de l'île ; s'il l'amène par la passe ordinaire, il fera le signal par le travers de la pointe N. O. de l'île d'Aix; et s'il vient par la passe entre les îles, il fera le signal à la pointe E. de ladite île, afin qu'un pilote du port des Barques ou du Chapus vienne le relever.

55. Lorsqu'un pilote-lamaneur pilotera un navire destiné pour la rivière de Marans, soit qu'il vienne de la mer ou des rades de l'île de Ré, il fera le signal à la pointe de l'Éguillon pour être relevé par un pilote de la station de Marans.

56. Lorsqu'un lamaneur pilotera un navire destiné pour la Rochelle, il mettra le signal prescrit par le travers de la pointe de Sablonceaux pour être relevé en rade de Chef de baie par un pilote de la Rochelle.

57. Tout lamaneur qui sera retenu par le capitaine à bord d'un navire sur rade pour sa conservation, sera payé à raison de six francs par jour de vingt-quatre heures, sans qu'il puisse rien prétendre de plus pour tous les mouvemens qu'il aura fait faire au bâtiment, à moins qu'il ne l'ait entré dans un port ou havre, auquel cas il sera payé conformément au réglement.

58. La chaloupe d'un lamaneur employée au service du navire sera payée à raison de douze francs par vingt-quatre heures, si elle est montée de deux hommes, et de neuf francs si elle n'est montée que d'un homme; chaque journée sera acquise après douze heures.

59. Tout bâtiment de quatre-vingts tonneaux et au-dessus qui aura à déposer son lest à Loix, sera tenu de prendre un pilote pour être conduit au lieu du délestage, et être ramené de ce lieu sur la rade ou dans le port.

La même obligation est imposée à tout bâtiment de quatre-vingts tonneaux et au-dessus, qui aura à se rendre du fief d'Ars au lieu de délestage dans ledit fief.

Pour aller au lieu du délestage, soit à Loix, soit au fief d'Ars, comme pour en revenir, le capitaine du navire devra faire le signal destiné à avertir le pilote du mouvement qu'il veut opérer; faute par celui-ci de se rendre à bord du bâtiment, le capitaine pourra se servir d'un pratique, dont le salaire sera égal à celui fixé pour les pilotes.

QUATRIÈME DE L'ÎLE DE RÉ.

TARIF.

Prix à raison du tirant d'eau des bâtimens.

PILOTAGES.	De 2 m. 60 c. et au-dessous, ou de 8 pieds et au-dessous.	Au-dessus de 2 m. 60 c. à 2 m. 95 c. ou au-dessus de 8 pieds jusqu'à 9.	Au-dessus de 2 m. 95 c. à 3 m. 24 c. ou au-dessus de 9 pieds jusqu'à 10.	Au-dessus de 3 m. 24 c. à 3 m. 57 c. ou au-dessus de 10 pieds jusqu'à 11.	Au-dessus de 3 m. 57 c. à 3 m. 90 c. ou au-dessus de 11 pieds jusqu'à 12.	Au-dessus de 3 m. 90 c. à 4 m. 22 c. ou au-dessus de 12 pieds jusqu'à 13.	Au-dessus de 4 m. 22 c. à 4 m. 55 c. ou au-dessus de 13 pieds jusqu'à 14.	Au-dessus de 4 m. 55 c. à 4 m. 87 c. ou au-dessus de 14 pieds jusqu'à 15.	Au-dessus de 4 m. 87 c. à 5 m. 19 c. ou au-dessus de 15 pieds jusqu'à 16.
	12' 00	15' 00	15' 00	15' 00	15' 00	15' 00	15' 00	15' 00	18' 00
Des rades de l'Île au fief d'Ars, et vice versâ.....	12. 00	15. 00	15. 00	15. 00	15. 00	15. 00	15. 00	15. 00	18. 00
Du fief d'Ars au lieu du délestage dans ledit fief et retour (par chaque mouvement).....	8. 00	9. 00	9. 00	9. 00	9. 00	9. 00	9. 00	9. 00	9. 00
Desdites rades dans l'intérieur des ports de Saint-Martin et de la Flotte.....									
Desdites rades à Loire, lieu de lestage et délestage.....	10. 00	12. 00	12. 00	12. 00	12. 00	12. 00	12. 00	12. 00	12. 00
Mouvemens pour changement de place sur lesdites rades.....	10. 00	10. 00	10. 00	10. 00	10. 00	10. 00	10. 00	10. 00	10. 00
Desdites rades et de celle de l'Éguillon à la rade de Chef de baie.....	9. 00	9. 00	9. 00	9. 00	9. 00	9. 00	9. 00	9. 00	9. 00
Des susdites rades { ayant le fief d'Ars N.O. g. S. E. de compas, rades } N. E. et S. O. dudit fief en dehors des dangers de la Baleine et du Chasseiron. } à la mer,	15. 00 — 28. 00	16. 00 — 30. 00	18. 00 — 33. 00	20. 00 — 35. 00	23. 00 — 38. 00	30. 42. — 43. 00	35. 00 — 46. 00	35. 00 — 51. 00	40. 00 — 56. 00
Des rades de l'Île à celle de l'Éguillon.....	15. 00	16. 00	30. 00	35. 00	35. 00	12. 00	40. 00	51. 00	58. 00
Des rades de l'Île à l'Île d'Aix. ?	40. 00	40. 00	40. 00	40. 00	40. 00	44. 00	50. 00	55. 00	65. 00
Des dangers de la Baleine et de Chasseiron aux Sables d'Olonne.....	16. 00	18. 00	18. 00	21. 00	23. 00	26. 00	28. 00	50. 00	53. 00

Les navires étrangers paieront moitié en sus des prix établis pour chaque tirant d'eau dans le tarif ci-dessus, à l'exception des bâtimens espagnols, des États-Unis d'Amérique, anglais (1), brésiliens et mexicains, qui, pour tout ce qui touche aux redevances et charges de lamanage, seront traités de la même manière que les navires français.

Le tirant d'eau étant établi d'après la mesure française, celui des bâtimens étrangers sera réduit et ramené à ce taux.

Tous les pilotes devront établir leurs réclamations de paiement dans les dix jours qui suivront la conduite des navires qui leur auront été confiés. (Art. 22 du présent règlement.)

Le pilote sera tenu de se pourvoir d'embarcations pour le transport des amarres nécessaires au mouvement du navire, sous peine de perdre son droit entier au pilotage.

(1) Voir, en ce qui touche les navires anglais, l'observation portée à la suite du traité de Rochefort, art. page 694.

TITRE V.

Quartier de Noirmoutier.

60. Il y aura neuf pilotes-lamaneurs dans toute l'étendue de l'île de Noirmoutier, qui seront divisés comme il suit : deux au village de l'Herbaudière, quatre à Noirmoutier et trois au village de la Fosse.

61. Les pilotes-lamaneurs au village de l'Herbaudière seront chargés de piloter les bâtimens venant du large jusqu'en rade du bois de la Chaise, et de piloter les bâtimens mouillés en rade du bois de la Chaise jusqu'à l'entrée de la rivière de Nantes, s'ils ont cette destination, ou jusqu'en dehors des dangers.

62. Les pilotes-lamaneurs établis à Noirmoutier piloteront les bâtimens mouillés en rade du bois de la Chaise, dont la destination sera pour les Flattes, pour le havre de Noirmoutier ou pour Fromentine : ils seront aussi chargés du pilotage de ces mêmes bâtimens lors de leur appareillage du havre de Noirmoutier, et les conduiront jusqu'en Fromentine ou en rade du bois de la Chaise, en dehors du pilier, ou à l'embouchure de la rivière de Nantes, si les pilotes de l'Herbaudière ne les abordent pas dans leurs limites.

63. Les pilotes-lamaneurs établis au village de la Fosse seront chargés de piloter les bâtimens venant du sud; ils les conduiront jusqu'en rade du bois de la Chaise, et même jusqu'en dehors du pilier, ou à l'embouchure de la rivière de Nantes, si les pilotes de l'Herbaudière ne les abordent pas dans leurs limites; et ils seront en outre chargés d'introduire dans les étiers de Beauvoir et de la barre de Mont les bâtimens qui auront cette destination.

64. Lorsqu'un lamaneur de la station de l'Herbaudière pilotera un navire destiné pour Nantes, il mettra le signal prescrit à l'approche des Charpentiers pour être relevé par un pilote de la Loire ; à défaut, il continuera sa route jusqu'à Saint-Nazaire, et sera payé du pilotage, suivant le réglement de Nantes.

65. Les lamaneurs de Noirmoutier et de la Fosse qui piloteront des bâtimens destinés pour la rivière de Nantes, mettront le signal prescrit à mi-distance des piliers, pour être remplacés par les pilotes de l'Herbaudière; s'ils ne se présentaient point, ils continueront leur route.

66. Les lamaneurs ne pourront exiger des capitaines qui seront obligés de se servir d'alléges pour passer le Pé, que le prix des mètres d'immersion qui existeront après cette opération.

67. Tout capitaine qui retiendra à son bord un pilote pour la conservation de son navire, après avoir été mouillé en bon ordre à l'extrémité des limites de la station, lui paiera six francs par jour de vingt-quatre heures.

68. La chaloupe d'un pilote retenue pour le service d'un bâtiment sera payée par jour de vingt-quatre heures à raison de quatre francs pour la chaloupe et de trois francs pour chaque homme de l'équipage. Chaque journée sera acquise après douze heures.

69. Les chaloupes de l'Herbaudière auront six mètres ; de quille, et plus; celles de Noirmoutier, cinq mètres; et celles de la Fosse, six mètres.

70. La station de Noirmoutier entretiendra constamment une chaloupe mouillée près le fort Larron, pour être à même de porter des secours aux bâtimens en danger dans la baie.

Celles de l'Herbaudière et de la Fosse seront également obligées de tenir une chaloupe à flot pour le même objet : ce service se fera à tour de rôle.

TARIF.
Prix à raison du tirant d'eau des Bâtimens.

PILOTAGES.	De 2 m. 60 c., et au-dessus de 2 m. 60 c. à 2 m. 95 c., ou au-dessous de 8 pieds.	Au-dessus de 2 m. 95 c. à 3 m. 24 c., ou au-dessus de 8 pieds jusqu'à 9.	Au-dessus de 3 m. 24 c. à 3 m. 57 c., ou au-dessus de 9 pieds jusqu'à 10.	Au-dessus de 3 m. 57 c. à 3 m. 90 c., ou au-dessus de 10 pieds jusqu'à 11.	Au-dessus de 3 m. 90 c. à 4 m. 22 c., ou au-dessus de 11 pieds jusqu'à 12.	Au-dessus de 4 m. 22 c. à 4 m. 55 c., ou au-dessus de 12 pieds jusqu'à 13.	Au-dessus de 4 m. 55 c. à 4 m. 87 c., ou au-dessus de 13 pieds jusqu'à 14.	Au-dessus de 4 m. 87 c. à 5 m. 19 c., ou au-dessus de 14 pieds jusqu'à 15.	Au-dessus de 5 m. 19 c., ou au-dessus de 15 pieds jusqu'à 16.
Du port du havre de Noirmoutier aux Olates, à raison d'un franc le pied;									
Du bois de la Chaise aux Olates, à raison d'un franc le pied;									
Du port du havre de Noirmoutier en rade du bois de la Chaise à la maison rouge ou barbâtre, à raison de deux francs le pied;									
Du havre de Noirmoutier ou de la rade du bois de la Chaise en Fromentine............	18' 00	24' 00	30' 00	36' 00	27' 00	30' 00	33' 00	38' 00	40' 00
De la rade du bois de la Chaise à la mer.........	18. 00	30. 00	22. 00	24. 00	36. 00	45. 00	45. 00	50. 00	55. 00
De la mer aux Charpentiers............	24. 00	27. 00	30. 00	33. 00	36. 00	45. 00	50. 00	50. 00	50. 00
De la mer en rade de Bourgneuf ou Bouin...	24. 00	27. 00	30. 00	33. 00	36. 00	42. 00			
De la rade de Fromentine au pont de Dieu...	18. 00	21. 00	24. 00	30. 00	36. 00	39. 00	42. 00	45. 00	50. 00
Du bois de la Chaise aux Charpentiers......	27. 00	30. 00	33. 00	36. 00	40. 00	46. 00	50. 00	56. 00	60. 00
De la rade de Fromentine dans les isles de Beauvoir ou de la barre de Mont, à raison d'un franc le pied.									
Les bâtimens de 2 m. 60 c. ou au-dessous de 8 pieds, et au-dessus jusqu'à 3 m. 24 c. ou 10 pieds inclusivement, paieront, pour la mise au déflottage, six francs, et au-dessus de 3 m. 24 c. ou au-dessus de 10 pieds, neuf fr.									

Les navires étrangers paieront moitié en sus des prix établis pour chaque tirant d'eau dans le tarif ci-dessus, à l'exception des bâtimens espagnols, des États-Unis d'Amérique, anglais (1), brésiliens et mexicains, qui, pour tout ce qui touche aux redevances et charges de lamanage, seront traités de la

TITRE VI.

Quartier des Sables d'Olonne.

SOUS-QUARTIER DE SAINT-GILLES-SUR-VIC.

71. Le service du pilotage à Saint-Gilles-sur-Vic sera fait par cinq marins pratiques des localités, d'une moralité reconnue, et d'un âge assez avancé pour ne pas être susceptibles d'être appelés au service.

Ces marins seront désignés par une commission locale composée des membres du conseil municipal de Saint-Gilles, du commissaire des classes, de deux capitaines de navire et de deux armateurs : ils seront nommés par le préfet maritime, sur la proposition du chef d'administration de la marine.

72. Les chaloupes de pilotage seront armées par des gens de mer classés ou inscrits, âgés au moins de dix-huit ans.

73. Les marins pilotes de Saint-Gilles seront tenus de baliser le chenal à chaque marine, et toutes les fois que le bien du service l'exigera, ainsi que d'y placer une bouée, lorsqu'ils auront à servir un bâtiment tirant sept pieds d'eau et au-dessus.

74. A eux seuls appartient le droit de faire sur l'éperon les signaux nécessaires pour diriger les navires lorsqu'ils se présentent pour entrer dans le port, et de prescrire toutes les manœuvres relatives au pilotage.

75. Ils seront assujettis à toutes les dispositions du décret du 12 décembre 1806, notamment à celles prescrites par les articles 14, 16, 17, 22, 25, 26, 27, 30, 35, 36, 37, 38 et 40.

76. Les marins faisant fonctions de pilote à Saint-Gilles-sur-Vic porteront pour marque de distinction, comme les pilotes des autres stations, une ancre en argent à la boutonnière.

77. Les frais de pilotage pour l'entrée et la sortie des bâtimens au port de Saint-Gilles sont fixés conformément au tarif ci-après :

TARIF.

Pour un navire calant au-dessous de　6 pieds........　5f
————— de　6 pieds et au-dessous de　7.............　6.
————— de　7 pieds et au-dessous de　8.............　8.
————— de　8 pieds et au-dessous de　9.............　12.
————— de　9 pieds et au-dessous de 10.............　18.
————— de 10 pieds et au-dessus.................　24.

78. Les bâtimens sur lest paieront pour le pilotage d'entrée, comme pour celui de sortie, les deux tiers des droits fixés au tarif ci-dessus.

79. Une copie certifiée du réglement particulier relatif au port de Saint-Gilles-sur-Vic sera remise à chaque marin faisant fonctions de pilote par les soins du commissaire des classes.

TITRE VII.

Quartier de Libourne.

80. Il y aura pour le port de Libourne deux stations, l'une à Libourne et l'autre à Bourg.

La première, qui aura un pilotage et demi, ira de Libourne jusqu'à l'île Verte, devant Blaye, où les pilotes de ce dernier port prendront les bâtimens.

La seconde station prendra depuis Bourg jusqu'à Libourne, et aura un pilotage.

81. Le nombre des pilotes sera de huit pour la station de Libourne, et de quatre pour celle de Bourg.

82. Les pilotes seront, comme par le passé, chargés des mouvemens des bâtimens dans la rade, d'un mouillage à l'autre, depuis la Roquette jusqu'aux Fourneaux sur Dordogne, et depuis la pointe de Pavillon jusqu'au Fourrat sur l'Ile.

83. Nul déplacement et démarrage ne seront faits en rade sans en avoir obtenu la permission du capitaine de port.

TARIF DES PILOTAGES DES STATIONS DE LIBOURNE ET DE BOURG.

Navires français, et navires espagnols, des États-Unis d'Amérique, anglais (1), *brésiliens et mexicains, assimilés aux premiers en tout ce qui touche aux redevances et charges de lamanage.*

Il sera payé pour chaque pilotage, d'après le tirant d'eau, savoir :

Pour les navires calant 10 pieds et au-dessous, ci.............. 27^f 50^c
——————————10 pieds 1/2 à raison de 2^f 75^c par pied, ci. 28. 87.
——————————11 pieds à raison d'*idem*, ci........... 30. 25.
——————————11 pieds 1/2 à raison d'*idem*, ci........ 31. 62.
——————————12 pieds à raison d'*idem*, ci........... 33. 00.
——————————12 pieds 1/2 à raison de 3^f 50^c par pied, ci 43. 75.

Le même prix de trois francs cinquante centimes par pied servira de base pour le paiement du pilotage de tout navire qui calera au-dessus de douze pieds et demi.

Navires étrangers autres que ceux ci-dessus, ou non assimilés aux français.

Il sera payé pour chaque pilotage, d'après le tirant d'eau, savoir :

Pour les navires calant 10 pieds et au-dessous, ci.............. 40^f 00^c
——————————10 pieds et 1/2 à raison de 4^f par pied, ci. 42. 00.
——————————11 pieds à raison d'*idem*, ci........... 44. 00.
——————————11 pieds 1/2 à raison d'*idem*, ci........ 46. 00.
——————————12 pieds à raison d'*idem*, ci........... 48. 00.
——————————12 pieds 1/2 à raison de 5^f par pied, ci.., 52. 50.

Le même prix de cinq francs par pied servira de base pour le paiement du pilotage de tout navire qui calera au-dessus de douze pieds et demi.

Le tirant d'eau étant établi d'après la mesure française, celui des navires étrangers sera réduit et ramené à ce taux.

Tous les pilotes devront établir leurs réclamations de paiement dans les

(1) *Voir*, en ce qui touche les navires anglais, l'observation portée à la suite du tarif de Rochefort, *page* 694.

dix jours qui suivront la conduite des bâtimens qui leur auront été confiés. (Art. 22 du présent réglement).

Les pilotes ne pourront réclamer de gabare de touée que pour les navires qui caleront au moins douze pieds français. Cette gabare sera payée en raison du nombre d'hommes qui l'armeront; elle comptera pour un homme. Les journées seront de vingt-quatre heures, et se paieront à raison de trois francs, les hommes devant d'ailleurs être nourris aux frais du navire, et ils ne pourront abandonner le bâtiment que lorsqu'ils seront congédiés par l'officier commandant à bord, sous peine de perdre les journées qui seront gagnées, et sans préjudice des autres peines de droit, s'il y à lieu.

Jours de planche.

Tout pilote qui sera retenu par le temps contraire plus de six jours à bord d'un navire, y compris celui d'entrée et de sortie, recevra quatre francs par jour de vingt-quatre heures, à compter du septième.

Mouvemens dans la rade de Libourne.

Pour conduire un navire depuis la Roquette jusqu'aux Fourneaux sur Dordogne, ou bien depuis la pointe du Pavillon jusqu'au Fourrat sur l'île, il sera payé au pilote pour chacun de ces déplacemens huit francs.

TITRE VIII.

Quartier de Bordeaux.

84. Le nombre des pilotes-lamaneurs de Bordeaux à la mer sera de vingt dans chacune des cinq stations de Bordeaux, Blaye, Pauillac, Saint George et Royan.

Station de Bordeaux.

85. Il y aura un pilotage de Bordeaux à l'île Verte, ou devant Blaye.

86. Les pilotes seront, comme par le passé, chargés des mouvemens des bâtimens dans la rade, d'un mouillage à l'autre, depuis Bègle jusqu'à Lormont.

87. Nul déplacement ou démarrage ne sera fait en rade sans en avoir obtenu la permission des officiers de port.

88. Les pilotes descendront exclusivement tous les navires de Bordeaux à l'île Verte, entre le pâté de Blaye et le bec d'Ambès.

89. Si le navire conduit par un pilote de Bordeaux veut descendre à Pauillac sans s'arrêter au mouillage de l'île Verte, le pilote, rendu au bec d'Ambès, fera mettre le pavillon français à la tête du mât de misaine, avec le pavillon en berne à la poupe, et le gardera ainsi jusqu'à ce qu'il soit relevé par un pilote de Blaye; mais, si celui-ci ne le relevait pas avant qu'il fût engagé dans la passe du pâté, celui de Bordeaux pourra conduire le navire à Pauillac ou Trompe-loup. Il lui sera accordé un tiers de pilotage de plus, qui sera retenu au pilote de tour de la station de Blaye; mais toute manœuvre tendant à blesser les intérêts de cette dernière station lui est interdite, sous peine de remboursement du tiers du pilotage de l'île Verte à Pauillac, au pilote qui aurait dû prendre le navire. En cas de récidive, il encourra, de

R r 3

plus, la peine d'interdiction temporaire, déterminée par l'article 50 du décret du 12 décembre 1806.

90. Lorsqu'un pilote de Bordeaux aura conduit un navire à Pauillac ou Trompe-loup, il conservera les pavillons dans leur même position jusqu'au demi-flot suivant; ce délai expiré, s'il n'était pas relevé par un pilote de Blaye, il pourra être requis extraordinairement un pilote de Pauillac pour conduire le navire au Verdon ou Royan, et il lui sera alloué un pilotage.

91. Il est expressément défendu à toute autre personne qu'aux pilotes de Bordeaux de conduire des bâtimens d'un mouillage à l'autre, dans la rade et jusqu'à l'île Verte.

92. Si, au décès d'un pilote, il ne se trouvait pas d'aspirant ou de marin assez instruit pour subir avantageusement l'examen, il pourra être pris extraordinairement un aspirant parmi ceux de Blaye ou de Pauillac pour occuper la place vacante.

Station de Blaye.

93. Il y aura un pilotage et tiers de l'île Verte au Verdon ou Royan, en considération de la longueur du trajet.

94. Les pilotes de Blaye pourront prendre les navires en mer et les conduire jusqu'à Trompe-loup, où ils seront relevés par ceux de la station de Pauillac : pour cet effet, ils mettront le pavillon français à la tête du mât de misaine, avec le pavillon en berne à la poupe, conformément à l'article 20 du décret du 10 décembre 1806:, aussitôt qu'ils seront rendus devant Saint-Estèphe; et si les pilotes de Pauillac ne se présentent pas pour relever ceux de Blaye, ces derniers pourront monter le navire jusqu'à l'île Verte : en ce cas, il leur sera alloué un tiers de pilotage, qui sera retenu au pilote de tour de Pauillac, lequel ne pourra se dispenser d'aller relever celui de Blaye à l'île Verte, au plus tard une heure après le commencement du flot suivant, sous peine d'être puni conformément aux dispositions de l'article 50 du décret du 12 décembre 1806.

Si le pilote de Pauillac ne se présente pas définitivement, les pilotes de Blaye pourront conduire le bâtiment jusqu'à Bordeaux.

95. Ils descendront exclusivement tous les navires de l'île Verte au Verdon; ils pourront néanmoins se rendre à leur bord à l'île du Nord, sans que, pour cela, la responsabilité des pilotes de Bordeaux cesse jusqu'à l'île Verte.

96. Ils seront tenus de relever les pilotes de Bordeaux dans le plus bref délai possible, même à Pauillac ou Trompe-loup, lorsque ces derniers seront obligés d'y conduire les bâtimens.

97. Tout pilote convaincu d'avoir négligé de relever celui de Bordeaux au mouillage de l'île Verte, sera puni conformément aux dispositions de l'article 50 du décret du 12 décembre 1806.

98. Rendu au Verdon, il mettra le pavillon français au mât de misaine, avec le pavillon en berne à la poupe, pour avertir les pilotes de Royan et de Saint-George qu'ils aient à le relever : ce qu'ils seront tenus de faire, au plus tard, la marée suivante, sous peine de perdre cette faculté. Ce cas arrivant, le pilote de Blaye pourra mettre le navire en mer.

99. Si un pilote descendait un navire avec vent et marée propres à mettre en mer, ce signal se ferait à Talmont; et si le pilote n'était pas relevé après

avoir passé Royan, où il tâchera de mettre en panne, s'il le peut, au moins quinze minutes. Il aura la faculté de mettre le navire en mer.

100. La limite du Verdon reste fixée à la pointe de Susac et au-dessus; mais, au besoin, les pilotes de Blaye doivent conduire devant Royan sans augmentation de pilotage.

Station de Pauillac.

101. Il y aura pour la descente un pilotage de Pauillac à Royan. Pour la montée, il y aura cinq sixièmes de pilotage de Royan à Trompe-loup, le dernier sixième de ce pilotage étant alloué en raison des difficultés d'appareillage aux pilotes de Pauillac, qui devront relever ceux de Royan à Trompe-loup : en conséquence, la distance de Trompe-loup à Bordeaux sera d'un pilotage cinq douzièmes.

102. Les pilotes de Pauillac pourront prendre les navires en mer, et les conduire jusqu'à Bordeaux.

103. Ils monteront exclusivement tous les navires de Trompe-loup à Bordeaux, hors le cas prévu en l'article 94 de la station de Blaye.

Ils ne pourront quitter le navire qu'après l'avoir amarré en rade de Bordeaux, à la place qu'ils se feront désigner par le capitaine de port, à moins que l'armateur ne desire le laisser à Bacalan ou devant les Chartrous.

104. La descente des bâtimens leur est interdite, hors le cas prévu par l'article 90 de la station de Bordeaux.

105. Il y aura toujours au moins un tiers des chaloupes de la station à la mer, soit pour l'entrée des bâtimens dans le fleuve, soit pour les recevoir des pilotes de Royan et de Saint-George.

Station de Saint-George et de Royan.

106. Il y aura un pilotage du Verdon ou de Royan à la mer en dehors des passes.

Il y aura pareillement un pilotage de la mer au Verdon ou à Royan ; mais pour ce même trajet d'entrée, depuis le 1er octobre jusqu'au 31 mars inclusivement, il sera accordé un demi-pilotage en sus.

107. Les stations de Royan et de Saint-George seront censées n'en faire qu'une seule pour le tour de rôle établi dans le pilotage des bâtimens sortant de la Gironde. Ce tour roulera indistinctement sur les quarante pilotes des deux stations. Les chefs des pilotes des deux stations s'entendront pour régler et déterminer ce tour à l'avance, de la manière la plus convenable aux localités sous l'inspection des capitaines de port et l'autorité du commissaire du quartier.

108. Les pilotes tiendront la mer en aussi grand nombre qu'il se pourra. Dans tous les cas, à moins d'empêchement par force majeure, il devra sortir chaque jour, de chacune des stations de Royan et de Saint-George, pour aller en dehors des passes, au moins six chaloupes qui ne seront pas de tour pour les navires de descente. Les pilotes, même de tour, qui ne seront pas retenus à bord des navires sortans, devront aussi se porter en mer dans les chaloupes, quand le vent sera évidemment contraire à la sortie des navires.

109. Les pilotes de Royan et de Saint-George pourront prendre les navires en mer et les monter jusqu'à Trompe-loup, où ils seront relevés

par ceux de la station de Pauillac ; mais ils auront la faculté de monter le navire à l'île Verte, même à Bordeaux, si le pilote de Pauillac ne les relevait pas, ainsi qu'il a été prévu par l'article 94 de la station de Blaye : pour cet effet, ils feront mettre le pavillon français à la tête du mât de misaine, avec le pavillon en berne à la poupe, lorsqu'ils seront rendus devant Saint-Estèphe.

110. Ils prendront exclusivement au Verdon ou à Royan les bâtimens de descente, et les mettront en mer, hors les cas prévus par les articles 98 et 99.

Jours de planche.

111. Lorsque le mauvais temps ou toute autre cause indépendante de la volonté du pilote forcera un bâtiment à quelque mouvement rétrograde, et que le pilote sera obligé de prendre un mouillage en arrière du point où il était déjà parvenu, il ne pourra demander aucune augmentation pour ce trajet, non plus que pour revenir au mouillage qu'il avait quitté ; mais, en ce cas, il ne sera point tenu de donner des jours de planche, et il sera payé de ses journées particulières, du jour qu'il aura pris le navire.

112. Tout pilote qui sera retenu par le temps contraire ou par toute autre cause indépendante de sa volonté plus de trois jours à bord d'un navire, y compris celui d'entrée et de sortie, recevra six francs par jour de vingt-quatre heures à compter du quatrième. La journée sera acquise en entier après douze heures.

Si un bâtiment venant de la mer était jugé par la commission sanitaire devoir entrer en quarantaine à son arrivée à Trompe-loup, il sera alloué au pilote l'indemnité fixée ci-dessus pendant toute la durée de la quarantaine.

Des mouvemens et déplacemens dans la rade de Bordeaux.

113. Les changemens de place dans la rade pourront, comme par le passé, être dirigés, soit par les pilotes, soit par les dragueurs ; ils seront payés d'après le tarif général arrêté et délibéré par le tribunal de commerce de Bordeaux, et faisant suite au tarif général des pilotages.

TARIF GÉNÉRAL DES PILOTAGES DES RIVIÈRES LA GARONNE ET LA GIRONDE.

Navires français, et navires espagnols, des États-Unis d'Amérique, anglais (1), *brésiliens et mexicains, assimilés aux premiers, en tout ce qui touche aux redevances et charges de lamanage.*

Il sera payé pour chaque pilotage, d'après le tirant d'eau, savoir :

Pour les navires calant 10 pieds et au-dessous, ci........... 34ᶠ 30ᶜ
——————— 10 pieds 1/2 à 3ᶠ,43 par pied, ci ...... 36. 01.
——————— 11 pieds ...idem, ci .... 37. 73.
——————— 11 pieds 1/2 idem, ci .... 39. 44.
——————— 12 pieds ...idem, ci .... 41. 16.
——————— 12 pieds 1/2 à 4ᶠ,37 par pied, ci ..... 54. 62.

(1) *Voir*, en ce qui touche les navires anglais, l'observation portée à la suite du Tarif de Rochefort, *page* 694.

Le même prix de quatre francs trente-sept centimes par pied servira de base pour le paiement du pilotage de tout navire qui calera au-dessus de douze pieds et demi.

Navires étrangers autres que ceux désignés ci-dessus.

Il sera payé pour chaque pilotage, d'après le tirant d'eau, savoir :

Pour les navires calant 10 pieds et au-dessous, ci............ 40f 60c
—————————————— 10 pieds 1/2 à 4f par pied, ci......... 42. 00.
—————————————— 11 pieds ... idem, ci............... 44. 00.
—————————————— 11 pieds 1/2 idem, ci.............. 46. 00.
—————————————— 12 pieds ... idem, ci.............. 48. 00.
—————————————— 12 pieds 1/2 à 5f par pied, ci..,...... 62. 50.

Le même prix de cinq francs par pied servira de base pour le paiement du pilotage de tout navire qui calera au-dessus de douze pieds et demi.

Le tirant d'eau étant établi d'après la mesure française, celui des navires étrangers sera réduit et ramené à ce taux.

Tous les pilotes devront établir leurs réclamations de paiement dans les dix jours qui suivront la conduite des navires qui leur auront été confiés. (Art. 22 du présent réglement.)

Lorsque les pilotes auront besoin d'une gabare de touée, elle sera payée en raison du nombre d'hommes qui l'armeront, et la gabare comptera pour un homme. Les journées seront de vingt-quatre heures, et se paieront à raison du cours des journées simples, attendu que les hommes des gabares seront nourris aux frais du navire. Il en sera de même des gens employés au dérivage des navires. Ils ne pourront, ni les uns ni les autres, abandonner le bâtiment que lorsqu'ils seront congédiés par l'officier commandant à bord, sous peine de perdre le prix des journées qui seront acquises, et sans préjudice des autres peines de droit.

MOUVEMENS DANS LA RADE DE BORDEAUX.

Prix à payer, à quelque nation qu'appartienne le bâtiment.

De Bacalan à un autre mouillage aux Chartrons.............. 10f
De Bacalan à un autre mouillage au-dessus............ ..... 15.
Des Chartrons aux Pucyries, pour y être à quatre amarres....... 15.
De tout point de la rade à Lormont...................... 15.
De Lormont à tout point de la rade............. .... 15.
De devant la ville à la Bastide...................... 10.
De la Bastide au devant de la ville....... .. .. 10.

> *Nota.* La limite de la rade de Bordeaux s'étend depuis le pont jusqu'à la rue Bens, vis-à-vis laquelle est posée la première balise de l'avant garde. Les dragueurs ne pourront pas dépasser cette limite dans le mouvement des bâtimens sur la rade.

Dispositions générales.

114. Les pilotes malades ou absens seront remplacés par les aspirans les plus anciens, lorsque le besoin l'exigera. A cet effet, ils se muniront d'une

avec un tarif qui y sera annexé, et qu'ils ont cette expédition à bord de leur navire, afin qu'ils n'en puissent prétendre cause d'ignorance.

132. Dans chacune des stations de Bordeaux, Blaye, Pauillac, Saint-George et Royan, il sera établi une caisse de réserve spécialement affectée au soulagement des pilotes que leur âge ou leurs infirmités mettraient dans l'impossibilité de continuer à exercer leur profession, ainsi qu'à celui de leurs veuves et de leurs enfans, ou à donner aux uns ou aux autres les indemnités que leur position rendrait nécessaires.

Pour former et alimenter ce fonds de réserve, il sera prélevé sur le salaire des pilotes, et par chaque pied de calaison des bâtimens qu'ils auront conduits; savoir :

20 centimes pour les stations de Royan, Saint-George et Pauillac ;
10 centimes pour celle de Blaye ;
10 centimes pour celle de Bordeaux.

133. Les fonds provenant des retenues indiquées ci-dessus, et destinés à alimenter la caisse de réserve, seront déposés entre les mains d'un pilote de la station, choisi par le corps, et qui en sera responsable.

134. L'administration des caisses de réserve sera confiée à une commission de surveillance, composée de la manière suivante :

A Bordeaux,
du commissaire des classes ;
du capitaine de port de commerce ;
de trois négocians désignés par le tribunal de commerce, dont un renouvelé chaque année ;
de deux pilotes choisis par leur corps, dont un sera pareillement remplacé chaque année.

Dans chacun des autres quartiers de station,
du commissaire des classes ;
de l'officier ou maître de port de commerce ;
d'un négociant nommé par le tribunal du commerce, et changé tous les ans ;
de deux pilotes choisis par leur corps, dont un sera remplacé chaque année.

Les recettes et dépenses seront vérifiées par la commission, qui devra se réunir au moins une fois par mois, et qui sera présidée par le commissaire des classes.

Les recettes ainsi que les dépenses ne pourront s'opérer sans un ordre signé des membres de la commission.

135. Les syndics des pilotes, dans chaque station, seront chargés de recouvrer le montant des retenues à faire sur les pilotages, et indiqué à l'article ci-dessus. Ils en feront un état particulier, qu'ils soumettront chaque mois à la commission, pour qu'elle en ordonne le versement à la caisse.

136. L'administration ainsi que la garde des caisses de réserve seront exercées gratuitement.

137. Chaque caisse de réserve sera fermée à trois clefs ; une restera entre les mains du pilote-caissier, une sera confiée au commissaire des classes, et la troisième à l'un des négocians faisant partie de la commission.

138. La commission aura soin de maintenir les dépenses au-dessous des recettes ; et dans le cas où, à la fin de l'année, il se trouverait en caisse un excédant aux besoins, les deux tiers de cet excédant seront répartis entre

les pilotes, et l'autre tiers restera en caisse comme premier article de recette pour l'exercice suivant.

Cette répartition sera faite, au marc le franc, entre les pilotes qui auront subi des des retenues et apporté à la caisse pendant le cours de l'année.

139. Lorsqu'un pilote, ou la famille d'un pilote décédé, réclamera une indemnité sur la caisse de réserve, la demande sera adressée au commissaire des classes du quartier, qui la soumettra à la commission, laquelle fixera, à la majorité des voix, la somme à allouer. Le paiement sera effectué sur un extrait de la délibération.

140. La commission ne pourra délibérer qu'autant qu'elle sera réunie en majorité, dans laquelle la présence du commissaire aux classes et d'un pilote est indispensable.

141. Les chefs ou syndics des pilotes seront choisis parmi les pilotes de chaque station, et nommés par le chef maritime, sur la proposition de l'officier d'administration et du capitaine de port.

TITRE IX.

Quartier de Bayonne.

DES PILOTES DE LA BARRE EN GÉNÉRAL.

SECTION Ire.

Du Pilote-major.

142. Il y aura un pilote en chef entretenu, sous le titre de pilote-major de la barre.

143. Il continuera de demeurer au village de Boucau, sans pouvoir s'en éloigner, à moins d'ordres supérieurs.

Si des affaires particulières d'une nature importante l'obligeaient à s'absenter momentanément, il sera tenu d'en demander la permission par écrit au chef de la direction du port. Cette permission devra être approuvée par le chef maritime, et enregistrée au bureau des classes.

144. Le pilote-major ne pourra s'absenter au-delà du terme de quinze jours, sans en avoir préalablement obtenu l'autorisation du ministre de la marine et des colonies.

145. Dans tous les cas d'absence autorisée, ou de maladie constatée, le pilote-major sera suppléé et remplacé dans ses fonctions par un des pilotes de la barre en activité de service, lequel devra toujours être désigné à l'avance et sera nommé par le chef maritime sur la présentation de trois candidats, qui seront choisis concurremment par le pilote-major, le chef de la direction du port et le commissaire des classes, parmi les pilotes les plus anciens, autant que faire se pourra.

146. Le suppléant du pilote-major lui tiendra compte, ou à sa famille, de la moitié des rétributions particulières qui lui seront acquises pour ce service momentané ; et il sera lui-même, pendant la durée de ce service, remplacé dans sa chaloupe par un aspirant-pilote, aux conditions générales qui seront subséquemment établies.

147. Le pilote-major, admis à jouir d'un traitement fixe et annuel de neuf cents francs, conformément à la dépêche du ministre de la marine en date

au-dessous de dix-huit hommes, âgés de dix-huit ans au moins. Les frais de construction, d'armement, d'installation et d'entretien de ces deux embarcations, seront spécialement à la charge de la chambre de commerce de Bayonne, ainsi qu'elle en a fait l'offre.

Les prix à payer pour chaque trincadoure sont déterminés au tarif du commerce, section VI. Ils seront perçus par le pilote de tour, qui en fera la répartition, suivant le tarif, aux marins qui auront participé aux pilotages, et remettra la somme afférente à l'entretien de cette embarcation, au caissier de la chambre de commerce.

162. Les pilotes de la barre exécuteront fidèlement tous les ordres qui leur seront donnés ou transmis par le pilote-major, leur chef immédiat, ou par son suppléant en son absence; ils ne pourront s'absenter sous aucun prétexte, sans sa permission par écrit, qui devra être approuvée du chef de la direction du port et visée par le commissaire des classes.

163. Les pilotes qui ne seraient pas en dehors de la barre, à bord ou en présence de quelque navire, se rendront tous les jours à marée basse au village du Boucau, dans le lieu qui leur sera indiqué par le pilote-major, pour délibérer et convenir en conseil, sous sa présidence, si le temps permet l'entrée ou la sortie des navires, et s'il permet de laisser franchir la barre aux chaloupes.

Ils recevront en même temps du pilote-major tous les ordres que l'objet de leur service pourra comporter.

Lorsque les marées d'entrée ou de sortie se rencontreront le matin, ils seront tenus de se rendre au village du Boucau la veille au soir.

La défense aux chaloupes de franchir la barre sera indiquée par un pavillon blanc placé sur le pin du nord de la vigie du village du Boucau.

Le pilote qui enfreindra la défense de franchir la barre sera suspendu de ses fonctions par le pilote-major, de trois à cinq jours, et jusqu'à vingt-cinq jours dans le cas de récidive.

164. Chaque chaloupe de pilote devra être équipée de sept hommes, y compris le patron; et celle qui n'aura pas son équipage complet et qui ne sera pas bien gréée, ne pourra être employée ni de tour ni de secours sous aucun prétexte.

L'exécution de cette disposition est spécialement mise sous la responsabilité personnelle du pilote-major.

165. Ne pourront lesdits pilotes équiper chacun plus d'une chaloupe, sous peine de destitution de leur emploi.

166. Chaque pilote sondera la barre en la traversant, immédiatement avant la sortie ou l'entrée des navires, sans pouvoir exiger aucun salaire pour ce service; et il sera tenu de remettre ses sondes au pilote-major, qui les joindra à l'appui de l'état sommaire qu'il doit fournir chaque semaine à la direction du port.

167. Il est également prescrit à chaque pilote de la barre de sonder la rivière jusqu'à Bayonne au moins une fois tous les mois, et de remettre son travail au pilote-major, qui en rendra compte à la direction du port.

168. Il est libre à tous les pilotes d'aller en dehors de la barre au-devant des navires qui se présenteront pour entrer, toutes les fois que le signal indiqué à l'article 163 n'empêchera pas la sortie des chaloupes; et celui qui sera arrivé le premier à bord d'un bâtiment pourra le piloter jusqu'au port,

à moins que, le nombre des navires qui auront à franchir la barre, excédant
celui des pilotes, il ne devienne nécessaire de suspendre la montée des navires pour faire entrer en rade tous ceux qui seront au dehors; ce qui sera
prescrit par le pilote-major, soit au moyen d'un signal, soit par un simple
commandement.

Les pilotes qui auront pris la conduite des bâtimens ne pourront entre-
prendre de franchir la barre que lorsque les signaux usités leur auront
annoncé qu'on peut le faire sans danger, sous peine d'en répondre personnellement.

169. Pour la sortie de la barre, chaque pilote se rendra à bord du navire
qui lui aura été indiqué, aussitôt qu'il en recevra l'ordre; mais il n'exécutera
aucun mouvement sans qu'il ait été autorisé par un ordre ou par un signal du
pilote-major : le tout sous peine de perdre son tour à la première occasion,
ou de plus forte punition si le cas l'exige.

Si, pour sortir, il se trouve plus de bâtimens qu'il n'y a de pilotes, ceux
qui auront mis dehors les premiers bâtimens pourront revenir prendre
ceux auxquels il n'aura pu être fixé de tour; cependant nul ne pourra abandonner le navire auquel il aura été affecté qu'après l'avoir mis hors de tout
danger relatif au pilotage dont il est chargé, et, en cas de contravention,
il sera puni conformément aux dispositions de l'article 35 du décret, du
12 décembre 1806.

170. Il est expressément enjoint aux pilotes de faire des dispositions
telles, que les bâtimens qu'ils conduisent ne puissent se dépasser, et qu'ils
observent entre eux la distance convenable pour ne point se gêner ni se
nuire en aucune manière dans leurs manœuvres respectives.

171. Les pilotes de la barre seront tenus de conduire, avec leurs chaloupes de tour, jusqu'au-delà de la roche dite *des Casquets*, les bâtimens
dont ils auront opéré l'entrée; et s'ils n'ont pu y réussir dans la même marée,
ils seront obligés, sans pouvoir prétendre à une nouvelle rétribution, d'équiper une seconde fois pour remplir cette disposition, qui est de rigueur.

S'il a été employé des chaloupes de secours pour la première opération,
elles devront aussi concourir à la seconde, à moins qu'elles ne soient employées de tour, dans cet intervalle, d'après l'ordre de service, auquel cas
elles se feront remplacer par les chaloupes qui n'auraient pas de tour.

172. Il est fait très-expresse défense aux pilotes d'entrer ou de sortir
pendant la nuit aucun bâtiment, soit de l'État, soit du commerce, à moins
d'autorisation supérieure, sous peine d'être destitués de leur emploi et de
répondre des événemens.

173. Toute chaloupe qui, étant en mer, aura placé un pilote à bord d'un
bâtiment, sera tenue (à moins de cas extraordinaires prévus) de retourner
à terre pour y désarmer, avant que de pouvoir être employée de tour ou
de secours, au détriment des autres chaloupes.

Il est bien entendu toutefois que l'absence du pilote, si elle est prolongée
pour le service à bord d'un bâtiment du Roi ou du commerce, n'empêchera
pas que sa chaloupe, rentrée en rade, ne prenne son rang dans l'ordre du
service; mais alors un des aspirans-pilotes non employés remplacera pour
le service du pilotage le pilote absent, en lui tenant compte du tiers des
salaire.

174. En cas de naufrage ou échouement d'un bâtiment, la chaloupe

des pilotes qui ne soront pas employées pour le service courant du pilotage pourront être appelées par le capitaine ou le consignataire du navire naufragé, et les pilotes seront tenus de déférer à cet appel et de porter tous les secours qui seront exigés.

Le loyer des chaloupes et les salaires des marins employés dans cette circonstance au sauvetage, seront fixés, conformément à la loi, par le commissaire de l'inspection maritime.

175. Le pilote qui aura fait franchir la barre à un bâtiment venant du large est tenu de le piloter de suite pour sa montée en rivière au port de Bayonne, mais jusqu'en deçà du pont de Saint-Esprit seulement, et de le mouiller dans l'endroit que désignera le capitaine, en observant toutefois la police particulière établie par l'officier du port de commerce.

Cette montée ou pilotage en rivière peut cependant être différée, soit à la demande du capitaine de rester en rade du Boucau, soit dans le cas où il y aurait nécessité reconnue que le pilote dût retourner chercher sans délai quelque bâtiment en dehors de la barre; alors ce pilotage serait exécuté en temps et lieu par le pilote désigné de tour par le pilote-major, ainsi qu'il est dit article 153, section Ire.

176. Les chaloupes de tour dont le service serait nécessaire pour la sortie des bâtimens, ne pourront dans aucun cas s'employer comme chaloupes de secours au préjudice des autres chaloupes qui auraient été équipées pour le service de cette marée.

SECTION III.

Des Aspirans-Pilotes de la Barre.

177. Le nombre des aspirans-pilotes destinés à seconder ou à suppléer les douze pilotes titulaires de la barre est fixé à trois, selon la proportion établie par l'article 8 du décret du 12 décembre 1806.

178. Parmi les candidats aux places d'aspirans-pilotes, à mérite égal, la préférence sera toujours donnée au fils de pilotes en titre.

179. Lorsque les aspirans-pilotes admis ne rempliront point les fonctions ou ne feront pas le service de pilote, il est recommandé au pilote-major de leur procurer de l'emploi, soit comme patrons, soit même comme lamaneurs dans les chaloupes de pilote.

180. Toutes les obligations déjà imposées et à imposer encore aux pilotes de la barre sont applicables aux aspirans-pilotes, lorsqu'ils rempliront les fonctions de pilotes en titre.

SECTION IV.

Des Marins affectés spécialement à l'équipement des chaloupes des Pilotes de la Barre.

181. Les équipages des chaloupes de la barre seront composés, autant que possible, de marins des communes de Tarnos, d'Anglet et lieux adjacens, qui se voueront à la profession du lamanage. Ces marins, pendant la durée de leur emploi à bord de ces chaloupes, seront dispensés de tout service qui y serait étranger, et ils ne pourront être levés pour embarquer sur les vaisseaux du Roi que les derniers et à défaut de tous autres marins.

Ceux d'entre eux qui, ayant trois années consécutives de lamanage, continueront ce service, seront même dispensés des levées ; mais si, après ces trois années, ils venoient à l'abandonner, ils seraient déchus de leurs droits à cette exemption, et ils ne pourraient en recouvrer la jouissance qu'autant que, s'étant remis au lamanage, ils l'auraient, à compter de cette dernière époque, exercé pendant un an.

182. Il sera fait un appel à ces marins pour les engager à se faire inscrire chez le pilote-major ; et au fur et à mesure qu'ils se présenteront, le pilote-major en dressera un état nominatif, qu'il remettra avec ses observations au commissaire chargé du service des classes.

183. Au moyen de cet état, le commissaire aux classes passera en revue ces marins, et répartira sur les diverses chaloupes des pilotes ceux qui lui auront paru propres au service du lamanage, et qui devront avoir au moins dix-huit ans révolus.

184. Il sera tenu en conséquence, au bureau des classes, un registre particulier, sur lequel seront inscrits les marins versés au service du lamanage, et où seront apostillés successivement leur bonne ou mauvaise conduite, leurs actes de dévouement, les punitions qu'ils auront pu encourir, enfin la cessation de leur service, de quelque manière qu'elle ait lieu.

185. Ces marins, quoique portés sur un registre particulier, n'en continueront pas moins d'être inscrits sur les registres et matricules générales des classes.

186. Il sera délivré par le bureau des classes à chaque patron de chaloupe un rôle d'équipage à la pêche, lequel devra être renouvelé tous les ans.

187. Le commissaire des classes passera, au moins une fois tous les mois, la revue des équipages de ces chaloupes.

188. Les marins lamaneurs seront tenus de se rendre à bord des chaloupes auxquelles ils seront affectés, toutes les fois qu'ils en seront requis par leurs patrons respectifs. Ceux qui, sans pouvoir justifier d'une cause légitime d'empêchement, auront enfreint cette obligation, seront punis conformément aux dispositions de l'article 50 du décret du 12 décembre 1806.

189. Ils ne pourront s'absenter que sur la permission par écrit que le pilote dont ils dépendent leur délivrera ; et cette permission, dont l'étendue sera fixée, devra toujours être visée du pilote-major, approuvée et visée par le commissaire des classes.

SECTION V.

Tarif des salaires à percevoir par les Pilotes de la Barre, pour l'entrée et la sortie, ainsi que pour la montée et l'amarrage des Bâtimens du Roi.

1°. ENTRÉE ET SORTIE.

Pour la chaloupe, y compris le pilotage, savoir :

Partage.		Par bâtiment.	
1 patron...................	1f 50c		
6 hommes d'équipage....	6. 00. }12f	de 20 jusqu'à 39 tonneaux...	12f
1 pilote et sa chaloupe...	4. 50.		
1 patron...................	1. 50.		
6 hommes d'équipage....	6. 00. }15.	de 40 à 119 tonneaux.....	15.
1 pilote et sa chaloupe...	7. 50.		
1 patron................	1. 60.		
6 hommes d'équipage....	6. 60. }16.	de 120 à 239 tonneaux.....	16.
1 pilote et sa chaloupe...	7. 80.		
1 patron................	1. 75.		
6 hommes d'équipage....	7. 50. }18.	de 240 à 339 tonneaux.....	18.
1 pilote et sa chaloupe...	8. 75.		
1 patron................	2. 00.		
6 hommes d'équipage....	9. 00. }21.	Enfin, pour tout bâtiment de 340 tonneaux et au-dessus.	21.
1 pilote et sa chaloupe...	10. 00.		

Et pour chaque chaloupe de secours qui sera employée, savoir :

1 patron...................	1f 50c		
6 hommes d'équipage.....	6. 00. }11f	Pour tout bâtiment, sans	
1 pilote et sa chaloupe....	3. 50.	avoir égard au tonnage...	11.

2° Montée des bâtimens du Roi jusque dans le port, et leur amarrage à quai sur quatre amarres.

Pour la chaloupe de tour, y compris le pilotage, savoir :

Partage.		Par bâtiment.	
1 patron................	2f 00c		
6 hommes d'équipage.....	6. 00. }13f	Pour tout bâtiment, sans égard	
1 pilote et sa chaloupe....	5. 00.	au tonnage............	13f

Et pour chaque chaloupe de secours qui sera employée, savoir :

1 patron................	1f 50c		
6 hommes d'équipage.....	6. 00. }11f	Pour tout bâtiment, sans	
1 pilote et sa chaloupe....	3. 50.	égard au tonnage.......	11

190. Lorsqu'un bâtiment du Roi, d'après le signal du pilote-major, aura appareillé pour la sortie de la barre, et que le changement subit de temps ou de vent, ou d'autres circonstances imprévues, ne lui permettront pas de la

franchir sans s'exposer à un danger imminent, le pilote sera tenu de le ré-
amarrer à la première place, ou à toute autre qu'indiquera le pilote-major.

Pour ce dernier mouvement, uniquement survenu par force majeure,
il pourra être payé un demi-lamanage de sortie à chaque chaloupe de tour
et de secours, mais seulement lorsque le chef maritime en aura autorisé
l'allocation, d'après le rapport détaillé des faits, qui lui aura été présenté
par le chef de la direction du port et par le commissaire des classes.

191. Les limites jusques auxquelles les pilotes sont tenus de se rendre
en dehors de la barre au-devant des bâtimens du Roi, lorsque le temps et
la mer le permettent, sont fixées à une demi-lieue marine au moins.

Le pilote qui ira en mer au-delà des limites et sera reçu à bord d'un
bâtiment où ses services seront jugés nécessaires, jouira extraordinairement,
et sans préjudice de son pilotage ci-dessus fixé, d'une indemnité de
quinze francs pour lui et sa chaloupe.

192. Si le bâtiment, dans les deux positions qui viennent d'être indiquées au précédent article, n'a pu être conduit à la barre et la franchir
à la même marée, le pilote resté à bord aura droit à la ration ordinaire, à
dater du jour où il aura joint le bâtiment, et à une rétribution additionnelle de quatre francs par vingt-quatre heures qui lui sera payée à dater
du lendemain.

193. Lorsque le besoin du service de Sa Majesté exigera qu'un pilote de
la barre soit détaché pour aller prendre un bâtiment dans les ports de
Saint-Sébastien, du Passage, d'Audaye, de Saint-Jean de Luz et du Socoa,
ou pour l'y conduire, le salaire à payer à ce pilote, quelle qu'ait été la
durée de son séjour à bord, sera, savoir :

Pour pilotage de Saint-Sébastien ou du port du Passage jusqu'à
Bayonne, et *vice versâ*, ci.. 60ᶠ

Pour pilotage d'Andaye, de Saint-Jean de Luz ou du Socoa, jusqu'à
Bayonne, et *vice versâ*, ci.. 40.

Le pilote, indépendamment des salaires fixés ci-dessus, recevra une
ration, à dater du jour où il montera à bord ; et il est bien entendu
qu'au moyen de cette indemnité et du salaire alloué par le tarif, il n'aura
droit à aucune autre rétribution.

194. La moitié seulement des prix fixés par l'article précédent sera
alloué, pour toute rétribution, au pilote qui, s'étant rendu sur ordre
dans l'un des ports que le même article désigne, n'aura pu, par l'effet de
circonstances indépendantes de sa volonté, exécuter le pilotage pour lequel
il avait été appelé ; et il recevra, en outre, la ration pour le temps de son
séjour à bord du bâtiment.

SECTION VI.

195. Les navires français et les navires étrangers qui leur sont assimilés
en matière de lamanage, seront tenus, lorsqu'ils jaugeront au moins vingt
tonneaux, de prendre un pilote pour entrer dans l'Adour comme pour en
sortir ; les navires étrangers non assimilés aux français seront soumis à la
même obligation à compter de quinze tonneaux.

Les salaires de pilotage à payer pour l'entrée ou la sortie de l'Adour,
ainsi que pour la montée en rivière jusqu'à l'amarrage dans le port, sont
fixés ci-après.

par le tarif, une indemnité qui sera réglée de gré à gré entre lui et le capitaine. Le maximum de cette indemnité est déterminé, savoir :

Bâtimens français et Bâtimens étrangers assimilés aux français, en tout ce qui touche aux redevances et charges de lamanage.

Par bâtiment de 20 à 70 tonneaux, ci........ ... 15^f
———————— de 71 à 140 *idem*, ci........,.... 20.
———————— de 141 et au dessus, ci.......... 30.

Les bâtimens étrangers non assimilés aux français paieront un tiers en sus des prix ci-dessus.

197. Si le bâtiment, dans les deux positions qui viennent d'être indiquées au précédent article, n'a pu être conduit à la barre et la franchir à la même marée, le pilote resté à bord aura droit à la ration ordinaire à dater du jour où il aura joint le bâtiment, et à une rétribution additionnelle de six francs par vingt-quatre heures, qui lui sera payée à dater du lendemain.

198. Les salaires et rétributions établis dans les tarifs et articles précédens ne se rapportent qu'aux circonstances de pilotage ordinaire.

En cas de tempête et de péril évident, une indemnité particulière, réglée sur le travail du pilote et les dangers qu'il aura courus, lui sera payée par le capitaine du navire d'après l'allocation fixée par le tribunal du commerce, à moins que les parties intéressées ne tombent d'accord entre elles sur le montant de la somme à payer.

S'il s'agit de bâtimens du Roi, cette indemnité sera réglée par le conseil d'administration de la marine.

199. Le pilote qui, à la demande d'un capitaine, consentira à rester à bord d'un bâtiment, lors de son séjour en rade, pour veiller aux évitages, recevra, pour tout bâtiment indistinctement, trois francs par vingt-quatre heures, ainsi que la ration ordinaire.

Si le pilote a communiqué avec un bâtiment suspecté de contagion, la même rétribution journalière de trois francs, outre la ration, lui sera allouée tout le temps durant lequel il sera forcé d'y faire quarantaine.

Dans l'un et l'autre cas, la jouissance de l'indemnité entière sera acquise au pilote après douze heures révolues.

200. Tout bâtiment français ou assimilé, jaugeant moins de vingt tonneaux, ainsi que tout navire étranger non assimilé jaugeant moins de quinze tonneaux, est dispensé de l'obligation de prendre pour sa montée à Bayonne, soit un pilote et sa chaloupe, soit même un pilote seul.

A compter de vingt ou quinze tonneaux et jusques et compris soixante-et-dix-neuf, il sera tenu d'employer un pilote seul.

Il devra avoir un pilote et sa chaloupe, quand il jaugera quatre-vingt tonneaux et au-delà.

Le pilote employé sans sa chaloupe, pour faire remonter la rivière à un bâtiment au-dessous de quatre-vingts tonneaux, recevra pour tout salaire quatre francs, s'il s'agit d'un navire jaugeant moins de cinquante tonneaux, et cinq francs, s'il s'agit d'un navire jaugeant depuis cinquante jusqu'à soixante-et-dix-neuf tonneaux inclusivement.

Lorsque, sur la demande du capitaine ou du consignataire, une chaloupe de tour ou de secours aura été employée pour faire remonter la rivière à un navire au-dessous de quatre-vingts tonneaux, cette chaloupe sera payée suivant le prix fixé dans la deuxième partie du tarif des bâtimens du commerce (*Pilotages de montée.*)

201. Lorsqu'un capitaine aura requis, pour le cas de mauvais temps, soit un pilote seul, soit un pilote avec sa chaloupe, il sera payé, pour tout mouvement, comme remonter en grande rade ou amarrer à un autre poste, les prix fixés ci-après, savoir :

		POUR MOUVEMENS	
		faits de jour ou depuis le lever jusqu'au coucher du soleil.	faits de nuit ou depuis le coucher jusqu'au lever du soleil.
Emploi du pilote seul........................		4ᶠ 50ᶜ	6ᶠ
Emploi du pilote avec sa chaloupe.	Patron......... 1ᶠ 50ᶜ	2ᶠ 00.	
	6 hommes d'équip. 6. 00.	12. { 7. 30.	15.
	Pilote et sa chal.ᵖᵉ. 4. 50.	5: 50.	

Les prix indiqués au tarif ci-dessus établi pour les bâtimens français et bâtimens y assimilés (1) en matière de lamanage, seront d'un tiers en sus pour les bâtimens étrangers non assimilés aux français.

Les rétributions de six francs et quinze francs, fixées pour la nuit, seront acquises au pilote, s'il est retenu au service du navire plus de douze heures pendant le jour.

202. Lorsqu'un pilote de la barre sera détaché, soit pour aller prendre un bâtiment de commerce dans les ports de Saint-Sébastien, du Passage, d'Andaye, de Saint-Jean de Luz et du Socoa, soit pour l'y conduire, le salaire à payer à ce pilote, quelle qu'ait été la durée de son séjour à bord, sera, savoir :

Pour pilotage de Saint-Sébastien, ou du port du Passage, jusqu'à Bayonne, et *vice versâ*.................................... 70ᶠ

Pour pilotage d'Andaye, de Saint-Jean de Luz ou du Socoa, jusqu'à Bayonne, et *vice versâ*................................ 45.

Le pilote, indépendamment des salaires fixés ci-dessus, recevra une ration à dater du jour où il montera à bord; et il est bien entendu qu'au moyen de cette indemnité et du salaire alloué par le tarif, il n'aura droit à aucune autre rétribution.

203. La moitié seulement des prix fixés par l'article précédent sera allouée pour toute rétribution au pilote qui, s'étant rendu sur ordre dans l'un des ports que le même article désigne, n'aura pu, par l'effet de circonstances indépendantes de sa volonté, exécuter le pilotage pour lequel il avait été

_____

(1) *Voir*, en ce qui touche les navires anglais, l'observation portée à la suite du tarif de Rochefort, *page 694.*

appelé, et il recevra en outre la ration pour le temps de son séjour à bord du bâtiment.

Des Pilotes de la Rivière.

204. Le nombre des pilotes de la rivière reste fixé à douze, et celui des aspirans sera de trois, conformément à la loi.

205. Toutes les dispositions concernant les aspirans-pilotes de la barre, et consignées dans la section III du présent réglement, sont respectivement rendues applicables aux aspirans-pilotes de la rivière.

206. Il sera nommé un syndic parmi les pilotes de la rivière, lequel sera proposé par le commissaire des classes, et commissionné par le chef maritime.

207. Ce syndic aura la police et la surveillance des pilotes et aspirans-pilotes, ainsi que des marins lamaneurs qui seront employés pour le complément des équipages ; et il sera particulièrement responsable de l'exécution du réglement qui les concerne, comme de tous autres ordres qui lui seront transmis par les autorités compétentes.

208. Il ne pourra s'absenter sans une permission écrite délivrée par l'officier de la direction du port.

Cette permission devra être visée par le commissaire des classes, qui demeure chargé de pourvoir au remplacement du syndic pendant la durée de son absence.

209. Le syndic des pilotes de la rivière est spécialement chargé de diriger le service des tours pour la descente des bâtimens. Il dressera à cet effet un tableau des pilotes, de manière que le tour de chacun soit exactement observé par ancienneté et sans aucune préférence, sous sa responsabilité personnelle.

210. Enfin il sera tenu de rendre compte au chef de la direction du port, à l'officier du port de commerce et au commissaire des classes, selon qu'il y aura lieu, de tous les mouvemens et événemens qui pourraient intéresser le service qui lui est confié.

211. Pour tenir lieu au syndic de ses peines et soins, et l'indemniser de ses menues dépenses pour le service qui vient d'être indiqué, il percevra les différentes rétributions qui seront déterminées ci-après, et qui devront lui être payées exactement par chaque pilote tous les quatre jours.

212. Les pilotes et aspirans-pilotes de la rivière exécuteront ponctuellement tous les ordres qui leur seront donnés ou transmis pour le service par le syndic, leur chef immédiat, et ils ne pourront s'absenter, sous aucun prétexte, qu'après lui avoir exhibé une permission par écrit délivrée par le chef de la direction du port, ou, en son absence, par l'officier de port de commerce, et visée par le commissaire des classes.

213. Les pilotes seront tenus d'avoir constamment au moins deux chaloupes en bon état, bien armées et équipées, pour faire le service, sauf à en augmenter le nombre, si des mouvemens plus considérables l'exigeaient.

214. Dans le cas où, ces deux chaloupes se trouvant employées au service, d'autres deviendraient nécessaires ; à défaut, elles seraient remplacées chacune par deux tilloles, que les pilotes sont tenus de fournir équipées à trois lamaneurs.

215. Les deux chaloupes affectées spécialement au pilotage et lamanage de la rivière seront toujours équipées de sept hommes, y compris le patron

lesquels seront pris de préférence parmi les pilotes et aspirans-pilotes, tout autant que le service n'en souffrira pas.

216. Il sera nommé par le commissaire des classes, d'après une liste dressée par les pilotes et visée par le syndic, six marins lamaneurs destinés à équiper lesdites chaloupes ou tilloles, dans le cas d'insuffisance de pilotes et aspirans.

217. Ces marins seront dès-lors inscrits et considérés comme lamaneurs, et il ne pourra en être employé d'autres pour remplir ce service, à leur détriment, sous quelque prétexte que ce soit.

Leur nombre pourra être augmenté par la suite, selon les besoins du service.

218. Les divers articles de la section IV du présent réglement, à l'exception du premier, sont respectivement rendus applicables aux marins lamaneurs en tout ce qui concerne leur police particulière et leurs différentes obligations.

219. Les bâtimens du Roi, lorsqu'ils se serviront de pilotes pour descendre la rivière, paieront les droits fixés ci-après, savoir :

Tarif pour la descente des Bâtimens du Roi.

1°. Emploi du pilote seul.

Pour tout bâtiment de 20 à 40 tonneaux................. 4f 00c
Pour tout bâtiment de 41 à 79 tonneaux................. 6. 00.

Nota. Chaque prix de pilotage pour emploi du pilote seul sera passible du prélèvement d'une rétribution de vingt centimes au profit du syndic des pilotes.

2°. Emploi du pilote avec sa chaloupe, pour tout bâtiment sans distinction de tonnage.

Pour chaque chaloupe qui sera employée, y compris le pilotage . 22f 00c

Partage.

Patron.. 2f 00c
Six hommes d'équipage......................... 9. 00.
Pilote.. 7. 00. } 22. 00.
Chaloupe...................................... 3. 00.
Droit du syndic............................... 1. 00.

220. Les navires du commerce français, et les navires étrangers qui leur sont assimilés en matière de lamanage, seront tenus, lorsqu'ils jaugeront au moins vingt tonneaux, de prendre un pilote pour descendre l'Adour. Les navires étrangers non assimilés aux français seront soumis à la même obligation, à compter de quinze tonneaux.

Les uns et les autres, jusqu'à soixante-et-dix-neuf tonneaux inclusivement, ne seront astreints à employer qu'un pilote seul.

A partir de quatre-vingts tonneaux, et jusques et compris cent quatre-vingt-dix-neuf, ils devront prendre au moins une chaloupe.

Ils devront en prendre deux, lorsqu'ils jaugeront deux cents tonneaux et au-delà.

Sont exceptés, toutefois, de cette dernière obligation, les bateaux à

230. Il est expressément défendu à tous les pilotes et capitaines d'exécuter aucun mouvement dans l'intérieur du port, ou en rivière, avant le lever ou après le coucher du soleil, à moins d'une permission ou d'un ordre de l'autorité supérieure, et sauf le cas de force majeure dûment constaté.

Les contrevenans seront punis suivant la gravité des circonstances, sans préjudice de la responsabilité encourue à raison des dommages résultant de l'infraction.

Les pilotes devront être rendus au lever du soleil à bord des bâtimens qui les auront demandés, sous peine de perdre tous droits à leurs salaires, si le bâtiment est obligé de descendre sans eux, et même d'être suspendus de leurs fonctions. La durée de cette suspension pourra être de cinq à vingt-cinq jours.

Le syndic des pilotes est particulièrement responsable de l'exécution des dispositions du présent article.

Tout pilote de tour, en état d'ivresse, sera immédiatement remplacé à la diligence du syndic, et puni conformément aux dispositions du décret du 12 décembre 1806.

231. Les pilotes de la rivière, sur l'ordre du syndic, et à la première demande des capitaines ou armateurs, seront obligés de se porter de suite au secours des bâtimens qui auraient chassé ou démarré par force majeure. Le salaire qui reviendra pour ce service particulier, sera réglé à l'amiable, à dire d'experts.

232. Le passage du pont Saint-Esprit, soit pour monter, soit pour descendre, sera effectué exclusivement par les pilotes de la rivière.

233. Tout bâtiment de quinze tonneaux et au-dessus sera tenu de prendre un pilote pour effectuer ce passage, dont les prix sont fixés dans le tarif suivant.

Tarif des Sommes à payer aux Pilotes pour le passage du Pont Saint-Esprit.

	NAVIRES	
	français et navires étrangers y assimilés (1).	étrangers non assimilés aux français.
Par bâtiment. . . . . de 13 à 40 tonneaux	3ᶠ 00.	4ᶠ
de 41 à 100 *idem*.	4. 50.	6.
de 101 tonneaux et au-dessus	6. 00.	8.

Quand une tillole de secours, qui ne pourra être équipée de moins de deux lamaneurs admis, aura été réclamée par un capitaine pour le passage du pont Saint-Esprit, l'emploi de cette tillole déterminera, indépendamment du

(1) Voir; en ce qui touche les navires anglais, l'observation portée à la suite du tarif de Rochefort, page 694.

salaire personnel du pilote, le paiement d'une indemnité égale au double de ce salaire.

234. Il est loisible aux capitaines d'exécuter eux-mêmes, sous leur responsabilité personnelle, les mouvemens intérieurs de la rivière, soit au-delà, soit en-deçà du pont Saint-Esprit.

Mais, s'ils requièrent pour l'exécution de ces mouvemens, soit un pilote seul, soit un pilote avec une tillole, ils paieront alors les mêmes prix que ceux qui sont déterminés pour le passage du pont.

235. L'amarrage et le démarrage des bâtimens font partie des obligations du pilote et de la tillole qui pourraient être employés.

236. Il sera prélevé, en faveur du syndic des pilotes de la rivière, une rétribution de vingt centimes sur les salaires de tout pilote qui aura été employé soit pour le passage du pont Saint-Esprit, soit pour les mouvemens intérieurs.

Une seconde rétribution de quarante centimes sera aussi prélevée à son profit sur l'indemnité relative à chaque tillole dont il aura été fait usage dans les mêmes circonstances.

Dispositions générales relatives au Pilotage du port de Bayonne.

237. Le pilote-major de la barre et le pilote chef ou syndic des pilotes de la rivière porteront la distinction voulue par l'article 6 du décret du 12 décembre 1806 pour tous les pilotes, avec cette différence que, pour le premier, l'ancre sera en or.

238. Si une chaloupe, contre le vœu des articles 164 et 215, avait été employée à la conduite d'un bâtiment, sans que le nombre d'hommes devant composer son équipement fût au complet, le prix à payer pour ce pilotage, suivant le tarif, serait réduit de moitié, sans préjudice de la responsabilité encourue par le pilote pour les événemens que cette infraction aurait occasionnés.

239. Dans tous les cas où, d'après le présent réglement, l'emploi des chaloupes de pilotage est déclaré obligatoire, le refus que feraient les capitaines de s'en servir ne les dispensera pas de l'obligation de les payer, ainsi que les pilotes, conformément au principe établi par le premier paragraphe de l'article 34 du décret du 12 décembre 1806.

Il est défendu aux pilotes de la barre et de la rivière de faire entre eux aucune espèce de conventions relatives au pilotage, sans y avoir été autorisés par qui de droit.

240. Les capitaines des navires étrangers, avant de franchir la barre à la sortie, seront tenus, à défaut du paiement immédiat des droits de pilotage, de remettre au pilote-major un titre constatant qu'ils ont dans le port un correspondant par qui les frais doivent être acquittés.

241. Le tonnage des bâtimens étrangers sera réduit dans la proportion du tonnage français pour l'acquittement des droits établis; et à cet effet, les capitaines seront tenus d'exhiber le certificat qui leur aura été délivré par la douane.

242. Dans le cas où des ancres et câbles ou tous autres objets seraient sauvés du fond de l'eau par les pilotes, il en sera fait déclaration et dépôt à l'arsenal de la marine, et un procès-verbal constatera l'accomplissement de cette formalité.

au tarif, une indemnité de six francs par vingt-quatre heures, à compter du mouillage en rade, et de plus la ration ordinaire.

257. Tout pilote employé avec une chaloupe à entrer un bâtiment dans le port ne pourra le quitter qu'après l'avoir amarré solidement, sous peine d'être privé de tout salaire, et de répondre personnellement des événemens.

258. La limite jusqu'où les pilotes de Saint-Jean de Luz et du Socoa sont tenus de se porter pour prendre les navires, est fixé à Erdicdētchia, derrière le château.

Tout capitaine de navire qui, n'étant point parvenu à cette limite, voudra s'y faire conduire par une chaloupe de pêche, conviendra, avec le patron de cette chaloupe, du prix particulier à payer pour ce trajet, et dont la stipulation ne sera toutefois obligatoire que si elle a eu lieu hors du cas de danger de naufrage.

259. Tout patron de chaloupe de pêche qui aura fait marché avec le capitaine d'un navire en dehors de la limite, devra le prévenir que le prix convenu entre eux pour la conduite du bâtiment jusqu'à la limite est indépendant du salaire à payer ensuite au pilote. Faute de cet avertissement, le patron pêcheur subira, sur la somme stipulée à son profit, la retenue du montant du salaire de pilotage fixé au tarif.

260. Tout capitaine de navire qui, au lieu d'entrer à Saint-Jean de Luz ou au Socoa, voudra poursuivre sa route vers Bayonne ou quelque autre port du voisinage, paiera, suivant le prix convenu, le pilote dont il aura réclamé ou agréé les services pour parcourir ce trajet.

261. Dans le cas où le département de la marine jugerait nécessaire d'établir un dépôt d'ancres et apparaux pour le mouillage en rade et le tonnage des bâtimens à Saint-Jean de Luz et au Socoa, les capitaines du commerce qui desireraient en faire usage, paieraient les prix fixés ci-après :

Par vingt-quatre heures,

Pour une ancre de 5000 kilogrammes et son câble. 20^f
Pour une ancre de 3000 *idem* . . . . 15.
Pour un grelin de 6 pouces . . . . 9.
Pour une aussière de 5 *idem* . . . . 8.
Pour une *idem* . . de 4 *idem* . . . . 7.
Pour une *idem* . . de 3/12 *idem* . . . . 6.

S'il résultait quelque dommage de l'emploi de ces apparaux, il en serait fait estimation par experts nommés par le capitaine ou les consignataires du bâtiment secouru et l'officier de port, et l'avarie serait payée sur le rapport de ces experts; en cas de contestation, on établirait entre les deux estimations des parties un terme moyen dont le résultat serait la somme à payer pour le dommage.

Le montant de ces rétributions et indemnités serait provisoirement déposé à la caisse des gens de mer, et versé ensuite au trésor royal par les soins du commissaire des classes du quartier de Saint-Jean de Luz.

A Rochefort, le 25 Novembre 1829.

Signé *de Vaucresson, Pouget, Cocherel, Petit* et *Offret.*

Le conseil d'administration de la marine, dans sa séance de ce jour, après avoir mûrement examiné et discuté le présent projet de réglement géné-

sur le service du pilotage dans le quatrième arrondissement maritime, y donne son adhésion et en arrête le contenu.

Rochefort, le 1ᵉʳ Décembre 1829.

Les membres du Conseil, signé JURIEN, Comte DE LA ROCHE-SAINT-ANDRÉ, GARRIGUES, DE VAUCRESSON, COCHEREL, DE COISY, MATHIEU POUGET, et GUILLET, *Secrétaire*.

Vu pour être annexé à l'Ordonnance royale du 31 Août 1830.

Le Ministre Secrétaire d'état au département de la marine et des colonies,

Signé HORACE SÉBASTIANI.

N° 775. — ORDONNANCE DU ROI qui nomme le baron *Alleye de Ciprey*, ancien secrétaire de légation à Munich, ministre plénipotentiaire de France près la Confédération germanique. (*Paris, 29 Décembre 1830.*)

N° 776. — ORDONNANCE DU ROI qui autorise le préfet du Cher à nommer un deuxième adjoint au maire de la commune d'Aubigny. (*Paris, 31 Décembre 1830.*)

N° 777. — ORDONNANCE DU ROI qui rejette le Legs d'une rente de 210 fr. fait à la fabrique de l'église de *Huppain* (Calvados) par la dame veuve *Riboult*. (*Paris, 12 Novembre 1830.*)

N° 778. — ORDONNANCE DU ROI qui rejette le Legs, évalué à 395 francs, fait à la fabrique de l'église de *Marigny* (Manche) par la dame veuve *Menant*. (*Paris, 12 Novembre 1830.*)

N° 779. — ORDONNANCE DU ROI qui rejette le Legs universel, évalué à 7570 francs, fait à la fabrique de l'église de *Florac* (Lozère) par le sieur *Salanson*. (*Paris, 12 Novembre 1830.*)

N° 780. — ORDONNANCE DU ROI qui rejette le Legs de 1000 francs fait à la fabrique de l'église de *Vézelise* (Meurthe) par la dame *Fidel*. (*Paris, 12 Novembre 1830.*)

N° 781. — ORDONNANCE DU ROI qui autorise l'acceptation du Legs de 1200 francs et d'une rente de 100 francs fait à la fabrique de l'église d'*Ainay-le-Château* (Allier) par le sieur *Duraujon*. (*Paris, 12 Novembre 1830.*)

N° 782. — ORDONNANCE DU ROI qui autorise l'acceptation du Legs d'immeubles évalués à 150 francs, fait à la fabrique de l'église de *Saint-Dié-sur-Loire* (Loir-et-Cher) par la dame veuve *Cadiou*. (*Paris, 12 Novembre 1830.*)

N° 783. — ORDONNANCE DU ROI qui autorise l'acceptation, au lieu et place du Legs d'un décalitre et demi d'huile d'olive fait à la fabrique de l'église de *Châteauneuf de Bordette* (Drôme) par le sieur *Jean-Michel Gleize*, d'une somme de 415 francs 50 centimes offerte par le sieur

Étienne Gleize, légataire universel du testateur. (*Paris, 12 Novembre 1830.*)

N° 784. — ORDONNANCE DU ROI qui autorise l'acceptation d'une fondation, moyennant une rente annuelle de 200 francs, faite dans l'église Notre-Dame de *Chartres* (Eure-et-Loir) par la demoiselle *de Toustain.* (*Paris, 12 Novembre 1830.*)

N° 785. — ORDONNANCE DU ROI qui autorise l'acceptation du Legs de 1000 francs fait à la fabrique de l'église de *Saint-Avit* (Gers) par le sieur *de Luppé.* (*Paris, 12 Novembre 1830.*)

N° 786. — ORDONNANCE DU ROI qui autorise l'acceptation du Legs de la moitié d'un pré évalué à 400 francs, fait à la fabrique de l'église de *Grostenquin* (Moselle) par le sieur *Schang.* == Non-acceptation du Legs de diverses créances montant à 963 francs, fait à ladite fabrique par le même. == Non-acceptation de l'autre moitié du pré offerte par la dame veuve *Schang.* (*Paris, 12 Novembre 1830.*)

N° 787. — ORDONNANCE DU ROI qui autorise l'acceptation de la Donation de trois jardins d'un revenu de 20 francs, faite à la fabrique de l'église d'*Anthelupt* (Meurthe) par les sieur et dame *Thiriet.* (*Paris, 12 Novembre 1830.*)

N° 788. — ORDONNANCE DU ROI qui autorise l'acceptation de la Donation de la nue propriété de divers immeubles d'un revenu de 15 francs, faite à la fabrique de l'église Saint-Vincent à *Orléans* (Loiret) par la dame veuve *Gilbert.* (*Paris, 12 Novembre 1830.*)

N° 789. — ORDONNANCE DU ROI qui autorise l'acceptation de la Donation faite par le sieur *Perrier* à la fabrique de l'église de *Beaurepaire* (Isère) d'un terrain attenant à l'église et de la somme qui sera nécessaire pour les constructions à faire sur le terrain en sus des 1000 francs votés par le conseil municipal. (*Paris, 12 Novembre 1830.*)

N° 790. — ORDONNANCE DU ROI qui autorise l'acceptation de l'offre de révélation faite par le sieur *Quineau*, au profit de la fabrique de l'église d'*Authon* (Eure-et-Loir), d'une pièce de terre évaluée à 800 francs. (*Paris, 12 Novembre 1830.*)

N° 791. — ORDONNANCE DU ROI qui autorise l'acceptation de la Donation de trois pièces de terre évaluées à 2137 francs, faite à la fabrique de l'église de *Franvillers* (Somme) par les sieur et dame *Schmitt.* (*Paris, 12 Novembre 1830.*)

N° 792. — ORDONNANCE DU ROI qui autorise l'acceptation de l'offre de donation de deux maisons contiguës et d'un jardin, estimés ensemble 2400 francs, faite à la fabrique de l'église de *Saint-Julien de Vouvantes*

(Loire Inférieure) par les demoiselles *Pinon* et *Boulay.* (*Paris*, *12 Novembre 1830.*)

N.° 793. — ORDONNANCE DU ROI qui autorise l'acceptation de la Donation d'une rente de 115 francs faite à la fabrique de l'église de *Grézieux-le-Fromental* (Loire) par le sieur *Ruer.* (*Paris*, *12 Novembre 1830.*)

N° 794. — ORDONNANCE DU ROI qui autorise l'acceptation du Legs d'une maison et dépendances fait à la fabrique de l'église Saint-Maurice à *Vienne* (Isère) par le sieur *Roussier.* (*Paris*, *12 Novembre 1830.*)

N° 795. — ORDONNANCE DU ROI qui autorise l'acceptation du Legs de 1000 francs fait à la fabrique de l'église de *Saint-Cast* (Côtes-du-Nord) par le sieur *Durand.* (*Paris*, *12 Novembre 1830.*)

N° 796. — ORDONNANCE DU ROI qui autorise l'acceptation du Legs de 300 francs, d'un calice et sa coupe d'argent doré, fait à la fabrique de l'église cathédrale de *Soissons* (Aisne) par le sieur *Lévêque.* (*Paris*, *12 Novembre 1830.*)

N° 797. — ORDONNANCE DU ROI qui autorise l'acceptation du Legs d'immeubles d'un revenu de 50 francs, fait à la fabrique de l'église cathédrale de *Soissons* (Aisne) par la demoiselle *de Sacy de Beauregard.* (*Paris*, *12 Novembre 1830.*)

N° 798. — ORDONNANCE DU ROI qui autorise l'acceptation du Legs de 1000 francs fait à la fabrique de l'église Saint-Paul de *Lyon* (Rhône) par la demoiselle *Mollière.* (*Paris*, *12 Novembre 1830.*)

N° 799. — ORDONNANCE DU ROI qui autorise l'acceptation de la Donation de 600 francs faite à la fabrique de l'église d'*Ormancey* (Haute-Marne) par la demoiselle *Henry.* (*Paris*, *12 Novembre 1830.*)

N° 800. — ORDONNANCE DU ROI qui autorise l'acceptation de la Donation de 2000 francs faite à la fabrique de l'église de *Saint-Nazaire* (Loire-Inférieure) par la demoiselle *Josso.* (*Paris*, *12 Novembre 1830.*)

N° 801. — ORDONNANCE DU ROI qui autorise l'acceptation de la Donation d'une rente annuelle de 187 francs 50 centimes faite à la fabrique de l'église Saint-Gilles à *Caen* (Calvados) par le sieur *Chemin.* (*Paris*, *12 Novembre 1830.*)

N° 802. — ORDONNANCE DU ROI qui autorise l'acceptation de la Donation de diverses créances montant à 1682 francs 10 centimes et des intérêts échus, faite à la fabrique de l'église de *Saint-Dié-sur-Loire* (Loir-et-Cher) par le sieur *Thibault.* (*Paris*, *12 Novembre 1830.*)

500 francs et d'une pièce de terre d'un revenu de 28 francs. (*Paris, 15 Novembre 1830.*).

N° 823. — ORDONNANCE DU ROI qui autorise les maires des communes d'*Avenay* et de *Fierville* et le trésorier de la fabrique de l'église d'*Avenay* (Calvados) à accepter la Donation, 1° d'une maison et de pièces de terre d'un revenu de 600 francs, et 2° de divers objets mobiliers montant à 1223 francs; lesdites Donations faites par le sieur *Boullard*. (*Paris, 15 Novembre 1830.*)

N° 824. — ORDONNANCE DU ROI qui autorise l'acceptation de la Donation, 1° d'immeubles estimés 2600 francs, et 2° d'une maison évaluée à 300 fr. et d'une portion de terre d'un revenu de 10 francs, faite au maire de la commune et à la fabrique de l'église de *Chémeré-le-Roi* (Mayenne) par le sieur *Baudoin*. (*Paris, 15 Novembre 1830.*)

N° 825. — ORDONNANCE DU ROI qui autorise l'acceptation du Legs d'un capital de 1185 francs fait au maire de la commune et à la fabrique de l'église de *Vionville* (Moselle) par le sieur *Léon*. (*Paris, 15 Novembre 1830.*)

N° 826. — ORDONNANCE DU ROI qui autorise l'acceptation du Legs d'immeubles estimés 12,300 francs, fait à la fabrique de l'église du Saint-Sépulcre à *Abbeville* (Somme) et au maire de cette commune par la dame veuve *Cordier*. (*Paris, 15 Novembre 1830.*)

N° 827. — ORDONNANCE DU ROI qui autorise l'acceptation du Legs d'une rente de 30 francs fait à la fabrique de l'église de *Moivre* (Marne) et au maire de cette commune par le sieur *Jolly*. (*Paris, 15 Novembre 1830.*)

CERTIFIÉ conforme par nous

Garde des sceaux de France, Ministre Secrétaire d'état au département de la justice,

A Paris, le 19* Janvier 1831,

MÉRILHOU.

* Cette date est celle de la réception du Bulletin à la Chancellerie.

On s'abonne pour le Bulletin des lois, à raison de 9 francs par an, à la caisse de l'Imprimerie royale, ou chez les Directeurs des postes des départemens.

A PARIS, DE L'IMPRIMERIE ROYALE.
19 Janvier 1831.

N° 828. — *Ordonnance du Roi qui fixe le Traitement des membres de la Cour de cassation et celui des premiers Présidens et Procureurs généraux des Cours royales* (1).

A Paris, le 31 Décembre 1830.

LOUIS-PHILIPPE, Roi des Français, à tous présens et à venir, SALUT.

Sur le rapport de notre garde des sceaux, ministre secrétaire d'état au département de la justice,

Nous avons ordonné et ordonnons ce qui suit :

Art. 1ᵉʳ. Le traitement du premier président et du procureur général de la cour de cassation est fixé à trente-cinq mille francs.

2. Le traitement des conseillers de la cour de cassation demeure fixé à quinze mille francs.

3. Les présidens de chambre et le premier avocat général auront le même traitement que les conseillers, avec un supplément d'un cinquième en sus.

4. Le traitement des avocats généraux sera le même que celui des conseillers.

5. Le greffier-en chef de la cour de cassation recevra par année une somme de trente-neuf mille cinq cents francs, tant pour son traitement et celui de ses commis et expéditionnaires, que pour toutes les autres fournitures du greffe.

---

(1) *Voir* ci-après le décret du 16 juillet 1804, non inséré au Bulletin des lois, relatif au personnel de la cour de cassation; et quant aux autres magistrats, la loi du 27 ventôse an VIII [18 mars 1800] et les décrets et l'ordonnance des 20 février 1806, 30 janvier 1811, et 28 mai 1823, insérés au Bulletin des lois.

500 francs et d'une pièce de terre d'un revenu de 28 francs. (*Paris, 15 Novembre 1830.*).

N° 823. — ORDONNANCE DU ROI qui autorise les maires des communes d'*Avenay* et de *Fierville* et le trésorier de la fabrique de l'église d'*Avenay* (Calvados) à accepter la Donation, 1° d'une maison et de pièces de terre d'un revenu de 600 francs, et 2° de divers objets mobiliers montant à 1223 francs ; lesdites Donations faites par le sieur *Boullard*. (*Paris, 15 Novembre 1830.*)

N° 824. — ORDONNANCE DU ROI qui autorise l'acceptation de la Donation, 1° d'immeubles estimés 2600 francs, et 2° d'une maison évaluée à 300 fr. et d'une portion de terre d'un revenu de 10 francs, faite au maire de la commune et à la fabrique de l'église de *Chémeré-le-Roi* (Mayenne) par le sieur *Baudoin*. (*Paris, 15 Novembre 1830.*)

N° 825. — ORDONNANCE DU ROI qui autorise l'acceptation du Legs d'un capital de 1185 francs fait au maire de la commune et à la fabrique de l'église de *Vionville* (Moselle) par le sieur *Léon*. (*Paris, 15 Novembre 1830.*)

N° 826. — ORDONNANCE DU ROI qui autorise l'acceptation du Legs d'immeubles estimés 12,300 francs, fait à la fabrique de l'église du Saint-Sépulcre à *Abbeville* (Somme) et au maire de cette commune par la dame veuve *Cordier*. (*Paris, 15 Novembre 1830.*)

N° 827. — ORDONNANCE DU ROI qui autorise l'acceptation du Legs d'une rente de 30 francs fait à la fabrique de l'église de *Moivre* (Marne) et au maire de cette commune par le sieur *Jolly*. (*Paris, 15 Novembre 1830.*)

CERTIFIÉ conforme par nous

Garde des sceaux de France, Ministre Secrétaire d'état au département de la justice,

A Paris, le 19 * Janvier 1831,

MÉRILHOU.

* Cette date est celle de la réception du Bulletin à la Chancellerie.

On s'abonne pour le Bulletin des lois, à raison de 9 francs par an, à la caisse de l'Imprimerie royale, ou chez les Directeurs des postes des départemens.

A PARIS, DE L'IMPRIMERIE ROYALE.
19 Janvier 1831.

N° 828. — *Ordonnance du Roi qui fixe le Traitement des membres de la Cour de cassation et celui des premiers Présidens et Procureurs généraux des Cours royales* (1).

A Paris, le 31 Décembre 1830.

LOUIS-PHILIPPE, Roi des Français, à tous présens et à venir, SALUT.

Sur le rapport de notre garde des sceaux, ministre secrétaire d'état au département de la justice,

Nous avons ordonné et ordonnons ce qui suit :

ART. 1ᵉʳ. Le traitement du premier président et du procureur général de la cour de cassation est fixé à trente-cinq mille francs.

2. Le traitement des conseillers de la cour de cassation demeure fixé à quinze mille francs.

3. Les présidens de chambre et le premier avocat général auront le même traitement que les conseillers, avec un supplément d'un cinquième en sus.

4. Le traitement des avocats généraux sera le même que celui des conseillers.

5. Le greffier-en chef de la cour de cassation recevra par année une somme de trente-neuf mille cinq cents francs, tant pour son traitement et celui de ses commis et expéditionnaires, que pour toutes les autres fournitures du greffe.

_____

(1) *Voir* ci-après le décret du 16 juillet 1804, non inséré au Bulletin des lois, relatif au personnel de la cour de cassation; et quant aux autres magistrats, la loi du 27 ventôse an VIII [18 mars 1800] et les décrets et l'ordonnance des 20 février 1806, 30 janvier 1811, et 28 mai 1823, insérés au Bulletin des lois.

ART. 1ᵉʳ. Les dispositions additionnélles au susdit réglement de pilotage, arrêtées, le 9 octobre courant, par le conseil d'administration de la marine à Cherbourg, et contenues dans le réglement supplémentaire ci-annexé, sont approuvées.

Ces dispositions seront exécutées de la manière prescrite par le réglement primitif auquel elles se rattachent.

2. Notre ministre secrétaire d'état de la marine et des colonies est chargé de l'exécution de la présente ordonnance.

Signé LOUIS-PHILIPPE,

Par le Roi : le Ministre Secrétaire d'état de la marine et des colonies,

Signé HORACE SÉBASTIANI.

Dispositions additionnelles au Réglement de pilotage de Dieppe.

CEJOURD'HUI vingt-et-un septembre mil huit cent trente,

La commission instituée pour la révision des réglement et tarif de pilotage en usage au port de Dieppe, et composée de

MM.

> *Quevilly,* commissaire de la marine ;
> *Bruzen,* président de la chambre de commerce, armateur,
> *Deslandes,* juge au tribunal de commerce ;
> *Le Canu,* juge au tribunal de commerce ;
> *Clémence,* lieutenant de port ;
> *Gilles,* capitaine au long cours ;
> et *Dumont,* pilote-lamaneur du port,

ayant reconnu que l'ouverture du bassin à flot aux navires du commerce établit, dans le réglement arrêté sous la date du 27 août 1828, une lacune qu'il est nécessaire et pressant de remplir, quant à ce qui concerne les rétributions qui doivent être accordées pour le halage et le pilotage des navires qui se présenteront pour entrer dans ce bassin,

S'est réunie dans la maison de l'un de ses membres, sous la présidence de M. *Bruzen,* pour délibérer sur les mesures que dans cet objet il convient de comprendre additionnellement au réglement dont il s'agit ;

Et, après une mûre discussion de la matière mise en délibération, elle a reconnu qu'il devenait indispensable d'insérer au réglement général les dispositions supplémentaires suivantes :

ART. 1ᵉʳ (devenant le 19ᵉ du Réglement du quartier de Dieppe).

Le salaire des haleurs pour chaque station sera fixé, savoir :

A quinze centimes pour la première, depuis le bout de la jetée de Dieppe jusqu'en dedans de l'Épi ;

A quinze centimes pour la seconde, depuis le bout de la jetée du Pollet jusqu'à la Claire-voie;

A quinze centimes pour la troisième, depuis l'Épi de Dieppe jusqu'au Rouet, placé en face de la Bourse;

A dix centimes pour la quatrième, depuis la Claire-voie de la jetée du Pollet, jusqu'à la posée que l'on vient d'établir en dedans de l'Épi;

A trente centimes pour la cinquième, depuis la Grue jusqu'au bassin (tant à l'est qu'à l'ouest de l'arrière-port);

Et enfin à cinquante centimes, depuis le bout de la jetée jusqu'aux portes du bassin, dans le cas où le navire entrerait dans le bassin de la même marée.

Art. 2 (20e du Réglement).

Les barques d'aide qui serviront les bâtimens du port dans le bassin, ou du bassin dans le port, devront être montées chacune rigoureusement de trois hommes : chaque barque recevra alors six francs pour ce service.

Art. 3 (21e du Réglement).

L'indemnité qui doit être accordée à celles qui se trouveront enfermées dans le bassin, sera d'un franc cinquante centimes par marée.

Art. 4 (22e du Réglement).

Les barques d'aide employées à bord d'un navire qui entrerait de la même marée, de la mer au bassin, ou qui sortirait du bassin pour aller à la mer, sans s'arrêter dans le port, auront, dans ce cas, droit à la moitié en sus de la paie qui leur est attribuée et fixée par l'article 2 (20e du réglement actuel de pilotage).

Art. 5 (23e du Réglement).

Le pilote qui de la mer entrerait un navire jusque dans le bassin, ou qui le prendrait dans le bassin pour sortir du port dans la même marée, devra recevoir, outre son pilotage, une marée supplémentaire fixée à trois francs.

Art. 6 (24e du Réglement).

Les barques d'aide qui feront le service dans l'intérieur du port, soit à l'entrée, soit à la sortie, devront toujours être montées de six hommes, condition qui est de rigueur et sans laquelle il ne leur serait point payé de rétribution.

Dans tous les cas, ces barques ne devront quitter le bâtiment que lorsqu'il sera rendu à son poste, et, si elles l'abandonnaient avant, elles n'auraient droit à aucun salaire.

Art. 7 (25e du Réglement).

Il n'est rien changé aux droits accordés au maître haleur et qui sont fixés dans l'article 17 du réglement de pilotage, quartier de Dieppe.

Toutefois les caboteurs au-dessous de quatre-vingts tonneaux, qui se trouvent dans l'exception déterminée par l'article 9 dudit réglement, paieront au maître huleur le droit de drome à l'entrée, quand bien même ils n'en feraient point usage.

Fait et arrêté l· présent procès-verbal au nombre de deux expéditions, dont l'une restera déposée aux archives de la chambre de commerce de Dieppe, et l'autre sera adressée à M. le commissaire de la marine en ce port, avec prière de vouloir bien la transmettre à M. le commissaire général de la marine au Havre, pour être soumise à l'examen du conseil d'administration de la marine du sous-arrondissement, aux fins d'obtenir la prompte approbation et l'insertion très-immédiate au réglement en vigueur sur le pilotage du port de Dieppe, des dispositions supplémentaires ci-dessus délibérées.

A Dieppe, les jour, mois et an que dessus.

Signé *Bruzen, Clémence, Le Canu, Deslandes, Antoine Gillet, Quevilly, Dumont.*

Vu par nous membres composant le conseil d'administration du port, et transmis, avec un avis favorable, à l'approbation de M. le ministre de la marine.

En séance à Cherbourg, le 9 Octobre 1830.

Signé *Rigault de Genouilly, Le Huby, Gachot, Dubois de Marsilly, Poligny, Leroux, De Lagatinerie, Perroty, Vierville.*

Vu pour être annexé à l'Ordonnance royale du 19 Octobre 1830.

Paris, le 21 Octobre 1830.

Le Ministre Secrétaire d'état de la marine et des colonies,

Pour le Ministre et par son ordre :

Le Conseiller d'état, membre du Conseil d'amirauté, Directeur des ports,

Signé Bᵒⁿ TUPINIER.

———————

N° 831. — *ORDONNANCE DU ROI portant approbation d'un Réglement pour l'exploitation des Tourbières du département de l'Oise.*

A Paris, le 26 Novembre 1830.

LOUIS-PHILIPPE, ROI DES FRANÇAIS, à tous présens et à venir, SALUT.

Sur l'avis du comité de l'intérieur de notre Conseil d'état,

NOUS AVONS ORDONNÉ et ORDONNONS ce qui suit :

ART. 1ᵉʳ. Le réglement pour l'exploitation des tourbières du département de l'Oise, en date du 20 janvier 1829, est approuvé, et sera exécuté conformément aux dispositions de l'acte ci-annexé.

2. Notre ministre secrétaire d'état au département de l'intérieur est chargé de l'exécution de la présente ordonnance.

Signé LOUIS-PHILIPPE.

Par le Roi : *le Ministre Secrétaire d'état au département de l'intérieur,*

Signé MONTALIVET.

RÉGLEMENT pour l'exploitation des Tourbières du département de l'Oise.

CHAPITRE PREMIER.

Service des Tourbières.

·Art. 1er. Il sera procédé par les ingénieurs des mines, dans le plus bref délai possible, et conformément aux dispositions de l'instruction ministérielle du 3 août 1810, aux travaux préparatoires nécessaires à la rédaction d'un projet de réglement d'administration publique, lequel déterminera, en exécution de l'article 85 de la loi du 21 avril 1810, la direction des travaux d'exploitation des terrains à tourbe, celle des rigoles de desséchement, et toutes les mesures propres à faciliter l'écoulement des eaux dans les vallées, ainsi que l'atterrissement des entailles tourbées.

2. Provisoirement, et en attendant l'exécution de ce travail, les ingénieurs feront parvenir au préfet un tableau présentant pour chaque commune où il existe des marais communaux tourbeux, 1° la quantité d'hectares en superficie dont se compose chaque marais ; 2° le nombre d'hectares exploités ; 3° la quantité de terrain à réserver au pâturage, proportionnellement au nombre de bestiaux ; 4° et enfin le nombre d'hectares dont on pourra continuer l'exploitation.

3. Les ingénieurs reconnaîtront sur le terrain quelle sera la direction la plus convenable à donner aux travaux, et proposeront l'ouverture des rigoles d'assèchement nécessaires pour coordonner l'écoulement des eaux avec celui des exploitations voisines et les conduire dans les rivières et ruisseaux inférieurs.

Les propositions des ingénieurs seront transmises par le préfet, avec son avis, au ministre de l'intérieur, pour servir, s'il y a lieu, à la rédaction du projet de réglement d'administration publique mentionné à l'article 1er ci-dessus.

4. Lorsque le projet d'une grande rigole d'assèchement aura été approuvé, et que la déclaration de son utilité publique aura eu lieu dans les formes déterminées par les lois, cette rigole sera exécutée et entretenue, soit aux frais d'entrepreneurs particuliers, soit aux frais des communes intéressées ; et ces entrepreneurs ou ces communes recevront annuellement, à titre de remboursement et de dédommagement, une rétribution qui sera payée par ceux qui exploiteront, et dont le taux et la durée ne pourront excéder le maximum fixe par l'ordonnance royale d'autorisation.

CHAPITRE II.

Formalités préliminaires à l'Exploitation.

5. Aucun propriétaire de terrains tourbeux, soit particulier, soit communauté d'habitans, soit établissement public, ne pourra continuer ou commencer l'exploitation de la tourbe sous les peines portées par l'article 84 de la loi du 21 avril 1810, sans en avoir préalablement fait la déclaration à la sous-préfecture de son arrondissement et obtenu l'autorisation, conformément aux dispositions du même article.

Ces déclarations énonceront les noms et qualités des déclarans, et désigneront avec précision le lieu où se fera l'extraction, l'étendue du terrain à exploiter, l'épaisseur des déblais, celle du banc de la tourbe, et enfin la durée présumée de l'exploitation.

6. Les sous-préfets, après avoir pris les renseignemens nécessaires sur l'objet de ces déclarations, les transmettront au préfet avec leurs observations.

Elles seront immédiatement adressées à l'ingénieur des mines, qui, après s'être transporté sur les lieux, fera son rapport au préfet et proposera les conditions spéciales à insérer dans l'autorisation, dans l'intérêt de la sûreté et de la salubrité publiques, et notamment celle de contribuer aux dépenses communes des grandes rigoles d'asséchement, si le cas y échet, et celle aussi, s'il y a lieu, qui obligera le permissionnaire à faire, à ses frais et risques, communiquer les eaux de ses exploitations par des fossés, ou par d'anciennes entailles, avec ces grandes rigoles, ou avec tout autre canal d'égout.

7. Il sera tenu, tant à la préfecture que dans les bureaux de l'ingénieur des mines, un registre de ces déclarations et des autorisations accordées par ordre de dates et de numéros.

8. Les exploitans seront tenus de se conformer, pendant la durée de la permission, aux réglemens généraux sur la matière, et aux instructions qui leur seront données par l'ingénieur des mines, en ce qui concerne la sûreté et la salubrité publiques et l'assainissement des terrains, à peine d'être contraints à cesser leurs travaux.

CHAPITRE III.

Dispositions particulières aux Communes.

9. La demande d'un tourbage extraordinaire de la part des communes sera toujours accompagnée d'une délibération du conseil municipal, qui en votera l'exécution et en fera connaître les motifs.

10. Sur la communication de cette demande, l'ingénieur des mines se rendra sur les lieux pour vérifier par des sondages l'épaisseur du banc de tourbe, en évaluer le produit, et déterminer la quantité superficielle de terrain à comprendre dans l'emparquement, pour se procurer la somme nécessaire à la dépense qui oblige de recourir à l'exploitation extraordinaire.

11. L'ingénieur dressera un procès-verbal de cette opération, qui sera signé par le maire et par deux membres du conseil municipal.

Ce procès-verbal sera adressé au préfet, avec un plan figuratif du terrain emparqué, ensemble le cahier des charges et conditions de l'exploitation.

12. L'adjudication, si elle est autorisée, aura lieu en présence du maire, assisté de deux membres du conseil municipal, soit au rabais d'ares, soit à l'enchère : elle ne comprendra que l'exploitation de la tourbe et ne pourra jamais s'étendre à l'aliénation du fonds.

13. Si l'adjudication a eu lieu au rabais d'ares, l'ingénieur se rendra de nouveau sur les lieux pour opérer la réduction proportionnelle du terrain emparqué, en fixer la contenance définitive et en tracer les limites. Le plan en sera dressé en double expédition, dont une copie sera remise au maire, et l'autre à l'adjudicataire.

14. Les frais et honoraires qui dans ce cas, et conformément à l'article 89 du décret du 18 novembre 1810, seront dus à l'ingénieur pour voyages, opérations sur le terrain, rédaction de plan et procès-verbaux, seront, sur son mémoire et avant la vente, réglés par le préfet, pour être réunis aux frais généraux d'adjudication, qui seront, par le cahier des charges, imposés à l'adjudicataire.

15. A l'expiration du délai fixé pour l'exploitation, l'ingénieur procédera au récolement du terrain exploité ; s'il résultait de cette vérification que l'adjudicataire ait outre-passé les limites déterminées au plan d'emparquement, il sera poursuivi comme en matière d'usurpation de biens communaux, et passible de tous dommages-intérêts, outre le remboursement de la surmesure, proportionnellement au prix de l'adjudication.

16. Le procès-verbal de récolement sera rédigé par l'ingénieur, en présence du maire : il en sera adressé une expédition au préfet.

CHAPITRE IV.
Empilage de la Tourbe.

17. L'empilage de la tourbe destinée à être livrée au commerce se fera d'une manière uniforme dans tous les ateliers de tourbages communaux ou particuliers. Cet empilage aura lieu en corde et multiple de corde, suivant l'usage le plus généralement adopté. A cet effet, chaque chef d'atelier sera tenu de se pourvoir d'une chaîne ou d'une jauge en fer selon la division métrique, et qui sera annuellement soumise à la vérification des poids et mesures.

18. La corde représentera une pyramide quadrangulaire tronquée, avec les dimensions suivantes : la base inférieure aura deux mètres soixante centimètres [huit pieds] de long sur un mètre trente centimètres [quatre pieds] de large ; la base supérieure, deux mètres [six pieds] de long sur un mètre [trois pieds] de large ; la hauteur du solide aura un mètre trente centimètres [quatre pieds].

La tourbe, ainsi disposée devra être bien sèche et en état de vente.

CHAPITRE V.
Dispositions générales.

19. Conformément à l'ordonnance du Roi de 1669, il est expressément défendu aux extracteurs de tourbes, sous les peines portées par les lois, de faire aucune excavation plus près qu'à dix mètres [trente pieds] de distance des rivières navigables et canaux.

La même distance sera observée aux abords des chemins publics.

20. Les dommages qui pourraient être causés aux abords des rivières non navigables et des chemins qui ne sont pas reconnus communaux, ou aux propriétés privées, seront poursuivis à la requête de toutes parties intéressées.

21. Les contraventions au présent règlement et spécialement celles qui auront pour objet l'exploitation sans autorisation préalable, seront constatées par procès-verbaux des maires, adjoints, commissaires de police ou gardes

faites en faveur de l'hospice de *Wassy* (Haute-Marne) par Mme veuve de *Carové.* (*Paris, 20 Novembre 1830.*)

N° 837. — ORDONNANCE DU ROI qui autorise l'acceptation du Legs de 400 francs fait aux pauvres de *Sedan* (Ardennes) par Mme veuve *Gauches.* (*Paris, 20 Novembre 1830.*)

N° 838. — ORDONNANCE DU ROI qui autorise l'acceptation du Legs d'une rente annuelle de 30 francs fait aux pauvres d'*Azille* (Aude) par M. *Mir.* (*Paris, 20 Novembre 1830.*)

N° 839. — ORDONNANCE DU ROI qui autorise l'acceptation du Legs universel, évalué à 550 francs, fait à l'hospice de *Saint-Affrique* (Aveyron) par M. *Rouquette.* (*Paris, 20 Novembre 1830.*)

N° 840. — ORDONNANCE DU ROI qui autorise l'acceptation du Legs de 500 francs fait aux pauvres de *Rochejean* (Doubs) par M. *Gobet.* (*Paris, 20 Novembre 1830.*)

N° 841. — ORDONNANCE DU ROI qui autorise l'acceptation du Legs de 24 setiers de blé-seigle et de 500 francs fait aux pauvres de la paroisse de *Recoules de Fumas* (Lozère) par M. *Delmas.* (*Paris, 20 Novembre 1830.*)

N° 842. — ORDONNANCE DU ROI qui autorise l'acceptation du Legs fait aux pauvres de *la Ferrière-aux-Étangs* (Orne), par M. *de Gallery du Boschet,* de huit parties de rentes s'élevant ensemble à 173 francs 20 centimes. (*Paris, 20 Novembre 1830.*)

N° 843. — ORDONNANCE DU ROI qui autorise l'acceptation des Legs montant à 1000 francs, faits aux pauvres de *Lyon* (Rhône) par M. *Robin d'Orliénas.* (*Paris, 20 Novembre 1830.*)

N° 844. — ORDONNANCE DU ROI qui érige en établissement public l'hospice récemment fondé à *Vallon* (Sarthe) par les soins de M. *Pineau.* (*Paris, 20 Novembre 1830.*)

N° 845. — ORDONNANCE DU ROI qui autorise la commune de *Vallon* (Sarthe) à accepter, 1° la Donation faite par M. *Pineau* de divers immeubles évalués à 46,000 francs environ, dont le revenu est destiné à accroître la dotation de l'hospice qu'il a fondé dans cette commune, et 2° les Donations faites dans le même but par Mlles *Moiré* et *Cahoreau,* de deux maisons évaluées ensemble à 800 francs environ. (*Paris, 20 Novembre 1830.*)

N° 846. — ORDONNANCE DU ROI qui autorise l'acceptation de la fondation annuelle de quatre-vingts journées faite à perpétuité dans l'hospice de *Cluny* par la commune de *Cortevaix* (Saone-et-Loire), moyennant une somme annuelle de 1200 francs pour assurer, en cas de maladie, des secours à ses indigens. (*Paris, 20 Novembre 1830.*)

N° 847. — ORDONNANCE DU ROI qui autorise l'acceptation d'une somme de 1500 francs offerte aux hospices de *Paris* (Seine) par Mme veuve *Levalois.* (*Paris, 20 Novembre 1830.*)

N° 848. — ORDONNANCE DU ROI qui autorise l'acceptation d'une somme de 1000 francs offerte aux hospices de *Paris* (Seine) par M. *Martin.* (*Paris, 20 Novembre 1830.*)

N° 849. — ORDONNANCE DU ROI qui autorise l'acceptation du Legs de 500 francs fait aux pauvres de *Longuerue* (Seine-Inférieure) par M. *Leclerc.* (*Paris, 20 Novembre 1830.*)

N° 850. — ORDONNANCE DU ROI qui autorise l'acceptation du Legs de 600 francs fait aux pauvres d'*Azay-sur-Thouet* (Deux-Sèvres) par M. *David.* (*Paris, 20 Novembre 1830.*)

N° 851. — ORDONNANCE DU ROI qui autorise l'acceptation du Legs de 4000 francs fait aux pauvres de *Ronsoy* (Somme) par M. *Capon* dit *Dussard.* (*Paris, 20 Novembre 1830.*)

N° 852. — ORDONNANCE DU ROI qui autorise l'acceptation du Legs universel, évalué à 251 francs environ, fait à l'hospice de *Vezelay* (Yonne) par M. *Rollet.* (*Paris, 20 Novembre 1830.*)

N° 853. — ORDONNANCE DU ROI qui autorise l'acceptation du Legs de la moitié d'une rente annuelle et perpétuelle de 50 francs fait au bureau de bienfaisance de *Gellin* (Doubs) par Mlle *Courtois.* (*Paris, 20 Novembre 1830.*)

N° 854. — ORDONNANCE DU ROI qui autorise l'acceptation de la Donation d'une rente annuelle et perpétuelle de 56 francs faite au bureau de bienfaisance de *Saint-Geniez* (Aveyron) par M. *Boscary.* (*Paris, 22 Novembre 1830.*)

N° 855. — ORDONNANCE DU ROI qui autorise l'acceptation du Legs de 1500 francs fait à l'œuvre du prêt gratuit dit *mont-de-piété* de *Montpellier* (Hérault) par M. *Vidal.* (*Paris, 22 Novembre 1830.*)

N° 856. — ORDONNANCE DU ROI qui autorise l'acceptation des Donations faites aux pauvres d'*Usson* (Loire), par Mlles *Grillet, Badioux* et *Bouthéon,* d'une maison avec dépendances estimée 8000 francs, et de capitaux s'élevant ensemble à 9200 francs, pour l'établissement et la dotation d'un hospice dans cette commune. (*Paris, 22 Novembre 1830.*)

N° 857. — ORDONNANCE DU ROI qui autorise l'acceptation de la Donation faite aux pauvres de *Cajarc* (Lot), par M. *Bonnassier* et consorts, de

la congrégation de Nevers. (*Paris , 22 Novembre 1830.*)

N° 858. — ORDONNANCE DU ROI qui autorise l'acceptation du Legs de 600 francs fait aux pauvres de *la Fage-Montivernoux* (Lozère) par M. *Odoul dit Marchand.* (*Paris, 22 Novembre 1830.*)

N° 859. — ORDONNANCE DU ROI qui autorise l'acceptation du Legs , évalué à 400 francs, fait aux pauvres de *Chaudeyrac* (Lozère) par Mlle *Lahondès.* (*Paris , 22 Novembre 1830.*)

N° 860. — ORDONNANCE DU ROI qui autorise l'acceptation du Legs d'une somme de 321 francs 13 centimes fait à l'hospice de *Cosne* (Nièvre) par M. *Saujot.* (*Paris, 22 Novembre 1830.*)

N° 861. — ORDONNANCE DU ROI qui autorise l'acceptation du Legs de 6000 francs fait aux hospices de *Beauvais* (Oise) par M. *Anselin.* (*Paris, 22 Novembre 1830.*)

N° 862. — ORDONNANCE DU ROI qui autorise l'acceptation de la Donation d'une rente annuelle de 90 francs faite à l'hospice de *Verdun* (Tarn-et-Garonne) par M. *Lanusse.* (*Paris, 22 Novembre 1830.*)

N° 863. — ORDONNANCE DU ROI qui autorise l'acceptation du Legs d'une rente annuelle et perpétuelle de 85 francs et de divers objets mobiliers, fait aux pauvres de *Saint-Zacharie* (Var) par Mlle *Demane.* (*Paris, 22 Novembre 1830.*)

N° 864. — ORDONNANCE DU ROI qui autorise l'acceptation du Legs universel, évalué à 6960 francs 50 centimes, fait aux pauvres d'*Auxerre* (Yonne) par Mlle *Pasqueau.* (*Paris , 22 Novembre 1830.*)

N° 865. — ORDONNANCE DU ROI qui autorise l'acceptation du Legs d'une rente annuelle et perpétuelle de 56 francs fait au bureau de bienfaisance de *Tanlay* (Yonne) par M. *Leprince.* (*Paris, 22 Novembre 1830.*)

N° 866. — ORDONNANCE DU ROI qui autorise l'acceptation de la Donation d'une rente de 200 francs sur l'État en 3 pour cent, faite à la commune de *Flers* (Orne) par M. *Huet.* (*Paris, 26 Novembre 1830.*)

N° 867. — ORDONNANCE DU ROI qui autorise l'acceptation de la Donation faite à la commune de *Prades* (Ardèche), par M. *Martinesche-Bonnaud,* de la moitié indivise de la maison curiale avec ses dépendances, évaluée à la somme de 700 francs. (*Paris, 26 Novembre 1830.*)

N° 868. — ORDONNANCE DU ROI qui autorise l'acceptation de la Donation d'une rente de 200 francs sur l'État (5 pour cent) faite à la commune d'*Herbignac* (Loire-Inférieure) par Mlle *Huet du Drézet.* (*Paris, 26 Novembre 1830.*)

No 869. — ORDONNANCE DU ROI qui autorise l'acceptation de la Donation faite à la commune de *Troisgots* (Manche), par M. *Burnel*, d'une rente annuelle et perpétuelle de 50 francs et des arrérages échus. (*Paris, 26 Novembre 1830.*)

No 870. — ORDONNANCE DU ROI qui autorise à accepter, jusqu'à concurrence d'une somme de 30,000 francs seulement, le Legs de 60,000 francs fait à la commune de *Montreuil* (Seine) par M. *Benoît* pour la fondation d'une maison de sœurs de charité. (*Paris, 26 Novembre 1830.*)

No 871. — ORDONNANCE DU ROI qui autorise l'acceptation de la Donation d'un terrain estimé 600 francs, faite à la commune de *la Vaupalière* (Seine-Inférieure) par Mme *Périaux*. (*Paris, 26 Novembre 1830.*)

No 872. — ORDONNANCE DU ROI qui autorise l'acceptation de la Donation d'un terrain évalué à un revenu de 5 francs, faite à la commune de *Remoncourt* (Vosges) par M. *Demengeon*. (*Paris, 26 Novembre 1830.*)

No 873. — ORDONNANCE DU ROI qui autorise l'acceptation de la Donation d'un terrain contenant 38 ares 3 centiares, faite à la commune d'*Arrouède* (Gers) par Mme veuve *Polastron*. (*Paris, 26 Novembre 1830.*)

No 874. — ORDONNANCE DU ROI qui autorise l'acceptation de la Donation faite à la commune de *Parnes* (Oise) d'une somme de 1572 francs 75 centimes, montant d'un rôle de contributions volontaires souscrit par quatre vingt-cinq habitans pour servir à la construction d'un presbytère. (*Paris, 26 Novembre 1830.*)

No 875. — ORDONNANCE DU ROI qui autorise à accepter, sous bénéfice d'inventaire, le Legs universel fait à l'hospice de *Narbonne* (Aude) par M. *Sire*. (*Paris, 26 Novembre 1830.*)

No 876. — ORDONNANCE DU ROI qui autorise l'acceptation du Legs fait aux pauvres de *la Roche de Glun* (Drôme), par Mme *Chaléat*, d'une rente annuelle de 30 francs et de la nue propriété d'une autre rente de même valeur. (*Paris, 26 Novembre 1830.*)

No 877. — ORDONNANCE DU ROI qui autorise l'acceptation du Legs, évalué à 200 francs environ, fait à l'hospice de *Lectoure* (Gers) par Mlle *Bourgeat*. (*Paris, 26 Novembre 1830.*)

No 878. — ORDONNANCE DU ROI qui autorise l'acceptation du Legs de 500 francs fait aux pauvres de *Berrac* (Gers) par M. *Pradelle*. (*Paris, 26 Novembre 1830.*)

No 879. — ORDONNANCE DU ROI qui autorise les hospices et le bureau de bienfaisance de *Beziers* (Hérault) à accepter les Legs faits par M. *Salvan* de deux maisons, deux magasins et divers immeubles, à l'hôpital des malades; d'une somme de 3000 francs à l'hôpital des enfans; d'une rente annuelle et perpétuelle de 1500 francs et divers effets mobiliers, linge et ustensiles, pour être employés aux besoins des prisonniers; d'une autre rente annuelle et perpétuelle de 500 francs pour être distribuée aux pauvres par les sœurs de la charité; enfin d'une somme de 10,000 francs pour être employée en achat de linge ou à des réparations utiles au bureau de bienfaisance. (*Paris, 26 Novembre 1830.*)

N° 880. — ORDONNANCE DU ROI qui autorise, 1° l'acceptation du Legs de 4000 francs fait aux pauvres de *Déols* (Indre) par Mlle *Janson*, et 2° l'hospice de *Châteauroux* à accepter une somme de 2000 francs, provenant du Legs ci-dessus, pour la fondation d'un lit, qui sera tenu à perpétuité à la disposition des malades indigens de *Déols.* (*Paris, 26 Novembre 1830.*)

N° 881. — ORDONNANCE DU ROI qui autorise à accepter, pour moitié de sa valeur seulement, le Legs de 2200 francs fait à l'hôpital général d'*Orléans* (Loiret) par Mme *Renaud.* (*Paris, 26 Novembre 1830.*)

N° 882. — ORDONNANCE DU ROI qui autorise l'acceptation des Legs faits par M. *Orlhac*, 1° d'une rente annuelle et perpétuelle de cinq setiers de blé-seigle, évalués à 104 francs, pour les pauvres de *Chaulhac* (Lozère), et 2° de deux autres rentes annuelles et perpétuelles de 100 francs chacune, pour l'entretien d'une maîtresse d'école dans les villages de *Paladines* et de *Chaulhac.* (*Paris, 26 Novembre 1830.*)

N° 883. — ORDONNANCE DU ROI qui autorise la cession faite à l'hospice de *Colmar* (Haut-Rhin), par Mme veuve *Stinzy*, de l'usufruit d'une maison, évalué à 80 francs, et de la propriété d'un terrain estimé 30 francs en capital. (*Paris, 26 Novembre 1830.*)

CERTIFIÉ conforme par nous

Garde des sceaux de France, Ministre Secrétaire d'état au département de la justice,

A Paris, le 21 * Janvier 1831,

MÉRILHOU.

* Cette date est celle de la réception du Bulletin à la Chancellerie.

On s'abonne pour le Bulletin des lois, à raison de 9 francs par an, à la caisse de l'Imprimerie royale, ou chez les Directeurs des postes des départemens.

A PARIS, DE L'IMPRIMERIE ROYALE.
21 Janvier 1831.

TABLE ALPHABÉTIQUE

DES MATIÈRES

Contenues dans le Bulletin des Lois,

IXᵉ SÉRIE. — TOME Iᵉʳ.

2ᵉ PARTIE. — ORDONNANCES.

(Nᵒˢ 1 à 36.)

Cinq derniers mois de 1830.

Voir la Table de la 1ʳᵉ Partie, page 129.

A

X x 4

D

7

E

GENDARMERIE de Paris. Voyez Garde municipale.

GÉNIE. Suppression de l'emploi de premier inspecteur général du génie, et organisation du comité des fortifications, 94 et suiv. — Organisation du corps du génie, 385. — Formation d'une compagnie du train du génie, 482.

GOUVERNEURS des divisions militaires. Suppression du titre de gouverneur de division militaire, 453. — Ordonnance de Charles X qui nomme le duc de Raguse gouverneur de la première division militaire, 616.

GRAINS. Tableau des prix des grains pour servir de régulateur de l'exportation et de l'importation, conformément aux lois des 16 juillet 1819 et 4 juillet 1821 : août, 65 ; septembre, 153 ; octobre, 273 ; novembre, 417 ; décembre, 577. Voyez Exportation, Importation.

GRANDS HOMMES. Voyez Panthéon.

GRAND-VENEUR. Voyez Chasse.

H

HABILLEMENT. Dispositions relatives au personnel du service de l'habillement et du campement, 401 et suiv. — Tarifs du traitement d'activité, du traitement de réforme, et des pensions des agens de ce service, 408 et 409. Voyez Armée.

HOMMES de couleur. Voyez Colonies.

HONNEURS du Panthéon. Voyez Panthéon.

HOSPICES. Autorisation pour l'acceptation de dons et legs faits aux hospices des lieux ci-après désignés : Avignon, 228 ; — Bagnères, 544 ; Bar-le-Duc, 232 ; Beauvais, 758 ; Blanc (le), 231 ; —Cadillac, 230 ; Châlon, ibid. ; Châlons, 228 ; Colmar, 229, 760 ; Cortevaix, 756 ; Cosne, 758 ; —Darnetal, 384 ; — Épernay, 232 ; Ernée, 400 ; — Haguenau, 248 ; Hazebrouck, 232, 416 ; — Landrecies, 232 ; Lectoure, 759 ; Longwy, 229 ; Lons-le-Saulnier, 231 ; — Mans (le), 228, 229 ; Mézières, 270 ; —Nantes, 229 ; Narbonne, 759 ; — Orléans, 231, 446, 760 ; — Paris, 269, 757 ; —Reims, 229 ; Rouen, 269 ; — Sarlat, 228 ; Saulieu, 400 ; Sauxillanges, 248 ; Saint-Affrique, 756 ; Saint-Amand, 248 ; Saint-Rambert, 229. — Tournus, 269 ; — Vallon, 756 ; Varennes, 544 ; Verdun, 270, 758 ; Versailles, 230 ; Vezelay, 757 ; Villeneuve-de-Berg, 400 ; — Wassy, 755. Voyez Quinze-vingts.

HYPOTHÈQUES. Dispositions concernant les inscriptions hypothécaires prises sur des biens situés dans des communes cédées à la France par la Prusse, 545.

I

IMPORTATION. Les bureaux des douanes d'Entre-deux-Guiers et d'Huningue sont ouverts à l'entrée des grains, 80.

IMPÔTS. Formation d'une commission pour l'amélioration du répartement de l'impôt foncier dans le département du Pas-de-Calais, 529. — Dispositions de l'ordonnance du 23 juillet 1823 concernant la formation, dans trente-trois départemens, de commissions chargées d'opérer une meilleure répartition de la contribution foncière, 531. — Dispositions de l'ordonnance du 3 octobre 1821 concernant la formation de commissions chargées de proposer les bases d'une répartition de la contribution foncière, 533.—

N

O

P

T

U

V

FIN DE LA TABLE DES MATIÈRES DES ORDONNANCES.

CPSIA information can be obtained
at www.ICGtesting.com
Printed in the USA
BVHW04*1423200918
528044BV00007B/274/P